21世纪高职高专规划教材·机电系列

电路分析基础

祁鸿芳　主　编
张维玲　刘新辉　副主编
李贵山　主　审

清华大学出版社
北京交通大学出版社

·北京·

内容简介

本书是依据教育部颁布的《高等学校工程专科电路及磁路课程教学基本要求》并结合工程实际编写的，参考学时为90～110学时(含实践性环节)。主要内容有：电路的基本概念和定律、线性电阻电路分析、正弦稳态电路的分析、含耦合电感电路的分析、三相电路的研究、二端口网路的研究、非正弦周期电流电路的计算、线性电路过渡过程的时域分析和复频域分析、磁路和铁心线圈及实验指导。

本书可作为高等职业院校、高等专科院校、成人高校、本科院校举办的二级职业技术学院及民办高校的电气、电子、计算机等专业的教材，也可供有关专业工程技术人员参考。

图书在版编目(CIP)数据

电路分析基础/祁鸿芳主编. —北京：清华大学出版社；北京交通大学出版社，2006.3 (2010.8重印)
(21世纪高职高专规划教材·机电系列)
ISBN 978－7－81082－670－9

Ⅰ.电…　Ⅱ.祁…　Ⅲ.电路分析-高等学校：技术学校-教材　Ⅳ.TM133

中国版本图书馆CIP数据核字(2006)第010998号

责任编辑：吴嫦娥
出版发行：清华大学出版社　　邮编：100084　　电话：010－62776969
　　　　　北京交通大学出版社　　邮编：100044　　电话：010－51686414
印 刷 者：北京鑫海金澳胶印有限公司
经　　销：全国新华书店
开　　本：185×260　　印张：20　　字数：496千字
版　　次：2006年4月第1版　　2010年8月第4次印刷
书　　号：ISBN 978－7－81082－670－9/TM·12
印　　数：10 001～13 000册　　定价：28.00元

本书如有质量问题，请向北京交通大学出版社质监组反映。对您的意见和批评，我们表示欢迎和感谢。
投诉电话：010－51686043，51686008；传真：010－62225406；E-mail：press@bjtu.edu.cn。

21世纪高职高专规划教材·机电系列
编审委员会成员名单

出版说明

高职高专教育是我国高等教育的重要组成部分，它的根本任务是培养生产、建设、管理和服务第一线需要的德、智、体、美全面发展的高等技术应用型专门人才，所培养的学生在掌握必要的基础理论和专业知识的基础上，应重点掌握从事本专业领域实际工作的基本知识和职业技能，因而与其对应的教材也必须有自己的体系和特色。

为了适应我国高职高专教育发展及其对教学改革和教材建设的需要，在教育部的指导下，我们在全国范围内组织并成立了“21世纪高职高专教育教材研究与编审委员会”（以下简称“教材研究与编审委员会”）。“教材研究与编审委员会”的成员单位皆为教学改革成效较大、办学特色鲜明、办学实力强的高等专科学校、高等职业学校、成人高等学校及高等院校主办的二级职业技术学院，其中一些学校是国家重点建设的示范性职业技术学院。

为了保证规划教材的出版质量，“教材研究与编审委员会”在全国范围内选聘“21世纪高职高专规划教材编审委员会”（以下简称“教材编审委员会”）成员和征集教材，并要求“教材编审委员会”成员和规划教材的编著者必须是从事高职高专教学第一线的优秀教师或生产第一线的专家。“教材编审委员会”组织各专业的专家、教授对所征集的教材进行评选，对列选教材进行审定。

目前，“教材研究与编审委员会”计划用2～3年的时间出版各类高职高专教材200种，范围覆盖计算机应用、电子电气、财会与管理、商务英语等专业的主要课程。此次规划教材全部按教育部制定的“高职高专教育基础课程教学基本要求”编写，其中部分教材是教育部《新世纪高职高专教育人才培养模式和教学内容体系改革与建设项目计划》的研究成果。此次规划教材编写按照突出应用性、实践性和针对性的原则编写并重组系列课程教材结构，力求反映高职高专课程和教学内容体系改革方向；反映当前教学的新内容，突出基础理论知识的应用和实践技能的培养；适应“实践的要求和岗位的需要”，不依照“学科”体系，即贴近岗位，淡化学科；在兼顾理论和实践内容的同时，避免“全”而“深”的面面俱到，基础理论以应用为目的，以必需、够用为度；尽量体现新知识、新技术、新工艺、新方法，以利于学生综合素质的形成和科学思维方式与创新能力的培养。

此外，为了使规划教材更具广泛性、科学性、先进性和代表性，我们希望全国从事高职高专教育的院校能够积极加入到“教材研究与编审委员会”中来，推荐“教材编审委员会”成员和有特色、有创新的教材。同时，希望将教学实践中的意见与建议及时反馈给我们，以便对已出版的教材不断修订、完善，不断提高教材质量，完善教材体系，为社会奉献更多更新的与高职高专教育配套的高质量教材。

此次所有规划教材由全国重点大学出版社——清华大学出版社与北京交通大学出版社联合出版，适用于各类高等专科学校、高等职业学校、成人高等学校及高等院校主办的二级职业技术学院使用。

21世纪高职高专教育教材研究与编审委员会

2006年3月

前　言

本书是为适应21世纪高职高专教育教学内容和课程体系改革的需要而编写的。编者进行了大量的调研，参考了国内外相关的教材，力求继承传统性，增强应用性，反映先进性。

本书编写的特点为：在传统理论基础上，以理论必需、够用为原则，注重理论与实际的结合，加强实际应用的内容，侧重于培养学生解决生产实际问题的能力；以实际的认识规律建立模型，阐述理想元件的定义与实际器件的辩证关系；每章含有与理论相适应的工程应用实例，为理论和方法的学习奠定实际背景基础；将解题思路融于例题中，以利于提高学生分析问题和解决问题的能力；增加了与教学内容配套的实验指导环节，以利于提高学生的动手能力。

全书共分9章，并配有电路实验指导。第1章电路的基本概念和基本定律，主要讨论了电路及电路模型，介绍电路中的物理量及电路元件，引入了参考方向的概念并研究了电路的元件约束和拓扑约束；第2章电阻电路，介绍了利用等效变换分析有源网络与无源网络，重点研究了电路的3种分析方法（支路分析法、网孔分析法和节点分析法）及3个基本定理（叠加定理、戴维南定理和诺顿定理）；第3章正弦稳态电路分析，主要介绍了正弦量及其相量表示法、正弦电流电路的基本性质和基本规律、功率和正弦稳态电路的计算；第4章耦合电感和谐振电路，介绍了耦合电感元件、耦合电感的分析方法及串联谐振和并联谐振特性；第5章三相电路，介绍三相电源及负载的连接、对称三相电路的分析计算及不对称三相电路的特点；第6章二端口网络，介绍了二端口网络的定义和最常用的导纳参数、阻抗参数、传输参数和混合参数；第7章非正弦周期电流电路分析，主要介绍了傅里叶级数展开式、非正弦周期电流电路中的有效值、平均功率及用谐波分析法计算非正弦周期电流电路；第8章线性电路过渡过程的时域分析和复频域分析，介绍了时域分析的经典法和复频域分析的运算法；第9章磁路和铁心线圈，主要介绍了磁路的基本定理和铁磁性物质的磁化情况及铁心线圈模型。

为帮助读者学习，每章有基本要求和小结，每节后附有思考题和练习题，每章后均附有习题，书后配有参考答案。

全书由祁鸿芳主编，张维玲、刘新辉为副主编。祁鸿芳编写第2、3、5、6、7章，张维玲编写第1、8章和附录A，刘新辉编写第4、9章及附录B。李贵山教授审阅了全稿，提出了许多宝贵意见，保证了本书学术水平的严谨和准确，在此表示衷心的感谢。

限于编者水平，错误和不恰当之处在所难免，恳请广大读者批评指正。

编者

2006年3月

目　录

第1章　电路的基本概念和基本定律……………………………………………………（1）
1.1　电路和电路模型 ……………………………………………………………（1）
1.1.1　电路 ……………………………………………………………………（1）
1.1.2　电路模型 ………………………………………………………………（2）
1.2　电路的主要物理量及方向 …………………………………………………（3）
1.2.1　电流及其参考方向………………………………………………………（3）
1.2.2　电压、电位、电动势及其参考方向……………………………………（5）
1.2.3　电功率和电能 …………………………………………………………（7）
1.3　线性电阻元件的欧姆定律 …………………………………………………（9）
1.3.1　电阻元件 ………………………………………………………………（9）
1.3.2　线性电阻元件与欧姆定律………………………………………………（10）
1.3.3　短路和开路………………………………………………………………（10）
1.3.4　线性电阻元件吸收（消耗）的功率……………………………………（11）
1.4　电压源…………………………………………………………………………（13）
1.4.1　理想电压源………………………………………………………………（13）
1.4.2　由电压源构成的实际直流电源模型 …………………………………（14）
1.5　电流源…………………………………………………………………………（16）
1.5.1　理想电流源………………………………………………………………（16）
1.5.2　由电流源构成的实际直流电源模型 …………………………………（17）
1.6　受控源…………………………………………………………………………（19）
1.7　基尔霍夫定律…………………………………………………………………（22）
1.7.1　电路图 …………………………………………………………………（22）
1.7.2　基尔霍夫电流定律 ……………………………………………………（23）
1.7.3　基尔霍夫电压定律 ……………………………………………………（24）
本章小结 ……………………………………………………………………………（26）
习题 …………………………………………………………………………………（27）

第2章　电阻电路 ……………………………………………………………………（32）
2.1　无源电阻网络的化简…………………………………………………………（32）
2.1.1　等效变换和电阻的串联 ………………………………………………（32）
2.1.2　电阻的并联………………………………………………………………（34）

2.1.3 电阻的串并联 …………………………………………………………………………………… (35)
2.1.4 无源三端网络(电阻的三角形连接与星形连接)的等效变换 ………………………… (37)
2.2 电源模型的等效变换和电源支路的串并联……………………………………………… (41)
2.2.1 两种电源模型的等效变换………………………………………………………………… (41)
2.2.2 电压源支路的串并联 …………………………………………………………………… (44)
2.2.3 电流源支路的串并联 …………………………………………………………………… (45)
2.3 支路分析法………………………………………………………………………………… (47)
2.3.1 分析线性电路的一般方法………………………………………………………………… (47)
2.3.2 支路分析法………………………………………………………………………………… (48)
2.3.3 支路分析法的步骤 ……………………………………………………………………… (49)
2.4 网孔分析法和回路分析法………………………………………………………………… (50)
2.4.1 网孔分析法的定义和方程………………………………………………………………… (50)
2.4.2 网孔分析法的计算步骤 ………………………………………………………………… (51)
2.4.3 回路分析法 ……………………………………………………………………………… (52)
2.4.4 含受控源的电路 ………………………………………………………………………… (53)
2.5 节点分析法………………………………………………………………………………… (54)
2.5.1 节点方程…………………………………………………………………………………… (54)
2.5.2 节点分析法的计算步骤 ………………………………………………………………… (55)
2.5.3 电路中仅含理想电压源支路的求解方法 ……………………………………………… (56)
2.5.4 单节点偶电路分析 ……………………………………………………………………… (57)
2.5.5 含受控源电路的节点分析方法…………………………………………………………… (58)
2.5.6 几种分析方法的比较 …………………………………………………………………… (58)
2.6 叠加定理与齐次定理……………………………………………………………………… (59)
2.6.1 叠加定理…………………………………………………………………………………… (59)
2.6.2 用叠加定理分析含受控源电路…………………………………………………………… (62)
2.6.3 齐次定理…………………………………………………………………………………… (62)
2.7 替代定理…………………………………………………………………………………… (63)
2.8 等效电源定理……………………………………………………………………………… (64)
2.8.1 戴维南定理………………………………………………………………………………… (64)
2.8.2 诺顿定理…………………………………………………………………………………… (67)
2.8.3 最大功率传输定理 ……………………………………………………………………… (69)
本章小结 …………………………………………………………………………………………… (71)
习题 ………………………………………………………………………………………………… (72)

第3章 正弦稳态电路分析 ……………………………………………………………………… (78)
3.1 正弦量……………………………………………………………………………………… (79)
3.1.1 正弦量的概念及正弦量的时域表示 …………………………………………………… (79)
3.1.2 正弦量三要素……………………………………………………………………………… (79)
3.1.3 正弦量的有效值 ………………………………………………………………………… (81)

3.2 正弦量相量的基本概念……………………………………………………………………(83)
3.2.1 正弦量的旋转矢量表示法……………………………………………………………(83)
3.2.2 正弦量的相量表示法 ……………………………………………………………(83)
3.2.3 几何表示法……………………………………………………………………………(84)
3.2.4 正弦量的相量运算 ………………………………………………………………(85)
3.3 基尔霍夫定律的相量形式……………………………………………………………(86)
3.3.1 KCL 的相量形式 …………………………………………………………………(86)
3.3.2 KVL 的相量形式……………………………………………………………………(86)
3.4 电感元件和电容元件……………………………………………………………………(87)
3.4.1 电感元件………………………………………………………………………………(87)
3.4.2 电容元件………………………………………………………………………………(89)
3.5 电阻、电感、电容元件的 VAR 的相量形式 ……………………………………(90)
3.5.1 电阻 ……………………………………………………………………………………(90)
3.5.2 电感 ……………………………………………………………………………………(92)
3.5.3 电容 ……………………………………………………………………………………(95)
3.6 阻抗和导纳………………………………………………………………………………(98)
3.6.1 阻抗 ……………………………………………………………………………………(98)
3.6.2 导纳 ……………………………………………………………………………………(100)
3.7 阻抗与导纳的等效变换及串并联 …………………………………………………(102)
3.7.1 阻抗与导纳的等效变换 …………………………………………………………(102)
3.7.2 阻抗的串并联 ………………………………………………………………………(104)
3.8 正弦电流电路中的功率 …………………………………………………………………(106)
3.8.1 瞬时功率 ……………………………………………………………………………(106)
3.8.2 平均功率 ……………………………………………………………………………(107)
3.8.3 无功功率 ……………………………………………………………………………(108)
3.8.4 视在功率 ……………………………………………………………………………(108)
3.8.5 复功率 …………………………………………………………………………………(109)
3.9 功率因数的改善及最大功率传输 ……………………………………………………(111)
3.9.1 功率因数的改善 ……………………………………………………………………(111)
3.9.2 最大功率传输 ………………………………………………………………………(112)
3.10 正弦稳态电流电路的计算……………………………………………………………(113)
本章小结……………………………………………………………………………………………(118)
习题…………………………………………………………………………………………………(119)

第 4 章 耦合电感和谐振电路…………………………………………………………………(124)
4.1 耦合电感元件 …………………………………………………………………………(124)
4.1.1 耦合线圈的自感和互感 …………………………………………………………(124)
4.1.2 耦合线圈的总磁链……………………………………………………………………(125)
4.1.3 耦合线圈的互感电压 ……………………………………………………………(126)

4.1.4 耦合电感元件 …………………………………………………………… (127)
4.1.5 耦合电感的相量模型 ……………………………………………………… (127)
4.1.6 同名端的判断方法 ………………………………………………………… (128)
4.2 含有耦合电感电路的计算 ………………………………………………… (129)
4.2.1 耦合电感的串联 ………………………………………………………… (129)
4.2.2 耦合电感的并联 ………………………………………………………… (130)
4.2.3 互感消去法 ……………………………………………………………… (131)
4.2.4 含耦合电感电路的一般计算方法 ………………………………………… (132)
4.3 理想变压器 ……………………………………………………………… (134)
4.3.1 理想变压器模型及电压、电流关系 ……………………………………… (134)
4.3.2 理想变压器特性 ………………………………………………………… (135)
4.4 正弦交流电路中的谐振 ………………………………………………… (136)
4.4.1 串联谐振 ………………………………………………………………… (137)
4.4.2 并联谐振 ………………………………………………………………… (140)
4.4.3 电感线圈和电容器的并联谐振电路 ……………………………………… (142)
本章小结 …………………………………………………………………… (144)
习题 ………………………………………………………………………… (145)

第5章 三相电路 …………………………………………………………… (147)
5.1 三相电源及其连接 ……………………………………………………… (147)
5.1.1 三相电源 ………………………………………………………………… (147)
5.1.2 三相电源的连接 ………………………………………………………… (148)
5.2 三相负载的连接 ………………………………………………………… (151)
5.2.1 星形连接 ………………………………………………………………… (151)
5.2.2 三角形连接 ……………………………………………………………… (152)
5.3 对称三相电路的计算 …………………………………………………… (155)
5.4 不对称三相电路的概念 ………………………………………………… (158)
5.5 三相电路的功率 ………………………………………………………… (161)
5.5.1 有功功率、无功功率、视在功率 ………………………………………… (161)
5.5.2 对称三相电路中的瞬时功率 …………………………………………… (162)
5.5.3 三相功率的测量 ………………………………………………………… (163)
本章小结 …………………………………………………………………… (166)
习题 ………………………………………………………………………… (168)

第6章 二端口网络 ………………………………………………………… (171)
6.1 二端口网络 ……………………………………………………………… (171)
6.2 二端口网络的阻抗参数、导纳参数、传输参数和混合参数 ………………… (172)
6.2.1 阻抗参数方程(Z方程)与阻抗参数(Z参数) ………………………… (172)
6.2.2 导纳参数方程(Y方程)与导纳参数(Y参数) ………………………… (174)

6.2.3 传输参数方程(T 方程)与传输参数(T 参数) …………………………… (177)
6.2.4 混合参数方程(H 方程)与混合参数(H 参数) …………………………… (179)
6.3 互易二端口网络的等效电路 …………………………………………… (181)
6.3.1 Π形等效电路 ……………………………………………………… (181)
6.3.2 T形等效电路 ……………………………………………………… (182)
本章小结……………………………………………………………………… (183)
习题…………………………………………………………………………… (184)

第7章 非正弦周期电流电路分析……………………………………………… (186)
7.1 非正弦周期电流 …………………………………………………………… (186)
7.2 非正弦周期函数展开成傅里叶级数 ……………………………………… (187)
7.2.1 傅里叶级数的展开形式 ……………………………………………… (187)
7.2.2 对称波形的傅里叶级数 ……………………………………………… (191)
7.3 非正弦周期电量的有效值和平均功率 …………………………………… (194)
7.3.1 有效值 ………………………………………………………………… (194)
7.3.2 非正弦周期电流电路的平均功率(有功功率) ………………………… (195)
7.4 非正弦周期电流电路的稳态分析 ………………………………………… (196)
本章小结……………………………………………………………………… (199)
习题…………………………………………………………………………… (199)

第8章 线性电路过渡过程的时域分析和复频域分析………………………… (201)
8.1 换路定律和初始条件的计算 ……………………………………………… (202)
8.1.1 换路定律 ……………………………………………………………… (202)
8.1.2 初始值的计算 ………………………………………………………… (203)
8.2 一阶电路的零输入响应 …………………………………………………… (204)
8.2.1 RC电路的零输入响应 ………………………………………………… (205)
8.2.2 RL电路的零输入响应 ………………………………………………… (206)
8.3 一阶电路的零状态响应 …………………………………………………… (209)
8.3.1 RC电路在直流激励下的零状态响应 ………………………………… (209)
8.3.2 RL电路在直流激励下的零状态响应 ………………………………… (211)
8.4 一阶电路的全响应及三要素法 …………………………………………… (213)
8.4.1 全响应的分解 ………………………………………………………… (213)
8.4.2 分析一阶电路全响应的三要素法 …………………………………… (216)
8.5 阶跃函数和一阶电路的阶跃响应 ………………………………………… (220)
8.5.1 阶跃函数 ……………………………………………………………… (220)
8.5.2 一阶电路的阶跃响应 ………………………………………………… (222)
8.6 RLC串联电路的零输入响应 ……………………………………………… (224)
8.7 拉普拉斯正变换、反变换 ………………………………………………… (230)
8.7.1 拉氏正变换 …………………………………………………………… (230)

8.7.2 拉氏反变换 …………………………………………………………………… (231)
8.7.3 原函数和象函数之间的对应关系 ……………………………………… (231)
8.8 拉普拉斯变换的一些性质 …………………………………………………… (232)
8.8.1 线性组合定理 ………………………………………………………………… (232)
8.8.2 微分定理 ……………………………………………………………………… (233)
8.8.3 积分定理 ……………………………………………………………………… (234)
8.9 用部分分式法进行拉氏反变换 ……………………………………………… (236)
8.9.1 只具有单极点的有理函数的反变换………………………………………… (236)
8.9.2 具有多重极点的有理函数的反变换………………………………………… (237)
8.10 线性电路的复频域分析……………………………………………………… (239)
8.10.1 用拉普拉斯变换求解过渡过程…………………………………………… (239)
8.10.2 电阻、电感、电容元件 VCR 的复频域形式 …………………………… (239)
8.10.3 基尔霍夫定律的复频域形式……………………………………………… (240)
8.10.4 欧姆定律的复频域形式 …………………………………………………… (241)
本章小结…………………………………………………………………………… (244)
习题………………………………………………………………………………… (247)
第 9 章 磁路和铁心线圈………………………………………………………… (252)
9.1 磁路的基本物理量 …………………………………………………………… (252)
9.1.1 磁感应强度和磁通…………………………………………………………… (252)
9.1.2 磁场强度 ……………………………………………………………………… (253)
9.1.3 磁导率 ………………………………………………………………………… (253)
9.1.4 磁场的基本性质 ……………………………………………………………… (253)
9.2 铁磁材料及其特性 …………………………………………………………… (254)
9.2.1 铁磁物质 ……………………………………………………………………… (254)
9.2.2 磁化曲线 ……………………………………………………………………… (254)
9.3 磁路和磁路定律 ……………………………………………………………… (256)
9.3.1 磁路的概念 …………………………………………………………………… (256)
9.3.2 磁路的基本定律 ……………………………………………………………… (257)
9.3.3 磁路和电路的类比和区别 …………………………………………………… (258)
9.4 交变磁通磁路 ………………………………………………………………… (259)
9.4.1 磁损耗 ………………………………………………………………………… (259)
9.4.2 线圈电压与磁通的关系……………………………………………………… (260)
9.4.3 正弦电压作用下磁化电流的波形 …………………………………………… (261)
9.4.4 正弦电流作用下磁通的波形 ………………………………………………… (262)
9.5 铁心线圈 ……………………………………………………………………… (263)
9.5.1 不考虑线圈电阻及漏磁通的电路模型……………………………………… (263)
9.5.2 考虑线圈电阻及漏磁通的电路模型………………………………………… (264)
本章小结…………………………………………………………………………… (265)

附录 A　电路实验指导……………………………………………………………………（267）
实验一　电工仪表测量误差的处理方法…………………………………………………（268）
实验二　元件伏安特性的测绘……………………………………………………………（270）
实验三　基尔霍夫定律的验证……………………………………………………………（273）
实验四　电源的等效变换…………………………………………………………………（274）
实验五　叠加原理的验证…………………………………………………………………（277）
实验六　戴维南定理的验证………………………………………………………………（278）
实验七　交流电路参数的测定……………………………………………………………（281）
实验八　一阶 RC 串联电路响应的研究…………………………………………………（283）
实验九　日光灯电路及功率因数的提高…………………………………………………（286）
实验十　RLC 串联谐振电路的研究………………………………………………………（288）
实验十一　二端口网络测试………………………………………………………………（291）
实验十二　三相负载的连接………………………………………………………………（294）
实验十三　三相电路功率的测量…………………………………………………………（296）
附录 B　部分习题答案……………………………………………………………………（299）

参考文献……………………………………………………………………………………（306）

第 1 章　电路的基本概念和基本定律

基本要求

1. 牢固掌握电路模型、理想电路元件的概念。

2. 深刻理解电流、电压、电功率和电能的物理意义，牢固掌握各量之间的关系式，深刻理解参考方向的概念。

3. 掌握分析计算电阻、电压源、电流源的电流、电压和功率的方法。

4. 掌握受控源的概念，能进行含受控源不含独立源的二端电阻网络等效为一个电阻的简单电路的计算。

5. 牢固掌握基尔霍夫电流定律、基尔霍夫电压定律和电路元件(电阻元件、电压源、电流源)的电压电流关系。

本章介绍电路模型和理想电路元件，其中包括电阻、独立电源和受控电源。引进了电流、电压的参考方向的概念，研究与电路连接方式有关的基本定律——基尔霍夫定律，它是集总电路的基本定律，包括电流定律和电压定律。基尔霍夫定律与构成电路的元件性质无关。

1.1　电路和电路模型

1.1.1　电路

1. 电路的定义

电路(circuit)是指为了某种需要由一些电气器件按一定方式连接起来的电流的通路。这里所谓的电气器件泛指实际的电路部件，如电阻器、电容器、电感线圈、晶体管、变压器等。

2. 电路的作用

电路的组成方式很多，功能也各不相同，其中一种作用是实现电能的传输和转换。典型的例子是电力系统，发电厂的发电机组把热能或原子能或水能等转换成电能，通过变压器、输电线等输送给各用电单位，此处又把电能转换成机械能、光能、热能等。

电路的另一重要作用是实现信号的传递和处理。通过电路把施加的信号(称为激励)变换或“加工”成为其他所需要的输出(称为响应)。常见的例子如扩音机，传声器(话筒)将声音变成电信号，经过放大器的放大，送到扬声器再变成声音输出。传声器施加的电信号称为激励(excitation)，它相当于电源；扬声器得到的放大信号称为响应(response)，它相当于负载。由于传声器施加的信号比较微弱，不足以推动扬声器发音，需要采用传输环节对信号起传递和放大作用。

在其他许多场合，如自动控制设备、计算机、通信设备等方面有种类繁多、为完成不同任务的各种电路。

由此可见，电路主要由电源、负载和传输环节三部分组成：电源是提供电能或电信号的设备；负载是用电或输出信号的设备；传输环节用于传输电能和电信号。

1.1.2 电路模型

实际电路的几何尺寸相差甚大。电力系统或通信系统可能跨越省界、国界甚至是洲际的，但集成电路的芯片则不大于指甲，在这样大小的芯片上却可能有成千上万甚至数百万个晶体管相互连接成为一个复杂的电路或系统。

电路理论主要研究电路中发生的电磁现象，而用电流、电荷、电压或磁通等物理量来描述其中的过程。电路理论的目标是计算电路中各器件的端电流和端子间的电压，一般不涉及器件内部发生的物理过程。电路理论中有一个重要的假设，当构成电路的器件及电路本身的尺寸远小于电路工作时的电磁波的波长，或者说电磁波通过电路的时间可认为是瞬时的，则电磁场理论和实践均证明在任意时刻流入各器件任一端子的电流和任两个端子间的电压都将是单值的量。在这种近似条件下，用足以反映其电磁性质的一些理想电路元件或它们的组合来模拟实际电路中的器件。这种理想电路元件称为集总元件或集总参数元件。理想电路元件是具有某种确定的电磁性质的假想元件。它是一种理想化的模型并具有精确的数学定义。理想电路元件是通过端子与外部相连接的，而根据端子的数目可分为二端、三端、四端元件等。在任何时刻，从具有两个端子的集总元件的一个端子流入的电流将恒等于从另一端子流出的电流，并且元件的端电压是单值的。对于多于两个端子的集总元件来说，在任何时刻流入任一端子的电流和任意两端之间的电压是单值的量。

实际电路中各器件的端子是通过导线相互连接起来的，而在电路模型中各理想元件的端子是用“理想导线”(即认为它们的电阻为零)连接起来的。电路理论中用抽象的理想元件及其组合近似地代替实际的器件，从而构成了与实际电路相对应的电路模型。

由集总元件构成的电路称为集总电路，或称为具有集总参数的电路。从电磁场理论的观点，集总电路的尺寸可以完全忽略不计。如果实际电路的尺寸不远小于工作时电磁波的波长，则这种电路便不能按集总电路来处理。本书只考虑集总电路。

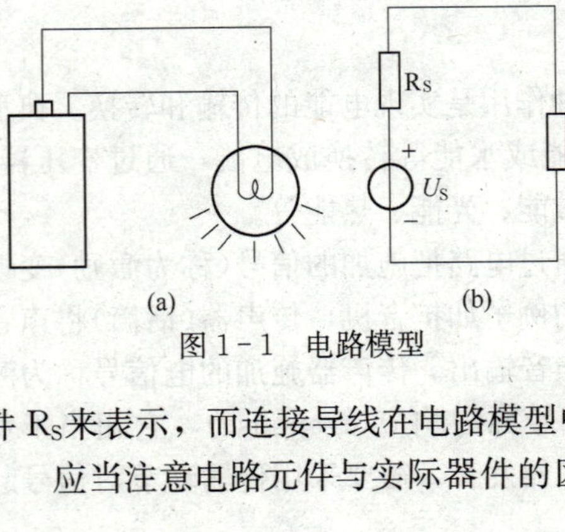

图 1-1 电路模型

本章后面将分别介绍各种(理想)电路元件(今后涉及的一般均为理想元件，故往往略去“理想”二字)，如二端电阻元件、电容元件、电感元件等。

图 1-1(a)所示为一个简单的实际电路，其中有一个电源(干电池)，一个负载(小灯泡)和两根连接导线，其电路模型将如图 1-1(b)所示，电阻元件 R 表示小灯泡，干电池用电压源 U_S 和电阻元件 R_S 来表示，而连接导线在电路模型中用相应的理想导线或线段来表示。

应当注意电路元件与实际器件的区别。例如实验室或电子仪器中用的各式各样的电阻器、电容器、线圈、晶体管等，一般都可以用电路元件及它们的组合来模拟，但两者之间不完全等同。通常在一定的工作条件下，根据实际器件的主要物理功能，可按不同的精确程度用电路元件及它们的组合来予以模拟。例如，在工作频率比较低时，一个线圈就可以用电阻和电感元件的串联组合构成的模型来描述。当频率较高时，线圈的绕线之间的电容效应就不容忽视，这种情况下表征这个线圈的较精确的模型还应当包含电容元件。总之在不同条件下，同一实际器件可能要用不同的电路模型来模拟。本书将不涉及如何建立模型的问题。

今后所说的电路一般均指由理想电路元件构成的抽象电路而非实际电路。大量实践充分证实只要电路模型取得恰当，按抽象电路分析计算所得结果与对应的实际电路中测量所得结果基本上是一致的。当然，如果电路模型选择得不好，则会造成很大误差，有时甚至还可能导致自相矛盾的结果。在某种意义上可以说，电路理论是一门相当精确的工程学科，这是因为按理论所预测的电路状况一般与实际情况是十分接近的。

电路理论是一门研究网络分析和网络综合或设计的基础工程学科，它涉及的面非常广泛。本书的主要内容是介绍电路理论的入门知识，其重点是电路的分析，它探讨电路的基本定律和定理，并讨论电路的各种计算方法。电路中的物理量主要有电流、电荷、电压和磁通。此外，能量和功率也很重要。无论简单的还是复杂的实际电路都可以通过几种理想电路元件所构成的抽象电路来充分地描述。分析和计算这种电路的基本定律也只有几个。研究电路分析的一个重要目标往往是为了进行电路的设计，并力图使得设计电路的性能良好，同时又要设法降低其成本，提高可靠性等。

1.2　电路的主要物理量及方向

1.2.1　电流及其参考方向

1. 电流

带电粒子(电子、离子等)的有秩序运动形成电流(current)。衡量电流大小的量是电流强度，称电流。所以电流既是一种物理现象，又是一个物理量。电流在量值上等于通过某处的电荷量与所需时间之比。用符号 i 表示，即

$$i \overset{\text{def}}{=} \frac{dq}{dt} \tag{1-1}$$

式中 dq 是在极短时间 dt 内通过某处的电荷量。习惯上规定正电荷运动的方向为电流的方向。

若电流的量值和方向不随时间变动，即 $\frac{dq}{dt}$ 等于定值，则这种电流称为直流电流(direct current)，简称为直流(DC)。直流电流常用大写的字母 I 表示，所以式(1-1)可改写为

$$I = \frac{q}{t} \tag{1-2}$$

式中 q 是在时间 t 内通过某处的电荷量。

周期性变动且平均值为零的电流称为交变电流(alternate current)，简称为交流(AC)。交流电流常用小写字母 i 表示。

电流的 SI 单位是安[培](ampere)，符号为 A；电荷量的单位是库[仑](coulomb)，符号为 C。若每秒通过某处的电荷量为 1 C，则电流为 1 A。将电流的 SI 单位冠以 SI 词头(见表 1-1)，即可得到电流的十进倍数单位和分数单位，常用的有 kA(千安)、mA(毫安)、μA(微安)等。

表 1-1 常用 SI 词头

因 数	10^9	10^6	10^3	10^2	10^1	10^{-1}	10^{-2}	10^{-3}	10^{-6}	10^{-9}	10^{-12}
名 称	吉	兆	千	百	十	分	厘	毫	微	纳	皮
符 号	G	M	k	h	da	d	c	m	μ	n	p

2. 电流的参考方向

电流在导线中或一个电路元件中流动的实际方向只有两种可能，见图 1-2。当有正电荷的净流量从 a 端流入并从 b 端流出时，习惯上就认为电流是从 a 端流向 b 端；反之，则认为电流是从 b 端流向 a 端。电路分析中，有时对某一段电路中电流实际流动方向很难预先判断出来，有时电流的实际方向还在不断地改变，因此很难在电路中标明电流的实际方向。由于这些原因，引入了电流“参考方向(reference direction)”的概念。

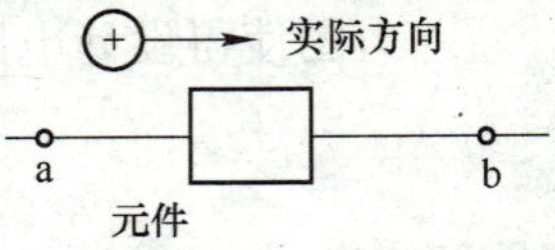

图 1-2 电流方向

在图 1-3 中先选定其中某一个方向作为电流的方向，这个方向叫作电流的参考方向(图中用实线表示)。当然，所选的方向并不一定就是电流实际的方向(图中用虚线表示)。把电流看成代数量。若电流的参考方向与它的实际方向一致，则电流为正值($i>0$)；反之，若电流的参考方向与它的实际方向相反，则电流为负值($i<0$)，见图 1-3。于是，在指定的电流参考方向下，电流值的正和负，就可以反映出电流的实际方向。

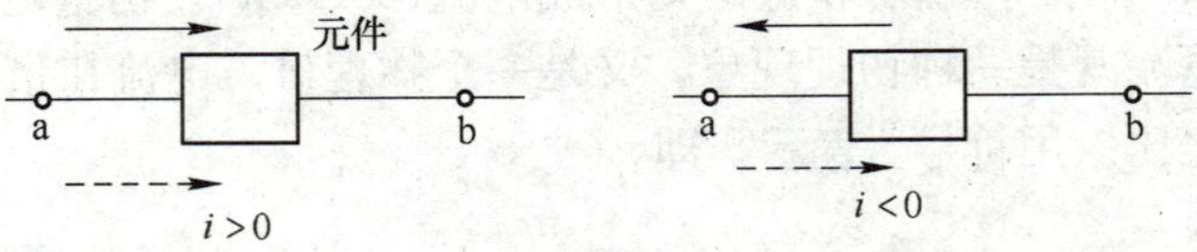

图 1-3 电流的参考方向

电流的参考方向除用箭头在电路图上表示外，还可用双下标表示。例如，对于图 1-4(a)的电流 i，可用 i_{ab} 表示其参考方向由 a 指向 b(图 1-4(b))，也可用 i_{ba} 表示其参考方向由 b 指向 a(图 1-4(c))。显然，两者相差一个负号，即

$$i_{ab}=-i_{ba} \tag{1-3}$$

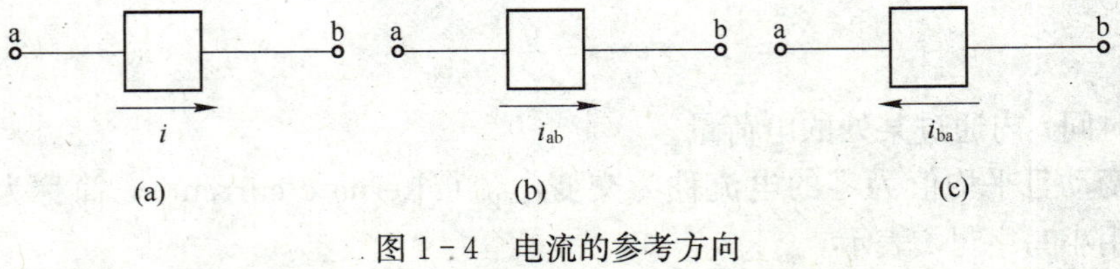

图 1-4 电流的参考方向

1.2.2　电压、电位、电动势及其参考方向

1. 电压

当导体中存在电场时，电荷将在电场力的作用下运动，并把电能转换为其他形式的能量。单位正电荷在电场力的作用下由 a 点转移到 b 点时减少的电能为电路中 a、b 两点间的电压(voltage)，用符号 u_{ab} 表示，即

$$u_{ab} \overset{\text{def}}{=} \frac{dW}{dq} \tag{1-4}$$

式中，dq 为由 a 点转移到 b 点的电荷量，dW 为转移过程中电荷减少的电能。

电压表明单位正电荷在电场力作用下转移时减少的电能，减少电能体现为电位的降低(从高电位点到低电位点)，所以电压的方向是电位降低的方向。

2. 电位

若任取一点 c 作为参考点，则由某点 a 到参考点 c 的电压 u_{ac} 称为 a 点的电位(potential)，用 φ_a 表示。电位参考点可以任意选取，通常选择大地、设备外壳或接地点作为参考点。在一个连通的系统中只能选择一个参考点。参考点电位为零。

电压与电位的关系为：a、b 两点之间的电压等于这两点电位之差，即

$$u_{ab} \overset{\text{def}}{=} \varphi_a - \varphi_b \tag{1-5}$$

式中，φ_a 为 a 点电位，φ_b 为 b 点电位。所以，电压和电位差一般可以认为意义相同，知道电路上各点电位后，便可求得各段的电压。电位的量值与参考点的选择有关，在电路中选定参考点后，也可由电路各段电压求得电路各点的电位。例如图 1-5 中，已知 $u_{ab}=6\ \text{V}$，$u_{bc}=2\ \text{V}$，若选 c 点为参考点，则 $\varphi_c=0\ \text{V}$，$\varphi_b=\varphi_c+u_{bc}=2\ \text{V}$，$\varphi_a=\varphi_b+u_{ab}=8\ \text{V}$。

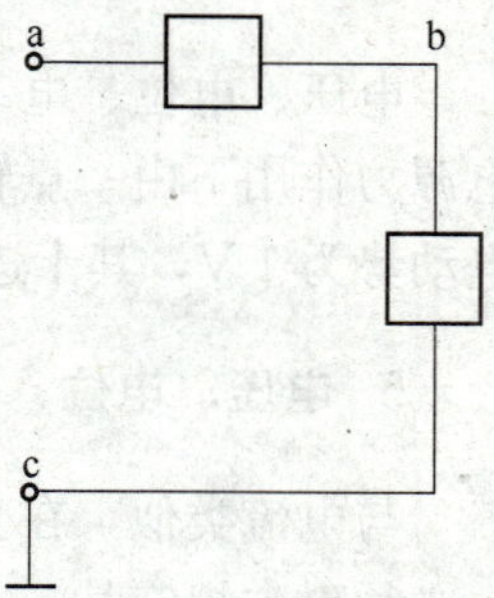

图 1-5　电位的计算

3. 电动势

在电场力作用下，正电荷一般总是从高电位点向低电位点运动。为了形成连续的电流，在电源中正电荷必须从低电位点移到高电位点。这就要求在电源中有一个电源力作用在电荷上，使之逆电场力方向运动，并把其他能量转换成电能。例如在发电机中，当导体在磁场中运动时，导体内便出现这种电源力；在电池中，电源力存在于电极间。电动势(electromotive force)表明了单位正电荷在电源力作用下转移时增加的电能，用符号 e 表示，即

$$e \overset{\text{def}}{=} \frac{dW_S}{dq} \tag{1-6}$$

式中，dq 为转移的电荷，dW_S(下标 S 表示电源)为转移过程中电荷增加的电能。增加电能体现为电位的升高(从低电位点到高电位点)，所以电动势的方向是电位升高的方向。

如果用正(+)极性表示电源的高电位端，用负(−)极性表示其低电位端，如图 1-6 所

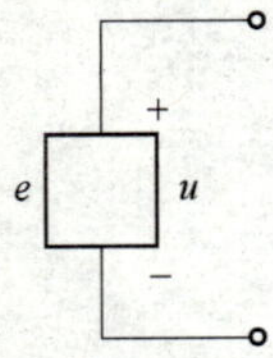

图1-6 电源的电动势和电压

示，则电动势e的方向是从负极性指向正极性，而电压u的方向是从正极性指向负极性，两者刚好相反。由能量守恒定律得知：若不考虑电源内部还可能有其他形式的能量转换，则电源电动势e在量值上应当与其两端间的电压u相等。当电源不与其他元件连接时，电源中没有电流，因而电源内不存在能量转换。这时电源处于开路状态。显然，电源开路时的电压在量值上等于电动势。

如上所述，电动势与电压的物理意义并不相同，但就其对外部的效果而言，一个电源具有方向从负极性指向正极性的电动势和具有方向从正极性指向负极性量值相同的电压，二者是没有区别的。所以，近代电路理论中逐渐省略了电动势这个量，但在专业课中还广泛地应用电动势的概念。

按电压和电动势随时间变化的情况，可将它们分为直流与交流两种。如果电压和电动势的量值与方向都不随时间而变动，则称为直流电压和电动势，分别用符号U和E表示。量值与方向随时间变化的电压，称为时变电压和电动势，一般用符号u和e表示。量值与方向随时间做周期性变化且平均值为零的时变电压，称为交流电压。

4. 电压、电位、电动势的单位

电压、电位、电动势的SI单位都是伏[特](volt)，符号为V。当1 C的电荷在电场力或电源力作用下由一点转移到另一点转换(减少或增加)的电能为1 J时，则该两点间的电压或电动势为1 V，其十进倍数和分数单位常用的有kV(千伏)和mV(毫伏)、μV(微伏)等。

5. 电压、电位、电动势的参考方向

与电流类似，在分析与计算电路时，把电压、电动势看作是一个具有正负值的代数量，也必须事先规定某一方向作为其数值为正的方向，称为参考方向。参考方向可任意规定，一般有3种表示方式。

① 采用参考极性表示。在电路图上标出正(+)、负(−)极性，如图1-7(a)所示，当表示电压的参考方向时，标以电压符号u，这时正极指向负极的方向就是电压的参考方向；当表示电动势的参考方向时，标以电动势符号e，负极指向正极就是电动势的参考方向。

② 采用箭头表示。用箭头表示在电路图上，并标以电压符号u或电动势符号e。对于同一个处于开路状态的电源设备，它的电动势与电压方向相反而量值相等，当用箭头表示参考方向时，若选择电动势和电压的箭头方向相反，如图1-7(b)所示，则有$e=u$；若选择电动势和电压的箭头方向相同，如图1-7(c)所示，则有$e=-u$。

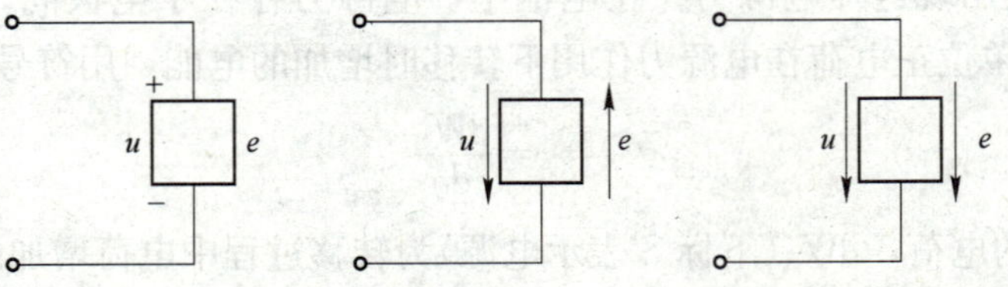

图1-7 电压和电动势的参考方向

③ 采用双下标表示。如 u_{ab} 表示电压的参考方向是由 a 指向 b；e_{ba} 表示电动势的参考方向是由 b 指向 a。

6. 使用参考方向需要注意的几个问题

① 电流、电压的方向是客观存在的，但往往难于事先判定。参考方向是人为规定的电流、电压数值为正的方向，在分析问题时需要先规定参考方向，然后根据规定的参考方向列写方程。

② 参考方向一经规定，在整个分析计算过程中就必须以此为准，不能变动。

③ 不标明参考方向而说某电流或某电压的值为正或负是没有意义的。

④ 参考方向可以任意规定而不影响计算结果。因为参考方向相反时，得出的电流、电压值也要改变正负号，最后得到的实际结果仍然相同。

⑤ 电流参考方向和电压参考方向可以分别独立地规定。但为了分析方便，常使同一元件的电流参考方向与电压参考方向一致，即电流从电压的正极性端流入该元件而从它的负极性端流出，如图 1-8 所示。这时，该元件的电流参考方向与电压参考方向是一致的，称为关联(associated)参考方向。反之，则为非关联参考方向。

例 1-1 图 1-9(a)中 $u=5$ V；图 1-9(b)中，$u_{ab}=-7$ V，试分别比较 a、b 两点电位。

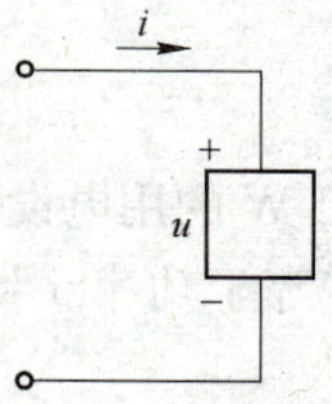

图 1-8 电压和电流的关联参考方向

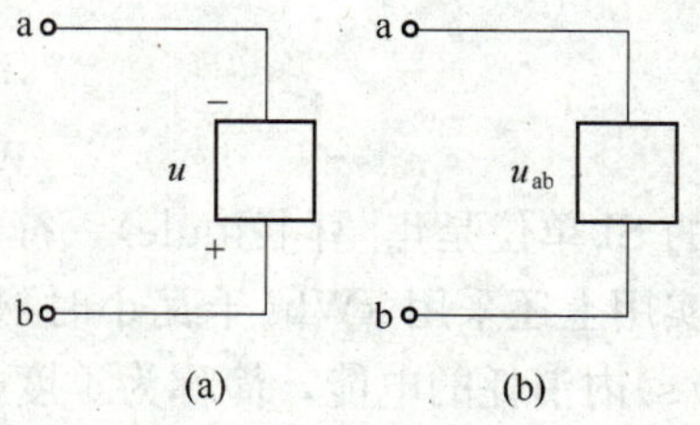

图 1-9 例 1-1 电路

解 图 1-9(a)中，参考极性 b 点为正，a 点为负，$u=5$ V，所以 b 点电位比 a 点高 5 V。图 1-9(b)中，u_{ab} 为 a 点到 b 点的电位降，$u_{ab}=-7$ V，所以 a 点电位比 b 点低 7 V。

1.2.3 电功率和电能

1. 电功率

在电路中，正电荷 dq 受电场力作用从高电位点 a 流向低电位点 b，设 ab 间电压为 u，则根据式(1-4)可知在转移过程中 dq 减少的电能为

$$\mathrm{d}W=u\mathrm{d}q \tag{1-7}$$

减少电能意味着电能转换为其他形式的能量，被电路吸收(消耗)。电能转换的速率称为电功率，简称为功率(power)。功率 p、电能 W 和电路中电压、电流的关系是

$$p=\frac{\mathrm{d}W}{\mathrm{d}t}=u\frac{\mathrm{d}q}{\mathrm{d}t}=ui \tag{1-8}$$

直流时

$$P=UI \tag{1-9}$$

上述情况中电压方向与电流方向一致。

功率的SI单位为瓦[特](watt)，符号为W。功率的十进倍数和分数单位常用的有kW(千瓦)、MW(兆瓦)和mW(毫瓦)等。在式(1-8)和式(1-9)中，如电压单位为V(伏)，电流单位为A(安)，则功率单位为W(瓦)。

进行功率计算时必须注意式(1-8)和式(1-9)可带有正号或负号。当电压和电流的参考方向是相关联的，则两式带正号，即

$$p=ui \quad 或 \quad P=UI \tag{1-10}$$

当两者的参考方向是非关联的，则两式带负号，即

$$p=-ui \quad 或 \quad P=-UI \tag{1-11}$$

由式(1-10)和式(1-11)得到的功率为正值时，表示这部分电路吸收(消耗)功率；若为负值时，则表示这部分电路提供(产生)功率(表示其他能量转换为电能的速率)，此功率供给电路的其余部分。

2. 电能

根据式(1-8)，从 t_0 到 t 时间内，电路吸收(消耗)的电能[量]为

$$W=\int_{t_0}^{t} p\mathrm{d}t \tag{1-12}$$

直流时

$$W=P(t-t_0) \tag{1-13}$$

电能的SI单位是焦[耳](Joule)，符号为J，它等于功率1 W的用电设备在1 s内消耗的电能。在实用上还采用kWh(千瓦小时)作为电能的单位，它等于功率1 kW的用电设备在1 h (3 600 s)内消耗的电能，简称为1度电。

$$1\ \text{kWh}=10^3\times 3\ 600=3.6\times 10^6\ \text{J}=3.6\ \text{MJ}$$

3. 额定值

各种电气器件(电灯、电烙铁、电阻器等)都有一定的量值限额，称为额定值，包括额定电压、额定电流和额定功率。许多器件在额定电压下才能正常、合理、可靠地工作，电压过高时器件容易损坏，过低时则功率不足(电灯变暗、电烙铁温度较低等)。使用电气器件时不应超过其额定电流或额定功率，否则时间稍长就可能因过热而烧坏。由于功率、电压和电流之间有一定的关系，所以在给出额定值时，没有必要全部给出。例如对灯泡、电烙铁等通常只给出额定电压和额定功率；而对于电阻器除电阻值外，只给出额定功率。

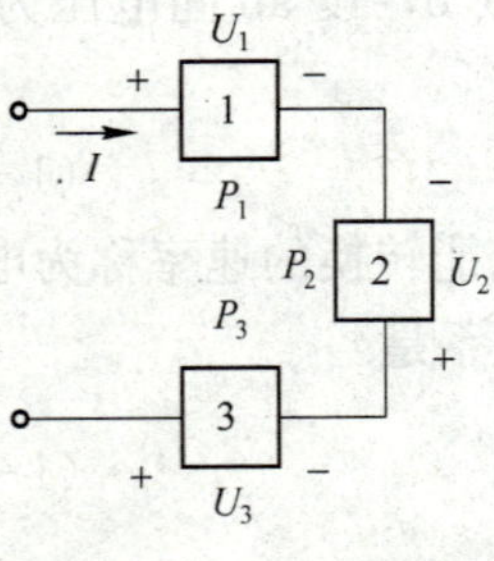

图1-10　例1-2电路

例1-2　图1-10所示为直流电路，$U_1=3$ V，$U_2=-9$ V，$U_3=5$ V，$I=3$ A，求各元件吸收或提供的功率 P_1、P_2 和 P_3，并求整个电路的功率 P。

解　元件1的电压参考方向与电流参考方向相关联，故

$$P_1=U_1I=3\times 3=9\ \text{W} \quad (吸收9\ \text{W})$$

元件2和元件3的电压参考方向与电流参考方向非关联，故

$$P_2=-U_2I=-(-9)\times 3=27\ \text{W} \quad (吸收27\ \text{W})$$

$$P_3=-U_3I=-5\times 3=-15\ \text{W} \quad (提供15\ \text{W})$$

整个电路的功率为

$$P=P_1+P_2+P_3=9+27-15=21\ \text{W}\quad(\text{吸收}\ 21\ \text{W})$$

例 1-3　已知某实验室有额定电压 220 V、额定功率 100 W 的白炽灯 24 盏，另有额定电压 220 V、额定功率 4 kW 的电炉两台，都在额定状态下工作。试求：总功率、总电流和在 2 h 内消耗的总电能。

解　总功率为 $P=100\times24+4\,000\times2=10.4\ \text{kW}$

总电流为

$$I=\frac{P}{U}=\frac{10\,400}{220}=47.3\ \text{A}$$

总电能为

$$W=Pt=10.4\times2=20.8\ \text{kWh}$$

思考题与练习题

1.2.1　直流电流通过导线，已知 1 s 内从 a 到 b 通过导线的电荷量为 0.2 C。(1)如通过的是正电荷，试求 I_{ab}；(2)如通过的是负电荷，试求 I_{ab}。

1.2.2　为什么要在电路图上规定电流的参考方向？若电流为负值，说明电流的方向与参考方向的关系。

1.2.3　电压、电位、电位差、电动势有何区别与关系？

1.2.4　按图 1-11(a)规定的参考极性，为什么 $u=e$？按图 1-11(b)规定的参考方向，为什么 $u=-e$？

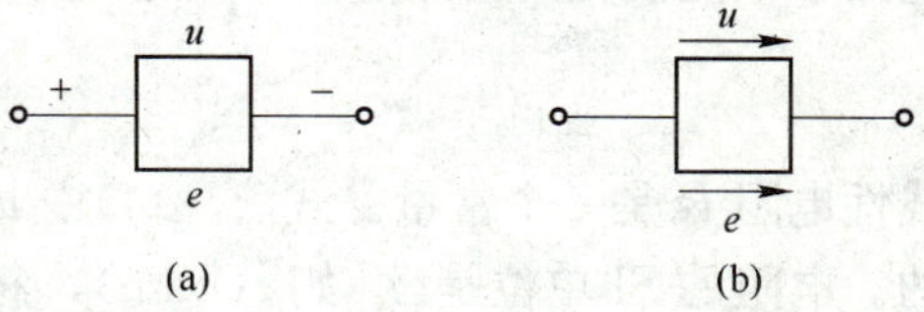

图 1-11　题 1.2.4 图

1.3　线性电阻元件的欧姆定律

1.3.1　电阻元件

电路是由元件连接组成的，研究电路时必须了解各电路元件的特性。表示元件特性的数学关系称为元件约束。电阻元件(resistor)是一种最常见的理想电路元件，它是一个二端元件。二端元件的端钮电流、端钮间的电压分别称为元件电流、元件电压。电阻元件的特性可以用元件电压与元件电流的代数关系表示，这个关系称为电压电流关系(voltage-current relationship)，缩写为 VCR。由于电压、电流的 SI 单位是伏[特]和安[培]，所以电压电流关系也称为伏安特性。在 u-i 坐标平面上表示元件电压电流关系的曲线常称为伏安特性曲线。

若电阻的电压电流关系不随时间变动，则称为时不变电阻；否则称为时变电阻，例如电阻式传声器在有语音信号时就是时变电阻。本书只讨论时不变电阻。

若伏安特性曲线是通过坐标原点的直线，这种电阻元件就称为线性电阻元件；不符合这个要求的电阻元件称为非线性电阻元件。本章只讨论线性电阻元件。

1.3.2 线性电阻元件与欧姆定律

线性电阻元件是一种理想电路元件，它在电路图中的图形符号如图 1-12 所示。图中标出了电压和电流的关联参考方向，这时，线性电阻元件的伏安特性曲线如图 1-13 所示，其表达式为

$$u=Ri \tag{1-14}$$

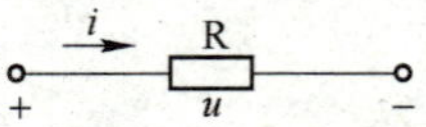

图 1-12 线性电阻元件的图形符号

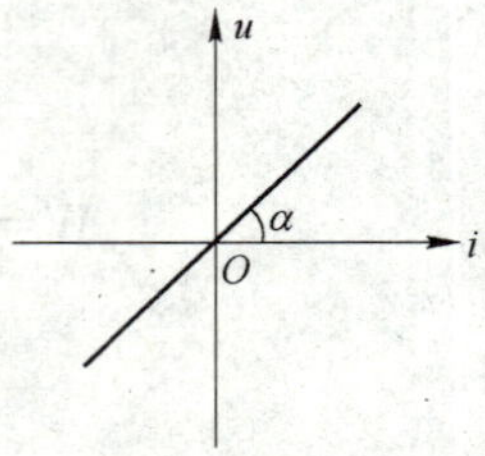

图1-13 线性电阻元件的伏安特性曲线

这就是我们熟悉的欧姆定律(Ohm's law)。式中 R 为元件的电阻(resistance)，它是一个反映电路中电能损耗的电路参数，其定义为

$$R\overset{\text{def}}{=}\frac{u}{i} \tag{1-15}$$

线性电阻 R 是一个常量。式(1-14)中 u、i 是电路的变量，它们可以是直流的也可以是交流的。电阻的 SI 单位是欧[姆](ohm)，符号为 Ω。电阻的常用十进倍数单位有 kΩ(千欧)、MΩ(兆欧)等。在式(1-15)中，如电压单位用 V，电流单位用 A，则电阻单位为 Ω。线性电阻元件也可用另一个参数——电导 (conductance)表征，电导用符号 G 表示，其定义为

$$G\overset{\text{def}}{=}\frac{1}{R} \tag{1-16}$$

电导的 SI 单位为西[门子](Simens)，符号为 S。用电导表征线性电阻元件时，欧姆定律表示为

$$i=Gu \tag{1-17}$$

线性电阻元件中的电流总是从电压的正极性端流向负极性端，即从高电位流向低电位。所以式(1-14)和式(1-17)只在关联参考方向时才能成立。当电压、电流为非关联参考方向时，欧姆定律应写作

$$u=-Ri \quad 或 \quad i=-Gu \tag{1-18}$$

实际上，所有电阻器、电灯、电炉等器件，它们的伏安特性曲线或多或少都是非线性的。但是在一定条件下，这些器件(特别像金属膜电阻器、线性电阻器等)的伏安特性曲线近似为一条直线，所以用线性电阻元件作为它们的电路模型不会引起明显的误差。

1.3.3 短路和开路

对于线性电阻元件有两个特殊情况值得注意：开路和短路。当一个二端元件(或电路)的端电压不论为何值时，流过它的电流恒为零值，就把它称为开路(open circuit)。开路的伏安

特性在 u-i 平面上与电压轴重合，它相当于 $R=\infty$ 或 $G=0$，如图 1-14 (a)所示。当流过一个二端元件(或电路)的电流不论为何值时，它的端电压恒为零值，就把它称为短路(short circuit)。短路的伏安特性在 u-i 平面上与电流轴重合，它相当于 $R=0$ 或 $G=\infty$，如图1-14 (b)所示。

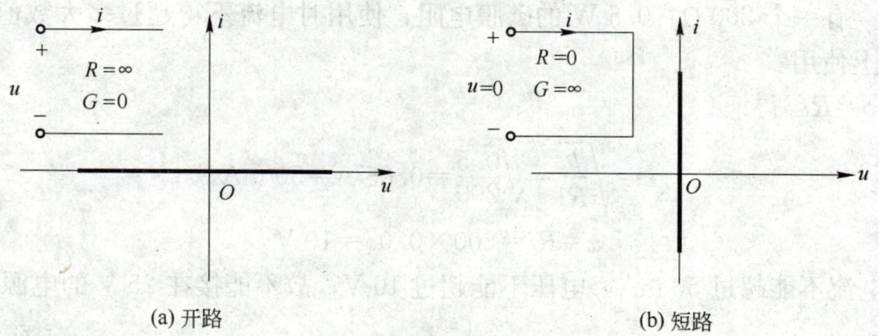

图 1-14　开路和短路

1.3.4　线性电阻元件吸收(消耗)的功率

根据电压和电流参考方向是否关联，线性电阻元件吸收(消耗)的功率可由式(1-10)或式(1-11)计算而得。还可将式(1-14)、式(1-17)代入式(1-10)，或将式(1-18)代入式(1-11)得到电阻元件吸收(消耗)功率计算式的另外两种形式，即

$$\left.\begin{aligned} p&=Ri^2=\frac{i^2}{G} \\ &\text{或} \\ p&=\frac{u^2}{R}=Gu^2 \end{aligned}\right\} \tag{1-19}$$

计算所得总是吸收功率，是被消耗的能量(例如转换成热能)。可见，电阻是一种耗能元件。

如电阻元件把吸收的电能转换成热能，按照式(1-12)，从 t_0 到 t 时间内电阻元件的热[量]q，也就是这段时间内吸收(消耗)的电能 W 为

$$q=W=\int_0^t p\mathrm{d}t=\int_0^t Ri^2\mathrm{d}t=\int_0^t \frac{u^2}{R}\mathrm{d}t \tag{1-20}$$

若电流不随时间变动，即电阻通过直流时，式(1-20)化为

$$Q=W=P(t-t_0)=PT=RI^2T=\frac{U^2}{R}T \tag{1-21}$$

式中 $T=t-t_0$ 是电流通过电阻的总时间。式(1-20)和式(1-21)称为焦耳定律(Joule’s law)。

当电阻值一定时，电阻消耗的功率与电流(或电压)的平方成正比，而不是电流(或电压)的线性函数。

今后，为了叙述方便，把线性电阻元件简称为电阻。

例 1-4　有一个 400 Ω 电阻，流过它的直流电流为 50 mA，问电阻电压是多少？消耗的功率是多少？每分钟产生多少热量？

解　电阻电压为

$$U=RI=400\times50\times10^{-3}=20\ \text{V}$$

消耗的功率为

$$P=UI=20\times50\times10^{-3}=1\ \text{W}$$

每分钟产生的热量按式(1-21)为

$$Q=PT=1\times60=60\ \text{J}$$

例 1-5 有一个 200 Ω、0.5 W 的碳膜电阻，使用时电流不得超过多大数值？能否接在 25 V 的电源上使用？

解 由 $p=Ri^2$ 得

$$i=\sqrt{\frac{p}{R}}=\sqrt{\frac{0.5}{200}}=0.05\ \text{A}=50\ \text{mA}$$

得

$$u=Ri=200\times0.05=10\ \text{V}$$

即在使用时电流不能超过 50 mA，电压不能超过 10 V，故不能接在 25 V 的电源上使用。

思考题与练习题

1.3.1 在电压电流为关联参考方向时，电阻的伏安特性曲线如图 1-13 所示，若在非关联参考方向时，其伏安特性曲线有何不同？

1.3.2 线性电阻元件的电压电流关系式是线性的，吸收的功率与电压(或电流)的关系是否也是线性的？

1.3.3 一个 40 kΩ、10 W 的电阻，使用时至多能容许多大电流流过？

1.3.4 一个 2.7 kΩ、0.5 W 的电阻，使用时至多能容许加多大的电压？

1.3.5 求图 1-15 所示电路中的电压 U_{ab}。

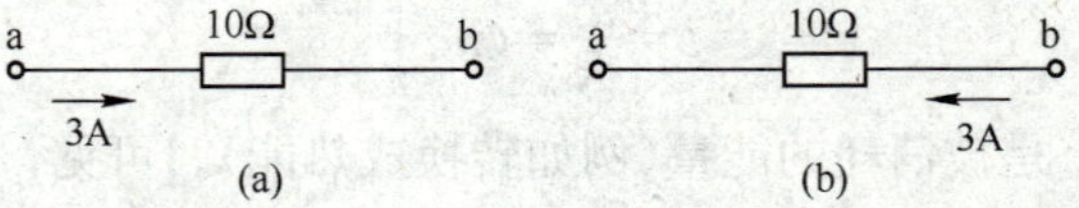

图 1-15 题 1.3.5 电路

1.3.6 有一个 20 kΩ 的电阻，允许流过的最大电流为 5 mA，求电阻的额定功率和电导。

1.3.7 流过 1 kΩ 电阻的电流的波形如图 1-16 所示，试画出电压的波形图。

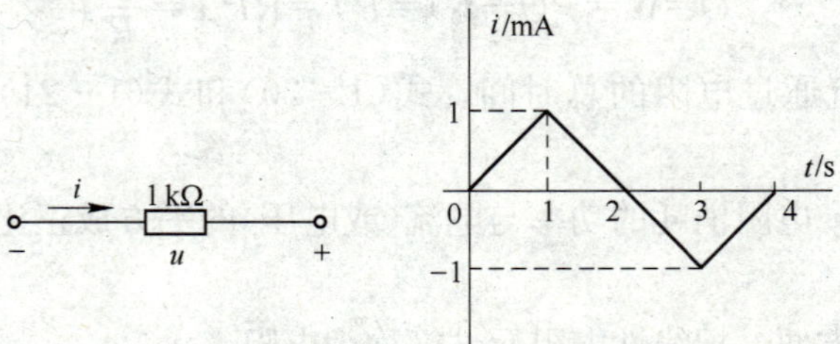

图 1-16 题 1.3.7 电路

1.3.8　如图 1-17 所示，已知 $i_a=-1$ A，$i_b=0.5$ A，试求 u_{ab}、u_{bc}、u_{ca}。

1.3.9　试求图 1-18 所示电路中的 R 的值和这部分电路的功率。

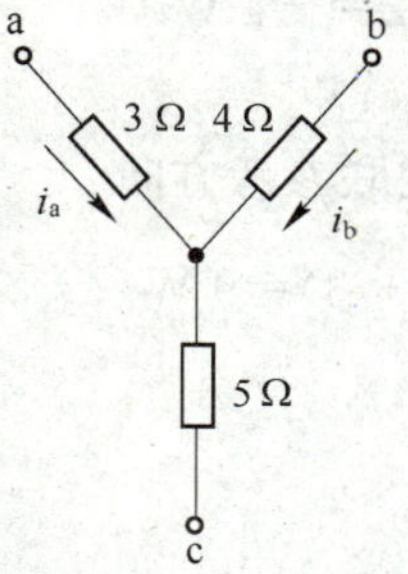

图 1-17　题 1.3.8 电路

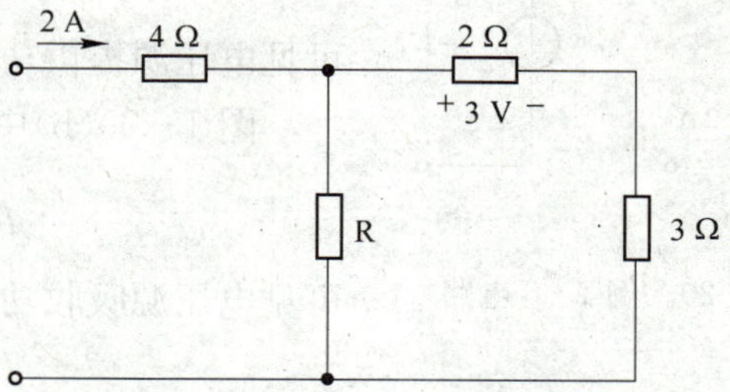

图 1-18　题 1.3.9 电路

1.4　电压源

1.4.1　理想电压源

理想电压源是一个二端理想电路元件，元件的电压与通过它的电流无关，总保持为某给定值或给定的时间函数。电池是大家很熟悉的一种电源，如果电池的内电阻(简称内阻)为零，则不论电流为任何值，电池的电压均为定值，其值等于电池的电动势，那么它的模型就是一个理想电压源。理想电压源不仅限于直流电源，交流发电机的电压虽然是时间的函数，但若内阻很小可以忽略，电压不受电流影响，其模型也可以看作是一个理想电压源。理想电压源简称为电压源(voltage source)。

电压源有两个基本性质：一是它的电压是给定的时间函数，与流过的电流无关；二是它的电流不是由电压源本身就能确定的，而是由电压源与相连接的外电路共同决定的。流过的电流可以是任意的，甚至可以在不同方向流过电压源。

电压源在电路中的图形符号如图 1-19(a)所示，其中 u_S 为电压源电压，“+”、“−”是其参考极性。

直流电压源的图形符号如图1-19(b)所示，其电压 U_S 等于定值。图 1-19(c)表示直流电压源的伏安特性曲线，它是一条与电流轴平行且纵坐标为 U_S 的直线，表明其电压恒等于 U_S，与电流大小无关。当电流为零，即电压源开路时，其电压仍为 U_S。

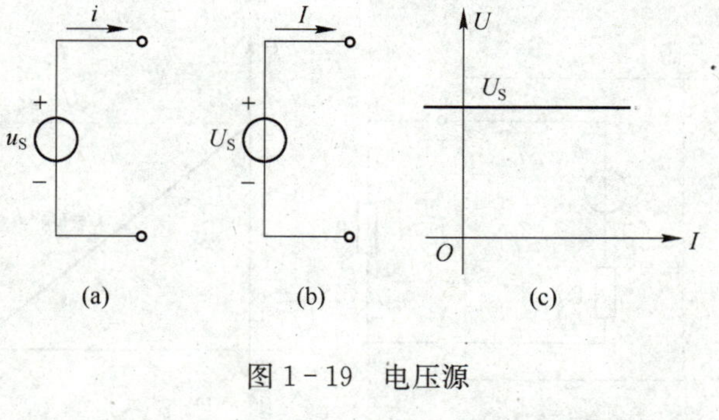

图 1-19　电压源

如果一个电压源的电压 $u_S=0$，则此电压源的伏安特性曲线为与电流轴重合的直线，它相当于短路。电压为零的电压源相当于短路。

电压源一般在电路中提供功率，但是有时也从电路中吸收功率，可以根据电压、电流的参考方向，应用功率计算公式，由计算所得功率的正负判定。

例 1-6　已知电压源的电压、电流参考方向如图 1-20 所示，求电压源的功率，并说明

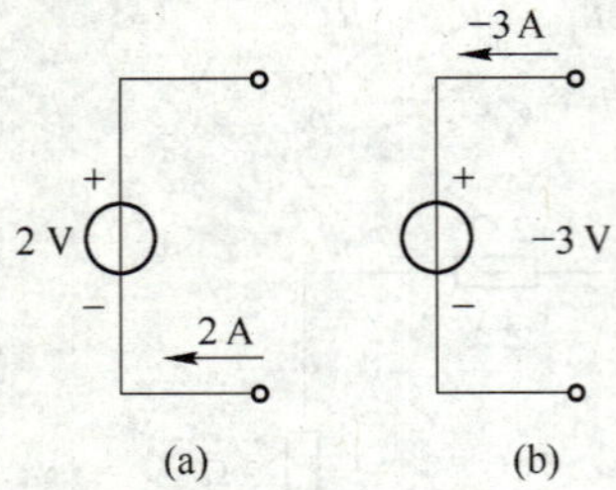

图 1-20　例 1-6 电路

是提供功率还是吸收功率。

解　图 1-20(a)中电压、电流为非关联参考方向

$$p=-ui=-2\times2=-4\ \text{W}$$

可见电压源提供功率。

图 1-20(b)中电压、电流为关联参考方向

$$p=ui=(-3)\times(-3)=9\ \text{W}$$

可见电压源吸收功率。

1.4.2　由电压源构成的实际直流电源模型

理想电压源实际上是不存在的，以直流电源电池为例，它有一定的内阻。因此，只有电源两端不接负载时(称为空载)才能保持定值电压；只要一接上负载，就有电流通过，由于存在内阻，必然在电源内部产生电位降，于是电源电压就要下降，因而不能保持定值电压。流过电源的电流越大，电压下降得越多，因此可以用电压源和电阻串联组合作为电路模型，如图 1-21(a)虚线框中所示。图中 U_S 为电压源的电压，R_S 为实际直流电源的内阻，R 为负载电阻，实际直流电源的电压为 U，电流为 I。

按图中的参考方向，当接上负载电阻时，由欧姆定律

$$U_1=R_SI$$

所以

$$U=U_S-R_SI \tag{1-22}$$

式(1-22)反映了实际直流电源的电压电流关系(或称为外特性)，它的伏安特性曲线为 $U-I$ 平面上的一条直线，如图 1-21(b)所示。

由式(1-22)可知：当 a、b 端开路时(见图 1-21(c))，$I=0$，$U=U_S=U_{OC}$，U_{OC} 称为开路电压，就是图 1-21(b)特性曲线与纵轴相交点，表示电路处于开路状态；当 a、b 端短路时(见图 1-21(d))，$U=0$，$I=I_{SC}=U_S/R_S$，I_{SC} 称为短路电流，是图 1-21(b)特性曲线与横轴相交点，表示电路处于短路状态。

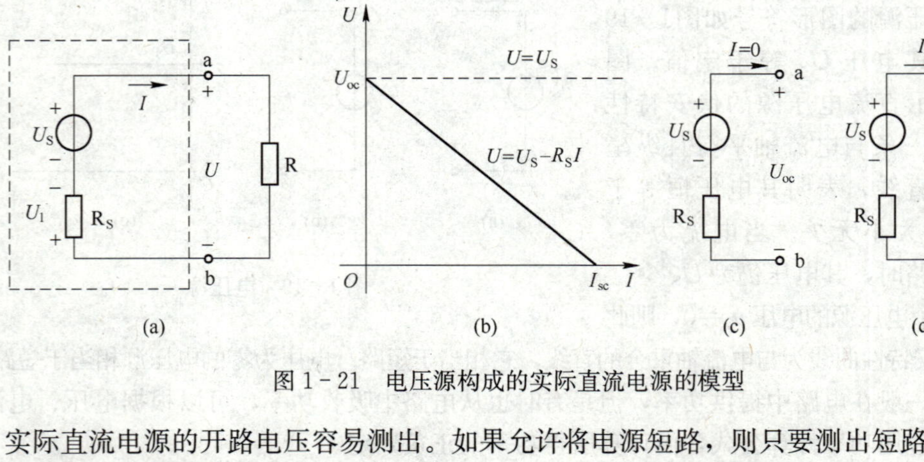

图 1-21　电压源构成的实际直流电源的模型

实际直流电源的开路电压容易测出。如果允许将电源短路，则只要测出短路电流，就可以求得实际直流电源的内阻

$$R_S=\frac{U_S}{I_{SC}} \tag{1-23}$$

但是，由于一般的实际直流电源内阻很小，所以短路电流很大，以致会损坏电源，这是不允许的。因此，为了测定其内阻 R_S，可以这样进行：将实际直流电源接上适当大小的负载(产生的电流不超过其额定值)，同时测出实际直流电源的电压 U 及电流 I，由式(1-22)得

$$R_S=\frac{U_S-U}{I}=\frac{U_{OC}-U}{I} \tag{1-24}$$

即可计算出 R_S。

实际电源的内阻越小，就越接近于理想电压源。

例 1-7　某直流电源的开路电压为 15 V，与外电阻 R 接通后，用电压表测得 R 两端电压 $U=12$ V，流过 R 的电流 $I=6$ A。求电阻 R 及电源内阻 R_S 的值。

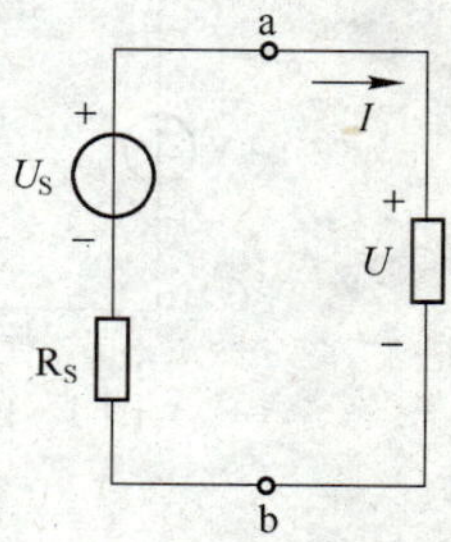

图 1-22　例 1-7 电路

解　用串接电阻的理想电压源构成实际直流电源的模型，得出如图 1-22 所示接线。得

$$R=\frac{U}{I}=\frac{12}{6}=2\ \Omega$$

由式(1-24)，电源内阻为

$$R_S=\frac{U_{OC}-U}{I}=\frac{15-12}{6}=0.5\ \Omega$$

例 1-8　图 1-23 直流电源电路中，已知 $I=2$ A，$R=5\ \Omega$，$U_S=6$ V，试计算 U_{ab} 和电路各段功率。

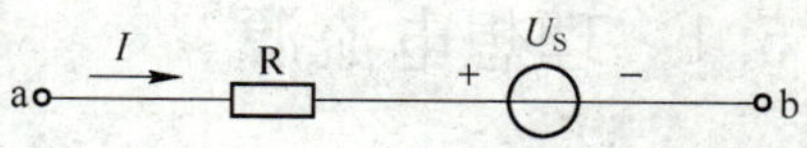

图 1-23　例 1-8 电路

解　由闭合欧姆定律知

$$U_{ab}=RI+U_S=5\times2+6=16\ \text{V}$$

按式(1-19)，电阻 R 吸收(消耗)的功率为

$$P_1=RI^2=5\times2^2=20\ \text{W}$$

电压源 U_S 与电流 I 的参考方向相关联，按式(1-10)，吸收的功率为

$$P_2=U_SI=6\times2=12\ \text{W}$$

对于整个支路，U_{ab} 与 I 方向一致，吸收的功率为 $P=U_{ab}I=16\times2=32$ W，等于电阻 R 和电压源 U_S 吸收的功率之和($P=P_1+P_2$)，电压源吸收的功率是给电压源充电。

思考题与练习题

1.4.1　求图 1-24 所示电路中理想电压源的功率，并说明是吸收功率还是提供功率？

1.4.2　已知图 1-25 所示电路中−8 V 电压源提供的功率为 16 W，试标出电压源电流的值和方向。

1.4.3　为什么采用一个理想电压源和电阻串联的模型来表征实际电源，而不能采用一个理想电压源和电阻并联的模型表征它？

1.4.4　试求图 1-26 所示电路中电压源的电流和功率。

1.4.5　试分别列出图 1-27 所示电路的电压电流关系表达式。

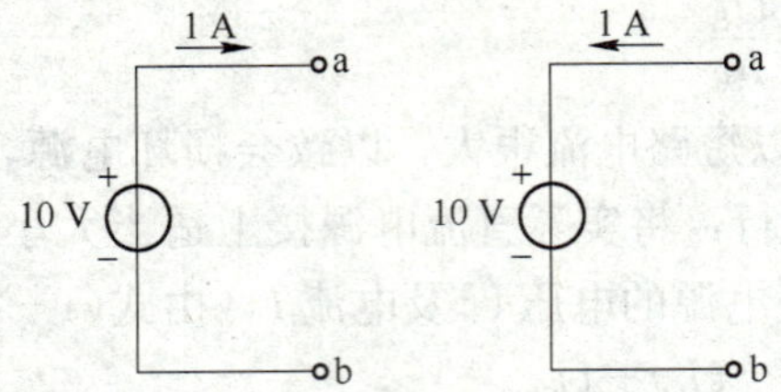

图 1－24　题 1.4.1 电路

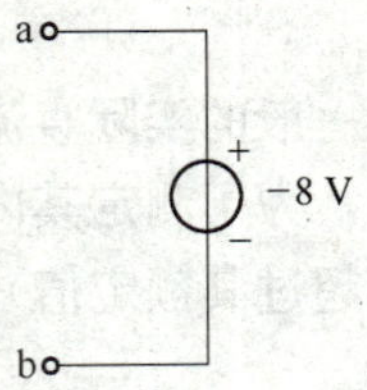

图1－25　题 1.4.2 电路

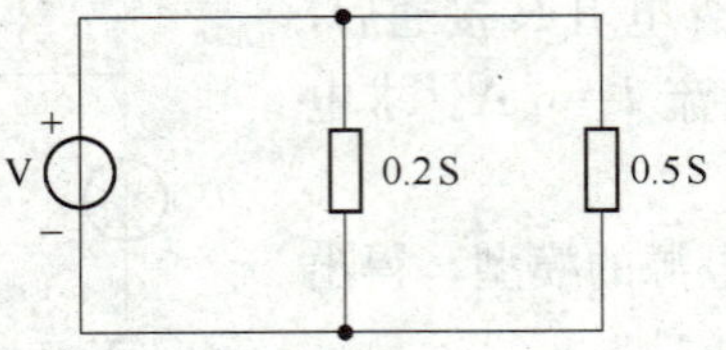

图 1－26　题 1.4.4 电路

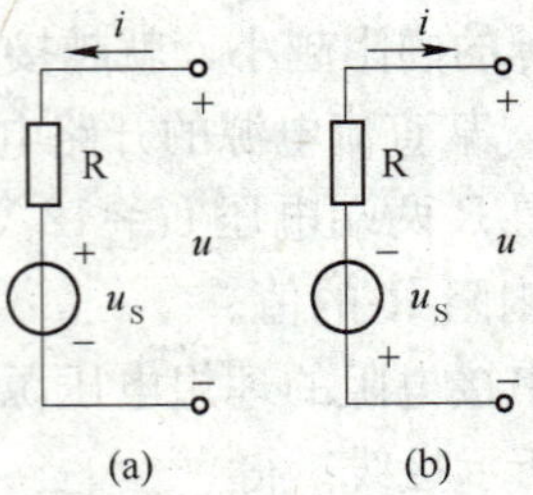

图 1－27　题 1.4.5 电路

1.5 电流源

1.5.1　理想电流源

理想电流源是一个二端理想电路元件，元件的电流与它的电压无关，总保持为某给定值或给定的时间函数。在实际应用中，有些电源近似具有这样的性质。例如，在具有一定照度的光线照射时，光电池将被激发产生一定值的电流，此电流与照度成正比而与它的电压无关。又如交流电流互感器，副侧输出电流由原侧决定，是时间的正弦函数；有些信号源输出是近乎不变的电流信号。所以定义理想电流源为这一类实际电源的电路模型。理想电流源简称为电流源(current source)。

电流源有两个基本性质：一是它的电流是给定的时间函数，与电压无关；二是它的电压不是由电流源本身就能确定，而是由电流源与它相连接的外电路共同决定的，电压是任意的，甚至可以有不同的极性。

电流源在电路中的图形符号如图 1－28(a)所示，其中 i_S 为电流源的电流，箭头是其参考方向。

直流电流源的图形符号如图1－28(b)所示，I_S 表示其电流等于定值。图 1－28(c)为直流电流源的伏安特性曲线，它是一条与电压轴平行且横坐标为 I_S 的直线，表明其输出电流恒等于 I_S，与电压大小无关。当电压为零，即电流源短路时，它发出的电流仍为 I_S。

如果一个电流源的电流 $i_S=0$，则此电流源的伏安特性曲线为与电压轴重合的直线，它相当于开路。电流为零的电流源相当于开路。

与电压源一样，电流源可向电路提供功率，但有时也从电路吸收功率，可以根据电压、电流的参考方向，应用功率计算公式，由计算所得功率的正负判定。

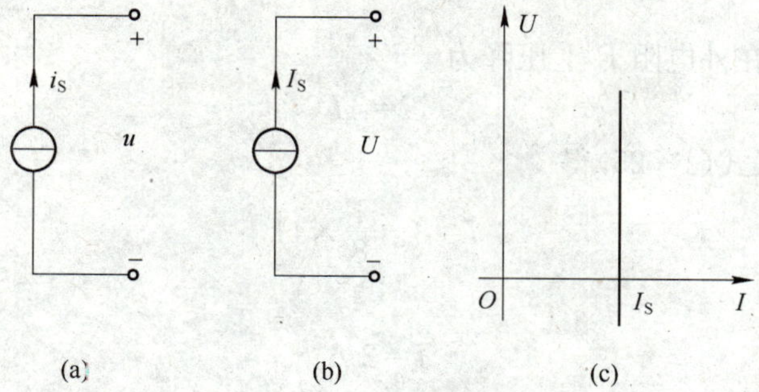

图 1-28　电流源

1.5.2　由电流源构成的实际直流电源模型

理想电流源实际上是不存在的。以光电池为例，被光激发产生的电流总有一部分在电池内部流动，而不能全部外流。光电池的特性与电流源是有差别的，可以用电流源和电阻并联组合作为电路模型，如图 1-29(a)虚线框中所示。图中 I_S 为电流源产生的定值电流，G_S 等于实际电源内电导(简称内导)，R 为负载电阻，实际直流电源的电压为 U，电流为 I。

由图 1-29 可知，当这一模型 a、b 端与外电路相连时，就有电流通过，按图中参考方向，由欧姆定律

$$I_1 = G_S U$$

所以

$$I = I_S - G_S U \tag{1-25}$$

式(1-25)反映了实际直流电源的电压电流关系，它的伏安特性曲线为 U-I 平面上一条斜线，如图 1-29(b)所示。

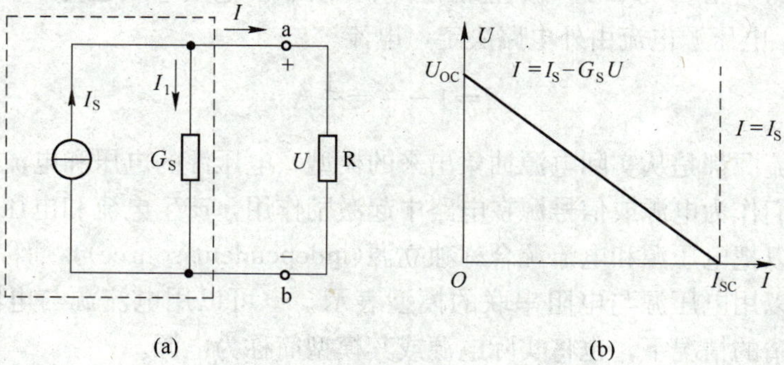

图 1-29　电流源构成的实际直流电源模型

由式(1-25)可知，当 a、b 端短路时，$U=0$，$I=I_S=I_{SC}$，就是图 1-29(b)特性曲线与横轴相交点，表示电路处于短路状态；当 a、b 端开路时，$I=0$，$U=I_S/G_S=U_{OC}$，就是图 1-29(b)特性曲线和纵轴相交点，表示电路处于开路状态。

显然，实际电流源的内导 G_S 越小，内部的分流就越小，就越接近于理想电流源。

例 1-9　图 1-29 中电流源 $I_S=3$ A，$G_S=\frac{1}{8}$S，当接以 4 Ω 的外电阻 R，试求出电流 I

及电压U。

解 输出电流I在外电阻R上压降为

$$U=4I$$

将I_S、G_S及上式代入式(1-25)得

$$I=3-\frac{1}{8}\times 4I$$

解得

$$I=2\ \text{A}$$

$$U=4\times 2=8\ \text{V}$$

例 1-10 计算图1-30所示直流电源电路中4 Ω电阻的电压U_2和电流源的电压U_1。

解 根据电流源的性质，流出电流等于定值3 A，所以

$$U_2=4\times 3=12\ \text{V}$$

电流源电压由外电路决定，a、b两点间电压为

$$U_1=U_2+U_3=12+5=17\ \text{V}$$

例 1-11 计算图1-31所示电路中电压源的电流I及电流源的端电压U。

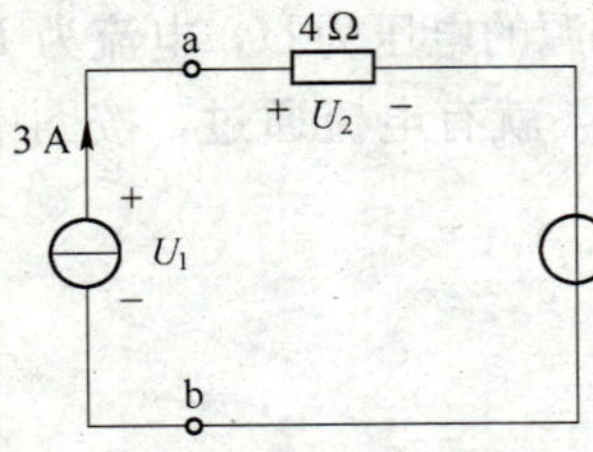

图1-30 例1-10电路

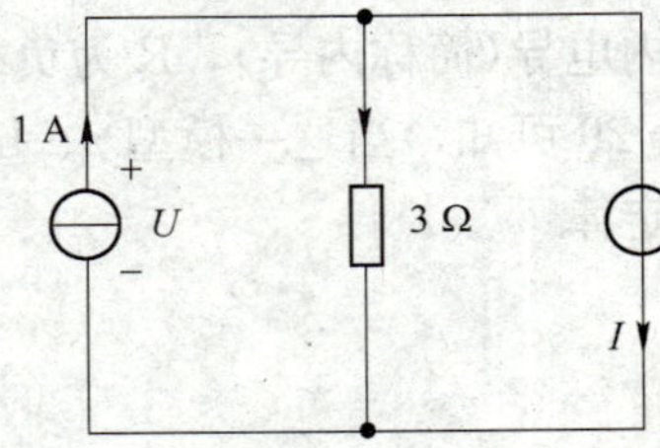

图1-31 例1-11电路

解 由电压源的基本性质可知：与电压源并联的元件，其端电压即为电压源的电压。所以，电流源两端的电压U为2 V，极性如图1-31所示。电阻电压也为2 V，由此可知电阻电流应为2/3 A。电压源电流由外电路决定，电流

$$I=1-\frac{2}{3}=\frac{1}{3}\text{A}$$

电压源和电流源都是从实际电源抽象出来的模型，电压源的电压和电流源的电流都不受外电路影响，它们作为电源或信号源在电路中起激励作用，产生电流和电压，这些电流和电压便是响应。所以把电压源和电流源合称独立源(independent source)，简称为电源。

实际电源可以用电压源与电阻串联的模型表示，也可以用电流源与电阻并联的模型表示。在不发生混淆的情况下，也将实际电源或其模型简称为电源。

思考题与练习题

1.5.1 求如图1-32所示电路中电流源的功率，并说明是吸收还是提供功率？

1.5.2 电路如图1-33所示，已知10 mA的电流源产生功率20 mW，试标出电流源电压的值和极性。

1.5.3 试求如图1-34所示电路中电流源的电压和功率。

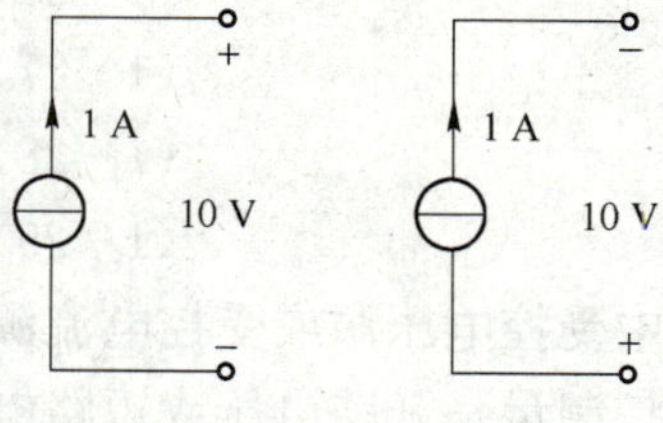

图 1 - 32　题 1.5.1 电路

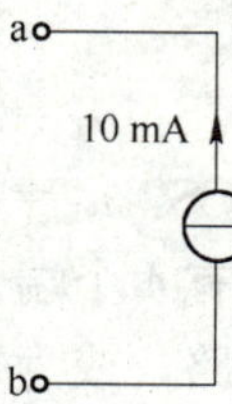

图 1 - 33　题 1.5.2 电路

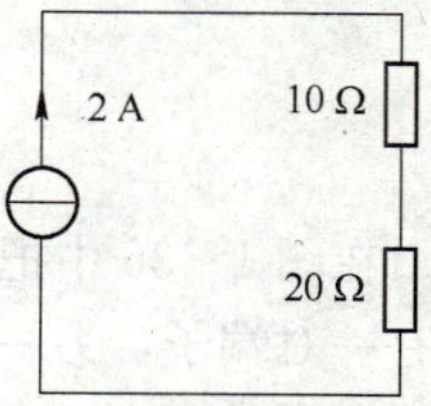

图 1 - 34　题 1.5.3 电路

1.5.4　试回答图 1 - 35 所示各电路中的 U 及 I 为多少？

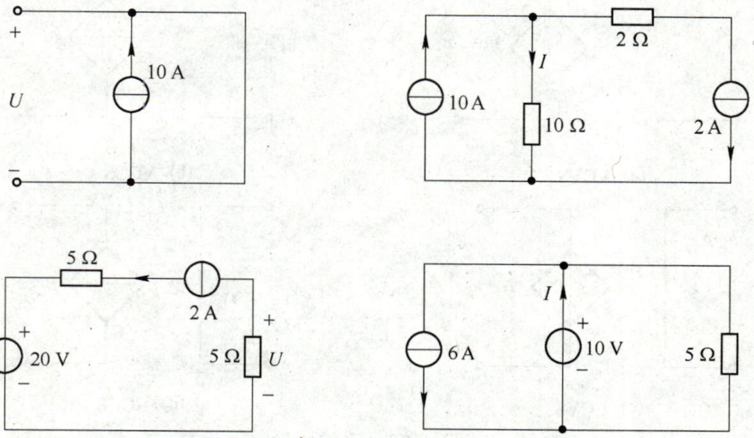

图 1 - 35　题 1.5.4 电路

1.6　受控源

受控源(controlled source)又称“非独立”电源。受控电压源的电压或受控电流源的电流与独立电压源的电压或独立电流源的电流有所不同，后者是独立量，前者则受电路中某部分电压或电流控制。

晶体管的集电极电流受基极电流控制，运算放大器的输出电压受输入电压控制，所以这类器件的电路模型中要用到受控源。

受控电压源或受控电流源因控制量是电压或电流可分为电压控制电压源(voltage controlled voltage source，VCVS)、电压控制电流源(voltage controlled current source，VCCS)、电流控制电压源(current controlled voltage source，CCVS)和电流控制电流源(current controlled current source，CCCS)。这 4 种受控源的图形符号见图 1 - 36。为了与独立电源相区别，用菱形符号表示其电源部分，u_1 和 i_1 分别表示控制电压和控制电流。μ、g、r 和 β 都是有关的控制系数，其中 μ 和 β 无量纲，g 和 r 分别具有电导和电阻的量纲。这些系数为常数时，被控制量和控制量成正比，这种受控源为线性受控源。本书只考虑线性受控源，故一般将略去“线性”二字。

每一种线性受控源是由两个线性方程式来表征的，即

$$\text{VCVS}: i_1=0 \qquad u_2=\mu u_1 \tag{1-26}$$

$$\text{VCCS}: i_1=0 \qquad i_2=gu_1 \tag{1-27}$$

$$\text{CCVS}: u_1=0 \qquad u_2=ri_1 \tag{1-28}$$

$$\text{CCCS}: u_1=0 \qquad i_2=\beta i_1 \tag{1-29}$$

在图 1－36 中把受控源表示为具有 4 个端子的电路模型，其中受控电压源或受控电流源具有一对端子，另一对端子则或为开路，或为短路，分别对应于控制量是开路电压或短路电流。这样处理有时会带来方便。所以可以把受控源看作是一种四端元件，但在一般情况下，不一定要在图中专门标出控制量所在处的端子。

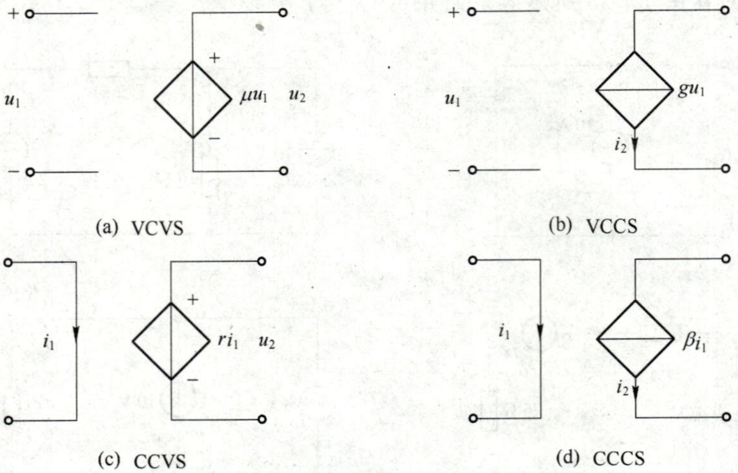

图 1－36　受控电源

独立电源是电路中的“输入”，它表示外界对电路的作用，电路中电压和电流是由于独立电源起的“激励”作用产生的。受控源则不同，它是用来反映电路中某处的电压或电流能控制另一处的电压或电流这一现象，或表示一处的电路变量与另一处电路变量之间的一种耦合关系。在求解具有受控源的电路时，可以把受控电压(电流)源作为电压(电流)源处理，但必须注意受控源的电压(电流)是取决于控制量的。

例 1－12　求图 1－37 所示电路中电流 i，其中 VCVS 的电压 $u_2=0.5u_1$，电流源的 $i_S=2$ A。

解　先求出控制电压 u_1，从左方电路可得

$$u_1=5\times i_S=5\times 2=10\ \text{V}$$

故有

$$i=\frac{u_2}{2}=\frac{0.5u_1}{2}=\frac{0.5\times 10}{2}=2.5\ \text{A}$$

由各种表征受控源的方程式可见，它们都是以电压、电流为变量的代数方程，从这个意义来说，受控源也可看作是二端口电阻元件，所以电阻电路也包含受控源在内。含受控源不含独立源的二端电阻网络等效为一个电阻，可采用在端口处施加电压或施加电流计算端口 VCR 的方法求其等效电阻。

例 1－13　图 1－38(a)为一含有 CCCS 的二端网络，求对于端口的等效电阻。

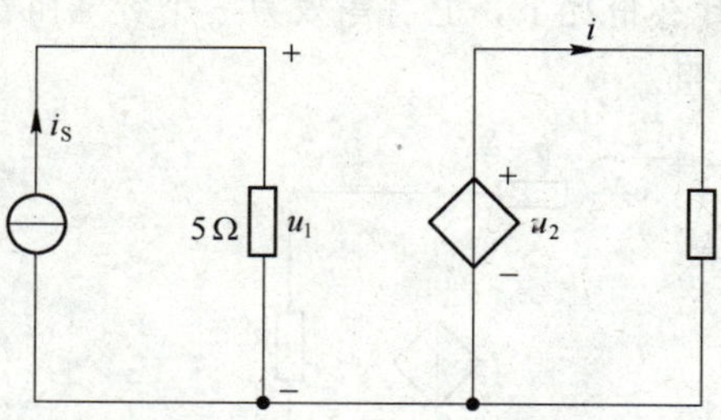

图 1-37　例 1-12 电路

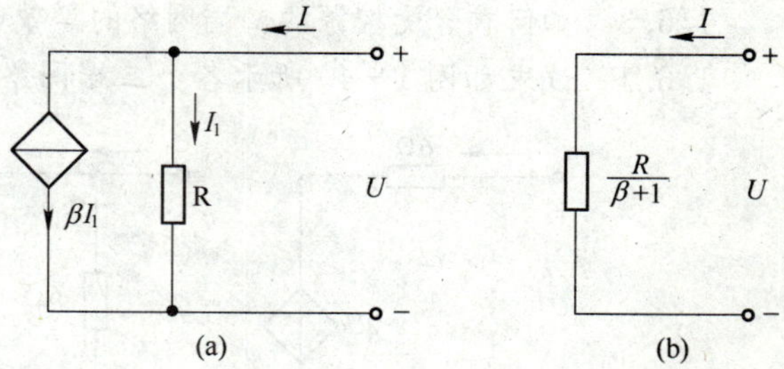

图 1-38　例 1-13 电路

解　在端口处施加电压 U，端口电流 I 的表达式为

$$I=\beta I_1+I_1=(\beta+1)I_1=\frac{\beta+1}{R}U$$

由此求得二端网络的等效电阻(见图 1-38(b))为

$$R_0=\frac{U}{I}=\frac{R}{\beta+1}$$

由于受控源的存在，使端口等效电阻 R_0 变为$\frac{R}{\beta+1}$。若 $\beta=-2$，则等效电阻 $R_0=-R$，表明该电路可将正电阻变换为负电阻。

例 1-14　图 1-39(a)为一含有 VCVS 的二端网络，求对于端口的等效电阻。

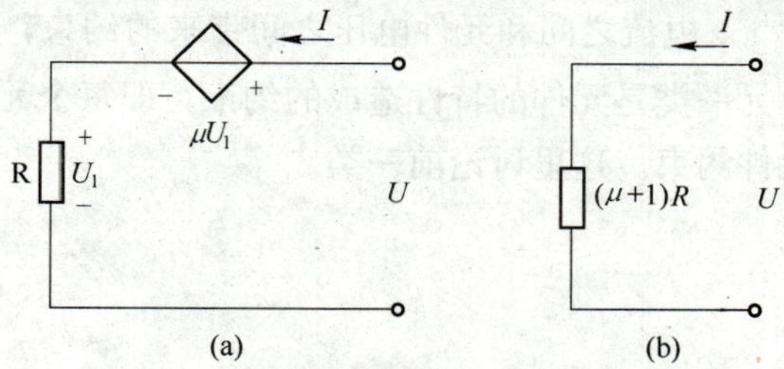

图 1-39　例 1-14 电路

解　在端口处施加电流，端口电压的表达式为

$$U=\mu U_1+U_1=(\mu+1)U_1=(\mu+1)RI$$

由此求得二端网络的等效电阻(见图 1-39(b))为

$$R_0=\frac{U}{I}=(\mu+1)R$$

由于受控源的存在，使端口等效电阻增至$(\mu+1)$倍。若 $\mu=-2$，则等效电阻$R_0=-R$，表明该电路可将正电阻变换为负电阻。

含受控源的二端网络等效为一个电阻，说明该二端网络从外电路吸收电能；等效为一个负电阻，则说明该二端网络向外电路提供电能。出现负电阻的原因是由于网络内含有受控源，而受控源是可以提供电能的。

思考题与练习题

1.6.1　受控源与独立源有何不同?

1.6.2　受控源有哪几种类型? 画出其电路符号并列出其表达式。

1.6.3 如何求含受控源的二端网络的等效电路？在什么情况下，它将等效为一个负电阻？

1.6.4 试求如图 1-40 所示各个二端网络的等效电阻。

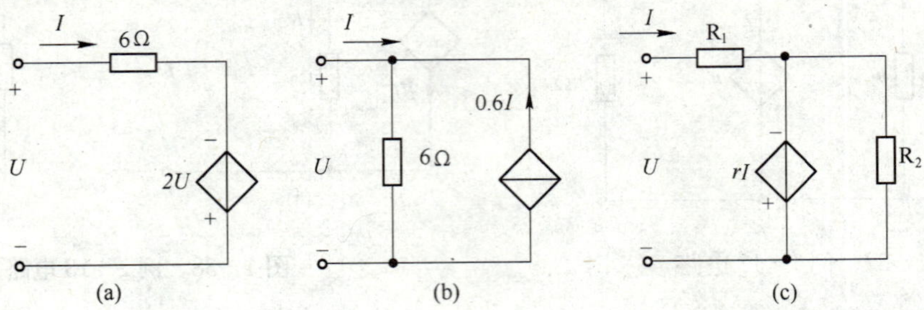

图 1-40 题 1.6.4 电路

1.7 基尔霍夫定律

电路是由一些电路元件相互连接构成的总体。有两个引出端子的元件称为二端元件，它的特性可用其端电压 u 和电流 i 来描述，如图 1-41 所示。通常指定其电压、电流为关联参考方向。电路中的各个元件的电流和元件的电压受到两类约束。一类是元件的相互连接给元件电流之间和元件电压之间带来的约束，称为拓扑约束，这类约束由基尔霍夫定律体现。另一类是元件的特性造成的约束，即每个元件上的电压与电流自身存在一定的关系，称为元件约束。这里讨论前一类。

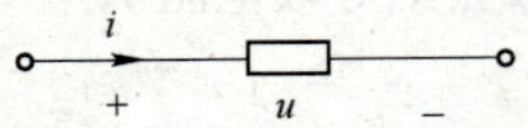

图 1-41 二端元件

1.7.1 电路图

图 1-42(a)是由 6 个元件相互连接组成的电路图，各元件的端电压、电流均为关联参考方向。如前所述，在电流、电压取关联参考方向的前提下，其参考方向可只标示一种。如果仅研究各元件的连接关系暂不关心元件本身的特性，则可用一条线段来代表元件。这样，图 1-42(a)的电路图就可简化为图 1-42(b)的拓扑图，简称“图”。标明参考方向的图称为有向图。通常图中的参考方向与相应电路图中电流(或电压)的参考方向相同。应当注意的是，这里的“图”字有专用的含义，与通常所谓的电路图的那个“图”字有不同的意义。

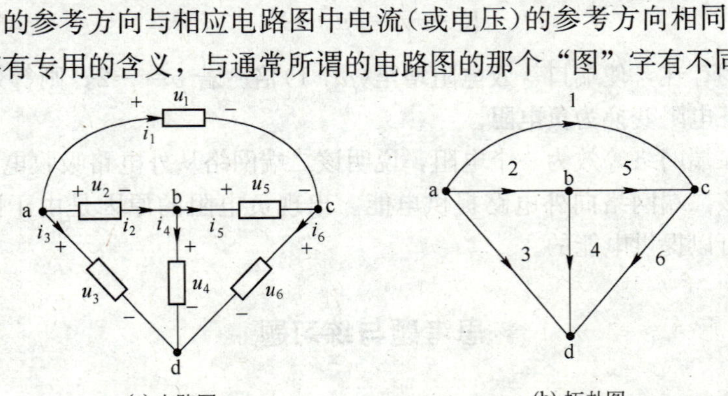

图 1-42 电路图及其拓扑图

电路图中的每一个元件，即图中的每一条线段，称为支路(图论中常称为边)，支路的连接点称为节点。图 1-42(a)和(b)中有 1、2、3、4、5、6 共 6 条支路；有 a、b、c、d 共 4 个节点。为方便起见，在分析电路时，也可把支路看成是一个具有两个端钮而由多个元件串联而成的组合。在图中，从某一节点出发，连续地经过一些支路和节点(只能各经过一次)到达另一节点，就构成路径。如果路径的最后到达点就是出发点，这样的闭合路径称为回路。图 1-42 中，支路(1，5，2)、(4，5，6)及(2，5，6，3)都是回路。

描述集中参数电路中支路电流之间的关系和支路电压之间的关系的基本定律是基尔霍夫电流定律(Kirchhoff's Current Law，KCL)和基尔霍夫电压定律(Kirchhoff's Voltage Law，KVL)。

1.7.2　基尔霍夫电流定律

基尔霍夫电流定律(KCL)可表述为：对于集中参数电路中的任一节点，在任意时刻流出该节点电流的和等于流入该节点电流的和，即对任一节点有

$$\sum_{\text{流入}} i = \sum_{\text{流出}} i \tag{1-30}$$

例如，图 1-43 是某电路图中的一个节点 P，根据 KCL，在任意时刻有

$$i_1 + i_3 + i_4 = i_2 + i_5$$

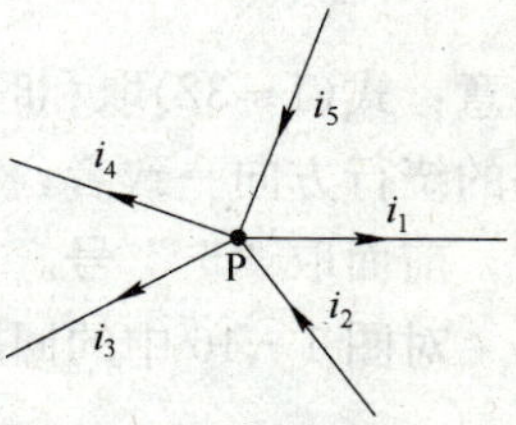

图 1-43　KCL 用于节点

如果流出节点的电流前面取“+”号，流入节点的电流前面取“-”号，则 KCL 可表为：对于集中参数电路中的任一节点，在任意时刻，所有连接于该节点的支路电流的代数和恒等于零，即对任一节点有

$$\sum i = 0 \tag{1-31}$$

对于图 1-43 的节点 P，KCL 方程为

$$i_1 - i_2 + i_3 + i_4 - i_5 = 0$$

KCL 通常用于节点，它也可推广用于包括数个节点的闭合曲面(可称为广义节点，即图论中的割集)。KCL 是电荷守恒的体现。图 1-44 中，对于闭合曲面 S，有

$$-i_3 - i_4 - i_5 + i_8 + i_9 = 0$$

例 1-15　如图 1-45 的电路，已知 $i_1 = -5\ \text{A}$，$i_2 = 1\ \text{A}$，$i_6 = 2\ \text{A}$，求 i_4。

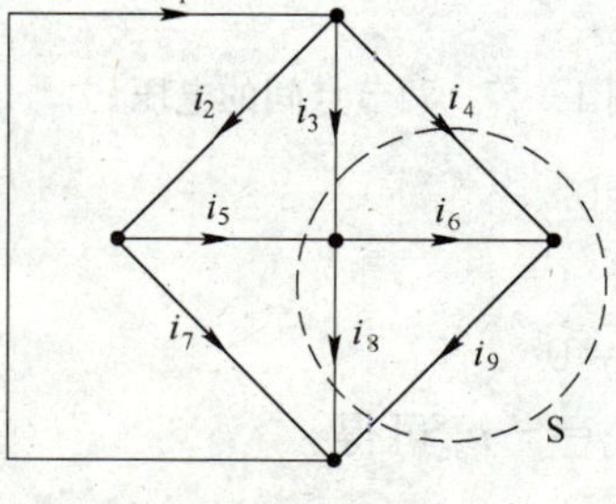

图 1-44　KCL 用于割集

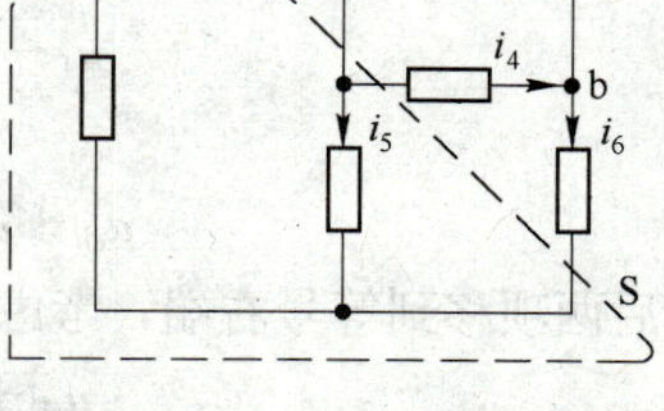

图 1-45　例 1-15 电路

解 为求得 i_4，对于节点 b，根据 KCL 有 $-i_3-i_4+i_6=0$，即

$$i_4=-i_3+i_6$$

为求出 i_3，可利用节点 a，由 KCL 有 $i_1+i_2+i_3=0$，即

$$i_3=-i_1-i_2=-(-5)-1=4\ \text{A}$$

将 i_3 代入 i_4 的表达式，得

$$i_4=-i_3+i_6=-4+2=-2\ \text{A}$$

或者取闭合曲面 S，如图 1-45 中虚线所示，根据 KCL 有

$$-i_1-i_2+i_4-i_6=0$$

可得

$$i_4=i_1+i_2+i_6=-5+1+2=-2\ \text{A}$$

1.7.3 基尔霍夫电压定律

基尔霍夫电压定律(KVL)可表述为：在集中参数电路中，任意时刻沿任一回路绕行，回路中所有支路电压的代数和恒为零。即对任一回路有

$$\sum u=0 \tag{1-32}$$

注意：式(1-32)取和时，需要任意指定一个回路的绕行方向，凡支路电压的参考方向与回路的绕行方向一致者，该电压前面取“+”号；支路电压的参考方向与回路绕行方向相反者，前面取“-”号。

对图 1-46 中的回路，KVL 方程为

$$u_1-u_2+u_3+u_4-u_5=0$$

在电路分析时，常常需要求得某两节点之间的电压，譬如图 1-47 中节点 a、d 之间的电压 u_{ad}。为了叙述方便，这里各支路电压用双下标表示。图 1-47 中，$u_{ab}=u_1$，$u_{bc}=-u_2$，$u_{cd}=u_3$，$u_{de}=u_4$，$u_{ea}=-u_5$。根据 KVL，沿 a→b→c→d→e→a 的绕行方向有

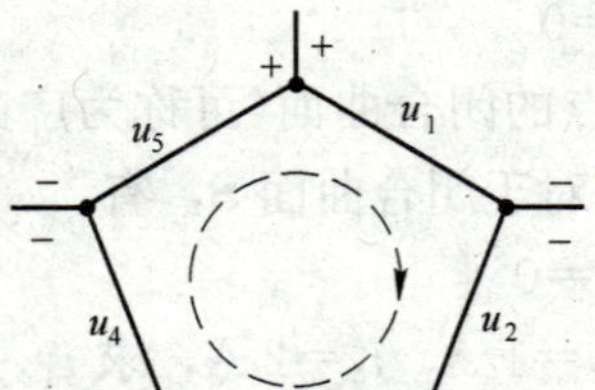

图 1-46 KVL 用于回路

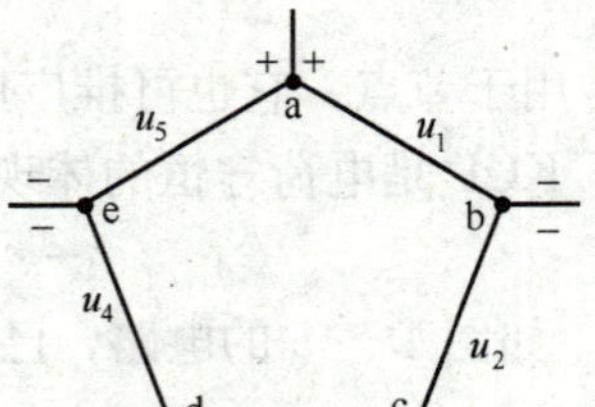

图 1-47 两节点间的电压

$$u_1-u_2+u_3+u_4-u_5=0$$

即

$$u_{ab}+u_{bc}+u_{cd}+u_{de}+u_{ea}=0$$

将上式中的后两项移到等号右端，考虑到 $u_{de}=-u_{ed}$、$u_{ea}=-u_{ae}$ 可得

$$u_{ab}+u_{bc}+u_{cd}=u_{ae}+u_{ed}$$

上式等号左端是沿路径 a→b→c→d 的电压 u_{ad}，即

$$u_{ad}=u_{ab}+u_{bc}+u_{cd}=u_1-u_2+u_3$$

而等号右端是沿路径 a→e→d 的电压 u_{ad}，即

$$u_{ad}=u_{ae}+u_{ed}=u_5-u_4$$

二者相等。

以上结果表明，在集中参数电路中，任意两点(譬如 p 和 q)之间的电压 u_{pq} 等于沿从 p 到 q 的任一路径上所有支路电压的代数和，即

$$u_{pq}=\sum_{\substack{\text{沿由p到q的}\\ \text{任一路径}}} u \tag{1-33}$$

例 1-16　如图 1-48 的电路，已知 $u_1=8\text{ V}$，$u_2=-3\text{ V}$，$u_3=6\text{ V}$，$u_7=2\text{ V}$。求 u_5、u_6 和 u_{cd}。

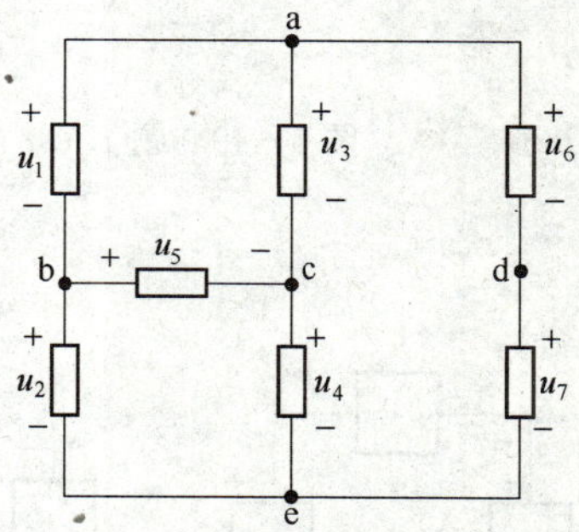

图 1-48　例 1-16 电路

解　由图可见

$$u_5=u_{bc}=u_{ba}+u_{ac}=-u_1+u_3=-2\text{ V}$$

由于 $u_6=u_{ad}$，沿 a→b→c→d 路径，得

$$\begin{aligned}u_6&=u_{ad}=u_{ab}+u_{be}+u_{ed}\\&=u_1+u_2-u_7=3\text{ V}\end{aligned}$$

$$u_{cd}=u_{ca}+u_{ad}=-u_3+u_6=-3\text{ V}$$

或者沿路径 c→a→b→e→d，得

$$u_{cd}=u_{ca}+u_{ab}+u_{be}+u_{ed}=-u_3+u_1+u_2-u_7=-3\text{ V}$$

基尔霍夫电流定律和基尔霍夫电压定律是集中参数电路的基本规律。KCL 描述了电路中任一节点处，各支路电流的约束关系；KVL 描述了在电路的任一回路中，各支路电压的约束关系。KCL 和 KVL 仅与电路中元件的相互连接形式有关，而与元件自身的特性无关，它是元件互连的拓扑约束关系。KCL 和 KVL 不仅适用于线性电路，也适用于非线性电路；不仅适用于时不变电路，也适用于时变电路；可适用于电压、电流是直流的电路，也适用于电压、电流是交流的电路。

思考题与练习题

1.7.1　说明 KCL、KVL 的含义及应用范围。

1.7.2　电路如图 1-49 所示，有 5 条支路与节点 a 相连，已知节点 a 的 KCL 方程为

$$i_1-i_2+i_3-i_4+i_5=0$$

(1) 试标出 i_2、i_3、i_4、i_5 的参考方向；

(2) 在图示参考方向下，若 $i_1=2\text{ A}$，$i_2=1\text{ A}$，$i_3=4\text{ A}$，$i_5=-2\text{ A}$，求 i_4；

(3) 流经节点 a 的电流是多少？

1.7.3　电路如图 1-50 所示，已知 KVL 方程为

$$u_1-u_2+u_5=0$$

$$u_3-u_4-u_5=0$$

(1) 试标出 u_1、u_2、u_3、u_4 的参考极性；

(2) 在所标参考极性下，若 $u_1=5\text{ V}$，$u_2=-3\text{ V}$，$u_3=2\text{ V}$，求 u_4、u_5；

(3) 沿 a→b→c→d→a 顺时针绕行方向，电位总降低量和电位总升高量各为多少？

1.7.4 电路如图 1-51 所示，(1)求图(a)、(b)中的U；(2)求图(c)中的U_1、U_2、U_3。

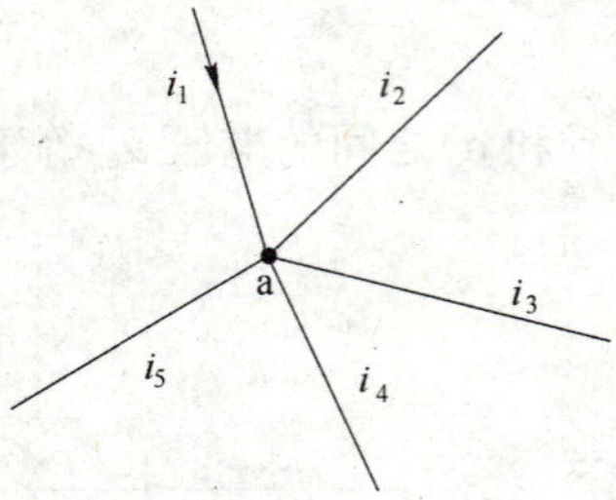

图 1-49 题 1.7.2 电路

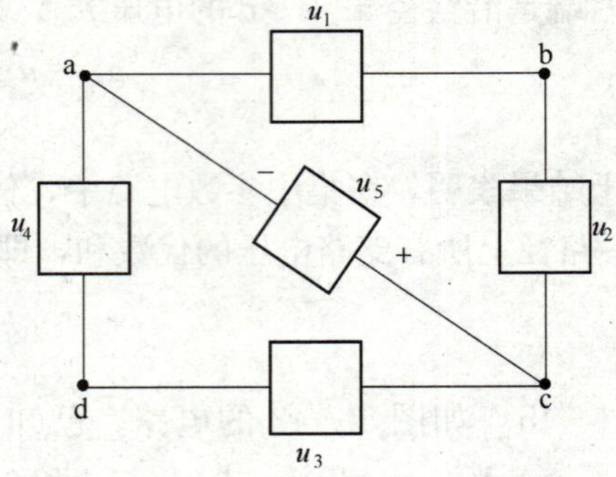

图 1-50 题 1.7.3 电路

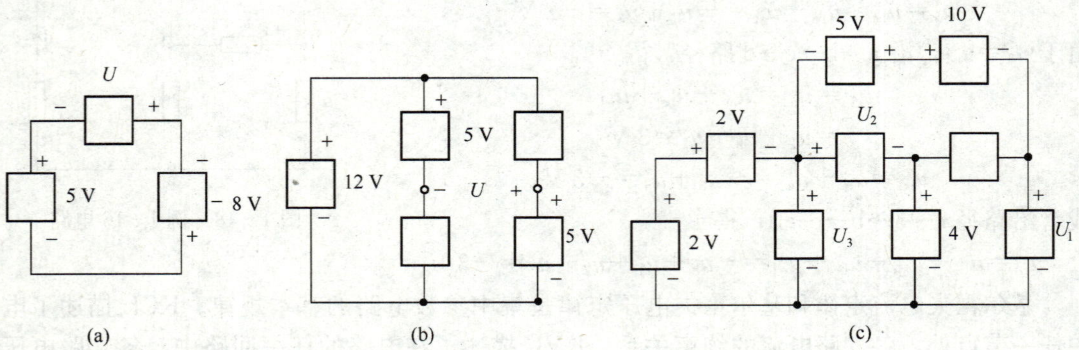

图 1-51 题 1.7.4 电路

本章小结

1. 电路理论分析的对象是实际电路的模型，它是由理想电路元件构成的。理想电路元件是从实际电路器件中抽象出来的理想化模型，可用数学公式精确地定义。

2. 电流、电压是电路的基本物理量，它们分别用下列公式定义。

电流 $i=\frac{dq}{dt}$，方向为正电荷运动的方向，单位为 A。

电压 $u=\frac{dW}{dq}$，方向为电位降低的方向，单位为 V。

3. 参考方向是人为规定的电路中电流或电压数值为正的方向，电路理论中的电流或电压都是对应于所选参考方向的代数量。电流和电压的参考方向一致时，称为关联参考方向。

4. 功率 p 是电路中常用的一个主要物理量，当电流和电压为关联参考方向时，$p=ui$；为非关联参考方向时，$p=-ui$。计算结果为正值时，支路吸收功率；为负值时，支路提供功率。功率的单位为 W。

5. 元件的电压电流关系表明了元件电流、电压必须遵守的规律，又称为元件的约束关系。

(1) 电阻元件：当电流、电压为关联参考方向时，其电压电流关系为 $u=Ri$，称为欧姆

定律。电阻元件的伏安特性曲线是 $u-i$ 平面上通过原点的一条直线。电阻是耗能元件，其功率计算公式为

$$p=i^2R=\frac{u^2}{R}$$

(2) 电压源：电压是给定的时间函数，电流由其与外电路决定。直流电压源的伏安特性曲线是 $U-I$ 平面上与 I 轴平行且 U 轴坐标为 U_S 的一条直线。

(3) 电流源：电流是给定的时间函数，电压由其与外电路决定。直流电流源的伏安特性曲线是 $U-I$ 平面上与 U 轴平行且 I 轴坐标为 I_S 的一条直线。

6. 短路与开路：短路(即 $R=0$)与零电压源相当；开路(即 $R=\infty$)与零电流源相当。

7. 实际直流电源的模型

(1) 可用电压源 U_S 和电阻 R_S 的串联组合作为电路模型，U_S 等于实际直流电源的开路电压，R_S 为实际直流电源的内阻，其电压电流关系为 $U=U_S-R_SI$，伏安特性曲线为 $U-I$ 平面上的一条直线，与 U 轴相交于 U_S，与 I 轴相交于 U_S/R_S。

(2) 可用电流源 I_S 和电导为 G_S 的电阻并联组合作为电路模型，I_S 等于实际直流电源的短路电流，G_S 等于实际直流电源的内导，其电压电流关系为 $I=I_S-G_SU$，伏安特性曲线为 $U-I$ 平面上的一条直线，与 I 轴相交于 I_S，与 U 轴相交于 I_S/G_S。

8. 受控源也是一种电源，其特点是它提供的电压或电流受电路中其他支路电压或电流的控制，因而不能作为独立的激励。含受控源不含独立源的二端网络可等效为一个电阻。

9. 基尔霍夫定律表明电路连接时对支路电流、支路电压的拓扑约束关系，它与元件性质无关。

KCL：任意时刻，连接在任一节点的所有支路电流的代数和恒等于零，即 $\sum i=0$。

KVL：任意时刻，沿任一回路的各支路电压的代数和恒等于零，即 $\sum u=0$。

10. 拓扑约束和元件约束是电路分析的基本依据。

习　题

1-1　各二端元件的电压、电流和吸收功率如图 1-52 所示，试确定图上指出的未知量。

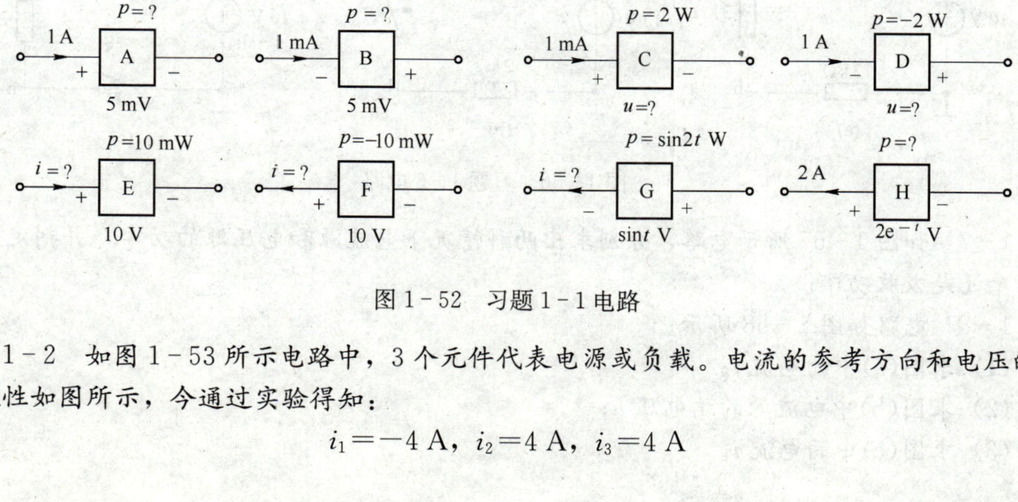

图 1-52　习题 1-1 电路

1-2　如图 1-53 所示电路中，3 个元件代表电源或负载。电流的参考方向和电压的参考极性如图所示，今通过实验得知：

$$i_1=-4\text{ A},\ i_2=4\text{ A},\ i_3=4\text{ A}$$

$$u_1=140\text{ V},\ u_2=-90\text{ V},\ u_3=50\text{ V}$$

(1) 试标出各电流的实际方向、各电压的实际极性(可另画一图)；

(2) 计算各元件的功率，并说明哪些元件是提供功率，哪些元件是吸收功率？

1-3 如图1-54所示电路，若已知元件A吸收功率为20 W，求元件B和C吸收的功率。

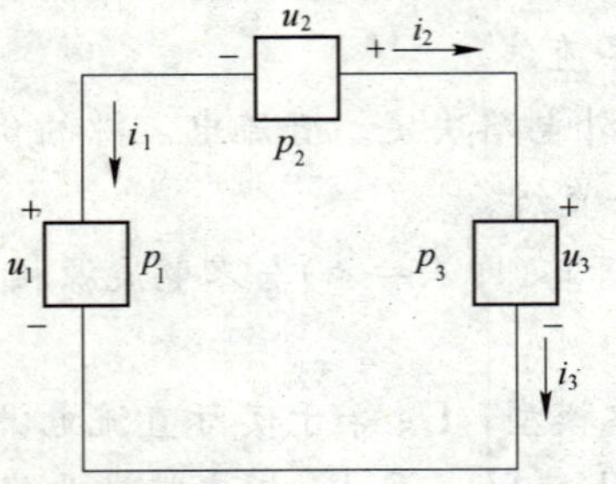

图1-53 习题1-2电路

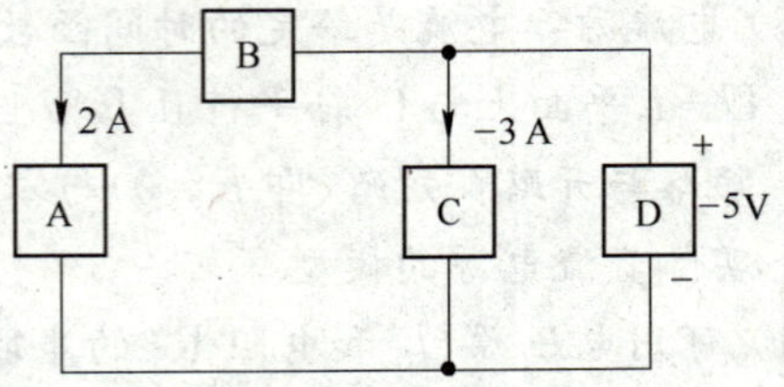

图1-54 习题1-3电路

1-4 在一个5 Ω的电阻R上施加20 V电压。问：(1)该电阻吸收的功率是多少？(2)要使功率加倍，电阻值应改为多少？(3)电阻值做上述改变后，欲使所吸收的功率恢复到开始的数值，即(1)中计算的数值，施加的电压应为多少？

1-5 试写出图1-55各电路中电压 u_{ab} 和电流 i 的关系式。

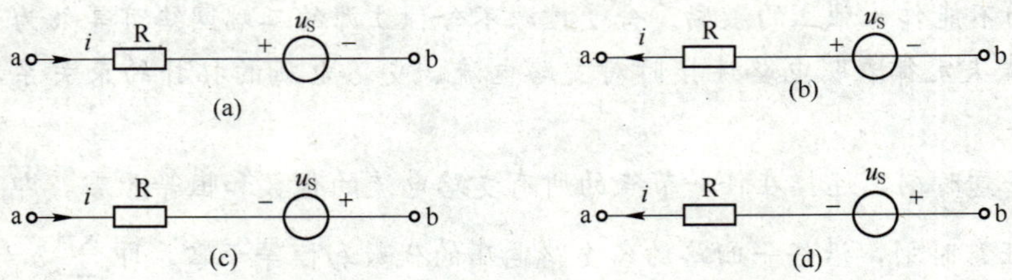

图1-55 习题1-5电路

1-6 试求图1-56各电路在开关S断开和闭合时的电位 φ_a、φ_b 和电压 u_{ab}。

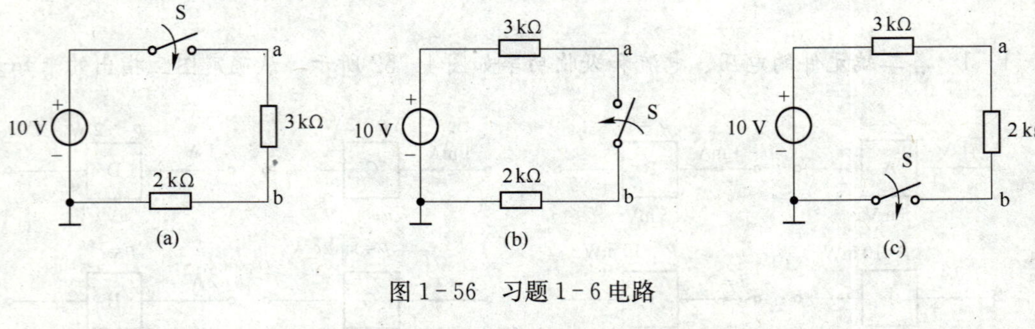

图1-56 习题1-6电路

1-7 如图1-57所示电路，分别求出两种情况下电流源和电压源的功率，并判定是提供功率还是吸收功率。

1-8 电路如图1-58所示。

(1) 求图(a)中的电流 i；

(2) 求图(b)中电流源的端电压 u；

(3) 求图(c)中的电流 i。

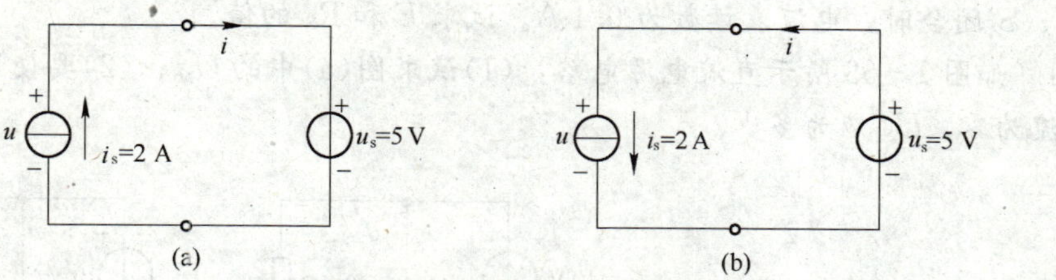

图 1-57　习题 1-7 电路

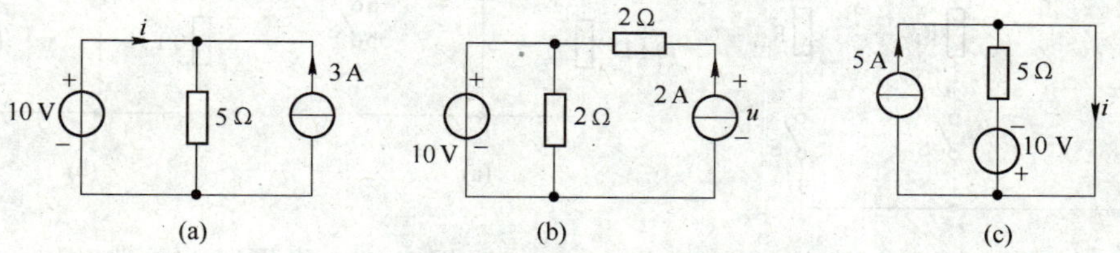

图 1-58　习题 1-8 电路

1-9　如图 1-59 所示含受控源的电路，求各图中 ab 端的等效电阻。

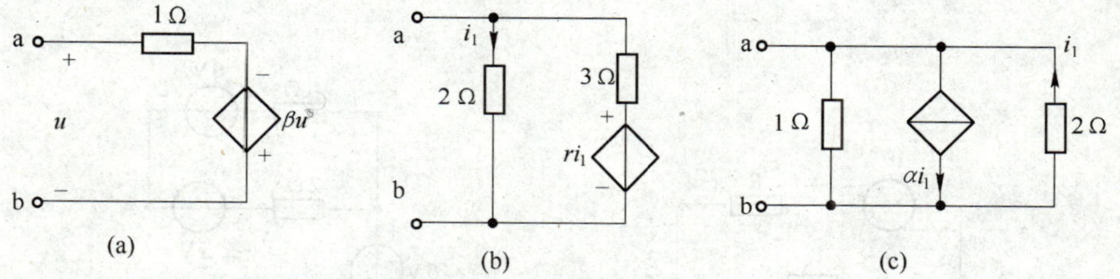

图 1-59　习题 1-9 电路

1-10　电路如图 1-60 所示。已知 $i_1=24$ A，$i_3=1$ A，$i_4=5$ A，$i_7=-5$ A 和 $i_{10}=-3$ A，尽可能多地确定其他未知电流。

1-11　在图 1-60 电路中，各支路电压、电流采用关联参考方向。已知 $u_1=10$ V，$u_2=5$ V，$u_4=-3$ V，$u_6=2$ V，$u_7=-3$ V 和 $u_{12}=8$ V。尽可能多地确定其余支路电压；若要确定全部支路电压，尚需知道哪些支路电压？

1-12　电路如图 1-61 所示。已知 $i_4=1$ A，求各元件电压和吸收功率，并校验功率平衡。

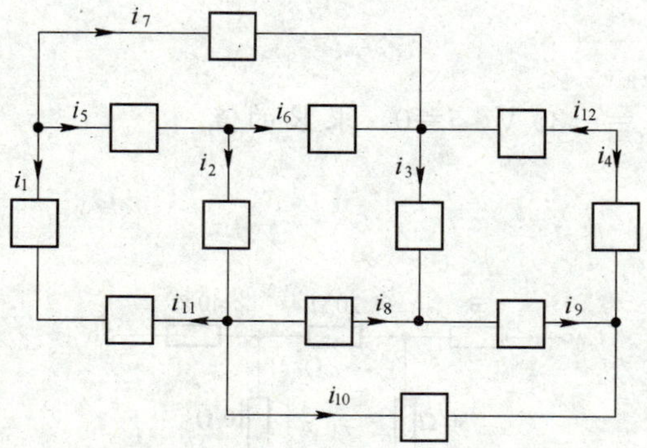

图 1-60　习题 1-10 和习题 1-11 电路

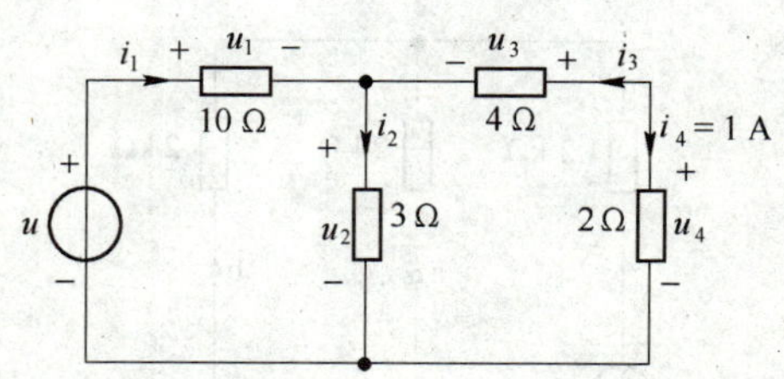

图 1-61　习题 1-12 电路

1-13　如图 1-62 所示直流电源电路可用来测量电源的电动势 E 和内阻 R_S。图中 R_1 的值为 28.7 Ω，R_2 的值为 57.7 Ω。当开关 S_1 闭合、S_2 断开时，电流表读数为 0.2 A；当开

关 S_1 断开、S_2 闭合时，电流表读数为 0.1 A。试求 E 和 R_S 的值。

1-14　如图 1-63 所示直流电源电路：(1)试求图(a)中的 U_{ab}；(2)要使图(b)中 U_S 所在支路电流为零，U_S 应为多少？

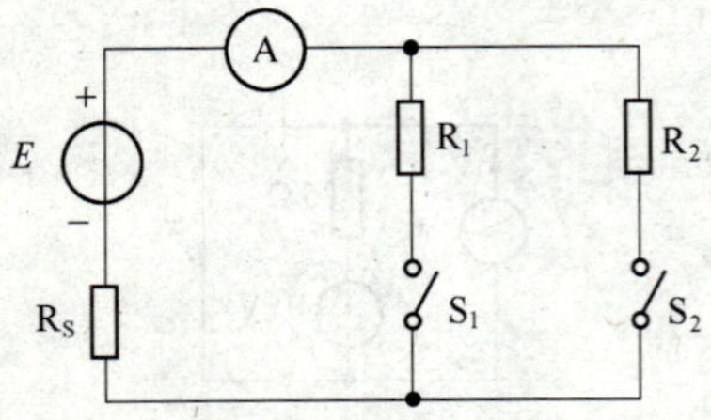

图 1-62　习题 1-13 电路

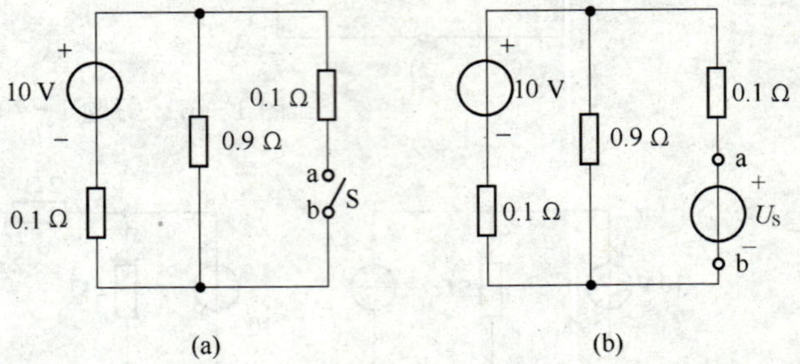

图 1-63　习题 1-14 电路

1-15　如图 1-64 所示电路：(1) 求图(a)中的电阻 R 的值；(2) 求图(b)中的 A 点的电位 φ_A。

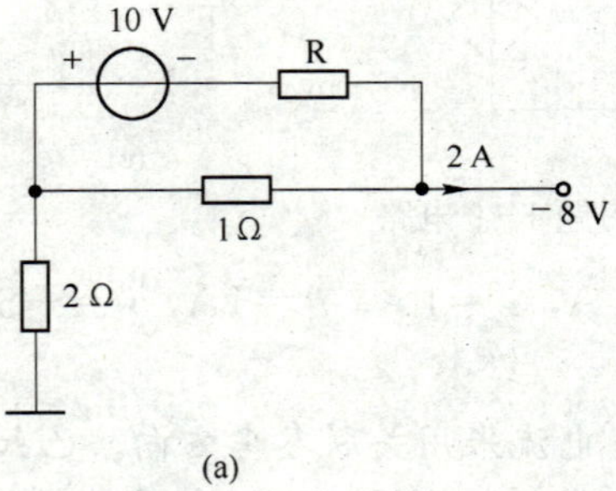

图 1-64　习题 1-15 电路

1-16　如图 1-65 所示电路：

(1) 求 ab 端的电压 u_{ab}；

(2) 如 ab 间用理想导线短接，求短路电流 i_{ab}。

1-17　已知图 1-66 电路中，$\varphi_a = 100$ V，$\varphi_b = -30$ V，$i=0$，求 R 的值。

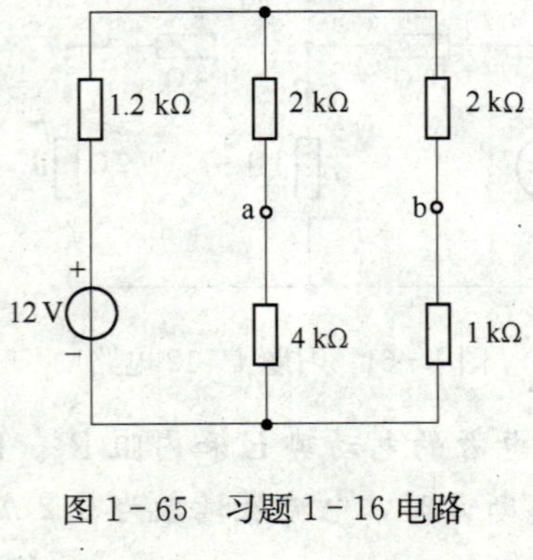

图 1-65　习题 1-16 电路

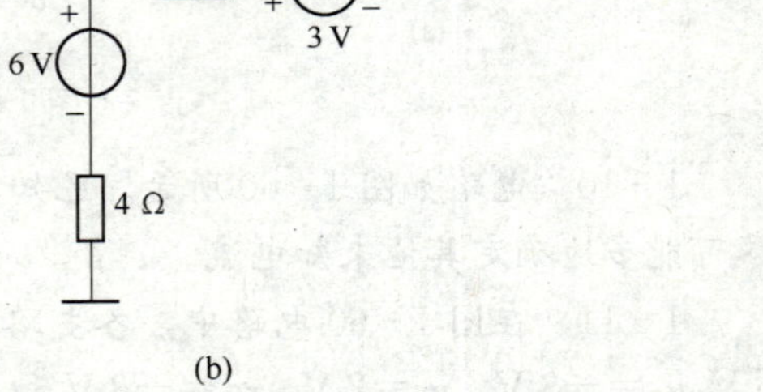

图 1-66　习题 1-17 电路

1－18　试求图 1－67 电路中的 u_{ab}。

1－19　试求图 1－68 电路中的 i_{ab}。

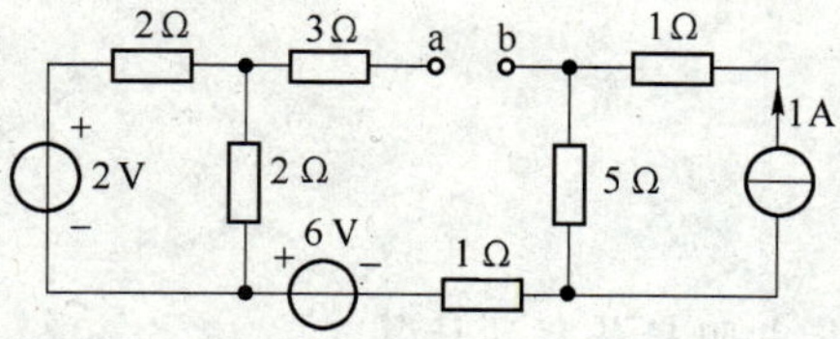

图 1－67　习题 1－18 电路

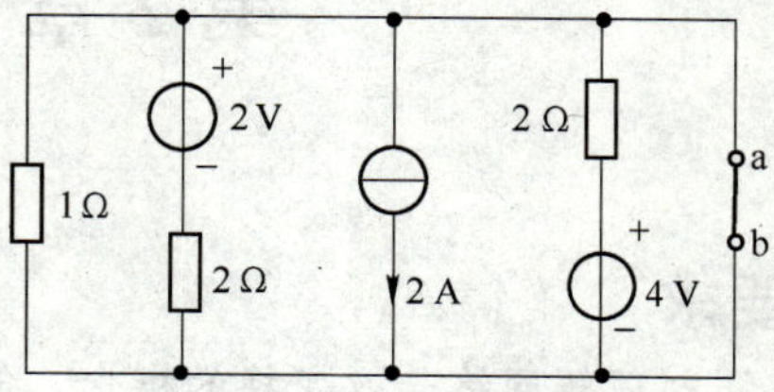

图 1－68　习题 1－19 电路

1－20　计算图 1－69 所示电路在开关 S 断开和闭合时 a 点电位 φ_a。

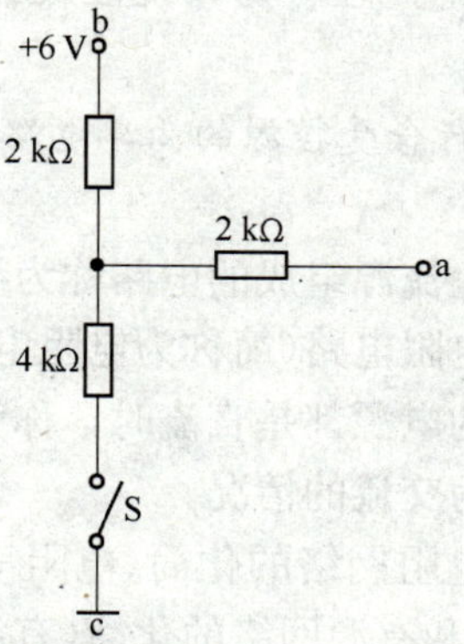

图 1－69　习题 1－20 电路

第2章 电阻电路

基本要求

1. 深刻理解网络等效变换的概念，能熟练地进行电阻串并联的计算。

2. 牢固掌握两种电源模型的等效变换和有源支路的串并联。能熟练地进行简单电路的分析计算。

3. 能熟练地运用支路电流分析法、节点分析法、回路分析法及网孔分析法求解电路。

4. 深刻理解叠加定理、戴维南定理、诺顿定理及弥尔曼定理、最大功率传输定理，并能熟练运用。

5. 掌握受控源的概念，能进行含受控源的简单电路的分析。

由线性无源元件、电压源、电流源组成的电路称为线性电路。如果构成线性电路的无源元件均为线性电阻，则称为线性电阻电路(简称为电阻电路)。电阻电路中的电源可以是直流的，也可以是交流的。当电路中的电源都是直流时，称为直流电路。本章以直流电路为例进行分析，所得结论也适用于电源为交流的情况。

本章第一部分内容包括无源电阻网络的化简(电阻串联、并联和串并联的化简、电阻三角形连接与星形连接的等效变换)和有源网络的化简(有源支路的串并联、两种电源模型的等效变换)。这些内容都贯穿着等效变换的概念，这是电路中的一个重要的概念。

第二部分内容是线性电路的一般分析方法。研究如何根据电路的两种约束关系，选择变量，建立电路方程，对电路进行求解，包括支路分析法、回路分析法、网孔分析法和节点分析法。

第三部分介绍一些重要的电路定律，内容由线性电路具有可叠加性的基本性质出发，推导得出戴维南定理和诺顿定理，这是两个重要的定理，可以化简含独立源的二端网络，求出等效电路。替代定理也是分析电路的一个有用工具。

2.1 无源电阻网络的化简

本节讨论无源电阻串并联的等效电路，由此引入二端网络等效变换的定义，并分析电阻三角形连接与星形连接的等效变换，既三端网络等效变换。

2.1.1 等效变换和电阻的串联

图 2-1(a)虚线框内电路由 3 个电阻串联而成，可以将其作为一个整体看待。若这个整体只有两个端钮与外电路相连，则称为二端网络或一端口(port)网络，用符号 N_1 表示。图 2-1(b)虚线框内电路也是一个二端网络，用符号 N_2 表示，它是一个简单的二端网络，只有一个电阻元件。根据 KCL，从二端网络一个端钮流入的电流一定等于从另一个端钮流出

的电流，称为端口电流；两个端钮之间的电压称为端口电压。

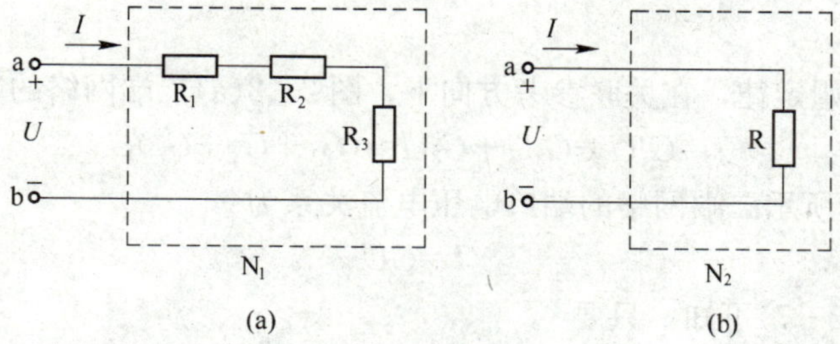

图 2-1　串联电阻的等效电阻

N_1和N_2两个网络均由线性电阻构成，它们内部都没有独立源，为不含独立源的线性二端电阻网络。在关联参考方向下，不含独立源的二端网口电压与端口电流的比值称为二端网络的输入电阻(input resistance)。

根据 KVL 和欧姆定律，在关联参考方向下，N_1网络的端口电压、电流关系为

$$U=R_1I+R_2I+R_3I=(R_1+R_2+R_3)I \tag{2-1}$$

同理可得 N_2网络端口电压电流关系为

$$U=RI \tag{2-2}$$

如果

$$R=R_1+R_2+R_3 \tag{2-3}$$

则式(2-1)和式(2-2)完全相同。即只要式(2-3)成立，则 N_1 和 N_2 两个网络端口电压电流关系就完全相同，对任何外电路，它们的影响完全相同，也就是两个网络相互替代时它们的外部情况不变。因此，在满足式(2-3)的条件下，网络 N_1 和 N_2是等效网络，式(2-3)就是两个网络等效的条件。R 就是 N_1中 3 个串联电阻的 R_1、R_2、R_3的等效电阻的值，也称为输入电阻。

综上所述，可得等效网络的定义：即对于两个二端网络 N_1和 N_2，内部结构相同或不同，如果它们端口的电压电流关系完全相同，则这两个二端网络 N_1和 N_2便是等效(equivalent)网络，也称等效电路。等效网络对外电路具有完全相同的影响，可以互相替代，这种替代称为等效变换。等效变换可以把一个结构复杂的电路变换成结构简单的电路。利用电路的等效变换分析电路是电路分析中经常使用的方法，在电路理论中有着重要的地位。

等效电阻的概念很容易推广到有 n 个串联电阻的电路。显然，当 n 个电阻 R_1、…、R_k、…、R_n相串联时，则等效电阻为

$$R=R_1+R_2+\cdots+R_k+\cdots+R_n=\sum_{k=1}^{n}R_k \tag{2-4}$$

这就是串联电阻的等效电阻的计算公式。

电阻串联时，各电阻上电压的分配公式为

$$U_k=R_kI=\frac{R_k}{R}U \tag{2-5}$$

可见，各个串联电阻的电压与电阻值成正比，即总电压按各个串联电阻值进行分配。

串联的每个电阻的功率也与它们的电阻成正比。

2.1.2 电阻的并联

根据 KCL 和欧姆定律，在关联参考方向下，图 2-2(a)二端网络的端口电压电流关系为

$$I=G_1U+G_2U+G_3U=(G_1+G_2+G_3)U \tag{2-6}$$

同理可得图 2-2(b)所示二端网络的端口电压电流关系为

$$I=GU \tag{2-7}$$

比较式(2-6)和式(2-7)可知，只要

$$G=G_1+G_2+G_3 \tag{2-8}$$

则图 2-2 中的两个二端网络是等效的，因为满足式(2-8)时，它们端口的电压电流关系完全相同。式(2-8)就是两个二端网络等效的条件，式中的 G 就是 3 个电导为 G_1、G_2、G_3 的电阻并联的等效电导。图 2-2(a)变换成图 2-2(b)为等效变换。

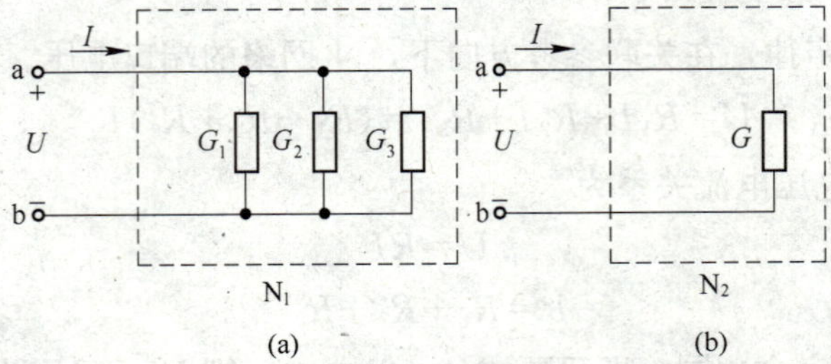

图 2-2 并联电阻的等效电导

等效电导的概念很容易推广到有 n 个并联电阻的电路。显然，若有 n 个电导 G_1、…、G_k、…、G_n 的电阻相并联时，则等效电导为

$$G=G_1+G_2+\cdots+G_k+\cdots+G_n=\sum_{k=1}^{n}G_k \tag{2-9}$$

这就是并联电阻的等效电导的计算公式。

式(2-9)还可以写成

$$\frac{1}{R}=\sum_{k=1}^{n}\frac{1}{R_k} \tag{2-10}$$

电阻并联时，各电阻中的电流为

$$I_k=G_kU=\frac{G_k}{G}I \tag{2-11}$$

可见，各个并联电阻中的电流与它们各自的电导值成正比。或者说，总电流按各个并联电阻元件的电导进行分配。式(2-11)称为电流分配公式。

如果式(2-10)中 $n=2$，即两个电阻 R_1 和 R_2 并联(见图 2-3(a))，其等效电阻 R(图 2-3(b))可计算为

$$R=\frac{R_1R_2}{R_1+R_2} \tag{2-12}$$

用式(2-11)求两个电阻的电流分配，并将电导用电阻代替，可得

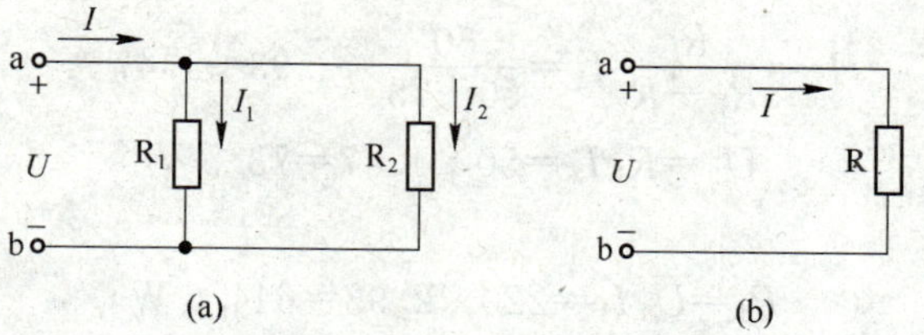

图 2－3　两个电阻的并联

$$\left.\begin{aligned} I_1 &= \frac{G_1}{G} I = \frac{R_2}{R_1+R_2} I \\ I_2 &= \frac{G_2}{G} I = \frac{R_1}{R_1+R_2} I \end{aligned}\right\} \qquad (2-13)$$

2.1.3　电阻的串并联

所谓串并联电阻，是指由串联电阻和并联电阻组合成的二端电阻网络。电阻的串并联在实际工作中应用很广，形式多种多样。但是，它的串联部分具有串联电阻电路的特点，并联部分具有并联电阻电路的特点，只要掌握了串联和并联电阻电路的分析方法，电阻的串并联不难分析。因此，从表面来看，似乎很复杂，但仍属简单电路。所谓简单电路就是可以用串并联等效变换化简为单回路的电路。

在串并联二端电阻网络中，对于给定的端口，若已知电压 U(或电流 I)，欲求各电阻的电压和电流，其求解步骤一般是：

① 首先求出串并联二端网络对于给定端口的等效电阻 R 或等效电导 G；

② 应用欧姆定律求出端口的电流(或电压)；

③ 应用电流分配公式和电压分配公式求出各电阻的电流和电压。

例 2－1　在电工实验中，常用滑线变阻器接成分压器电路来调节负载电阻上电压的高低。图 2－4 中 R_1 和 R_2 是滑线变阻器，R_L 是负载电阻。已知滑线变阻器额定电流是 3 A、R_1+R_2 的值是 100 Ω，端钮 a、b 输入电压 $U_1=220$ V，$R_L=50$ Ω。试问：(1) 当 $R_2=50$ Ω 时，输出电压 U_2 是多少？分压器的输入功率、输出功率及分压器本身消耗的功率各是多少？(2) 当 $R_2=75$ Ω 时，输出电压是多少？滑线变阻器能否安全工作？

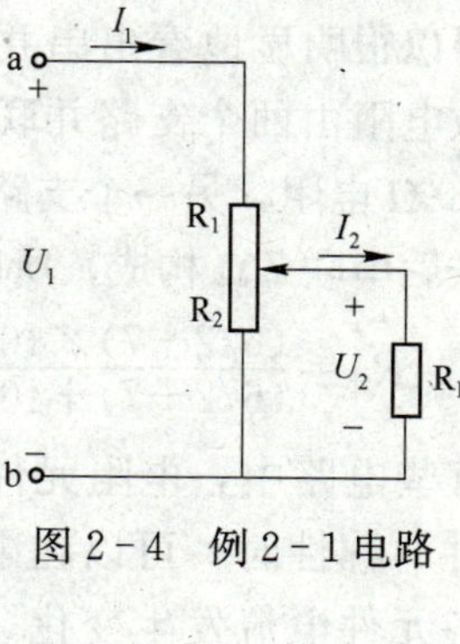

图 2－4　例 2－1 电路

解　(1) 当 $R_2=50$ Ω 时，端钮等效电阻 R_{ab} 为 R_2 和 R_L 并联后与 R_1 串联而成，故

$$R_{ab}=R_1+\frac{R_L R_2}{R_L+R_2}=50+\frac{50\times 50}{50+50}=75\ \Omega$$

总电流即滑线变阻器 R_1 段的电流

$$I_1=\frac{U_1}{R_{ab}}=\frac{220}{75}\approx 2.93\ \text{A}$$

负载 R_L上的电流和电压分别为

$$I_2=\frac{R_2}{R_L+R_2}I_1=\frac{50}{50+75}\times 2.93\approx 1.47\ \text{A}$$

$$U_2=R_L I_2=50\times 1.47=73.5\ \text{V}$$

分压器的输入功率

$$P_1=U_1 I_1=220\times 2.93=644.6\ \text{W}$$

分压器输出功率

$$P_2=U_2 I_2=73.5\times 1.47=108.1\ \text{W}$$

分压器本身消耗的功率为

$$P_0=R_1 I_1^2+R_2(I_1-I_2)^2=50\times 2.93^2+50\times(2.93-1.47)^2\approx 535.8\ \text{W}$$

(2) 当 $R_2=75\ \Omega$ 时，计算方法同上，可得

$$R_{ab}=R_1+\frac{R_L R_2}{R_L+R_2}=25+\frac{75\times 50}{75+50}=55\ \Omega$$

$$I_1=\frac{220}{55}=4\ \text{A}$$

$$I_2=\frac{75}{75+50}\times 4=2.4\ \text{A}$$

$$U_2=50\times 2.4=120\ \text{V}$$

$I_1=4$ A，大于滑线变阻器额定电流 3 A，R_1段电阻有被烧坏的危险。

求解简单电路的关键是判断哪些电阻串联，哪些电阻并联。较简单的电路可以通过观察直接得出；当电阻串并联的关系不易看出时，可以在不改变元件间连接关系的条件下将电路画成比较容易判断串并联的形式。这时无电阻的导线最好缩成一点，并且尽量避免相互交叉。重画时可以先标出各节点代号，再将各元件连在相应的节点间。

例 2-2 求图 2-5(a)所示电路 a、b 两端的等效电阻。

解 将图 2-5(a)改画成图 2-5(b)后，可以很明显地看出串并联关系。a、b 间等效电阻由两个支路并联而成，一个支路是 10 Ω 电阻，另一个支路由两个 6 Ω 电阻并联后串联 7 Ω 构成，所以得

$$R_{ab}=\frac{(6/2+7)\times 10}{(6/2+7)+10}=5\ \Omega$$

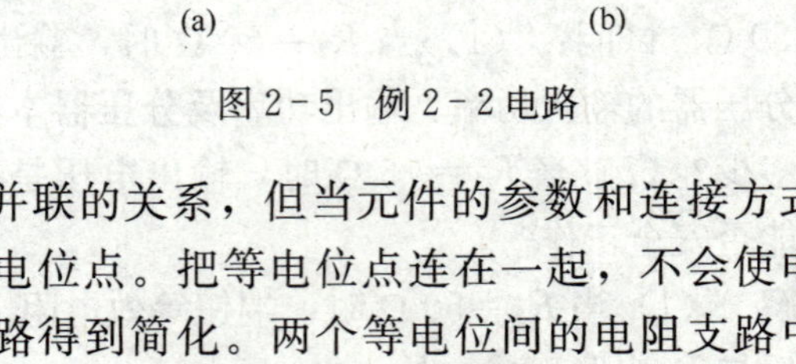

图 2-5 例 2-2 电路

有些电路中，电阻元件间本来不存在串并联的关系，但当元件的参数和连接方式具有某种对称性时，可以在电路中找出一些等电位点。把等电位点连在一起，不会使电路中的各元件电流发生变化，但却有可能使电路得到简化。两个等电位间的电阻支路中必然没有电流，所以也可以把它断开而不影响电路的其他部分。例如在图 2-6(a)所示的电路中，若 $R_1R_4=R_2R_3$，则由电路的对称性可知：b、d 两点电位相等，因而可以把 b、d 两点短路成为图 2-6(b)；又由于 b、d 两点电位相等时，电流 $I=0$，因而也可以把电阻 R_5支路断开，成为图 2-6(c)。显然，图 2-6(b) 和图 2-6(c)可以用电阻串并联的方法化简，两者的计算结果相同。

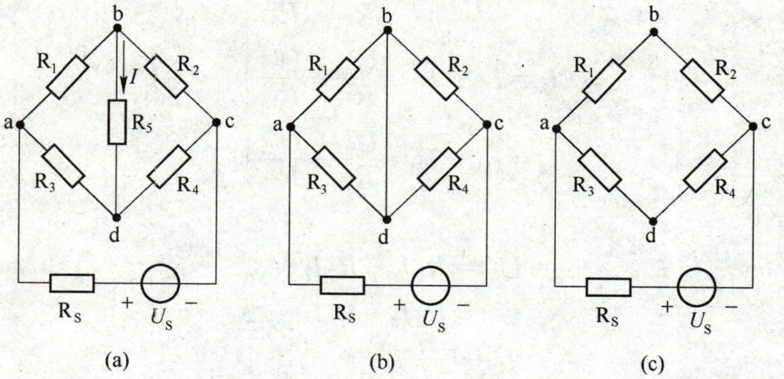

图2-6 具有对称性电路的举例

2.1.4 无源三端网络(电阻的三角形连接与星形连接)的等效变换

具有3个引出端且内部无任何电源(独立源与受控源)的网络称为无源三端网络。图2-7即为两个无源三端网络，其中图2-7(a)，3个电阻元件首尾相接，连成一个三角形，这种连接方式称为三角形连接(delta-connection)，简称△连接或Ⅱ连接，三角形的3个顶点是电路的3个节点。图2-7(b)中，3个电阻元件的一端连接在一起，另一端分别连接到电路的3个节点，这种连接方式称为星形连接(star-connection)，简称Y连接或T连接。三角形连接和星形连接都是通过3个节点与外部相连。它们之间的等效变换是一个三端网络的等效变换问题。

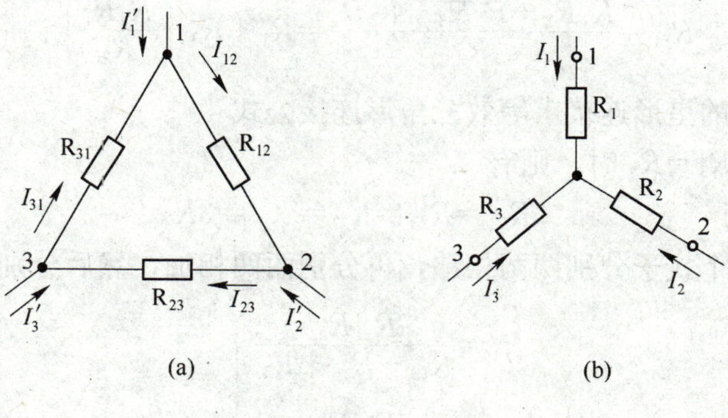

图2-7 电阻的三角形连接和星形连接

星形连接和三角形连接的等效变换条件是要求它们具有相同的端钮电压电流关系，也就是当它们的对应节点间有相同的电压U_{12}、U_{23}、U_{31}时，从外电路流入对应节点的电流$I_1=I_1'$、$I_2=I_2'$、$I_3=I_3'$也必须分别相等。根据这个要求，可以求出两种连接方式等效变换的关系式。

下面推导星形连接与三角形连接的相互等效变换公式。

对于图2-7(a)电路有

$$\left.\begin{aligned} I_1'&=I_{12}-I_{31}=\frac{U_{12}}{R_{12}}-\frac{U_{31}}{R_{31}}\\ I_2'&=I_{23}-I_{12}=\frac{U_{23}}{R_{23}}-\frac{U_{12}}{R_{12}}\\ I_3'&=I_{31}-I_{23}=\frac{U_{31}}{R_{31}}-\frac{U_{23}}{R_{23}} \end{aligned}\right\} \tag{2-14}$$

对于图 2-7(b)有

$$\left.\begin{aligned} U_{12}&=R_1I_1-R_2I_2\\ U_{23}&=R_2I_2-R_3I_3\\ I_1+I_2+I_3&=0 \end{aligned}\right\} \tag{2-15}$$

式(2-15)中 3 个式子联立解得

$$\left.\begin{aligned} I_1&=\frac{R_3U_{12}}{R_1R_2+R_2R_3+R_3R_1}-\frac{R_2U_{31}}{R_1R_2+R_2R_3+R_3R_1}\\ I_2&=\frac{R_1U_{23}}{R_1R_2+R_2R_3+R_3R_1}-\frac{R_3U_{12}}{R_1R_2+R_2R_3+R_3R_1}\\ I_3&=\frac{R_2U_{31}}{R_1R_2+R_2R_3+R_3R_1}-\frac{R_1U_{23}}{R_1R_2+R_2R_3+R_3R_1} \end{aligned}\right\} \tag{2-16}$$

由于应有 $I_1=I_1'$、$I_2=I_2'$、$I_3=I_3'$，故式(2-14)和式(2-16)应相等，且对应项的系数也应相等，于是得

$$\left.\begin{aligned} R_{12}&=\frac{R_1R_2+R_2R_3+R_3R_1}{R_3}=R_1+R_2+\frac{R_1R_2}{R_3}\\ R_{23}&=\frac{R_1R_2+R_2R_3+R_3R_1}{R_1}=R_2+R_3+\frac{R_2R_3}{R_1}\\ R_{31}&=\frac{R_1R_2+R_2R_3+R_3R_1}{R_2}=R_1+R_3+\frac{R_3R_1}{R_2} \end{aligned}\right\} \tag{2-17}$$

式(2-17)就是从已知的星形连接求等效三角形连接公式。

当 $R_1=R_2=R_3=R_Y$ 时，则有

$$R_{12}=R_{23}=R_{31}=R_\triangle=3R_Y \tag{2-18}$$

将式(2-17)的 3 个式子分别两两相乘，再分别两两相加，然后分别相除，可解得

$$\left.\begin{aligned} R_1&=\frac{R_{31}R_{12}}{R_{12}+R_{23}+R_{31}}\\ R_2&=\frac{R_{12}R_{23}}{R_{12}+R_{23}+R_{31}}\\ R_3&=\frac{R_{23}R_{31}}{R_{12}+R_{23}+R_{31}} \end{aligned}\right\} \tag{2-19}$$

此式就是从已知的三角形连接求等效星形连接的公式。

当 $R_{12}=R_{23}=R_{31}$ 时，则有

$$R_1=R_2=R_3=R_Y=\frac{1}{3}R_\triangle \tag{2-20}$$

星形电路和三角形电路的等效互换在三相电路中有着十分重要的应用。

例 2-3　计算图 2-8(a)所示电路中的电流 I_1。

解　图 2-8(a)中的 5 个电阻既非串联又非并联，无法用串并联等效电阻的概念求取 4、3 端的等效电阻。如果将接到端钮 1、2、3 作三角形连接的 3 个电阻等效变换为星形连接，如图 2-8(b)中的 R_1、R_2、R_3 所示，就可用串并联方法求 4、3 端的等效电阻。应用式(2-19)得

$$R_1=\frac{4\times8}{4+4+8}=2\ \Omega$$

$$R_2=\frac{4\times4}{4+4+8}=1\ \Omega$$

$$R_3=\frac{8\times4}{4+4+8}=2\ \Omega$$

将图 2-8(b)化简为图 2-8(c)的电路，其中

$$R_4=1+R_1=1+2=3\ \Omega$$
$$R_5=5+R_2=5+1=6\ \Omega$$

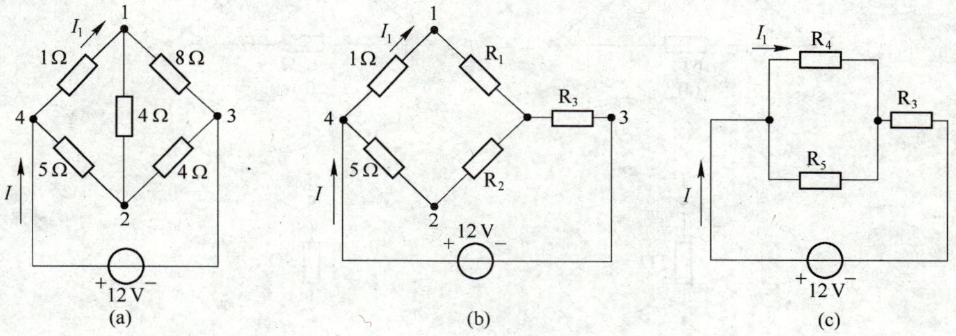

图 2-8　例 2-3 电路

于是

$$I=\frac{12}{\dfrac{R_4R_5}{R_4+R_5}+R_3}=\frac{12}{\dfrac{3\times6}{3+6}+2}=3\ \text{A}$$

$$I_1=\frac{R_5}{R_4+R_5}I=\frac{6}{3+6}\times3=2\ \text{A}$$

思考题与练习题

2.1.1　试解释下列各名词：二端网络、无源二端网络、端口电压、端口电流、端口电压电流关系、输入电阻、等效变换、等效网络、等效电阻。并说明为什么要对二端网络进行等效变换？输入电阻与等效电阻有何关系？并说明二端网络等效电阻的计算方法有几种？

2.1.2　分别求图 2-9 所示各二端网络端口的等效电阻 R_{ab}。

2.1.3　将图 2-10 中(a)、(b)的三角形连接等效变换为星形连接，将图(c)、(d)的星形连接等效变换为三角形连接。

2.1.4　求图 2-11 电路中端钮 1、2 间的等效电阻。

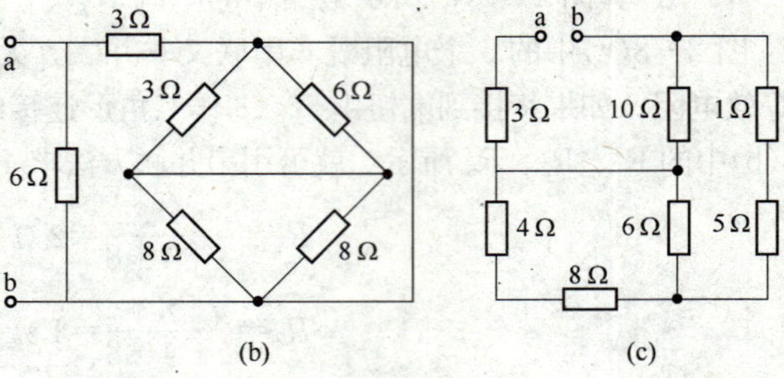

图 2-9　题 2.1.2 图

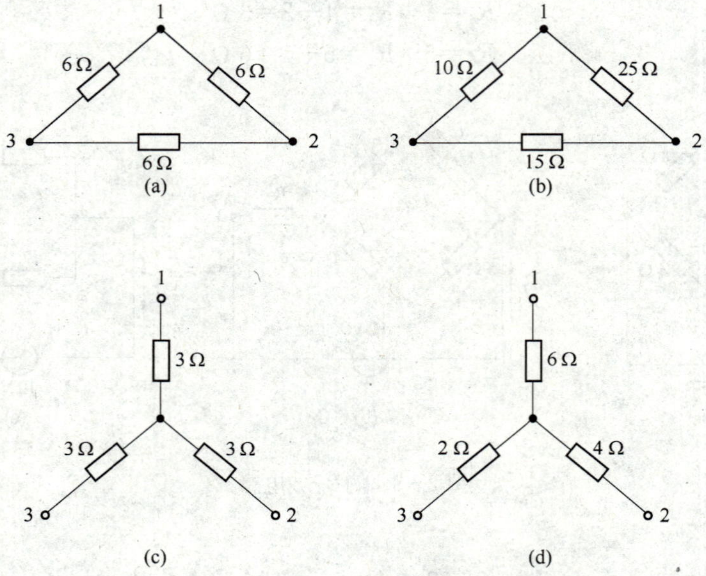

图 2-10　题 2.1.3 图

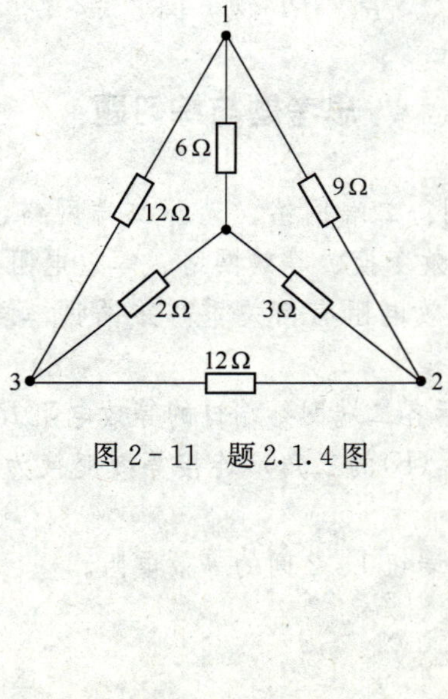

图 2-11　题 2.1.4 图

2.2　电源模型的等效变换和电源支路的串并联

2.2.1　两种电源模型的等效变换

1. 实际电源的模型

一个实际电源可以用电压源 U_S 与电阻 R_S 串联组合作为其电路模型。电路如图2－12(a)所示，其中 U_S 为电压源的电压，R_S 为它的内电阻(也称电压源的输出电阻)，U 和 I 分别为其端电压和端电流，箭头表示电流的参考方向(对电压源支路而言，此处 U 的“＋”和“－”极规定与 I 的参考方向规定为非关联)。

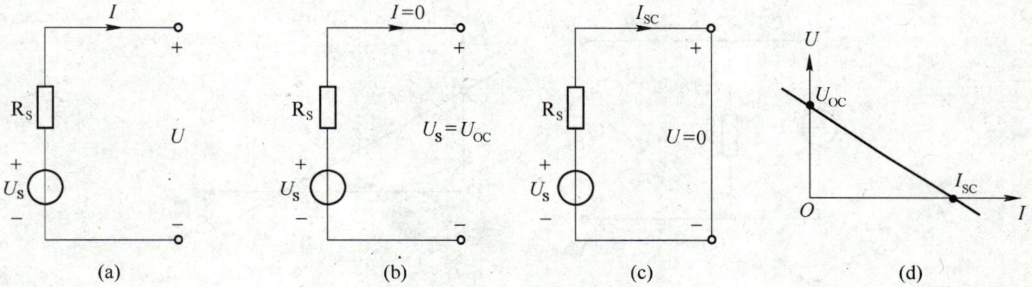

图 2－12　电压源模型及伏安特性

根据图 2－12(a)可写出电压源模型的伏安方程为

$$U=U_S-R_SI \tag{2-21}$$

输出电流 $I=0$ 时称为电压源端口开路，如图 2－12(b)。端口开路时的端电压称为开路电压，用 U_{OC} 表示。由式(2－21)有

$$U_{OC}=U_S \tag{2-22}$$

端口电压 $U=0$ 时称为电压源端口短路，如图 2－12(c)所示。端口短路时的电流称为短路电流，用 I_{SC} 表示。由式(2－21)有

$$I_{SC}=\frac{U_S}{R_S}=\frac{U_{OC}}{R_S} \tag{2-23}$$

U 与 I 的关系曲线如图 2－12(d)所示。此曲线称为实际电压源的伏安特性，也称为外特性。可见，U 随 I 的增大而减小。

一个实际电源也可以用电流源 I_S 与电阻 R_S 并联组合作为其电路模型。电路如图2－13(a)所示，其中 I_S 为电流源的电流，R_S 为它的内电阻(也称电流源的输出电阻)，U 和 I 分别为它的端电压和端电流，箭头表示电流 I 的参考方向。

根据图 2－13(a)可写出电流源模型的伏安方程为

$$I=I_S-\frac{U}{R_S} \tag{2-24}$$

端电压 $U=0$ 时称为电流源端口短路，如图 2－13(b)所示。由式(2－24)可见，端口短

路电流为

$$I_{SC}=I_S \tag{2-25}$$

输出电流 $I=0$ 时称为电流源端口开路，如图 2-13(c)所示。由式(2-24)可见，端口开路电压为

$$U_{OC}=R_S I_S \tag{2-26}$$

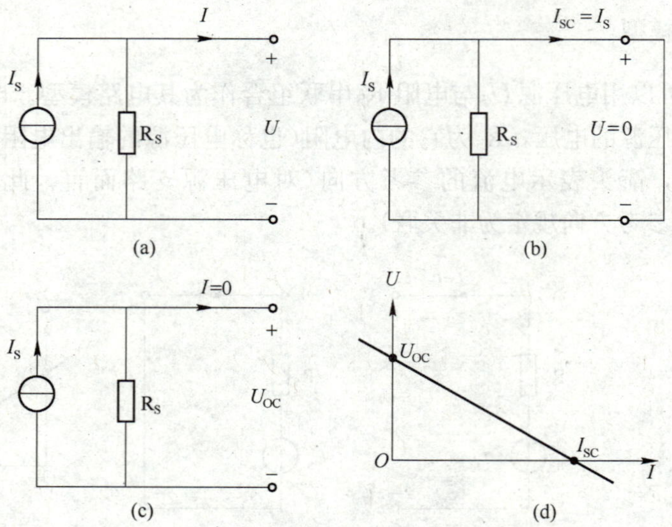

图 2-13 电流源模型及伏安特性

U 与 I 的关系曲线如图 2-13(d)所示。此曲线称为实际电流源的伏安特性，也称外特性。可见，U 随 I 的增大而减小。

由式(2-23)和式(2-26)都可以得到

$$R_S=\frac{U_{OC}}{I_{SC}} \tag{2-27}$$

即电压源和电流源的内电阻 R_S，都可以通过先求端口开路电压 U_{OC} 和端口短路电流 I_{SC}，然后根据式(2-27)计算求得(注意：当 $U_{OC}=I_{SC}=0$ 时，此法即失效)。

2. 两种电源模型的等效变换

为了进行电路分析，往往需要将电压源模型与电流源模型进行等效变换。这种等效变换是在保持两者的外特性(即伏安关系曲线)完全相同的原则下进行的。下面推导这种等效变换的原则与关系式。

电压源模型等效变换为电流源模型如下所述。

电压源模型如图 2-14 (a)所示。由式(2-21)有

$$I=\frac{U_S}{R_S}-\frac{U}{R_S}=I_{SC}-\frac{U}{R_S} \tag{2-28}$$

其中 $I_{SC}=\frac{U_S}{R_S}$ 为电压源模型的端口短路电流。根据式(2-28)即可画出与之对应的等效电路，如图 2-14(b)所示，即等效为一电流源模型。可将这种等效变换原则总结为 3 条：U_S 与 R_S 的串联组合变为 I_{SC} 与 R_S 的并联组合；等效电流源模型的电流 $I_{SC}=\frac{U_S}{R_S}$，为电压源模型的端

口短路电流；I_{SC}的方向为从 U_S 负极指向正极。

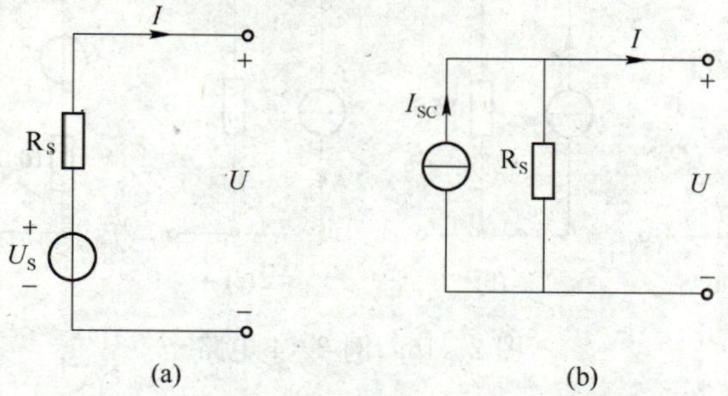

图 2－14　电压源模型等效变换为电流源模型

电流源模型等效变换为电压源模型如下所述。

电流源模型如图 2－15(a)所示。由式(2－24)有

$$U = I_S R_S - I R_S = U_{OC} - R_S I \tag{2-29}$$

其中 $U_{OC} = I_S R_S$ 为电流源模型的端口开路电压。根据式(2－29)即可画出与之对应的等效电路，如图2－15(b)所示，即等效的电压源模型。可将这种等效变换原则总结为 3 条：I_S 与 R_S 的并联组合变为 U_{OC}与 R_S 的串联组合；等效电压源模型的电压 $U_{OC} = R_S I_S$，为电流源模型的端口开路电压；U_{OC}的极性为从负极到正极与 I_S 方向一致。

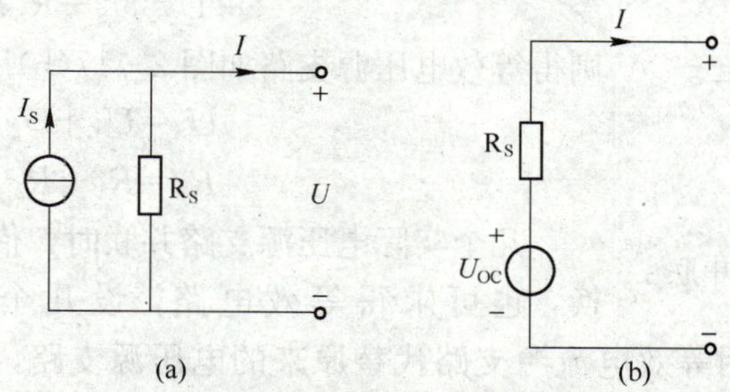

图 2－15　电流源模型等效变换为电压源模型

需要指出 3 点：一是电源模型的等效变换只是对外电路等效，对电源模型内部是不等效的；二是理想电压源与理想电流源不能互相等效变换，即理想电压源不存在与之对应的等效电流源，理想电流源也不存在与之对应的等效电压源；三是受控电压源与电阻串联组合可以和受控电流源与电阻并联组合进行等效变换，其方法和独立源支路的等效变换基本相同。但变换时应注意不要消去控制量，只有先将控制量转化为不会被消去的量以后，才能进行等效变换。

例 2－4　(1) 求与图 2－16(a)等效的电流源模型；(2) 求与图 2－16(c)等效的电压源模型。

解　(1) 图 2－16(a)中 $U_S = 10\ \text{V}$，$R_S = 2\ \Omega$，得等效电流源模型参数为

$$I_{SC} = 5\ \text{A},\ R_S = 2\ \Omega$$

按电压源 U_S 的参考方向，可知电流源的方向应朝上，于是得到等效模型如图 2－16(b)所示。

(2) 图 2－16(c)中，$I_S = 2\ \text{A}$，$G_S = 0.1\ \text{S}$，有

$$U_{OC} = I_S R_S = \frac{I_S}{G_S} = \frac{2}{0.1} = 20\ \text{V},\ R_S = \frac{1}{G_S} = \frac{1}{0.1} = 10\ \Omega$$

等效电压源模型如图 2－16(d)所示。

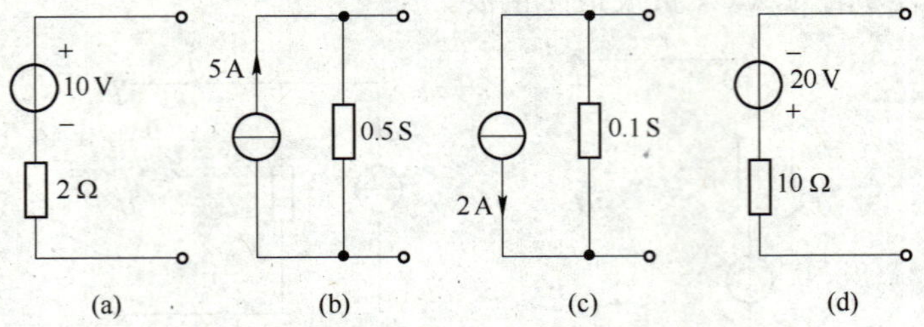

图 2－16 例 2－4 电路

2.2.2 电压源支路的串并联

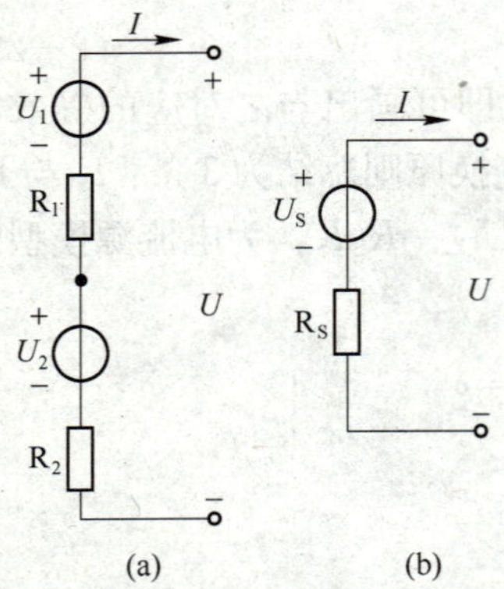

图 2－17 电压源支路的串联

几个实际电压源支路串联时，可以简化成一个等效的电压源支路。以图 2－17(a)两个电压源支路相串联为例，其中一个由电压源 U_1 和串联电阻 R_1 构成，另一个由电压源 U_2 和串联电阻 R_2 构成。在这个电路中有

$$U=U_1-R_1I+U_2-R_2I=(U_1+U_2)-(R_1+R_2)I$$

令

$$U=U_S-R_SI$$

则得等效电压源支路如图 2－17(b)所示，其参数

$$\left.\begin{aligned}U_S&=U_1+U_2\\R_S&=R_1+R_2\end{aligned}\right\}\qquad(2-30)$$

几个实际电压源支路并联时，借助于电源支路的等效变换，也可求得等效电路。设几个电压源支路并联，如图 2－18(a)所示，可以用等效电流源支路代替原来的电压源支路，得图 2－18(b)，其中，$I_1=U_1/R_1$，$G_1=1/R_1$，$I_2=U_2/R_2$，$G_2=1/R_2$；合并电流源支路得图 2－18(c)，并变换为等效的电压源支路如图 2－18(d)所示，这就是所求的等效电路，有

$$\left.\begin{aligned}U_S&=\frac{I_S}{G_S}=\frac{I_1+I_2}{G_1+G_2}=\frac{G_1U_1+G_2U_2}{G_1+G_2}\\R_S&=\frac{1}{G_S}=\frac{1}{G_1+G_2}\end{aligned}\right\}\qquad(2-31)$$

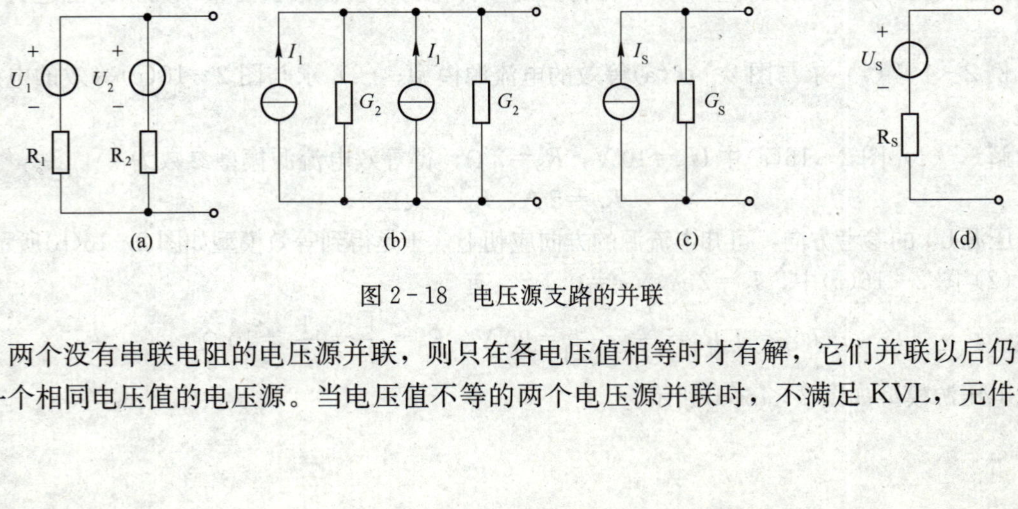

图 2－18 电压源支路的并联

两个没有串联电阻的电压源并联，则只在各电压值相等时才有解，它们并联以后仍等效于一个相同电压值的电压源。当电压值不等的两个电压源并联时，不满足 KVL，元件约束

与拓扑约束相矛盾，因而无解。这往往是由于模型过于简化的缘故，在这种情况下需要对模型进行修改。

与电压源并联的元件对外电路不能影响电压源的电压。

2.2.3 电流源支路的串并联

几个实际电流源支路并联时，可以简化成一个等效的电流源支路。以图 2－19(a)两个电流源支路相并联为例，其中一个由电流源 I_1 与电导为 G_1 的电阻并联构成，另一个由电流源 I_2 与电导为 G_2 的电阻并联构成。在这个电路中有

$$I=I_1-G_1U+I_2-G_2U=(I_1+I_2)-(G_1+G_2)U$$

令

$$I=I_S-G_SU$$

则得等效电流源支路如图 2－19(b)所示，其参数为

$$\left.\begin{aligned}I_S&=I_1+I_2\\G_S&=G_1+G_2\end{aligned}\right\}\tag{2-32}$$

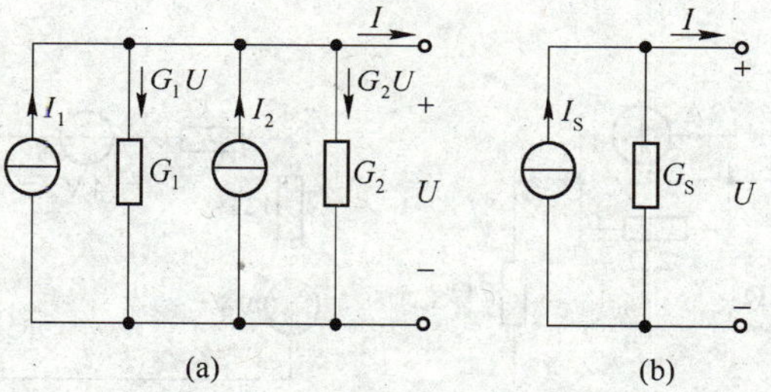

图 2－19 电流源支路的并联

实际电流源支路串联时，也可借助于电源支路的等效变换求得等效电路。

两个没有并联电阻的电流源串联，则只在各电流值相等时才有解，它们串联以后仍等效于一个相同电流值的电流源。当电流值不等的两个电流源串联时，不满足 KCL，元件约束与拓扑约束相矛盾，因而无解。这往往是由于模型的缘故，在这种情况下需要对模型进行修改。

与电流源串联的元件对外电路不能影响电流源的电流。

例 2－5 试求图 2－20 的等效电路。

解 图 2－20(a)和图 2－20(b)电压源的电压为 10 V，与并联的电流源或电阻无关，两者的差别仅是电压源的电流不同，所以它们的等效电路是电压为 10 V 的电压源。

图 2－20(c)和图 2－20(d)电流源的电流为 2 A，与串联的电压源或电阻无关，两者的差别仅是电流源的电压不同，所以它们的等效电路就是电流为 2 A 的电流源。

例 2－6 求图 2－21(a)中的电流 I。

解 利用电源模型的等效变换，将图 2－21(a)的电路简化成图 2－21(d)的单回路电路，中间变换过程如图 2－21(b)和图 2－21(c)所示。从化简后的电路图 2－21(d)求得电流

$$I=\frac{9-4}{1+2+7}=0.5\ \text{A}$$

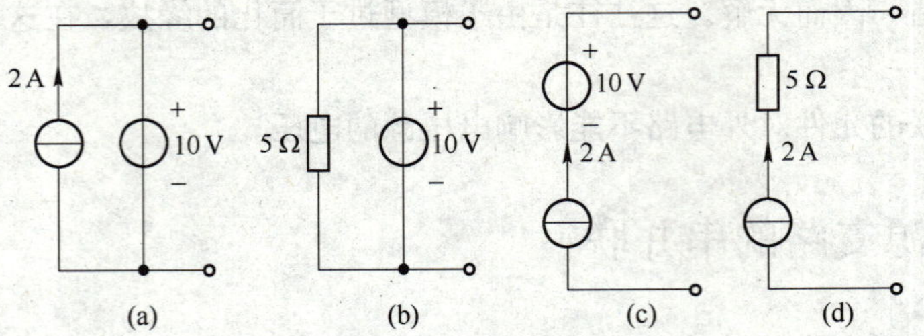

图 2-20 例 2-5 电路

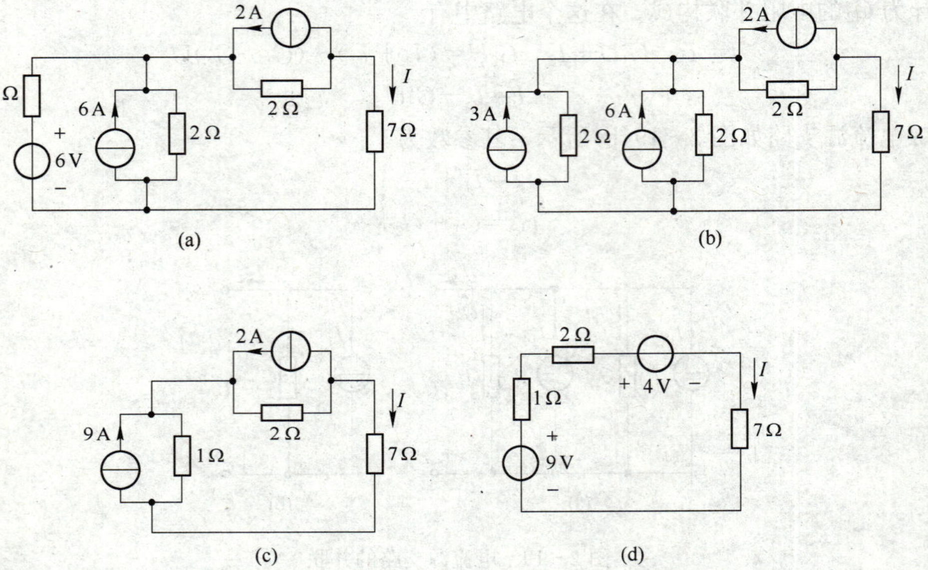

图 2-21 例 2-6 电路

思考题与练习题

2.2.1 理想电压源与理想电流源能否进行等效变换？

2.2.2 两种电源模型等效变换的条件是什么？其中电压源和电流源的参考方向是什么关系？

2.2.3 求图 2-22 中各电路的等效电流源模型。

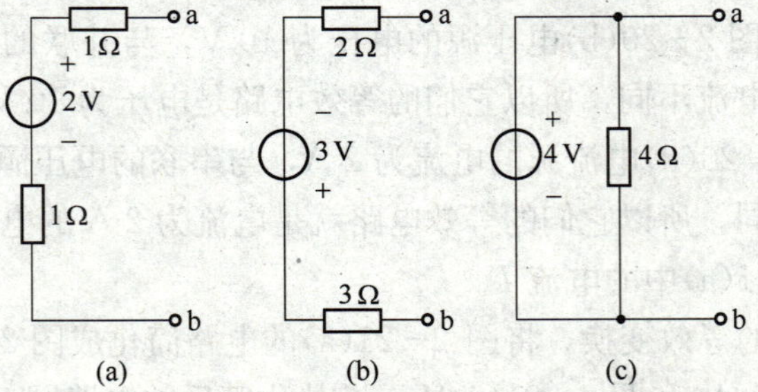

图 2-22 题 2.2.3 图

2.2.4 求图 2-23 中各电路的等效电压源模型。

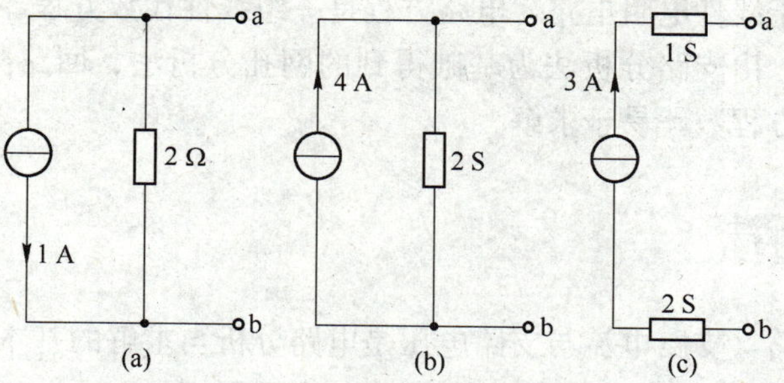

图 2－23 题 2.2.4 图

2.2.5 求图 2－24 中各电路的等效电源模型。

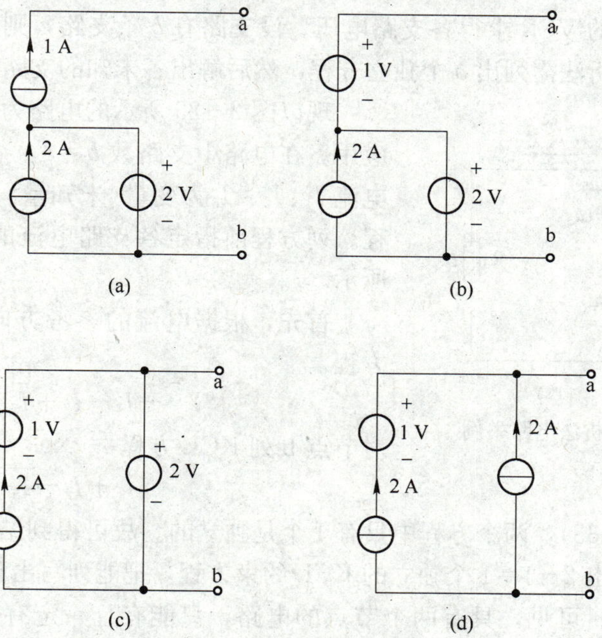

图 2－24 题 2.2.5 电路

2.3 支路分析法

2.3.1 分析线性电路的一般方法

前面几节中的分析方法是利用等效变换，将电路化简成单回路电路，然后找出待求的电流和电压。用这类方法分析简单电路是行之有效的，但对于复杂的电路(例如有些多回路电路)，往往不能或不易化简为单回路电路，因此以下几节介绍几种分析线性电路的一般方法。

这些方法的步骤如下：首先选择电路的变量，电压和电流是电路的基本变量，也是分析电路时待求的未知量，可以选择支路电流、支路电压、网孔电流或回路电流和节点电压为变量；然后根据 KCL、KVL 和 VCR 建立电路方程，方程数应与变量数相同；最后从方程中解出电路的变量。对于线性电阻电路，电路方程是一组线性代数方程。列写电路方程的最基本方法是支路分析法，由支路分析法为基础得到的网孔分析法、回路分析法和节点分析法，具有较少的变量数和方程数，易于求解。

2.3.2 支路分析法

电路的基石是支路，支路电流与支路电压是电路分析与求解的基本对象。当支路电流与支路电压求得后，支路功率(吸收的或发出的)也就迎刃而解了。

以支路电流或支路电压作为变量列写的电路方程称为支路方程。由支路方程求解电路的方法称为支路分析法。本节以支路电流为变量列写方程(也称为支路电流法)，求得各支路电流以后，即可由相应的 VCR 求得各支路电压。设支路有 b 条支路，则有 b 个未知电流可选为变量。因而支路分析法需列出 b 个独立方程，然后解出各未知的支路电流。

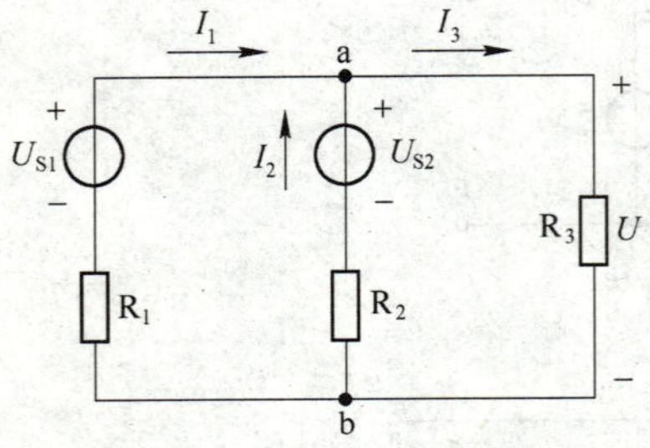

图 2-25 支路分析法电路举例

现以图 2-25 所示的电路为例说明支路分析法的应用。在电路中支路数 $b=3$，节点数 $n=2$，以支路电流 I_1、I_2、I_3 为变量(未知量)，共列出 3 个独立方程。列方程前指定各支路电流的参考方向如图2-25所示。

首先，根据电流的参考方向，对节点 a 列 KCL 方程

$$-I_1-I_2+I_3=0 \tag{2-33}$$

对节点 b 列 KCL 方程

$$I_1+I_2-I_3=0 \tag{2-34}$$

式(2-34)即为式(2-33)，两个方程中只有 1 个是独立的。故可得到结论：对于具有 2 个节点的电路，只能列写出 2－1＝1 个独立的 KCL 约束方程。把能列写出独立的 KCL 约束方程的节点称为独立节点。可见，具有两个节点的电路，只能有且一定有 1 个独立节点。推广之，具有 n 个节点的电路，只能有且一定有($n-1$)个独立节点，余下的 1 个节点即为非独立节点。至于选哪些节点作为独立节点，原则上是任意的。例如在图 2-25 电路中，若选节点 a 为独立节点，则式(2-33)即为一个独立的 KCL 约束方程。

其次，图 2-25 共有 3 个回路，故可列出 3 个回路 KVL 约束方程。但其独立方程数为 2 个，例如对 2 个网孔，若选它们的绕行方向均为顺时针方向，如图 2-25 中所示，则可列出 KVL 约束方程为

对左网孔回路 $$I_1R_1-U_{S1}+U_{S2}-I_2R_2=0 \tag{2-35}$$

对右网孔回路 $$I_2R_2-U_{S2}+I_3R_3=0 \tag{2-36}$$

显然，这两个方程是互相独立的，因为其中任何一个都不能从其余一个变换得来。但若再对整个回路(绕行方向也取为顺时针)列 KVL 约束方程，则有

$$I_1R_1+I_3R_3-U_{S1}=0 \tag{2-37}$$

显然，方程(2-37)是不独立的。因为将式(2-35)和式(2-36)中的两式相加即得此方程。故可得到结论：对平面电路列出的 KVL 约束方程，其独立方程的个数正好等于网孔的个数。把能列出独立 KVL 约束方程的回路称为独立回路。平面电路中的网孔即为一组独立回路。

式(2－35)和式(2－36)即为图 2－25 电路 2 个独立 KVL 约束方程。

现在的问题是，选什么样的回路才能保证是独立回路，在此给出两个结论。

① 每选取一个回路，应至少包含有一条其他的已选过的回路中所没有的支路，则此回路必是独立回路。

② 平面电路中的网孔必是独立回路。通常为了简便，就直接选取网孔作为独立回路。一个电路有几个网孔，则就有几个独立回路。

所以图 2－25 电路中共该有 3 个待求变量(3 个支路电流)。现在由式(2－33)、式(2－35)和式(2－36)，共得 3 个独立方程，联立求解即得全部的支路电流。

推广之，对于一个具有 b 条支路、n 个节点的电路，根据 KCL 可列出$(n-1)$个独立的 KCL 约束方程，根据 KVL 可列出 $b-(n-1)$个独立的 KVL 约束方程，根据支路的伏安关系可列出 b 个独立的支路电流方程，这样共可列出$(n-1)+b-(n-1)=b$ 个独立方程，而待求的变量也是 b 个(b 个支路电流)。

2.3.3　支路分析法的步骤

支路分析法的步骤为：

① 画出电路图；

② 设定各支路电流和参考方向；

③ 选取$(n-1)$个独立节点，列写出$(n-1)$个 KCL 约束方程；

④ 网孔为独立回路，并设定网孔的绕行方向，列写出网孔的 KVL 约束方程；

⑤ 联立求解所列出的 b 个独立方程，即得 b 个支路电流；

⑥ 将所求得的支路电流按 VCR 得各支路电压；

⑦ 若有必要，可进一步从已求得的支路电流和支路电压求得支路功率(吸收的或发出的)；

⑧ 支路法也适用于含受控源的电路，这只要在写支路的伏安方程时对受控源的特点予以注意，并写出必要的辅助方程(将控制量用待求变量表示)即可。

例 2－7　图 2－25 所示电路 $U_{S1}=130\ \text{V}$，$R_1=1\ \Omega$，$U_{S2}=117\ \text{V}$，$R_2=0.6\ \Omega$，负载电阻 $R_3=24\ \Omega$。试求每条电源支路的电流及它们提供的功率。

解　以支路电流为变量应用 KCL、KVL 列出式(2－33)、式(2－35)和式(2－36)，并将已知参数代入，即得

$$-I_1-I_2+I_3=0$$
$$I_1-130+117-0.6I_2=0$$
$$0.6I_2-117+24I_3=0$$

解得

$$I_1=10\ \text{A},\ I_2=-5\ \text{A},\ I_3=5\ \text{A}$$
$$U=R_3I_3=24\times5=120\ \text{V}$$

因为两条电源支路的电流参考方向与电压 U 的参考方向非关联，故含 U_{S1} 电源支路的功率为

$$P_1=-UI_1=-120\times10=-1\ 200\ \text{W}$$

含 U_{S2} 电源支路的功率为

$$P_2=-UI_2=-120\times(-5)=600\ \text{W}$$

可见，故含 U_{S1} 电源支路提供功率，含 U_{S2} 电源支路吸收功率。负载吸收的功率为

$$P_3=UI_3=120\times5=600\ \text{W}$$

2.4 网孔分析法和回路分析法

2.4.1 网孔分析法的定义和方程

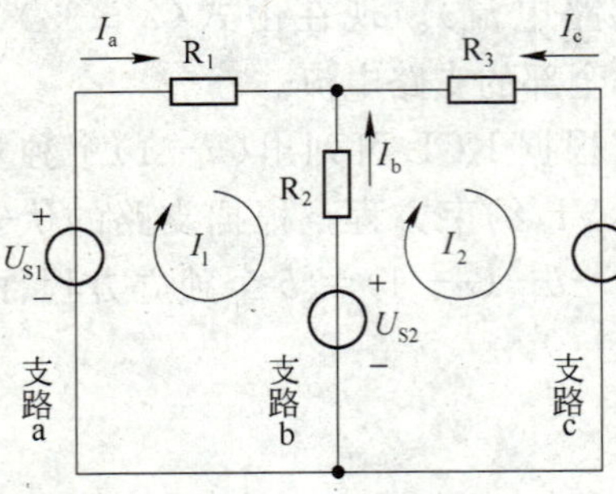

图 2-26 网孔分析法举例

用支路分析法分析电路时，所列方程较多。为了减少方程数，可选取网孔电流为电路的变量(未知量)列写方程，这种方法称为网孔分析法(也称为网孔电流法)。如图 2-26 中的 I_1、I_2所示，网孔电流 I_1、I_2的大小和参考方向均是任意设定的。

图 2-26 中共有两个网孔，设想在每个网孔里都有一假想的电流沿着网孔的边界流动，其参考方向如图所示。电路中所有支路电流都可以用网孔电流表示，例如支路 a 中的电流等于网孔电流 I_1，支路 b 中的电流 I_b等于网孔电流的代数和$-I_1+I_2$，支路 I_c中的电流等于网孔电流$-I_2$。这样，只要求出各网孔电流，就可确定所有支路电流。

既然网孔电流是沿着闭合回路流动的，所以它一定从网孔中某一个节点流进，同时又从这个节点流出。也就是说，引用了网孔电流之后，因为网孔电流在所有节点处都自动满足 KCL，就不必对各独立节点另列 KCL 方程，所以省去了$(n-1)$个方程。这样，只需列出 KVL 方程，使方程数减少为 $b-(n-1)$个。电路的变量网孔电流也是 $b-(n-1)$ 个。

在列写网孔的 KVL 约束方程时，应首先设定网孔电流的大小和参考方向。为了使所列方程有规律和容易写出，一般设定网孔电流的参考方向均为顺时针或均为逆时针，而且回路的绕行方向取为与网孔电流的参考方向一致。显然，网孔电流的个数及所列 KVL 约束方程的个数，都一定等于网孔数。例如对于图 2-26 所示电路可列出方程为

$$\left.\begin{aligned} R_1I_1+R_2I_1-R_2I_2+U_{S2}-U_{S1}=0 \\ R_2I_2-R_2I_1+R_3I_2+U_{S3}-U_{S2}=0 \end{aligned}\right\} \tag{2-38}$$

经过整理后，得到

$$\left.\begin{aligned} (R_1+R_2)I_1-R_2I_2=U_{S1}-U_{S2} \\ -R_2I_1+(R_2+R_3)I_2=U_{S2}-U_{S3} \end{aligned}\right\} \tag{2-39}$$

这就是以网孔电流为未知量列写的 KVL 方程，称为网孔方程。

在式(2-39)中，$R_{11}=R_1+R_2$，$R_{22}=R_2+R_3$，它们分别为两个网孔的自电阻，它们为各自网孔中所有电阻之和，恒为正值；$R_{12}=R_{21}=-R_2$，R_{12}、R_{21}均称为两个网孔的互电阻，可正可负，若设定网孔电流的参考方向均为同一方向(同为顺时针方向或同为逆时针方向)，则互电阻均为负值，式(2-38)中即属此种情况；若设定网孔电流的参考方向不一定均为同一方向(即有顺时针方向，有的为逆时针方向)，则互电阻中有的为正值，有的则为负值(若

流过互电阻的相邻两个网孔电流的方向相同，则互电阻前取“+”号，否则取“−”号)；在式(2-39)中，令$U_{S11}=U_{S1}-U_{S2}$，$U_{S22}=U_{S2}-U_{S3}$，U_{S11}，U_{S22}分别为两个网孔的所有电压源电位升的代数和，各电压源电压按网孔电流的绕行方向，是由“−”极到“+”极，前面取正号；反之则取负号。

方程组(2-39)可以进一步写成

$$\left.\begin{aligned} R_{11}I_1+R_{12}I_2&=U_{S11}\\ R_{21}I_1+R_{22}I_2&=U_{S22}\end{aligned}\right\} \tag{2-40}$$

2.4.2　网孔分析法的计算步骤

把以上结论推广到具有 m 个网孔的电路，可将网孔分析法的步骤归纳如下。

① 选定各网孔电流的参考方向，它们也是列方程式时的绕行方向。

② 列网孔方程

$$\left.\begin{aligned} R_{11}I_1+R_{12}I_2+\cdots+R_{1m}I_m&=U_{S11}\\ R_{21}I_1+R_{22}I_2+\cdots+R_{2m}I_{2m}&=U_{S22}\\ &\vdots\\ R_{m1}I_1+R_{m2}I_2+\cdots+R_{mm}I_m&=U_{Smm}\end{aligned}\right\} \tag{2-41}$$

式中 I_1、I_2、…、I_m为网孔电流。

R_{11}、R_{22}、…、R_{mm}为各网孔的自电阻，它们分别是各网孔电阻之和，恒为正值。其他系数为互电阻，分别等于两个相关网孔的公共电阻，通过电阻的两个网孔电流参考方向相同时，互电阻取正值，否则取负值；如两个网孔之间没有公共电阻，则相应的互电阻为零。如果令所有网孔电流的方向均为顺(逆)时针方向，互电阻总是负的。在不含有受控源的电阻电路中，任意2个电阻 R_{jk} 与 R_{kj} 有 $R_{jk}=R_{kj}$。

右端项U_{S11}、U_{S22}、…、U_{Smm}分别为电压源按各网孔绕行方向电位升的代数和。

③ 求解网孔方程，解得网孔电流。

④ 指定支路电流的参考方向，支路电流为有关网孔电流的代数和。根据支路电流求得支路电压，并进一步求出支路功率。

⑤ 如果电路中存在电流源与电阻的并联组合，先把它们等效变换为电压源与电阻串联的组合，然后再列方程。

在网孔分析法中，由于省略KCL方程，因而与支路分析法比较，计算有所简化。

例2-8　电路如图2-27所示，应用网孔分析法求各支路电流。

解　指定网孔电流 I_1、I_2、I_3 的参考方向如图2-27所示。分别列出网孔方程

$$\begin{cases}(6+12+2)I_1-2I_2-12I_3=50-12\\ -2I_1+(2+4+4)I_2-4I_3=12-36\\ -12I_1-4I_2+(6+4+12)I_3=-24+36\end{cases}$$

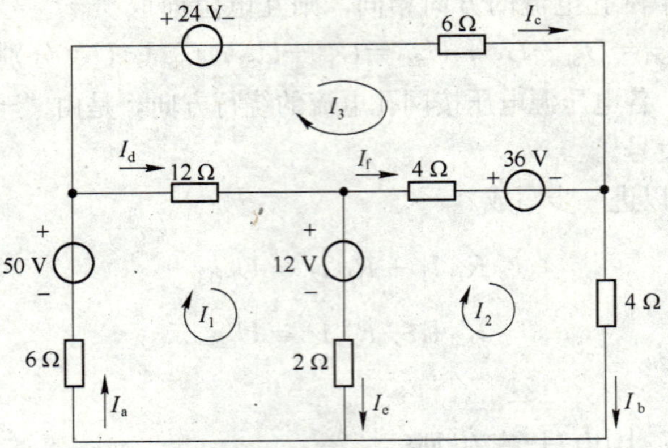

图 2-27　例 2-8 电路

化简为
$$\begin{cases}20I_1-2I_2-12I_3=38\\-2I_1+10I_2-4I_3=-24\\-12I_1-4I_2+22I_3=12\end{cases}$$

解得

$$I_1=3\text{ A},\ I_2=-1\text{ A},\ I_3=2\text{ A}$$

各支路电流为

$$I_a=I_1=3\text{ A},\ I_b=I_2=-1\text{ A},\ I_c=I_3=2\text{ A}$$

$$I_d=I_1-I_3=1\text{ A},\ I_e=I_1-I_2=4\text{ A},\ I_f=I_2-I_3=-3\text{ A}$$

2.4.3　回路分析法

网孔法仅适用于平面电路，下面介绍回路分析法。回路分析法不局限于平面电路，它是以平面电路或非平面电路的一组独立回路电流为电路变量，其分析方法与网孔分析法类似。也可用$(b-n+1)$个独立回路电流作变量来建立回路方程，这是普遍适用的方法。

由于回路电流的选择有较大灵活性，当电路中存在 m 个电流源时，若能选择每个电流源作为一个回路电流，就可以少列写 m 个回路方程。

若电路中的电流源无电阻与之并联，则无法等效变换为电压源与电阻串联，因而不能按式(2-41)列写方程。一般采用下述两种方法处理。一种方法是在选取回路时，只让一个回路电流通过电流源。该回路电流便仅由电流源决定，于是可以删去该回路的 KVL 方程，至于其余回路方程仍按前述方法。另一种方法是把电流源的电压作为变量列入网孔或回路方程。每引入一个这样的变量，同时也增加一个网孔或回路电流与电流源电流间的约束关系作为补充方程。把补充方程与网孔或回路电流方程并成一组联立方程，则方程数与变量数将相同，然后一并求解。

下面例题分别用两种方法分析。

例 2-9　电路如图 2-28 所示，分别应用网孔分析法和回路分析法求支路电流 I_a、I_b、I_c。

解法1 网孔分析法

如图2-28(a)中指定网孔电流I_1、I_2、I_3的参考方向。2 A电流源中只有一个网孔电流I_2流过，并且方向相同，所以$I_2=2$ A为已知量，不必列出这个网孔的方程。

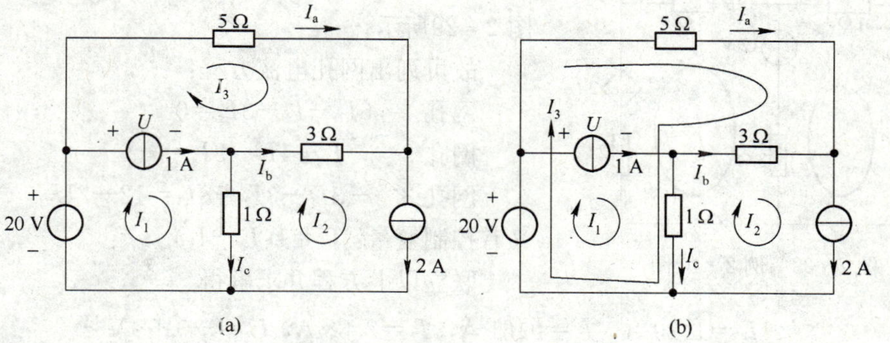

图2-28 例2-9电路

设电流源1 A的电压为U，将其作为变量，其参考方向如图2-28所示，列出I_1、I_3的网孔方程为

$$1I_1-1I_2=20-U$$
$$-3I_2+(5+3)I_3=U$$

其中$I_2=2$ A，I_1、I_3、U为未知量，但电流源1 A的电流为已知量，得补充方程

$$I_1-I_3=1$$

联立求解得

$$I_1=4\text{ A},\ I_3=3\text{ A},\ U=18\text{ V}$$

支路电流为

$$I_a=I_3=3\text{ A},\ I_b=I_2-I_3=-1\text{ A},\ I_c=I_1-I_2=2\text{ A}$$

解法2 回路分析法

如图2-28(b)所示。2 A电流源中只有一个回路电流I_2流过，并且方向相同，所以$I_2=2$ A为已知量，不必列出这个网孔的方程。1 A电流源中也只有一个回路电流I_1流过，并且方向相同，所以$I_1=1$ A为已知量，也不必列出这个回路的方程。

列出I_3的回路方程为

$$1I_1-(3+1)I_2+(5+3+1)I_3=20$$

其中$I_1=1$ A，$I_2=2$ A代入得

$$I_3=3\text{ A}$$

支路电流为

$$I_a=I_3=3\text{ A},\ I_b=I_2-I_3=-1\text{ A},\ I_c=I_1-I_2+I_3=2\text{ A}$$

比较以上两种方法可知，采用回路分析法较简单。

2.4.4 含受控源的电路

含受控源电路的回路(网孔)分析方法与步骤，与只含独立源电路的分析方法类似。在列方程时，受控源与独立源同样处理。但要将控制变量用回路(网孔)电流变量表示，以作为辅

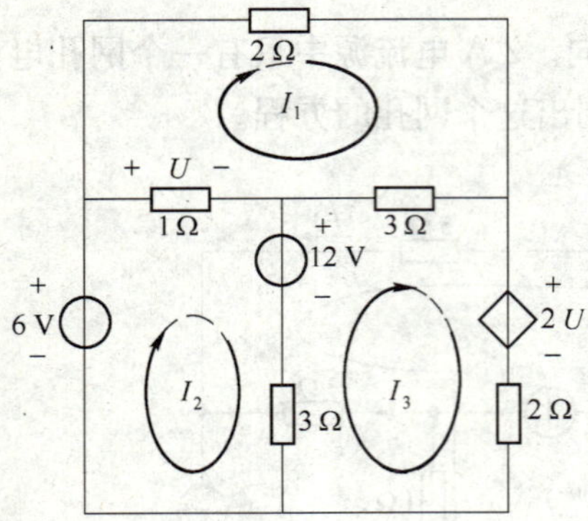

图 2-29 例 2-10 图

助方程。

例 2-10 用网孔分析法分析图 2-29 含受控电压源的电路，求各网孔电流。

解 选定网孔电流 I_1、I_2、I_3 及其参考方向如图 2-29所示。

故可列出网孔电流方程：

网孔 1 $6I_1-I_2-3I_3=0$

网孔 2 $-I_1+4I_2-3I_3=-6$

网孔 3 $-3I_1-3I_2+8I_3=12-2U$

又有控制变量：$U=1(I_2-I_1)$

联立以上方程并求解得

$$I_1=1.29\text{ A},\ I_2=0.61\text{ A},\ I_3=2.38\text{ A},\ U=-0.68\text{ V}$$

思考题与练习题

2.4.1 试归纳用网孔分析法或回路分析法计算电路的步骤。

2.4.2 用网孔分析法或回路分析法时，如果电路中含理想电流源，一般有几种处理方法？

2.4.3 在列网孔方程过程中自阻和互阻的正、负号如何考虑？

2.5 节点分析法

2.5.1 节点方程

在电路中任意选一节点为参考节点，电路其余节点称为独立节点。独立节点与参考节点之间的电压称为节点电压，节点电压的参考方向总是假设为由独立节点指向参考节点。例如，在图 2-30 的电路中，如果选择节点 0 作为参考节点，则节点 1、2 为独立节点，它们对节点 0 之间的电压就称为节点电压，在图 2-30 中的独立节点 1、2 的节点电压分别用 U_{n1}、U_{n2}表示，其参考方向由独立节点 1、2 指向参考节点 0。

节点分析法采用节点电压为电路的变量(未知量)列写方程(也称为节点电压法)。这种方法广泛应用于电路的计算机辅助分析，因而已成为网络分析中最重要的方法之一。

电路中所有支路电压都可以用节点电压表示。电路中的支路分成两种：一种是接在独立节点和参考节点之间，一种是接在各独立节点之间。对前一种支路，它的支路电压就是节点电压；对后一种支路，它的支路电压则是两个有关节点的电压之差。在图 2-30 的电路中，支路

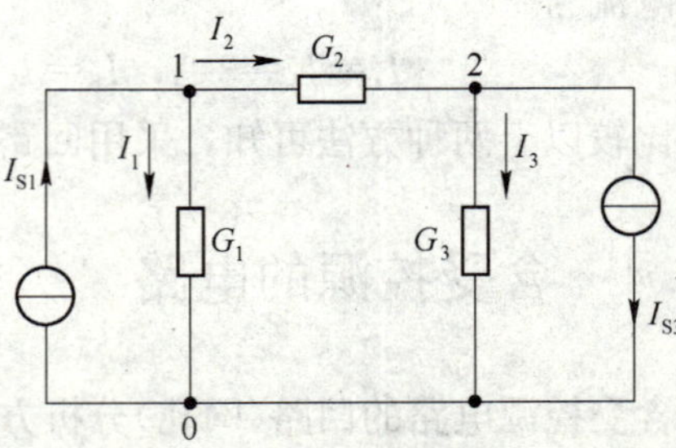

图 2-30 节点分析法举例

10、20 接在独立节点和参考节点之间，其支路电压为

$$U_{10}=U_{n1},\ U_{20}=U_{n2}$$

而支路 12 接在独立节点 1、2 之间，其支路电压为

$$U_{12}=U_{n1}-U_{n2} \tag{2-42}$$

其实，式(2-42)就是 KVL 在闭合回路 1→2→0→1 中的应用，或者说，这样指定电压后，对电路中所有回路自动满足 KVL，不必另列方程。所以采用节点分析法，只需列出 KCL 方程，使方程数减少为$(n-1)$个，未知量也是$(n-1)$个。

下面以图 2-30 为例列写节点方程。先选定各支路电流的参考方向，然后对节点 1、2 列 KCL 方程，得

$$\left.\begin{aligned} I_1+I_2-I_{S1}&=0\\ -I_2+I_3+I_{S3}&=0\end{aligned}\right\} \tag{2-43}$$

为了使方程包含未知量 U_{n1}、U_{n2}，可运用欧姆定律找出各电阻上电压与电流的关系，得

$$\left.\begin{aligned} I_1&=G_1U_{n1}\\ I_2&=G_2(U_{n1}-U_{n2})\\ I_3&=G_3U_{n2}\end{aligned}\right\} \tag{2-44}$$

把式(2-44)代入式(2-43)，并进行整理，可得

$$\left.\begin{aligned} (G_1+G_2)U_{n1}-G_2U_{n2}&=I_{S1}\\ -G_2U_{n1}+(G_2+G_3)U_{n2}&=-I_{S3}\end{aligned}\right\} \tag{2-45}$$

这就是以节点电压 U_{n1}、U_{n2} 为未知量的节点方程。

方程组(2-45)可以进一步写成

$$\left.\begin{aligned} G_{11}U_{n1}+G_{12}U_{n2}&=I_{S11}\\ G_{21}U_{n1}+G_{22}U_{n2}&=I_{S22}\end{aligned}\right\} \tag{2-46}$$

这就是具有两个独立节点的电路的节点方程的一般形式。

式(2-46)中的 G_{11} 为节点 1 的自电导，是与节点 1 相连接的各支路电导的总和($G_{11}=G_1+G_2$)；G_{22} 为节点 2 的自电导，是与节点 2 相连接的各支路电导的总和($G_{22}=G_2+G_3$)；$G_{12}=G_{21}$ 为节点 1 和节点 2 之间的互电导，是连接在节点 1 和节点 2 之间的各支路电导之和的负值($G_{12}=G_{21}=-G_2$)。由于假设节点电压的参考方向总是由独立节点指向参考节点，所以各节点电压在自电导中引起的电流总是流出该节点的，在节点方程左边流出节点的电流取“+”号，因而自电导总是正的；但是另一节点电压在互电导引起的电流总是流入本节点的，在节点方程左边流入节点的电流取“-”号，因而互电导总是负的。

式(2-46)右边的 I_{S11} 和 I_{S22} 分别表示电流源流入节点 1 和 2 的电流代数和(流入为正，流出为负)。本例中，$I_{S11}=I_{S1}$，$I_{S22}=-I_{S3}$。

2.5.2　节点分析法的计算步骤

把以上结论推广到具有几个节点的电路，可将节点分析法的步骤归纳如下。

① 指定参考节点，其余独立节点与参考节点间的电压就是节点电压，其参考方向是由独立节点指向参考节点。

② 列节点方程

$$\left.\begin{aligned}G_{11}U_{n1}+G_{12}U_{n2}+\cdots+G_{1(n-1)}U_{(n-1)}&=I_{S11}\\G_{21}U_{n1}+G_{22}U_{n2}+\cdots+G_{2(n-1)}U_{(n-1)}&=I_{S22}\\&\vdots\\G_{(n-1)1}U_{n1}+G_{(n-1)2}U_{n2}+\cdots+G_{(n-1)(n-1)}U_{n-1}&=I_{S(n-1)(n-1)}\end{aligned}\right\}\tag{2-47}$$

式中有相同下标的电导 G_{11}、G_{22}、G_{33} 等为各节点的自导，有不同下标的电导 G_{12}、G_{13}、G_{23} 等为各节点间的互导，而自导总是正的，互导总是负的。显然，如果两个节点之间没有电导直接相连，则相应的互导为零。

右端项 I_{S11}、I_{S22}、…、$I_{S(n-1)(n-1)}$ 分别为电流源流入各节点的电流代数和。

③ 求解节点方程，解得节点电压。

④ 指定支路电流的参考方向，根据欧姆定律可以求出各支路电流。

⑤ 如果电路中存在电压源与电阻串联的组合，先把它们等效变换为电流源与电阻并联的组合，然后再列写方程。

如果电路的独立节点数少于网孔数，与网孔分析法相比，节点法联立方程数少，较易求解。

例 2-11 试用节点分析法求图 2-31 所示电路中各支路电流。

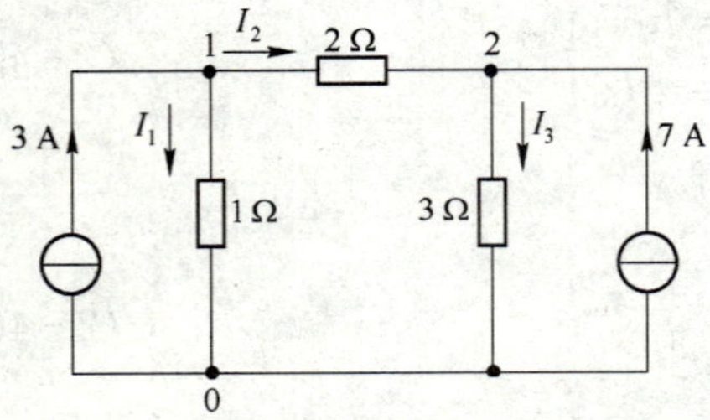

图 2-31 例 2-11 电路

解 如图 2-31 所示，取 0 点为参考节点，节点电压 U_{n1}、U_{n2} 为变量，按式(2-47)得

$$\left(1+\frac{1}{2}\right)U_{n1}-\frac{1}{2}U_{n2}=3$$

$$-\frac{1}{2}U_{n1}+\left(\frac{1}{2}+\frac{2}{3}\right)U_{n2}=7$$

解得

$$U_{n1}=6\text{ V},\ U_{n2}=12\text{ V}$$

各支路电流为

$$I_1=\frac{U_{n1}}{1}=\frac{6}{1}=6\text{ A}$$

$$I_2=\frac{U_{n1}-U_{n2}}{2}=\frac{6-12}{2}=-3\text{ A}$$

$$I_3=\frac{U_{n2}}{3}=\frac{12}{3}=4\text{ A}$$

2.5.3 电路中仅含理想电压源支路的求解方法

当电路中的电压源没有电阻与之串联，则无法等效变换为电流源与电阻并联的组合，这时可以采用以下措施。

① 尽可能取电压源支路的负极性端作为参考节点。这时该支路的另一端电压成为已知量，等于该电压源电压，因而不必再对这个节点列写节点方程。

② 把电压源中的电流作为变量(未知量)列入节点方程，并将其电压与两端节点电压的关系作为补充方程一并求解。

例 2-12 试用节点分析法求解如图 2-32 所示电路。

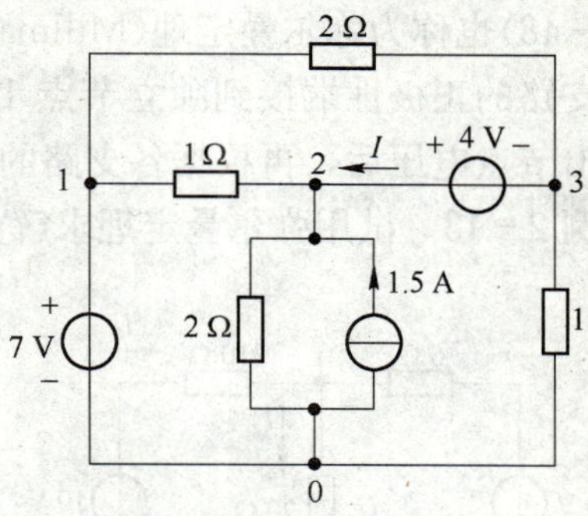

图 2－32　例 2－12 电路

解　在图 2－32 中取 0 点为参考节点，节点电压 $U_{n1}=7\ \text{V}$ 为已知量，不必对节点 1 列写节点方程。

U_{n2}、U_{n3} 为变量，设支路 2→3 电压源的电流为 I，将其作为变量，参考方向如图 2－32 所示，分别列写节点 2、3 得节点方程为

$$-\frac{1}{1}U_{n1}+\left(1+\frac{1}{2}\right)U_{n2}=1.5+I$$

$$-\frac{1}{2}U_{n1}+\left(\frac{1}{2}+\frac{1}{1}\right)U_{n3}=-I$$

上式方程中 $U_{n1}=7\ \text{V}$，4 V 电压源的电压为已知，可得补充方程

$$U_{n2}-U_{n3}=4\ \text{V}$$

故可解出未知量

$$U_{n2}=6\ \text{V},\ U_{n3}=2\ \text{V},\ I=0.5\ \text{A}$$

2.5.4　单节点偶电路分析

单节点偶电路只有一对节点，这种电路的特点是各支路都接在同一对节点之间，选取参考节点后，只剩下一个独立节点，因而应用节点分析法时只有一个方程。

图 2－33 (a)为单节点偶电路，可以用节点分析法直接求出独立节点的电压。先将电压源变换成电流源，如图 2－33 (b)所示，设独立节点 1 的电压为 U_{n1}，按照电流源的参考方向得节点方程为

$$(G_1+G_2+G_3+G_4)U_{n1}=I_{S1}-I_{S2}+I_{S3}$$

得

$$U_{n1}=\frac{\sum I_{Si}}{\sum G_i}$$

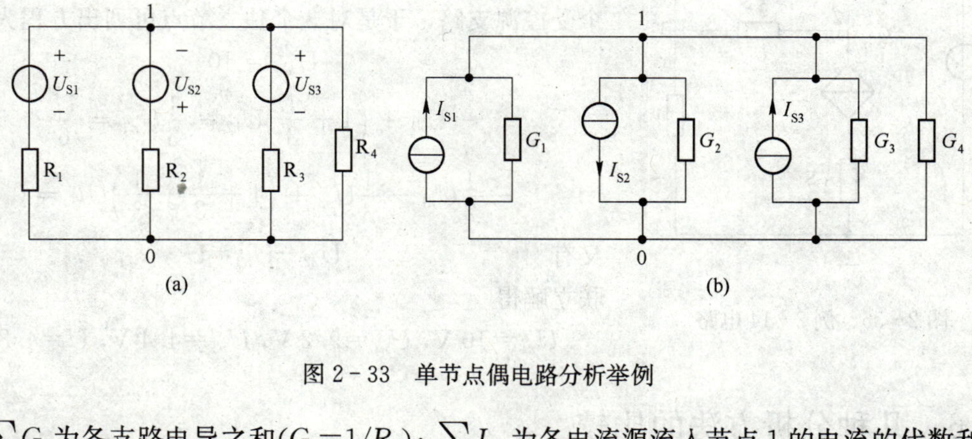

图 2－33　单节点偶电路分析举例

式中 $\sum G_i$ 为各支路电导之和($G_i=1/R_i$)；$\sum I_{Si}$ 为各电流源流入节点 1 的电流的代数和，将其写成 $\sum G_iU_{Si}$ 形式，则

$$U_{n1}=\frac{\sum G_iU_{Si}}{\sum G_i}\qquad(2-48)$$

式(2-48)也称为弥尔曼定理(Millman's theorem)。在式(2-48)中含电压源的各项中，当电压源支路的正极性端接到独立节点 1 时，U_{Si} 取"+"号，反之取"−"号。利用弥尔曼定理求出节点电压后，再根据各支路的 VCR 方程，就可求出各支路的电流。

例 2-13 试用弥尔曼定理求解如图 2-34 所示电路中各支路电流。

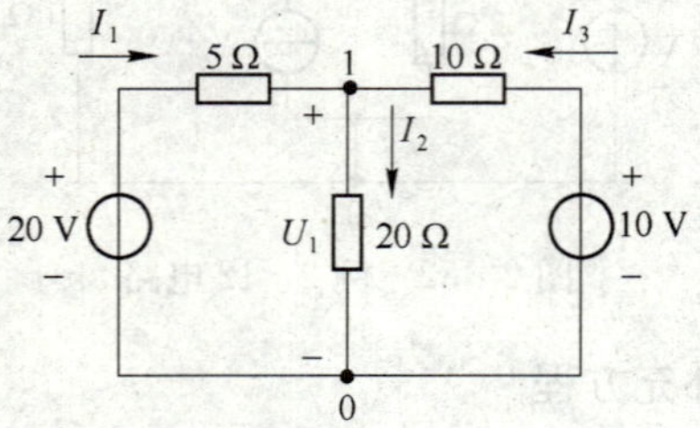

图 2-34 例 2-13 电路

解 此电路只有 1 个独立节点，设其电压为 U_{n1}，利用弥尔曼定理式(2-48)求得

$$U_{n1}=\frac{\frac{25}{5}+\frac{10}{10}}{\frac{1}{5}+\frac{1}{20}+\frac{1}{10}}=14.3\ \text{V}$$

各支路电流为

$$I_1=\frac{20-U_{n1}}{5}=\frac{20-14.3}{5}=1.14\ \text{A}$$

$$I_2=\frac{U_{n1}}{20}=\frac{14.3}{20}=0.72\ \text{A}$$

$$I_3=\frac{10-U_{n1}}{10}=\frac{10-14.3}{10}=-0.43\ \text{A}$$

2.5.5 含受控源电路的节点分析方法

含受控源电路的节点分析方法，与只含独立电源的节点分析法类似。在列节点 KCL 方程时，受控源与独立源同样处理，但控制变量则一定要用节点电压变量表示，以作为辅助方程。下面以分析例题来体现含受控源电路的节点分析方法。

例 2-14 求图 2-35 电路中的独立节点 1、2、3 的节点电压 U_{n1}、U_{n2}、U_{n3}。

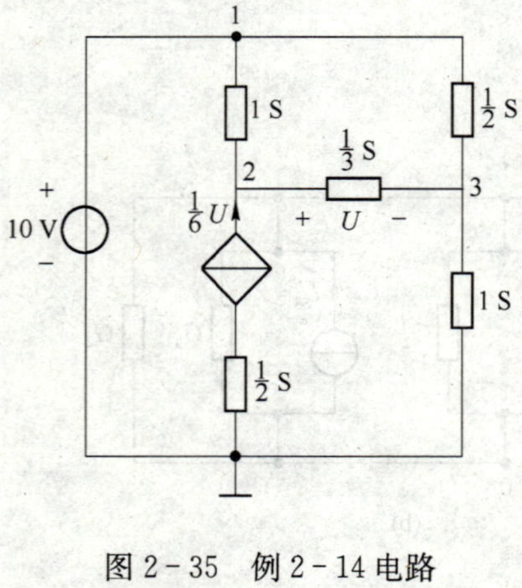

图 2-35 例 2-14 电路

解 将电路中受控源与电阻串联的支路可等效为一个受控源支路，于是对 3 个独立节点可列出方程为

$$U_{n1}=10$$

$$-U_{n1}+\left(1+\frac{1}{3}\right)U_{n2}-\frac{1}{3}U_{n3}=\frac{U}{6}$$

$$-\frac{1}{2}U_{n1}-\frac{1}{3}U_{n2}+\left(1+\frac{1}{2}+\frac{1}{3}\right)U_{n3}=0$$

又有

$$U_{n2}-U_{n3}=U$$

联立解得

$$U_{n1}=10\ \text{V},\ U_{n2}=9.2\ \text{V},\ U_{n3}=4.4\ \text{V},\ U=4.8\ \text{V}$$

2.5.6 几种分析方法的比较

以上介绍了线性电路的几种分析方法。就方程数目来说，支路分析法为支路数 b，网孔分析法为网孔数 $b-(n-1)$，节点分析法为独立节点数 $(n-1)$。因为网孔分析法不存在选取独立回路问题，节点分析法的节点电压也容易选取，所以计算时通常采用网孔分析法或节点

分析法。如果电路的独立结点数少于网孔数，节点分析法方程数比网孔分析法少些，较易求解。但是还要考虑其他一些因素，例如电路中电源的种类，如果已知的电源是电流源，则节点分析法更为方便，方程式往往通过观察便可直接写出；如果电源为电压源，则网孔分析法较为方便。还可根据所求物理量选择适合的分析方法，如求解某个或某几个支路电压，选择节点分析法即可求出解答，无需由网孔法求网孔电流后求支路电流，再根据支路 VCR 求电压。网孔分析法只用于平面电路，节点分析法则无此限制，因此节点分析法更具有普遍意义。

对于大型电路往往采用计算机进行分析。用计算机辅助分析时，节点分析法用得最为广泛，节点分析法的一个显著优点就是便于编制程序。

本书未予介绍的割集分析法需要图论知识，属于更为一般的分析方法，较多地应用于大规模网络的分析。

思考题与练习题

2.5.1　试归纳用节点分析法计算电路的步骤。

2.5.2　用节点分析法时，如果电路中含理想电压源，一般有几种处理方法？

2.5.3　在列节点方程过程中自导和互导的正、负号如何考虑？

2.5.4　利用节点分析法求解电路时，如果含有受控源电路，如何处理？

2.6　叠加定理与齐次定理

以下讨论几个网络定理，以进一步理解网络的性质，掌握一些新的分析方法，这些分析方法比前面几节的一般分析方法更为简便。

2.6.1　叠加定理

叠加定理(superposition theorem)是线性电路的一个基本定理，它体现了线性网络的基本性质。叠加定理可以表述如下：线性电路中所有独立电源同时作用时，在每一个支路中所产生的响应电流或电压，等于各个独立电源单独作用时在该支路中所产生响应电流或电压的代数和。

以图 2－36(a)中第 1 支路电流 I_1 为例，它可以用网孔方程求出。列出网孔方程为

$$\left.\begin{aligned}(R_1+R_3)I_1-R_3I_2&=U_{S1}\\-R_3I_1+(R_2+R_3)I_2&=-U_{S2}\end{aligned}\right\}\qquad(2-49)$$

由式(2－49)解得

$$I_1=\left(\frac{R_2+R_3}{R_1R_2+R_2R_3+R_3R_1}\right)U_{S1}-\left(\frac{R_3}{R_1R_2+R_2R_3+R_3R_1}\right)U_{S2}\qquad(2-50)$$

设式(2－50)右端第一项为 I_1'，第二项为 I_1''，于是

$$I_1=I_1'+I_1''\qquad(2-51)$$

显然，I_1' 是当电路中 U_{S1} 单独作用时，在第一支路中产生的电流(图 2－36 (b))，而 I_1'' 是当电路中 U_{S2} 单独作用时，在第一支路中产生的电流(图 2－36 (c))。I_1 为 I_1' 和 I_1'' 的代数和。

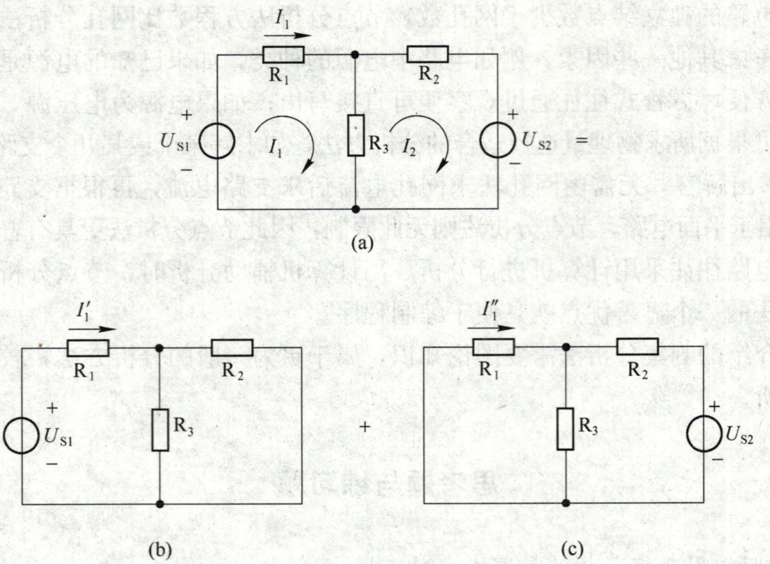

图 2－36　叠加定理

类似地，可以证明其他各支路电流或各支路电压也是各独立源单独作用在该支路产生的电流分量或电压分量的代数和。

一个独立源单独作用意味着其他独立源不作用。所谓电压源不作用，就是把该电压源置零，即在该电压源处用短路代替(实际电源的内阻仍应保留在电路中)；所谓电流源不作用，就是把该电流源置零，即在该电流源处用开路代替(实际电源的内电阻仍应保留在电路中)。

用叠加定理计算复杂电路，就是把一个复杂电路化为几个单电源电路进行计算，然后把它们叠加起来。电压或电流叠加时还应注意它们的参考方向，并相应地决定它们的正负号。叠加定理常用于分析电路中某一电源的影响。

虽然电流或电压可以用叠加定理计算，功率却不能如此计算。某元件的功率不等于各独立源单独作用在该元件产生的功率之和。以图 2－36(a)中 R_1 的功率为例，显然

$$P_1 = R_1 I_1^2 = R_1(I'_1 + I''_1)^2 \neq R_1 I_1'^2 + R_1 I_1''^2$$

这是因为电流与功率不成正比，它们之间不是线性关系。功率必须根据元件上的总电压和总电流计算。

应用叠加定理时，应注意以下几点。

① 叠加定理是线性电路的一个基本定理，不适用于非线性电路。

② 当一个独立电源单独作用时，其他的独立电源应置零，即独立电压源用短路代替，独立电流源用开路代替。

③ 叠加时必须注意各个响应分量是代数和，因此要考虑总响应与各个分响应参考方向或参考极性。当分响应的参考方向或参考极性与总响应的参考方向或参考极性一致时，叠加时取“＋”号，反之取“－”号。

④ 不能用叠加定理直接计算电路的功率，因为功率与电流或电压不是线性关系。

例 2－15　用叠加定理求图 2－37(a)电路中 R_4 的电压 U。

解　按叠加定理进行分析计算。电压源单独作用，电流源开路，如图 2－37(b)所示。根据分压关系得 R_4 上的电压 U' 为

$$U'=\frac{R_4}{R_2+R_4}U_S$$

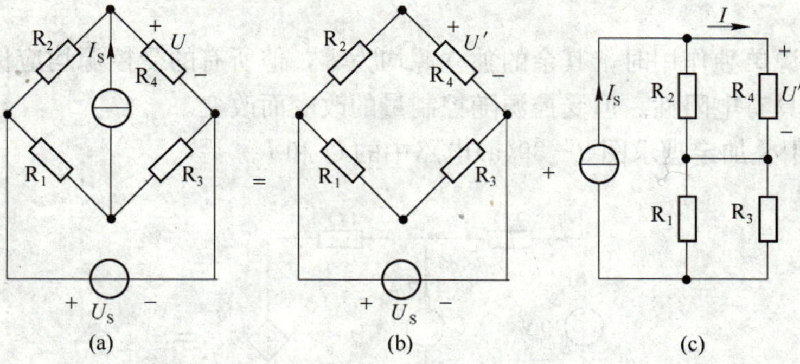

图 2-37　例 2-15 电路

再计算由电流源单独作用时 R_4 的电压 U''，此时电压源应以短路代替。经过整理后的电路如图 2-37(c)所示，根据分流关系得

$$I=\frac{R_2}{R_2+R_4}I_S$$

$$U''=R_4I=\frac{R_2R_4}{R_2+R_4}I_S$$

因此

$$U=U'+U''=\frac{R_4}{R_2+R_4}U_S+\frac{R_2R_4}{R_2+R_4}I_S=\frac{R_4}{R_2+R_4}(U_S+R_2I_S)$$

例 2-16　电路如图 2-38(a)所示，试用叠加定理求电流 I_2 及理想电流源的电压 U。

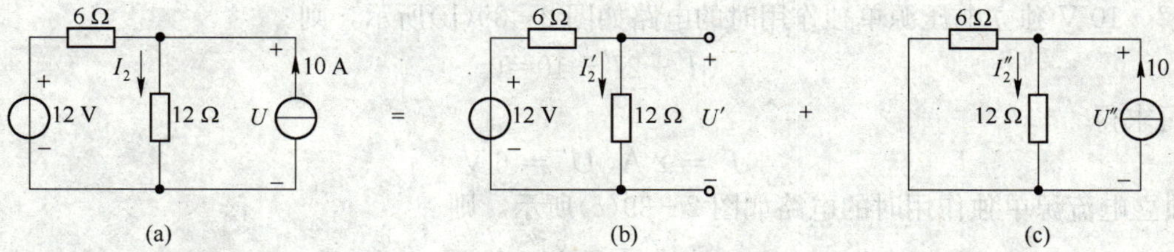

图 2-38　例 2-16 电路

解　按叠加定理作出图 2-38(b)和图 2-38(c)电路。在图 2-38(b)中

$$I'_2=\frac{12}{6+12}=\frac{2}{3}\ \text{A}$$

$$U'=12\times I'_2=12\times\frac{2}{3}=8\ \text{V}$$

在图 2-38(c)中

$$I''_2=\frac{6}{6+12}\times 10=\frac{10}{3}\ \text{A}$$

$$U''=12I''_2=12\times\frac{10}{3}=40\ \text{V}$$

所以

$$I_2=I'_2+I''_2=4\ \text{A}$$

$$U=U'+U''=48\ \text{V}$$

2.6.2 用叠加定理分析含受控源电路

当某一独立源单独作用时，其余的独立源均为零，但所有的受控源均应保留，因为受控源不是激励，且具有电阻性。但受控源随控制量的改变而改变。

例 2-17 用叠加定理求图 2-39(a)电路中的 U 和 I。

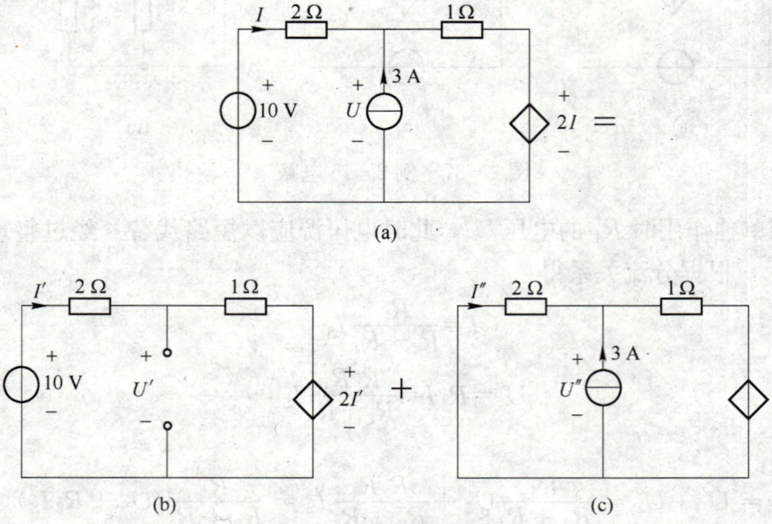

图 2-39 例 2-17 电路

解 10 V 独立电压源单独作用时的电路如图 2-39(b)所示，则

$$3I'+2I'-10=0$$

于是可求得

$$I'=2\text{ A},\ U'=6\text{ V}$$

3 A 独立电流源单独作用时的电路如图 2-39(c)所示，则

$$U''=-2I''$$

$$U''=(I''+3)\times 1+2I''$$

于是可求得

$$U''=1.2\text{ V},\ I''=-0.6\text{ A}$$

故得

$$U=U'+U''=7.2\text{ V}$$

$$I=I'+I''=1.4\text{ A}$$

2.6.3 齐次定理

由于线性电阻元件的伏安特性是一条通过 u - i 平面上坐标原点的直线，故在线性电路中，当全部激励(独立电压源和独立电流源)同时增大或缩小 k 倍(k 为任意实常数)时，其响应也将相应增大或缩小 k 倍，此结论称为齐次定理，也称齐次性。用齐次定理分析梯形电路非常方便。

作为特例是：若线性电路中只作用一个独立源，则根据齐次定理，电路中的响应与产生该响应的激励成正比。

需要指出的是，齐次定理与叠加定理是线性电路两个互相独立的性质，不能用叠加定理代替齐次定理，也不能片面认为齐次定理是叠加定理的特例。同时满足齐次性与叠加性的电路称为线性电路，齐次性与叠加性是线性电路极重要的性质。

例 2-18　求如图 2-40 所示梯形电路中的支路电流 I_5。

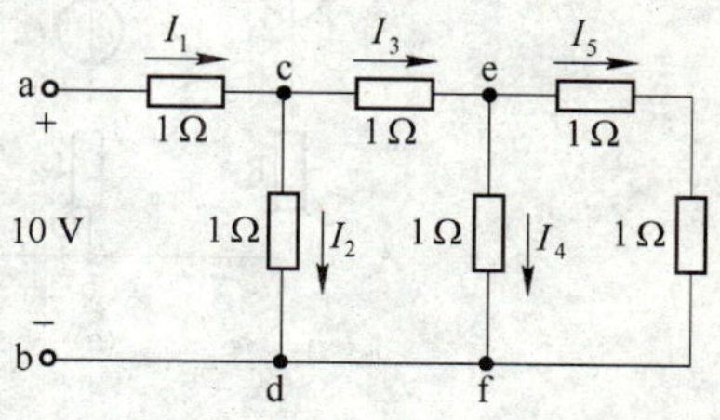

图 2-40　例 2-18 电路

解　此电路是简单电路，可以用电阻的串并联的方法化简，求出总电流，再由电流、电压分配公式求出电流 I_5。但这样很烦琐。为此，可应用齐性定理采用“倒推法”计算。

先给定 I_5 一个假定值，用 I_5'表示。例如设 $I_5'=1$ A，然后依次推算出其他电压、电流的假定值

$$U_{ef}'=2\ \text{V}$$
$$I_3'=I_4'+I_5'=3\ \text{A},\ U_{cd}'=U_{ce}'+U_{ef}'=5\ \text{V}$$
$$I_1'=I_2'+I_3'=8\ \text{A},\ U_{ab}'=U_{ac}'+U_{cd}'=13\ \text{V}$$

由于电压 U_{ab}实际为 10 V，根据齐性定理可计算得

$$I_5=1\times\frac{10}{13}=0.769\ \text{A}$$

思考题与练习题

2.6.1　叠加定理、齐次定理应用范围是什么？

2.6.2　齐次定理中激励响应指什么？

2.6.3　叠加定理和齐次定理能否用于功率计算？

2.7　替代定理

替代定理可以叙述为：给定任意一个线性电阻电路，其中第 k 条支路的电压 U_k 和电流 I_k 已知，那么这条支路就可以用一个具有电压等于 U_k 的独立电压源或者用一个具有电流等于 I_k 的独立电流源来替代，替代后电路中全部电压和电流均将保持原值(电路在改变前后，各支路电压和电流相等)。

定理中所提到的第 k 条支路可以是无源的，例如只含有一个电阻；也可以是含源的，但是一般不应当含有受控源或该支路的电压或电流为其他支路中受控源的控制量。

下面用一个具体例子说明替代定理的正确性。

图 2-41(a)所示电路的参数与例 2-7(图 2-25)相同，电路中的各电流已在例 2-7 中求得，它们分别是 $I_1=10$ A，$I_2=-5$ A，$I_3=5$ A，$U=120$ V。现在为考察替代定理的正确性，把 R_3 电阻支路替换为一电流源，这个电流源的电流值是 5 A，大小和方向与原支路电流 I_3 相同，如图 2-41(b)所示。可以通过具体计算，表明这样的替代对电路中的电流并无

影响，即图 2-41(b)与 2-41(a)的电流分布是相同的。为此，对图 2-41(b)的电路进行计算。利用弥尔曼定理，b 点选为参考节点，求得节点 a 的节点电压为

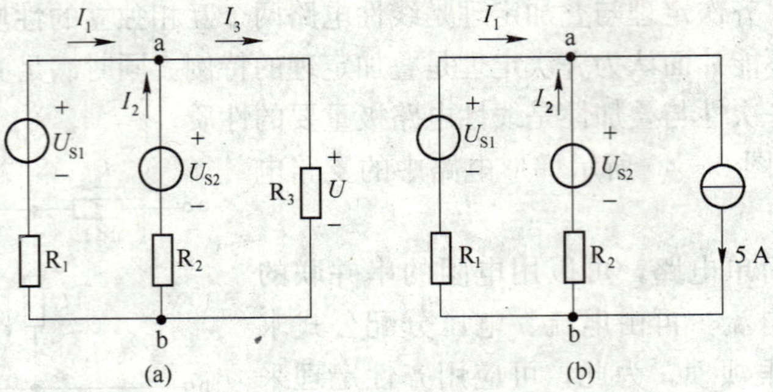

图 2-41　替代定理正确性的说明

$$U_{ab}=\frac{\dfrac{U_{S1}}{R_1}+\dfrac{U_{S2}}{R_2}-5}{\dfrac{1}{R_1}+\dfrac{1}{R_2}}=\frac{\dfrac{130}{1}+\dfrac{117}{0.6}-5}{\dfrac{1}{1}+\dfrac{1}{0.6}}=120\ \text{V}$$

可算出：$I_1=10$ A，$I_2=-5$ A。则不难看出电路中各电压和电流仍保持原值。

替代定理可以证明如下：当第 k 条支路被一个电压源 U_S 所替代时，由于改变后的新电路和原电路的连接是完全相同的，所以两个电路的 KCL 和 KVL 方程也将相同。两个电路的全部支路的约束关系，除了第 k 条支路外，也是完全相同的。现在，新电路的第 k 条支路的电压被规定为 $U_S=U_k$，即等于原电路的第 k 条支路电压，而它的电流则可以是任意的，这是电压源的特点。根据假定，电路在改变前后的各支路电压和电流均应是唯一的，而原电路的全部电压和电流又将满足新电路的全部约束关系，因此也就是后者的唯一解。如果第 k 条支路被一个电流源所替代，也可作类似的证明。

顺便指出，替代定理还可以推广到非线性电路。

应用替代定理时必须注意：第一，替代电压源 U_S 的正负极必须和原支路电压 U_k 的正负极性一致，替代电流源 I_S 的方向必须和原支路电流 I_k 的方向一致；第二，替代前的电路和替代后的电路的解答均必须是相等的，否则替代将归于失败；第三，替代与等效是两个不同的概念，不能混淆。

2.8　等效电源定理

具有两个引出端钮，内部含有独立电源且两个端钮上的电流为同一电流(这称为端口条件)的电路称为有源单口网络，也称为有源一端口网络或有源二端网络。

本节介绍的戴维南定理和诺顿定理统称为等效电源定理，它们提供了求解含源二端网络两种等效电路的一般方法，对简化电路的分析和计算十分有用，是分析电路的重要工具。

2.8.1　戴维南定理

戴维南定理(Thevenin's theorem)指出：含独立电源的有源二端网络，对于外电路而

言，可等效为一个电压源和电阻串联的二端网络，电压源的电压等于该二端网络的开路电压 U_{OC}；电阻是该二端网络内全部独立电源置零后的输入电阻 R_0。

R_0称为戴维南等效电阻。在电子电路中当把二端网络视为电源时，常称此电阻为输出电阻，常用 R_0表示；当把二端网络视为负载时，则称为输入电阻，并常用 R_i表示。

戴维南定理可以证明如下：设一含独立源的二端网络 A 与外部电路相连，如图 2-42(a)所示，端口 a—b 的电压为 U，电流为 I。首先，应用替代定理，将外电路用一个电流源 $I_S=I$代替，如图 2-42(b)所示。其次，根据叠加定理，含独立源的二端网络 A 的端口电压 U 可以看成由网络内部电源及网络外部电流源共同作用的结果，即

$$U=U'+U'' \tag{2-52}$$

其中，式(2-52)第一项 U'是网络内部电源作用、外部的电流源为零(即电流源用开路代替)时的端口电压，即含独立源的二端网络 A 的开路电压 U_{OC}，如图 2-42(c)所示，所以

$$U'=U_{OC} \tag{2-53}$$

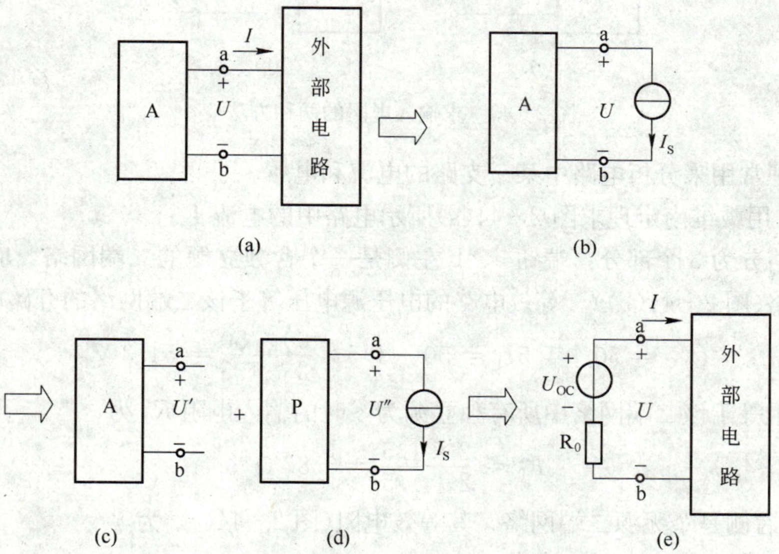

图 2-42 戴维南定理的证明

式(2-52)中第二项 U''是外部电流源作用、网络内部所有独立源为零(即电压源用短路代替，电流源用开路代替)时的端口电压(图 2-42(d))，这时含独立源的网络变成不含独立源的网络(图中用 P 表示)，端口 a—b 间呈现的电阻为输入电阻 R_0，电流源 $I_S=I$ 流过这个电阻产生的电位降正好是 U''的负值，所以

$$U''=-R_0I_S=-R_0I \tag{2-54}$$

由式(2-52)、式(2-53)和式(2-54)得

$$U=U_{OC}-R_0I \tag{2-55}$$

根据式(2-55)画出的等效电路正好是一个电压源与电阻串联组合，电压源电压等于含独立源的二端网络的开路电压 U_{OC}，电阻等于该二端网络所有独立源为零(电压源短路，电流源开路)时，端口 a—b 的输入电阻 R_0(图 2-42(e))，这就证明了戴维南定理。

这一电压源与电阻的串联组合称为戴维南等效电路。从以上证明可以看出，它和它等效的含独立源的二端网络具有完全相同的外特性。

求输入电阻的方法有以下 3 种。

① 根据定义直接计算：设网络内所有独立源为零(即电压源用短路代替，电流源用开路代替)，用电阻串并联或三角形与星形网络等效变换加以化简，计算端口 a—b 的输入电阻。

② 外施电源法：设网络内所有独立源为零，在端口 a—b 处施加一电压 U(或电流 I)，计算或测量输入端口的电流 I(或电压 U)，则输入电阻 $R_0=\dfrac{U}{I}$。见图 2-43(a)，在端口 a—b 处施加一电压 U，计算或测量输入端口的电流 I。图 2-43(a)中的 P 为无源二端网络。

③ 开路电压、短路电流法：用实验方法测量或用计算方法求得该二端网络的开路电压 U_{OC} 和短路电流 I_{SC}，根据图 2-43(b)和该二端网络的等效电路(图 2-42(e))可以看出，输入电阻为

$$R_0=\frac{U_{OC}}{I_{SC}} \tag{2-56}$$

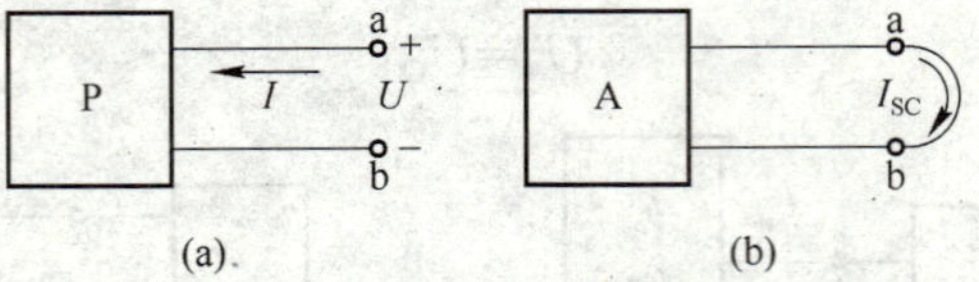

图 2-43 求输入电阻的两种方法

戴维南定理常用来分析电路中某一支路的电流和电压。

例 2-19 用戴维南定理求图 2-44(a)所示电路中的电流 I。

解 将电路分为 3 个部分：端钮 a、b 左侧是一个含独立源的二端网络，应用戴维南定理求其等效电路(图 2-44(b))。等效电路的电压源电压等于该二端网络的开路电压 U_{OC}，即

$$U_{OC}=50+1.5I_1=50+1.5\times\frac{60-50}{2+1.5}=54.3\ \text{V}$$

等效电路的电阻等于该二端网络中所有独立源为零时的输入电阻 R_0 为

$$R_0=\frac{2\times1.5}{2+1.5}=0.86\ \Omega$$

端钮 c、d 右侧是个无源二端网络，其等效电阻(图 2-44(c))为

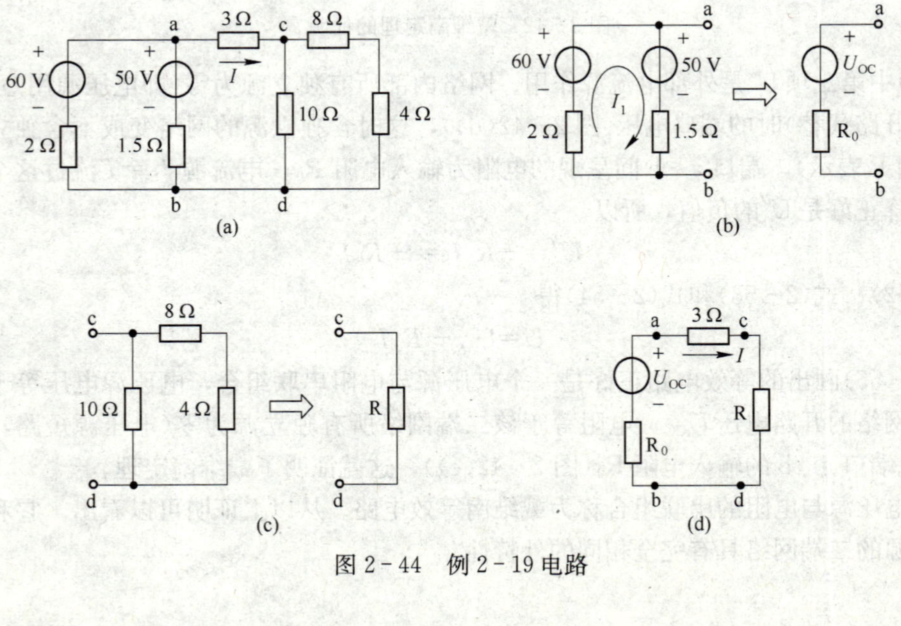

图 2-44 例 2-19 电路

$$R=\frac{10\times(8+4)}{10+8+4}=5.45\ \Omega$$

于是，图 2-44(a)的电路简化为单回路电路(见图 2-44(d))，可求得电流 I 为

$$I=\frac{U_{OC}}{3+R+R_0}=\frac{54.3}{3+5.45+0.86}=5.83\ \text{A}$$

2.8.2　诺顿定理

诺顿定理(Norton's theorem)指出：含独立电源的线性电阻二端网络，对外电路而言，可以等效为一个电流源和电阻的并联，电流源的电流等于该二端网络的短路电流 I_{SC}，电导 G_0 是二端网络内全部独立源置零值时的等效电导。

利用戴维南定理直接推导诺顿定理。设某一含独立源的二端网络的等效电路如图 2-45(a)所示，则由电源的等效变换将它等效变换成图 2-45(b)，用公式表示为

$$I=I_{SC}-G_0U \qquad (2-57)$$

其中电流源电流为

$$I_{SC}=\frac{U_{OC}}{R_0}$$

等效电阻的电导为

$$G_0=\frac{1}{R_0}$$

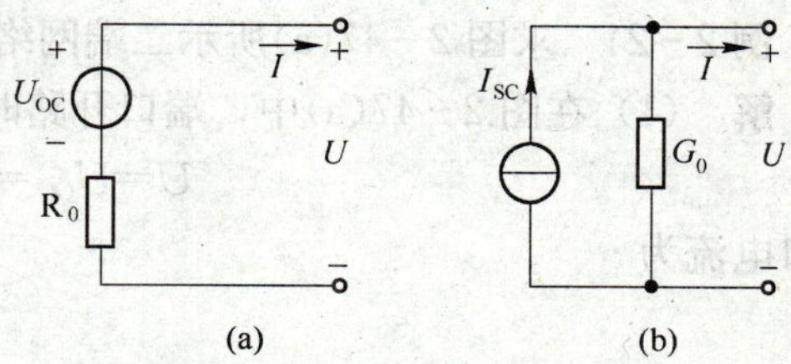

图 2-45　诺顿定理的推导

这一电流源与电阻并联组合称为诺顿等效电路，它与等效的含独立源的二端网络具有完全相同的外特性。

诺顿定理常用来分析电路中某一支路的电流和电压。

例 2-20　在图 2-46(a)所示电路中，试用诺顿定理求 15 Ω 电阻中的电流。

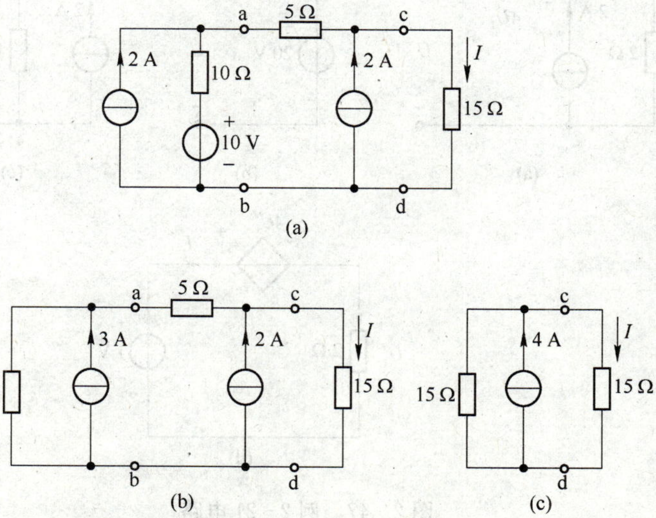

图 2-46　例 2-20 电路

解 如果只用一次诺顿定理直接求含独立源的二端网络 c—d 的等效电路，计算短路电流比较麻烦。在这种情况下，可以分两步应用诺顿定理，先对 a—b 左边进行化简，求出

$$I_{SC}=2+\frac{10}{10}=3\ \text{A}$$

$$R_{ab}=10\ \Omega$$

于是得到图 2-46(b)。对 c—d 左边再应用诺顿定理进行化简，有

$$I_{SC}=2+\frac{10}{10+5}\times 3=4\ \text{A}$$

$$R_{cd}=10+5=15\ \Omega$$

最后得到图 2-46(c)。求得

$$I=4\times\frac{15}{15+15}=2\ \text{A}$$

例 2-21 求图 2-47(a)所示二端网络的戴维南等效电路和诺顿等效电路。

解 (1) 在图 2-47(a)中，端口开路时端口电压为

$$U=U_{OC}=4U_1+U_1=5U_1$$

端口电流为

$$I=0$$

$$U_1=2\times 2=4\ \text{V}$$

所以

$$U_{OC}=5\times 4=20\ \text{V}$$

(2) 利用外施电源法求等效电阻，将 2 A 电流源开路置零，在端口处加一个 1 V 的电压源，如图 2-47(d)所示。列 KVL 方程

$$4U_1'+U_1'=1$$

又

$$U_1'=2I$$

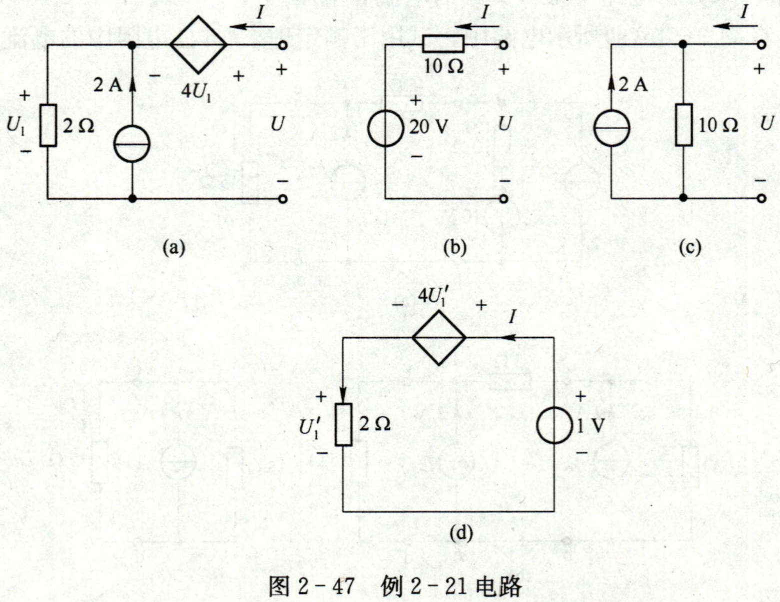

图 2-47 例 2-21 电路

解得
$$I=\frac{1}{10}\text{A}$$
则
$$R_0=\frac{1}{I}=10\ \Omega$$
戴维南等效电路如图 2-47(b)所示。

(3) 由戴维南等效电路得诺顿等效电路如图 2-47(c)所示。

注意当一端口内部含受控源时，在它的全部独立电源置零后，它的输入电阻有可能等于零。这样戴维南等效电阻为零，等效电路成为一个电压源，在这种情况下，对应的诺顿等效电路就不存在，因 $G_0\to\infty$。同理，如果输入电导等于零，诺顿等效电路成为一个电流源，在这种情况下，对应的戴维南等效电路就不存在，因 $R_0\to\infty$。通常情况下，两种等效电路同时存在。

有时，把戴维南定理和诺顿定理统称为等效发电机定理。

这两个定理非常有用。假设对线性电阻电路的部分电路的求解没有要求，而这部分电路又构成一个二端网络，在这种情况下，就可以应用这两个定理把这部分电路用两个电路元件的简单组合加以置换，而不影响电路其余部分的求解。特别是，当仅对电路的某一元件感兴趣时，例如在分析电路中某一电阻获得的最大功率，或者电路中电压和电流对某一元件变化的灵敏度，应用这两个定理会带来很大的方便。

2.8.3　最大功率传输定理

给定一含独立源的二端网络，如接在它两端的负载电阻不同，从二端网络传输给负载的功率也不同。在什么条件下，负载获得最大功率？就负载而言，含独立源的二端网络可以用戴维南等效电路等效，如图 2-48 所示。设负载电阻为 R，则当 R 阻值很大时，流过 R 的电流很小，因而 R 获得的功率 RI^2 很小；如果 R 阻值很小，功率同样也是很小的。在 $R=0$ 与 $R=\infty$之间将有一个电阻值可使负载所得功率为最大。R 为任意值时，功率 P 为

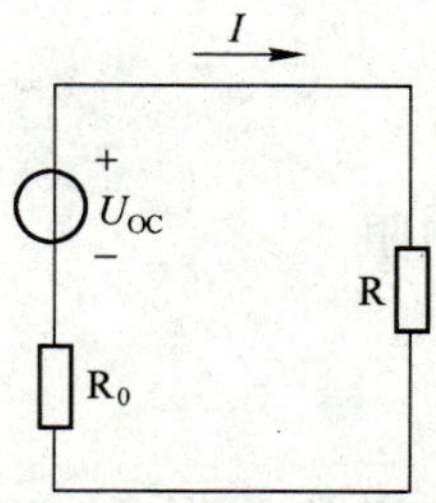

图 2-48　求最大功率传输

$$P=RI^2=\left(\frac{U_{OC}}{R_0+R}\right)^2R$$
要使 P 为最大，应使 $\mathrm{d}P/\mathrm{d}R=0$，即
$$\frac{\mathrm{d}P}{\mathrm{d}R}=U_{OC}^2\left[\frac{(R_0+R)^2-2(R_0+R)R}{(R_0+R)^4}\right]=\frac{U_{OC}^2(R_0-R)}{(R_0+R)^3}=0$$
由此可得 P 为最大时的 R 大小为
$$R=R_0 \tag{2-58}$$

由含独立源的二端网络传输给外接可变电阻 R 的功率为最大的条件是，R 的值应与二端网络的戴维南等效电路的电阻相等。此时外接电阻所得最大功率为
$$P_{max}=\frac{U_{OC}^2}{4R_0} \tag{2-59}$$

含独立源的二端网络可以用诺顿等效电路等效，外接电阻所得最大功率为
$$P_{max}=\frac{I_{SC}^2R_0}{4} \tag{2-60}$$

如果负载电阻R的功率来自一个具有内阻为R_0的电压源，那么负载得到最大功率时，由于$R=R_0$，其功率传输效率为50%。但是，含独立源二端网络和它的等效电路，就其内部功率而言是不等效的，由等效电阻R_0算得的功率一般并不等于二端网络内部消耗的功率，因此，由含独立源的二端网络获得最大功率时，其功率传输效率则未必是50%。

满足$R=R_0$时，称为负载与电源匹配。在电信工程中，由于信号一般很弱，常要求从信号源获得最大功率(例如收音机中供给扬声器的功率)，因而必须满足匹配条件，但此时传输效率很低。这在电力工程中是不允许的。在电力系统中，输送功率很大，效率非常重要，故应使电源内阻(及输电线路电阻)远小于负载电阻。

例2-22 图2-49(a)中，当R为多大时，它才能从电路中吸收最大的功率？求此最大功率。

解 将图2-49(b)所示的戴维南等效电路。

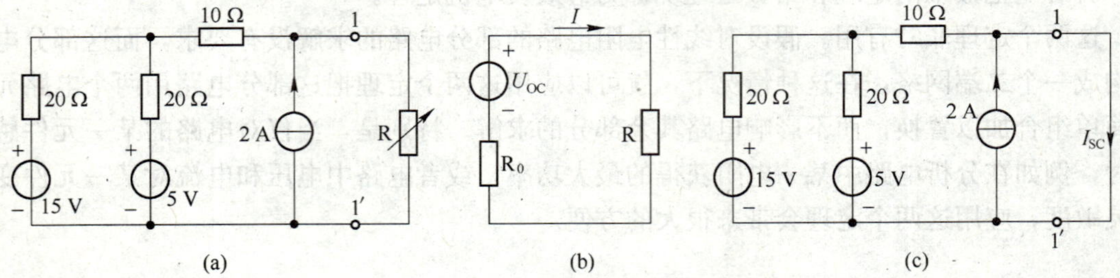

图2-49 例2-22电路

先计算出端口1—1′处的短路电流，如图2-49(c)中

$$I_{SC}=2+\frac{15/20+5/20}{1/20+1/20+1/10}\times\frac{1}{10}=2.5\text{ A}$$

等效电阻

$$R_0=10+\frac{20\times20}{20+20}=20\ \Omega$$

求得

$$U_{OC}=I_{SC}R_0=2.5\times20=50\text{ V}$$

所以，当$R=R_0=20\ \Omega$时，R从电路中吸收最大的功率为

$$P_{max}=\frac{U_{OC}^2}{4R_0}=31.25\text{ W}$$

思考题与练习题

2.8.1 如何求得含独立源的二端网络的戴维南等效电路？如何证明它与原来的二端网络具有完全相同的外特性？

2.8.2 如何求得含独立源的二端网络的诺顿等效电路？当外电路发生变化时，等效电路的参数是否发生变化？

2.8.3 测得一个含独立源的二端网络的开路电压为10 V，短路电流为0.5 A，现将阻值为30 Ω的电阻R接到二端网络上，试求R的电压、电流。

2.8.4 在什么条件下含独立源的二端网络传输给负载的功率为最大？

本章小结

1. 等效网络：端口电压电流关系相同的两个网络称为等效网络。网络的等效变换可以将电路化简，而不会影响电路其余部分的电压和电流。一个无源二端网络可等效为一个电阻，该电阻等于关联参考方向下端口电压与端口电流的比值。

2. 电阻的串并联

(1) 串联电阻的等效电阻等于各电阻的和，总电压按各个串联电阻的电阻值进行分配：

$$R=\sum_{k=1}^{n}R_k,\ U_k=\pm\frac{R_k}{R}U$$

(2) 并联电阻的等效电导等于各电导的和，总电流按各个并联电阻的电导值进行分配：

$$G=\sum_{k=1}^{n}G_k,\ I_k=\pm\frac{G_k}{G}I$$

3. 电压源 U_S 与电阻 R_S 的串联组合和电流源 I_S 与电导为 G_S 的电阻并联组合可以等效互换：

$$I_S=\frac{U_S}{R_S},\ G_S=\frac{1}{R_S}$$

借助有源支路的等效变换，可进行有源支路的串并联化简。

4. 电阻的三角形连接与星形连接可以等效互换：

$$星形电阻=\frac{三角形中相邻两电阻之积}{三角形中各电阻之和}$$

$$三角形电阻=\frac{星形中各电阻两两乘积之和}{星形中不相连的一个电阻}$$

5. 支路电流分析法

(1) 以 b 个支路的电流为未知量，列 $n-1$ 个节点的 KCL 方程；用支路电流表示电阻电压，列 $b-(n-1)$ 个回路的 KVL 方程。

(2) 联立求解 b 个方程，得到支路电流，然后再求支路电压。

6. 网孔分析法和回路分析法

(1) 以网孔电流或回路电流为未知量，用网孔电流或回路电流表示支路电流、支路电压，列 $b-(n-1)$ 个回路的 KVL 方程。

(2) 联立求解方程，得到各网孔或回路电流，然后再求各支路电压和电流。

(3) 如果电路中存在电流源与电阻并联的组合，先把它们等效变换为电压源与电阻串联的组合，然后再列写方程。如果电流源没有电阻与之并联，可采用两种方法：一是使网孔电流或回路电流等于该电流源电流成为已知；二是将该电流源电压作为变量建立网孔方程，并补充电流源与网孔电流关系的方程。

7. 节点分析法

(1) 以独立节点电压为未知量，用节点电压表示支路电压、支路电流，列 $n-1$ 个独立节点的 KCL 方程。

(2) 联立求解节点方程，得到各节点电压，然后再求支路电压和电流。

(3) 如果电路中存在电压源与电阻串联的组合，先把它们等效变换为电流源与电阻并联的组合，然后再列写方程。如果电压源没有电阻与之串联，可采用两种方法：一是使节点电压等于该电压源电压成为已知；二是将该电压源电流作为变量建立节点方程，并补充电压源与节点电压关系的方程。

8. 弥尔曼定理：节点分析法在单节点偶电路中的应用。先求独立节点的电压，它等于各独立源注入该节点的电流的代数和与该节点相连各支路电导之和的比值，即

$$U=\frac{\sum I_{Si}}{\sum G_i}$$

得到节点电压后，再求各支路电流。

9. 叠加定理：在线性电路中，任意支路的响应等于每个独立源单独作用在此支路产生的响应的代数和(置零的电压源用短路代替，置零的电流源用开路代替)。

10. 戴维南定理和诺顿定理：含独立源的二端网络，对其外部而言，一般可用电压源与电阻串联组合或电流源与电阻并联组合等效。电压源的电压等于网络的开路电压 U_{OC}，电流源的电流等于网络的短路电流 I_{SC}，R_0 等于网络除独立源后的等效电阻。

11. 替代定理：已知电路中某条支路或某个二端网络的电压或电流时，可用量值相同的电压源或电流源替代该支路或该二端网络，而不影响电路其余部分的电压和电流。

12. 受控源也是一种电源，其特点是它提供的电压或电流受电路中其他支路电压或电流的控制，因而不能作为独立的激励。含受控源的简单电路的分析方法如下。

(1) 分析含受控源的简单电路与分析不含受控源的电路方法相同，只需注意把控制量用准备求解的变量表示即可。

(2) 含受控源不含独立源的二端网络可等效为一个电阻；含受控源与独立源的二端网络一般情况下可等效为电压源与电阻串联组合，也可等效为电流源与电阻并联组合。它们都可用外加电源计算端口 VCR 的方法求等效电路。

(3) 受控电压源与电阻串联组合和受控电流源与电阻并联组合可以等效变换，但变换时须注意不要消去控制量，只有在把控制量转化为不会被消去的量以后才能进行。

习　题

2-1 两个电阻串联接到 120 V 电源，电流为 3 A；并联接同样电源时，电流为 16 A。试求这两个电阻。

2-2 4 个阻值相等的电阻并联接于 220 V 电源，总共消耗功率为 400 W。若将这 4 个电阻串联接于原来电源，消耗功率应为多少？并联和串联时电源送出的电流各为多少？

2-3 电路如图 2-50 所示，已知 30 Ω 电阻中电流为 0.2 A，试求此电路的总电压 U 和总电流 I。

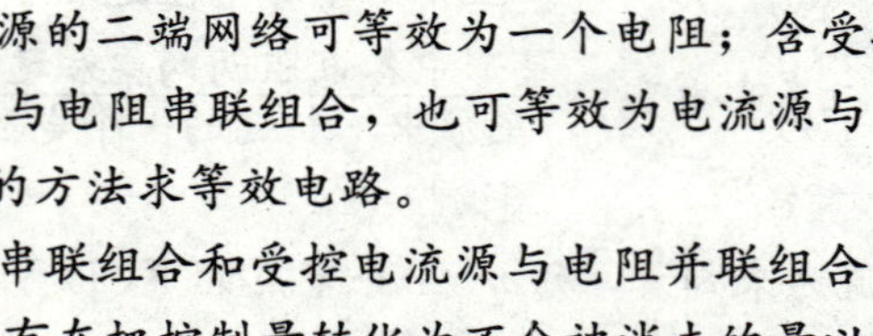

图 2-50　习题 2-3 电路

2－4　试求图 2－51 各电路的等效电阻 R_{ab}。

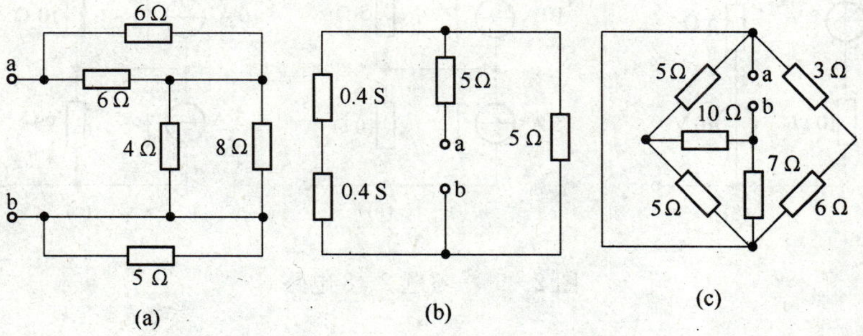

图 2－51　习题 2－4 电路

2－5　如图 2－52 所示电路为实际中的电压测量电路。

(1) 若用内阻为 1 200 Ω 的电压表测量，求电压表的读数。

(2) 若用内阻为 3 600 Ω 的电压表测量，求电压表的读数。

(3) 若用内阻为无穷大的电压表测量，再求电压表的读数。

2－6　试求图 2－53 电路的等效电阻 R_{ab}。

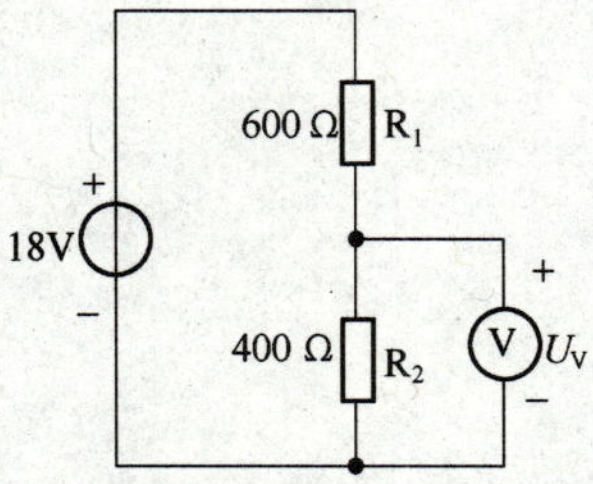

图 2－52　习题 2－5 电路

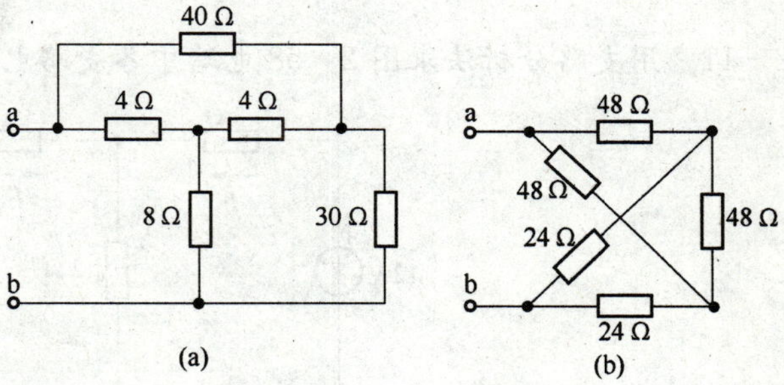

图 2－53　习题 2－6 电路

2－7　对如图 2－54 所示电路，应用星形与三角形等效变换求电压 U 和 U_{ab}。

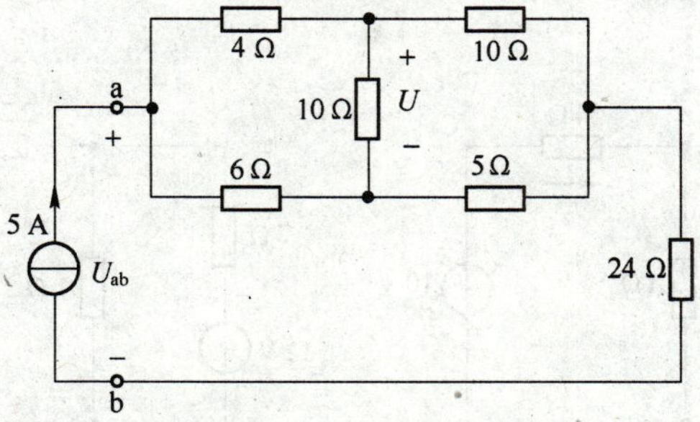

图 2－54　习题 2－7 电路

2－8　求图 2－55 各电路的等效电源的模型。

2－9　试用电源模型的等效变换计算图 2－56 电路中的电流 I。

2－10　在图 2－57 电路，已知 $U=3$ V，求电阻 R 的值。

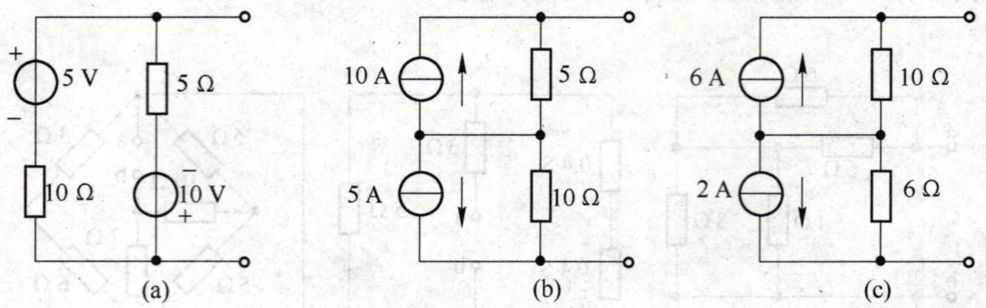

图 2-55 习题 2-8 电路

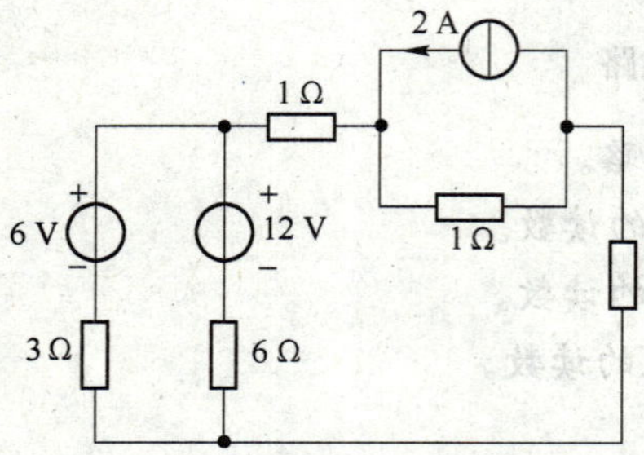

图 2-56 习题 2-9 电路

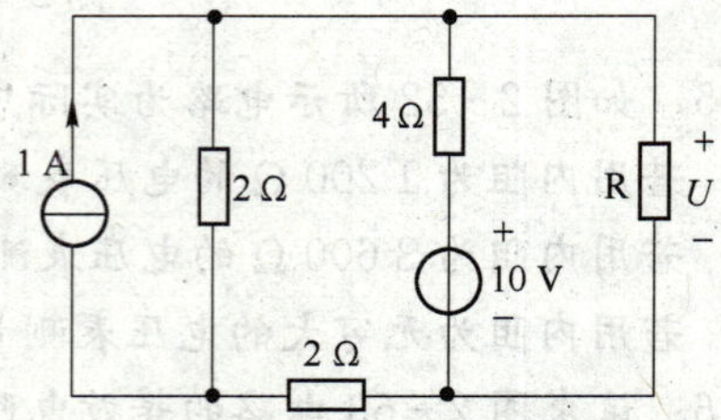

图 2-57 习题 2-10 电路

2-11 用支路分析法求图 2-58 电路中各支路电流。

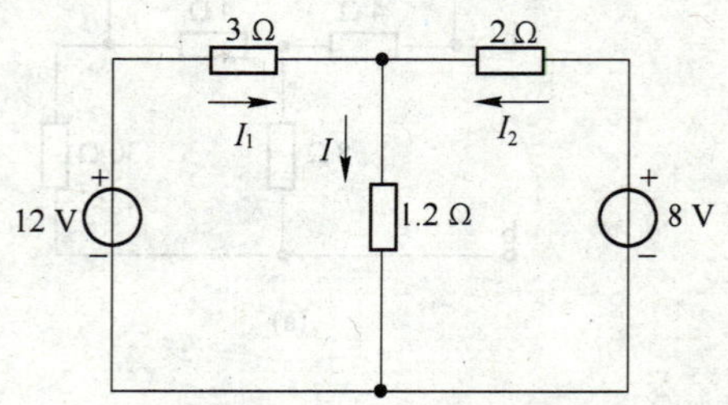

图 2-58 习题 2-11 电路

2-12 用网孔分析法求：(1)图 2-59(a)电路中各支路电流；(2)图 2-59(b)电路中的电流 I。

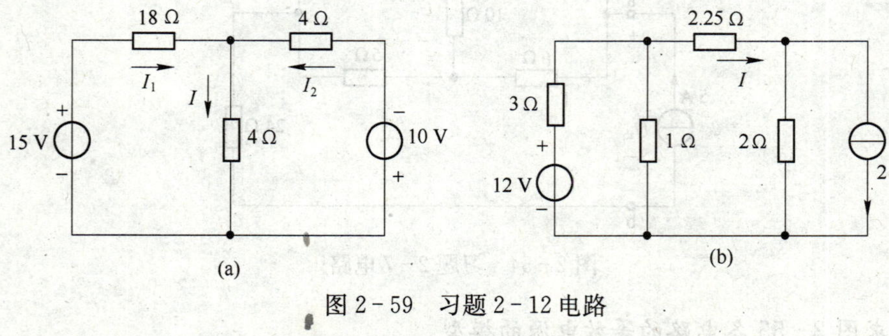

图 2-59 习题 2-12 电路

2-13 用网孔分析法或回路分析法求图 2-60 电路中各支路电流。

2-14 用网孔分析法或回路分析法求图 2-61 电路中的电压 U_1。

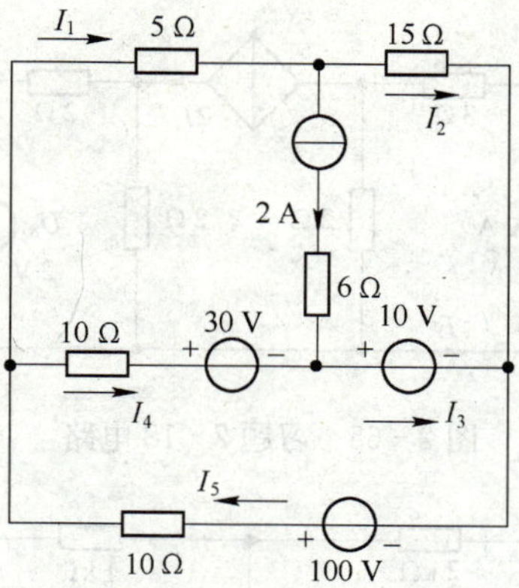

图 2-60　习题 2-13 电路

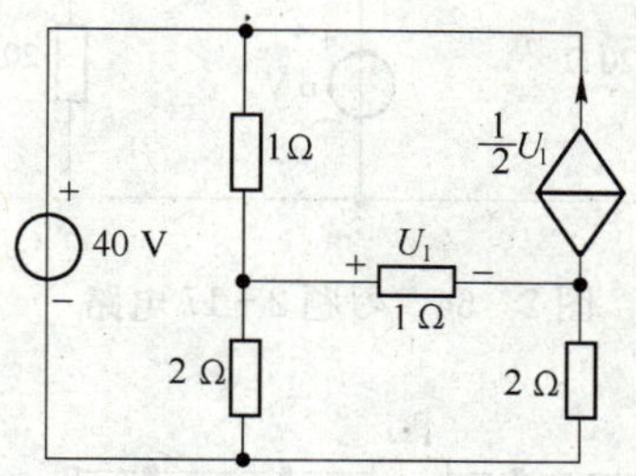

图 2-61　习题 2-14 电路

2-15　用节点分析法求图 2-62 电路中各支路电流。

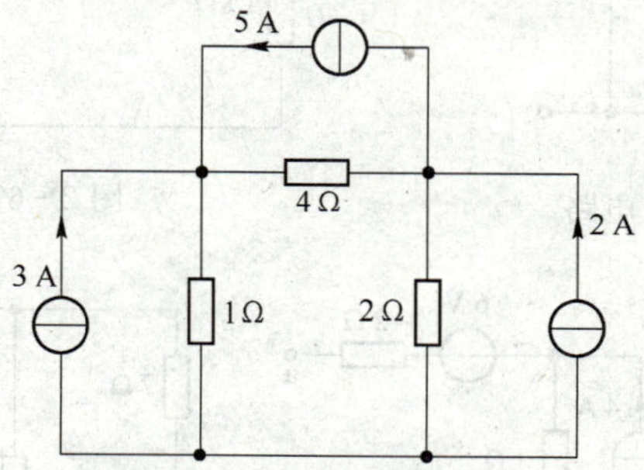

图 2-62　习题 2-15 电路

2-16　分别列出图 2-63 电路的节点电压方程。

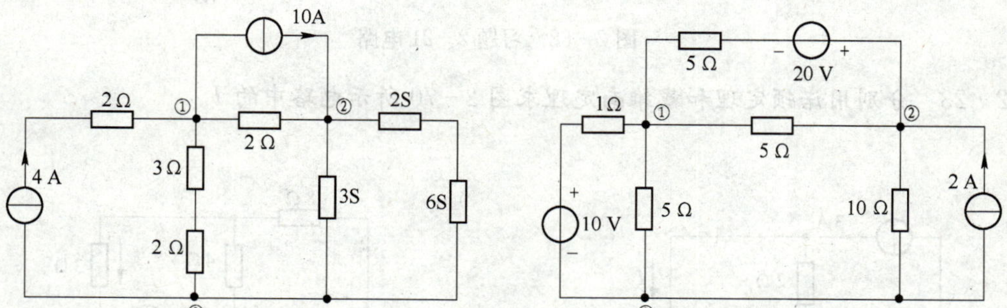

图 2-63　习题 2-16 电路

2-17　用节点分析法求图 2-64 电路中各支路电流。

2-18　用节点分析法求图 2-65 电路中电压源 U_S 和电流源 I_S 上的功率。

2-19　用叠加定理求图 2-66 电路中 U_0。

2-20　用叠加定理求图 2-67 电路中 U。

2-21　求图 2-68 各电路的等效电源模型。

2-22　分别用叠加定理和戴维南定理求图 2-69 所示电路中的 I。

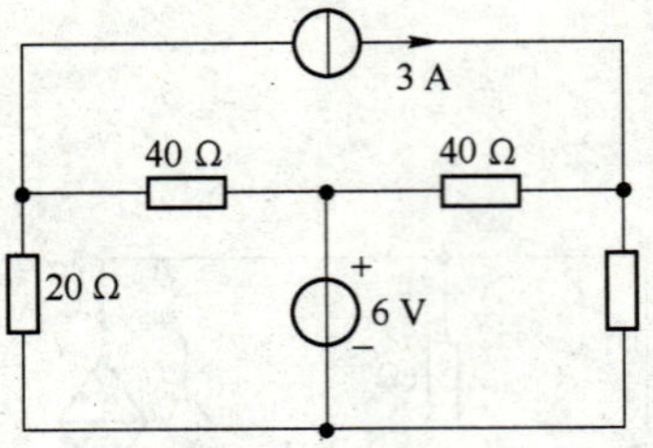

图 2-64　习题 2-17 电路

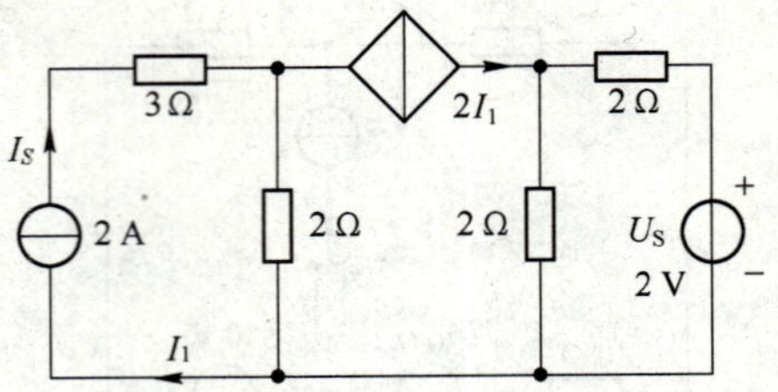

图 2-65　习题 2-18 电路

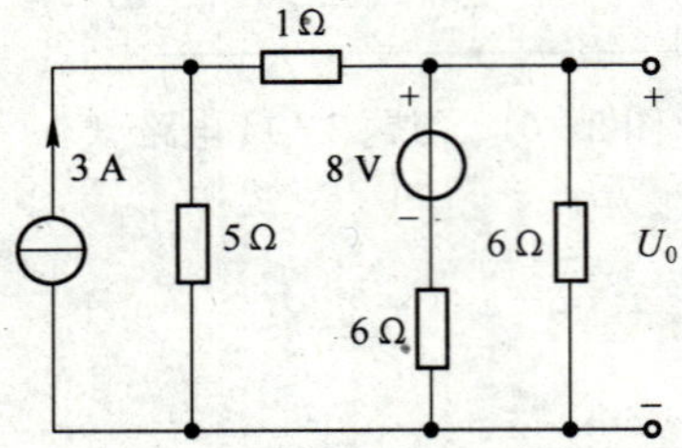

图 2-66　习题 2-19 电路

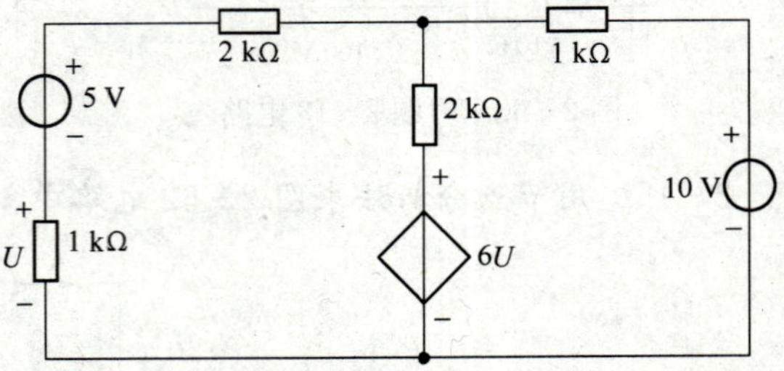

图 2-67　习题 2-20 电路

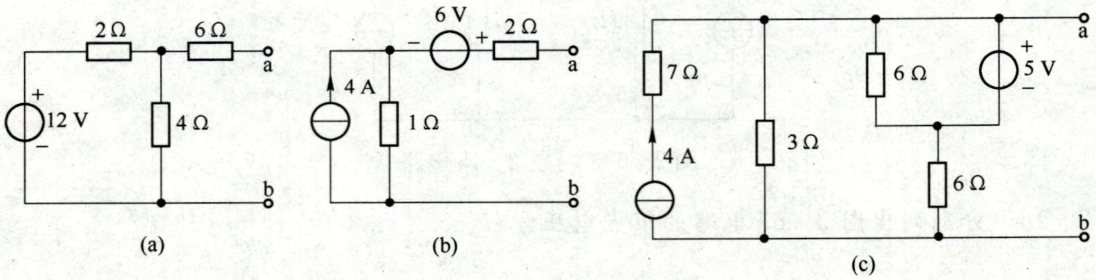

图 2-68　习题 2-21 电路

2-23　分别用诺顿定理和戴维南定理求图 2-70 所示电路中的 I。

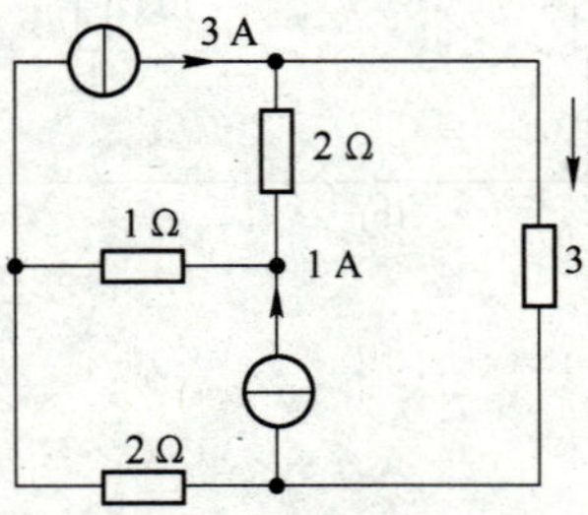

图 2-69　习题 2-22 电路

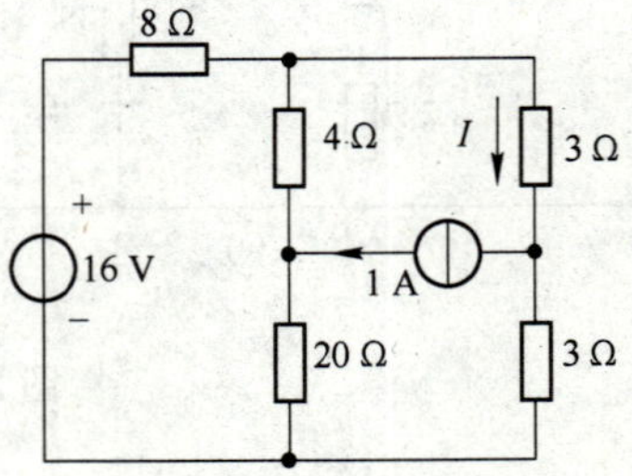

图 2-70　习题 2-23 电路

2-24　用齐性定理求图 2-71 电路中的 I(已知 U 为 12 V)。

2-25　求图 2-72 电路中的等效电路。

2-26　试把图 2-73(a)电路化简为图 2-73(b)的等效电路。

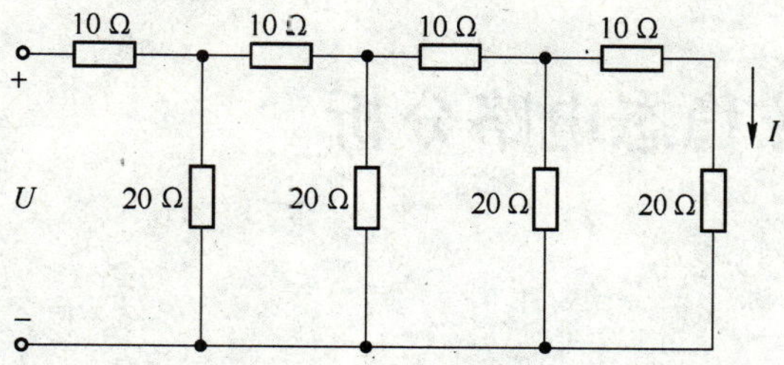

图 2-71　习题 2-24 电路

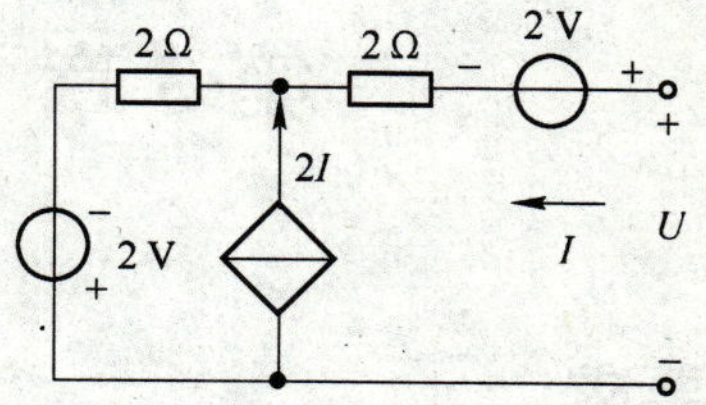

图 2-72　习题 2-25 电路

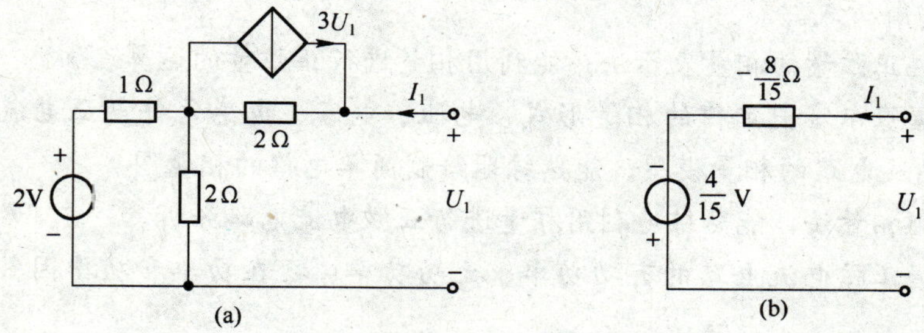

图 2-73　习题 2-26 电路

2-27　图 2-74 所示电路中的 R 为多少时，R 上获得最大功率？并求最大功率。

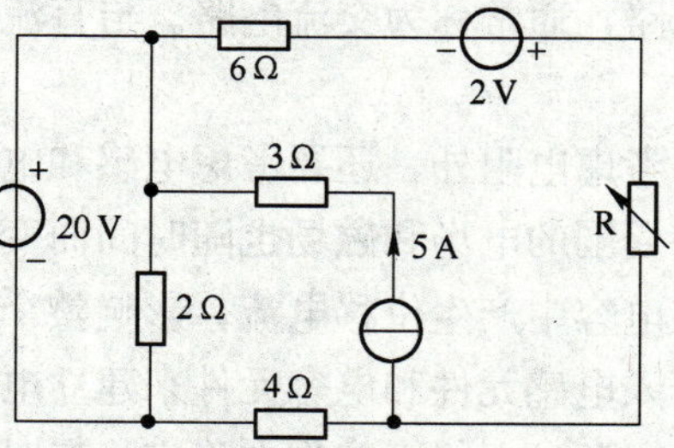

图 2-74　习题 2-27 电路

第3章　正弦稳态电路分析

基本要求

1. 深刻理解线性电感元件、线性电容元件的定义、电压电流关系和储能公式。

2. 牢固掌握正弦量的三要素。根据正弦量的瞬时值解析式能画出波形图，根据波形图能写出正弦量的解析式。

3. 牢固掌握正弦量的相量表示法；能利用相量进行正弦量的运算。

4. 牢固掌握基尔霍夫定律的相量形式，电阻、电容、电感元件电压电流关系的相量形式，阻抗、导纳及电路的相量模型。能熟练地绘制简单电路的相量图。

5. 牢固掌握相量法，能熟练地利用相量进行正弦电流电路分析。

6. 熟练掌握正弦电流电路的有功功率、无功功率、视在功率和功率因数，掌握复功率的计算。

在电工技术中，随时间做正弦规律变化的交流电是常用的。例在电力系统中，全部电源都是同一频率的正弦交流电源，供电、用电电路各处的电压和电流也是同一频率的正弦函数，这类电路称为正弦电流电路，通常称为交流电路。与直流电路有所区别，交流电路有其自身的特点。

在正弦电流电路中，除要考虑电阻外，还要考虑电感和电容的作用。由于电路中的电压和电流随时间变化，使得电路周围的电场和磁场也随时间而变化。这些变化的电场和磁场将在电感中产生感应电动势，在电容中产生位移电流，影响整个电路中电压与电流的分布，因此研究正弦电流电路时必须引入电感元件和电容元件来建立电路模型。当线性正常电路中作用的激励源是某一频率的正弦电源且电路已工作在稳定状态时，电路中的响应(电压、电流、电荷、磁链等)均是与激励同频率的正弦量。电路的这种工作状态称为正弦稳态。对电路在正弦激励下的稳态工作状态进行研究分析称为正弦稳态分析。

由于正弦电流电路中的所有电压和电流是同一频率的正弦函数，所以可用称为相量的复数来表示每一个正弦量，从而建立和求解微分方程的问题简化为建立和求解复数方程的问题。这种基于以相量表示正弦量的分析方法，并且可以在相量图上清晰地表明有关量之间的大小和相位关系，称为相量法。相量法是电路理论中重要的方法，本章以它为重点介绍正弦电流电路的分析方法。

KCL、KVL和VCR仍然是研究正弦电流电路的基本依据，只是要采用相量形式表示，前面两章介绍的基本定理和分析方法都可以应用于正弦电流电路，只是在分析计算过程中将实数运算改变成复数运算。

本章内容包括4部分：正弦量及其相量表示法；正弦电流电路的基本性质和基本规律；正弦稳态电流电路的分析计算方法；正弦电流电路中的功率。

3.1　正弦量

3.1.1　正弦量的概念及正弦量的时域表示

随时间按正弦规律变化的电量称为正弦电量，简称为正弦量，也称正弦电信号。例如正弦电压、正弦电流等。若电路中的电压、电流等均为正弦量，则称电路为正弦电流电路，或称正弦交流电路。电压和电流的正弦量常用其时域表示，也就是瞬时值表示法，电压和电流在任一时刻的数值称为它们的瞬时值，约定正弦量瞬时值均用小写字母表示，如正弦电压用 $u(t)$ 表示，电流用 $i(t)$ 表示，简写为 u、i，这均指它们是时间变量 t 的函数。

3.1.2　正弦量三要素

本书采用正弦函数表示正弦量。下面以正弦电流为例来介绍正弦量的各种表示方法。正弦电流的时域表示式为

$$i(t) = I_m \sin(\omega t + \varphi_i) \qquad (3-1)$$

波形见图 3-1(设 $\varphi_i > 0$)。可以看出，要确定一正弦量，必须给出振幅(I_m)，角频率(ω)，初相位(φ_i)，这就是正弦量的三要素，下面分别解释它们的意义。

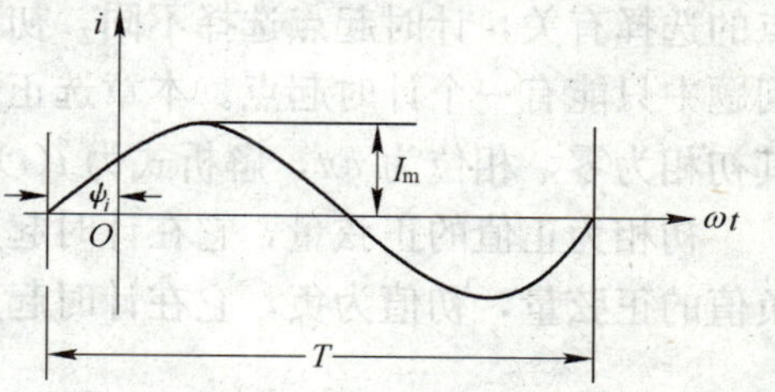

图 3-1　正弦电流波形

1. 振幅

正弦量各瞬时值中的最大的值，称为正弦量的幅值，也叫振幅(amplitude)，用带下标 m 大写字母表示，如 I_m、U_m。正弦量在一个周期内两次达到同样大小的最大值，只是方向不同。

2. 角频率

式(3-1)中 ω 称为角频率，它表征了 $i(t)$ 的变化快慢，单位是 rad/s(弧度每秒)。正弦量变化一个循环所经历的时间称为周期，用 T 表示，单位为 s(秒)。正弦量每秒钟变化的循环次数称为频率，用 f 表示，单位为 Hz(赫兹)。显然有

$$T = \frac{1}{f} \qquad (3-2)$$

ω 与 T、f 的关系为

$$\omega = 2\pi f \qquad (3-3)$$

ω、T、f 反映的都是正弦量循环变化的快慢，ω 越大，即 f 越大或 T 越小，正弦量循环变化越快；ω 越小，即 f 越小或 T 越大，正弦量循环变化越慢。直流量的值、方向都不变，可以看作 $\omega=0$(即 $f=0$、$T=\infty$)的正弦量。

我国和世界上大多数国家电力工业的标准频率(即“工频”)是 50 Hz，少数国家的工频为 60 Hz。声音信号的频率范围约为 20～20 000 Hz，广播用的中波段频率为 535～1 605 kHz，电视用的频率以 MHz 计。

例 3－1 已知工频正弦量为 50 Hz，试求其周期 T 和角频率 ω。

解

$$T=\frac{1}{f}=\frac{1}{50}=0.02\ \text{s}$$

$$\omega=2\pi f=2\times 3.14\times 50=314\ \text{rad/s}$$

即工频正弦量的周期为 0.02 s，角频率为 314 rad/s。

3. 相位及初相位

式(3－1)中 $\omega t+\psi_i$ 称为正弦量相位角，简称相位(phase)。把 $t=0$ 时正弦量的相位 ψ_i 称为正弦量的初相位(initial phase)，简称初相。$t=0$ 时正弦量的值称为正弦量的初始值。

如同直流量一样，电压、电流也必须规定参考方向。如图 3－2 所示，若规定电流参考方向从 A 到 B，电流 $i=5\sin(314t+45°)$，则随时间变化曲线如图 3－2 所示，每一时刻都有确定的电流值，实际方向时正时负。初相位 ψ_i 的正负与参考方向有关。图 3－2 中电流，若规定电流参考方向从 B 到 A，记为 i'，则 $i'=-i=-5\sin(314t+45°)=5\sin(314t-135°)$，即把时间起点沿 ωt 轴移动 180°。i 与 i' 表示同一电流，由于参考方向不同，初相位相差 180°。

正弦量是随时间变化的，在研究时应选择一个计时起点。正弦量的初相和初值与计时起点的选择有关，计时起点选择不同，初相和初值都不同。计时起点是任意选定的，但在同一问题中只能有一个计时起点。本章选正弦量瞬时值由负向正到达零点的瞬间为计时起点，则其初相为零，相位为 ωt，解析式为 $i(t)=I_m\sin(\omega t)$。

初相为正值的正弦量，它在计时起点之前达到零点(即零点在坐标原点的左边)；初相为负值的正弦量，初值为负，它在计时起点之后达到零点(即零点在坐标原点的右边)。

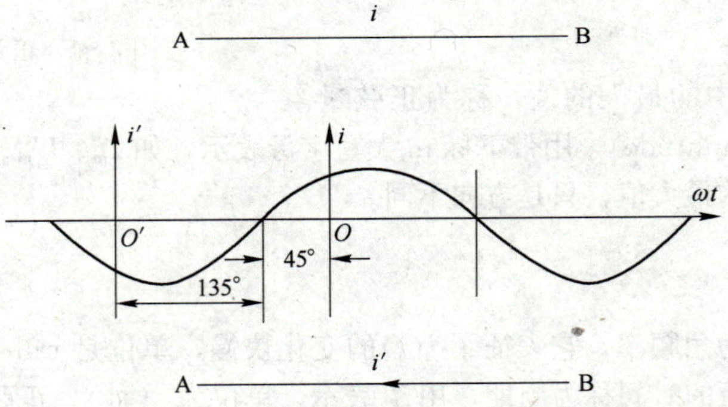

图 3－2 不同计时起点和不同参考方向的正弦电流波形

可见，由于起始点及参考方向选择不同，ψ_i 不同，但幅值与角频率不变。为统一起见，规定初相的绝对值不超过 π。

4. 相位差

设有两个同频率正弦量，在图 3－3 中

$$i_1=I_{m1}\sin(\omega t+\psi_{i1})$$

$$i_2=I_{m2}\sin(\omega t+\psi_{i2})$$

它们之间的相位之差则称为相位差，用 φ 表示，即

$$\varphi = \omega t + \psi_{i1} - \omega t + \psi_{i2} = \psi_{i1} - \psi_{i2}$$

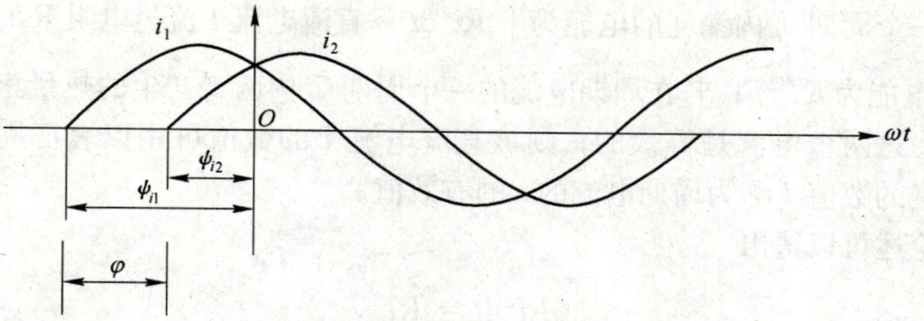

图 3-3　电流 $i_1(t)$、$i_2(t)$ 波形

可见，相位差等于初相差。且为一常数，与时间变量 t 无关，即相位差与计时起点无关。相位差也采用绝对值不超过 π。在图 3-3 中：

若 $\varphi>0$，$\psi_{i1}>\psi_{i2}$，电流 i_1 超前电流 i_2 一个角度 φ；

若 $\varphi<0$，$\psi_{i1}<\psi_{i2}$，则称电流 i_1 滞后电流 i_2 一个角度 φ；

若 $\varphi=\pm\frac{\pi}{2}$，则称电流 i_1 与电流 i_2 相位正交；

若 $\varphi=0$，$\psi_{i1}=\psi_{i2}$，则称电流 i_1 与电流 i_2 同相位；

若 $\varphi=\pm\pi$，则称电流 i_1 与电流 i_2 反相。

注意，对不同频率的正弦量之间的相位差不再是一个常数，而是随时间变动的，本章谈到相位差都是指同频率的正弦量之间的相位差。

为了比较同频率的各个正弦量之间的相位关系，可以选定一个参考正弦量，它的初相角取为零。这样其他正弦量的相位关系都是以参考正弦量为准来说明其相位超前还是滞后。在同一电路中，参考正弦量的选择是任意的但只能选一个。

正弦量的三要素也是正弦量之间进行比较和区分的依据。

例 3-2　设有两个同频率的正弦电流 $i_1(t)=10\sin(\omega t+60°)$，$i_2(t)=5\sin(\omega t-150°)$，问哪一个电流超前？超前角度是多少？

解　因为

$$\varphi = 60° - (-150°) = 210°$$

表示 $i_1(t)$ 超前 $i_2(t)$ 的角度是 210°，如图 3-4 所示，这个相位差超过 180°。为了使相位差的绝对值不超过 180°，可采用 $i_2(t)$ 超前 $i_1(t)$ 的说法，超前的角度为 360°−210°=150°。

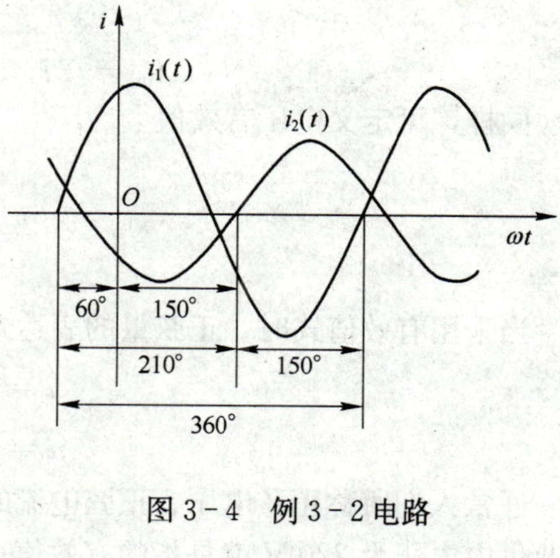

图 3-4　例 3-2 电路

3.1.3　正弦量的有效值

由于正弦量是时间变量 t 的函数，其瞬时值是随时间而变化的，所以不论是测量还是计算都不方便，为此引入有效值这一物理量。通常采用大写字母表示有效值，如用 U 表示电压的有效值，用 I 表示电流的有效值。

设有两个相同的电阻 R，分别通以直流电流 I 和周期电流 $i(t)$，周期电流 i 流过电阻 R 时，该电阻在一个周期 T 内消耗的电能为 $\int_0^T Ri^2\mathrm{d}t$；直流电流 I 流过电阻 R 时，在相同的时间 T 内消耗的电能为 RI^2T；若在周期电流的一个周期 T 内两者产生的热量相等，即就能量转换能力来说，这两个电流是等效的，则该直流电流 I 的数值可用以表征周期电流的 i 的值，将这一特定的数值 I 称为周期电流的 i 的有效值。

根据以上论述可以得出

$$\int_0^T Ri^2\mathrm{d}t = RI^2T$$

由此可得出正弦电流 $i(t)$ 的有效值定义式为

$$I \overset{\mathrm{def}}{=} \sqrt{\frac{1}{T}\int_0^T i^2\mathrm{d}t} \tag{3-4}$$

式(3-4)虽然是以电流为例，但所得结论也适用于电压、电动势等。这样定义的有效值概念不仅适用于正弦量，而且也适用于任何波形的周期性电流、电压和电动势。

由式(3-4)可见，周期量的有效值是瞬时值的平方在一个周期内的平均值再取平方根，因此有效值也称为方均根值。

设电流 $i = I_\mathrm{m}\sin(\omega t)$，将正弦电流的解析式代入式(3-4)，可得正弦电流的有效值为

$$\begin{aligned} I &= \sqrt{\frac{1}{T}\int_0^T I_\mathrm{m}^2\sin^2(\omega t)\mathrm{d}t} \\ &= \sqrt{\frac{1}{T}I_\mathrm{m}^2\int_0^T \frac{1}{2}[1-\cos(2\omega t)]\mathrm{d}t} \\ &= \frac{I_\mathrm{m}}{\sqrt{2}} = 0.707I_\mathrm{m} \end{aligned}$$

$$I = \frac{I_\mathrm{m}}{\sqrt{2}} \qquad I\text{ 称为有效值} \tag{3-5}$$

$$I_\mathrm{m} = \sqrt{2}I \qquad I_\mathrm{m}\text{ 称为峰值} \tag{3-6}$$

同样，可定义电压有效值

$$U = \frac{U_\mathrm{m}}{\sqrt{2}} \tag{3-7}$$

$$U_\mathrm{m} = \sqrt{2}U \tag{3-8}$$

当采用有效值式时，正弦量的表达式也可以写成

$$i = \sqrt{2}I\sin(\omega t + \psi_i) \tag{3-9}$$

$$u = \sqrt{2}U\sin(\omega t + \psi_u)$$

通常人们所称正弦电压、正弦电流的大小，除特殊说明外，一般都是指其有效值。例如工业供电电压为 220 V 就是指的有效值；各种电气设备的额定值，以及电磁式、电动式仪表测量的数量，均是指有效值。

今后本书中一律用有效值运算。如

$$i = 10\sqrt{2}\sin(\omega t + 30^\circ)$$

例 3-3 已知 $u(t) = U_\mathrm{m}\sin(\omega t)$，$U_\mathrm{m} = 310\ \mathrm{V}$，$f = 50\ \mathrm{Hz}$，试求有效值 U 和 $t = 0.003\ \mathrm{s}$ 时的瞬时值。

解
$$U=\frac{U_m}{\sqrt{2}}=\frac{310}{\sqrt{2}}=220\ \text{V}$$

当 $f=50$ Hz，$\omega=2\pi f=314$ rad/s，所以

$$u(t)=310\times\sin(314\times0.003)=250.8\ \text{V}$$

3.2　正弦量相量的基本概念

3.2.1　正弦量的旋转矢量表示法

在时域里对正弦量进行各种运算是比较麻烦的，利用作图法对波形进行运算则更为困难。为此，可设法将正弦量的时域表示作一数学变换，变换到频率域而用复数表示，这将使正弦量的各种运算大大简化。

由式(3-7)看出，若在复数平面上画一矢量，则使矢量的长度等于正弦电流 $i(t)$的有效值 I，且以该正弦电流 $i(t)$ 的角频率 ω 为角速度逆时针方向匀速旋转，则在 $t=0$ 时刻矢量与实轴正方向间的夹角即为电流 $i(t)$ 的初相角 ψ，在任意时刻 t 矢量在实轴上的分量乘以$\sqrt{2}$就是正弦电流 $i(t)$ 在该时刻得瞬时值，即 $i=\sqrt{2}I\sin(\omega t+\psi)$，这样的矢量称为旋转矢量，如图 3-5(a)所示。

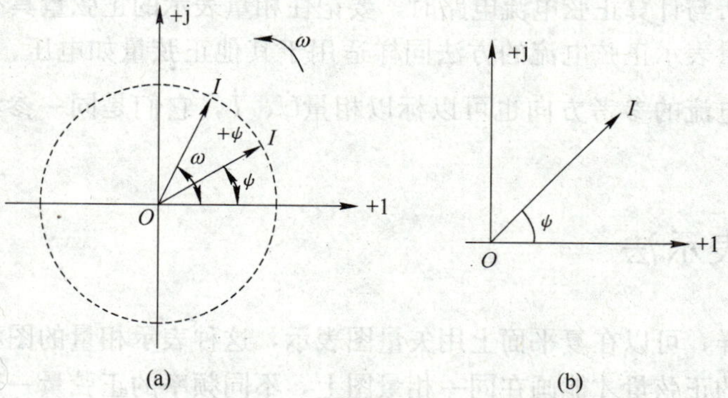

图 3-5　正弦量的旋转矢量表示

这说明，可以用一个旋转矢量来完整地描述一个正弦量。这就是正弦量的矢量表示法。但应注意，这只是一种表示方法，它并不等于该正弦量，它只有在实轴上的分量乘以$\sqrt{2}$才等于正弦量本身。

虽然旋转矢量是以匀角速度 ω 不停地逆时针方向旋转，但在复数平面上画它时，却只画出 $t=0$ 时刻位置的矢量，称为起始矢量，并且是一个固定值。由画在复数平面上的起始矢量构成的图称为矢量图，如图 3-5(b)所示。图中 $\mathrm{j}=\sqrt{-1}$为虚部单位。

需要注意的是，旋转矢量是时间矢量而不是空间矢量。

3.2.2　正弦量的相量表示法

用复数表示正弦量，并用于正弦电流电路分析计算的方法称为相量法。下面以正弦电流

为例，来说明如何用复数表示正弦量。设正弦电流为

$$i = I_{\mathrm{m}}\sin(\omega t + \psi_i)$$

由欧拉公式得 $$I_{\mathrm{m}}\mathrm{e}^{\mathrm{j}(\omega t+\psi_i)} = I_{\mathrm{m}}\cos(\omega t+\psi_i) + \mathrm{j}I_{\mathrm{m}}\sin(\omega t+\psi_i)$$

比较以上两式可知，正弦电流 $I_{\mathrm{m}}\sin(\omega t + \psi_i)$ 恰等于复指数函数 $I_{\mathrm{m}}\mathrm{e}^{\mathrm{j}(\omega t+\psi_i)}$ 的虚部。正弦电流与复指数函数的这种关系可表示为

$$\begin{aligned} i = I_{\mathrm{m}}\sin(\omega t + \psi_i) &= \mathrm{Im}[I_{\mathrm{m}}\mathrm{e}^{\mathrm{j}(\omega t+\psi_i)}] = \mathrm{Im}[I_{\mathrm{m}}\mathrm{e}^{\mathrm{j}\psi_i}\mathrm{e}^{\mathrm{j}\omega t}] \\ &= \mathrm{Im}[\dot{I}_{\mathrm{m}}\mathrm{e}^{\mathrm{j}\omega t}] \end{aligned} \tag{3-10}$$

$\dot{I}_{\mathrm{m}}$是一个复数，Im 是一算子，表示取虚部。

$$\dot{I}_{\mathrm{m}} = I_{\mathrm{m}}\mathrm{e}^{\mathrm{j}\psi_i} = I_{\mathrm{m}}\angle\psi_i \tag{3-11}$$

称$\dot{I}_{\mathrm{m}}$为振幅相量，对于已知的角频率 ω，$\dot{I}_{\mathrm{m}}$已包含另两个要素 I_{m} 和 ψ_i，故$\dot{I}_{\mathrm{m}}$可唯一地表示 i。

类似地，正弦电流的有效值相量为

$$\dot{I} = I\mathrm{e}^{\mathrm{j}\psi_i} = I\angle\psi_i \tag{3-12}$$

在实际问题中涉及的往往是正弦量的有效值，因此经常使用的是有效值相量，并把它简称为相量(phasor)。式中$\dot{I}$就是表示正弦电流的相量，上面加的小圆点是用来与普通复数相区别的记号。这种命名和记法的目的是强调它是正弦量的代表，但在运算过程中与一般复数并无区别。

应当指出，略去 $\mathrm{e}^{\mathrm{j}\omega t}$以后，电流的振幅相量或有效值相量不再包含正弦量三要素之一的角频率。用相量分析与计算正弦电流电路时，要记住相量表示的正弦量具有角频率 ω。

以上用电流相量表示正弦电流的方法同样适用于其他正弦量如电压、电动势及磁通等。在电路图中电压或电流的参考方向也可以标以相量$\dot{U}$、$\dot{I}$，它们是同一参考方向的正弦量 u 或 i 的代表。

3.2.3　几何表示法

相量和复数一样，可以在复平面上用矢量图表示，这种表示相量的图称为相量图。必须注意只有相同频率的正弦量才能画在同一相量图上，不同频率的正弦量一般不能画在同一个相量图上。

例 3-4　图 3-6(a)中正弦电流和正弦电压分别为

$$i = 141.4\sin(\omega t + 30°)\ \mathrm{A}$$

$$u = 311.1\sin(\omega t - 60°)\ \mathrm{V}$$

试用相量表示电流、电压并作相量图。

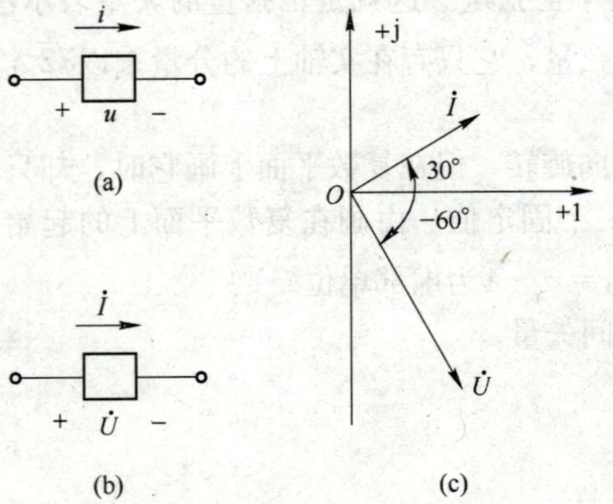

图 3-6　例 3-4 电路

解　图 3-6(a)中的瞬时值电流和电压可用相量表示，如图 3-6(b)所示，这就是用相量表示正弦量时的参考方向。

对应于图 3-6(b)的参考方向，i 和 u 的相量分别可写作

$$\dot{I} = \frac{141.4}{\sqrt{2}}\angle 30°\ \mathrm{A}$$

$$\dot{U}=\frac{311.1}{\sqrt{2}}\angle -60^\circ\ \text{V}$$

它们的相量图如图 3-6(c)所示。在图中可清晰地看出它们之间的相位关系，电流$\dot{I}$超前电压$\dot{U}$，相位差为 30°－(－60°)＝90°。

3.2.4　正弦量的相量运算

利用三角函数求正弦量的和与差时，其计算过程较复杂。引入相量的概念后，求解它们的和与差就比较方便了。现以两个同频率的正弦电压为例说明。设有正弦电压

$$u_1=\sqrt{2}U_1\sin(\omega t-\psi_1)$$

$$u_2=\sqrt{2}U_2\sin(\omega t-\psi_2)$$

求它们的和与差。

根据式(3-10)和式(3-12)可写出

$$u_1=\text{Im}[\sqrt{2}\,\dot{U}_1\text{e}^{\text{j}\omega t}],\ u_2=\text{Im}[\sqrt{2}\,\dot{U}_2\text{e}^{\text{j}\omega t}]$$

$$u=u_1\pm u_2=\text{Im}[\sqrt{2}\,\dot{U}_1\text{e}^{\text{j}\omega t}\pm\sqrt{2}\,\dot{U}_2\text{e}^{\text{j}\omega t}]=\text{Im}[\sqrt{2}(\dot{U}_1\pm\dot{U}_2)\text{e}^{\text{j}\omega t}]$$

可见，只要求出$\dot{U}_1\pm\dot{U}_2$，即可得 $u=u_1\pm u_2$。

上式表明：正弦量用相量表示后，相同频率正弦量的相加(或相减)运算就变成相应的相量相加(或相减)的运算。相量之间的相加减运算可按复数运算法则进行。

复数的加减运算用代数形式进行，复数的乘除运算用指数形式或极坐标形式较为方便，利用计算器可以很容易地将复数的代数形式与极坐标形式进行互换。

应当注意的是，只有同频率相量才可进行相量运算。

例 3-5　已知两个同频率的电压相量分别为$\dot{U}_1=10\angle 30^\circ$ V，$\dot{U}_2=5\angle -45^\circ$ V，角频率为 ω，试求 u_1+u_2。

解

$$\dot{U}_1=10\cos 30^\circ+\text{j}10\sin 30^\circ=5\sqrt{3}+\text{j}5\ \text{V}$$

$$\dot{U}_2=5\cos(-45^\circ)+\text{j}5\sin(-45^\circ)=2.5\sqrt{2}-\text{j}2.5\sqrt{2}\ \text{V}$$

$$\dot{U}=\dot{U}_1+\dot{U}_2=12.2+\text{j}1.48=\sqrt{12.2^2+1.48^2}\angle\arctan\frac{1.48}{12.2}=12.3\angle 7^\circ\ \text{V}$$

它们的相量图见图 3-7。所以

$$u_1+u_2=12.3\sqrt{2}\sin(\omega t+7^\circ)\ \text{V}$$

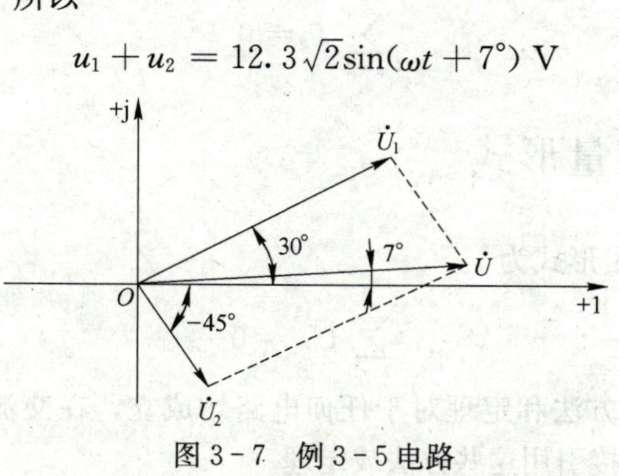

图 3-7　例 3-5 电路

思考题与练习题

3.2.1 把下列复数化为代数形式：

(a) $7.9\angle 25.5^\circ$ (b) $11.9\angle -54.5^\circ$ (c) $22\angle 120^\circ$ (d) $80\angle -150^\circ$

3.2.2 把下列复数化为极坐标形式：

(a) $8+j7$ (b) $-123-j87.5$ (c) $32-j41$ (d) $-0.41+j3.2$

3.2.3 计算(最终结果以极坐标形式表示)：

(1) $(2+3\angle 60^\circ)(3\angle 150^\circ+3\angle 30^\circ)$

(2) $[-j17+(4/j)+5\angle 90^\circ]/(2.5\angle 45^\circ+2.1\angle -30^\circ)$

3.2.4 什么是相量法?

3.2.5 相量与正弦量有什么区别和联系?

3.2.6 不同频率的正弦量是否可以画在同一个相量图上?

3.2.7 已知 i_1 和 i_2 同频率，$\dot{I}_1=(3+j4)$，$i_2=4.24\sin(\omega t+45^\circ)$，求$\dot{I}_1+\dot{I}_2$，$i_1+i_2$。

3.3 基尔霍夫定律的相量形式

3.3.1 KCL 的相量形式

基尔霍夫定律对于任何电路均成立。对于正弦交流电路，当电源为某一频率正弦量时，则在任一支路上产生的电流和电压也是同一频率的正弦量。KCL 用于某节点上时，应是瞬时值代数和为零。设某节点共有 n 个支路，则有

$$\sum_{k=1}^{n} i_k = 0$$

或

$$\sqrt{2}I_1\sin(\omega t+\psi_{i1})+\sqrt{2}I_2\sin(\omega t+\psi_{i2})+\cdots+\sqrt{2}I_n\sin(\omega t+\psi_{in})=0$$

$$\mathrm{Im}[\sqrt{2}\,\dot{I}_1 e^{j\omega t}]+\mathrm{Im}[\sqrt{2}\,\dot{I}_2 e^{j\omega t}]+\cdots+\mathrm{Im}[\sqrt{2}\,\dot{I}_n e^{j\omega t}]=0$$

$$\mathrm{Im}[\dot{I}_1+\dot{I}_2+\cdots+\dot{I}_n]e^{j\omega t}=0$$

等式成立，必有

$$\sum_{k=1}^{n} \dot{I}_k = 0 \tag{3-13}$$

3.3.2 KVL 的相量形式

同样可得 KVL 的相量形式为

$$\sum_{k=1}^{n} \dot{U}_k = 0 \tag{3-14}$$

在直流电路中的分析方法和定理对于任何电路均成立，在交流电路中可用相量形式表示。在今后的分析中将直接引用这些方法或定理。

3.4 电感元件和电容元件

3.4.1 电感元件

1. 定义

用导线在某种材料做成的心子上绕制成的螺旋管称为电感线圈，也称电感器，如图 3-8(a)所示，图中 N 为线圈的匝数。若只考虑电感线圈的磁场效应且认为导线的电阻为零，则此种电感线圈即可视为理想电感元件，简称电感元件。可见，电感元件就是实际电感器的理想电路模型，它是一个理想的二端电路元件。

若给线圈中通以变化的电流 $i(t)$，并设其参考方向如图 3-8(a)中所示，则电流 $i(t)$ 将在线圈中产生磁通 $\Phi(t)$，其参考方向也如图 3-8(a)中所示，可以看出 $\Phi(t)$ 与 $i(t)$ 的参考方向之间符合右手螺旋关系。$i(t)$ 与 $\Phi(t)$ 的参考方向的这种关系称为关联方向。磁通 $\Phi(t)$ 的单位为韦［伯］(Wb)。磁通 $\Phi(t)$ 与匝数 N 的乘积称为磁链，用 Ψ 表示。若认为磁通 $\Phi(t)$ 与线圈的每一匝都交链，则有 $\Psi = N\Phi(t)$，Ψ 的单位也为 Wb。

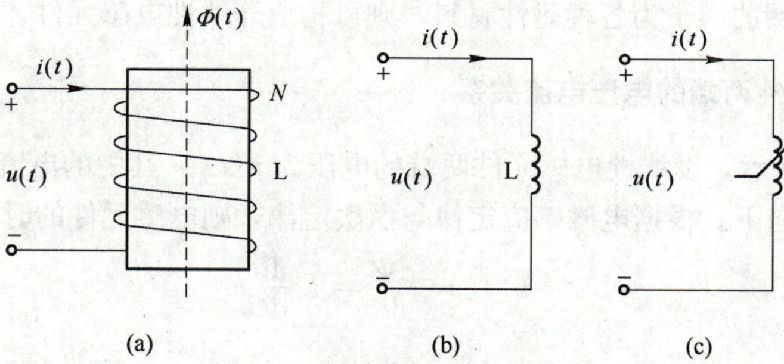

图 3-8 电感元件及电路符号

单位电流产生的磁链称为自感，也称电感，用 L 表示，即

$$L \stackrel{\text{def}}{=} \frac{\Psi}{i} = \frac{N\Phi}{i} \tag{3-15}$$

L 表征了电感元件产生磁链的能力。L 的单位为 Wb/A=H(亨)，有时还用毫亨(mH)、微亨(μH)为单位。1 mH=10^{-3} H，1 μH=10^{-6} H。

需要指出，上面是从电感元件的物理原型来定义理想电感元件的。但它的一般定义则是从数学上定义的，即一个二端电路元件在任意时刻 t，如果电流 $i(t)$ 与其磁链 $\Psi(t)$ 之间的关系为 Ψ-i 平面上的一条曲线，则此二端电路元件即称为理想电感元件，简称电感元件。这条曲线称为电感元件的韦安特性(即磁链与电流的关系曲线)。

2. 线性电感元件

若电感元件的韦安特性为一条通过坐标原点的直线，如图 3-9(a)所示，则称为线性电感元件，其韦安关系为 $\Psi=LI$。线性电感元件的电感 L 为一常量，与电压 $u(t)$ 和电流 $i(t)$ 无关，其电路符号如图 3-8(b)所示。

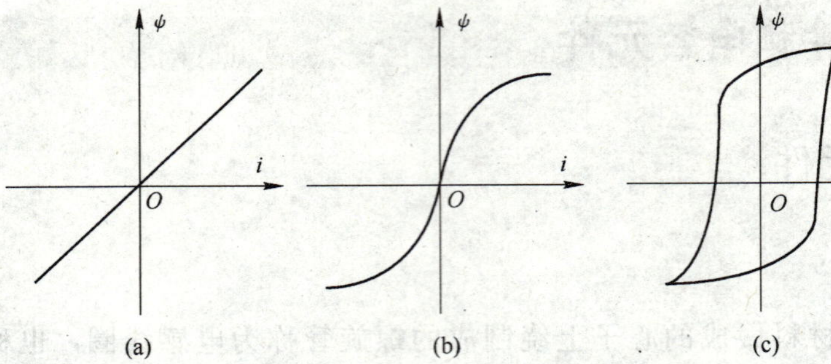

(a) (b) (c)

图 3－9　电感元件的特性曲线

若电感元件线圈的心子为空气或其他非磁性材料，则可构成线性电感元件。

3. 非线性电感元件

若电感元件的韦安特性为某种形状的曲线，如图 3－9(b)和图 3－9(c)则称为非线性电感元件。非线性电感元件的电感 L 不为常量，与电压 $u(t)$ 和电流 $i(t)$ 有关，其电路符号如图 3－8(c)所示。

若电感元件线圈的心子为各种磁性材料，则可构成非线性电感元件。

4. 线性电感元件两端的电压电流关系

如图 3－8(b)所示，设线性电感元件两端的电压为 $u(t)$，其中的电流为 $i(t)$，在 $u(t)$、$i(t)$ 为关联参考方向下，根据电磁感应定律与楞次定律，则电感元件的时域伏安关系为

$$u(t)=\frac{\mathrm{d}\Psi}{\mathrm{d}t}=L\frac{\mathrm{d}i}{\mathrm{d}t} \tag{3-16}$$

5. 磁场能量

电感元件吸收的瞬时功率为

$$p=ui=Li\frac{\mathrm{d}i}{\mathrm{d}t}$$

在 $\mathrm{d}t$ 时间内，电感元件磁场中的能量增加量为

$$\mathrm{d}W=p\mathrm{d}t=Li\mathrm{d}i$$

电流为零时，磁场也为零，即无磁场能量，而当电流由 0 增大到 i 时，电感元件储存的磁场能量为

$$W=\int_0^i Li\mathrm{d}i=\frac{1}{2}Li^2 \tag{3-17}$$

可以看出，磁场能量只与最终的电流值有关，而与电流建立的过程无关。

当电流的绝对值增加时，电感元件吸收能量并全部转换成磁场能量；当电流的绝对值减小时，电感元件释放磁场能量。可见，电感元件并不把吸收的能量消耗掉，而是以磁场能的形式储存在磁场中。所以，电感元件是一种储能元件。同时，电感元件也不会释放出多于它吸收或储存的能量，因此它又是一种无源元件。

3.4.2　电容元件

1. 定义

将两个金属片(或导体)用绝缘介质隔开即构成一个储存电量 q 的电器，称为电容器，如图 3－10(a)所示。若只考虑电容器的电场效应且认为其中绝缘介质的损耗为零(即绝缘电阻为无穷大)，则此种电容器即可视为理想电容元件，简称电容元件。可见，电容元件就是实际电容器的理想电路模型，它也是一个理想的二端电路元件。

为了表征电容元件储存电荷的能力，定义单位电压下它所能储存的电量称为电容元件的电容量，简称电容，用 C 表示，即

$$C=\frac{q(t)}{u(t)} \tag{3-18}$$

式中 $q(t)$ 为电容元件极板上的电量。C 的单位为库/伏＝法(F)，有时还用微法(μF)，皮法(pF)为单位。

$$1\ \mu\text{F}=10^{-6}\ \text{F},\ 1\ \text{pF}=10^{-12}\ \text{F}$$

理想电容元件的一般定义是：一个二端电路元件在任意时刻 t，如果电压 $u(t)$ 与其电荷 $q(t)$ 之间的关系为 $q-u$ 平面上的一条曲线，则此二端电路元件即称为理想电容元件，简称电容元件。这条曲线称为电容元件的库伏特性(即电荷与电压的关系曲线)。

2. 线性与非线性电容元件

若电容元件的库伏特性为一条通过坐标原点的直线，如图 3－10(b)所示，则称为线性电容元件。线性电容元件的 C 为一常量，与电压 u 和电流 i 无关，其电路符号如图 3－10(a)所示。

若电容元件的库伏特性为一条通过坐标原点某种形状的曲线，如图 3－10(c)所示，则称为非线性电容元件。非线性电容元件的电容 C 不为一常量，与电压 u 和电流 i 有关，其电路符号如图 3－10(d)所示。

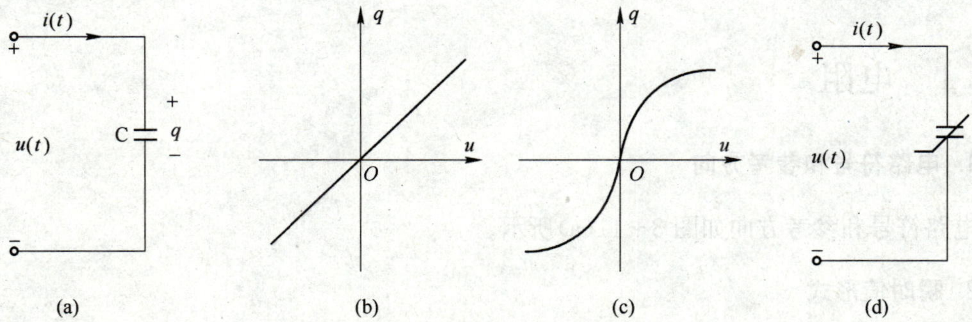

图 3－10　电容元件及库伏特性

3. 线性电容元件两端的电压电流关系

如图 3－10(a)所示，在 $u(t)$、$i(t)$ 为关联参考方向下，则电容元件的时域伏安关系为

$$i(t)=\frac{\mathrm{d}q(t)}{\mathrm{d}t}=C\frac{\mathrm{d}u(t)}{\mathrm{d}t} \tag{3-19}$$

可见，式(3-19)为一微分关系，这说明电容元件也为一动态元件，即记忆元件。

4. 电场能量

电容元件吸收的瞬时功率为

$$p=ui=Cu\frac{\mathrm{d}u}{\mathrm{d}t}$$

在 $\mathrm{d}t$ 时间内，电容元件电场中的能量增加量为

$$\mathrm{d}W=p\mathrm{d}t=Cu\mathrm{d}u$$

电压为零时，电场也为零，即无电场能量，而当电压由 0 增大到 u 时，电容元件储存的电场能量为

$$W=\int_0^u Cu\mathrm{d}u=\frac{1}{2}Cu^2 \tag{3-20}$$

可以看出，电场能量只与最终的电压值有关，而与电压建立的过程无关。

当电压的绝对值增加时，电容元件吸收能量并全部转换成电场能量；当电压的绝对值减小时，电容元件释放磁场能量。可见，电容元件并不把吸收的能量消耗掉，而是以电场能的形式储存在电场中。所以，电容元件是一种储能元件。同时，电容元件也不会释放出多于它吸收或储存的能量，因此它又是一种无源元件。

思考题与练习题

3.4.1 说明电容的定义。

3.4.2 (1) 某电容元件的电压 $u=4.5$ V，电荷 $q=2\ \mu$C，求其电容为多少？(2) 若电容元件的 $u=12$ V，求其电荷为多少？

3.4.3 为什么电容串联后其等效电容反而比单个电容小？试从物理意义上作出解释。

3.4.4 一个 10 mH 的电感通过 80 mA 的电流，电感的储能为多少？

3.5 电阻、电感、电容元件的 VAR 的相量形式

3.5.1 电阻

1. 电路符号和参考方向

电路符号和参考方向如图 3-11(a)所示。

2. 瞬时值形式

图 3-11(a)中，关联参考方向下电阻元件的电压电流关系为

$$u=Ri$$

设电阻元件的电流 $i=\sqrt{2}I\sin(\omega t+\psi_i)$，电压 $u=\sqrt{2}U\sin(\omega t+\psi_u)$，则电阻上电压为

$$u=Ri=\sqrt{2}RI\sin(\omega t+\psi_i)=\sqrt{2}U\sin(\omega t+\psi_u)$$

则有

$$U = RI, \psi_u = \psi_i$$

表明电阻上电流、电压同相位，它们的有效值也服从欧姆定律。图 3-11(b)画出了电阻中电流、电压的波形图，它们是同相位的。

3. 相量形式及相量图

设电阻元件的电流、电压的相量形式分别为

$$\dot{I} = I\angle\psi_i, \dot{U} = U\angle\psi_u$$

则

$$\dot{U} = RI\angle\psi_i = R\dot{I}$$

所以，电阻元件的电流、电压的满足的相量形式为

$$\dot{U} = R\dot{I} \tag{3-21}$$

图 3-11(c)画出了电阻元件的电流、电压相量的参考方向与瞬时值的参考方向一致。相量图如图 3-11(d)所示。

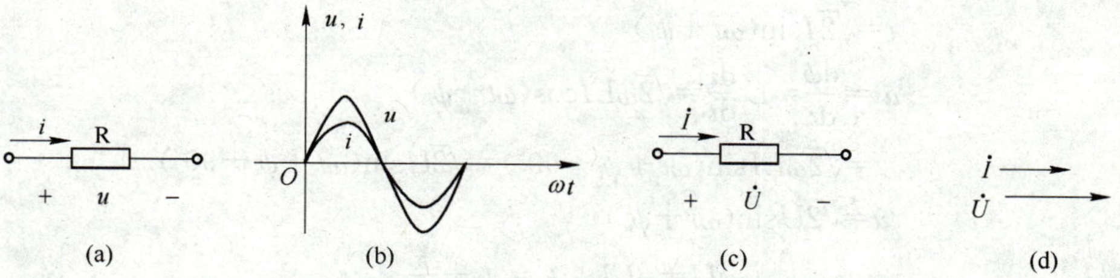

图 3-11　电阻中电压、电流的符号图、波形图与相量图

4. 功率

电阻元件在正弦电流电路中也同样消耗功率。由于电压、电流随时间变化，故各瞬间消耗的功率也不相同。电路任一瞬间吸收或消耗的功率称为瞬时功率，当电压、电流的参考方向相关联时，它等于电压、电流瞬时值的乘积，用 $p(t)$ 表示，即

$$p(t) = i(t)u(t) \quad \text{或} \quad p = iu$$

瞬时功率的 SI 单位仍然是 W。在电阻元件中，将 u 和 i 表达式代入上式(设 $\psi_i = 0$)得

$$\begin{aligned} p = iu &= 2UI\sin^2(\omega t) \\ &= UI[1-\cos(2\omega t)] \end{aligned} \tag{3-22}$$

瞬时功率 p 随时间变化的规律见图 3-12。式(3-22)中的前一部分是常量 UI，后一部分是以两倍频率变化的正弦量，整个波形在平均值 UI 上下变动。由于电压和电流同相，电压、电流同时为零，也同时达到最大值。电压、电流为零时，瞬时功率也是零；电压、电流达最大值时，瞬时功率也达到最大值。而且当电压、电流都是负值时，瞬时功率为正值；或者说，对于任何瞬间，恒有 $p \geqslant 0$，因此，电阻元件是耗能元件。

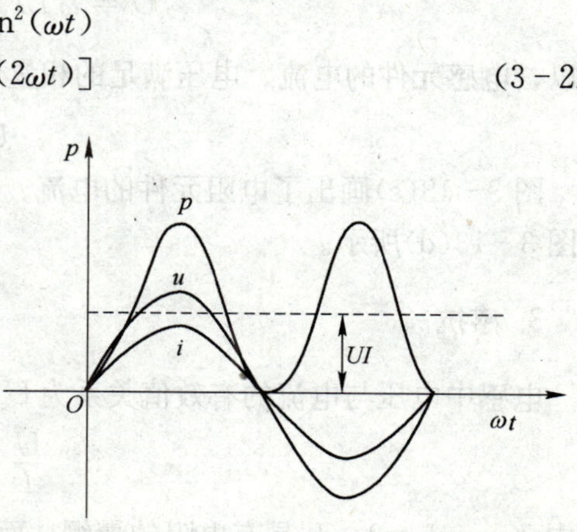

图 3-12　电阻中的功率

瞬时功率在一个周期内的平均值称为平均功率，用 P 表示

$$P \overset{\text{def}}{=} \frac{1}{T}\int_0^T p\mathrm{d}t \tag{3-23}$$

将式(3-22)代入式(3-23)解得

$$P = \frac{1}{T}\int_0^T p\mathrm{d}t = \frac{1}{T}\int_0^T [UI - UI\cos(2\omega t)]\mathrm{d}t = UI = I^2R = \frac{U^2}{R} = GU^2 \tag{3-24}$$

这与直流电路中计算电阻元件的功率形式完全一样。

3.5.2 电感

1. 瞬时值形式

如图 3-13(a)所示。关联参考方向下电感元件的电压电流关系为

$$u = L\frac{\mathrm{d}i}{\mathrm{d}t}$$

设 $$i=\sqrt{2}I\sin(\omega t+\psi_i)$$

则 $$u=\frac{\mathrm{d}\psi}{\mathrm{d}t}=L\frac{\mathrm{d}i}{\mathrm{d}t}=\sqrt{2}\omega LI\cos(\omega t+\psi_i)$$

$$=\sqrt{2}\omega LI\sin(\omega t+\psi_i+90^\circ)=\sqrt{2}U\sin(\omega t+\psi_i+90^\circ)$$

设 $$u=\sqrt{2}U\sin(\omega t+\psi_u)$$

则有 $$U=\omega LI,\ \psi_u=\psi_i+\frac{\pi}{2}$$

可见，电感上电压 u 超前电流 i 为 $\frac{\pi}{2}$ 或 90°，即 u 与 i 正交，它们的有效值关系为 $U=\omega LI$。图 3-13(b)画出了电感中电流、电压的波形图。

2. 相量形式及相量图

设电感元件的电流、电压的相量形式分别为

$$\dot{I} = I\angle\psi_i,\ \dot{U} = U\angle\psi_u$$

则 $$\dot{U} = \omega LI\angle\left(\psi_i+\frac{\pi}{2}\right) = \mathrm{j}\omega L\dot{I}$$

所以，电感元件的电流、电压满足的相量形式为

$$\dot{U} = \mathrm{j}\omega L\dot{I} \tag{3-25}$$

图 3-13(c)画出了电阻元件的电流、电压的参考方向与瞬时值的参考方向一致。相量图如图 3-13(d)所示。

3. 感抗

电感中电压与电流的有效值关系为 $U=\omega LI$，则

$$\frac{U}{I} = \omega L = X_L \tag{3-26}$$

式中 $X_L=\omega L=2\pi fL$ 具有电阻的量纲，而且带有对抗电流通过的性质，称为感抗(inductive reactance)，它的 SI 单位仍为 Ω。当 L 的单位为 H，ω 的单位为 rad/s 时，X_L 的单位是 Ω。

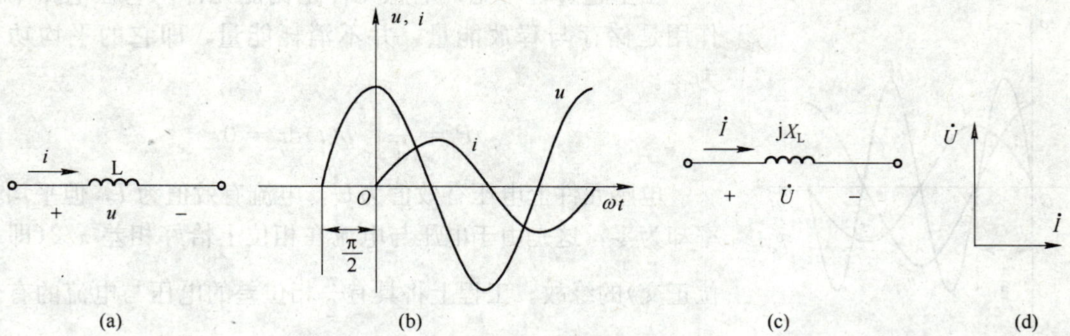

图 3－13　电感中电流、电压的波形图与相量图

在电感一定的情况下，电感的感抗与频率成正比，只有在一定的频率下，感抗才是一个常量。频率越高，则电流变动越快，感应电动势将增大，相应地，电感两端的电压也将增大，故感抗将成比例地增大。对于直流，频率是零，即 $\omega=0$，所以 $X_L=\omega L=0$，相当于短路。当 $\omega\to\infty$ 时，感抗也随之趋于无限大，虽有电压作用于电感，但电流为零，此时电感相当于开路。

应该注意，感抗只能代表正弦电压与正弦电流的有效值之比，不能代表它们的瞬时值之比，因为电感上的电压 u 并不与电流 i 成正比，而与电流 i 对时间的导数成正比。感抗只对正弦交流电才有意义。

引进了感抗以后，式(3－25)可写作

$$\dot{U}=\mathrm{j}X_L\dot{I} \tag{3-27}$$

有时要用到感抗的倒数，记为

$$B_L=\frac{1}{X_L}=\frac{1}{\omega L} \tag{3-28}$$

B_L 称为感纳，它的 SI 单位是 S。于是式(3－27)可写成

$$\dot{I}=-\mathrm{j}B_L\dot{U} \tag{3-29}$$

4. 功率

电感 L 吸收的瞬时功率(设 $\psi_i=0$)为

$$p=ui=\sqrt{2}U\sin(\omega t+\frac{\pi}{2})\sqrt{2}I\sin(\omega t)=2IU\sin\left(\omega t+\frac{\pi}{2}\right)\sin(\omega t)$$

$$=UI\sin(2\omega t) \tag{3-30}$$

图 3－14 画出了 p 随时间变化的规律。瞬时功率是一个正弦变量，其最大值为 UI，频率为电流或电压频率的两倍，在第一个 1/4 周期，u 和 i 的方向一致，瞬时功率 p 为正值，表示电感在吸收能量，并把吸收的能量转化为磁场能量。在第二个 1/4 周期内，u 和 i 方向相反，p 为负值，表示电感在供出能量，原先储存在磁场中的能量逐渐释放直到全部放出。以下两个 1/4 周期过程与前面相似。

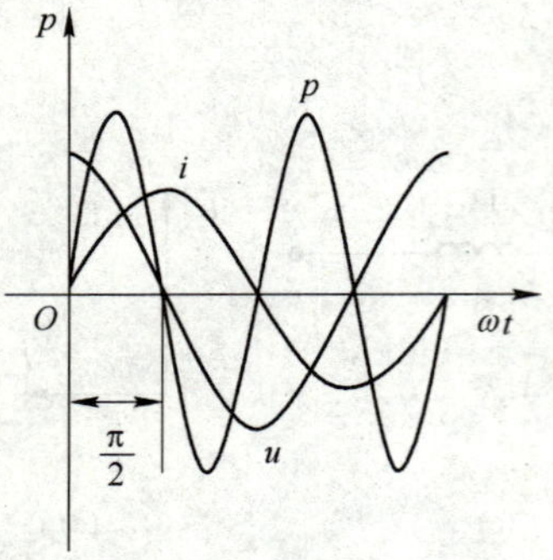

图 3-14 电感中的功率

由上述过程可见，电感元件是储能元件，它在电路中的作用是储存与释放能量，并不消耗能量，即它的平均功率为零。

$$P=\frac{1}{T}\int_0^T p(t)\mathrm{d}t=0$$

电感元件上电压有效值为U，电流有效值为I，但平均功率却为零，这是由于电压与电流在相位上恰好相差 π/2(即相位正交)的缘故。工程上将具有$\frac{\pi}{2}$相位差的电压与电流的有效值的乘积称为无功功率。电感元件的无功功率为

$$Q_L=UI=I^2X_L=\frac{U^2}{X_L} \tag{3-31}$$

下面说明电感元件的无功功率的物理意义。由于电感不断吸收与供出能量，或者说电感和外部之间有能量交换，瞬时功率并不为零。由式(3-31)可以看出，电感元件上的无功功率 Q_L 等于瞬时功率的最大值，也就是磁场与外电路交换能量的最大速率。无功功率反映了储能元件与外部交换能量的规模。“无功”的含义是交换而不消耗，不应理解为“无用”。电感元件上的无功功率是感性无功功率，感性无功功率在电力供应中占有很重要的地位。电力系统中具有电感的设备如变压器、电动机等，没有磁场就不能工作，而它们的磁场能量是由电源供应的，电源必须和具有电感的设备进行一定规模的能量交换，或者说电源必须向具有电感的设备供应一定数量的感性无功功率。

无功功率具有与平均功率相同的量纲，但因无功功率并不是实际做功的平均功率，为了与平均功率相区别，无功功率的单位不用 W，而用 var(乏)，工程上常用的十进倍数单位有 kvar。相对于无功功率，平均功率也称为有功功率。

例 3-6 一个 0.8 H 的电感元件接到电压为 $u(t)=220\sqrt{2}\sin(314t-120°)$ V 的电源上，(1)试求电感元件的电流表达式和无功功率；(2)如电源的频率改为 150Hz，电压有效值不变，电感元件的电流和无功功率各为多少?

解 (1)电压相量为 $\dot{U}=220\angle-120°$ V，电感元件感抗为 $X_L=\omega L=314\times0.8=251\ \Omega$，由式(3-27)得

$$\dot{I}=\frac{\dot{U}}{\mathrm{j}X_L}=\frac{220\angle-120°}{\mathrm{j}251}=0.876\angle-210°=0.876\angle150°\ \mathrm{A}$$

电流表达式

$$i(t)=0.876\sqrt{2}\sin(314t+150°)\ \mathrm{A}$$

线圈的无功功率为

$$Q_L=UI=220\times0.876=192.7\ \mathrm{var}$$

(2) 感抗与频率成正比，频率改变为原来的 150/50=3 倍，感抗增加为原来的 3 倍，电压有效值不变，则电流减小为原来的$\frac{1}{3}$，即$\frac{0.876}{3}$A=0.292 A，无功功率也减小为原来的$\frac{1}{3}$，即$\frac{192.7}{3}$=64.2 var。

3.5.3　电容

1. 瞬时值形式

如图 3-15(a)所示。关联参考方向下电容元件的电压电流关系为

$$i=C\frac{\mathrm{d}u}{\mathrm{d}t}$$

设　　$u=\sqrt{2}U\sin(\omega t+\psi_u)$

则　　$i=C\dfrac{\mathrm{d}u}{\mathrm{d}t}=\sqrt{2}\omega CU\cos(\omega t+\psi_u)$

$$=\sqrt{2}\omega CU\sin(\omega t+\psi_u+90^\circ)=\sqrt{2}I\sin(\omega t+\psi_u+90^\circ)$$

设　　$i=\sqrt{2}I\sin(\omega t+\psi_i)$

则有　　$I=\omega CU,\ \psi_i=\psi_u+\dfrac{\pi}{2}$

可见，电容上电流 i 超前电压 u 为$\dfrac{\pi}{2}$或 90°，即 u 与 i 正交，它们的有效值关系为 $I=\omega CU$。图 3-15(b)画出了电容中电流、电压的波形图。

2. 相量形式及相量图

设电容元件的电流、电压的相量形式分别为

$$\dot{I}=I\angle\psi_i,\ \dot{U}=U\angle\psi_u$$

则　　$\dot{I}=\omega CU\angle\left(\psi_u+\dfrac{\pi}{2}\right)=\mathrm{j}\omega C\dot{U}$　或　$\dot{U}=-\mathrm{j}\dfrac{1}{\omega C}\dot{I}$

所以，电容元件的电流、电压的满足的相量形式为

$$\dot{U}=-\mathrm{j}\frac{1}{\omega C}\dot{I}\tag{3-32}$$

图 3-15(c)画出了电阻元件的电流、电压的参考方向与瞬时值的参考方向一致。相量图如图 3-15(d)所示。

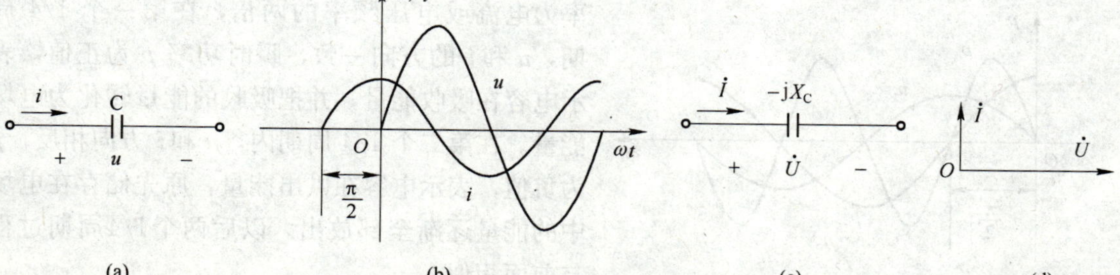

(a)　(b)　(c)　(d)

图 3-15　电容中电压、电流波形图与相量图

3. 容抗

电容中电压与电流的有效值关系为 $I=\omega CU$，则

$$\frac{U}{I}=\frac{1}{\omega C}=X_C \tag{3-33}$$

式中，$X_C=\dfrac{1}{\omega C}=\dfrac{1}{2\pi fC}$ 具有电阻的量纲，而且带有对抗电流通过的性质，称为容抗(capaitive reactance)，它的SI单位仍为Ω。当 C 的单位为F，ω 的单位为rad/s时，X_C 的单位是Ω。

振幅相同、频率不同的正弦电压作用于电容时，频率越高，电容极板上电荷变化率越大，电容电流也就越大，相应地，容抗也就越小。相同的电压作用于不同的电容时，电容越小，极板上电荷变化率也越小，电容电流也越小，因而容抗也就越大。这就是容抗与频率及电容均成反比的缘故。对于直流，当 $\omega=0$，所以 $X_C=\dfrac{1}{\omega C}=\infty$，相当于开路；当 $\omega\rightarrow\infty$ 时，容抗随之趋于0，虽有电流作用于电容，但电压为零，此时电容相当于短路。

应该注意，容抗只能代表正弦电压与正弦电流的有效值之比，不能代表它们的瞬时值之比，因为电容上的电流 i 并不与电压 u 成正比，而与电压 u 对时间的导数成正比。容抗只对正弦交流电才有意义。

引进了容抗以后，式(3-32)可写作

$$\dot{U}=-\mathrm{j}X_C\dot{I} \tag{3-34}$$

有时要用到容抗的倒量，记为

$$B_C=\frac{1}{X_C}=\omega C \tag{3-35}$$

B_C 称为容纳，它的SI单位是S。于是式(3-34)可写成

$$\dot{I}=\mathrm{j}B_C\dot{U} \tag{3-36}$$

感抗、容抗统称为电抗。

4. 功率

电容 C 吸收的瞬时功率(设 $\psi_u=0$)为

$$p=ui=2IU\sin\left(\omega t+\frac{\pi}{2}\right)\sin(\omega t)=UI\sin(2\omega t) \tag{3-37}$$

图3-16画出了 p 随时间变化的规律。瞬时功率是一个正弦变量，其最大值为 UI，频率为电流或电压频率的两倍，在第一个1/4周期，u 和 i 的方向一致，瞬时功率 p 为正值，表示电容在吸收能量，并把吸收的能量转化为电场能量。在第二个1/4周期内，u 和 i 方向相反，p 为负值，表示电容在供出能量，原先储存在电场中的能量逐渐全部放出。以后两个1/4周期过程与前面相似。

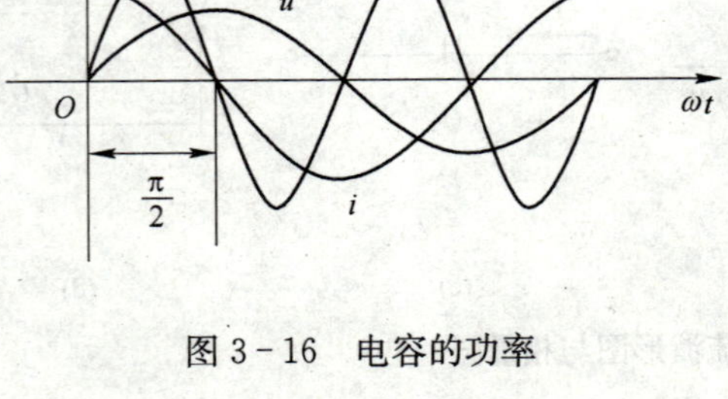

图3-16 电容的功率

由上述过程可见，电容元件是储能元件，它

在电路中的作用是储存与释放能量，它并不消耗能量，即它的平均功率为零。

$$P=\frac{1}{T}\int_0^T p(t)\mathrm{d}t=0 \tag{3-38}$$

由于电容电压与电流是相位正交。电压与电流的有效值的乘积构成了无功功率。电容元件的无功功率为

$$Q_C=UI=I^2X_C=\frac{U^2}{X_C} \tag{3-39}$$

这是容性无功功率。由式(3-37)可以看出，电容元件上的无功功率 Q_C 等于瞬时功率的最大值，也就是电场与外电路交换能量的最大速率。Q_C 的单位也是 var。

例 3-7　已知加在 2 μF 电容两端电压为 10 V，初相为 60°，角频率为 10^6 rad/s。试求流过电容的电流，写出其瞬时值解析式并画出相量图。

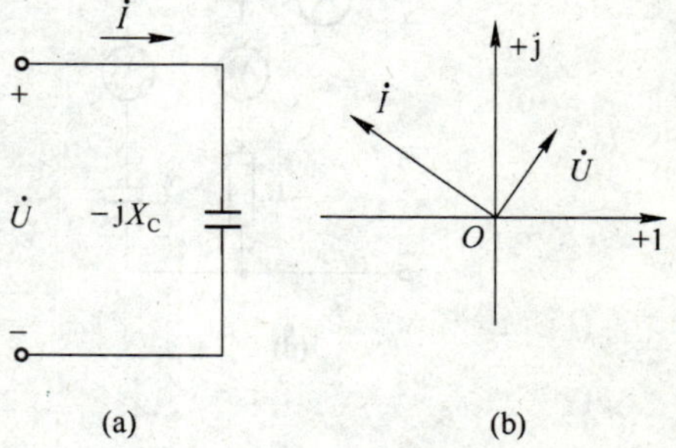

图 3-17　例 3-7 电路

解　本题的电路图及电压、电流的参考方向如图 3-17(a)所示，得

$$\dot{U}=10\angle 60^\circ\ \mathrm{V}$$

$$X_C=\frac{1}{\omega C}=\frac{1}{10^6\times 2\times 10^{-6}}=0.5\ \Omega$$

由式(3-32)得

$$\dot{I}=\mathrm{j}\frac{1}{X_C}\dot{U}=\mathrm{j}\frac{1}{0.5}\times 10\angle 60^\circ=20\angle 150^\circ\ \mathrm{A}$$

相量图如图 3-17(b)所示，电流瞬时值解析式为

$$i=20\sqrt{2}\sin(10^6t+150^\circ)\mathrm{A}$$

思考题与练习题

3.5.1　有一正弦电流流过电阻，试画出其电流、电压波形，并画出相量图。

3.5.2　有一正弦电流流过电阻，试画出电阻吸收的瞬时功率波形，并用此曲线说明平均功率的量值。

3.5.3　一个白炽灯的电压为 220 V、功率为 100 W。(1)试求它的电阻；(2)如电流的初相为 30°，试写出它的电流、电压的解析式，并作相量图。

3.5.4　对地电容 $C=10\ \mu\mathrm{F}$ 的电缆的电压为 $u(t)=4\,000\sqrt{2}\sin(100\pi t)\mathrm{V}$，试求：(1)电缆的电容电流和无功功率；(2)电场能量的最大值。

3.5.5　(1)已知图 3-18(a)～图 3-18(c)中各电路中电流表 A_1、A_2 的读数均为 5 A，试求电流表 A 的读数；(2)已知图 3-18(d)～图 3-18(f)所示各电路电流表 A 的读数均为 5 A，电流表 A_1 的读数均为 4 A，试求各电路电流表 A_2 的读数。

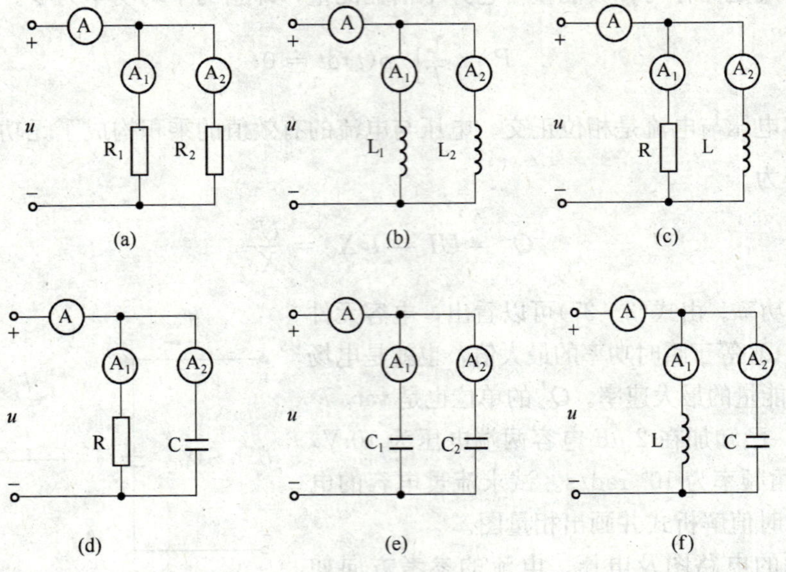

图 3-18 题 3.5.5 图

3.6 阻抗和导纳

应用相量法分析正弦电流电路时，电路中的 KCL 和 KVL 可以用相量方程来表达。电路中电阻、电感、电容的相量关系按 3.5 节中可以分别写为

$$\dot{U}_{\mathrm{R}}=R\dot{I}$$

$$\dot{U}_{\mathrm{L}}=\mathrm{j}X_{\mathrm{L}}\dot{I}$$

$$\dot{U}_{\mathrm{C}}=-\mathrm{j}X_{\mathrm{C}}\dot{I}$$

3.6.1 阻抗

设由 R、L、C 串联组成无源二端网络。如图 3-19(a)所示，串联电路中的电流设为 $i=\sqrt{2}I\sin(\omega t+\psi_i)$，取参考方向见图 3-19(a)，由 KVL 知此电路瞬时值电压方程为

$$u=u_{\mathrm{R}}+u_{\mathrm{L}}+u_{\mathrm{C}} \tag{3-40}$$

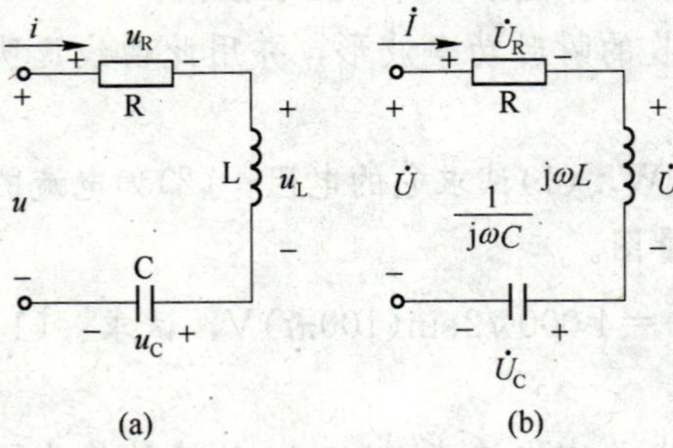

图 3-19 RLC 串联

用相量表示式(3-40)，参考方向如图 3-19(b)所示，得

$$\dot{I}=I\angle\psi_i$$

$$\begin{aligned}\dot{U}&=\dot{U}_{\mathrm{R}}+\dot{U}_{\mathrm{L}}+\dot{U}_{\mathrm{C}}\\&=R\dot{I}+\mathrm{j}\omega L\dot{I}+\frac{1}{\mathrm{j}\omega C}\dot{I}\\&=\left[R+\mathrm{j}\left(\omega L-\frac{1}{\omega C}\right)\right]\dot{I}\\&=Z\dot{I}\end{aligned} \tag{3-41}$$

称为欧姆定律的相量形式，式中复数 Z 称为阻抗(impedance)。

由此可得

$$\begin{aligned} Z &= R + j\left(\omega L - \frac{1}{\omega C}\right) \\ &= R + j(X_L - X_C) \\ &= R + jX \\ &= |Z|\angle\varphi \\ &= \frac{\dot{U}}{\dot{I}} = \frac{U\angle\psi_u}{I\angle\psi_i} \end{aligned} \tag{3-42}$$

阻抗的实部就是所研究的电阻，虚部 X 为感抗与容抗之差，即 $X=X_L-X_C$，称为电抗。

式中

$$|Z| = \sqrt{R^2+X^2} = \frac{U}{I} \tag{3-43}$$

$$\varphi = \varphi_u - \varphi_i = \arctan\left(\frac{X}{R}\right) = \arctan\left(\frac{X_L-X_C}{R}\right) \tag{3-44}$$

以及

$$\begin{aligned} R &= |Z|\cos\varphi \\ X &= |Z|\sin\varphi \end{aligned} \tag{3-45}$$

$|Z|$ 称为阻抗模，总是正值；φ 是阻抗的辐角，称为阻抗角，可能是正的，也可能是负的，视 X 的正负而定。显然，$|Z|$ 和 R、X 的单位相同，都是 Ω。

当 $X_L>X_C$，则 $X>0$，$\varphi>0$，电路是电感性的；当 $X_L<X_C$，则 $X<0$，$\varphi<0$，电路是电容性的；当 $X_L=X_C$，则 $X=0$，电路是电阻性的，电路发生谐振，这将在第 4 章中介绍。式(3-45)中，φ 为电压相量超前电流相量的角度，等于阻抗角。如上所述，对于感性电路，$\varphi>0$；对于容性电路，$\varphi<0$。

下面画出电流电压的相量图。图 3-20(a) 中画出了 $\varphi>0$(感性电路)时的相量图，图 3-20(b)中画出了 $\varphi<0$(容性电路)时的相量图。作相量图时，先作出式(3-41)的电流相量。为了简单起见，设初相为零，将电流画在正实轴方向；然后作 R、L、C 各元件的电压相量，按式(3-41)，电阻电压与电流同相位，电感的电压超前于电流 π/2，而电容的电压滞后于电流 π/2，所以电感的电压与电容的电压相位差为 π。图中采用多角形加法，这种加法是根据尾首相接的原则进行的。具体做法是：先画出第一个相量电阻电压，再在电阻电压的尾端直接画出第二个相量电感的电压，然后在电感电压的尾端直接画出第三个相量电容的电压。求和的结果是从第一个相量的首端指向最后一个相量的尾端，得出总电压 $\dot{U}$。图3-20(a)中，$\varphi>0$，是感性电路，所以电压超前电流；图 3-20(b)中，$\varphi<0$，是容性电路，所以电压滞后电流。φ 的正负视 $\dot{U}$ 超前或滞后于 $\dot{I}$ 而定。

$|Z|$、R、X 三者关系构成一个三角形，称为阻抗三角形。若再将阻抗三角形的每一个边乘以电流有效值 I，又可得到电压三角形，如图 3-21 所示。这两个三角形相似。

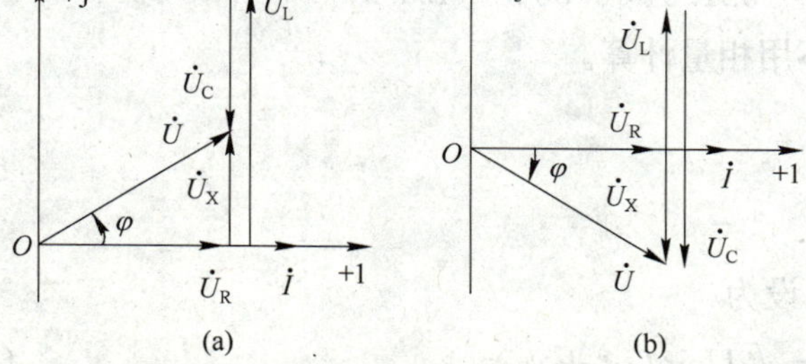

图 3-20　RLC 串联电路的相量

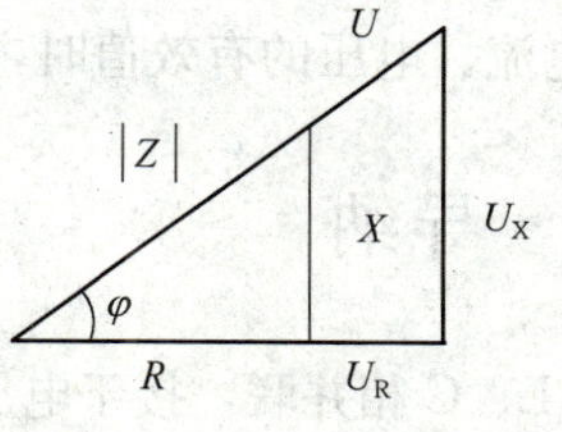

图 3-21　阻抗三角形和电压三角形

例 3-8 如图 3-19 所示，已知 $u=22\sqrt{2}\sin 314t$ V，$R=12\ \Omega$，$L=210$ mH，$C=64\ \mu$F，求 i、u_R、u_L、u_C。

解
$$X_L=\omega L=314\times210\times10^{-3}=65.94\ \Omega$$
$$X_C=\frac{1}{\omega C}=\frac{1}{314\times64\times10^{-6}}=49.76\ \Omega$$
$$Z=R+jX=R+j(X_L-X_C)=12+j16.18=20.14\angle53.44^\circ\ \Omega$$

已知
$$\dot{U}=22\angle0^\circ\ \text{V}$$
$$\dot{I}=\frac{\dot{U}}{Z}=\frac{22\angle0^\circ}{20.14\angle53.44^\circ}=1.09\angle-53.44^\circ\ \text{A}$$
$$i=1.09\sqrt{2}\sin(314t-53.44^\circ)\ \text{A}$$
$$\dot{U}_R=R\dot{I}=12\times1.09\angle-53.44^\circ=13.11\angle-53.44^\circ\ \text{V}$$
$$u_R=13.11\sqrt{2}\sin(314t-53.44^\circ)\ \text{V}$$
$$\dot{U}_L=j\omega L\dot{I}=jX_L\dot{I}=j65.94\times1.09\angle-53.44^\circ=71.8\angle35.56^\circ\ \text{V}$$
$$u_L=71.8\sqrt{2}\sin(314t+35.56^\circ)\ \text{V}$$
$$\dot{U}_C=-jX_C\dot{I}=-j49.76\times1.09\angle-53.44^\circ=54.24\angle-143.44^\circ\ \text{V}$$
$$u_C=54.24\sqrt{2}\sin(314t-143.44^\circ)\ \text{V}$$

例 3-9 日光灯导通后，整流器与灯管串联。整流器可用电感元件作为其模型，灯管可用电阻元件作为其模型。一个日光灯电路的 $R=300\ \Omega$，$L=1.66$ H，工频电源的电压为 220 V。试求：电源电压与灯管电流的相位差、灯管电流、灯管电压和整流器电压。

解 这是串联电路，整流器的感抗为
$$X_L=\omega L=100\pi\times1.66=521.5\ \Omega$$
电路的阻抗为
$$Z=R+jX_L=300+j521.5=601.6\angle60^\circ\ \Omega$$
所以电源电压比灯管电流超前 60°。
灯管电流为
$$I=\frac{U}{|Z|}=\frac{220}{601.6}=0.336\ \text{A}$$
灯管电压、整流器电压各为
$$U_R=RI=300\times0.366=110\ \text{V}$$
$$U_L=X_LI=521.5\times0.366=191\ \text{V}$$
当只求电流、电压的有效值时，也可不用相量计算。

3.6.2 导纳

R、L、C 相并联，接于电压 u，u 设为
$$u=\sqrt{2}U\sin(\omega t+\psi_u) \tag{3-46}$$
电压及各支路电流参考方向如图 3-22(a)所示，由 KCL 有

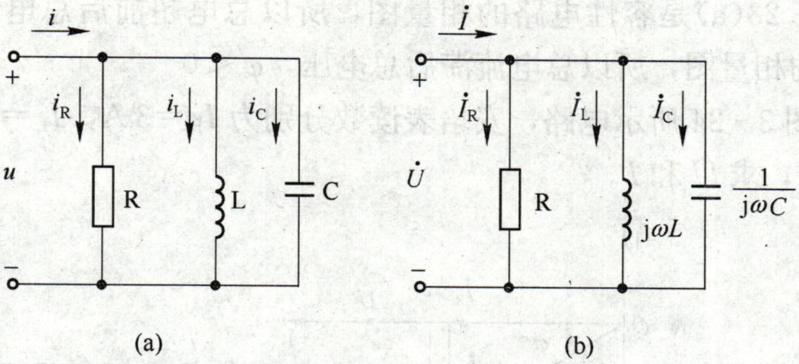

图 3-22　RLC 并联电路

$$i = i_R + i_L + i_C \tag{3-47}$$

用相量表示，参考方向如图 3-22(b)所示，由 KCL 有

$$\dot{I} = \dot{I}_R + \dot{I}_L + \dot{I}_C = \dot{U}\left(\frac{1}{R} + \frac{1}{j\omega L} + j\omega C\right)$$

$$= \dot{U}\left[G - j\left(\frac{1}{\omega L} - \omega C\right)\right] = Y\dot{U} \tag{3-48}$$

此式也为欧姆定律的相量形式，式中复数 Y 称为导纳。

导纳等于图 3-22(b)电流相量与端口电压相量的比值，即 $Y = \frac{\dot{I}}{\dot{U}}$，由式(3-48)可得

$$Y = G - j\left(\frac{1}{\omega L} - \omega C\right) = G + j(-B_L + B_C) = G + jB = \frac{\dot{I}}{\dot{U}}$$

$$= \frac{I\angle\psi_i}{U\angle\psi_u} = |Y|\angle-\varphi \tag{3-49}$$

它为导纳的代数形式，其实部 G 是该电路的电导，虚部 B 是容纳 B_C 与感纳 B_L 之差，即 $B = B_C - B_L$，称为电纳。容纳和感纳总是正的，而电纳为一个代数量，可正可负。

导纳还可以用极坐标形式表示

$$Y = |Y|\angle-\varphi = |Y|\angle\varphi' \tag{3-50}$$

式中

$$|Y| = \sqrt{G^2 + B^2} \tag{3-51}$$

$$\varphi' = \arctan\frac{B}{G} = \arctan\left(\frac{B_C - B_L}{G}\right) \tag{3-52}$$

$|Y|$ 称为导纳模，总是正值；φ' 是导纳的辐角，称为导纳角，可能是正的，也可能是负的，视 B 的正负而定。$|Y|$ 和 B、G 的单位相同，都是 S。

显然　　$|Y| = \frac{1}{|Z|}$，$Y = \frac{1}{Z} = \frac{1}{|Z|\angle\varphi}$

若 $B_C > B_L$，则 $B > 0$，$\varphi' > 0$，电路是电容性的；若 $B_C < B_L$，则 $B < 0$，$\varphi' < 0$，电路是电感性的；若 $B_C = B_L$，则 $B = 0$，$\varphi' = 0$，电路是电阻性的，电路发生谐振。将在第 4 章介绍。并联电路的电压和电流之间的关系同样可用相量图表明。为了简单起见，设 $\psi_u = 0$，将 $\dot{U}$ 画在正实轴方向(见图 3-23)。然后作 R、L、C 各支路的电流相量，按式(3-48)，电阻中的电流与电压同相位，电感中的电流滞后于电压 $\pi/2$，而电容中的电流超前于电压 $\pi/2$，所以电感中的电流与电容中电流的相位差为 π。采用多角形法求各支路电流的相量和得出总

电流的相量。图 3-23(a)是容性电路的相量图，所以总电超前后总电压，$\varphi'>0$；图3-23(b)中是感性电路的相量图，所以总电流滞后总电压，$\varphi'<0$。

例 3-10 如图 3-24 所示电路，安培表读数分别为 $I_R=3$ A，$I_L=10$ A，$I_C=6$ A，$f=50$ Hz，$L=0.08$ H，求 U 和 I。

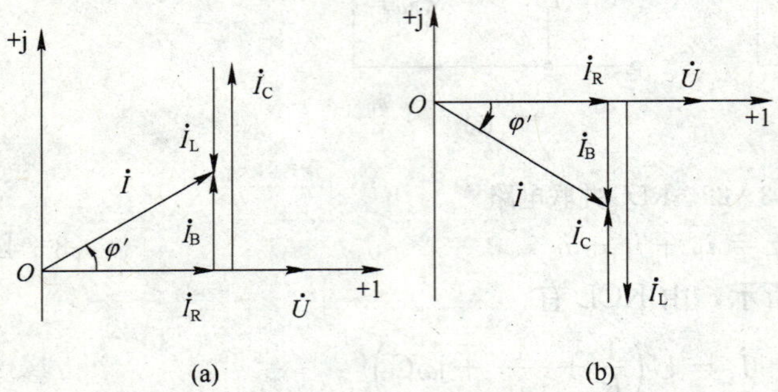

图 3-23 RLC 并联电路的相量图

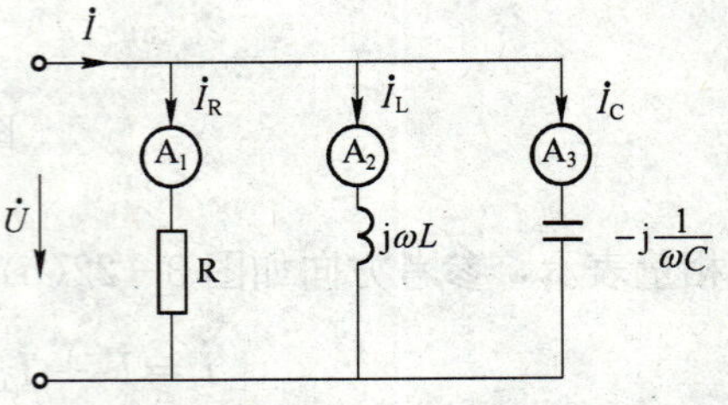

图 3-24 例 3-10 电路

解 $$I=\sqrt{I_R^2+(I_L-I_C)^2}=\sqrt{3^2+(10-6)^2}=5\text{ A}$$

R、C 未知，但 L 已知，设 $\dot{I}_L=10\angle 0°$ A，可求得

$$\dot{U}=\dot{U}_L=\mathrm{j}\omega L\dot{I}_L=\mathrm{j}314\times 0.08\times 10=215.2\angle 90°\text{ V}$$

得

$$U=251.2\text{ V}$$

思考题与练习题

3.6.1 设 $\psi_i=0$，$U_L>U_C$，画出 RLC 串联电路的相量图。作出 U_R、U_X 和 U 组成的电压三角形，它的阻抗角 φ 是正的还是负的？为什么这时电路是感性的？

3.6.2 $R=15\ \Omega$，$L=4$ mH 的线圈和 $C=5\ \mu$F 的电容器串联，接到 $\omega=5\,000$ rad/s、$U=100$ V 的正弦电源上，试求电容器和线圈的电压，作电路的相量图。

3.6.3 设 $\psi_u=0$，$I_C>I_L$，画出 RLC 并联电路的相量图。作出 I_R、I_X 和 I 组成的电流三角形，它的导纳角 φ' 是正的还是负的？为什么这时电路是容性的？

3.6.4 $R=15\ \Omega$，$L=4$ mH 的线圈和 $C=5\ \mu$F 的电容器并联，接到 $\omega=5\,000$ rad/s、$U=100$ V 的正弦电源上，试求电阻、电容器和线圈的电流，作电路的相量图。

3.7 阻抗与导纳的等效变换及串并联

3.7.1 阻抗与导纳的等效变换

在 R、L、C 元件串联时，引出了阻抗 $Z=R+\mathrm{j}X$ 的概念；在 R、L、C 元件并联时，引出了导纳 $Y=G+\mathrm{j}B$ 的概念。图 3-25(a)是一个无源二端网络，端口电压相量为 $\dot{U}$，电流为

$\dot{I}$，且它们为关联参考方向。$\dot{U}$与$\dot{I}$之间的关系由相量形式的欧姆定律决定，即

$$\dot{U}=Z\dot{I},\ \dot{I}=Y\dot{U}$$

Z 和 Y 称为二端网络的等效阻抗和等效导纳。

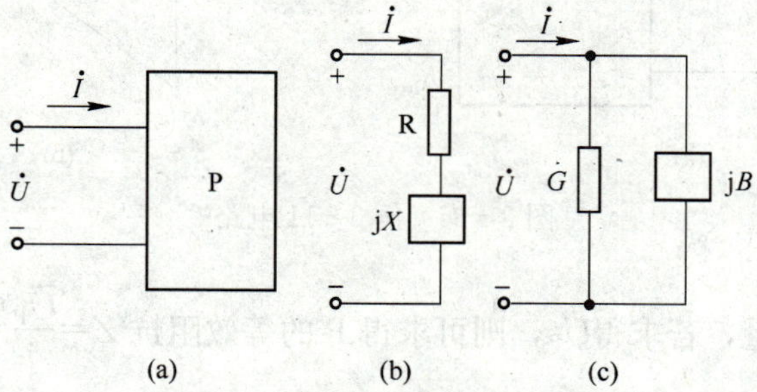

图 3－25　二端网络的阻抗与导纳的等效电路

一个无源二端口网络 P 可用等效阻抗或等效导纳代替，如图 3－25(b)和 3－25(c)所示，其中

$$Z=\frac{\dot{U}}{\dot{I}}=|Z|\angle\varphi=R+\mathrm{j}X \tag{3-53}$$

$$Y=\frac{1}{Z}=\frac{\dot{I}}{\dot{U}}=Y\angle\varphi'=G+\mathrm{j}B \tag{3-54}$$

由于图 3－25(b)和图 3－25(c)有相同的 VCR，显然有

$$Y=\frac{1}{Z} \tag{3-55}$$

由式(3－55)得

$$\left.\begin{aligned}|Z|&=\frac{1}{|Y|}\\ \varphi&=-\varphi'\end{aligned}\right\} \tag{3-56}$$

利用式(3－55)可进行两种等效电路参数的互换。

如果已知串联等效电路的阻抗为 $Z=R+\mathrm{j}X$，则它的并联等效电路的导纳为

$$Y=\frac{1}{Z}=\frac{1}{R+\mathrm{j}X}=\frac{R}{R^2+X^2}-\mathrm{j}\frac{X}{R^2+X^2}=G+\mathrm{j}B$$

即

$$G=\frac{R}{R^2+X^2},\ B=-\frac{X}{R^2+X^2} \tag{3-57}$$

同理，如果已知并联等效电路的导纳为 $Y=G+\mathrm{j}B$，则它的串联等效电路的阻抗为

$$Z=\frac{1}{Y}=\frac{1}{G+\mathrm{j}B}=\frac{G}{G^2+B^2}-\mathrm{j}\frac{B}{G^2+B^2}=R+\mathrm{j}X$$

即

$$R=\frac{G}{G^2+B^2},\ X=-\frac{B}{G^2+B^2} \tag{3-58}$$

式(3－57)和式(3－58)就是二端网络的两种等效电路的互换条件。

例 3－11　图 3－26(a)电路，已知 $I=2$ A，$U=U_C=U_P=30$ V，求 C 及 P 的串联电路参数。

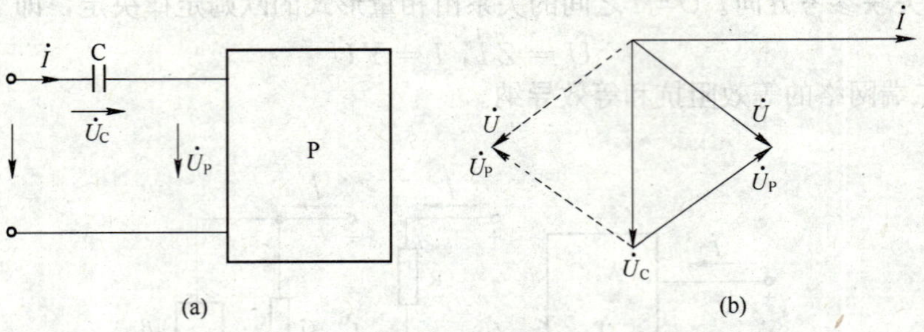

图 3-26　例 3-11 电路

解　以$\dot{I}$为参考相量，若求得$\dot{U}_P$，则可求得 P 的等效阻抗 $Z=\dfrac{\dot{U}_P}{\dot{I}}=|Z|\angle\varphi$。

设
$$\dot{I}=2\angle 0^\circ\ \text{A}$$
则
$$\dot{U}_C=30\angle -90^\circ\ \text{V}$$
$$X_C=\frac{U_C}{I}=15\ \Omega,\ C=\frac{1}{\omega X_C}=0.066\ 7\ \text{F}$$

又因 $U=U_C=U_P$，画出相量图，如图 3-26(b)所示，则$\dot{U}_P=30\angle 30^\circ$ V 或$\dot{U}_P=30\angle 150^\circ$ V，以$\dot{U}_P=30\angle 30^\circ$ V 分析，得

$$Z=\frac{\dot{U}_P}{\dot{I}}=\frac{30\angle 30^\circ}{2\angle 0^\circ}=15\angle 30^\circ\ \Omega$$

$$Z=\frac{\dot{U}_P}{\dot{I}}=\frac{30\angle 30^\circ}{2\angle 0^\circ}=15\angle 30^\circ=15\cos 30^\circ+\text{j}15\sin 30^\circ=12.99+\text{j}7.5\ \Omega$$

所以 P 的串联电路参数为 $R=12.99\ \Omega$，$X_L=7.5\ \Omega$。这里 X 为正，二端网络 P 呈感性，等值电抗为感抗。

3.7.2　阻抗的串并联

阻抗的串并联计算和电阻电路的串并联计算相同。如图 3-27(a)所示，对于 n 个阻抗串联而成的电路，其等效阻抗为

$$Z=Z_1+Z_2+\cdots+Z_n \tag{3-59}$$

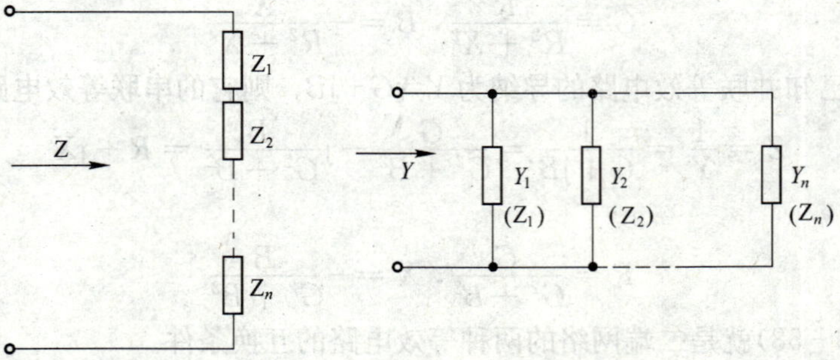

图 3-27　阻抗的串并联电路

若两个阻抗串联时，两个阻抗的电压分配是

$$\left.\begin{aligned}\dot{U}_1&=\pm\frac{Z_1}{Z_1+Z_2}\dot{U}\\ \dot{U}_2&=\pm\frac{Z_2}{Z_1+Z_2}\dot{U}\end{aligned}\right\}\tag{3-60}$$

式中$\dot{U}$是总电压，$\dot{U}_1$、$\dot{U}_2$ 分别为 Z_1、Z_2 上的电压。

对于 n 个导纳并联而成的电路，如图 3-27(b)所示，其等效导纳为

$$Y=Y_1+Y_2+\cdots+Y_n\tag{3-61}$$

若两个阻抗并联时，两个阻抗的电流分配是

$$\left.\begin{aligned}\dot{I}_1&=\pm\frac{Z_2}{Z_1+Z_2}\dot{I}\\ \dot{I}_2&=\pm\frac{Z_1}{Z_1+Z_2}\dot{I}\end{aligned}\right\}\tag{3-62}$$

式中$\dot{I}$是总电流，$\dot{I}_1$和$\dot{I}_2$分别为 Z_1 和 Z_2 上的电流。

例 3-12　在图 3-28 所示电路中，已知 $R_1=3\ \Omega$，$X_1=4\ \Omega$，$R_2=8\ \Omega$，$X_2=6\ \Omega$，$u=220\sqrt{2}\sin(314t+10^\circ)\text{V}$，试求电流 i_1、i_2 和 i。

解　$Z_1=R_1+\text{j}X_1=(3+\text{j}4)\Omega$，$Z_2=R_2-\text{j}X_2=(8-\text{j}6)\ \Omega$，得

$$Z=\frac{Z_1Z_2}{Z_1+Z_2}=\frac{(3+\text{j}4)\times(8-\text{j}6)}{3+\text{j}4+8-\text{j}6}=\frac{5\angle 53^\circ\times 10\angle -37^\circ}{11.18\angle -10.3^\circ}=4.47\angle -26.3^\circ\ \Omega$$

$$\dot{I}=\frac{\dot{U}}{Z}=\frac{220\angle 10^\circ}{4.47\angle 26.3^\circ}=49.2\angle -16.3\text{ A}$$

$$\dot{I}_1=\frac{\dot{U}}{Z_1}=\frac{220\angle 10^\circ}{3+\text{j}4}=44\angle -43^\circ\text{ A}$$

$$\dot{I}_2=\frac{\dot{U}}{Z_2}=\frac{220\angle 10^\circ}{8-\text{j}6}=22\angle 47^\circ\text{ A}$$

所以　$i_1=44\sqrt{2}\sin(314t-43^\circ)\text{ A}$

$i_2=22\sqrt{2}\sin(314t+47^\circ)\text{ A}$

$i=49.2\sqrt{2}\sin(314t-16.3^\circ)\text{ A}$

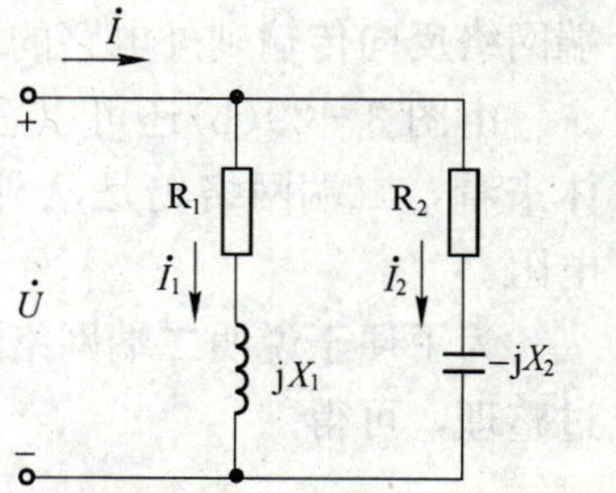

图 3-28　例 3-12 电路

思考题与练习题

3.7.1　若某串联电路为电容性的，与其等效的并联电路也一定是电容性的，对吗？

3.7.2　在 n 个阻抗并联的电路中，每个阻抗中电流的有效值一定小于总电流的有效值，这种说法正确吗？你能用相量图说明吗？

3.7.3　已知 $Z=(20+\text{j}20)\ \Omega$，求等效导纳，画等效电路。

3.7.4　已知 $Y=1\angle -45^\circ\text{ S}$，求等效阻抗，画等效电路。

3.8 正弦电流电路中的功率

3.8.1 瞬时功率

设二端网络的端口电压和电流取关联参考方向，如图 3 - 29(a)所示，取$\dot{I}$为参考相量，则

$$\dot{U}=U\angle\varphi$$

即
$$u=\sqrt{2}U\sin(\omega t+\varphi),\quad i=\sqrt{2}I\sin(\omega t)$$

式中 φ 是电压超前于电流的相位，即该无源二端网络的等效阻抗的阻抗角。

瞬时功率为

$$\begin{aligned} p&=ui=2UI\sin\omega t\sin(\omega t+\varphi)\\ &=UI\cos\varphi-UI\cos(2\omega t+\varphi) \end{aligned}\tag{3-63}$$

其波形如图 3 - 29(b)所示，图中同时画出了电压、电流的波形。由图 3 - 29(b)可以看出，当 u、i 瞬时值同号时，$p>0$，二端网络从外电路吸收功率；当 u、i 瞬时值异号时，$p<0$，二端网络向外电路提供功率。瞬时功率有正有负的现象说明在外电路和二端网络之间有能量往返交换。这种现象是由储能元件造成的。作为储能元件的电感和电容，只能储存能量而不能消耗能量。电感的磁场能量将随电感电流的增减而增减，电容的电场能量将随电容电压的增减而增减。当磁场能量或电场能量减少时，一个储能元件释放出来的能量，可以转移到另一个储能元件中，也可以消耗于电阻中，如有多余则必然要送回电源。这就造成了能量由二端网络反向传输到外电路的现象。

由图 3 - 29(b)还可以看出，在一个循环内，$p>0$ 的部分大于 $p<0$ 的部分，因此，总体来看，二端网络仍是从外电路吸收功率的，这是由于二端网络中存在着消耗能量的电阻。

为了便于说明二端网络的有功功率和无功功率，将式(3 - 63)括号内的第二项展开，经过整理，可得

$$\begin{aligned} p&=UI\cos\varphi-UI[\cos\varphi\cos 2\omega t-\sin\varphi\sin 2\omega t]\\ &=UI\cos\varphi[1-\cos 2\omega t]+UI\sin\varphi\sin 2\omega t\\ &=p_a+p_r \end{aligned}\tag{3-64}$$

式(3 - 64)表明，瞬时功率可以看成由两个分量组成。第一个分量波形如图 3 - 29(c)所示，它总不会为负值，其平均值为 $UI\cos\varphi$，这个瞬时功率分量应该是代表二端网络耗能速率的有功分量，即应为二端网络等效电阻吸收的瞬时功率 p_a。第二个分量波形如图 3 - 29(d)所示，它是一个交变分量，其正、负半周面积相等，这个瞬时功率应该是代表二端网络与外电路之间进行能量交换的速率，而在平均意义上为不能做功的无功分量，即应为二端网络等效电抗部分的瞬时功率 p_r。

应当指出，将瞬时功率看成由上述两个分量组成，这完全是人为的，其目的是便于以后理解二端网络的有功功率和无功功率。实际上，二端网络从外电路吸收的瞬时功率是按图 3 - 29(b)的总体曲线进行的。

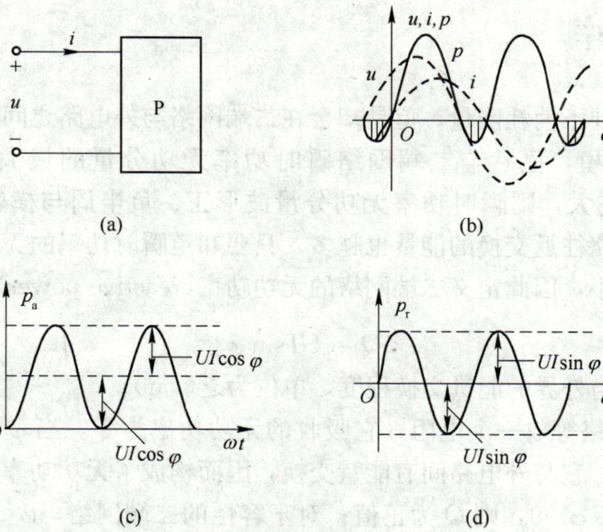

图 3-29　二端网络的功率

3.8.2　平均功率

由于二端网络中一般总有电阻，而电阻又总要消耗功率，所以二端网络的瞬时功率虽然有正有负，但二端网络吸收的平均功率一般恒大于零。

平均功率又称为有功功率(active power)，式(3-23)已定义了有功功率，即得

$$
\begin{aligned}
P &= \frac{1}{T}\int_0^T p(t)\,\mathrm{d}t = \frac{1}{T}\int_0^T UI[\cos\varphi - \cos(2\omega t+\varphi)]\mathrm{d}t \\
&= UI\cos\varphi = UI\lambda
\end{aligned}
\tag{3-65}
$$

上式表明正弦电流电路中无源二端网络的有功功率一般并不等于电压与电流有效值的乘积，它还与电压电流之间相位差 φ 有关。式(3-65)中

$$\lambda = \cos\varphi \tag{3-66}$$

称为二端网络的功率因数(power factor)，φ 称为功率因数角，它等于二端网络的等效阻抗的阻抗角。若 $\varphi=0$，即 $\lambda=\cos\varphi=1$ 时，二端网络吸收的有功功率才等于电压与电流有效值乘积，这是因为 $\varphi=0$ 时，电压与电流同相位，二端网络等效于一个电阻。若 $\varphi=\pm\pi/2$，即 $\lambda=\cos\varphi=0$ 时，二端网络不吸收有功功率，这是因为 $\varphi=\pm\pi/2$ 时，电压与电流相位正交，二端网络等效于一个电抗。

如果二端网络仅由 R、L、C 元件组成，则可以证明它吸收的有功功率等于二端网络各部分消耗的有功功率的和。

在直流电路中，若测出电压与电流的量值，那么它们的乘积就是有功功率，因此在直流电路中一般不用功率表测量功率。但在正弦电流电路中，即使测出电路中电压与电流的有效值，它们的乘积还不是有功功率，因为有功功率还与功率因数有关，所以在正弦电流电路中需采用功率表测量有功功率。

3.8.3 无功功率

电感和电容虽然并不消耗能量，但是却会在二端网络与外电路之间造成能量的往返交换现象。能量交换的规模，显然与二端网络瞬时功率无功分量的最大值 $UI\sin\varphi$ 有关(见图 3-29(d))，此值越大，则瞬时功率无功分量波形正、负半周与横轴之间构成的面积越大，二端网络与外电路往返交换的能量也越多。只要知道瞬时功率的无功分量的最大值，就能了解能量交换的大小，因此定义二端网络的无功功率(reactive power)为

$$Q \overset{\text{def}}{=} UI\sin\varphi \tag{3-67}$$

Q 表示无源二端网络与外界的能量交换程度，单位为乏(var)。

若 $\varphi=0$，二端网络等效一个电阻，它吸收的无功功率为零。当 φ 不等于零时，则二端网络中必有储能元件，它与外电路间有能量交换，因而构成了无功功率。由式(3-67)可知，对于感性的二端网络，$\varphi>0$，则 Q 为正值；对于容性的二端网络，$\varphi<0$，则 Q 为负值。无功功率的正负与二端网络阻抗角 φ 的正负及等效电抗的正负相一致。

若 $\varphi=\pi/2$，二端网络等效于一个电感，它吸收的无功功率为 $Q=UI=Q_L$，Q_L 就是电感元件的无功功率；若 $\varphi=-\pi/2$，二端网络等效于一个电容，它吸收的无功功率为 $Q=-UI=-Q_C$，Q_C 就是电容元件的无功功率。

若二端网络中既有电感又有电容，则它们在二端网络内部先自行交换一部分能量，其差额再与外电路进行交换，因而二端网络由外电路吸收的无功功率 Q 应等于电感吸收的无功功率 Q_L 与电容吸收的无功功率 Q_C 的差，即

$$Q = Q_L - Q_C \tag{3-68}$$

式中 Q_L 和 Q_C 总是正的，而 Q 为一代数量，可正可负。

虽然无功功率在平均意义上并不做功，但在电力工程中也把无功功率看作可以“产生”或“消耗”的。对于感性二端网络，Q 为正值，习惯上把它看作吸收(消耗)无功功率；而对于容性二端网络，Q 为负值，习惯上把它看作提供(产生)无功功率。无功功率的产生或消耗一般都是对感性无功功率而言的。

可以证明，二端网络吸收的无功功率等于各部分吸收的无功功率的代数和。

在实际应用中，为了减小电源供给的无功功率，可以在感性的二端网络中增添电容元件。

3.8.4 视在功率

变压器、电机及一些电气器件的容量由它们的额定电压和额定电流决定，所以引入视在功率的概念。对于一个二端网络，定义其端口电压、端口电流有效值的乘积为视在功率(apparent power)，即

$$S \overset{\text{def}}{=} UI \tag{3-69}$$

视在功率的量纲与有功功率相同。为了与有功功率、无功功率相区别，视在功率的单位为 V·A(伏安)，工程上常用的十进倍数单位有 kV·A(千伏安)和 MV·A(兆伏安)等。

根据式(3-65)、式(3-67)和式(3-69) 知道 P、Q、S 存在以下关系

$$S=\sqrt{P^2+Q^2} \tag{3-70}$$

$$P=UI\cos\varphi=S\cos\varphi$$

$$Q=UI\sin\varphi=S\sin\varphi \tag{3-71}$$

因此，P、Q 和 S 也构成一个直角三角形(见图 3-30)，它与串联电路中的电压三角形及并联电路中的电流三角形也是相似的，此三角形称为功率三角形。

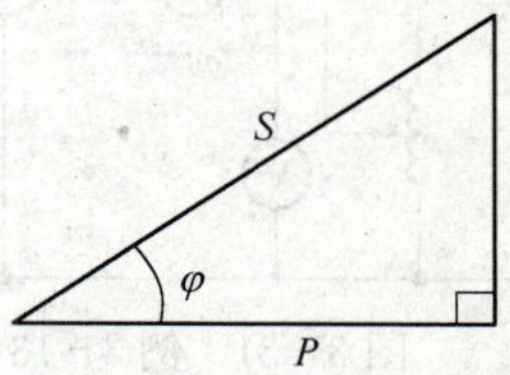

图 3-30　功率三角形

由功率三角形可得出下列关系式

$$\tan\varphi=\frac{Q}{P},\quad \cos\varphi=\frac{P}{S}=\lambda \tag{3-72}$$

3.8.5　复功率

工程上为了计算，把有功功率作为实部，无功功率作为虚部，组成复数，称为复功率，即定义为

$$\tilde{S}\overset{\text{def}}{=}P+\mathrm{j}Q=S\angle\varphi \tag{3-73}$$

其中 $S=\sqrt{P^2+Q^2}$，$\varphi=\arctan\dfrac{Q}{P}$。可见，复功率 $\tilde{S}$ 有明确的物理意义：其实部 P 与虚部 Q 分别为网络的有功功率与无功功率，而$\tilde{S}$的模就是网络的视在功率 S。复功率$\tilde{S}$的引入使电路功率的计算简便了。

由 P 和 Q 的表达式，可得

$$\begin{aligned}\tilde{S}&=UI\cos\varphi+\mathrm{j}UI\sin\varphi=UI\angle\varphi=UI\angle(\psi_u-\psi_i)=U\angle\psi_u\cdot I\angle-\psi_i\\&=\dot{U}\dot{I}^*\end{aligned} \tag{3-74}$$

$\tilde{S}$的单位为伏安(V·A)。

当计算某一阻抗吸收的复功率时，可把$\dot{U}=Z\dot{I}$代入式(3-74)，即

$$\tilde{S}=Z\dot{I}\dot{I}^*=ZI^2=(R+\mathrm{j}X)I^2 \tag{3-75}$$

复功率与阻抗相似，它们都是一个计算用的复数量，并不代表正弦量，因此也不能作为相量对待。

可以证明，对于任何复杂的正弦稳态电路，总的有功功率等于电路各部分有功功率的和，总的无功功率等于电路各部分无功功率的和，所以总的复功率也等于电路各部分复功率之和，即电路中有功功率、无功功率和复功率守恒，但视在功率可以证明是不守恒的(即 $S\neq\sum\limits_{k=1}^{n}S_k$)。

例 3-13　如图 3-31 所示为采用电压表、电流表和功率表测线圈的参数 R 和 L，电源的频率为 50 Hz，得下列数据：电压表读数为 100 V，电流表读数为 2 A，功率表读数为 120 W。试求 R 和 L。

解　电感线圈可用电阻 R 和电感 L 的串联电路表示。

设线圈的阻抗为 $Z=|Z|\angle\varphi$，根据测量的数据计算如下。

按电压表和电流表的读数，有

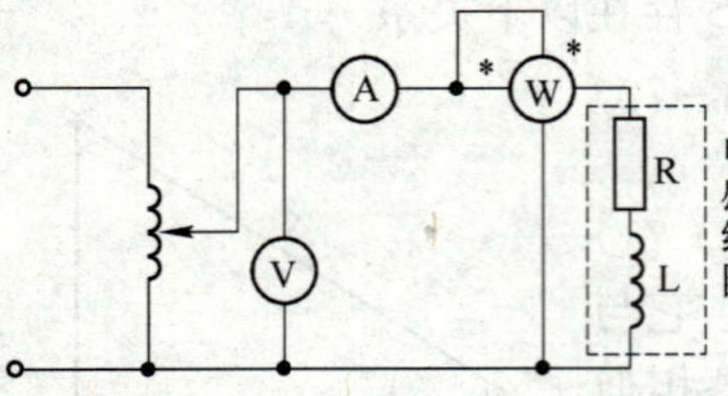

图 3-31 例 3-13 电路

$$|Z|=\frac{U}{I}=\frac{100}{2}=50\ \Omega$$

按功率表读数有

$$P=UI\cos\varphi=100\times 2\times\cos\varphi=120\ \text{W}$$

故功率因数

$$\lambda=\cos\varphi=\frac{120}{100\times 2}=0.6$$

功率因数角即阻抗角

$$\varphi=\arccos 0.6=53.1^\circ$$

因而得

$$Z=50\angle 53.1^\circ=(30+\text{j}40)\ \Omega$$

所以

$$R=30\ \Omega,\ L=\frac{40}{\omega}=\frac{40}{2\pi\times 50}=0.127\ \text{H}$$

例 3-14 在图 3-32 中，$R_1=100\ \Omega$，$X_L=200\ \Omega$，$R_2=100\ \Omega$，$X_C=300\ \Omega$，$\dot{U}_S=220\angle 30^\circ$ V，试求电路中各支路的有功功率、无功功率、功率因数，并验证复功率守恒。

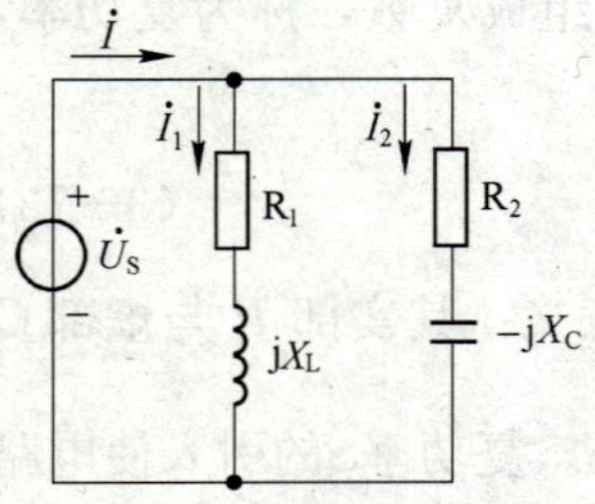

图 3-32 例 3-14 电路

解 $$\dot{I}_1=\frac{\dot{U}_S}{R_1+\text{j}X_L}=\frac{220\angle 30^\circ}{100+\text{j}200}=0.98\angle -33.4^\circ\ \text{A}$$

$$\dot{I}_2=\frac{\dot{U}_S}{R_2-\text{j}X_C}=\frac{220\angle 30^\circ}{200-\text{j}300}=0.61\angle 86.3^\circ\ \text{A}$$

$$\dot{I}=\dot{I}_1+\dot{I}_2=0.98\angle -33.4^\circ+0.61\angle 86.3^\circ=0.86\angle 4.7^\circ\ \text{A}$$

支路 1 中的有功功率、无功功率、功率因数及复功率分别为

$$P_1=U_SI_1\cos\varphi_1=220\times 0.98\times\cos[30^\circ-(-33.4^\circ)]=96.5\ \text{W}$$

$$Q_1=U_SI_1\sin\varphi_1=220\times 0.98\times\sin[30^\circ-(-33.4^\circ)]=192.8\ \text{var}$$

$$\lambda_1=\cos[30^\circ-(-33.4^\circ)]=0.448$$

$$\tilde{S}_1=\dot{U}_S\dot{I}_1^*=220\angle 30^\circ\times 0.98\angle 33.4^\circ=(96.5+\text{j}192.8)\ \text{V}\cdot\text{A}$$

支路 2 中的有功功率、无功功率、功率因数及复功率分别为

$$P_2=U_SI_2\cos\varphi_2=220\times 0.61\times\cos(30^\circ-86.3^\circ)=74.5\ \text{W}$$

$$Q_2=U_SI_2\sin\varphi_2=220\times 0.61\times\sin(30^\circ-86.3^\circ)=-111.6\ \text{var}$$

$$\lambda_2=\cos(30^\circ-86.3)=0.555$$

$$\tilde{S}_2=\dot{U}_S\dot{I}_2^*=220\angle 30^\circ\times 0.98\angle -86.3^\circ=(74.5-\text{j}111.6)\ \text{V}\cdot\text{A}$$

电压源支路中的有功功率、无功功率、功率因数及复功率分别为

$$P=U_SI\cos\varphi=220\times 0.86\times\cos(30^\circ-4.7^\circ)=171\ \text{W}$$

$$Q=U_SI\sin\varphi=220\times 0.86\times\sin(30^\circ-4.7^\circ)=81\ \text{var}$$

$$\lambda=\cos(30^\circ-4.7^\circ)=0.904$$

$$\tilde{S}=\dot{U}_S\dot{I}^*=220\angle 30^\circ\times 0.86\angle -4.7^\circ=(171+\text{j}81)\ \text{V}\cdot\text{A}$$

验证复功率守恒

$$\tilde{S}_1+\tilde{S}_2=96.5+\text{j}192.8+74.5-\text{j}111.6=(171+\text{j}81)\ \text{V}\cdot\text{A}=\tilde{S}$$

思考题与练习题

3.8.1　说明一个无源二端网络的有功功率、无功功率、视在功率的物理意义，三者之间存在什么关系？

3.8.2　说明复功率的含义，如何用复功率计算一个无源二端网络的功率？

3.8.3　试确定 50 kW 的负载的无功功率及视在功率。功率因数为：(1)0.8(滞后)；(2)0.9(超前)。

3.8.4　在一个二端网络电路中，电路输入阻抗为 $Z=20\angle 60°\ \Omega$，外施电压为 $\dot{U}=100\angle -30°\ \text{V}$，求二端网络电路消耗的功率及功率因数。

3.9　功率因数的改善及最大功率传输

3.9.1　功率因数的改善

正弦电流电路中，由负载获得的有功功率 $P=UI\cos\varphi=UI\lambda=S\cos\varphi$ 看出，当负载的平均功率 P 除与负载的电压和电流有关外，还与负载的功率因数 λ 有关，而 λ 决定于负载的阻抗角 φ。功率因数 λ 还可以表示为

$$\cos\varphi=\frac{P}{S}=\lambda$$

功率因数 λ 的大小是表示电源功率被利用的程度。功率因数 λ 越大，有功功率就越大，说明电源的利用率越高；同时在同一电压下，要输送同一功率，功率因数 $\lambda=\cos\varphi$ 越高，则电路中的电流 I 就越小，从而传输导线电阻 r 上的功率损失 I^2r 也就越小。另外，电流 I 小了，视在功率 S 也就小了，使电源设备的容量能得到充分利用。由于以上两点，所以在电力工程实际中要尽力提高电路的功率因数。

电路中功率因数通常都是比较低的，其主要原因是电路中的电力负载大都是电感性负载，即 R 和 L 组成的负载，如图 3－33(a)所示。因此，要提高电路的功率因数，其方法是给电感性负载并联一个适当大小的电容 C。如图 3－33(a)所示，图 3－33(b)为其相量图，从

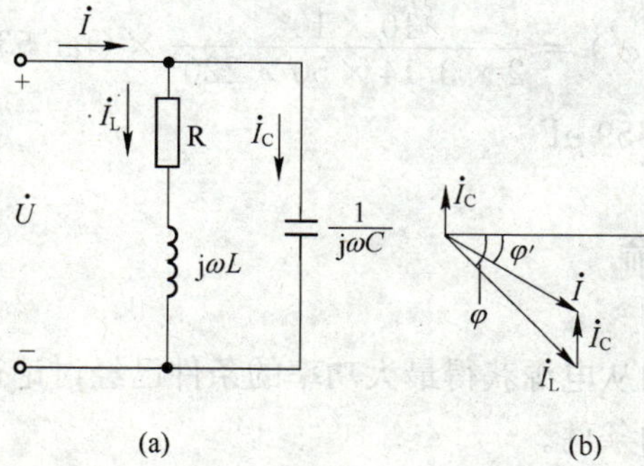

图 3－33　功率因数的改善

相量图中看出，只要C的值选得合适，就会有 $I<I_L$，这样就达到了提高电路功率因数的目的。又因为C不消耗有功功率，故并联了C后对电路的平均功率 P 不产生任何影响。

下面推导将功率因数从 $\cos\varphi$ 提高到 $\cos\varphi'$ 需要并联电容C大小的公式。设负载吸收的平均功率为 P，则相量图如图 3-33(b)所示，以电压相量 $\dot{U}$ 为参考相量，原有负载电流为 $\dot{I}_L$(功率因数角为 φ)，并联电容后，电容电流为 $\dot{I}_C$，使总电流由原来的 $\dot{I}_L$ 变为 $\dot{I}=\dot{I}_L+\dot{I}_C$(功率因数角变为 φ')。

未并联电容C时，总电流等于负载电流，即

$$I_L=\frac{P}{U\cos\varphi} \tag{3-76}$$

电流 I_L 无功分量为 $I_L\sin\varphi$。

并联电容C后，总电流等于

$$I=\frac{P}{U\cos\varphi'} \tag{3-77}$$

这时电流 I 无功分量为 $I\sin\varphi'$。

显然，电容电流等于两个无功电流之差，即

$$I_C=I_L\sin\varphi-I\sin\varphi' \tag{3-78}$$

由于 $I_C=\omega CU$，所以所需并联电容 C 为

$$C=\frac{I_C}{\omega U}=\frac{I_L\sin\varphi-I\sin\varphi'}{\omega U} \tag{3-79}$$

将式(3-76)和式(3-77)代入式(3-79)得所并联的电容为

$$C=\frac{P}{\omega U^2}(\tan\varphi-\tan\varphi') \tag{3-80}$$

例 3-15 一个负载的工频电压为 220 V，功率为 10 kW，功率因数为 0.6，欲将功率因数提高到 0.9，试求所需并联的电容。

解 由题意得，未并联电容时，功率因数、功率因数角分别为

$$\cos\varphi=0.6,\quad \varphi=\arccos 0.6=53.1^\circ$$

并联电容后功率因数、功率因数角分别为

$$\cos\varphi'=0.9,\quad \varphi'=\arccos 0.9=25.8^\circ$$

由式(3-80)得所需并联的电容为

$$C=\frac{P}{\omega U^2}(\tan\varphi-\tan\varphi')=\frac{10\times10^3}{2\times3.14\times50\times220^2}\times(\tan 53.1^\circ-\tan 25.8^\circ)$$

$$=559\times10^{-6}\text{ F}=559\ \mu\text{F}$$

3.9.2 最大功率传输

在直流电路中，负载电阻从电源获得最大功率的条件已经讨论过。现在讨论在正弦稳态时负载从电源获得最大功率的条件。

图 3-34 的电源向阻抗为 Z 的负载供电，电源内阻抗 $Z_i=R_i+\mathrm{j}X_i$，负载阻抗 $Z=R+\mathrm{j}X$，则电流为

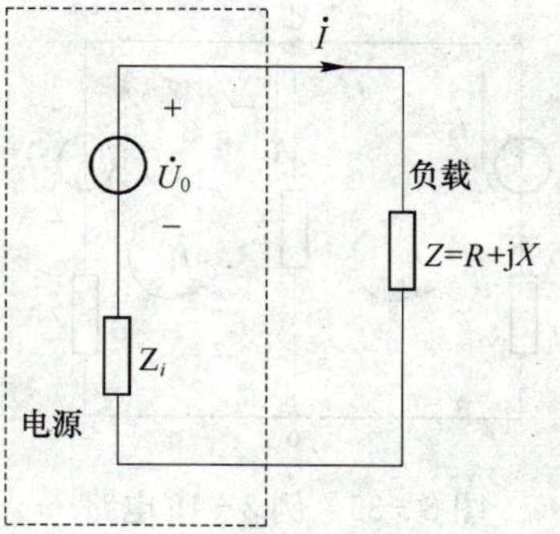

图 3-34　最大功率传输

$$\dot{I}=\frac{\dot{U}_0}{Z_i+Z}=\frac{\dot{U}_0}{R_i+R+\mathrm{j}(X_i+X)}$$

负载 Z 消耗的有功功率，也即电源输出有功功率为

$$P=I^2R=\frac{U_0^2R}{(R_i+R)^2+(X_i+X)^2}$$

从上式可以看出，获得最大功率的条件要看允许改变哪些参数而定。一般来讲，U_0、Z_i 是不变的，若 R、X 均能随意改变，固定 R 不变，先调节 X，由上式知，获得最大功率的条件为

$$(X_i+X)^2=0$$

即 $X=-X_i$ 时 P 值最大，为

$$P'_{\max}=\frac{RU_0^2}{(R_i+R)^2}$$

当 $R=R_i$ 时 $P'_{\max}$ 达最大值，可得 $R=R_i$、$X=-X_i$，即

$$Z=\overset{*}{Z}_i \tag{3-81}$$

式(3-81)表明，当负载阻抗等于电源内阻抗的共轭复数时，负载能获得最大功率，称为最大功率匹配或共轭匹配。此时最大功率为

$$P_{\max}=\frac{U_0^2}{4R_i} \tag{3-82}$$

3.10　正弦稳态电流电路的计算

正弦电流电路一般采用相量方法分析计算，称为相量法。相量法可归纳为下列几点。

① 作电路的相量模型。所谓电路的相量模型是指原电路中的各元件都用它们的相量模型表示，而元件的连接方式不变。电路的相量模型也称为电路图。

② 求出已知正弦电压、电流的相量，未知电压、电流也用相量表示，选定它们的参考方向，标注在电路图上。

③ 利用电路的相量模型，根据两类约束的相量形式列写电路方程，然后解得未知量的相量解答。用相量代表正弦量后，两类约束的相量形式与直流电路中所用同一公式在形式上完全相同。因此，分析计算直流电路的各种定理和计算方法完全适用于线性正弦电流电路，即同样可应用支路分析法、网孔分析法或回路分析法、节点分析法及叠加定理、戴维南定理等，只要用相量代替正弦量，用阻抗和导纳代替电阻和电导即可。

④ 分析计算时要充分利用相量图，有时可用相量图来简化计算，或者利用相量之间的几何关系帮助分析。如果在计算前能先作出相量图，可以使思路清晰，并可验证计算结果。

⑤ 如有需要，再由解答的相量形式写出对应的瞬时值解析式。

⑥ 直流电路中受控源处理方法在交流电路分析中完全适用。

下面通过一些例题说明相量法在分析计算一般正弦电流电路中的应用。

例 3-16　图 3-35 所示电路中，$\dot{U}_1=220\angle 0^\circ$ V，$\dot{U}_2=220\angle -20^\circ$ V；阻抗 $Z_1=\mathrm{j}20\ \Omega$，

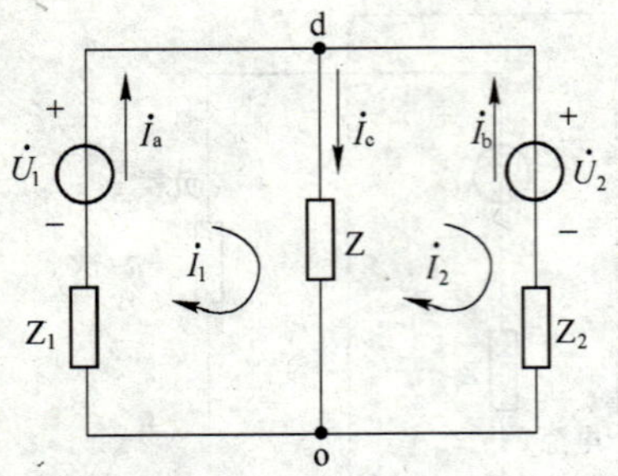

图 3-35 例 3-16 电路

$Z_2=j10\ \Omega$，$Z=40\ \Omega$。试分别用回路分析法和节点分析法求各支路电流并验证复功率平衡情况。

解 (1) 用回路法求解

回路电流和各支路电流的参考方向如图 3-35 所示，列回路方程为

$$\begin{cases}(Z_1+Z)\dot{I}_1-Z\dot{I}_2=\dot{U}_1\\-Z\dot{I}_1+(Z_2+Z)\dot{I}_2=-\dot{U}_2\end{cases}$$

将已知条件中的参数代入，得

$$\begin{cases}(40+j20)\dot{I}_1-40\dot{I}_2=220\angle 0^\circ\\-40\dot{I}_1+(40+j10)\dot{I}_2=-220\angle -20^\circ\end{cases}$$

用行列式解得

$$\dot{I}_1=\frac{\begin{vmatrix}220\angle 0^\circ & -40\\-220\angle -20^\circ & 40+j10\end{vmatrix}}{\begin{vmatrix}40+j20 & -40\\-40 & 40+j10\end{vmatrix}}=4.31\angle -15.2^\circ\ \text{A}$$

$$\dot{I}_2=\frac{\begin{vmatrix}40+j20 & 220\angle 0^\circ\\-40 & -220\angle -20^\circ\end{vmatrix}}{\begin{vmatrix}40+j20 & -40\\-40 & 40+j10\end{vmatrix}}=1.22\angle 129^\circ\ \text{A}$$

所以各支路电流为

$$\dot{I}_a=\dot{I}_1=4.31\angle -15.2^\circ\ \text{A}$$

$$\dot{I}_b=-\dot{I}_2=-1.22\angle 129^\circ=1.22\angle -51^\circ\ \text{A}$$

$$\dot{I}_c=\dot{I}_1-\dot{I}_2=4.31\angle -15.2^\circ-1.22\angle 129^\circ=5.35\angle -22.9^\circ\ \text{A}$$

$\dot{U}_1$、$\dot{U}_2$ 产生的复功率分别为

$$\tilde{S}_1=\dot{U}_1\dot{I}_a^*=220\angle 0^\circ\times 4.31\angle 15.2^\circ=(915+j248)\ \text{V}\cdot\text{A}$$

$$\tilde{S}_2=\dot{U}_2\dot{I}_b^*=220\angle -20^\circ\times 1.22\angle 51^\circ=(230+j138)\ \text{V}\cdot\text{A}$$

Z_1、Z_2、Z 接收的复功率各为

$$\tilde{S}_a=Z_1I_a^2=j20\times 4.31^2=j371\ \text{V}\cdot\text{A}$$

$$\tilde{S}_b=Z_2I_b^2=j10\times 1.22^2=j15\ \text{V}\cdot\text{A}$$

$$\tilde{S}=Z_1I_c^2=40\times 5.35^2\doteq 1\,145\ \text{V}\cdot\text{A}$$

可以证明

$$\tilde{S}_1+\tilde{S}_2=\tilde{S}_a+\tilde{S}_b+\tilde{S}$$

故电路的复功率是守恒的。

(2) 用节点法求解

在图 3-35 中，选 o 为参考节点，对节点 d 可列出节点方程为(将两个电压源支路等效为电流源)

$$\dot{U}_d\left(\frac{1}{Z_1}+\frac{1}{Z}+\frac{1}{Z_2}\right)=\frac{\dot{U}_1}{Z_1}+\frac{\dot{U}_2}{Z_2}$$

代入数据得

$$\dot{U}_{\mathrm{d}}=\frac{\dfrac{220\angle 0^\circ}{\mathrm{j}20}+\dfrac{220\angle -20^\circ}{\mathrm{j}10}}{\dfrac{1}{\mathrm{j}20}+\dfrac{1}{40}+\dfrac{1}{\mathrm{j}10}}=213.8\angle -22.8^\circ\ \mathrm{V}$$

各支路电流为

$$\dot{I}_{\mathrm{a}}=\frac{\dot{U}_1-\dot{U}_{\mathrm{d}}}{Z_1}=\frac{220\angle 0^\circ-213.8\angle -22.8^\circ}{\mathrm{j}20}=4.31\angle -15.2^\circ\ \mathrm{A}$$

$$\dot{I}_{\mathrm{b}}=\frac{\dot{U}_2-\dot{U}_{\mathrm{d}}}{Z_2}=\frac{220\angle -20^\circ-213.8\angle -22.8^\circ}{\mathrm{j}10}=1.22\angle -51^\circ\ \mathrm{A}$$

$$\dot{I}_{\mathrm{c}}=\frac{\dot{U}_{\mathrm{d}}}{Z}=\frac{213.8\angle -22.8^\circ}{40}=5.35\angle -22.8^\circ\ \mathrm{A}$$

复功率情况同(1)。

例 3-17　在图 3-36(a)中，已知$\dot{U}_1=50\angle 0^\circ\ \mathrm{V}$，$\dot{I}_2=10\angle 30^\circ\ \mathrm{A}$，$X_{\mathrm{L}}=5\ \Omega$，$X_{\mathrm{C}}=3\ \Omega$，试分别用电源等效变换、叠加定理、戴维南定理和诺顿定理求电压$\dot{U}_{\mathrm{C}}$。

解　(1) 用电源等效变换求解

将图 3-36(a)中的电压源化成图 3-36(b)中的电流源，得电流源电流相量

$$\dot{I}_1=\frac{\dot{U}_1}{\mathrm{j}X_{\mathrm{L}}}=\frac{50\angle 0^\circ}{\mathrm{j}5}=10\angle -90^\circ\ \mathrm{A}$$

再把两个电流源合并，总电流为

$$\begin{aligned}\dot{I}&=\dot{I}_1+\dot{I}_2=10\angle -90^\circ+10\angle 30^\circ\\&=-\mathrm{j}10+8.66+\mathrm{j}5=10\angle -30^\circ\ \mathrm{A}\end{aligned}$$

将 $\mathrm{j}X_{\mathrm{L}}$ 与 $-\mathrm{j}X_{\mathrm{C}}$ 合并得

$$Z=\frac{\mathrm{j}X_{\mathrm{L}}(-\mathrm{j}X_{\mathrm{C}})}{\mathrm{j}X_{\mathrm{L}}-\mathrm{j}X_{\mathrm{C}}}=\frac{\mathrm{j}5\times(-\mathrm{j}3)}{\mathrm{j}5-\mathrm{j}3}=-\mathrm{j}7.5\ \Omega$$

所以

$$\dot{U}_{\mathrm{C}}=Z\dot{I}=(-\mathrm{j}7.5)\times 10\angle -30^\circ=75\angle -120^\circ\ \mathrm{V}$$

(2) 用叠加定理求解

将图 3-36(a)等效为图 3-36(c)+图 3-36(d)。

在图 3-36(c)中

$$\dot{U}'_{\mathrm{C}}=\frac{\dot{U}_1}{\mathrm{j}X_{\mathrm{L}}-\mathrm{j}X_{\mathrm{C}}}\times(-\mathrm{j}X_{\mathrm{C}})=\frac{50\angle 0^\circ}{\mathrm{j}5-\mathrm{j}3}\times(-\mathrm{j}3)=-75\ \mathrm{V}$$

在图 3-36(d)中

$$\dot{U}''_{\mathrm{C}}=\frac{\mathrm{j}X_{\mathrm{L}}(-\mathrm{j}X_{\mathrm{C}})}{\mathrm{j}X_{\mathrm{L}}-\mathrm{j}X_{\mathrm{C}}}\times\dot{I}_2=\frac{\mathrm{j}5\times(-\mathrm{j}3)}{\mathrm{j}5-\mathrm{j}3}\times 10\angle 30^\circ=75\angle -60^\circ\ \mathrm{V}$$

所以

$$\dot{U}_{\mathrm{C}}=\dot{U}'_{\mathrm{C}}+\dot{U}''_{\mathrm{C}}=-75+75\angle -60^\circ=75\angle -120^\circ\ \mathrm{V}$$

(3) 用戴维南定理求解

在图 3-36(e)中，开路电压为

$$\dot{U}_{\mathrm{OC}}=\mathrm{j}X_{\mathrm{L}}\dot{I}_2+\dot{U}_1=\mathrm{j}5\times 10\angle 30^\circ+50\angle 0^\circ=50\angle 60^\circ\ \mathrm{V}$$

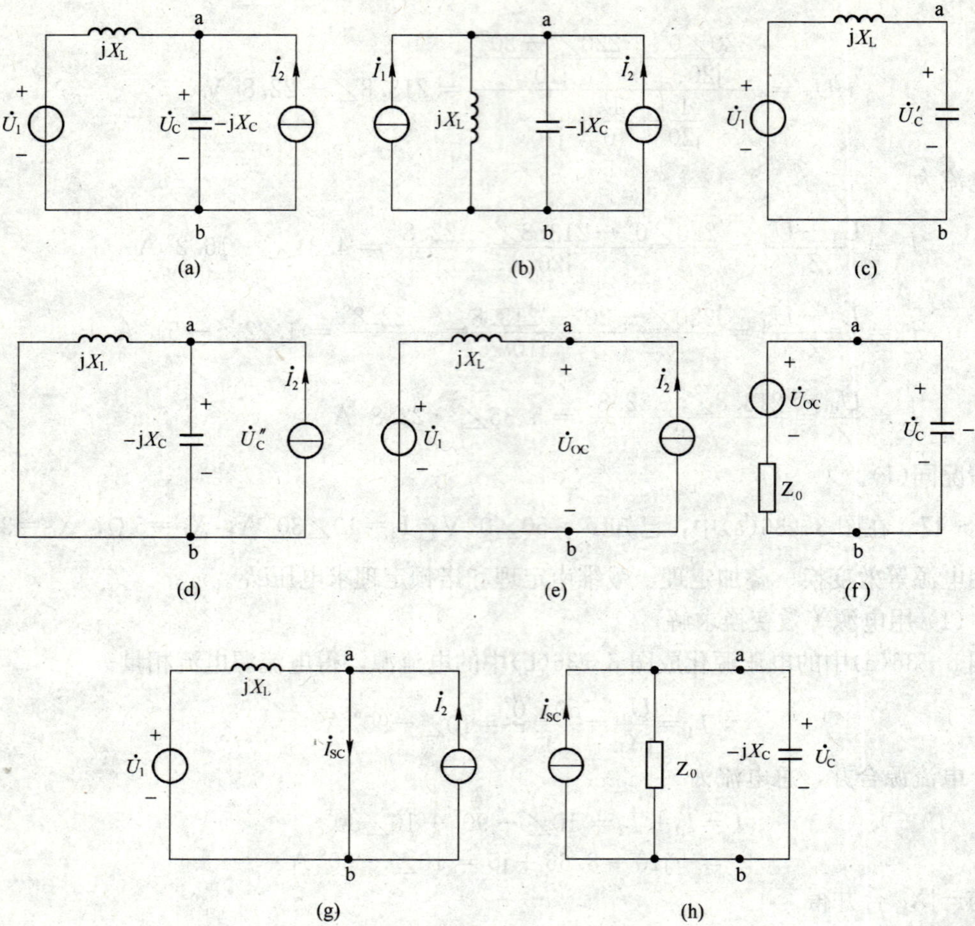

图 3-36 例 3-17 电路

等效阻抗为

$$Z_0 = jX_L = j5\ \Omega$$

因而得等效电路图见图 3-36(f)，解得

$$\dot{U}_C = \frac{\dot{U}_{OC}}{Z_0 - jX_C}(-jX_C) = \frac{50\angle 60^\circ}{j5 - j3} \times (-j3) = 75\angle -120^\circ\ \text{V}$$

(4) 用诺顿定理求解

在图 3-36(g)中，短路电流为

$$\dot{I}_{SC} = \dot{I}_2 + \frac{\dot{U}_1}{jX_L} = 10\angle 30^\circ + \frac{50\angle 0^\circ}{j5} = 10\angle -30^\circ\ \text{A}$$

等效阻抗为

$$Z_0 = jX_L = j5\ \Omega$$

因而得等效电路图见图 3-36(h)，解得

$$\dot{U}_C = \frac{Z_0(-jX_C)}{Z_0 - jX_C}\dot{I}_{SC} = \frac{j5 \times (-j3)}{j5 - j3} \times 10\angle -30^\circ = 75\angle -120^\circ\ \text{V}$$

例 3-18 一个未知线圈 $R_2 + jX_2$ 与已知电阻 $R_1 = 32\ \Omega$ 串联接到 115 V 的电源上，如图 3-37(a)，电阻 R_1 电压 $U_1 = 55.4$ V，线圈电压 $U_2 = 80$ V，试求线圈的电阻和电抗。

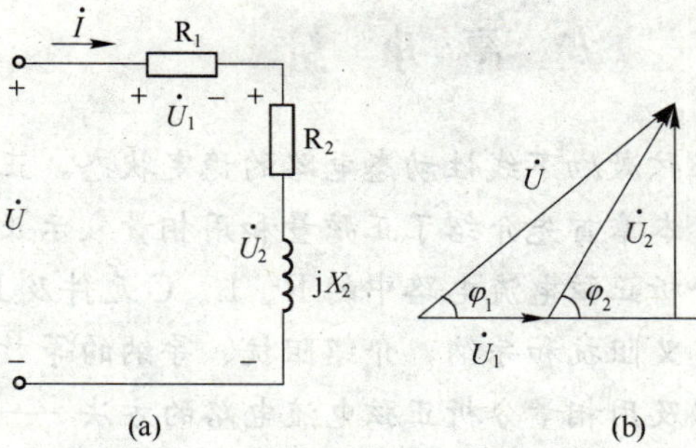

图 3-37　例 3-18 电路

解　根据已知条件知道串联电路中的 3 个电压，可以借助相量图进行分析，设 $\dot{I}=I\angle 0^\circ$ A，画出相量图如图 3-37(b)所示。根据相量图，利用余弦定理得到

$$\cos\varphi_2=\frac{U^2-U_1^2-U_2^2}{2U_1U_2}=\frac{115^2-55.4^2-80^2}{2\times 55.4\times 80}=0.424$$

$$\varphi_2=\arccos 0.424=64.9^\circ$$

因为

$$I=\frac{U_1}{R_1}=\frac{55.4}{32}=1.73(\mathrm{A})$$

所以

$$Z_2=\frac{\dot{U}_2}{\dot{I}}=\frac{80\angle 64.9^\circ}{1.73\angle 0^\circ}=46.2\angle 64.9^\circ=(19.6+\mathrm{j}41.8)\ \Omega$$

因此，线圈的电阻为 19.6 Ω，电抗为 41.8 Ω。

例 3-19　图 3-38 所示是一种测量线圈电阻和电感的交流电桥电路，设 R_1、R_2、R_3、L_3 大小均为已知，试求电桥平衡时的 R_4 和 L_4 的值。

解　先求交流电桥的平衡条件，设交流电桥 4 个臂的阻抗分别为 $Z_1=R_1$、$Z_2=R_2$、$Z_3=R_3+\mathrm{j}\omega L_3$、$Z_4=R_4+\mathrm{j}\omega L_4$，电桥平衡时有

$$\dot{I}_1=\dot{I}_2,\ \dot{I}_3=\dot{I}_4$$

$$Z_1\dot{I}_1=Z_3\dot{I}_3,\ Z_2\dot{I}_2=Z_4\dot{I}_4$$

故得

$$Z_1Z_4=Z_2Z_3$$

所示，图 3-38 所示电桥平衡时

$$R_1(R_4+\mathrm{j}\omega L_4)=R_2(R_3+\mathrm{j}\omega L_3)$$

相等的两个复数的实部相等，虚部相等，所以有

$$R_1R_4=R_2R_3$$

$$R_1\omega L_4=R_2\omega L_3$$

所以

$$R_4=\frac{R_2R_3}{R_1},\quad L_4=\frac{R_2L_3}{R_1}$$

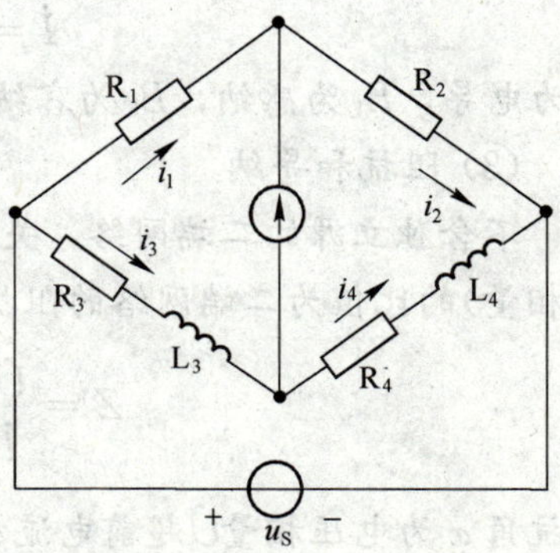

图 3-38　例 3-19 电路

本章小结

正弦电流电路是指同频率正弦激励下线性动态电路的稳定状态，正弦电流电路中所有响应都是与激励同频率的正弦量。本章首先介绍了正弦量和用相量表示正弦量，这是分析计算正弦电流电路的基础。然后从分析正弦电流电路中的R、L、C元件及RLC串联电路和RLC并联电路这些特殊情况出发，定义阻抗和导纳，介绍阻抗、导纳的等效变换及串并联，并讨论了正弦电流电路中的功率，以及用相量分析正弦电流电路的方法——相量法。

1. 正弦量

电流瞬时值解析式为

$$i(t) = I_m \sin(\omega t + \psi_i) = \sqrt{2} I \sin(\omega t + \psi_i)$$

振幅 I_m、角频率 ω、初相位 ψ_i 是决定一个正弦量的三要素。

有效值 I 是周期量在热效应方面相当的直流量，等于周期量的方均根值。正弦量的有效值为其最大值的$\frac{1}{\sqrt{2}}$。

相位差等于两个正弦量初相之差。

2. 用相量表示正弦量

由于正弦电流电路中各正弦量都具有相同的角频率，正弦量可以用相量形式表示，以便简化计算，有效值相量形式为

$$\dot{I} = I\angle\psi_i,\ \dot{U} = U\angle\psi_u$$

同频率正弦量之和的相量等于正弦量的相量之和。

3. 正弦电流电路的基本性质和计算公式(可利用对偶关系帮助理解和记忆)

(1) KCI、KVL的相量形式

$$\sum\dot{I} = 0,\ \sum\dot{U} = 0$$

(2) R、L、C元件VCR的相量形式

$$\dot{U} = R\dot{I},\ \dot{U} = \mathrm{j}X_L\dot{I},\ U = -\mathrm{j}X_C\dot{I}$$

R 为电阻，X_L为感抗，X_C为容抗，单位均为Ω。

或

$$\dot{I} = G\dot{U},\ \dot{I} = -\mathrm{j}B_L\dot{U},\ \dot{I} = \mathrm{j}B_C\dot{U}$$

G 为电导，B_L为感纳，B_C为容纳，单位均为S。

(3) 阻抗和导纳

不含独立源的二端网络，关联参考方向时端口电压相量(或电流相量)与电流相量(或电压相量)的比值为二端网络的阻抗(或导纳)，即

$$Z = \frac{\dot{U}}{\dot{I}} = |Z|\angle\varphi,\ Y = \frac{\dot{I}}{\dot{U}} = |Y|\angle\varphi'$$

阻抗角 φ 为电压相量$\dot{U}$超前电流相量$\dot{I}$的角度，导纳角 φ'为电流相量$\dot{I}$超前电压相量$\dot{U}$的角度。当 $\varphi>0$ 或 $\varphi'<0$ 为感性电路；$\varphi<0$ 或 $\varphi'>0$ 为容性电路。

阻抗与导纳可以等效变换

$$Z=\frac{1}{Y}$$

其中

$$|Z|=\frac{1}{|Y|},\quad \varphi=-\varphi'$$

4. 正弦电流电路的功率

(1) 不含独立源二端网络的功率。

有功功率 $P=UI\cos\varphi=UI\lambda$，也是二端网络吸收的平均功率，单位为 W。$\lambda$ 为功率因数，φ 为功率因数角，等于二端网络的阻抗角。

无功功率 $Q=UI\sin\varphi$，也是二端网络与外电路进行能量交换的最大速率，单位为 var。若 $Q>0$，吸收感性无功功率；若 $Q<0$，吸收容性无功功率，相当于提供感性无功功率。Q 的单位为 var。

视在功率 $S=UI$，常用来表征电气设备的容量，单位为 V・A。

P、Q、S 构成功率三角形，$\frac{Q}{P}=\tan\varphi$。

(2) 复功率。复功率是一个计算用的复数量，在关联参考方向下二端网络的复功率定义为

$$\widetilde{S}=P+\mathrm{j}Q$$

其计算公式为

$$\widetilde{S}=\dot{U}\dot{I}^*=ZI^2=Y^*U^2$$

(3) 为了改善功率因数(由 $\cos\varphi$ 提高为 $\cos\varphi'$)，以减少线路的电压损失、功率损耗和节约视在功率，可在有功功率为 P 的负载处并联电容器，所需电容器的无功功率为

$$Q_C=P\tan\varphi-P\tan\varphi'$$

电容器的电容量为

$$C=\frac{Q_C}{\omega U^2}=\frac{P}{\omega U^2}(\tan\varphi-\tan\varphi')$$

(4) 最大功率传输。当负载阻抗等于电源内阻抗的共轭复数时，负载能获得最大功率，称为最大功率匹配或共轭匹配。即

$$Z=\overset{*}{Z}_i$$

此时最大功率为

$$P_{\max}=\frac{U_0^2}{4R_i}$$

5. 正弦电流电路的分析方法——相量法

(1) 作出电路的相量模型，将激励和响应用相量表示，选定它们的参考方向；

(2) 根据两类约束的相量形式和分析直流电路的分析方法，列写电路方程，进行求解；

(3) 可以利用相量图辅助分析计算。

习　题

3-1　将下列复数化为极坐标形式：

(1) $F_1=-5-\mathrm{j}5$　(2) $F_2=-4+\mathrm{j}3$　(3) $F_3=20+\mathrm{j}40$

(4) $F_4=\mathrm{j}10$　　(5) $F_5=-3$　　(6) $F_6=2.78+\mathrm{j}9.2$

3-2　将下列复数化为代数形式：

(1) $F_1=10\angle-73^\circ$　(2) $F_2=15\angle112.6^\circ$　(3) $F_3=1.2\angle152^\circ$

(4) $F_4=10\angle-90^\circ$　(5) $F_5=5\angle-180^\circ$　(6) $F_6=10\angle-135^\circ$。

3-3　求3-1题中的 $F_2\times F_6$ 和 $\dfrac{F_2}{F_6}$。

3-4　求3-2题中的 F_1+F_5 和 $\dfrac{F_1}{F_5}$。

3-5　若已知 $i_1=-5\sin(314t+60^\circ)\,\mathrm{A}$，$i_2=10\cos(314t+60^\circ)\,\mathrm{A}$，$i_3=4\sin(314t+60^\circ)\,\mathrm{A}$。

(1) 写出上述电流的相量，并绘出它们的相量图；

(2) 求 i_1 和 i_2，i_1 和 i_3 的相位差；

(3) 绘出 i_1 的波形图；

(4) 若将 i_1 表达式中的负号去掉，将意味着什么？

(5) 求 i_1 的周期 T 和频率 f。

3-6　已知电容 $C=500\ \mathrm{pF}$，通过该电容的电流 $i(t)=20\sqrt{2}\sin(10^6t+30^\circ)\,\mathrm{mA}$，求电容两端电压，写出其瞬时值解析式并画出相量图。

3-7　设有一电感线圈，其电阻可略去不计，电感为 35 mH，在频率为 50 Hz、有效值 $U=110\ \mathrm{V}$ 的正弦电压作用下，求：(1)线圈的感抗 X_L；(2)电路中的电流 $\dot{I}$ 及其与 $\dot{U}$ 的相位差 φ；(3)线圈的无功功率 Q_L；(4)电流从零开始的 1/4 个周期中线圈储存起来的磁场能量 W。

3-8　已知图 3-39(a)中电压表读数为 V_1：30 V；V_2：60 V；图 3-39(b)中电压表读数为 V_1：15 V；V_2：80 V；V_3：100 V。分别求图 3-39 中电压 U_S 的有效值。

3-9　已知图 3-40 所示正弦电流电路中，电流表的读数分别为 $A_1=5\ \mathrm{A}$，$A_2=20\ \mathrm{A}$，$A_3=25\ \mathrm{A}$。求：(1)电流表 A 的读数；(2)如果维持 A_1 的读数不变，而把电源的频率提高 1 倍，再求电流表 A 的读数。

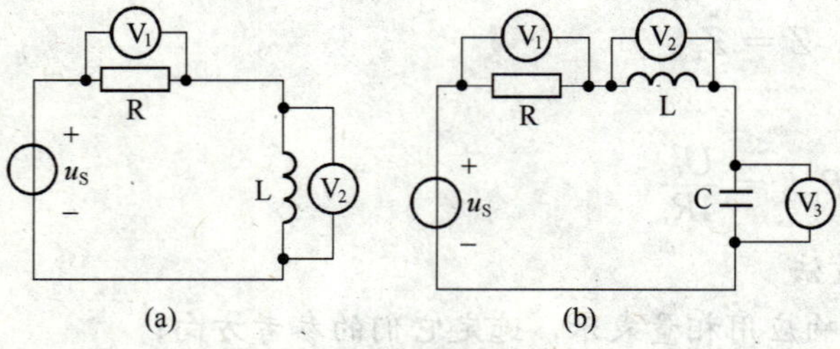

(a)　(b)

图 3-39　习题 3-8 电路

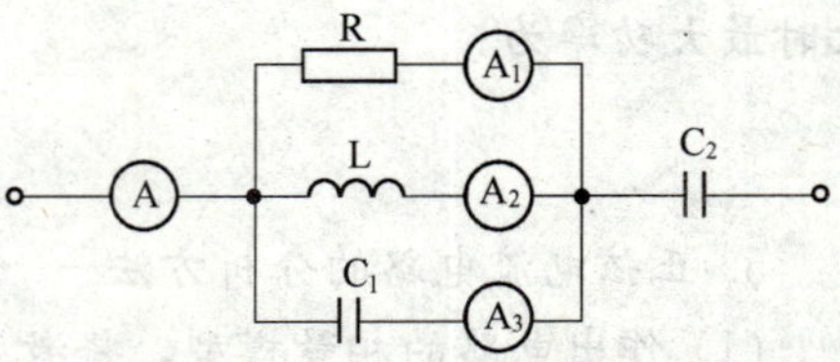

图 3-40　习题 3-9 电路

3-10　已知图 3-41 所示电路中 $\dot{I}=2\angle0^\circ\ \mathrm{A}$，求电压 $\dot{U}_S$，并作电路的相量图。

3-11　在图 3-42 所示移相电路中，输出电压 $\dot{U}_2$ 比输入电压 $\dot{U}_1$ 移后一个相位角。设电容 $C=0.01\ \mu\mathrm{F}$，输入电压 $u_1(t)=\sqrt{2}\sin(2\pi\times600t)\,\mathrm{V}$，今欲使输出电压的相位角向滞后方向移动 60°，问应配多大电阻 R？这时输出电压 U_2 为多大？

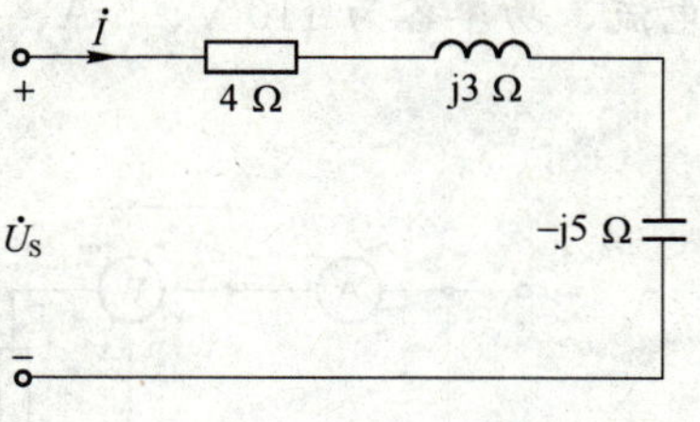

图 3-41　习题 3-10 电路

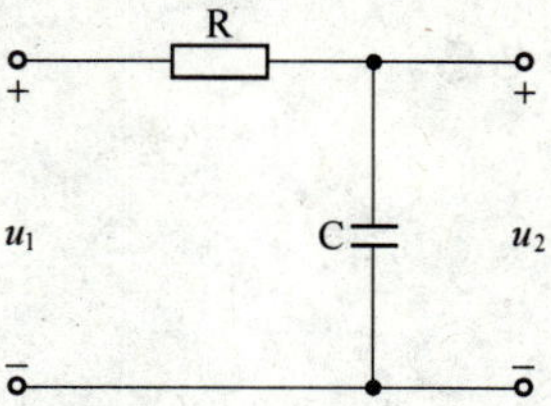

图 3-42　习题 3-11 电路

3-12　日光灯管与镇流器串联接到交流电压上，可看作 R、L 串联电路。如已知某灯管的等效电阻 $R_1=280\ \Omega$，镇流器的电阻和电感分别为 $R_2=20\ \Omega$ 和 $L=1.65$ H，电源电压 $U=220$ V，试求电路中电流和灯管两端与镇流器上的电压。电源频率为 50 Hz。

3-13　在 RLC 并联电路中，已知 $R=10\ \Omega$，$X_L=15\ \Omega$，$X_C=8\ \Omega$，电路电压 $\dot{U}=120\angle 0°$ V，$f=50$ Hz。试求：(1)电流 $\dot{I}_R$、$\dot{I}_L$、$\dot{I}_C$、$\dot{I}$；(2)复导纳 Y；(3)画出相量图。

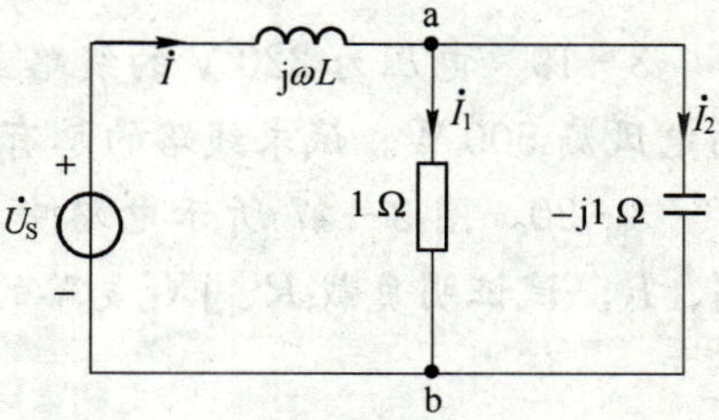

图 3-43　习题 3-14 电路

3-14　在图 3-43 所示电路中，$\dot{I}_2=10\angle 0°$ A，$U_S=\frac{10}{\sqrt{2}}$ V，求电流 $\dot{I}$ 和电压 $\dot{U}_S$，并画出相量图。

3-15　试求图 3-44 所示各电路中的输入阻抗 Z 和导纳 Y。

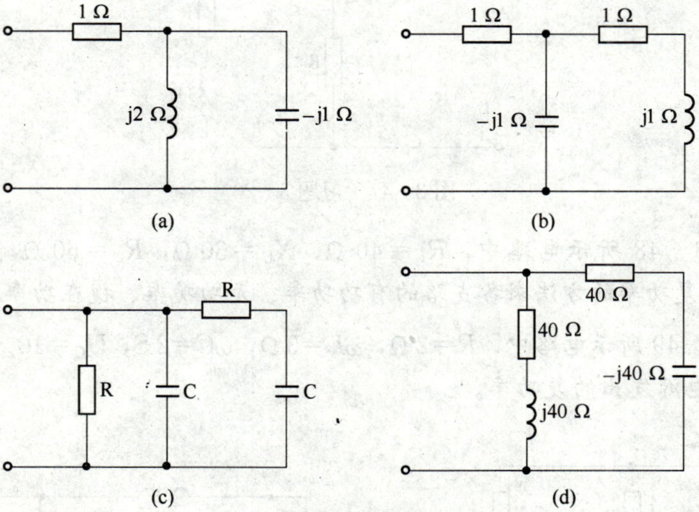

图 3-44　习题 3-15 电路

3-16　图 3-45 所示电路中，$U=150$ V，$U_1=200$ V，$U_2=80$ V，$f=50$ Hz，$X_C=80\ \Omega$。试求 R 及 L 的值。

3-17　某一线圈具有电阻 20 Ω 和电感 0.2 H，加 100 V 正弦电压，频率为 50 Hz，求这个线圈的视在功率、有功功率、无功功率和功率因数。

3-18　图 3-46 所示为一种测量线圈参数的电路。把线圈接到工频正弦电源上，分别用电压表、电流表、功率表测得线圈的电压、电流、功率各为 110 V、5 A、400 W。试计算线圈的电阻和电感。

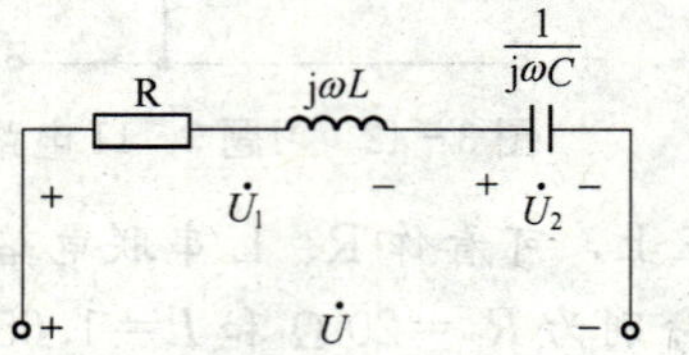

图 3-45　习题 3-16 电路

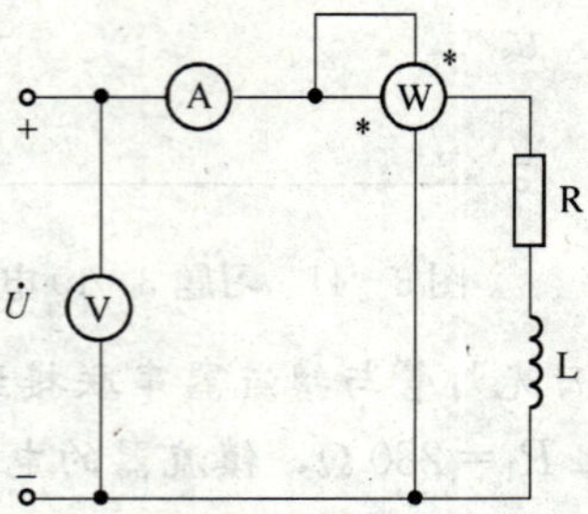

图 3-46　习题 3-18 电路

3-19　电压为 220 V 的线路上接有功率因数为 0.5 的日光灯 800 W 和功率因数为 0.65 的电风扇 500 W。试求线路的总有功功率、无功功率、视在功率、功率因数及总电流。

3-20　图 3-47 所示电路中，R_1 为已知，3 个电流表 A_1、A_2、A_3 的读数分别为 I_1、I_2、I_3。试证明负载 R、jX_L 支路的有功功率为

$$P=\frac{R_1}{2}(I_1^2-I_2^2-I_3^2)$$

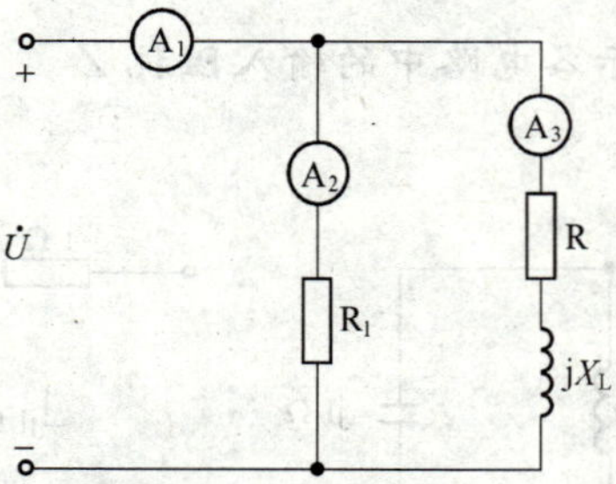

图 3-47　习题 3-20

3-21　图 3-48 所示电路中，$R_1=40\ \Omega$，$X_L=30\ \Omega$，$R_2=60\ \Omega$，$X_C=60\ \Omega$，$\dot{U}=220\angle 0^\circ$ V。试用复功率的方法求各支路的有功功率、无功功率、视在功率及功率因数。

3-22　图 3-49 所示电路中，$R=2\,\Omega$，$\omega L=3\,\Omega$，$\omega C=2$ S，$\dot{U}_C=10\angle 45^\circ$ V。求各元件的电压、电流和电源发出的复功率。

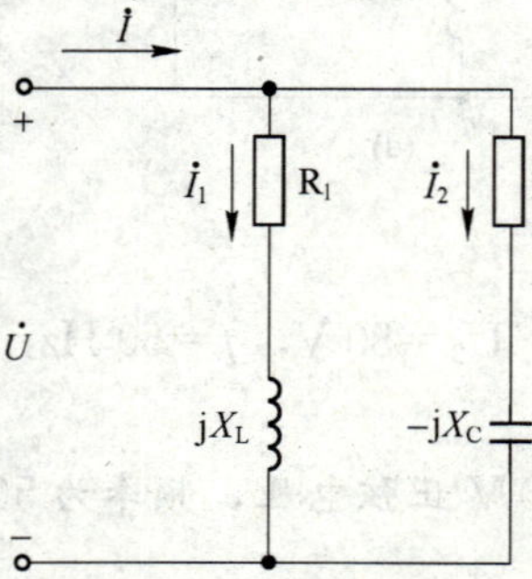

图 3-48　习题 3-21 电路

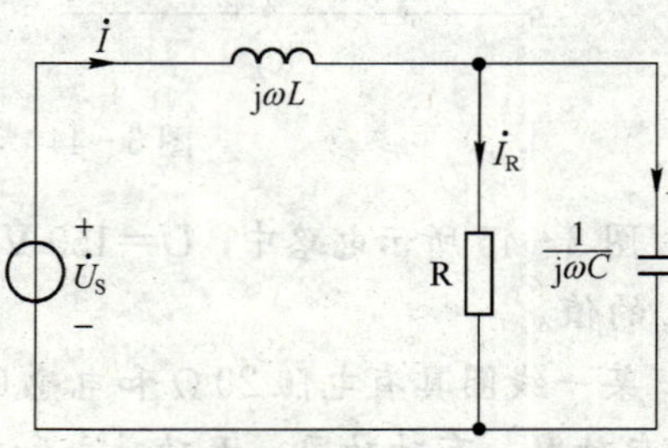

图 3-49　习题 3-22 电路

3－23　单相感应电动机接到 50 Hz、220 V 供电线上，吸收功率为 700 W，功率因数 $\cos\varphi=0.7$，今并联一电容器以提高功率因数至 0.9，求所需电容器的电容。

3－24　试分别用网孔分析法和节点分析法求图 3－50 所示电路的各支路电流和各个电压源发出的复功率。已知 $\dot{U}_1=100\angle 0^\circ$ V，$\dot{U}_2=100\angle 90^\circ$ V，$R=5\ \Omega$，$X_L=5\ \Omega$，$X_C=2\ \Omega$。

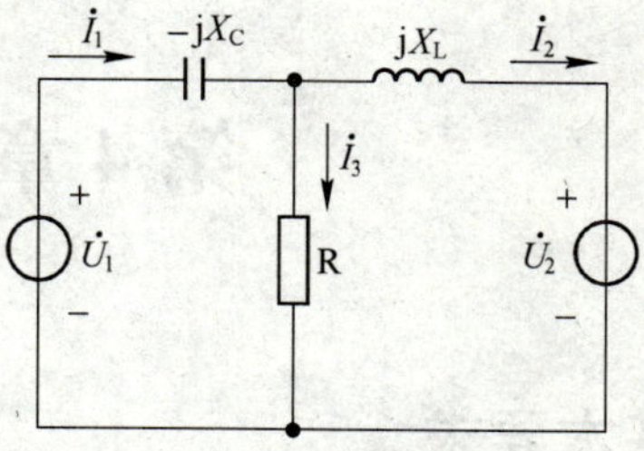

图 3－50　习题 3－24 电路

3－25　图 3－51 所示电路，当 S 打开时，电压表的读数为 25 V，电路中的阻抗为 $Z_1=(6+j2)\Omega$，$Z_2=2Z_1$。求 S 闭合后电压表的读数。

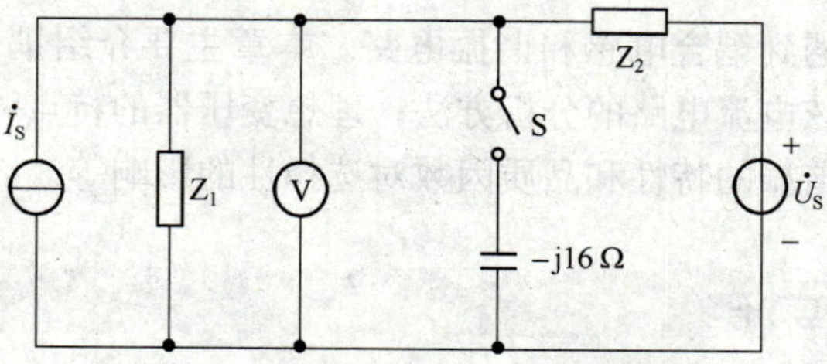

图 3－51　习题 3－25 电路

3－26　求图 3－52 所示电路的戴维南和诺顿等效电路。

3－27　求图 3－53 所示电路的平衡条件。

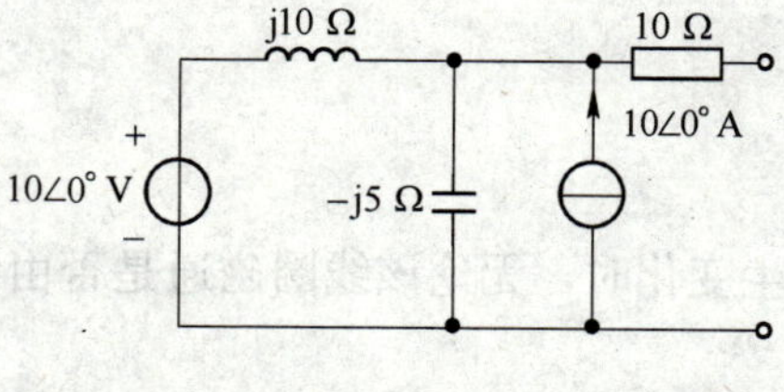

图 3－52　习题 3－26 电路

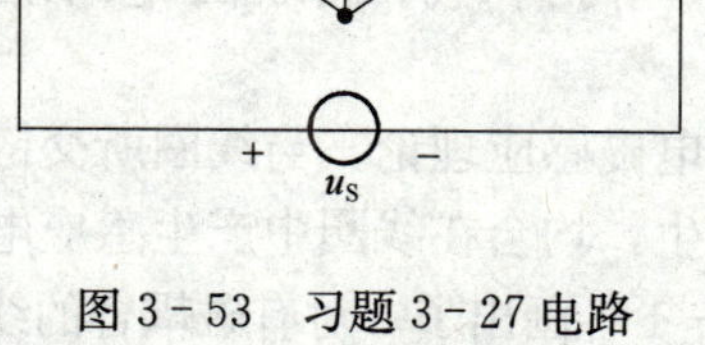

图 3－53　习题 3－27 电路

第 4 章　耦合电感和谐振电路

基本要求

1. 理解互感、同名端、互感电压的概念，掌握具有互感的正弦电路的分析方法。
2. 掌握理想变压器的性质及其电路的计算。
3. 理解电路的谐振概念，熟悉串并联电路的谐振特点，掌握谐振电路的分析方法。

在电工技术中经常遇到耦合电感和谐振电路。本章主要介绍耦合电感元件的基本概念，含有耦合电感元件的正弦电流电路的分析方法；理想变压器的特点；串联谐振、并联谐振的物理现象、谐振条件、谐振的特性和品质因数对选择性的影响等。

4.1　耦合电感元件

前 3 章中讨论的电感元件，其实是孤立电感线圈的电路模型。本节将学习耦合(互感)线圈的电路模型。所谓耦合是指电路中某一条支路的电压或电流与另一条支路的电压或电流相关联。载流线圈之间通过彼此的磁场相互联系的物理现象称为磁耦合。具有磁耦合的两个或两个以上的线圈，称为耦合线圈。当其中一个线圈有交变电流通过时，除在该线圈本身产生磁链和电压，还会在其他线圈产生磁链和电压。如果各线圈的位置是固定的，并且忽略线圈本身所具有的电阻和匝间分布电容，得到的耦合线圈的理想模型就称为耦合电感。为便于分析，本章规定每个线圈的电流与电压取关联参考方向，并与其产生的磁链的参考方向符合右手螺旋法则，各线圈之间由磁链耦合，其耦合关系另行说明。

4.1.1　耦合线圈的自感和互感

根据电磁感应理论，当线圈所交链的磁通发生变化时，无论该线圈磁通是否由线圈本身电流所产生，均会在线圈中产生感应电动势。

图 4-1 各画出了一对有磁耦合的线圈 1 与 2，线圈心子及周围的磁介质为非铁磁性物质。线圈 1(电感为 L_1)的匝数为 N_1，线圈 2(电感为 L_2)的匝数为 N_2。i_1 为流入线圈 1 的电流，i_2

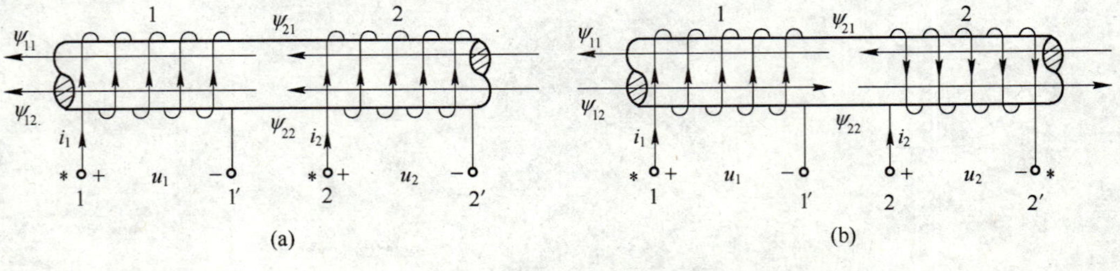

图 4-1　耦合线圈

为流入线圈 2 的电流，两线圈的绕向、电流方向及线圈各端子的编号如图 4-1 所示。

i_1 在线圈 1 本身形成的自感磁通链 Ψ_{11}与电流 i_1 成正比，如上所述，其参考方向与 i_1 的参考方向相关联，所以有 $\Psi_{11}=L_1i_1$。电流 i_1 所建立磁场中的一部分或全部交链线圈 2 时产生的磁通链，称为互感通磁链，设为 Ψ_{21}，它也与电流 i_1 成正比，其参考方向与 i_1 的参考方向也相关联，有 $\Psi_{21}=M_{21}i_1$，M_{21}称为线圈 1 与线圈 2 的互感。

同样，线圈 2 中的电流 i_2 在线圈 2 产生自感磁通链 Ψ_{22}，在线圈 1 产生互感磁通链 Ψ_{12}，由于参考方向均为关联，所以有 $\Psi_{22}=L_2i_2$ 和 $\Psi_{12}=M_{12}i_2$ 成立。M_{12} 称为线圈 2 与线圈 1 的互感。需特别指出的是：本章变量的双下标中的第 1 个下标表示该磁通链所在线圈的编号，第 2 个下标表示产生该磁通链的电流所在线圈的编号。

当周围空间是静止的线性磁介质时，根据电磁场理论可以证明 $M_{12}=M_{21}$，所以不必区分 M_{12}和 M_{21}，统一用 M 表示，称为互感。互感与自感一样总是正值。互感的国际单位与自感的单位相同，也是 H。

互感的量值反映了一个线圈在另一个线圈产生磁链的能力。一般情况下，流经耦合线圈的电流所产生的磁通只有部分磁通相交链，而彼此不交链的那一部分磁通称为漏磁通。工程上为了定量地描述两个耦合线圈的耦合密疏程度，把两线圈的互感磁通链与自感磁通链的比值的几何平均值定义为耦合因数，记为 k，其大小为

$$k\overset{\text{def}}{=}\sqrt{\frac{|\Psi_{12}|}{\Psi_{11}}\cdot\frac{|\Psi_{21}|}{\Psi_{22}}}=\frac{M}{\sqrt{L_1L_2}} \tag{4-1}$$

耦合因数 k 的范围为 $0\leqslant k\leqslant 1$，其大小反映了两个线圈的耦合程度，耦合因数越大，这两个线圈的 M 越大。当 $k=1$ 时，称全耦合；当 $k=0$ 时，说明两线圈没有耦合。

k 的大小与两个线圈的结构、相互位置及周围磁介质有关。如图 4-2(a)所示的两线圈紧密绕在一起，其 k 可能接近 1；相反，如果它们相隔很远，或者轴线相互垂直，如图 4-2(b)所示，其 k 可能近似于零。由此可见，改变或调整两线圈的相互位置，可以改变耦合系数 k 的大小。

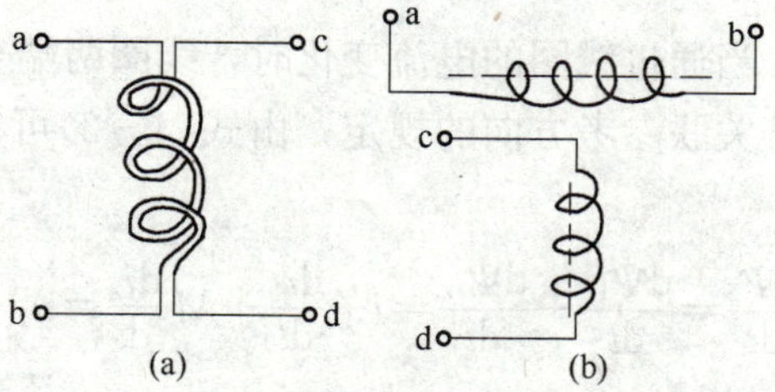

图 4-2　耦合线圈的相互位置

4.1.2　耦合线圈的总磁链

若一对耦合线圈中同时有电流 i_1 和 i_2 存在，则每个线圈中的磁通链等于自感磁通链和互感磁通链两部分的代数和，这就是耦合线圈的总磁链。取总磁链与自感磁链有相同的参考方向，对于图 4-1(a)所示两个线圈有

$$\left.\begin{aligned}\Psi_1=\Psi_{11}+\Psi_{12}=L_1i_1+Mi_2\\ \Psi_2=\Psi_{21}+\Psi_{22}=Mi_1+L_2i_2\end{aligned}\right\}\tag{4-2}$$

对于图 4-1(b)所示两个线圈有

$$\left.\begin{aligned}\Psi_1=\Psi_{11}-\Psi_{12}=L_1i_1-Mi_2\\ \Psi_2=\Psi_{21}+\Psi_{22}=-Mi_1+L_2i_2\end{aligned}\right\}\tag{4-3}$$

式(4-2)中总磁链为自感磁链加上互感磁链，式(4-3)中总磁链为自感磁链减去互感磁链。M前的“±”号说明磁耦合中互感作用的两种可能性，“+”号表示互感磁通链与自感磁通链方向一致，称为互感的“增助”作用；“-”号则相反，表示互感的“削弱”作用。显然，这与两个线圈的相对位置和绕法有关，也与电流的参考方向即线圈首尾端的规定有关。

在不知道线圈绕法和分不清首尾端的情况下，为了便于反映互感“增助”或“削弱”作用和简化图形表示，可通过在耦合线圈的端钮上标注一对称为同名端的符号来表征。线圈的同名端是这样规定的：具有磁耦合的两线圈，当电流分别从两线圈各自的某端同时流入(或流出)时，若两者产生的磁通增助，则这两端叫作互感线圈的同名端，用“*”、“·”、“Δ”等符号表示；反之，则称为异名端。

例如，对图 4-1(a)，当电流 i_1 和 i_2 分别由端钮 1 和 2 流入(或流出)时，它们各自产生的磁通相增助. 因此 1 端和 2 端是同名端(1′端和 2′端也是同名端)；1 端与 2′端(或 2 端与 1′端)称异名端。图 4-1(b)则刚好相反，电流 i_1 和 i_2 在耦合线圈中产生的磁场方向相反，则 1 端和 2 端(或端钮 1′和 2′)是异名端，而端 1 端和 2′端(或端钮 1′和 2)是同名端，标以相同的符号。

如果两个线圈的电流都由同名端流入，则每个线圈的总磁链为自感磁链与互感磁链相加；若两个线圈的电流都由异名端流入，则每个线圈的总磁链为自感磁链与互感磁链相减。

4.1.3 耦合线圈的互感电压

由电磁感应定律可知，当通过线圈的电流变化时，线圈两端会产生感应电压。按上述每个线圈电流、电压及磁通链关联参考方向的规定，由式(4-2)可得出图 4-1(a)所示线圈的感应电压为

$$\left.\begin{aligned}u_1=\frac{d\Psi_1}{dt}=\frac{d\Psi_{11}}{dt}+\frac{d\Psi_{12}}{dt}=L_1\frac{di_1}{dt}+M\frac{di_2}{dt}=u_{11}+u_{12}\\ u_2=\frac{d\Psi_2}{dt}=\frac{d\Psi_{21}}{dt}+\frac{d\Psi_{22}}{dt}=M\frac{di_2}{dt}+L_2\frac{di_2}{dt}=u_{21}+u_{22}\end{aligned}\right\}\tag{4-4}$$

同理，由式(4-3)可得出图 4-1(b)所示两个线圈的感应电压为

$$\left.\begin{aligned}u_1=\frac{d\Psi_1}{dt}=\frac{d\Psi_{11}}{dt}-\frac{d\Psi_{12}}{dt}=L_1\frac{di_1}{dt}-M\frac{di_2}{dt}=u_{11}+u_{12}\\ u_2=\frac{d\Psi_2}{dt}=-\frac{d\Psi_{21}}{dt}+\frac{d\Psi_{22}}{dt}=-M\frac{di_1}{dt}+L_2\frac{di_2}{dt}=u_{21}+u_{22}\end{aligned}\right\}\tag{4-5}$$

可见，在忽略耦合线圈电阻的条件下，每个线圈的总电压均由自感磁链产生的自感电压(u_{11}或 u_{22})和互感产生的互感电压(u_{12}或 u_{21})两部分组成。对式(4-4)或式(4-5)的磁通相加、

相消两种情况进行归纳总结，可以得出以下结论。

自感电压 u_{11}、u_{22}取正还是取负，取决于本电感线圈的 u、i 的参考方向是否关联。若关联，自感电压取正；反之取负。而互感电压 u_{12}、u_{21}的符号有两种确定方法。方法一：当电流从一电感线圈的同名端指向另一端时，在与其耦合的线圈中，由该电流产生的互感电压也从同名端指向另一端，互感电压前应取"+"号，反之取"−"号。方法二：如果互感电压"+"极性端子与产生它的电流流进的端子为一对同名端，互感电压前应取"+"号，反之取"−"号。

在图 4-1(a)中，端钮 1 和 2 为同名端。电流 i_1 由端钮 1 流入，而端钮 2 电压为正极性。电流 i_2 由端钮 2 流入，而端钮 1 电压为正极性。可见，线圈电流的参考方向与另一个线圈电压的参考方向对同名端相关联。在这种情况下，式(4-4)中互感电压是正的。

在图 4-1(b)中，端钮 1、2′为同名端。电流由端钮 1 流入，而端钮 2′的电压为负极性；电流由端钮 2′流出，而端钮 1 电压为正极性。可见，线圈电流的参考方向与另一个线圈电压的参考方向对同名端为非关联。在这种情况下，式(4-5)互感电压是负的。

4.1.4　耦合电感元件

根据以上阐述，可将实际耦合线圈抽象出理想化的电路模型，将其视为一种线性双口电路元件，其元件符号和电压电流关系如图 4-3 所示，由 L_2、L_2 和 M 3 个参数表征，图 4-3(a)对应于式(4-4)，图 4-3(b)对应于式(4-5)。

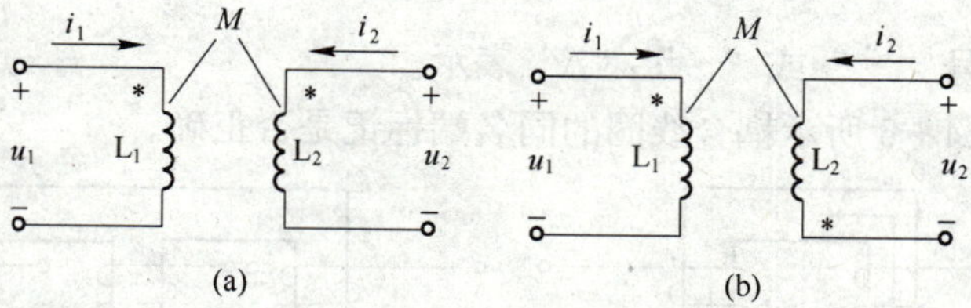

图 4-3　耦合电感元件

4.1.5　耦合电感的相量模型

含有耦合电感电路的正弦稳态分析仍可以采用相量法。KCL 的形式不变；在 KVL 的表达式中，应计入由于互感的作用而引起的互感电压。当某些支路具有耦合电感时，这些支路的电压将不仅与本支路电流有关，同时还将与那些与之有互感关系的支路电流有关。

一般情况下，对于含有耦合电感的电路，可以列写 KCL 方程、KVL 方程和回路(网孔)方程，而列写节点电压方程比较困难，较少使用。

由图 4-3 可得耦合电感元件的相量模型如图 4-4 和式(4-6)所示。

$$\left.\begin{aligned}\dot{U}_1&=\dot{U}_{11}+\dot{U}_{12}=\mathrm{j}\omega L_1\dot{I}_1+\mathrm{j}\omega M\dot{I}_2=\mathrm{j}X_{L1}\dot{I}_1+\mathrm{j}X_M\dot{I}_2\\\dot{U}_2&=\dot{U}_{21}+\dot{U}_{22}=\mathrm{j}\omega M\dot{I}_1+\mathrm{j}\omega L_2\dot{I}_2=\mathrm{j}X_M\dot{I}_1+\mathrm{j}X_{L2}\dot{I}_2\end{aligned}\right\}\tag{4-6a}$$

$$\left.\begin{aligned}\dot{U}_1&=\dot{U}_{11}+\dot{U}_{12}=\mathrm{j}\omega L_1\dot{I}_1-\mathrm{j}\omega M\dot{I}_2=\mathrm{j}X_{L1}\dot{I}_1-\mathrm{j}X_M\dot{I}_2\\\dot{U}_2&=\dot{U}_{21}+\dot{U}_{22}=-\mathrm{j}\omega M\dot{I}_1+\mathrm{j}\omega L_2\dot{I}_2=-\mathrm{j}X_M\dot{I}_1+\mathrm{j}X_{L2}\dot{I}_2\end{aligned}\right\}\tag{4-6b}$$

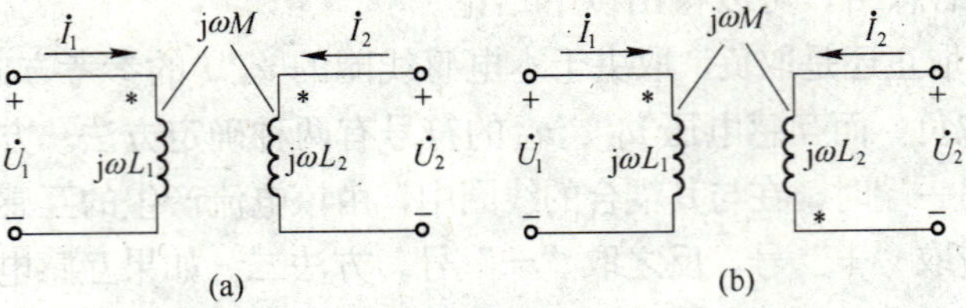

图 4-4　耦合电感的相量模型

式中，X_M 称为互感电抗，其国际单位为 Ω。互感电抗只有在正弦电流电路中才有意义。

4.1.6　同名端的判断方法

可采用以下 3 种方法判断同名端。

① 设耦合线圈之一通以电流(指定参考方向)，根据载流线圈的绕向按右螺旋关系确定其他耦合线圈中互感磁通的方向，再根据互感磁通与所在线圈的绕向，按右螺旋关系一一确定每一个耦合线圈中互感电压的正极性端，则互感电压的正极性端与该电流的进端构成同名端。

② 当两个线圈中的电流由某端流入(或流出)时，若产生的磁通相互增强，则流入(或流出)端互为同名端。

③ 当有增大的电流从一线圈的一端流入时，引起另一线圈某端的电位升高，则它们互为同名端。

同名端用一对符号“*”或“·”、“Δ”表示。

例 4-1　判断图 4-5 所示耦合线圈的同名端标记是否正确。

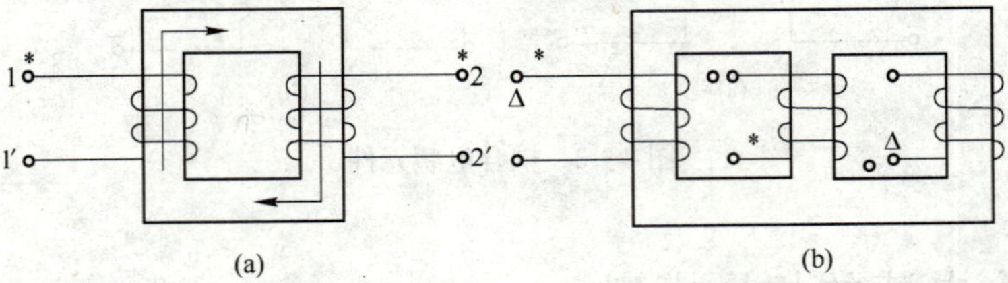

图 4-5　例 4-1 图

解　图 4-5(a)中，当端钮 1、2 流入电流时，两个电流产生的磁通方向相互加强，所以端钮 1、2 是同名端。

图 4-5(b)中，3 个线圈彼此之间存在磁耦合。当有 2 个以上线圈(电感)彼此之间存在磁耦合时，同名端应当一对一地加以标记，每对耦合线圈的同名端必须用不同的符号来标记。图中所示同名端的标记是正确的。

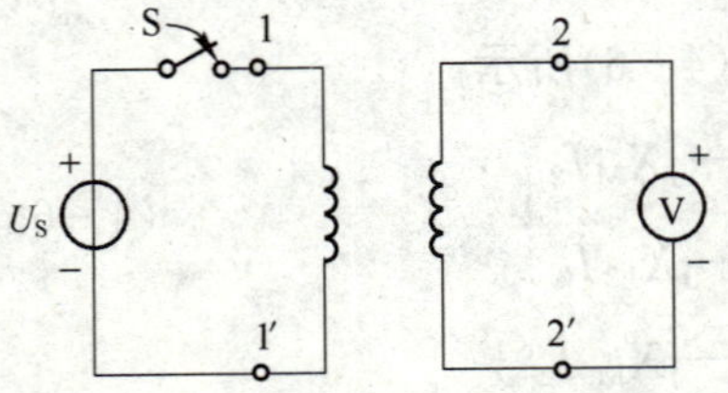

图 4-6　例 4-2 电路测定同名端的电路

例 4-2　当耦合线圈的相对位置和绕法不能识别时，可用图 4-6 所示的实验电路确定同名端。图中 U_S 表示直流电源，例如 1.5 V 干电池。Ⓥ表示高内阻直流电压表，由于开关闭合或断开时可能产生很高的感应电压，应将电压表的量程选择较大些，以免损坏仪表。

一个线圈通过开关接到直流电源，另一个线圈接电压表的"＋"、"－"端钮，如图 4-6 所示。当开关闭合瞬间，试根据电压表的偏转方向来判定同名端。

解　当开关闭合瞬间，如果电压表的指针发生正的偏转，则 1、2 为同名端，其理由可作如下解释：

开关闭合瞬间，电流由端钮 1 流入线圈，由零增大。当有随时间增大的电流从一个线圈的端钮流入时，即$\frac{di_1}{dt}\geqslant 0$，除使该端钮电位升高外，还使耦合线圈的同名端电位升高。这时电压表指针正向偏转，说明 $u_2=M\frac{di_1}{dt}\geqslant 0$，则端钮 2 为高电位，可见端钮 1、2 互为同名端。

由此也可以看出同名端的另一种意义，当外加电流由一线圈的端钮流入且增大时，其耦合线圈感应电动势，在同名端引起较异名端为高的电位，并由同名端向外电路(例如电压表)流出电流。

思考题与练习题

4.1.1　互感系数是怎样定义的？它的大小和哪些因素有关？

4.1.2　耦合系数是怎样定义的？它和互感线圈的参数 L_1、L_2 及 M 有怎样的关系？

4.1.3　什么是同名端？为什么同名端又叫同极性端？测定同名端有什么简便的方法？

4.1.4　耦合电感的 VCR 是怎样的？VCR 式中的正负号如何确定？

4.1.5　试求图 4-7 中耦合电感的电压电流关系。

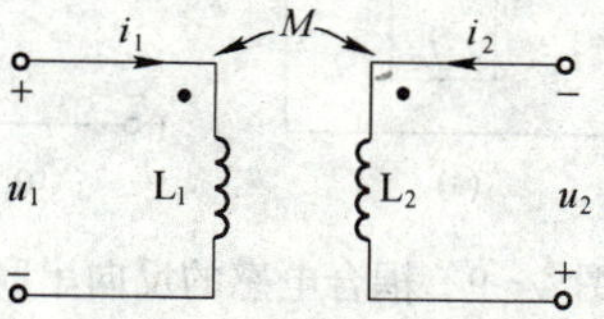

图 4-7　题 4.1.5 电路

4.2　含有耦合电感电路的计算

4.2.1　耦合电感的串联

耦合电感的串联有两种方式——顺接和反接。顺接就是异名端相接，如图 4-8(a)所示。这时，电流 i 从两线圈的同名端流入。选择各个线圈电压的参考方向与电流的参考方向相关联(如图 4-8(a)所示)，串联后包括自感电压和互感电压在内，线圈总电压为

$$u=u_1+u_2=L_1\frac{di}{dt}+M\frac{di}{dt}+L_2\frac{di}{dt}+M\frac{di}{dt}$$
$$=(L_1+L_2+2M)\frac{di}{dt}=L_{ab}\frac{di}{dt}$$

式中 $L_{ab}=L_1+L_2+2M$ 是两线圈顺向串联时的等效电感，如图 4-8(b)所示。

反向串联是把两线圈的同名端相连，如图 4-9(a)所示。这时，电流从两线圈的异名端

流入。选择各个线圈电压的参考方向与电流的参考方向相关联(如图 4-9(a)所示)，在这种情况下，一个线圈的互感电压和另一个线圈的电流的参考方向对同名端非关联，串联后包括自感电压和互感电压在内，总电压为

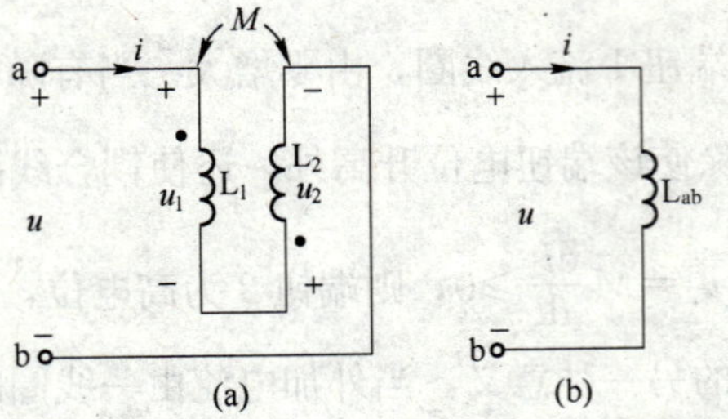

图 4-8　耦合电感的顺向串联

$$u=u_1+u_2=L_1\frac{di}{dt}-M\frac{di}{dt}+L_2\frac{di}{dt}-M\frac{di}{dt}$$
$$=(L_1+L_2-2M)\frac{di}{dt}=L_{ab}\frac{di}{dt}$$

式中 $L_{ab}=L_1+L_2-2M$ 是两线圈反向串联时的等效电感，如图 4-9(b)所示。

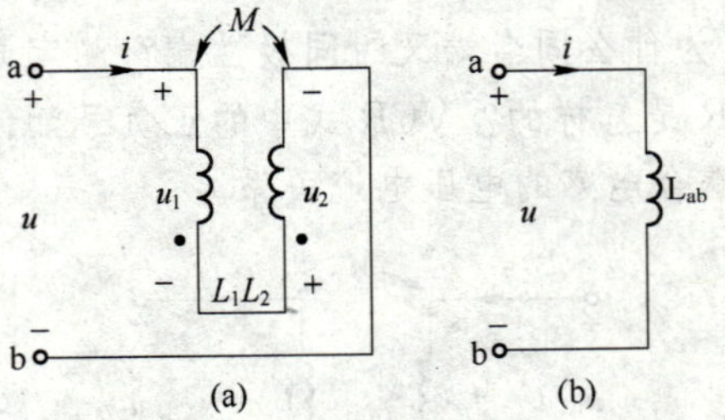

图 4-9　耦合电感的反向串联

4.2.2　耦合电感的并联

耦合电感的并联也有两种方式：同侧并联和异侧并联。

1. 同侧并联

耦合电感的同侧并联是两个同名端连接在同一个节点上，如图 4-10(a)所示。在正弦稳态情况下，按图示的参考方向有

$$\left.\begin{aligned}\dot{U}&=j\omega L_1\dot{I}_1+j\omega M\dot{I}_2\\\dot{U}&=j\omega M\dot{I}_1+j\omega L_2\dot{I}_2\end{aligned}\right\}\tag{4-7}$$

因为 $\dot{I}=\dot{I}_1+\dot{I}_2$，所以式(4-7)可写成

$$\left.\begin{aligned}\dot{U}&=j\omega M\dot{I}+j\omega(L_1-M)\dot{I}_1\\\dot{U}&=j\omega M\dot{I}+j\omega(L_2-M)\dot{I}_2\end{aligned}\right\}\tag{4-8}$$

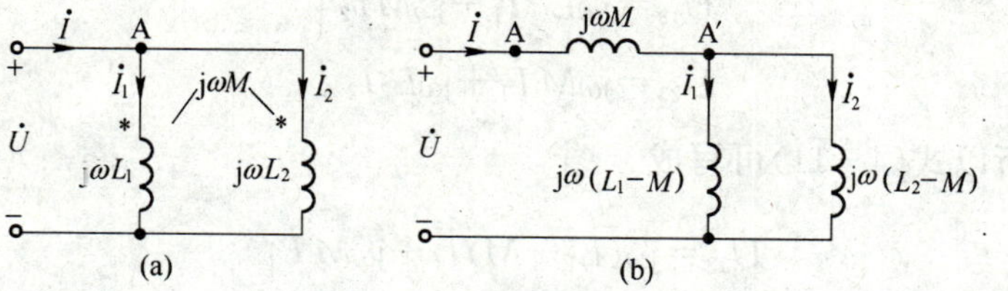

图 4-10　耦合电感的同侧并联

由式(4-8)得到去耦等效电路如图 4-10(b)所示，注意去耦等效之后原电路中的节点 A 的对应点为图(b)中的 A 点而非 A′点。由图 4-10(b)电路可求出等效阻抗为

$$Z=\mathrm{j}\omega M+\frac{\mathrm{j}\omega(L_1-M)\times\mathrm{j}\omega(L_2-M)}{\mathrm{j}\omega(L_1-M)+\mathrm{j}\omega(L_2-M)}=\mathrm{j}\omega\frac{L_1L_2-M^2}{L_1+L_2-2M}=\mathrm{j}\omega L$$

则等效(去耦等效)电感为

$$L=\frac{L_1L_2-M^2}{L_1+L_2-2M} \tag{4-9}$$

2. 异侧并联

耦合电感的异侧并联是两个异名端连接在同一节点上，如图4-11(a)所示。

可以证明，只要改变同侧并联电路(见图 4-10(b))中 M 前的符号就是其等效电路，如图 4-11(b)所示。

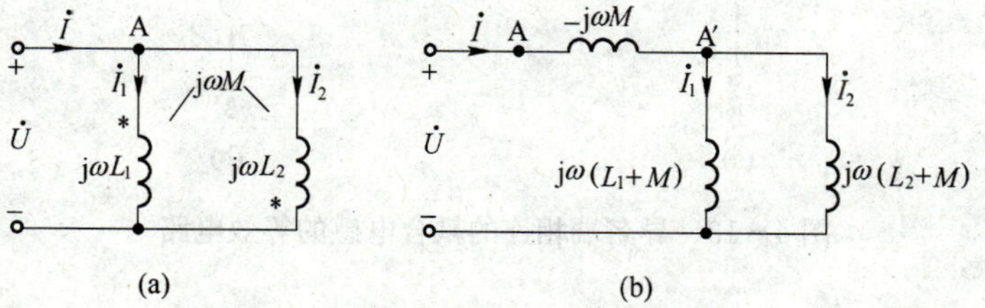

图 4-11　耦合电感的异侧并联

其等效(去耦等效)电感为

$$L=\frac{L_1L_2-M^2}{L_1+L_2+2M} \tag{4-10}$$

4.2.3　互感消去法

耦合电感的两个线圈有一个端钮相连接时(即有一个公共端时)，可把有耦合电感的电路化为去耦后的等效电路，称为互感消去法。

对图 4-12(a)所示两个线圈的公共端“3”为同名端相连的耦合电感，可得

$$\left.\begin{aligned}\dot{U}_{13}&=\mathrm{j}\omega L_1\dot{I}_1+\mathrm{j}\omega M\dot{I}_2\\ \dot{U}_{23}&=\mathrm{j}\omega M\dot{I}_1+\mathrm{j}\omega L_2\dot{I}_2\end{aligned}\right\}\tag{4-11}$$

由于$\dot{I}=\dot{I}_1+\dot{I}_2$，所以式(4－11)可写成

$$\left.\begin{aligned}\dot{U}_{13}&=\mathrm{j}\omega(L_1-M)\dot{I}_1+\mathrm{j}\omega M\dot{I}\\ \dot{U}_{23}&=\mathrm{j}\omega M\dot{I}+\mathrm{j}\omega(L_2-M)\dot{I}_2\end{aligned}\right\}\tag{4-12}$$

由式(4－12)可得出去耦等效电路如图 4－11(b)所示。

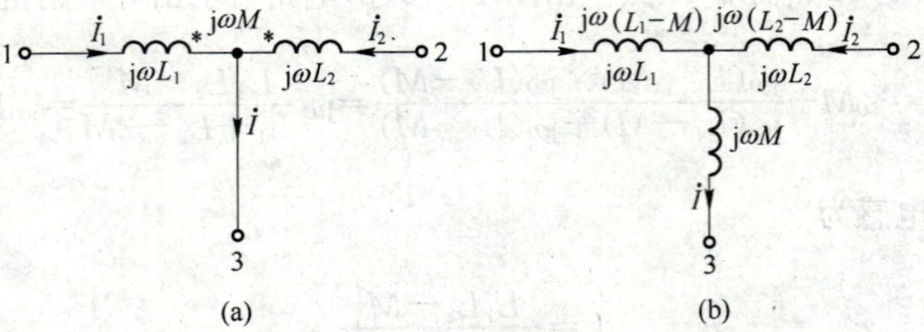

图 4－12　同名端相连的耦合电感的等效电路

如改变图 4－12(a)中耦合线圈同名端的位置，就变为图 4－13(a)中两个线圈异名端相连的耦合电感，同样可推导其去耦等效电路如图 4－13(b)所示。

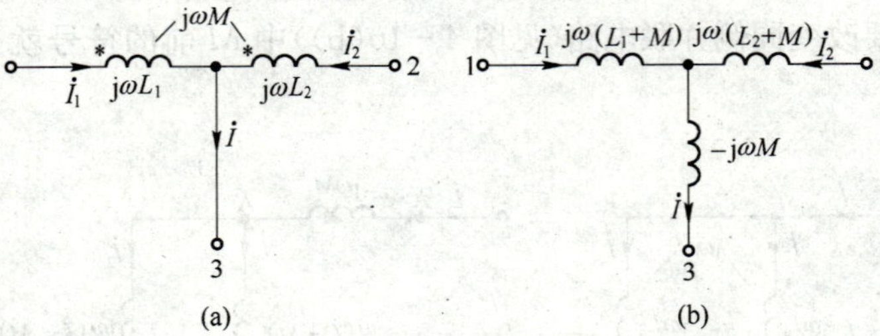

图 4－13　异名端相连的耦合电感的等效电路

4.2.4　含耦合电感电路的一般计算方法

在计算含有耦合电感的正弦电流电路时，可采用相量表示电压、电流，前面学习的相量法仍然适用。但由于某些支路具有耦合电感，故这些支路的电压不仅与本支路的电流有关，同时还与那些与之有耦合关系的支路电流有关，因而像阻抗串并联公式、节点电压法等不便直接应用。而以电流为未知量的支路电流法、网孔电流法则可以直接应用，这是因为互感电压可以直接计入 KVL 方程中，因此，计算含有耦合电感电路采用支路分析法或网孔分析法较为方便。具有耦合电感电路的功率计算与前面的方法相同，下面通过几个例子说明。

例 4－3　已知图 4－14 中，$L_1=1\ \mathrm{H}$，$L_2=2\ \mathrm{H}$，$M=0.5\ \mathrm{H}$，$R_1=R_2=1\ \mathrm{k\Omega}$，$u_S=100\sin(200\pi t)\mathrm{V}$，试求电流 i 及耦合系数 k。

解　耦合线圈为反向串联，电路的总阻抗为

$$Z=R_1+R_2+j\omega(L_1+L_2-2M)$$
$$=2\,000+j400\pi=2\,360\angle 32.1^\circ\ \Omega$$

有　　$\dot{I}=\dfrac{\dot{U}_s}{Z}=\dfrac{42.3}{\sqrt{2}}\angle -32.1^\circ\ A$

所以　　$i=42.3\sin(200\pi t-32.1^\circ)\ A$

耦合系数为　　$k=\dfrac{M}{\sqrt{L_1L_2}}=\dfrac{0.5}{\sqrt{2}}=0.354$

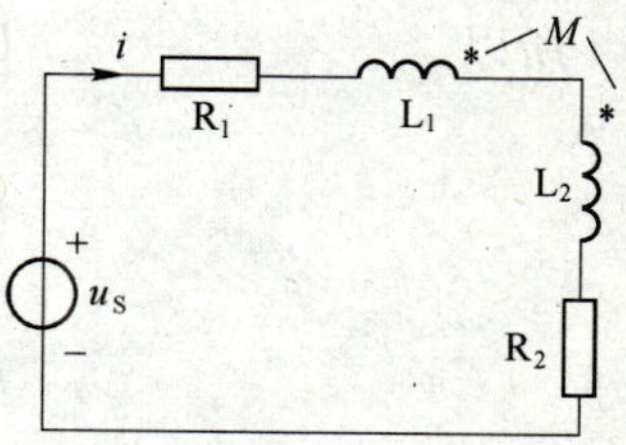

图 4-14　例 4-3 电路

例 4-4　图 4-15 中两个耦合线圈并联，已知其参数为 $R_1=20\ \Omega$，$\omega L_1=80\ \Omega$，$R_2=30\ \Omega$，$\omega L_2=50\ \Omega$，$\omega M=40\ \Omega$，电源的电压为$(120+j20)$ V。试求两线圈的电流、总电流和两线圈的复功率、总复功率。

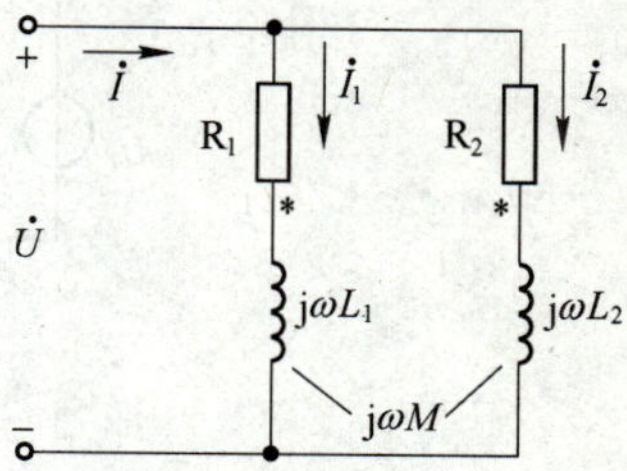

图 4-15　例 4-4 电路

解　两个耦合线圈是按同名端相连进行并联，有

$$\begin{cases}\dot{U}=R_1\dot{I}_1+j\omega L\dot{I}_1+j\omega M\dot{I}_2\\ \dot{U}=R_2\dot{I}_2+j\omega L_2\dot{I}_2+j\omega M\dot{I}_1\end{cases}$$

将数据代入，经过整理得

$$\begin{cases}(20+j80)\dot{I}_1+j40\dot{I}_2=120+j20\\ j40\dot{I}_1+(30+j50)\dot{I}_2=120+j20\end{cases}$$

解得$\dot{I}_1=-j1$ A，$\dot{I}_2=(1-j1)$ A，$\dot{I}=\dot{I}_1+\dot{I}_2=(1-j2)$ A

两线圈的复功率和总功率分别为

$$\tilde{S}_1=\dot{U}\dot{I}_1^*=(120+j20)\times j1=(-20+j120)\ V\cdot A$$
$$\tilde{S}_2=\dot{U}\dot{I}_2^*=(120+j20)\times(1+j1)=(100+j140)\ V\cdot A$$
$$\tilde{S}=\dot{U}\dot{I}^*=(120+j20)\times(1+j2)=(80+j260)\ V\cdot A$$

由于$\tilde{S}=\tilde{S}_1+\tilde{S}_2$，可知两个耦合线圈的复功率是守恒的。

例 4-5　电路如图 4-16 所示，已知$\dot{U}_1=10\angle 0^\circ$ V，$R_1=R_2=3\ \Omega$，$\omega L_1=\omega L_2=4\ \Omega$，$\omega M=2\ \Omega$，试求开路电压$\dot{U}_2$。

解　方法一　由题意知开路时，$\dot{I}_2=0$。根据图 4-16 中电路的参考方向可得

$$\dot{U}_1=(R_1+j\omega L_1)\dot{I}_1+j\omega M\dot{I}_2$$
$$\dot{U}_2=j\omega M\dot{I}_1+(R_1+j\omega L_2)\dot{I}_2+\dot{U}_1$$

解得

$$\dot{I}_1=\frac{\dot{U}_1}{R_1+j\omega L_1}=\frac{10\angle 0^\circ}{3+j4}=2\angle -53.1^\circ\ A$$
$$\dot{U}_2=j\omega M\dot{I}_1+\dot{U}_1=13.4\angle 10.3^\circ\ V$$

方法二　利用互感消去法，得如图 4-16(b)所示原电路的去耦等效电路。

由于　　$\dot{I}_2=0$

所以 $$\dot{U}_2=\frac{R_1+j\omega(L_1+M)}{R_1+j\omega(L_1+M)+j\omega(-M)}\times\dot{U}_1$$

$$=\frac{3+j6}{3+j4}\times10\angle0^\circ=13.4\angle10.3^\circ\ \mathrm{V}$$

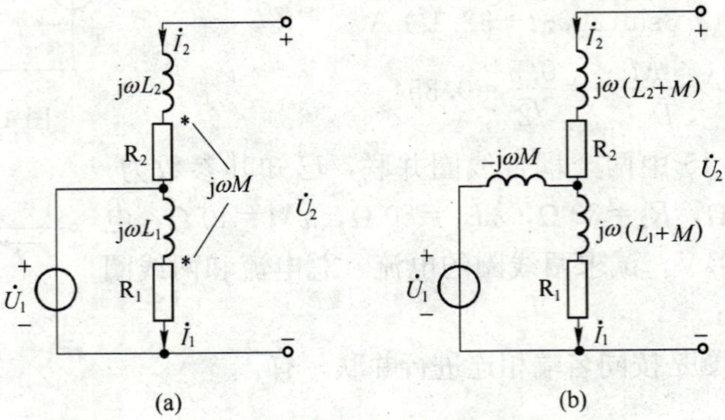

图 4-16 例 4-5 电路

思考题与练习题

4.2.1 耦合电感串联和并联分别有哪两种接法？各种连接的等效电感如何计算？

4.2.2 变压器的初级由两个完全相同且彼此有互感的线圈组成，两线圈的额定电压相同。试问在电源电压高于和低于额定电压两种情况下，两个初级线圈分别应怎样连接？

4.2.3 如何确定耦合电感的T型去耦等效参数？

4.2.4 将例 4-5 电路中耦合电感的同名端连接，重解该例题。

4.3 理想变压器

理想变压器是铁心变压器的理想化模型，它的唯一参数只是一个称之为变比的常数 n，而不是 L_1、L_2、M 等参数，理想变压器满足以下 3 个理想条件：耦合系数 $k=1$，即为全耦合；自感系数 L_1、L_2 为无穷大，但 L_1/L_2 为常数；无任何损耗，这意味着线圈的金属导线无任何电阻，铁磁材料的磁导率 μ 为无穷大。

4.3.1 理想变压器模型及电压、电流关系

理想变压器电路模型如图 4-17 所示。理想变压器的几个参数为：耦合系数 $k=1$，N_1、N_2 为原边、副边的匝数，变比 $n=N_1/N_2$（常量）。

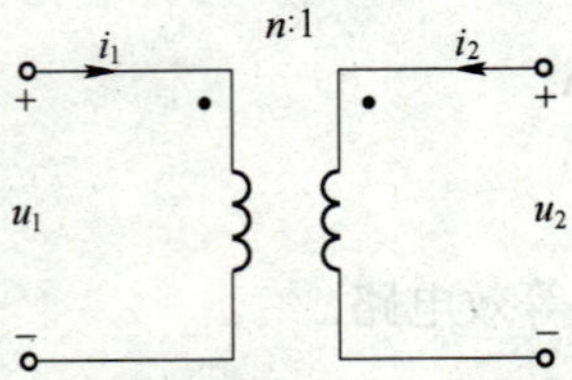

图 4-17 理想变压器电路模型

按图 4-17 中所示理想变压器的同名端及电压、电流参考方向，原、副边电压和电流关系为

$$\left.\begin{aligned}u_1&=nu_2\\ i_1&=-\frac{1}{n}i_2\end{aligned}\right\}\qquad(4-13)$$

关于理想变压器两端口的电压、电流之间的关系，强调以下两点。

① 对于变压关系式取“＋”号还是取“－”号，仅取决于电压参考方向与同名端的位置。当 u_1、u_2 参考方向在同名端为相同时，则式(4－13)冠以“＋”号；反之，若 u_1、u_2 参考方向一个在同名端为“＋”，一个在异名端为“＋”，则式(4－13)冠以“－”号。

② 对于变流关系式取“＋”号还是取“－”号，仅取决于电流参考方向与同名端的位置。当初、次级电流 i_1、i_2 分别从同名端流入(或流出)时，式(4－13)冠以“－”号；反之，若 i_1、i_2 一个从同名端流入，一个从异名端流入，则式(4－13)冠以“＋”号。

工程上常采用两种措施，以使实际变压器的性能接近理想变压器：一是心子用磁导率 μ 很高的磁性材料制作；二是保持匝数比不变情况下，尽可能增加匝数，使 k 接近于 1，即尽量紧密耦合。

4.3.2　理想变压器特性

1. 理想变压器的功率

对图 4－17 所示的理想变压器，由于有 $u_1i_1+u_2i_2=0$，所以其瞬时功率为 0，即任意时刻，理想变压器吸收的功率恒等于零，既不消耗能量也不存储能量，从初级线圈输入的功率全部都能从次级线圈输出到负载。理想变压器不存储能量，所以是一种无记忆元件。理想变压器只是一个变换信号和传输能量的元件。

2. 理想变压器的阻抗变换性质

理想变压器在电路中具有变换阻抗的特性，如图 4－18 所示理想变压器，次级接负载阻抗 Z_L，由给出的电压、电流参考方向及同名端位置，可得理想变压器原边的入端阻抗为

$$Z_i=\frac{\dot{U}_1}{\dot{I}_1}=\frac{n\dot{U}_2}{-\frac{1}{n}\dot{I}_2}=n^2\left(-\frac{\dot{U}_2}{\dot{I}_2}\right)=n^2Z_L \tag{4-14}$$

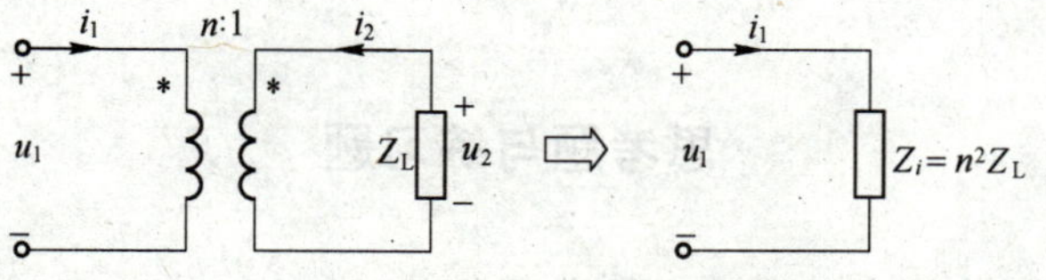

图 4－18　理想变压器的阻抗变换

式(4－14)表明，当理想变压器次级接阻抗 Z_L，对初级来说，相当于在初级接一个值为 n^2Z_L 的阻抗，即理想变压器有变换阻抗的作用。习惯上把 n^2Z_L 称为次级对初级的折合阻抗。实际应用中，一定的电阻负载 R_L 接在变压器次级，在变压器初级相当于接了 n^2R_L 的电阻。如果改变 $n=N_1/N_2$，则输入电阻 n^2R_L 也改变，所以可利用改变变压器匝数比来改变输入电阻，实现与电源匹配，使负载获得最大功率。

由以上介绍可知，理想变压器有 3 个主要性能，即变压、变流、变阻抗。理想变压器的

变压关系适用于一切变化的电压、电流情况。

例 4-6 图 4-19(a)所示理想变压器的匝数比为 1∶10，$R_1=1\ \Omega$，$R_2=50\ \Omega$，$u_S=10\sin 10t$ V，求 u_2。

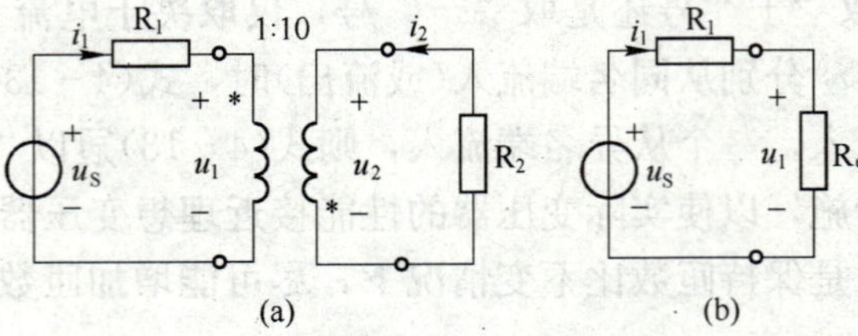

图 4-19 例 4-6 电路

解 方法一 用回路电流法，根据图 4-19(a)可得

$$R_1 i_1+u_1=u_S$$

$$R_2 i_2+u_2=0$$

理想变压器的电压、电流关系为

$$u_1=-nu_2=-\frac{1}{10}u_2$$

$$i_1=\frac{1}{n}i_2=10i_2$$

解得

$$u_2=-\frac{10}{3}u_S=-33.3\sin 10t\ \text{V}$$

方法二 用阻抗变换法，其等效电路如图 4-18(b)所示，则折合阻抗

$$R_{eq}=n^2R_2=\frac{1}{100}\times 50=0.5\ \Omega$$

所以

$$u_1=\frac{R_{eq}}{R_1+R_{eq}}u_S=\frac{1}{3}u_S$$

可得

$$u_2=-\frac{1}{n}u_1=-\frac{10}{3}u_S=-33.3\sin 10t\ \text{V}$$

思考题与练习题

4.3.1 满足哪些条件的变压器是理想变压器？

4.3.2 理想变压器具有怎样的电压、电流、阻抗变换关系？

4.4 正弦交流电路中的谐振

谐振为交流电路中的一种特殊现象，已广泛应用于无线电和电工技术中，但另一方面，发生谐振又可能造成某种危害而应加以避免。所以，对谐振现象的研究有重要的实际意义。本节将讨论串联谐振和并联谐振，重点分析电路产生谐振的条件和谐振的特性。

4.4.1　串联谐振

1. 串联谐振的条件和谐振频率

在同时含有 L 和 C 的交流电路中，如果总电压和总电流同相，称电路处于谐振状态。此时电路与电源之间不再有能量的交换，电路呈电阻性。图 4－20 为一个 RLC 串联电路，在正弦电压作用下，其阻抗为

$$Z=R+\mathrm{j}\left(\omega L-\frac{1}{\omega C}\right)=R+\mathrm{j}(X_L-X_C)=R+\mathrm{j}X=|Z|\angle\varphi$$

式中

$$|Z|=\sqrt{R^2+X^2},\ \varphi=\mathrm{arctg}\frac{X}{R}$$

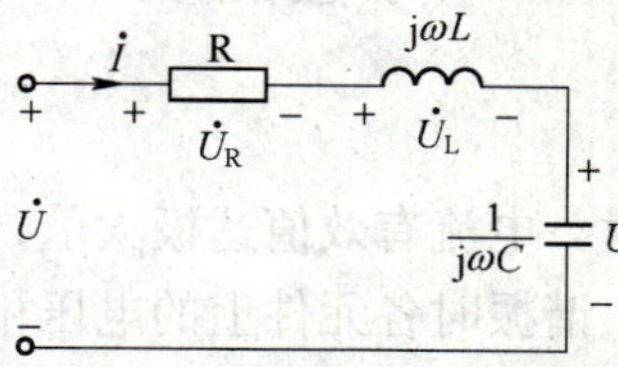

图 4－20　串联谐振电路

当 $X_L=X_C$，即

$$\omega L=\frac{1}{\omega C} \tag{4-15}$$

则 $X=0$，$\varphi=0$，$Z=R$，端口电压$\dot{U}$与电流$\dot{I}$同相，电路呈电阻性，这时电路发生谐振。由于是在串联电路中出现的谐振，所以称为串联谐振。式(4－15)是串联谐振的条件，即串联回路中容抗等于感抗。由此可见，能否发生谐振完全由电路中的参数 L、C 和外加电源激励的角频率之间是否满足这个关系而定，而与外施电压和电流的有效值无关。

发生谐振的角频率称为谐振角频率，以 ω_0 表示，根据谐振条件可得

$$\omega_0=\frac{1}{\sqrt{LC}} \tag{4-16}$$

而谐振频率为

$$f_0=\frac{1}{2\pi\sqrt{LC}} \tag{4-17}$$

为了实现谐振，可以固定电路参数（L 及 C）改变电源频率，也可以固定电源频率改变电感或电容。显然，串联谐振的频率与电路的电阻值 R 无关。

2. 特性阻抗和品质因数

电路谐振时，感抗和容抗均不为零，可将式(4－16)代入式(4－15)，得

$$\omega_0 L=\frac{1}{\omega_0 C}=\sqrt{\frac{L}{C}}=\rho \tag{4-18}$$

ρ 称为串联谐振电路的特性阻抗，它是由电路的 L、C 参数决定的量。

在无线电技术中，通常用一个称为品质因数(或谐振系数)的量来表征谐振电路的性质，工程上称为 Q 值，它定义为谐振电路的特性阻抗 ρ 与回路电阻 R 的比值，即

$$Q=\frac{\rho}{R}=\frac{\omega_0 L}{R}=\frac{1}{\omega_0 CR}=\frac{1}{R}\sqrt{\frac{L}{C}} \tag{4-19}$$

Q 值是由电路参数 R、L、C 决定的一个量。在实际应用中由于电容器的损耗可忽略不

计，而电感线圈的损耗必须考虑，常用 R 与感抗 X_L 相串联的电路建立电感线圈的电路模型，这时它的品质因数为$\dfrac{\omega_0 L}{R}$，也就是 RLC 串联电路的品质因数。

工程上有一种称为 Q 值表的仪器可测量不同频率下电感线圈的品质因数值。无线电工程技术中的谐振电路 Q 值通常在 50～200 之间，高质量（即品质好的）谐振电路的 Q 值可超过 200。

3. 串联谐振电路的特点

RLC 串联电路谐振时，电路的阻抗为最小，$Z=R$，在 U 为恒定时，电路中的电流为

$$\dot{I}=\frac{\dot{U}}{Z}=\frac{\dot{U}}{R}$$

这时，电流有效值达极大值，且仅决定于电阻值，而与电感和电容值无关。

谐振时各元件上的电压相量分别为

$$\dot{U}_R=R\dot{I}=R\frac{\dot{U}}{R}=\dot{U}$$

$$\dot{U}_L=jX_L\dot{I}=j\omega_0 L\frac{\dot{U}}{R}=j\frac{\omega_0 L}{R}\dot{U}=jQ\dot{U}$$

$$\dot{U}_C=-jX_C\dot{I}=-j\frac{1}{\omega_0 C}\frac{\dot{U}}{R}=j\frac{1}{\omega_0 CR}\dot{U}=-jQ\dot{U}$$

电感与电容上的电压相量之和为

$$\dot{U}_X=\dot{U}_L+\dot{U}_C=0$$

即谐振时 $\dot{U}_L$ 与 $\dot{U}_C$ 的有效值相等，是电源电压的 Q 倍，但相位相反，相互抵消，有 $U_X=U_L-U_C=0$。相量图表示于图 4-21 中。

谐振时外施电压全部加在电阻元件 R 上，U_R 达到了极大值。在感抗或容抗的量值大大超过电阻的情况下，在 L 和 C 上就会出现远超过外施电压的高电压，故串联谐振又称为电压谐振。这一高电压有时会使电容器或电感线圈的绝缘被击穿而造成损害，因此在电力工程中常常要避免发生谐振或接近谐振情况的发生。但在无线电方面谐振则得到广泛应用，一般使微弱的高频电压信号输入到串联谐振电路，在电容器两端可以获得一个比输入电压大许多倍的电压，达到选择信号的目的。

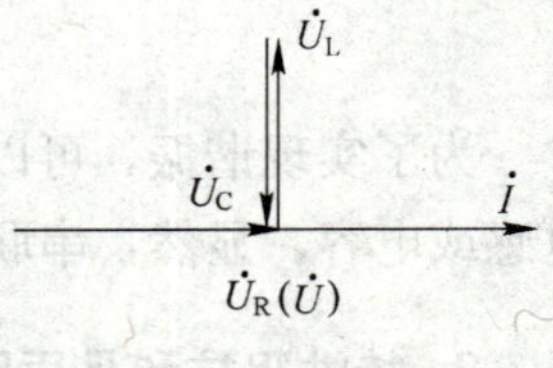

图 4-21 串联谐振相量图

谐振时磁场能量和电场能量的总和为一常数，即在电感和电容之间，周期性地进行着磁场能量与电场能量的等量交换。

4. 频率特性和电流谐振曲线

(1) 电抗的频率特性

在 RLC 串联电路中，感抗($X_L=\omega L$)、容抗$\left(X_C=\dfrac{1}{\omega C}\right)$、电抗($X=X_L-X_C$)随频率变化

的曲线称为它们的频率特性，如图 4-22 所示。由图可以看出，当 ω 从零开始向 ω_0 增大时，由于感抗和容抗随频率变化的关系不一样，所以造成电抗 X_L 值从“一”逐渐向“+”增加，即电抗由开始时的负值(容性)经过零转变为正值(感性)。当 $\omega=\omega_0$ 时，$X_L=X_C$，即感抗与容抗值相等，电抗 X 为零，此时即为谐振状态。

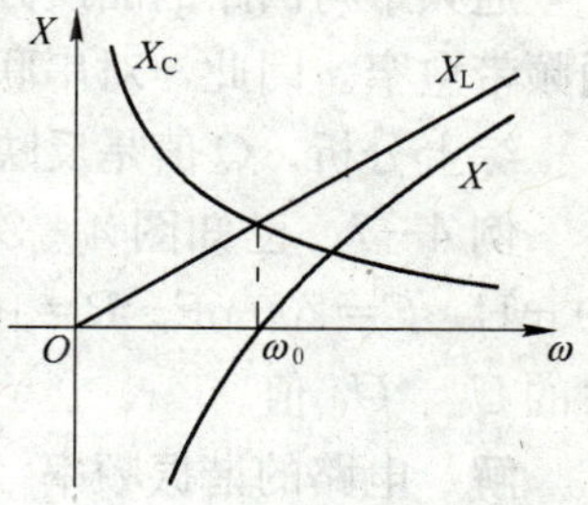

图 4-22　串联电路的频率特性

串联谐振电路对于不同频率的信号具有选择能力。下面就分析在电路参数确定的情况下，当频率变化时，电流 I 的变化情况。

(2) 电流谐振曲线

串联电路中电流有效值为

$$I=\frac{U}{|Z|}=\frac{U}{\sqrt{R^2+\left(\omega L-\frac{1}{\omega C}\right)^2}}$$

$$=\frac{U}{\sqrt{R^2+R^2\left(\frac{\omega}{\omega_0}\cdot\frac{\omega_0 L}{R}-\frac{\omega_0}{\omega}\cdot\frac{1}{\omega_0 CR}\right)^2}}$$

$$=\frac{U}{R\sqrt{1+Q^2\left(\frac{\omega}{\omega_0}-\frac{\omega_0}{\omega}\right)^2}}$$

可推得

$$\frac{I}{I_0}=\frac{1}{\sqrt{1+Q^2\left(\frac{\omega}{\omega_0}-\frac{\omega_0}{\omega}\right)^2}}\tag{4-20}$$

式中，$I_0=\frac{U}{R}$是谐振时的电流，$\eta=\frac{\omega}{\omega_0}$为外加电压角频率与谐振角频率的比值。

根据式(4-20)，以频率比 η 为横坐标，电流比 I/I_0 为纵坐标，对不同的 Q 值可画出一组不同的曲线，如图 4-23 所示。这组曲线称为串联谐振电路的谐振曲线。当确定一个 Q 值以后，这条谐振曲线对于任何不同参数的 RLC 串联谐振电路均适用，故又称为串联谐振电路的通用曲线。谐振时，$\omega=\omega_0$，$\eta=1$，$I=I_0$；当 ω 偏离 ω_0 时，$\frac{\omega}{\omega_0}=\eta\neq1$，则$\frac{I}{I_0}<1$。在一定的频率偏移下，$Q$ 值越大，电流比就下降得越多。这就表明，电路对不是谐振角频率的电流具有较强的抑制能力，即选择性较好；反之，如果 Q 值很小，则在谐振点附近电流变化不大，所以选择性差。

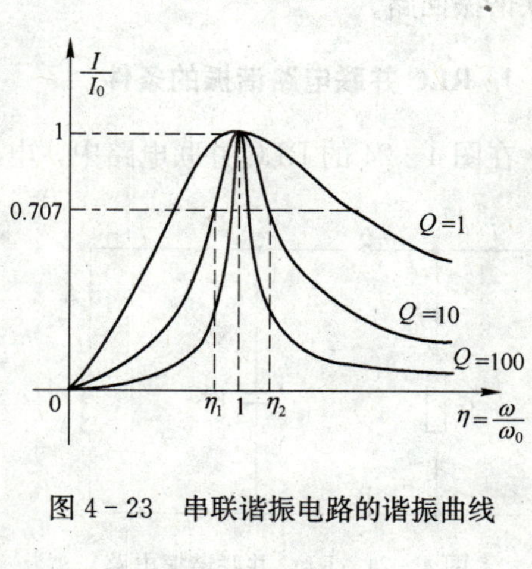

图 4-23　串联谐振电路的谐振曲线

上面的讨论仅是定性分析，实际工程中往往要求给出定量指标，以便进行比较和作为设计谐振电路的要求。一般规定，以通用曲线上$\frac{I}{I_0}=\frac{1}{\sqrt{2}}=0.707$ 这一点对应的两个频率点之间的宽度作为定量指标，并称为带宽，又称通频带，它规定了谐振电路允许通过信号的频率范围。

通频带与回路的品质因数 Q 成反比，Q 愈高，谐振曲线愈尖锐，回路的选择性愈好，但通频带愈窄。因此，对串联谐振电路来说，通频带宽与回路的选择性存在着矛盾。

综上分析，Q 值是反映谐振电路性质的一个重要指标。Q 值称为品质因数即来源于此。

例 4-7 已知图 4-20 所示电路中，正弦电源电压 $U=10\text{ V}$，元件参数分别为：$L=20\text{ mH}$，$C=200\text{ pF}$，$R=100\ \Omega$。求电路的谐振频率 f_0，特性阻抗 ρ 和品质因数 Q 值，谐振时的 U_L、U_C 值。

解 电路的谐振频率

$$f_0=\frac{1}{2\pi\sqrt{LC}}=\frac{1}{2\pi\sqrt{20\times10^{-3}\times200\times10^{-12}}}=79.6\text{ kHz}$$

特性阻抗

$$\rho=\sqrt{\frac{L}{C}}=\sqrt{\frac{20\times10^{-3}}{200\times10^{-12}}}=10\,000\ \Omega$$

品质因数

$$Q=\frac{\rho}{R}=\frac{10\,000}{100}=100$$

谐振时电感及电容的电压

$$U_L=U_C=QU=100\times10=1\,000\text{ V}$$

4.4.2 并联谐振

串联谐振回路适用于信号源内阻等于零或很小的情况，如果信号源内阻很大，采用串联谐振电路将严重地降低回路的品质因数，使选择性显著变坏(通频带过宽)，这样就必须采用并联谐振回路。

1. RLC 并联电路谐振的条件

在图 4-24 的 RLC 并联电路中，电路的总导纳 Y 为

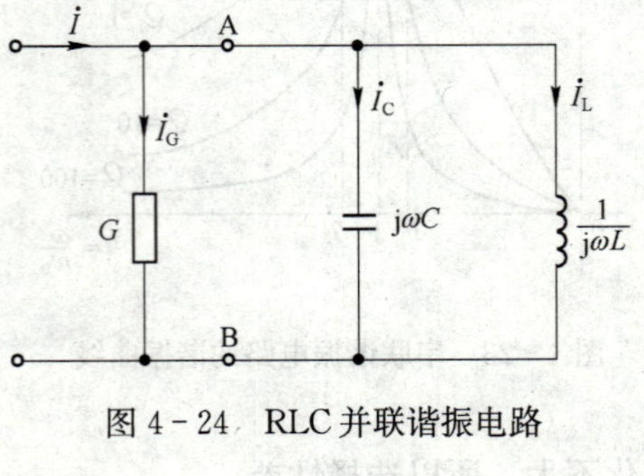

图 4-24 RLC 并联谐振电路

$$Y=Y_R+Y_L+Y_C=\frac{1}{R}+\frac{1}{jX_L}+\frac{1}{-jX_C}$$

$$=\frac{1}{R}-j\left(\frac{1}{X_L}-\frac{1}{X_C}\right)=G-jB$$

式中

导纳的模 $$|Y|=\sqrt{\frac{1}{R^2}+\left(\frac{1}{X_L}-\frac{1}{X_C}\right)^2}$$

相应阻抗的模 $$|Z|=\frac{1}{\sqrt{\left(\frac{1}{R}\right)^2+\left(\frac{1}{X_L}-\frac{1}{X_C}\right)^2}}$$

可以看出：只有当导纳的虚部为零，即 $B=0$ 时，此时端口电压与电流同相，电路呈电阻性。由于 RLC 并联，所以这时又称为并联谐振。故并联谐振的条件是 $X_L=X_C$，即当 $\omega_0 L=\frac{1}{\omega_0 C}$时，发生并联谐振。其谐振频率为

$$\omega_0=\frac{1}{\sqrt{LC}} \tag{4-21}$$

$$f_0=\frac{1}{2\pi\sqrt{LC}} \tag{4-22}$$

可见，RLC 并联电路的谐振频率由 L、C 决定，与 R 无关。

2. RLC 并联谐振电路的特点

(1) 谐振时的阻抗

谐振时 $X_L=X_C$ 时，$|Z|=R$，电路呈电阻性，电路阻抗为纯电阻性。

(2) 品质因数 Q

并联谐振电路的品质因数定义为谐振时感纳(或容纳)与输入电导的比值，即

$$Q=\frac{\omega_0 C}{G}=\frac{1}{\omega_0 LG}=\frac{1}{G}\sqrt{\frac{C}{L}} \tag{4-23}$$

(3) 谐振时的电流

谐振时，因导纳最小，阻抗最大，故在电源电压一定时，总电流最小，其值为

$$I_0=\frac{U}{|Z|}=\frac{U}{R}$$

因为谐振时相当于纯电阻电路，故总电流与电源电压同相。各元件电流分别为

$$\dot{I}_G=\frac{\dot{U}}{R}=\dot{I}_0$$

$$\dot{I}_L=\frac{\dot{U}}{j\omega_0 L}=-jQ\dot{I}_0$$

$$\dot{I}_C=j\omega_0 C\dot{U}=jQ\dot{I}_0$$

即谐振时$\dot{I}_L$与$\dot{I}_C$的有效值相等，是总电流$\dot{I}_0$ 的 Q 倍，但相位相反，相互抵消，有 $I_X=I_C-I_L=0$。谐振时激励电流全部通过电阻支路，电感与电容支路的电流大小相等，相位相反，使图 4-24 中 A、B 间相当于开路，所以并联谐振又称为电流谐振。

谐振时电路的总无功功率为零。电源的能量全部消耗在电阻上，电容和电感之间进行磁场能量和电场能量的转换，不与电源发生能量转换。

若 $R=\infty$，电路为由 L 和 C 组成的 LC 并联电路，此电路发生并联谐振时其阻抗为无穷大。在实际应用中常利用并联谐振电路阻抗高的特点来选择信号或消除某种信号的频率。

例 4-8　如图 4-25 所示电路中，已知 $L=100$ mH，输入信号中含有 $f_0=100$ Hz，$f_1=500$ Hz，$f_2=1$ kHz 3 种频率信号，若要将 f_0 频率的信号滤去，则应选多大的电容?

解　当 LC 并联电路在 f_0 频率下发生并联谐振时，可滤去此频率信号的要求，因此，由并联谐振条件

$$f_0=\frac{1}{2\pi\sqrt{LC}}$$

可得

$$C=\frac{1}{(2\pi f_0)^2 L}=\frac{1}{(2\pi\times100)^2\times100\times10^{-3}}$$

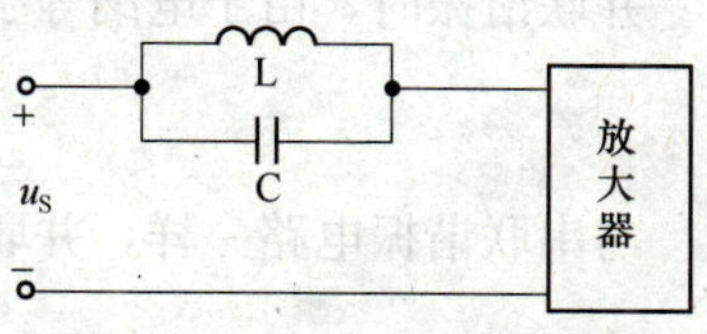

图 4-25　例 4-8 电路

于是 $$C=25.4\ \mu F$$

4.4.3 电感线圈和电容器的并联谐振电路

1. 并联谐振条件和谐振频率

工程上广泛应用电感线圈与电容器组成并联谐振电路，由于实际电感线圈的电阻不可忽略，与电容器并联时，其电路模型如图 4-26 所示。电路的导纳为

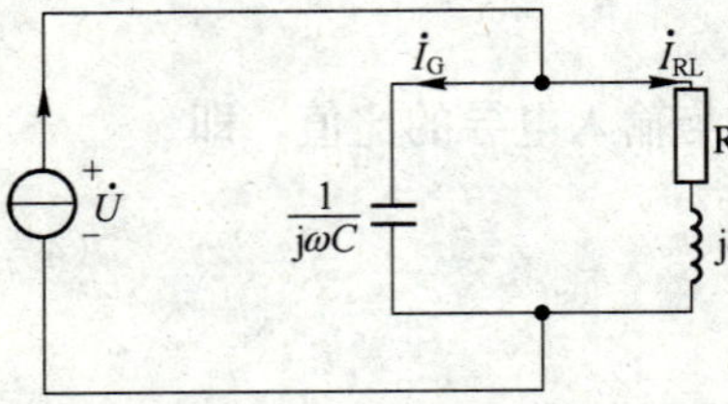

图 4-26 线圈与电容并联的谐振电路

$$Y=\frac{1}{R+j\omega L}+j\omega C$$

$$=\frac{R}{R^2+(\omega L)^2}+j\left[\omega C-\frac{\omega L}{R^2+(\omega L)^2}\right]$$

谐振时由于导纳的虚部为零，则有

$$\omega_0 C-\frac{\omega_0 L}{R^2+(\omega_0 L)^2}=0$$

由此解得

$$\omega_0=\sqrt{\frac{L-CR^2}{L^2C}}=\frac{1}{\sqrt{LC}}\sqrt{1-\frac{CR^2}{L}} \tag{4-24}$$

$$f_0=\frac{1}{2\pi\sqrt{LC}}\sqrt{1-\frac{CR^2}{L}} \tag{4-25}$$

满足上述条件，电路发生并联谐振。从式(4-25)可以看出，要调节电源频率使电路发生谐振，必须使根号内的值为正数，即$\frac{1}{LC}-\frac{R^2}{L^2}>0$，此时 ω_0 才有可能为实数，即$R<\sqrt{\frac{L}{C}}$；否则不可能达到谐振。

实际上，线圈本身的电阻很小，高频电路中一般能满足 $\frac{1}{LC}$ 远大于 $\frac{R^2}{L^2}$，于是得并联谐振的近似条件

$$\left.\begin{aligned}\omega_0&\approx\frac{1}{\sqrt{LC}}\\ f_0&\approx\frac{1}{2\pi\sqrt{LC}}\end{aligned}\right\} \tag{4-26}$$

2. 并联谐振的特点

并联谐振时，由于电纳等于零，故导纳只有实部，电路的等效阻抗达到极大值

$$Z_0=\frac{1}{G}=\frac{R^2+(\omega_0 L)^2}{R}=\frac{L}{CR}$$

与串联谐振电路一样，并联谐振电路的特性阻抗为

$$\rho=\sqrt{\frac{L}{C}}$$

并联谐振电路的品质因数定义为谐振时的容纳(感纳)与输入电导的比值，即

$$Q=\frac{\omega_0 C}{G}=\frac{\omega_0 C}{\frac{CR}{L}}=\frac{\omega_0 L}{R}\approx\frac{1}{R}\sqrt{\frac{L}{C}}=\frac{\rho}{R} \tag{4-27}$$

且有

$$Q=\frac{\omega_0 CU}{GU}=\frac{I_C}{I_0}=\frac{I_L}{I_0}$$

可见在并联谐振时，支路电流 I_L(或 I_C)是总电流的 Q 倍，因为 $\dot{I}_0=\dot{I}_L+\dot{I}_C$，其相量图如图 4-27 所示。又可推得

$$Z_0=\frac{1}{CR}=\frac{1}{R}\left(\sqrt{\frac{L}{C}}\right)^2=Q\sqrt{\frac{L}{C}} \tag{4-28}$$

式(4-28)表明谐振时的等效阻抗 Z_0 与品质因数 Q 成正比。

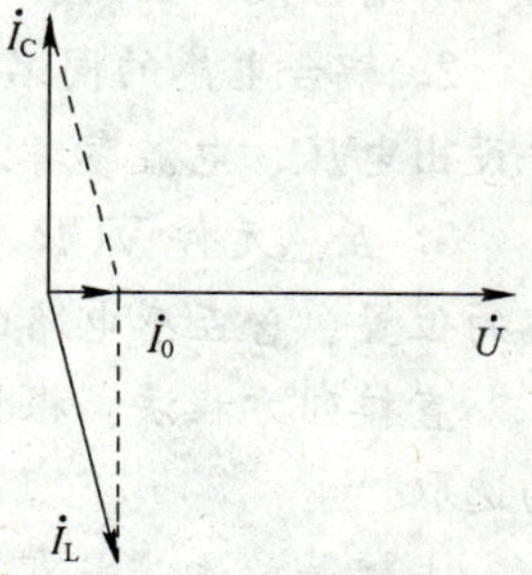

图 4-27　并联谐振相量图

例 4-9　一个 $R=10\ \Omega$、$L=100\ \mu$H 的电感线圈与一个 $C=100$ pF的电容器并联，由 1 μA 的理想电流源供电，试求谐振时的角频率 ω_0，品质因数 Q，等效阻抗 Z_0，端口电压 U_0 及支路电流 I_L、I_C。

解　用精确公式计算

$$\omega_0=\sqrt{\frac{L-CR^2}{L^2C}}=\sqrt{\frac{100\times10^{-6}-100\times10^{-12}\times10^2}{(100\times10^{-6})^2\times100\times10^{-12}}}$$
$$=99.99\times10^5\ \text{rad/s}$$

用近似公式计算

$$\omega_0\approx\sqrt{\frac{1}{LC}}=\sqrt{\frac{1}{100\times10^{-6}\times100\times10^{-12}}}=100\times10^5\ \text{rad/s}$$

两种计算结果的误差显然极小。

$$Q=\frac{1}{R}\sqrt{\frac{L}{C}}=\frac{1}{10}\sqrt{\frac{100\times10^{-6}}{100\times10^{-12}}}=100$$

$$Z_0=\frac{L}{CR}=\frac{100\times10^{-6}}{100\times10^{-12}\times10}=10^5\ \Omega$$

$$U_0=Z_0I_0=10^5\times10^{-6}=0.1\ \text{V}$$

$$I_L=I_C\approx QI_0=100\times10^{-6}=0.1\ \text{mA}$$

思考题与练习题

4.4.1　串联谐振有哪些特点？为什么串联谐振又叫电压谐振？

4.4.2　已知 RLC 串联电路中，$R=5\ \Omega$，$L=5$ mH，$C=2\ \mu$F，求该串联谐振电路的固有谐振频率为多少？谐振的阻抗为多少？

4.4.3　什么是选频特性？品质因数怎样影响谐振曲线的形状和电路的选频特性？

4.4.4　并联谐振有哪些特点？为什么并联谐振又叫电流谐振？

4.4.5　试比较并联谐振与串联谐振电路特性。

本章小结

1. 本章讲述的耦合电感元件是线性电路中一种主要的无源非时变多端元件，在实际电路中有着广泛的应用。

2. 耦合电感的同名端在列写伏安关系及去耦等效中是非常重要的，只有知道了同名端，并设出电压、电流参考方向的条件下，才能正确列写 u-i 关系方程，也才能进行去耦等效。

3. 互感元件 VCR 中的“+”、“−”号取决于互感电压参考极性、电流参考方向及同名端的位置。含互感电路的计算方法有两种。

直接列方程法：根据 KVL 列方程组联立求解，注意列方程时互感电压项“+”、“−”的选取。

去耦等效法：当有互感的两线圈有一个公共节点时，应用图 4-12 和图 4-13 所示互感消去法的规则，可将含互感电路等效变为无互感电路，然后再求解。

4. 理想变压器是实际铁心变压器的理想化模型，它是满足无损耗、全耦合、参数无穷大 3 个理想条件的另一类多端元件。它的初、次级电压电流关系是代数关系，因而它是不储能、不耗能的即时元件，是一种无记忆元件。

变压、变流、变阻抗是理想变压器的 3 个重要特征，其变压、变流关系式与同名端及所设电压、电流参考方向密切相关，应用中只需记住变压与匝数成正比，变流与匝数成反比，至于变压、变流关系式中应是带负号还是带正号，则要看同名端位置与所设电压电流参考方向，不能一概而论，盲目记住一种变换式。

5. 谐振的概念

谐振是指含电容和电感元件的线性无源二端网络对某一频率的正弦激励，所表现的端口电压与电流同相位时，电路所呈现的一种特殊现象。谐振电路分为串联谐振电路和并联谐振电路。当等效阻抗(导纳)的虚部为零时，即电压电流同相，电路发生谐振。电路呈纯阻性，它对不同频率的信号具有选择性，Q 值大小对选择性有较大影响。

6. 在 RLC 串联谐振电路中，其谐振角频率为

$$\omega_0=\frac{1}{\sqrt{LC}}$$

品质因数

$$Q=\frac{\rho}{R}=\frac{\omega_0 L}{R}=\frac{1}{\omega_0 CR}=\frac{1}{R}\sqrt{\frac{L}{C}}$$

谐振特点：谐振时 $\dot{U}_L$ 与 $\dot{U}_C$ 的有效值相等，是电源电压的 Q 倍，但相位相反，相互抵消，有 $U_X=U_L-U_C=0$。谐振时外施电压全部加在电阻元件 R 上，U_R 达到了极大值。应理解谐振总电压与各元件分电压之间的关系。

7. 在 RLC 并联谐振电路中其谐振角频率(频率)为

$$\omega_0=\frac{1}{\sqrt{LC}} \quad 或 \quad f_0=\frac{1}{2\pi\sqrt{LC}}$$

谐振特点：$X_L=X_C$，$|Z|=R$，电路阻抗为纯电阻性；谐振时因阻抗最大，在电源电压一定

时，总电流最小，其值为 $I_0=\frac{U}{|Z|}=\frac{U}{R}$。应理解谐振时总电流与分电流之间的关系。

习　题

4-1　两线圈的耦合系数 $k=0.6$，已知电感 $L_1=5$ mH，$L_2=4$ mH，求两线圈的互感 M。

4-2　耦合电感的参数 $L_1=10$ H，$L_2=4$ H，$M=2$ H。分别计算其顺向串联和反向串联的等效电感。

4-3　耦合电感的参数 $L_1=4$ H，$L_2=2$ H，$M=1$ H。分别计算其同侧并联和异侧并联的等效电感。

4-4　图 4-28 中的耦合线圈反向串联，其参数为 $L_1=3$ H，$L_2=10$ H，$M=5$ H，$R_1=R_2=100\ \Omega$，电源的电压为 $u=220\sqrt{2}\sin 314t$ V。试求两线圈的电流及电压。

4-5　图 4-29 中两个耦合线圈并联，其参数为 $R_1=R_2=100\ \Omega$，$L_1=3$ H，$L_2=10$ H，$M=5$ H，电源的电压为 $u=220\sqrt{2}\sin 100t$ V。试求两线圈的电流、总电流、复功率、总复功率及等效阻抗。

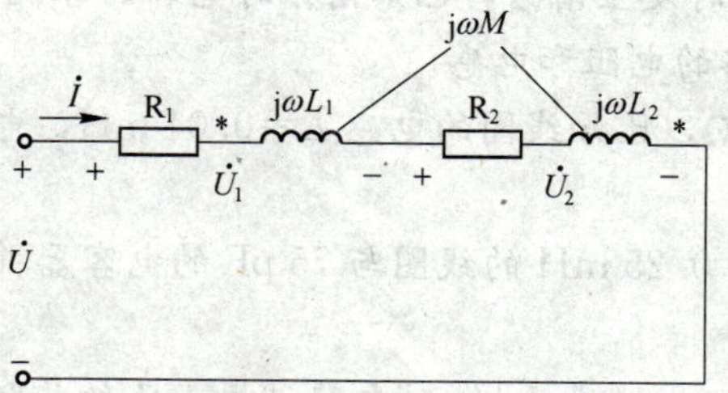

图 4-28　习题 4-4 电路

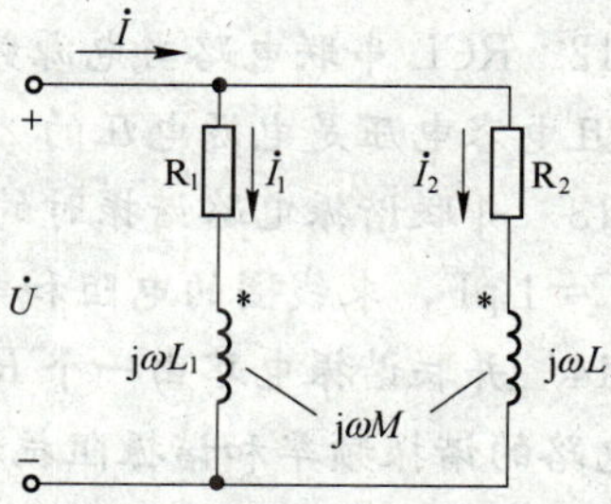

图 4-29　习题 4-5 电路

4-6　已知 $R_1=12\ \Omega$，$\omega L_1=12\ \Omega$，$R_3=6\ \Omega$，$\omega L_2=10\ \Omega$，$\omega M=6\ \Omega$，$\frac{1}{\omega C}=6\ \Omega$，求图 4-30所示电路的等效阻抗。

4-7　图 4-31 所示电路中，已知 $\omega L_1=6\ \Omega$，$\omega L_2=5\ \Omega$，$\omega M=3\ \Omega$，$\frac{1}{\omega C}=1\ \Omega$，$\dot{U}_S=12\angle 0^\circ$ V。求电流 $\dot{I}_C$ 和电压 $\dot{U}_{ab}$。

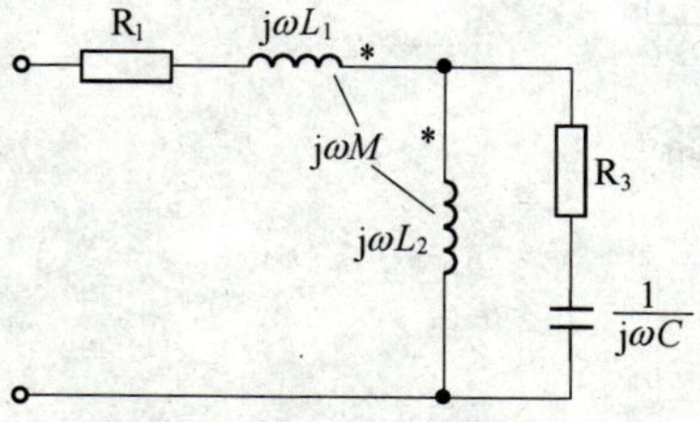

图 4-30　习题 4-6 电路

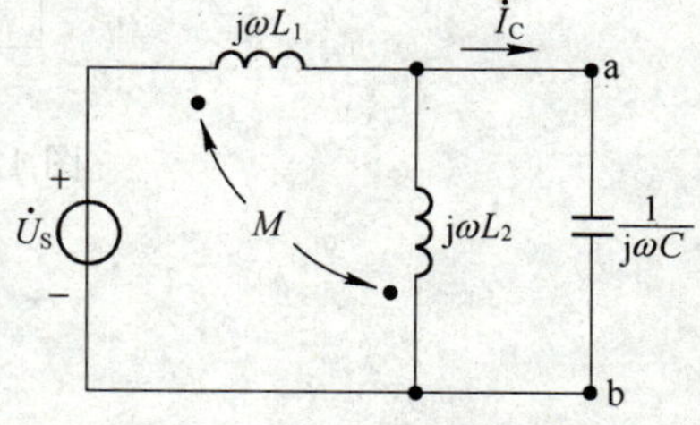

图 4-31　习题 4-7 电路

4-8　如图4-32所示理想变压器，已知$\dot{U}_S=50\angle 0° \text{ V}$，欲使10 Ω电阻获得最大功率，求理想变压器的变比n。

4-9　谐振频率为$\omega_0=\frac{1}{\sqrt{LC}}$时，图4-33所示电路哪些相当于短路，哪些相当于开路？

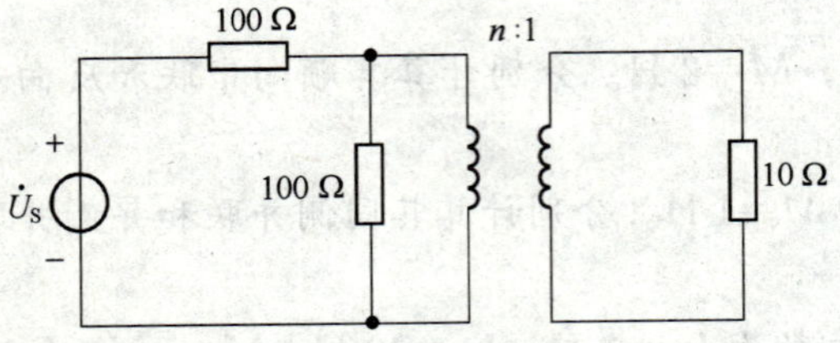

图4-32　习题4-8电路

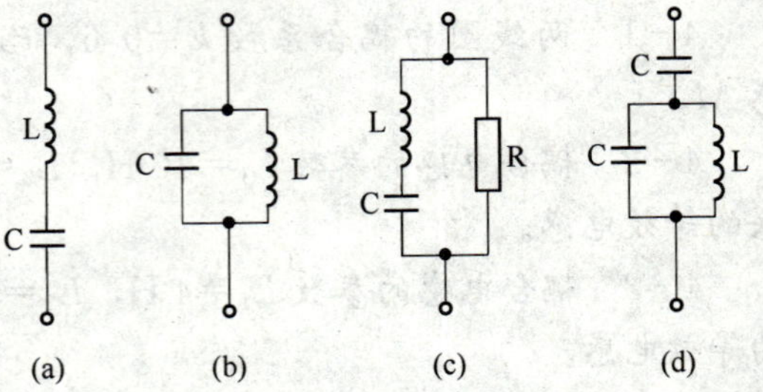

图4-33　习题4-9电路

4-10　RLG串联电路中，$L=176\ \mu\text{H}$，$C=900\text{ pF}$，$R=5\ \Omega$，求(1)电路的谐振频率f_0、特性阻抗ρ和品质因数Q；(2)若电路谐振时信号源电压$U_S=2\text{ mV}$，求U_{R0}、U_{C0}、U_{L0}。

4-11　RLC串联电路的特性阻抗$\rho=100\ \Omega$，且当信号源频率$\omega_0=1\,500\text{ rad/s}$时发生谐振。试求元件参数$L$和$C$。

4-12　RCL串联电路当电源频率$f=500\text{ Hz}$时发生谐振，已知谐振时电容的容抗$X_C=314\ \Omega$，且电容电压是电源电压的20倍。求该电路的电阻和电感。

4-13　并联谐振电路谐振时的阻抗$Z_0=25\text{ k}\Omega$，已知线圈的电感$L=0.04\text{ mH}$，电容器的电容$C=1\text{ pF}$，求线圈的电阻和电路的Q值。

4-14　并联谐振电路由一个$R=13.7\ \Omega$、$L=0.25\text{ mH}$的线圈与75 pF的电容器并联组成。求电路的谐振频率和谐振阻抗和品质因数。

4-15　电路如图4-34所示，当信号源频率$\omega_0=10^8\text{ rad/s}$时电路谐振。已知并联谐振电路的品质因数$Q=100$，信号源电压$\dot{U}_S=20\angle 0° \text{ V}$，内阻$R_S=10\text{ k}\Omega$，且谐振时阻抗匹配。求并联谐振电路的参数$R$、$L$、$C$。

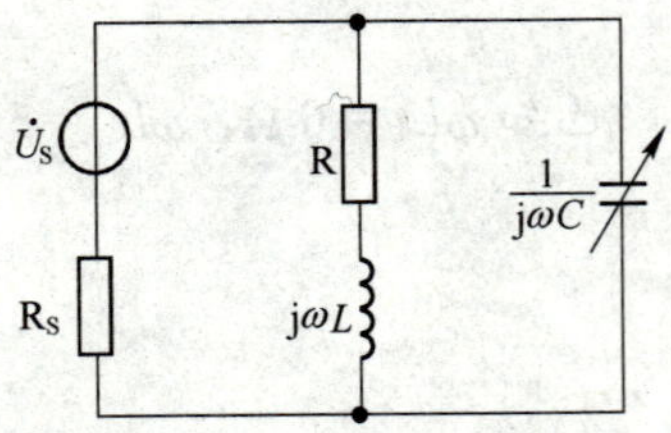

图4-34　习题4-15电路

第5章 三相电路

基本要求

1. 牢固掌握对称三相正弦量的解析式、波形、相量表达式及相量图。
2. 牢固掌握三相电路的各种连接方式及其线电压与相电压、线电流与相电流之间的关系。
3. 牢固掌握对称三相电路电压、电流和功率的计算方法。
4. 牢固掌握不对称三相电路的概念，三相负载不对称时的分析方法。
5. 掌握三相功率的测量方法。

目前，国内外的电力系统普遍采用三相制供电方式。所谓三相制，就是由3个频率相同、波形相同但变动进程不同的交流电源组成的三相供电系统，生活中常用的单相交流电源只是三相制中的一相。

三相电路可看成是复杂电路的一种特殊类型，因此前述的有关正弦电流电路的基本理论、基本定律和分析方法完全适用于三相正弦电流电路。但是，三相电路又有其自身的特点。

本章介绍三相电源和三相负载的连接，三相电路中电压、电流和功率，对称三相电路的特点和归结为一相计算的方法，不对称三相电路的概念。

5.1 三相电源及其连接

5.1.1 三相电源

所谓三相电压源是指频率相同、有效值相等而相位互差120°的3个电压源的组合，简称对称三相电源。而有效值或相位差不满足上述条件时则称为不对称三相正弦量。如图5-1所示对称三相电源，其正极性端标记为A、B、C，负极性端标记为X、Y、Z。在对称三相电源中，每一个电压源称为电源的一相，依次称为A相，B相和C相，分别记为u_A、u_B、u_C。其瞬时值表达式(以u_A为参考正弦量)为

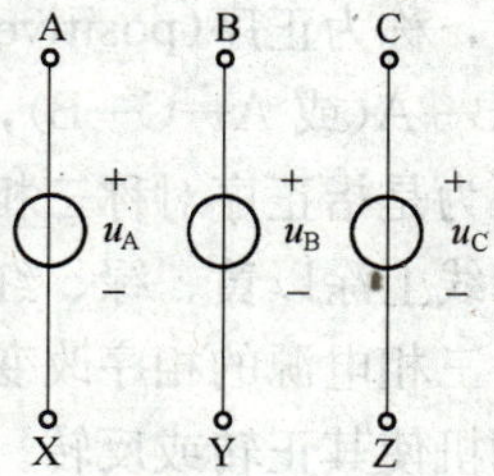

图5-1 电压源表示的三相电压

$$\left.\begin{aligned} u_A &= \sqrt{2}U\sin(\omega t) \\ u_B &= \sqrt{2}U\sin(\omega t-120^\circ) \\ u_C &= \sqrt{2}U\sin(\omega t-240^\circ) \\ &= \sqrt{2}U\sin(\omega t+120^\circ) \end{aligned}\right\} \quad (5-1)$$

其波形图见图 5-2(a)，它们的相量表达式为

$$\left.\begin{aligned}\dot{U}_A&=U\angle 0^\circ\\ \dot{U}_B&=U\angle -120^\circ=a^2\dot{U}_A\\ \dot{U}_C&=U\angle 120^\circ=a\dot{U}_A\end{aligned}\right\}\qquad(5-2)$$

式中 a 是工程上为了方便而引入的单位相量算子，为

$$a=1\angle 120^\circ=-\frac{1}{2}+\mathrm{j}\frac{\sqrt{3}}{2}$$

其相量图见图 5-2(b)。

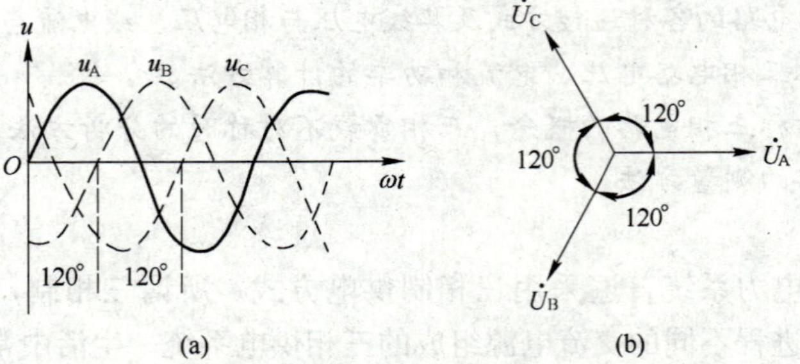

图 5-2 对称三相电源的电源波形图和相量图

由于

$$1+a+a^2=1+\left(-\frac{1}{2}+\mathrm{j}\frac{\sqrt{3}}{2}\right)+\left(-\frac{1}{2}-\mathrm{j}\frac{\sqrt{3}}{2}\right)=0$$

得对称三相电源的电压相量的和为

$$\dot{U}_A+\dot{U}_B+\dot{U}_C=\dot{U}_A+a^2\dot{U}_A+a\dot{U}_A=(1+a^2+a)\dot{U}_A=0$$

说明对称三相电源的电压瞬时值的和为零，即

$$u_A+u_B+u_C=0$$

三相电源中，各电压到达同一量值(例如正的最大值)的先后次序称为相序(phase sequence)。在上述例子中，相序是 A—B—C。这种相序是 A 相比 B 相超前，B 相又比 C 相超前，称为正序(positive sequence)；如果 A 相比 B 相滞后，B 相又比 C 相滞后，相序便是 C—B—A(或 A—C—B)，这种相序称为负序(negative sequence)。无特别说明时，三相电源均认为是指正序对称三相电源而言。工业中通常在交流发电机的三相引出线及配电装置的三相母线上涂以黄、绿、红 3 种颜色，分别表示 A、B、C 三相。

三相电源的相序改变时，将使其供电的三相电动机改变旋转方向，这种方法常用于控制电动机使其正转或反转。

5.1.2 三相电源的连接

三相电源的连接有两种方式：星形(Y)连接与三角形(△)连接。

1. 星形连接

星形连接就是将 3 个电压源的负极端 X、Y、Z 连接在一起而形成一个节点，记为 N，

称为中性点；而从3个电压源的正极端A、B、C向外引出3条线，称为端线，俗称为火线，如图5－3所示。有时从中性点N还引出一根线，称为中线，当中性点接地时，中线也称地线或零线。

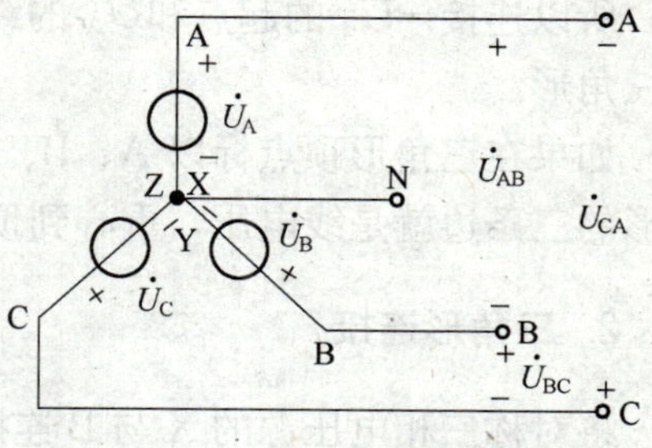

图5－3　三相电源的星形连接

端线A、B、C之间的电压称为线电压，分别记为$\dot{U}_{AB}$、$\dot{U}_{BC}$、$\dot{U}_{CA}$。每一相电源的电压称为相电压，分别记为$\dot{U}_{AN}$、$\dot{U}_{BN}$、$\dot{U}_{CN}$，通常简记为$\dot{U}_A$、$\dot{U}_B$、$\dot{U}_C$。端线中的电流称为线电流，流过每相电源中的电流称为相电流。很显然，对于星形连接的三相电源，线电流与相电流为同一电流。中线中的电流，称为中线电流。对称三相电源星形连接时，线电压与相电压有如下的关系

$$\dot{U}_{AB}=\dot{U}_A-\dot{U}_B$$

$$\dot{U}_{BC}=\dot{U}_B-\dot{U}_C$$

$$\dot{U}_{CA}=\dot{U}_C-\dot{U}_A$$

对于对称三相电源，如设$\dot{U}_A=U_P\angle 0°$，$\dot{U}_B=U_P\angle -120°$，$\dot{U}_C=U_P\angle 120°$(下标P表示相)，代入上述关系后可得

$$\dot{U}_{AB}=U_P\angle 0°-U_P\angle -120°=\sqrt{3}U_P\angle 30°=\sqrt{3}\dot{U}_A\angle 30° \quad (5-3)$$

$$\dot{U}_{BC}=U_P\angle -120°-U_P\angle 120°=\sqrt{3}U_P\angle -90°=\sqrt{3}\dot{U}_B\angle 30° \quad (5-4)$$

$$\dot{U}_{CA}=U_P\angle 120°-U_P\angle 0°=\sqrt{3}U_P\angle 150°=\sqrt{3}\dot{U}_C\angle 30° \quad (5-5)$$

可见3个线电压也是对称的，其有效值为相电压有效值的$\sqrt{3}$倍，即$U_l=\sqrt{3}U_P$(下标l表示线)，其相位分别超前相应相电压30°。

上述线电压与相电压的关系可用相量图表示。如图5－4所示，在图5－4中给出了相量图的两种画法。在图5－4(a)中，在$\dot{U}_A$的顶点上加上$-\dot{U}_B$便得$\dot{U}_{AB}$，类似地可作出$\dot{U}_{BC}$、$\dot{U}_{CA}$。图5－4(b)中的画法要简单一些，逆着$\dot{U}_B$就得到$-\dot{U}_B$，因为$-\dot{U}_B$和$\dot{U}_A$是首尾衔接

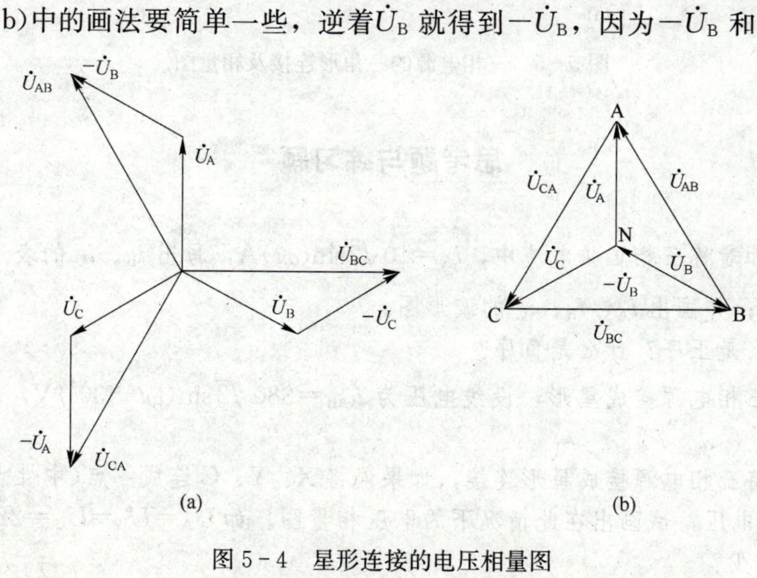

图5－4　星形连接的电压相量图

的，所以连接$-\dot{U}_B$的起点和$\dot{U}_A$的终点就是相量$\dot{U}_{AB}$，类似地可作出$\dot{U}_{BC}$、$\dot{U}_{CA}$，构成一个等边三角形。

如果在三角形顶点标以A、B、C，三角形的重心标以N，如图5-4(b)所示，则等边三角形的三条边就是线电压，重心到顶点的连线就是相电压。这时相量图也称为位形图。

2. 三角形连接

将对称三相电压源的X与B连接在一起，Y与C连接在一起，Z与A连接在一起，再从A、B、C三端向外引出3条端线，即构成三相电源的三角形连接，如图5-5(a)所示。显然，三角形连接时，其线电压等于相电压，但线电流不等于相电流。

应该指出，三相电源作三角形连接时，要注意接线的正确性。当三相电源连接正确时，在三角形闭合回路中总的电压为零，即

$$\dot{U}_A+\dot{U}_B+\dot{U}_C=U_P(\angle 0^\circ+\angle -120^\circ+\angle 120^\circ)=0$$

相量图如图5-5(b)所示，这样才能保证在没有输出的情况下，电源内部没有环行电流。但是，如果将某一相电压源(例如A相)接反，则这时三角形回路的电压在闭合前为

$$-\dot{U}_A+\dot{U}_B+\dot{U}_C=U_P(\angle 180^\circ+\angle -120^\circ+\angle 120^\circ)=-2\dot{U}_A$$

是一相电压的两倍，相量图如图5-5(c)所示。闭合后此电压根据KVL将强制为零，此时电源已不能按理想电压源建立模型，应考虑电源内部的阻抗。由于电源阻抗很小，在三角形回路内可能形成很大的环行电流，将严重损坏电源装置。

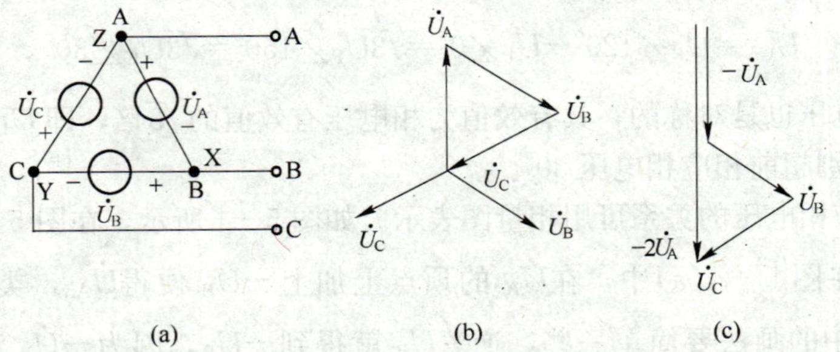

图5-5 三相电源的三角形连接及相量图

思考题与练习题

5.1.1 已知对称三相正弦电流中，$i_A=10\sqrt{2}\sin(\omega t)$A，写出$i_B$、$i_C$的表达式和$\dot{I}_A$、$\dot{I}_B$、$\dot{I}_C$的相量表达式；并画出$i_A$、$i_B$、$i_C$的波形图。

5.1.2 什么是正序？什么是负序？

5.1.3 当三相电源接成星形，设线电压为$u_{AB}=380\sqrt{2}\sin(\omega t-30^\circ)$V，试写出相电压$u_A$的表达式。

5.1.4 欲将三相电源接成星形连接，如果误将X、Y、C连成一点(中性点)，是否可以产生对称的三相电压？试画出在此情况下的电压相量图。如$U_A=U_B=U_C=220$ V，则U_{AB}、U_{BC}、U_{CA}各为多少？

5.2　三相负载的连接

由三相电源供电的负载 Z_A、Z_B、Z_C 构成一个三相负载。三相负载有两类：一类是由3个单相负载(如灯泡、电烙铁)各自作为一相组成的；另一类是负载本身就是三相的，如三相电动机等。若每相负载的复阻抗均相等，即 $Z_A=Z_B=Z_C=Z$，则称为平衡三相负载，也称对称三相负载。

三相负载也有两种连接方式：星形连接与三角形连接。

5.2.1　星形连接

如图5-6所示。图5-6(a)中的N′N称为中线，这种用4根导线将电源和负载连接起来的三相电路称为三相四线制。

三相负载线电压与相电压的定义同三相电源的定义，如图5-6所示是三相负载作星形连接时，忽略连接导线的电压降，则各相负载的相电压就等于电源的相电压，这样，电源的线电压为负载相电压的 $\sqrt{3}$ 倍，即

$$U_l=\sqrt{3}U_P \tag{5-6}$$

三相电路中，流过每根端线的电流称为线电流，用$\dot{I}_A$、$\dot{I}_B$、$\dot{I}_C$表示，方向定为由电源流向负载，如图5-6(a)所示；流过各相负载的电流叫相电流，其方向与相电压方向一致；流过中线的电流叫中线电流，用$\dot{I}_N$表示，方向如图5-6(a)所示。且

$$\dot{I}_N=\dot{I}_A+\dot{I}_B+\dot{I}_C \tag{5-7}$$

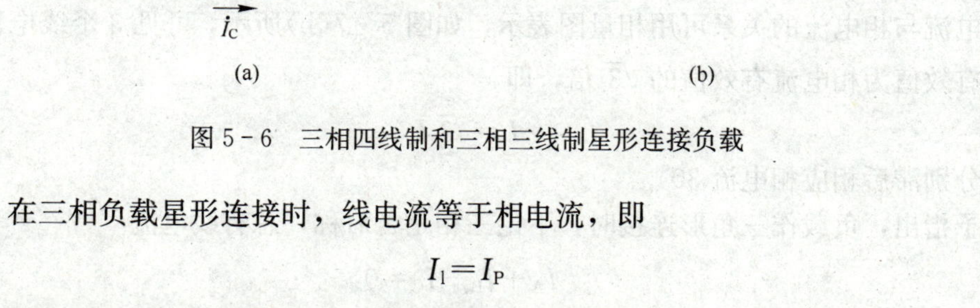

图5-6　三相四线制和三相三线制星形连接负载

显然，在三相负载星形连接时，线电流等于相电流，即

$$I_l=I_P \tag{5-8}$$

如果三相电源和三相负载都对称，则称为对称三相电路。

在对称三相电路中，$\dot{I}_A$、$\dot{I}_B$、$\dot{I}_C$对称，则中线电流为零，所以便可以省去中线，这种用三根导线将电源和负载连接起来的三相电路称为三相三线制，如图5-6(b)所示。

5.2.2 三角形连接

如图 5-7 所示，可以看出各负载的线电压就是相电压，即

$$U_l = U_P \tag{5-9}$$

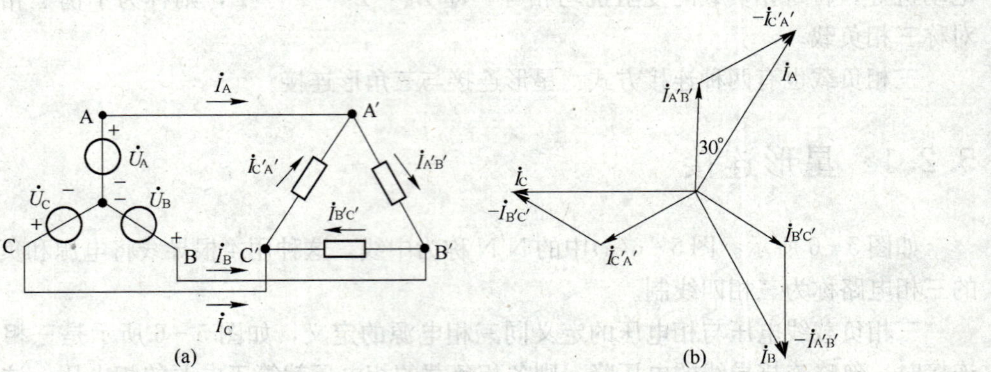

图 5-7 三角形连接负载及相量图

各端线的线电流为$\dot{I}_A$、$\dot{I}_B$、$\dot{I}_C$，流过各负载的相电流为$\dot{I}_{A'B'}$、$\dot{I}_{B'C'}$、$\dot{I}_{C'A'}$，方向如图 5-7(a)所示。线电流和相电流有如下关系

$$\dot{I}_A = \dot{I}_{A'B'} - \dot{I}_{C'A'}$$
$$\dot{I}_B = \dot{I}_{B'C'} - \dot{I}_{A'B'}$$
$$\dot{I}_C = \dot{I}_{C'A'} - \dot{I}_{B'C'}$$

如果三相电流对称，并设$\dot{I}_{A'B'} = I_P\angle 0°$，$\dot{I}_{B'C'} = I_P\angle -120°$，$\dot{I}_{C'A'} = I_P\angle 120°$，代入上述关系可得

$$\dot{I}_A = I_P\angle 0° - I_P\angle 120° = \sqrt{3}I_P\angle -30° = \sqrt{3}\dot{I}_{A'B'}\angle -30° \tag{5-10}$$

$$\dot{I}_B = I_P\angle -120° - I_P\angle 0° = \sqrt{3}I_P\angle -150° = \sqrt{3}\dot{I}_{B'C'}\angle -30° \tag{5-11}$$

$$\dot{I}_C = I_P\angle 120° - I_P\angle -120° = \sqrt{3}I_P\angle 90° = \sqrt{3}\dot{I}_{C'A'}\angle -30° \tag{5-12}$$

上述线电流与相电流的关系可用相量图表示，如图 5-7(b)所示，可见 3 个线电流也是对称的，其有效值为相电流有效值的 $\sqrt{3}$ 倍，即

$$I_l = \sqrt{3}\, I_P \tag{5-13}$$

其相位分别滞后相应相电流 30°。

应予指出，负载作三角形连接时，不论三相是否对称，总有线电流

$$\dot{I}_A + \dot{I}_B + \dot{I}_C = 0$$

每相负载的相电压与线电压相等。

三相电路就是由上述各种连接方式的三相电源和三相负载组成的系统。视电源和负载为星形连接或三角形连接构成了Y—Y连接(图 5-6)、Y—△连接(图 5-7)及△—Y连接和△—△连接等。

例5-1 图5-8(a)所示电路中，加在星形连接负载上的三相电压对称，其线电压为380 V。试求：(1)三相负载每相阻抗为 $Z_A=Z_B=Z_C=(17.3+j10)\,\Omega$ 时各相电流和中线电流；(2)断开中线后的各相电流；(3)仍保持有中线，但 Z_C 改为 20 Ω 时各相电流和中线电流。

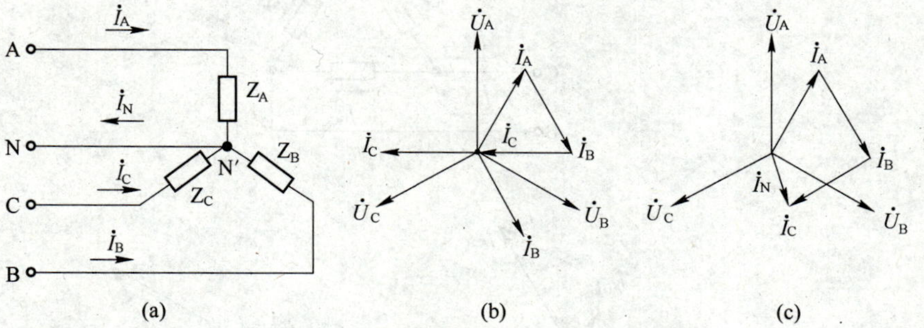

图5-8 例5-1电路

解 (1) 由于三相电压对称，负载也对称，负载的相电压为

$$U_P=\frac{380}{\sqrt{3}}=220\ \mathrm{V}$$

设 $\dot{U}_A=220\angle 0^\circ$ V，则

$$\dot{U}_B=220\angle -120^\circ\ \mathrm{V}$$

$$\dot{U}_C=220\angle 120^\circ\ \mathrm{V}$$

各相电流为

$$\dot{I}_A=\frac{\dot{U}_A}{Z_A}=\frac{220\angle 0^\circ}{17.3+j10}=11\angle -30^\circ\ \mathrm{A}$$

因为负载也对称，所以

$$\dot{I}_B=11\angle -150^\circ\ \mathrm{A}$$

$$\dot{I}_C=11\angle 90^\circ\ \mathrm{A}$$

中线电流为

$$\dot{I}_N=\dot{I}_A+\dot{I}_B+\dot{I}_C=0$$

其相量图如图5-8(b)所示。

(2) 由于三相电压对称，负载也对称，三相电流也对称，中线电流为零，所以断开中线后的各相电流不变。

(3) $\dot{I}_A$、$\dot{I}_B$ 不变，$\dot{I}_C$、$\dot{I}_N$ 将改变为

$$\dot{I}_C=\frac{\dot{U}_C}{Z_C}=\frac{220\angle 120^\circ}{20}=11\angle 120^\circ\ \mathrm{A}$$

$$\dot{I}_N=\dot{I}_A+\dot{I}_B+\dot{I}_C=11\angle -30^\circ+11\angle -150^\circ+11\angle 120^\circ=5.7\angle -165^\circ\ \mathrm{A}$$

其相量图如图5-8(c)所示。

例 5-2 将例 5-1 中的负载改为三角形连接，接到同样电源上，如图 5-9(a)所示。试求：(1)负载对称时各相电流和线电流；(2)BC 相负载断开后的各相电流和线电流。

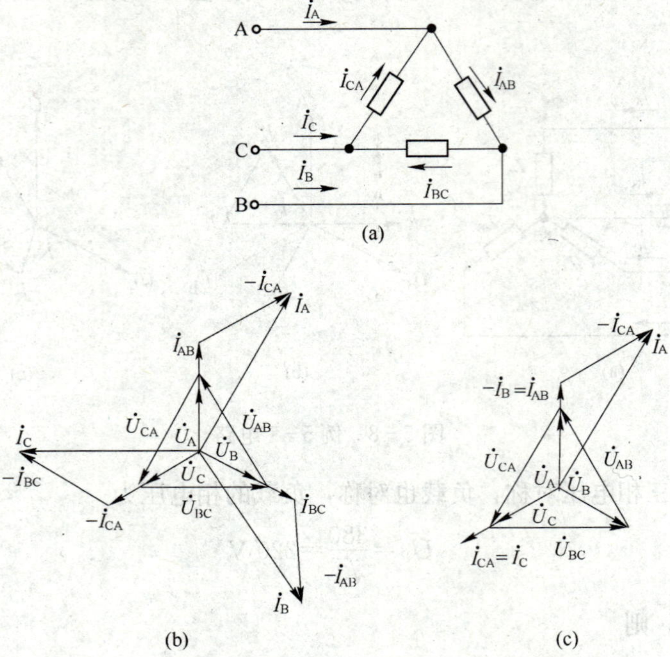

图 5-9 例 5-2 电路

解 (1) 设$\dot{U}_A=220\angle 0°$ V，则$\dot{U}_{AB}=380\angle 30°$ V，则

$$\dot{U}_{BC}=380\angle -90°\ \text{V}$$

$$\dot{U}_{CA}=380\angle 150°\ \text{V}$$

因负载在三角形连接中，相电压等于线电压，所以各相电流为

$$\dot{I}_{AB}=\frac{\dot{U}_{AB}}{Z_{AB}}=\frac{380\angle 0°}{17.3+j10}=19\angle 0°\ \text{A}$$

根据对称关系

$$\dot{I}_{BC}=19\angle -120°\ \text{A}$$

$$\dot{I}_{CA}=19\angle 120°\ \text{A}$$

由式(5-10)知线电流为

$$\dot{I}_A=\sqrt{3}\dot{I}_{A'B'}\angle -30°=32.9\angle -30°\ \text{A}$$

根据对称关系

$$\dot{I}_B=32.9\angle -150°\ \text{A}$$

$$\dot{I}_C=32.9\angle 90°\ \text{A}$$

其相量图如图 5-9(b)所示。

(2) 若 BC 相负载断开，则$\dot{I}_{BC}=0$ A，而$\dot{I}_{AB}$、$\dot{I}_{CA}$不变，所以

$$\dot{I}_A=\dot{I}_{AB}-\dot{I}_{CA}=\sqrt{3}\dot{I}_{AB}\angle -30°=32.9\angle -30°\ \text{A}$$

$$\dot{I}_B=\dot{I}_{BC}-\dot{I}_{AB}=-\dot{I}_{AB}=19\angle 180°\ \text{A}$$

$$\dot{I}_C=\dot{I}_{CA}-\dot{I}_{BC}=\dot{I}_{CA}=19\angle 120°\ \text{A}$$

其相量图如图 5-9(c)所示。

比较例 5-2 和例 5-1 可见：电源电压不变时，对称负载由星形连接改为三角形连接后，相电压为星形连接时的$\sqrt{3}$倍，相电流也为星形连接时的$\sqrt{3}$倍，而线电流则为星形接时的$\sqrt{3}\times\sqrt{3}=3$倍。

思考题与练习题

5.2.1　三相电源每相电压为 380 V、每相线圈的阻抗为(0.5+j1)Ω，现将它作三角形连接。(1)如有一相接反，试求电源回路的电流；(2)如有两相接反，试求电源回路的电流。

5.2.2　某三层楼房的照明由三相电源供电，接成三相四线制，每层为一相。有一次突然发生故障，一层电灯全部熄灭，二层和三层电灯仍亮，试分析故障原因。

5.2.3　试证明三相三线制中，不论负载是否对称，都有

$$\dot{U}_{AB}+\dot{U}_{BC}+\dot{U}_{CA}=0,\ \dot{I}_A+\dot{I}_B+\dot{I}_C=0$$

5.2.4　线电压为 380 V 的三相四线制电路中。对称Y连接负载每相阻抗 $Z=(160+j120)\Omega$。(1)试求负载的相电流和中线电流，并作相量图；(2)如中线断开，各相负载的电压、电流变为多少？

5.2.5　每相阻抗 $Z=(200+j150)\ \Omega$ 的对称△连接负载接到线电压为 380 V 的三相电压源，试求相电流和线电流，并作相量图。

5.2.6　一台三相电动机正常运行时作△连接，为了减少起动电流，启动时先将它作Y连接，转动后再改成△连接。试求Y连接起动和直接作△连接起动两种情况的线电流有效值的比值。

5.3　对称三相电路的计算

三相电路实质上是复杂正弦电流电路的一种特殊类型，因此，第 3 章所讨论的正弦电流电路的分析方法对三相电路完全适用。但在分析对称三相电路时，要注意由于电路的对称性而引起的一些特殊规律性。利用这些规律性可以简化三相电路的分析计算。

现在，先分析对称的三相四线制Y—Y系统，如图 5-10 所示，Z_l 为端线阻抗，Z_N 为中线阻抗。N 和 N′点称为中性点。对于这种结构的电路，一般可用节点法先求出中性点 N′与 N 之间的电压。以 N 为参考节点，可得

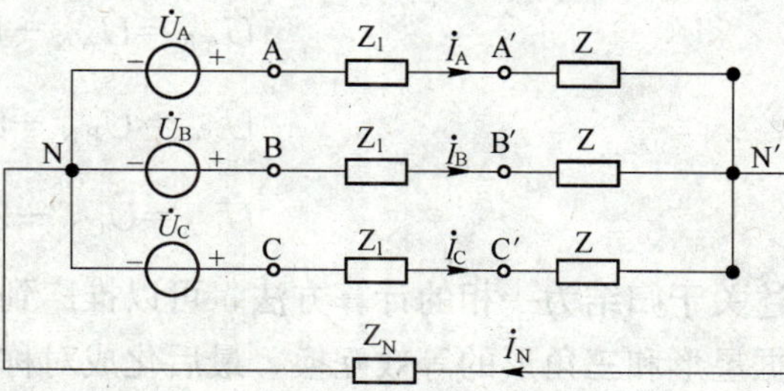

图 5-10　对称三相四线制Y—Y电路

$$\left(\frac{1}{Z_N}+\frac{3}{Z+Z_l}\right)\dot{U}_{N'N}=\frac{\dot{U}_A+\dot{U}_B+\dot{U}_C}{Z+Z_l} \tag{5-14}$$

由于$\dot{U}_A+\dot{U}_B+\dot{U}_C=0$，解得

$$\dot{U}_{N'N}=0$$

显然，各相电源、负载中的电流等于线电流，它们是

$$\dot{I}_A=\frac{\dot{U}_A-\dot{U}_{N'N}}{Z+Z_l}=\frac{\dot{U}_A}{Z+Z_l} \tag{5-15}$$

$$\dot{I}_B=\frac{\dot{U}_B}{Z+Z_l}=a^2\ \dot{I}_A \tag{5-16}$$

$$\dot{I}_C=\frac{\dot{U}_C}{Z+Z_l}=a\ \dot{I}_A \tag{5-17}$$

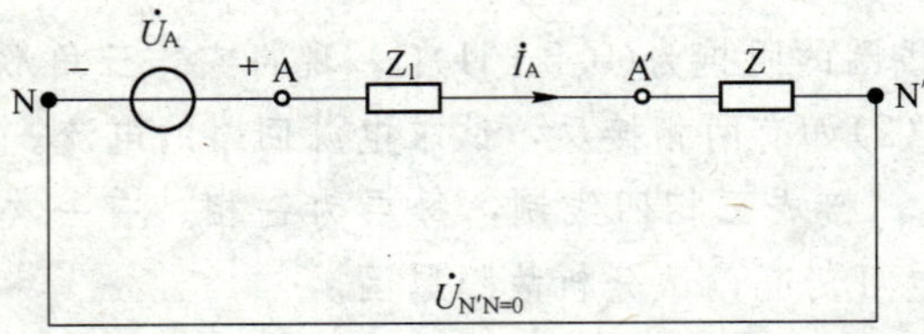

图 5-11　一相计算电路(A 相)

可以看出，$\dot{U}_{N'N}=0$，各线(即各相)电流独立，彼此无关；又由于三相电源、三相负载对称，所以三相线电流构成了对称组(正序)。因此，只要分析计算三相中的任一相，而其他两相的电压、电流就能按对称性写出。这就是对称三相电路归结为一相的计算方法。在分析计算时，可单独画出等效的一相计算电路(A 相)，如图 5-11 所示。画法很简单，就是只画出一相的电路，然后用短路线将 N′点和 N 点连接起来，因为$\dot{U}_{N'N}=0$，所以一相计算电路中不包括中线阻抗 Z_N，这一点应特别注意。

中线的电流为

$$\dot{I}_N=\dot{I}_A+\dot{I}_B+\dot{I}_C=0$$

表明在对称Y—Y三相电路中中线不起作用。可以证明负载端的相电压、线电压也为对称组，即有

$$\dot{U}_{A'N'}=Z\dot{I}_A$$

$$\dot{U}_{B'N'}=Z\dot{I}_B=a^2\ \dot{U}_{A'N'}$$

$$\dot{U}_{C'N'}=Z\dot{I}_C=a\ \dot{U}_{A'N'}$$

$$\dot{U}_{A'B'}=\dot{U}_{A'N'}-\dot{U}_{B'N'}=\sqrt{3}\dot{U}_{A'N'}\angle 30^\circ$$

$$\dot{U}_{B'C'}=\dot{U}_{B'N'}-\dot{U}_{C'N'}=\sqrt{3}\dot{U}_{B'N'}\angle 30^\circ$$

$$\dot{U}_{C'A}=\dot{U}_{C'N'}-\dot{U}_{A'N'}=\sqrt{3}\dot{U}_{C'N'}\angle 30^\circ$$

上述关于归结为一相的计算方法，可以推广到其他连接方式的对称三相电路中去，因为可以根据星形和三角形的等效互换，最后化成对称的Y—Y三相电路处理。

例 5-3　如图 5-12(a)所示，三相对称电源供电给两组对称负载，$\dot{U}_{AB}=380\angle 30^\circ$ V，

星形连接负载每相阻抗为 $Z_1=(12+\mathrm{j}16)\,\Omega$，三角形连接负载每相阻抗为 $Z_2=(48+\mathrm{j}36)\,\Omega$，每根导线的阻抗为 $Z_l=(1+\mathrm{j}2)\,\Omega$。试求各负载的相电流、线路中的电流。

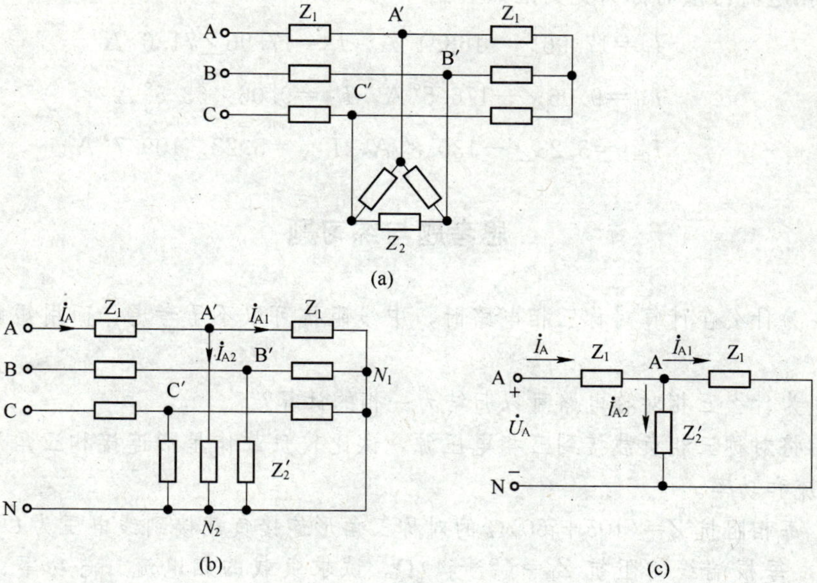

图 5－12　例 5－3 电路

解　将三角形负载等效为星形连接负载，如图 5－12(b)所示，其中

$$Z_2'=\frac{Z_2}{3}=16+\mathrm{j}12\ \Omega$$

电源看作星形连接，其相电压为

$$U_\mathrm{P}=\frac{1}{\sqrt{3}}U_l=\frac{380}{\sqrt{3}}=220\ \mathrm{V}$$

单独画出等效的一相计算电路(A 相)，如图 5－12(c)所示，总阻抗为

$$Z=Z_l+\frac{Z_1\times Z_2'}{Z_1+Z_2'}=1+\mathrm{j}2+\frac{(12+\mathrm{j}16)(16+\mathrm{j}12)}{12+\mathrm{j}16+16+\mathrm{j}12}$$

$$=8.14+\mathrm{j}9.14=12.25\angle 48.4^\circ\ \Omega$$

由于 $\dot U_\mathrm{A}=\dfrac{\dot U_\mathrm{AB}}{\sqrt{3}}\angle -30^\circ=220\angle 0^\circ\ \mathrm{V}$，则

$$\dot I_\mathrm{A}=\frac{\dot U_\mathrm{A}}{Z}=\frac{220\angle 0^\circ}{12.25\angle 48.4^\circ}=17.96\angle -48.4^\circ\ \mathrm{A}$$

$$\dot I_\mathrm{A1}=\frac{Z_2'}{Z_1+Z_2}\dot I_\mathrm{A}=\frac{16+\mathrm{j}12}{12+\mathrm{j}16+16+\mathrm{j}12}\times 17.96\angle -48.4^\circ=9.06\angle -56.5^\circ\ \mathrm{A}$$

$$\dot I_\mathrm{A2}=\frac{Z_1}{Z_1+Z_2}\dot I_\mathrm{A}=\frac{12+\mathrm{j}16}{12+\mathrm{j}16+16+\mathrm{j}12}\times 17.96\angle -48.4^\circ=9.06\angle -40.3^\circ\ \mathrm{A}$$

Z_2 的相电流可由式(5－10)得

$$\dot{I}_{A'B'}=\frac{1}{\sqrt{3}}\dot{I}_{A2}\angle 30°=\frac{1}{\sqrt{3}}\times 9.06\angle -40.3°\times\angle 30°=5.23\angle -10.3°\ \text{A}$$

其他各线、相电流可按对称情况类推如下：

$$\dot{I}_B=17.96\angle -168.4°\ \text{A},\ \dot{I}_C=17.96\angle 71.6°\ \text{A}$$

$$\dot{I}_{B1}=9.06\angle -176.5°\ \text{A},\ \dot{I}_{C1}=9.06\angle 63.5°\ \text{A}$$

$$\dot{I}_{B'C'}=5.23\angle -130.3°\ \text{A},\ \dot{I}_{C'A'}=5.23\angle 109.7°\ \text{A}$$

思考题与练习题

5.3.1 为什么在计算对称三相电路时，中线阻抗可以不予考虑，而用短路线连接各中性点？

5.3.2 为什么三相对称电路可以归结为一相的计算？

5.3.3 将对称三相负载接到三相电压源，试比较负载作星形连接和三角形连接两种情况下的线电流和功率。

5.3.4 每相阻抗 $Z=(105+j60)\Omega$ 的对称三角形连接负载接到线电压为 $U_l=6\ 600\ \text{V}$ 的三相电源上，每根端线的阻抗 $Z_l=(2+j4)\Omega$。试求负载的相电流、总功率、电压源的总功率。

5.4 不对称三相电路的概念

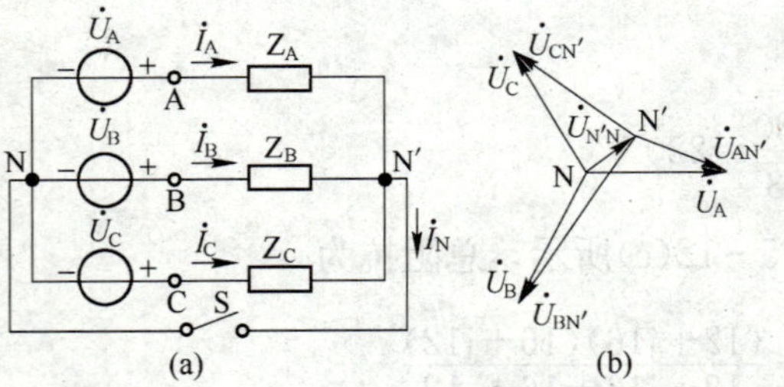

图 5-13 不对称三相电路及相量图

三相电源电压一般是对称的，因为这是由发电站所决定的。于是当三相负载的阻抗 Z_A、Z_B、Z_C 互不相等时，即构成了不对称的三相电路，对于不对称三相电路的分析计算已不能沿用上面叙述的方法和结论了。本节只初步分析由于负载不对称而引起的一些特点。图 5-13(a)为负载不对称的Y—Y系统。

先讨论开关 S 打开(即不接中线，相当于中线上的阻抗为∞，记作 $Z_N=\infty$，其导纳 $Y_N=0$)时的情况。根据电路可求得节点电压 $\dot{U}_{N'N}$ 为

$$\dot{U}_{N'N}=\frac{\dot{U}_A Y_A+\dot{U}_B Y_B+\dot{U}_C Y_C}{Y_A+Y_B+Y_C+Y_N}=\frac{\dot{U}_A Y_A+\dot{U}_B Y_B+\dot{U}_C Y_C}{Y_A+Y_B+Y_C} \tag{5-18}$$

由于负载不对称，显然，$\dot{U}_{N'N}\neq 0$，即 N′点与 N 点电位不同了。图 5-13(b)画出了电压位形图，从图 5-13(b)的相量关系可见，N′点与 N 点在相量图上不重合了，这一现象称为中性点位移。在电源对称的情况下，可以根据中性点位移的情况来判断负载端不对称的程度。当中性点的位移较大时，会造成负载端的相电压严重地不对称，从而可能使负载的工作不正常。另一方面，如果负载变化时，由于各相的工作状况相互关联，因此彼此都互有影响，即完全失去了独立性和对称性。负载的相电压分别为

$$\left.\begin{aligned}\dot{U}_{AN'}&=\dot{U}_A-\dot{U}_{N'N}\\ \dot{U}_{BN'}&=\dot{U}_B-\dot{U}_{N'N}\\ \dot{U}_{CN'}&=\dot{U}_C-\dot{U}_{N'N}\end{aligned}\right\}\tag{5-19}$$

现在，合上开关 S（接上中线），如果 $Z_N\approx0$，则 $Y_N\approx\infty$，根据式 $\dot{U}_{N'N}=\dfrac{\dot{U}_AY_A+\dot{U}_BY_B+\dot{U}_CY_C}{Y_A+Y_B+Y_C+Y_N}$，可强使 $\dot{U}_{N'N}=0$。尽管电路是不对称的，但在这个条件下，可使各相保持独立性，而使各相负载电压接近对称，各相的工作状况互不影响，因而各相可以分别独立计算。这就克服了无中线时所引起的缺点。因此，在这种情况下中线的存在是非常重要的。这就是为什么在照明线路中必须采用三相四线制，同时中线连接应可靠并具有一定的机械强度，同时规定中线上不准安装熔断器(俗称保险丝)或开关的原因。

由于相电流的不对称，中线电流一般不为零，即

$$\dot{I}_N=\dot{I}_A+\dot{I}_B+\dot{I}_C\neq0$$

例 5-4　图 5-14(a)所示电路是一种决定相序的仪器，叫相序指示器。如果使 $\dfrac{1}{\omega C}=R=\dfrac{1}{G}$，试说明在线电压对称的情况下，A 相接入电容，B、C 相接入瓦数相同的灯泡，如何根据两个灯泡所承受的电压确定相序。

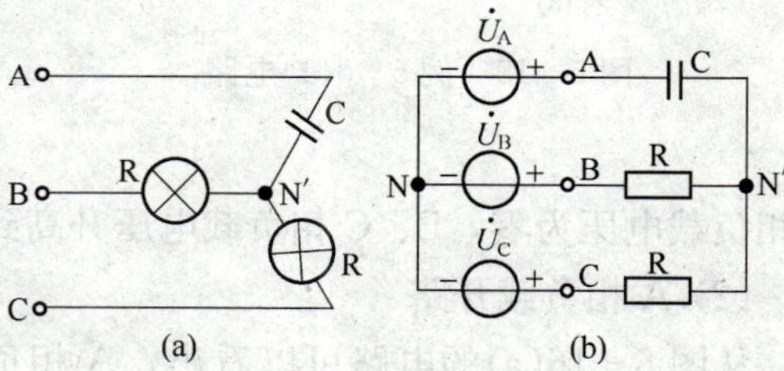

图 5-14　例 5-4 电路

解　图 5-14(a)电路可化为相电压源对称的电路，如图 5-14(b)所示。其中性点电压 $\dot{U}_{N'N}$ 为

$$\dot{U}_{N'N}=\frac{\dot{U}_A\mathrm{j}\omega C+\dot{U}_BG+\dot{U}_CG}{\mathrm{j}\omega C+2G}$$

设 $\dot{U}_A=U\angle0^\circ$，则 $\dot{U}_B=U\angle-120^\circ$，$\dot{U}_C=U\angle120^\circ$ 代入上式得

$$\dot{U}_{N'N}=(-0.2+\mathrm{j}0.6)U=0.63U\angle108.4^\circ$$

B 相灯泡所承受的电压为

$$\begin{aligned}\dot{U}_{BN'}&=\dot{U}_B-\dot{U}_{N'N}=U\angle-120^\circ-(-0.2+\mathrm{j}0.6)U=(-0.3-\mathrm{j}1.47)U\\&=1.5U\angle-101.5^\circ\end{aligned}$$

所以

$$U_{BN'}=1.5U$$

C 相灯泡所承受的电压为

$$\begin{aligned}\dot{U}_{CN'}&=\dot{U}_C-\dot{U}_{N'N}=U\angle120^\circ-(-0.2+\mathrm{j}0.6)U=(-0.3+\mathrm{j}0.266)U\\&=0.4U\angle138.4^\circ\end{aligned}$$

所以

$$U_{CN'}=0.4U$$

根据上述结果可以判断：电容器所在的一相如果定为A相，则灯泡比较亮的为B相，较暗的则为C相。

其实，根据中性点电压$\dot{U}_{N'N}$即可判定$U_{BN'}>U_{CN'}$。

例5-5 电源电压三相对称，三相对称负载作星形连接，试用位形图分析：(1)A相负载短路；(2)A相负载开路时各相电压的变化情况。

解 正常时三相电压的位形图是一个正三角形，顶点为A、B、C，重心为N，设$\dot{U}_A=U_P\angle 0°$。

(1) A相负载短路

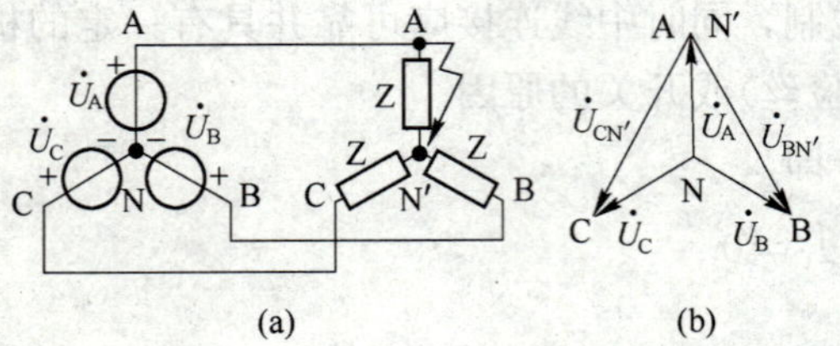

图5-15 例5-5(1)电路

从图5-15(a)的电路可以看出，由于A相短路，负载中点N′直接连接到A，位形图如图5-15(b)所示，各项负载的电压可直接从相量图中得出，分别为

$$\dot{U}_{AN'}=0$$

$$\dot{U}_{BN'}=\dot{U}_{BA}=\sqrt{3}U_P\angle -150°$$

$$\dot{U}_{CN'}=\dot{U}_{CA}=\sqrt{3}U_P\angle 150°$$

A相负载电压为零，B、C相负载电压升高到正常电压的$\sqrt{3}$倍(由相电压上升到线电压)。

(2) A相负载开路

从图5-16(a)的电路可以看出，A相负载开路，B相和C相负载阻抗串联，在线电压$\dot{U}_{BC}$的作用下，负载中点N′直接连接到BC连线的中点上。相量图如图5-16(b)所示，各项负载的电压可直接从相量图中得出，分别为

$$\dot{U}_{AN'}=\frac{3}{2}U_P\angle 0°$$

$$\dot{U}_{BN'}=\frac{\sqrt{3}}{2}U_P\angle -90°$$

$$\dot{U}_{CN'}=\frac{\sqrt{3}}{2}U_P\angle 90°$$

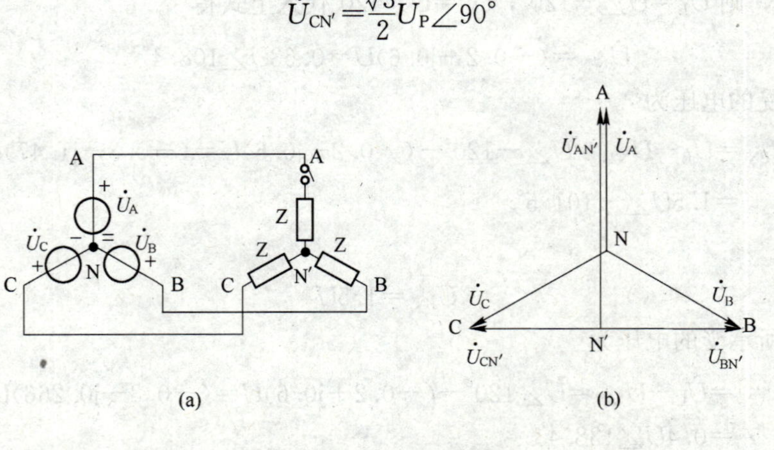

图5-16 例5-5(2)电路

思考题与练习题

5.4.1　三相电路在什么情况下产生负载中性点位移？当中线的阻抗大小为 Z_N 时，是否一定产生中性点位移？中性点位移对负载相电压有什么影响？

5.4.2　Y连接负载的 $Y_A=-jG$，$Y_B=Y_C=G$，试求它接到三相电压源时，B、C 两个电阻的电压的比值，并作相量图。

5.4.3　$R_A=R_B=5\ \Omega$、$R_C=35\ \Omega$ 的Y连接电阻负载接到 $U_l=380$ V 的三相电压源，试求各电流。

5.4.4　三相对称负载为星形连接，正常运行时各相电流 $I_A=I_B=I_C=10$ A，求在下列情况下各相电流及中线电流：

(1) 有中线且其阻抗可忽略，A 相断线；

(2) 有中线且其阻抗可忽略，A、B 相断线；

(3) 无中线，A 相断线；

(4) 无中线，A 相负载短路。

5.4.5　每相阻抗 $Z=(45+j20)\ \Omega$ 的对称Y连接负载接到 $U_l=380$ V 的三相电压源。求：(1)正常情况下负载的电压和电流；(2)A 相负载短路后，B、C 两相负载的电压和电流，以及端线 A 的电流；(3)A 相负载开路后，B、C 两负载的电压和电流及 A 相的开路电压。

5.5　三相电路的功率

5.5.1　有功功率、无功功率、视在功率

1. 有功功率

有功功率又称平均功率。在三相电路中，三相负载吸收的总有功功率等于各相负载吸收的有功功率之和，即

$$\begin{aligned}P&=P_A+P_B+P_C\\&=U_AI_A\cos\varphi_A+U_BI_B\cos\varphi_B+U_CI_C\cos\varphi_C\end{aligned}\tag{5-20}$$

式中 φ_A、φ_B、φ_C 分别是 A 相、B 相和 C 相在电压与电流为关联参考方向下的相电压与相电流之间的相位差，等于各相负载的阻抗角。

在对称三相电路中，各相负载吸收的有功功率相等，则式(5-20)可写为

$$P=3U_PI_P\cos\varphi\tag{5-21}$$

式中 U_P 是相电压，I_P 是相电流，φ 是相电压与相电流之间的相位差，等于负载的阻抗角。因为对称三相电路中负载在任何一种接法的情况下，总有

$$3U_PI_P=\sqrt{3}U_lI_l$$

所以式(5-21)可写成

$$P=\sqrt{3}U_l I_l \cos\varphi \tag{5-22}$$

式中U_l是线电压，I_l是线电流，φ仍然是相电压与相电流之间的相位差，等于负载的阻抗角。

分析计算对称三相电路的总有功功率，常常用到式(5-22)，因为它对星形连接或三角形连接的负载都适用，同时三相设备铭牌上标明的都是线电压和线电流，三相电路中容易测量出来的也是线电压和线电流。

2. 无功功率

在三相电路中，三相负载的总无功功率为

$$\begin{aligned}Q&=Q_A+Q_B+Q_C\\&=U_A I_A \sin\varphi_A+U_B I_B \sin\varphi_B+U_C I_C \sin\varphi_C\end{aligned} \tag{5-23}$$

式中φ_A、φ_B、φ_C分别是A相、B相和C相在电压与电流为关联参考方向下的相电压比相电流超前的相位差，等于各相负载的阻抗角。

在对称三相电路中有

$$Q=3U_P I_P \sin\varphi=\sqrt{3}U_l I_l \sin\varphi \tag{5-24}$$

式中各符号意义同前。

3. 视在功率与功率因数

在三相电路中，三相负载的总视在功率为

$$S=\sqrt{P^2+Q^2} \tag{5-25}$$

在三相对称的情况下，有

$$S=3U_P I_P=\sqrt{3}U_l I_l \tag{5-26}$$

三相负载的总功率因数为

$$\lambda=\frac{P}{Q} \tag{5-27}$$

在三相对称情况下$\lambda=\cos\varphi$，也就是一相负载的功率因数，φ即为负载的阻抗角。

5.5.2 对称三相电路中的瞬时功率

对称三相电路中各相的瞬时功率可写为

$$\begin{aligned}p_A(t)&=u_A(t)i_A(t)=\sqrt{2}U_P\sin(\omega t)\times\sqrt{2}I_P\sin(\omega t-\varphi)\\&=U_P I_P[\cos\varphi-\cos(2\omega t-\varphi)]\end{aligned}$$

$$\begin{aligned}p_B(t)&=u_B(t)i_B(t)=\sqrt{2}U_P\sin(\omega t-120^\circ)\times\sqrt{2}I_P\sin(\omega t-120^\circ-\varphi)\\&=U_P I_P[\cos\varphi-\cos(2\omega t-240^\circ-\varphi)]\end{aligned}$$

$$\begin{aligned}p_C(t)&=u_C(t)i_C(t)=\sqrt{2}U_P\sin(\omega t+120^\circ)\times\sqrt{2}I_P\sin(\omega t+120^\circ-\varphi)\\&=U_P I_P[\cos\varphi-\cos(2\omega t+240^\circ-\varphi)]\end{aligned}$$

它们的和为

$$p(t)=p_A(t)+p_B(t)+p_C(t)=3U_P I_P \cos\varphi$$

上述结果表明，三相平衡负载的瞬时功率 $p(t)$ 为一常量，其值等于平均功率，这种性质称为瞬时功率的平衡。瞬时功率平衡的电路称为平衡制电路。这是三相平衡负载的一大优点，可以避免三相电动机在转动中产生振动。

例 5-6 有一三相负载，每相阻抗为(29＋j21.8)Ω，试求下列两种情况下的功率：(1)连接成星形接于 $U_l=380$ V 三相电源上；(2)连接成三角形接于 $U_l=220$ V 三相电源上。

解 (1) 连接成星形接于 $U_l=380$ V 时

$$U_P=\frac{1}{\sqrt{3}}U_l=\frac{380}{\sqrt{3}}=220\ \text{V}$$

$$I_P=\frac{U_P}{|Z|}=\frac{220}{\sqrt{29^2+21.8^2}}=6.1\ \text{A}=I_l$$

$$P=\sqrt{3}U_l I_l\cos\varphi=\sqrt{3}\times380\times6.1\times\frac{29}{\sqrt{29^2+21.8^2}}=3.2\ \text{kW}$$

(2) 连接成三角形接于 $U_l=220$ V 时

$$U_P=U_l=220\ \text{V}$$

$$I_P=\frac{U_P}{|Z|}=\frac{220}{\sqrt{29^2+21.8^2}}=6.1\ \text{A}$$

$$I_l=\sqrt{3}I_P=\sqrt{3}\times6.1=10.5\ \text{A}$$

$$P=\sqrt{3}U_l I_l\cos\varphi=\sqrt{3}\times220\times10.5\times\frac{29}{\sqrt{29^2+21.8^2}}=3.2\ \text{kW}$$

可见在两种接法中，星形连接时线电压增大到 $\sqrt{3}$ 倍，三角形连接时线电流增大到 $\sqrt{3}$ 倍，而两种接法的相电压、相电流及三相功率都未改变。

5.5.3 三相功率的测量

对于三相四线制的星形连接电路，无论对称或不对称，一般可用 3 只功率表进行测量，通常把这种测量方法称为三瓦计法，如图 5-17 所示。功率表 W_1 的电流线圈流过的电流是 A 相的相电流 i_A，电压线圈的电压是 A 相的相电压 u_A，因此功率表 W_1 读数的是 A 相的平均功率 P_A。同理，功率表 W_2、W_3 的读数是 B 相和 C 相的平均功率 P_B 和 P_C。因此，将 3 只功率表的读数相加，就得到了三相负载的功率，即

$$P=P_A+P_B+P_C$$

对于三相三线制的电路，无论对称或不对称，一般可用两只功率表进行测量，如图 5-18所示。通常把这种测量方法称为二瓦计法，如图 5-18 所示。两个功率表的电流线圈分别串入任意两相的端线中(图示为 A 线、B 线)，它们的电压线圈的非电源端(即无星号 * 端)共同接到第三条端线(图示为 C 线)。可以看出，这种测量方法中功率表的接线只触及端

线而不触及负载和电源，并与负载和电源的连接方式无关。这时，两只功率表读数的代数和等于要测的三相功率。

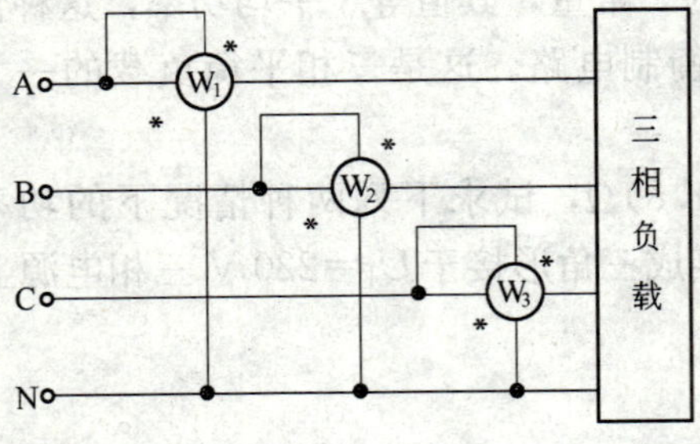

图 5 - 17　三瓦计法

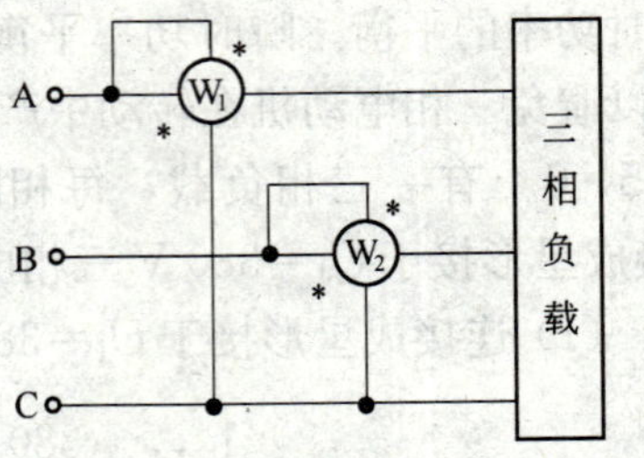

图 5 - 18　二瓦计法

下面证明二瓦计法的正确性。无论负载如何连接，总可以用等效星形表示这些负载，因此三相瞬时功率可以写成

$$p=p_A+p_B+p_C=u_Ai_A+u_Bi_B+u_Ci_C$$

因为三相三线制的电路有

$$i_A+i_B+i_C=0$$

所以

$$\begin{aligned}p&=u_Ai_A+u_Bi_B+u_Ci_C=u_Ai_A+u_Bi_B+u_C(-i_A-i_B)\\&=(u_A-u_C)i_A+(u_B-u_C)i_B\\&=u_{AC}i_A+u_{BC}i_B\end{aligned}$$

三相平均功率为

$$\begin{aligned}P&=\frac{1}{T}\int_0^T(u_{AC}i_A+u_{BC}i_B)\mathrm{d}t\\&=\frac{1}{T}\int_0^T u_{AC}i_A\mathrm{d}t+\frac{1}{T}\int_0^T u_{BC}i_B\mathrm{d}t\\&=U_{AC}I_A\cos\varphi_1+U_{BC}I_B\cos\varphi_2\end{aligned}$$

式中 φ_1 为电压相量$\dot{U}_{AC}$与电流相量$\dot{I}_A$的相位差，式中 φ_2 为电压相量$\dot{U}_{BC}$与电流相量$\dot{I}_B$的相位差，上式中的第一项就是图 5 - 18 中功率表 W_1 的读数 P_1，第二项就是图5 - 18中功率表 W_2 的读数 P_2。可见，两个功率表的读数的代数和就是三相总功率。

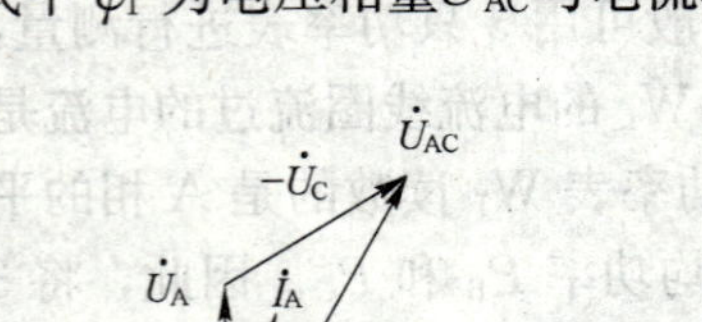

图 5 - 19　二瓦计法相量图

应当指出，用二瓦计法测量三相功率时，即使在对称电路中，两个功率表的读数也不一定相等。例如，图 5 - 19 所示是电感性对称星形负载($\varphi>0$)在对称电压作用下的相量图。根据这个相量图可以得出图 5 - 18 两个功率表的读数为

$$P_1=U_{AC}I_A\cos(30°-\varphi)=U_1I_1\cos(30°-\varphi) \tag{5-28}$$

$$P_2=U_{BC}I_B\cos(30°+\varphi)=U_1I_1\cos(30°+\varphi) \tag{5-29}$$

两个功率表的读数的代数和为

$$P_1+P_2=U_1I_1\cos(30°-\varphi)+U_1I_1\cos(30°+\varphi)$$
$$=\sqrt{3}U_1I_1\cos\varphi=P \tag{5-30}$$

式中 φ 为负载的阻抗角。应当注意，在一定的条件下，两个功率表中的读数可能为负，求代数和时该读数也应取负值。

除对称情况外，三相四线制不能用二瓦计法测量三相功率，这是因为

$$\dot{I}_A+\dot{I}_B+\dot{I}_C\neq 0$$

例 5－7　用二瓦计法测量对称三相负载(负载阻抗大小为 Z)的功率，设电源的线电压 $U_1=380$ V，负载接成星形，试求下列几种负载情况下的三相总功率：(1)$Z=(8+\mathrm{j}6)$ Ω；(2)$Z=10$ Ω；(3)$Z=(5+\mathrm{j}10)$ Ω。

解　(1) 当负载阻抗 $Z=(8+\mathrm{j}6)$ Ω 时，每相电流及功率因数角分别为

$$I=\frac{220}{\sqrt{8^2+6^2}}=22\text{ A}$$

$$\varphi=\arctan\frac{6}{8}=36.9°$$

根据式(5－28)、式(5－29)和式(5－30)可得

$$P_1=U_1I_1\cos(30°-\varphi)=380\times 22\cos(30°-36.9°)=8\,300\text{ W}$$
$$P_2=U_1I_1\cos(30°+\varphi)=380\times 22\cos(30°+36.9°)=3\,280\text{ W}$$
$$P=P_1+P_2=8\,300+3\,280=11\,580\text{ W}$$

(2) 当负载阻抗 $Z=10$ Ω 时，每相电流及功率因数角分别为

$$I=\frac{220}{10}=22\text{ A}$$
$$\varphi=0°$$

根据式(5－28)、式(5－29)和式(5－30)可得

$$P_1=U_1I_1\cos(30°-\varphi)=380\times 22\cos 30°=7\,240\text{ W}$$
$$P_2=U_1I_1\cos(30°+\varphi)=380\times 22\cos 30°=7\,240\text{ W}$$
$$P=P_1+P_2=7\,240+7\,240=14\,480\text{ W}$$

(3) 当负载阻抗 $Z=(5+\mathrm{j}10)$ Ω 时，每相电流及功率因数角分别为

$$I=\frac{220}{\sqrt{5^2+10^2}}=19.7\text{ A}$$

$$\varphi=\arctan\left(\frac{10}{5}\right)=63.4°$$

根据式(5－28)、式(5－29)和式(5－30)可得

$$P_1=U_1I_1\cos(30°-\varphi)=380\times 19.7\cos(30°-63.4°)=6\,250\text{ W}$$
$$P_2=U_1I_1\cos(30°+\varphi)=380\times 22\cos(30°+63.4°)=-444\text{ W}$$
$$P=P_1+P_2=6\,250-444=5\,806\text{ W}$$

当$\varphi>60°$时，P_2为负值，即功率表的指针反向偏转，在这种情况下不能读出功率表读数，必须将该功率表电流线圈的两个端子互换，才能读出功率表的读数。这时三相功率等于第一个功率表的读数减去第二个功率表的读数。

思考题与练习题

5.5.1 如何计算三相对称负载的功率？计算公式中$\cos\varphi$中的φ表示什么？

5.5.2 能否用双功率表法测量三相四线制的功率？试说明理由。

5.5.3 一台三相变压器的线电压为6 600 V、线电流为20 A、功率因数为0.866。试求它的有功功率、无功功率和视在功率。

5.5.4 三相电缆所接电动机的功率为5.5 kW、线电压为380 V、功率因数为0.88。试求电缆每根芯线的电流。

5.5.5 一台星形连接、功率为25 000 kW的发电机的电压为13.8 kV、功率因数为0.8。试求它的电流、无功功率和视在功率。

5.5.6 对称三相感性负载作三角形连接，接到380 V的三相电压源时，总功率为2.4 kW、功率因数为0.6。试求它的每相阻抗。

本章小结

1. 三相电源的电压一般是频率相同、有效值相等而相位上互差120°的3个正弦电压源，构成对称的三相正弦电压，其解析式为

$$\begin{cases} u_A=\sqrt{2}U\sin(\omega t) \\ u_B=\sqrt{2}U\sin(\omega t-120°) \\ u_C=\sqrt{2}U\sin(\omega t-240°) \\ \quad=\sqrt{2}U\sin(\omega t+120°) \end{cases}$$

瞬时值之和为零。其相量关系式为

$$\begin{cases} \dot{U}_A=U\angle 0° \\ \dot{U}_B=U\angle -120°=a^2\dot{U}_A \\ \dot{U}_C=U\angle 120°=a\dot{U}_A \end{cases}$$

相量和为零。把参考相量画在垂直方向，可以作出三相相量图，3个相量顶点构成正三角形。

上述3个相量的相序称为正序。

2. 三相电源的两种连接方式

(1) 星形连接：把3个电压源的负极性端X、Y、Z连接在一起，形成电源中性点N，引出中线；将正极性端A、B、C引出3条端线，构成星形(Y)连接。线电压与相电压(A、B、C对N电压)关系为

$$\dot{U}_{AB}=\dot{U}_A-\dot{U}_B,\ \dot{U}_{BC}=\dot{U}_B-\dot{U}_C,\ \dot{U}_{CA}=\dot{U}_C-\dot{U}_A$$

可用相量图或位形图表示。将相量图中的电压三角形顶点标以A、B、C，中点标以N，称为位形图，逆着下标字母的方向，例如由B指向A，即为$\dot{U}_{AB}$。

对于三相对称电源，有

$$\dot{U}_{AB}=\sqrt{3}\dot{U}_A\angle 30°$$

$$\dot{U}_{BC}=\sqrt{3}\dot{U}_B\angle 30°$$

$$\dot{U}_{CA}=\sqrt{3}\dot{U}_C\angle 30°$$

线电压也为三相对称。如相电压为U_P，则线电压

$$U_l=\sqrt{3}U_P$$

(2) 三角形连接：把3个电压源按顺序相接，即X与B，Y与C，Z与A相接形成一个回路，从端点A、B、C引出端线，构成三角形(△)连接。当三相对称，则

$$U_l=U_P$$

3. 三相负载的两种连接方式

当三相负载参数相同，则称为对称的三相负载；否则为不对称三相负载。三相负载也有两种连接方式。

(1) 星形连接

三相负载连接成星形，将3个端线和1个中线接至电源，称为三相四线制；如不接中线，则为三相三线制。负载接成星形时，线电流等于相电流。

三相四线制时，中线电流

$$\dot{I}_N=\dot{I}_A+\dot{I}_B+\dot{I}_C$$

如三相电流对称(振幅相等，彼此相差120°)，则

$$\dot{I}_N=\dot{I}_A+\dot{I}_B+\dot{I}_C=0$$

(2) 三角形连接

三相负载连接成三角形，将3个端线接至电源，则负载相电压等于线电压，电源流向负载电流为

$$\dot{I}_A=\dot{I}_{A'B'}-\dot{I}_{C'A'}$$

$$\dot{I}_B=\dot{I}_{B'C'}-\dot{I}_{A'B'}$$

$$\dot{I}_C=\dot{I}_{C'A'}-\dot{I}_{B'C'}$$

可用相量图作出其相量关系。

如三相相电流对称，则

$$\dot{I}_A=\sqrt{3}\dot{I}_{A'B'}\angle -30°$$

$$\dot{I}_B=\sqrt{3}\dot{I}_{B'C'}\angle -30°$$

$$\dot{I}_C=\sqrt{3}\dot{I}_{C'A'}\angle -30°$$

三相线电流也对称。如相电流为I_P，则线电流

$$I_l=\sqrt{3}I_P$$

4. 对称三相电路的分析计算

对称三相电路可化为Y—Y接线，负载中性点对电源中性点电压$U_{N'N}=0$，中线不起作用，形成各相的独立性，因而可归结为一相计算，可单独画出等效的A相计算电路($Z_N=0$)进行计算，然后按照对称量的方法求得B相、C相。

5. 具有负载Y—Y接线的三相不对称电路

三相电路可看成是复杂电路的一种特殊的类型，可按正弦电流电路的各种分析方法进行计算。

不对称负载三相电路可用弥尔曼定理求负载中性点电压$\dot{U}_{N'N}$(称为中性点位移)，然后求得各支路电流。采用位形图方法有时可直观求得负载中性点电位，因而简化了计算。

6. 三相电路的功率为三相功率之和，对称三相电路的功率为

$$P=3U_P I_P\cos\varphi=\sqrt{3}U_l I_l\cos\varphi$$

其中φ为各相负载的阻抗角。对称三相电路的总瞬时功率恒定。

三相四线制电路采用三个功率表分别测定三相功率，三相三线制时可只用两个功率表测量三相功率，然后求其代数和。

习　　题

5-1　线电压为380 V的三相四线制正弦电流电路中，对称星形连接负载每相阻抗为(160+j120)Ω，试求各相电流和中线电流，并作相量图。如中线断开，各相负载的电压、电流变为多少？

5-2　对称星形三相电源向对称三角形负载供电的电路如图5-20所示。已知工频电源的相电压为220 V，负载复阻抗$Z=38\angle 60°\ \Omega$。试求：当三相对称电源为正相序时，负载的相电流和负载端的线电流，并写出它们的瞬时值表达式。

5-3　如图5-21所示，已知对称三相电路的星形负载阻抗$Z=(165+j84)\Omega$，端线阻抗$Z_l=(2+j1)\Omega$，中线阻抗$Z_N=(1+j1)\Omega$，线电压$U_l=380$ V。求负载端的电流和线电压，并作电路的相量图。

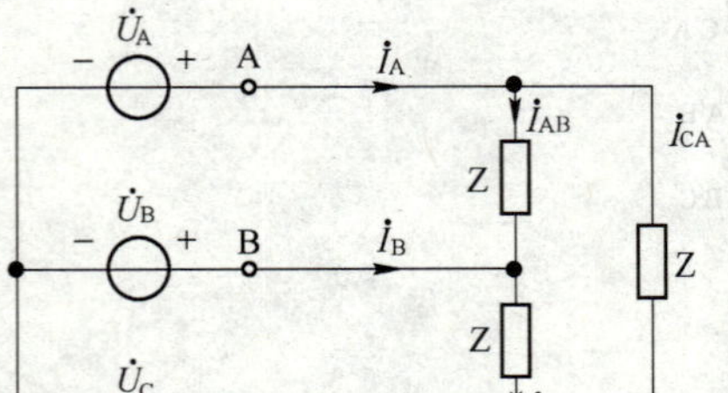

图5-20　习题5-2电路

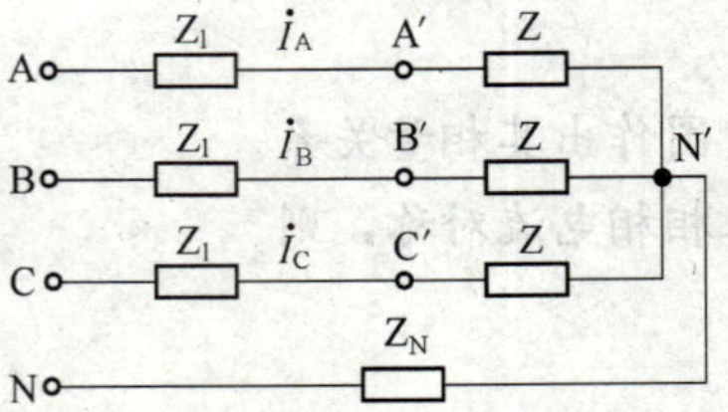

图5-21　习题5-3电路

5-4　已知对称三相电路的线电压$U_l=380$ V(电源端)，三角形负载阻抗$Z=(4.5+j14)\Omega$，端线阻抗$Z_l=(1.5+j2)\Omega$。求线电流和负载的相电流，并作相量图。

5-5　对称三相电路如图5-22所示，负载是三角形连接，线电压有效值$U_l=173$ V，

负载相电流有效值 I_P＝17.3 A，三相电路总的有功功率 P＝6 363 W。试求每相的负载阻抗。

5-6 如图5-23所示电路中，对称三相正弦电源线电压为380 V，Z_1＝(20＋j40)Ω，Z_2＝(120＋j40)Ω。试求电压表 V_1、V_2 的读数(设电压表阻抗为无限大)。

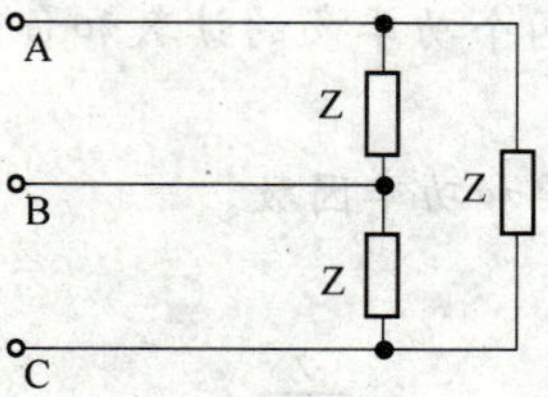

图5-22 习题5-5电路

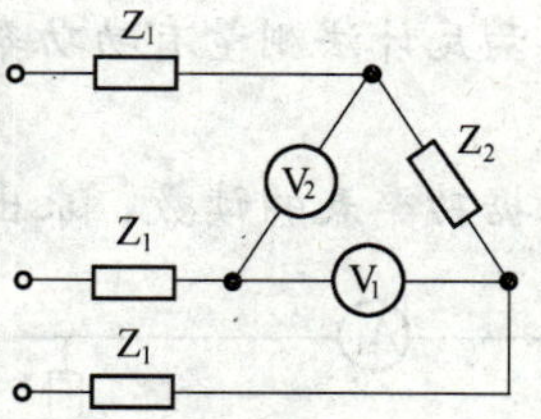

图5-23 习题5-6电路

5-7 对称三相电路如图5-24所示，已知线电压有效值 U_l＝380 V。各相负载为纯电阻。星形负载电阻 R_1 三相的输入功率为660 W。三角形负载电阻 R_2 三相的输入功率为2.28 kW。试求：(1) 各负载的相电流和线电流；(2) 电阻 R_1 和 R_2 的值。

5-8 如图5-25电路中，对称三相正弦电源线电压为380 V，线路阻抗为 Z_l＝(0.1＋j0.2)Ω，对称负载 Z_1 每相阻抗模为40 Ω，功率因数为0.85；对称负载 Z_2 每相阻抗模为60 Ω，功率因数为0.8。试求各负载的相电压和相电流，每个负载的功率和电源供给的总功率。

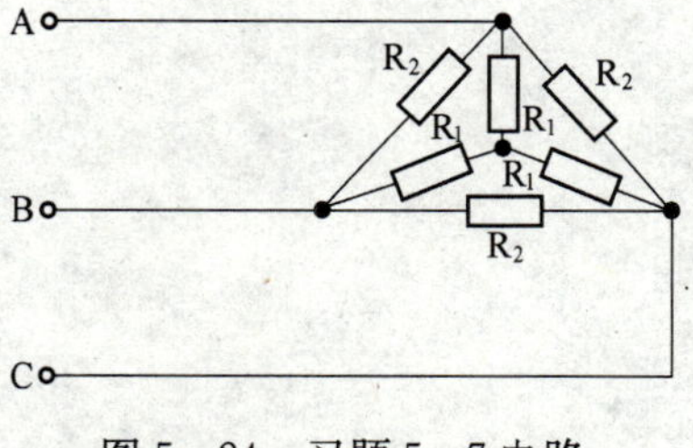

图5-24 习题5-7电路

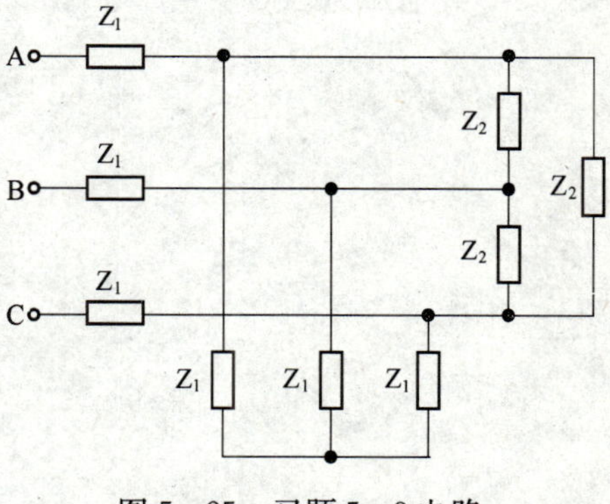

图5-25 习题5-8电路

5-9 已知不对称三相四线制中的端线阻抗为零，对称三相正弦电源的线电压 U_l＝380 V。不对称的星形连接负载分别是 Z_A＝(3＋j2)Ω，Z_B＝(2＋j4)Ω，Z_C＝(4＋j1)Ω。试求：(1)当中线阻抗 Z_N＝(4＋j3)Ω时的中点电压、线电流和负载吸收的总功率；(2)当 Z_N＝0且A相开路时的线电流。如果无中线(即 $Z_N=\infty$)又会怎样？

5-10 对称三相电路的线电压 U_l＝230 V，负载阻抗 Z＝(12＋j16)Ω。试求：

(1) 负载为星形连接时的线电流及吸收的总功率；

(2) 负载为三角形连接负载时的线电流、相电流和吸收的总功率；

(3) 比较(1)和(2)的结果能得到什么结论？

5-11 如图5-26所示电路中，对称三相电源向3个相同的负载供电，电流表内阻可忽略不计。当开关闭合时，电流表A的读数为5.77 A。若将开关打开，试求各电流表的读数。

5-12 在图 5-27 所示的对称三相电路中，已知线电压有效值为 380 V，负载阻抗 $Z=(165+j84)\Omega$。

(1) 试求线电流；

(2) 用两瓦计法测量有功功率，画出接线图，分别求两个功率表的读数和负载的总的有功功率；

(3) 根据功率表的读数，求出对称三相电路的无功功率和功率因数。

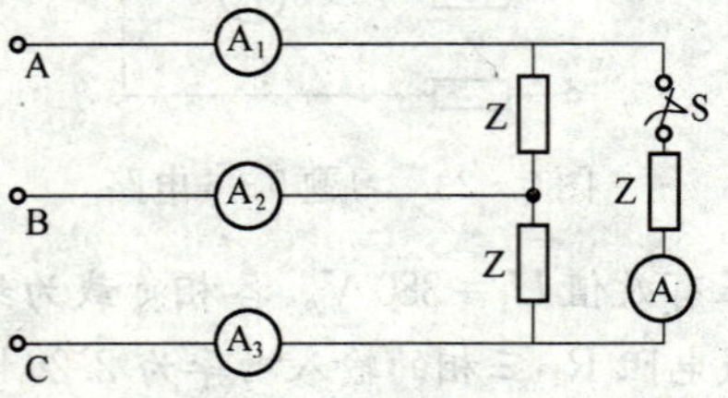

图 5-26 习题 5-11 电路

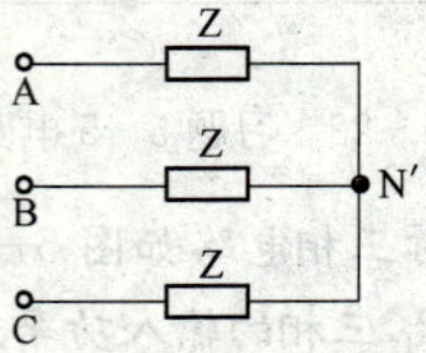

图 5-27 习题 5-12 电路

第6章　二端口网络

基本要求

1. 了解二端口网络的概念。

2. 了解二端口网络的参数方程；了解导纳、阻抗、传输、混合等参数的物理意义和确定方法；了解互易二端口网络的等效电路。

在网络分析中，当只需研究网络与外电路连接的一个端口情况时，可将网络看作是一端口网络，第2章曾讨论了这种情况。那么，当只需要研究网络的输出与输入之间的关系时，可以将网络看作是一个具有一个输入端口与一个输出端口的二端口网络。若网络不止一个输出端口或输入端口，则称为多端口网络。本章研究内部不含独立源的线性时不变二端口网络，介绍表示端口电压、电流之间关系的参数、方程及等效电路。

6.1　二端口网络

在实际工程中，常遇到具有两个端口的网络，如图6-1所示变压器、晶体管放大器和传输线等。如果只研究其两个端口的电压、电流之间的关系，那么，无论网络内部如何复杂，都可以用一个方框把两个端口之间的网络框起来，如图6-1(d)所示。网络的两个端口，一般一个接电源，称为输入端口(input port)(图6-1中的1—1′端口)；另一个接负载，称为输出端口(output port)(图6-1中的2—2′端口)。显然，在任何瞬间，每一个端口两个端钮的电流量值必相等，并且电流从一个端钮流入而从另一个端钮流出，这称为端口条件。四端网络只有满足端口条件时才是二端口网络(two-port network)。一般四端网络的4个端钮电流不一定成对相等，即不一定满足端口条件，因而也不一定能作为二端口网络。本章研究的是无源的、线性元件组成的二端口网络。在分析中按正弦电流电路的稳定状态考虑，并应用相量法。

用二端口网络概念分析电路时，其中一个很重要的内容就是要找出它的两个端口处的电流、电压(通常也就是输入和输出)之间的相互关系。下面将会看到，这种相互关系可以通过一些参数表示，而这些参数只取决于构成二端口网络本身的元件的参数和它们的连接方式及激励电源频率。一旦确定了表征这个二端口网络的参数，那么当一个端口处的电流或电压发生变化时，要找出另外一个端口的电流和电压就比较容易了。

二端口网络中共有4个变量：$\dot{U}_1$、$\dot{U}_2$、$\dot{I}_1$和$\dot{I}_2$。它们的参考极性与参考方向规定如图6-1所示。每个端口都有一个由外电路决定的约束关系，所以二端口网络内部有两个约束关系就可以确定二端口网络的所有4个变量。在这两个约束关系中，可以是4个变量中的任意两个作为自变量(已知量)，而其他两个作为因变量(待求量)。自变量和因变量的组合共有 6 种不同方式，当自变量不同时，得到的网络参数也不同。本章介绍其中最常用的导纳参数、阻抗参数、传输参数和混合参数 4 种。

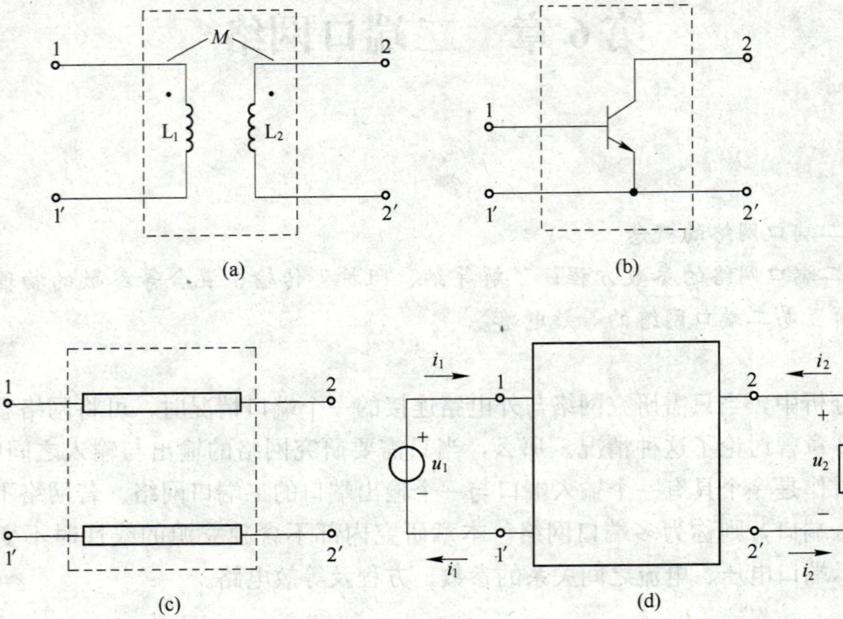

图 6-1 二端口网络

思考题与练习题

6.1.1 端口与端钮有何不同？图 6-1(b)有几个端口，几个端钮？

6.1.2 什么是端口条件？四端网络与二端口网络有何区别？

6.2 二端口网络的阻抗参数、导纳参数、传输参数和混合参数

6.2.1 阻抗参数方程（Z 方程）与阻抗参数（Z 参数）

图 6-2(a)所示 N 为一无源线性二端网络，可将电流 $\dot{I}_1$、$\dot{I}_2$视为激励（可用电流源替代），$\dot{U}_1$、$\dot{U}_2$ 视为响应，则根据叠加原理，将图 6-2(a)分解成仅含单个电流源的网络，如图 6-2(b)、图 6-2(c)所示，响应$\dot{U}_1$、$\dot{U}_2$ 为$\dot{I}_1$、$\dot{I}_2$激励单独作用时所产生的电压之和。即

$$\left.\begin{aligned}\dot{U}_1 &= Z_{11}\dot{I}_1 + Z_{12}\dot{I}_2\\ \dot{U}_2 &= Z_{21}\dot{I}_1 + Z_{22}\dot{I}_2\end{aligned}\right\} \qquad (6-1)$$

此方程称为二端口网络的阻抗方程，简称 Z 方程，其中的系数 Z_{11}、Z_{12}、Z_{21}、Z_{22}具有阻抗的量纲，称为阻抗参数，简称 Z 参数，它只与网络的内部结构、元件值及激励电源频率有关，而与激励电源电压量值和负载无关，故可用来描述网络本身的特性。

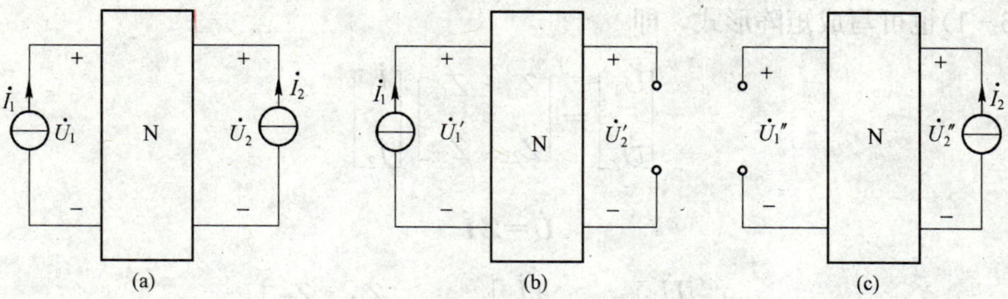

图 6－2　无源二端口网络的 Z 参数

Z 参数的物理意义由式(6－1)可见，当输出端口开路，即 $\dot{I}_2=0$ 时，则有

$$Z_{11}=\frac{\dot{U}_1}{\dot{I}_1}\bigg|_{\dot{I}_2=0} \tag{6-2}$$

称为输出端口开路时，输入端口的输入阻抗；

$$Z_{21}=\frac{\dot{U}_2}{\dot{I}_1}\bigg|_{\dot{I}_2=0} \tag{6-3}$$

称为输出端口开路时，输入端对输出端的转移阻抗。当输入端口开路，即 $\dot{I}_1=0$ 时，则有

$$Z_{12}=\frac{\dot{U}_1}{\dot{I}_2}\bigg|_{\dot{I}_1=0} \tag{6-4}$$

称为输入端口开路时，输出端对输入端的转移阻抗；

$$Z_{22}=\frac{\dot{U}_2}{\dot{I}_2}\bigg|_{\dot{I}_1=0} \tag{6-5}$$

称为输入端口开路时，输出端口的输入阻抗；Z 参数统称为开路阻抗参数。根据其物理意义，即可求得给定网络的 Z 参数。

可以证明，对于不含独立源和受控源的线性时不变二端口网络，$Z_{12}=Z_{21}$，这时网络具有互易性①，称为互易网络。

即有 $Z_{12}=Z_{21}$。此关系即为用 Z 参数表示的互易网络的条件。可见，互易网络的 Z 参数中只有 3 个是独立的。

在 Z 参数中，若同时有 $Z_{12}=Z_{21}$，$Z_{11}=Z_{22}$，则称为在电性能上对称的二端口网络，简称对称二端口网络。其物理意义是，将两个端口 1—1′与 2—2′互换位置后与外电路连接，其端口特性保持不变。

电路结构对称的二端口网络(如图 6－3 所示)必然同时有 $Z_{12}=Z_{21}$，$Z_{11}=Z_{22}$，即在电性能上也一定是对称的。

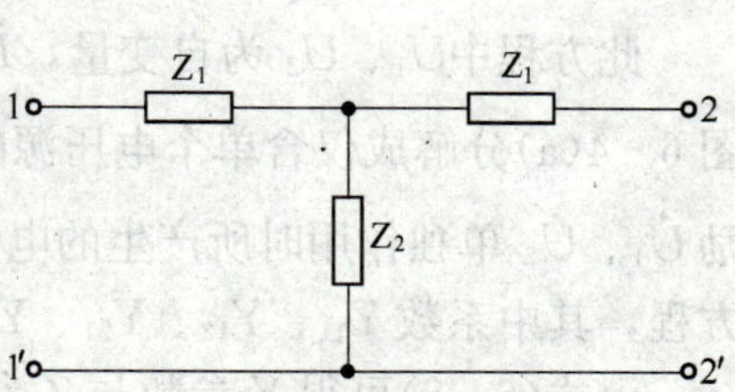

图 6－3　对称二端网络

对称二端口网络的 Z 参数只有两个是独立的。

① 当激励和响应在网络中的位置互换时，如果同一激励电压产生相同的响应电流（电压），同一激励电流产生相同的响应电压（电流），则称这个网络具有互易性。当 $Z_{12}=Z_{21}$时，如式（6－4）中的 $\dot{I}_2$ 等于式（6－3）中的 $\dot{I}_1$，则式（6－4）中 $\dot{U}_1$ 的等于式（6－3）中的 $\dot{U}_2$。

式(6－1)也可写成矩阵形式，即

$$\begin{bmatrix}\dot{U}_1\\ \dot{U}_2\end{bmatrix}=\begin{bmatrix}Z_{11} & Z_{12}\\ Z_{21} & Z_{22}\end{bmatrix}\begin{bmatrix}\dot{I}_1\\ \dot{I}_2\end{bmatrix}$$

即

$$\dot{\boldsymbol{U}}=\boldsymbol{Z}\dot{\boldsymbol{I}} \tag{6-6}$$

其中

$$\dot{\boldsymbol{U}}=\begin{bmatrix}\dot{U}_1\\ \dot{U}_2\end{bmatrix},\ \dot{\boldsymbol{I}}=\begin{bmatrix}\dot{I}_1\\ \dot{I}_2\end{bmatrix},\ \boldsymbol{Z}=\begin{bmatrix}Z_{11} & Z_{12}\\ Z_{21} & Z_{22}\end{bmatrix}$$

$\boldsymbol{Z}$ 称为二端口网络的阻抗矩阵，简称 $\boldsymbol{Z}$ 矩阵。

6.2.2 导纳参数方程(Y 方程)与导纳参数(Y 参数)

将式(6－6)对$\dot{\boldsymbol{I}}$求解，若矩阵 $\boldsymbol{Z}$ 为非奇异，即 $\boldsymbol{Z}$ 的行列式 $|\boldsymbol{Z}|=Z_{11}Z_{22}-Z_{12}Z_{21}\neq 0$，则得

$$\dot{\boldsymbol{I}}=\boldsymbol{Z}^{-1}\dot{\boldsymbol{U}}=\boldsymbol{Y}\dot{\boldsymbol{U}} \tag{6-7}$$

即

$$\boldsymbol{Y}=\begin{bmatrix}Y_{11} & Y_{12}\\ Y_{21} & Y_{22}\end{bmatrix}=\begin{bmatrix}Z_{11} & Z_{12}\\ Z_{21} & Z_{22}\end{bmatrix}^{-1}=\begin{bmatrix}\dfrac{Z_{22}}{|\boldsymbol{Z}|} & -\dfrac{Z_{12}}{|\boldsymbol{Z}|}\\ -\dfrac{Z_{21}}{|\boldsymbol{Z}|} & \dfrac{Z_{22}}{|\boldsymbol{Z}|}\end{bmatrix} \tag{6-8}$$

$\boldsymbol{Y}$ 称为二端口网络的导纳矩阵，简称 $\boldsymbol{Y}$ 矩阵。$\boldsymbol{Y}$ 与 $\boldsymbol{Z}$ 互逆，于是式(6－7)又可写为

$$\begin{bmatrix}\dot{I}_1\\ \dot{I}_2\end{bmatrix}=\begin{bmatrix}Y_{11} & Y_{12}\\ Y_{21} & Y_{22}\end{bmatrix}\begin{bmatrix}\dot{U}_1\\ \dot{U}_2\end{bmatrix}$$

即

$$\begin{aligned}\dot{I}_1&=Y_{11}\dot{U}_1+Y_{12}\dot{U}_2\\ \dot{I}_2&=Y_{21}\dot{U}_1+Y_{22}\dot{U}_2\end{aligned} \tag{6-9}$$

此方程中$\dot{U}_1$、$\dot{U}_2$ 为自变量，$\dot{I}_1$、$\dot{I}_2$为因变量，如图 6－4(a)所示，则根据叠加原理，将图 6－4(a)分解成仅含单个电压源的网络，如图 6－4(b)、图 6－4(c)所示，响应$\dot{I}_1$、$\dot{I}_2$为激励 $\dot{U}_1$、$\dot{U}_2$ 单独作用时所产生的电流之和。即式(6－9)称为二端口网络的导纳方程，简称 Y 方程，其中系数 Y_{11}、Y_{12}、Y_{21}、Y_{22}具有导纳的量纲，称为导纳参数，简称 Y 参数。

由式(6－8)可得 Y 参数与 Z 参数的关系为

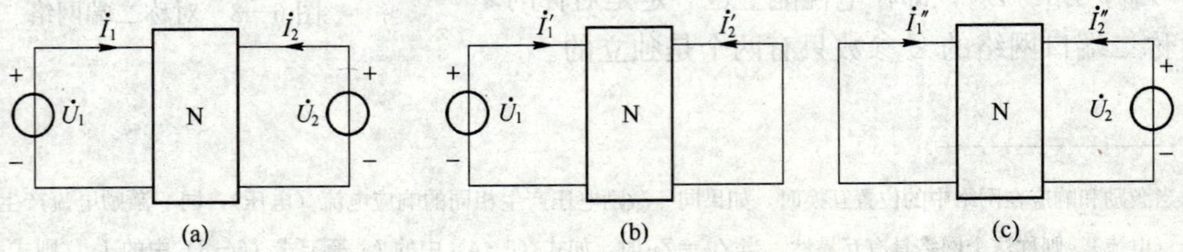

图 6－4 无源二端网络的 Y 参数

$$Y_{11}=\frac{Z_{22}}{|Z|},\ Y_{12}=-\frac{Z_{12}}{|Z|}$$

$$Y_{21}=-\frac{Z_{21}}{|Z|},\ Y_{22}=\frac{Z_{11}}{|Z|}$$

对于互易网络，有 $Y_{12}=Y_{21}$；对于对称网络，$Y_{12}=Y_{21}$，$Y_{11}=Y_{22}$，只有两个独立参数。

由式(6-9)可得 Y 参数的物理意义如下所述。

当输出端口短路，即 $\dot{U}_2=0$ 时，则有

$$Y_{11}=\frac{\dot{I}_1}{\dot{U}_1}\bigg|_{\dot{U}_2=0} \tag{6-10}$$

称为输出端口短路时，输入端口的输入导纳；

$$Y_{21}=\frac{\dot{I}_2}{\dot{U}_1}\bigg|_{\dot{U}_2=0} \tag{6-11}$$

称为输出端口短路时，输入端对输出端的转移导纳；

当输入端口短路，即 $\dot{U}_1=0$ 时，则有

$$Y_{12}=\frac{\dot{I}_1}{\dot{U}_2}\bigg|_{\dot{U}_1=0} \tag{6-12}$$

称为输入端口短路时，输出端对输入端的转移导纳；

$$Y_{22}=\frac{\dot{I}_2}{\dot{U}_2}\bigg|_{\dot{U}_1=0} \tag{6-13}$$

称为输入端口短路时，输出端口的输入导纳。

需要指出，当 $\boldsymbol{Z}$ 矩阵为奇异，即当其行列式 $|\boldsymbol{Z}|=0$ 时，此时即不存在 $\boldsymbol{Y}$ 矩阵。这就是说，对同一个网络而言，这一种参数存在，但另一种参数则可能不存在。

例 6-1　试求图 6-5 所示电路的 Z 参数和 Y 参数。

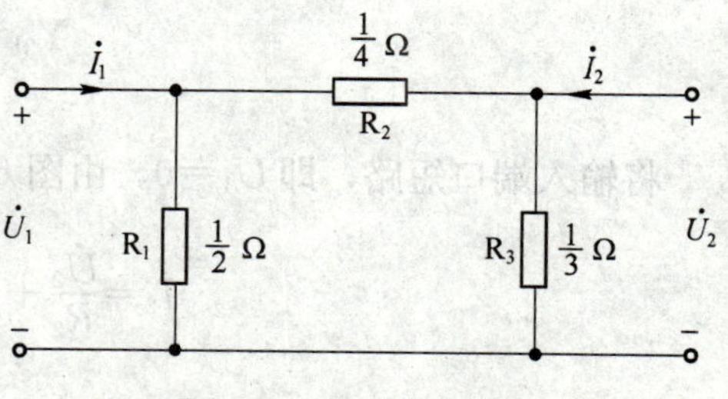

图 6-5　例 6-1 电路

解　(1) 求 Z 参数

先将输出端口开路，即 $\dot{I}_2=0$，由图 6-5 可得

$$\dot{I}_1=\frac{\dot{U}_1}{R_1}+\frac{\dot{U}_1}{R_2+R_3}=\frac{\dot{U}_1}{\frac{1}{2}}+\frac{\dot{U}_1}{\frac{1}{4}+\frac{1}{3}}=\frac{26}{7}\dot{U}_1$$

所以
$$Z_{11}=\frac{\dot{U}_1}{\dot{I}_1}\bigg|_{\dot{I}_2=0}=\frac{7}{26}\ \Omega$$

$$Z_{21}=\frac{\dot{U}_2}{\dot{I}_1}\bigg|_{\dot{I}_2=0}=\frac{4}{7}\times\frac{7}{26}=\frac{2}{13}\ \Omega$$

将输入端口开路，即 $\dot{I}_1=0$，由图 6-5 可得

$$\dot{I}_2=\frac{\dot{U}_2}{R_3}+\frac{\dot{U}_2}{R_1+R_2}=\frac{\dot{U}_2}{\frac{1}{3}}+\frac{\dot{U}_2}{\frac{1}{2}+\frac{1}{4}}=\frac{13}{3}\dot{U}_2$$

$$\dot{U}_1=\frac{\dot{U}_2}{R_1+R_2}R_1=\frac{\dot{U}_2}{\frac{1}{2}+\frac{1}{4}}\times\frac{1}{2}=\frac{2}{3}\dot{U}_2$$

所以

$$Z_{12}=\frac{\dot{U}_1}{\dot{I}_2}\bigg|_{\dot{I}_1=0}=\frac{2}{3}\times\frac{3}{13}=\frac{2}{13}\ \Omega$$

$$Z_{22}=\frac{\dot{U}_2}{\dot{I}_2}\bigg|_{\dot{I}_1=0}=\frac{3}{13}\ \Omega$$

故二端口网络的开路阻抗矩阵 **Z** 为

$$\boldsymbol{Z}=\begin{bmatrix}\frac{7}{26} & \frac{2}{13}\\ \frac{2}{13} & \frac{3}{13}\end{bmatrix}\Omega$$

(2) 求 Y 参数

将输出端口短路，即 $\dot{U}_2=0$，由图 6-5 可得

$$\dot{I}_1=\frac{\dot{U}_1}{R_1}+\frac{\dot{U}_1}{R_2}=\frac{\dot{U}_1}{\frac{1}{2}}+\frac{\dot{U}_1}{\frac{1}{4}}=6\,\dot{U}_1$$

$$\dot{I}_2=-\frac{\dot{U}_1}{R_2}=-\frac{\dot{U}_1}{\frac{1}{4}}=-4\,\dot{U}_1$$

所以

$$Y_{11}=\frac{\dot{I}_1}{\dot{U}_1}\bigg|_{\dot{U}_2=0}=6\ \text{S}$$

$$Y_{21}=\frac{\dot{I}_2}{\dot{U}_1}\bigg|_{\dot{U}_2=0}=-4\ \text{S}$$

将输入端口短路，即 $\dot{U}_1=0$，由图 6-5 可得

$$\dot{I}_2=\frac{\dot{U}_2}{R_3}+\frac{\dot{U}_2}{R_2}=\frac{\dot{U}_2}{\frac{1}{3}}+\frac{\dot{U}_2}{\frac{1}{4}}=7\,\dot{U}_2$$

$$\dot{I}_1=-\frac{\dot{U}_2}{R_2}=-\frac{\dot{U}_2}{\frac{1}{4}}=-4\,\dot{U}_2$$

所以

$$Y_{12}=\frac{\dot{I}_1}{\dot{U}_2}\bigg|_{\dot{U}_1=0}=-4\ \text{S}$$

$$Y_{22}=\frac{\dot{I}_2}{\dot{U}_2}\bigg|_{\dot{U}_1=0}=7\ \text{S}$$

故二端口网络的开路阻抗矩阵 $\boldsymbol{Y}$ 为

$$\boldsymbol{Y}=\begin{bmatrix}6 & -4\\ -4 & 7\end{bmatrix}\text{S}$$

Y 参数也可以由 Z 参数求得。

6.2.3　传输参数方程(T 方程)与传输参数(T 参数)

当研究信号的传输问题时用 T 方程较方便。

以 $\dot{U}_2$、$\dot{I}_2$ 为自变量，$\dot{U}_1$、$\dot{I}_1$ 为因变量，将式(6-1)对 $\dot{U}_1$、$\dot{I}_1$ 求解便得传输方程(T 方程)，即写成下列两式

$$\left.\begin{aligned}\dot{U}_1&=\frac{Z_{11}}{Z_{21}}\dot{U}_2+\frac{|Z|}{Z_{21}}(-\dot{I}_2)=A\dot{U}_2+B(-\dot{I}_2)\\ \dot{I}_1&=\frac{1}{Z_{21}}\dot{U}_2+\frac{Z_{22}}{Z_{21}}(-\dot{I}_2)=C\dot{U}_2+D(-\dot{I}_2)\end{aligned}\right\}\tag{6-14}$$

其中

$$A=\frac{Z_{11}}{Z_{21}},\ B=\frac{|Z|}{Z_{21}},\ C=\frac{1}{Z_{21}},\ D=\frac{Z_{22}}{Z_{21}}\tag{6-15}$$

其中的系数 A、B、C、D 称为传输参数(T 参数)。方程中 $\dot{I}_2$ 前面的“-”号，是因为 $\dot{I}_2$ 的参考方向被规定为流入网络而出现的。若将 $\dot{I}_2$ 的参考方向规定为流出网络，如图 6-6 所示，此时方程中 $\dot{I}_2$ 前面应为“+”号。由式(6-14)可得 T 参数的物理意义如下所述。

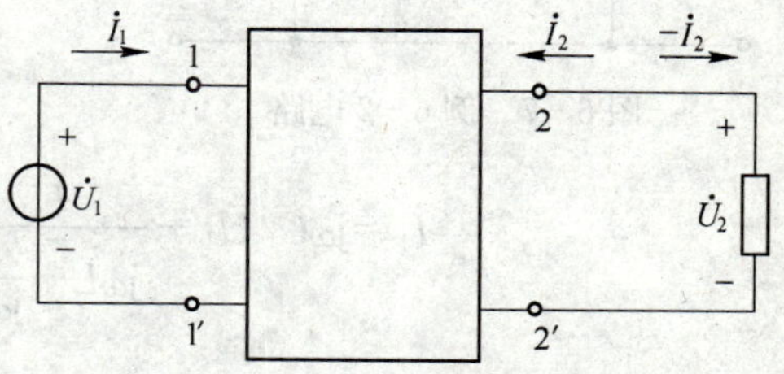

图 6-6　$-\dot{I}_2$ 的参考方向

当输出端口开路，即 $\dot{I}_2=0$ 时，则有

$$A=\left.\frac{\dot{U}_1}{\dot{U}_2}\right|_{\dot{I}_2=0}\tag{6-16}$$

称为输出端口开路时两端口电压之比，称为转移电压比。

$$C=\left.\frac{\dot{I}_1}{\dot{U}_2}\right|_{\dot{I}_2=0}\tag{6-17}$$

称为输出端口开路时的转移导纳。

当输出端口短路，即 $\dot{U}_2=0$ 时，则有

$$B=\left.\frac{\dot{U}_1}{-\dot{I}_2}\right|_{\dot{U}_2=0}\tag{6-18}$$

称为输出端口短路时的转移阻抗；

$$D=\left.\frac{\dot{I}_1}{-\dot{I}_2}\right|_{\dot{U}_2=0}\tag{6-19}$$

称为输出端口短路时两端口电流之比，称为转移电流比。

将式(6-14)写成矩阵形式为

$$\begin{bmatrix}\dot{U}_1\\ \dot{I}_1\end{bmatrix}=\begin{bmatrix}A & B\\ C & D\end{bmatrix}\begin{bmatrix}\dot{U}_2\\ -\dot{I}_2\end{bmatrix}=\boldsymbol{T}\begin{bmatrix}\dot{U}_2\\ -\dot{I}_2\end{bmatrix}$$

其中 $\boldsymbol{T}=\begin{bmatrix}A & B\\ C & D\end{bmatrix}$，称为 $\boldsymbol{T}$ 矩阵。

对于互易网络，因有 $Z_{12}=Z_{21}$，故有

$$AD-BC=\frac{Z_{11}Z_{22}}{Z_{21}^2}-\frac{Z_{11}Z_{22}-Z_{12}Z_{21}}{Z_{21}^2}=1$$

即对于互易网络，T 参数中也只有 3 个独立。

若网络对称，因有 $Z_{11}=Z_{22}$，$Z_{12}=Z_{21}$，故有 $A=D$。

当信号反向传输时，以 $\dot{U}_1$、$\dot{I}_1$ 为自变量，$\dot{U}_2$、$\dot{I}_2$ 为因变量，可以得到传输参数的另一种情况(分析方法类似，不再重复)。

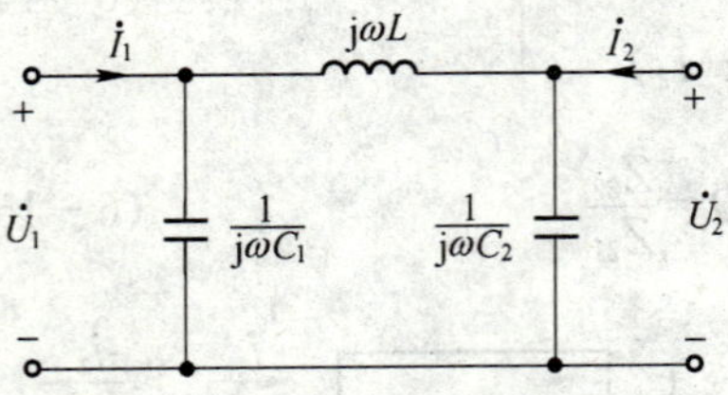

图 6－7 例 6－2 电路

例 6－2 试求图 6－7 所示二端网络的 T 参数，并验证关系式 $AD-BC=1$。

解 当输出端口开路，即 $\dot{I}_2=0$ 时，则有

$$\dot{U}_2=\frac{\dot{U}_1}{j\omega L+\frac{1}{j\omega C_2}}\times\frac{1}{j\omega C_2}=\frac{\dot{U}_1}{1-\omega^2 LC_2}$$

$$\dot{I}_1=j\omega C_1\dot{U}_1+\frac{\dot{U}_1}{j\omega L+\frac{1}{j\omega C_2}}=[j\omega(C_1+C_2-\omega^2 LC_1C_2)]\dot{U}_2$$

所以

$$A=\frac{\dot{U}_1}{\dot{U}_2}\bigg|_{\dot{I}_2=0}=1-\omega^2 LC_2$$

$$C=\frac{\dot{I}_1}{\dot{U}_2}\bigg|_{\dot{I}_2=0}=j\omega(C_1+C_2-\omega^2 LC_1C_2)$$

当输出端口短路，即 $\dot{U}_2=0$ 时，则有

$$\dot{I}_2=-\frac{\dot{U}_1}{j\omega L}$$

$$\dot{I}_1=j\omega C_1\dot{U}_1+\frac{\dot{U}_1}{j\omega L}=\frac{(1-\omega^2 LC_1)\dot{U}_1}{j\omega L}$$

所以

$$B=\frac{\dot{U}_1}{-\dot{I}_2}\bigg|_{\dot{U}_2=0}=j\omega L$$

$$D=\frac{\dot{I}_1}{-\dot{I}_2}\bigg|_{\dot{U}_2=0}=1-\omega^2 LC_1$$

$$AD=1-\omega^2 LC_2-\omega^2 LC_1+\omega^4 L^2 C_1C_2$$

$$BC=-\omega^2 LC_2-\omega^2 LC_1+\omega^4 L^2 C_1C_2$$

故

$$AD-BC=1$$

6.2.4　混合参数方程（H 方程）与混合参数（H 参数）

在分析低频晶体管电路时，以$\dot{I}_1$、$\dot{U}_2$为自变量，$\dot{U}_1$、$\dot{I}_2$为因变量，这时可得 H 方程和 H 参数为

$$\left.\begin{aligned}\dot{U}_1&=H_{11}\dot{I}_1+H_{12}\dot{U}_2\\ \dot{I}_2&=H_{21}\dot{I}_1+H_{22}\dot{U}_2\end{aligned}\right\}\tag{6-20}$$

H 参数的物理意义如下所述。

当输出端口短路，即$\dot{U}_2=0$时，则有

$$H_{11}=\left.\frac{\dot{U}_1}{\dot{I}_1}\right|_{\dot{U}_2=0}\tag{6-21}$$

称为输出端口短路时输入端口的输入阻抗；

$$H_{21}=\left.\frac{\dot{I}_2}{\dot{I}_1}\right|_{\dot{U}_2=0}\tag{6-22}$$

称为输出端口短路时两端口的电流比。

当输入端口开路，即$\dot{I}_1=0$时，则有

$$H_{12}=\left.\frac{\dot{U}_1}{\dot{U}_2}\right|_{\dot{I}_1=0}\tag{6-23}$$

称为输入端口开路时两端口的电压比；

$$H_{22}=\left.\frac{\dot{I}_2}{\dot{U}_2}\right|_{\dot{I}_1=0}\tag{6-24}$$

称为输入端口开路时输出端口的输入导纳。

由于这 4 个参数的量纲不同，所以称为混合参数。

将式(6-20)写成矩阵形式为

$$\begin{bmatrix}\dot{U}_1\\ \dot{I}_2\end{bmatrix}=\boldsymbol{H}\begin{bmatrix}\dot{I}_1\\ \dot{U}_2\end{bmatrix}$$

其中 $\boldsymbol{H}=\begin{bmatrix}H_{11} & H_{12}\\ H_{21} & H_{22}\end{bmatrix}$，称为 $\boldsymbol{H}$ 矩阵。

可以证明，当互易网络时有 $H_{12}=-H_{21}$；当网络对称时有 $H_{11}H_{22}-H_{12}H_{21}=1$，$H_{12}=-H_{21}$。

以$\dot{U}_1$、$\dot{I}_2$为自变量，以$\dot{I}_1$、$\dot{U}_2$为因变量，可以得到混合参数的另一种情况（分析方法类似，不再重复）。

例 6-3　在图 6-9 所示电路中，已知由晶体管等效电路所构成的二端口网络混合参数矩阵为

$$\boldsymbol{H}=\begin{bmatrix}H_{11} & H_{12}\\ H_{21} & H_{22}\end{bmatrix}=\begin{bmatrix}300 & 0.2\times10^{-3}\\ 100 & 0.1\times10^{-3}\end{bmatrix}$$

如果激励源电压$\dot{U}_S=10\angle0°$ mV，内阻抗 $Z_S=1$ kΩ，负载导纳 $Y_L=10^{-3}$ S，试求负载端电压 $\dot{U}_2$。

解 图 6-8 所示为一有载二端口网络，端口的特性方程为

$$\dot{U}_1=\dot{U}_S-Z_S\dot{I}_1=10^{-3}-10^3\dot{I}_1$$

$$\dot{I}_2=-Y_L\dot{U}_2=-10^{-3}\dot{U}_2$$

二端口网络的 H 参数方程为

$$\left.\begin{aligned}\dot{U}_1&=H_{11}\dot{I}_1+H_{12}\dot{U}_2=300\dot{I}_1+0.2\times10^{-3}\dot{U}_2\\ \dot{I}_2&=H_{21}\dot{I}_1+H_{22}\dot{U}_2=100\dot{I}_1+0.1\times10^{-3}\dot{U}_2\end{aligned}\right\}$$

将端口的特性方程代入 H 参数方程，可解得

$$\dot{U}_2=-0.0709\text{ V}$$

注意，并不是所有给定的二端口网络都有以上 4 种参数方程，如图 6-9 所示二端口网络。图 6-9(a)没有 Y 参数方程；而图 6-9(b)没有 Z 参数方程。

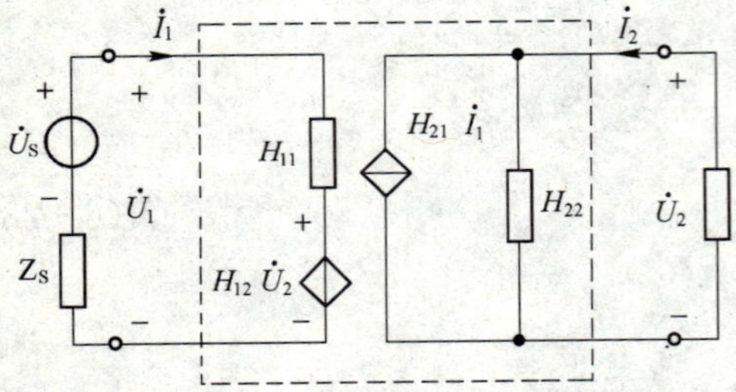

图 6-8 例 6-3 电路

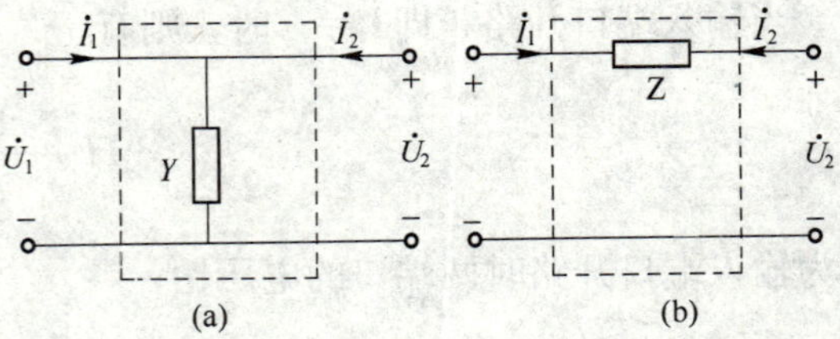

图 6-9 特殊二端口网络

上面介绍了 4 种方程和参数，它们在描述网络本身方面是等价的，相互之间存在着互求关系，都能表征二端口网络端口电压、电流关系。它们之间是有联系的，不难用参数方程由一组参数求出其他 3 组参数。表 6-1 列出了它们之间的转换关系。另外，这 4 组参数的应用，在工程上常根据不同的场合采用不同参数。在电力和电信传输中，常采用传输参数分析传输线的端口电压、电流关系；而混合参数在电子电路中得到广泛的应用；在高频电路中导纳参数用得较多。

表 6-1 二端口网络 4 种参数的转换关系

已知 / 未知	Z 参数	Y 参数	H 参数	T 参数
Z 参数	Z_{11} Z_{12} Z_{21} Z_{22}	$\frac{Y_{22}}{\det\boldsymbol{Y}}$ $-\frac{Y_{12}}{\det\boldsymbol{Y}}$ $-\frac{Y_{21}}{\det\boldsymbol{Y}}$ $\frac{Y_{11}}{\det\boldsymbol{Y}}$	$\frac{\det\boldsymbol{H}}{H_{22}}$ $\frac{H_{12}}{H_{22}}$ $-\frac{H_{21}}{H_{22}}$ $\frac{1}{H_{22}}$	$\frac{A}{C}$ $\frac{\det\boldsymbol{T}}{C}$ $\frac{1}{C}$ $\frac{D}{C}$
Y 参数	$\frac{Z_{22}}{\det\boldsymbol{Z}}$ $-\frac{Z_{12}}{\det\boldsymbol{Z}}$ $-\frac{Z_{21}}{\det\boldsymbol{Z}}$ $\frac{Z_{11}}{\det\boldsymbol{Z}}$	Y_{11} Y_{12} Y_{21} Y_{22}	$\frac{1}{H_{11}}$ $-\frac{H_{12}}{H_{11}}$ $\frac{H_{21}}{H_{11}}$ $\frac{\det\boldsymbol{H}}{H_{11}}$	$\frac{D}{B}$ $-\frac{\det\boldsymbol{T}}{B}$ $-\frac{1}{B}$ $\frac{A}{B}$

续表

已知 / 未知	Z 参数	Y 参数	H 参数	T 参数
H 参数	$\frac{\det \boldsymbol{Z}}{Z_{22}}$　$\frac{Z_{12}}{Z_{22}}$ $-\frac{Z_{21}}{Z_{22}}$　$\frac{1}{Z_{22}}$	$\frac{1}{Y_{11}}$　$-\frac{Y_{12}}{Y_{11}}$ $\frac{Y_{21}}{Y_{11}}$　$\frac{\det \boldsymbol{Y}}{Y_{11}}$	H_{11}　H_{12} H_{21}　H_{22}	$\frac{B}{D}$　$\frac{\det \boldsymbol{T}}{D}$ $-\frac{1}{D}$　$\frac{C}{D}$
T 参数	$\frac{Z_{11}}{Z_{21}}$　$\frac{\det \boldsymbol{Z}}{Z_{21}}$ $\frac{1}{Z_{21}}$　$\frac{Z_{22}}{Z_{21}}$	$-\frac{Y_{22}}{Y_{21}}$　$-\frac{1}{Y_{21}}$ $-\frac{\det Y}{Y_{21}}$　$-\frac{Y_{11}}{Y_{21}}$	$-\frac{\det \boldsymbol{H}}{H_{21}}$　$-\frac{H_{11}}{H_{21}}$ $-\frac{H_{22}}{H_{21}}$　$-\frac{1}{H_{21}}$	A　B C　D

表中：$\det \boldsymbol{Z}=\begin{vmatrix} Z_{11} & Z_{12} \\ Z_{21} & Z_{22} \end{vmatrix}$　　$\det \boldsymbol{Y}=\begin{vmatrix} Y_{11} & Y_{12} \\ Y_{21} & Y_{22} \end{vmatrix}$

$\det \boldsymbol{H}=\begin{vmatrix} H_{11} & H_{12} \\ H_{21} & H_{22} \end{vmatrix}$　　$\det \boldsymbol{T}=\begin{vmatrix} A & B \\ C & D \end{vmatrix}$

说明：$\det \boldsymbol{Z}$ 就是求矩阵 $\boldsymbol{Z}$ 的行列式的值，也可写成 $|\boldsymbol{Z}|$，其他的与 $\det \boldsymbol{Z}$ 类同。

思考题和练习题

6.2.1　线性无源二端网络的 Y、Z、T、H 4 种参数的方程结构各是什么？

6.2.2　试求图 6-5 所示二端口网络的 T、H 参数矩阵。

6.3　互易二端口网络的等效电路

前已提及，一个互易二端口网络的 4 个参数中只有 3 个参数是独立的，其外特性可用 3 个参数表征。那么，若能找到由 3 个阻抗(或导纳)组成的简单二端口网络，其参数与给定的互易二端口网络参数分别相等，则这两个二端口网络的外特性就完全相同了，即它们是等效的。

由 3 个阻抗(或导纳)组成的简单二端口网络只有两种形式：Ⅱ形电路(即三角形网络)和 T 形电路(即星形网络)，如图 6-10 所示，所以一个互易二端口网络可以用Ⅱ形电路或 T 形电路等效。

6.3.1　Ⅱ形等效电路

对图 6-10(a)所示，Ⅱ形电路的节点 1、2 列 KCL 方程，得

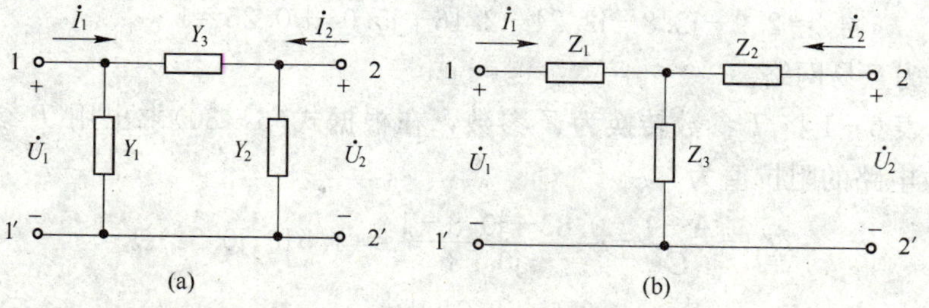

图 6-10　Ⅱ形和 T 形等效电路

$$\left.\begin{aligned}\dot{I}_1&=Y_1\dot{U}_1+Y_3(\dot{U}_1-\dot{U}_2)=(Y_1+Y_3)\dot{U}_1-Y_3\dot{U}_2\\ \dot{I}_2&=Y_2\dot{U}_2+Y_3(\dot{U}_2-\dot{U}_1)=-Y_3\dot{U}_1+(Y_2+Y_3)\dot{U}_2\end{aligned}\right\}\tag{6-25}$$

要求用 Y 参数表述的二端口网络与Ⅱ形电路等效，比较式(6-25)与式(6-9)得

$$\left.\begin{aligned}Y_{11}&=Y_1+Y_3\\ Y_{12}&=Y_{21}=-Y_3\\ Y_{22}&=Y_2+Y_3\end{aligned}\right\}\tag{6-26}$$

解式(6-26)，得Ⅱ形等效电路中导纳值为

$$\left.\begin{aligned}Y_1&=Y_{11}+Y_{12}\\ Y_2&=Y_{22}+Y_{21}\\ Y_3&=-Y_{12}=-Y_{21}\end{aligned}\right\}\tag{6-27}$$

6.3.2 T形等效电路

对图 6-10(b)T 形电路列 KVL 方程，得

$$\left.\begin{aligned}\dot{U}_1&=Z_1\dot{I}_1+Z_3(\dot{I}_1+\dot{I}_2)=(Z_1+Z_3)\dot{I}_1+Z_3\dot{I}_2\\ \dot{U}_2&=Z_2\dot{I}_2+Z_3(\dot{I}_1+\dot{I}_2)=Z_3\dot{I}_1+(Z_2+Z_3)\dot{I}_2\end{aligned}\right\}\tag{6-28}$$

要求用 Z 参数表述的二端口网络与 T 形电路等效，比较式(6-28)与式(6-1)，得

$$\left.\begin{aligned}Z_{11}&=Z_1+Z_3\\ Z_{12}&=Z_{21}=Z_3\\ Z_{22}&=Z_2+Z_3\end{aligned}\right\}\tag{6-29}$$

解式(6-29)，得 T 形等效电路中阻抗值为

$$\left.\begin{aligned}Z_1&=Z_{11}-Z_{12}\\ Z_2&=Z_{22}-Z_{21}\\ Z_3&=Z_{12}=Z_{21}\end{aligned}\right\}\tag{6-30}$$

如果给定二端口网络的其他参数，则可查表 6-1 先将其他参数转换为 Z 参数或 Y 参数，再利用式(6-27)或式(6-30)求等效电路的等效参数。

例 6-4 已知线性二端口网络传输参数 $A=0.83-\mathrm{j}0.8$，$B=(9.52-\mathrm{j}0.48)\ \Omega$，$C=-\mathrm{j}0.53S$，$D=3.5-\mathrm{j}2.7$。求网络的 T 形等效电路。

解 首先，验证网络的互易性

$$\begin{aligned}AD-BC&=(0.83-\mathrm{j}0.8)\times(3.5-\mathrm{j}2.7)-(9.52-\mathrm{j}0.48)\times(-\mathrm{j}0.53)\\&=2.9-\mathrm{j}2.8-\mathrm{j}2.24-2.16+\mathrm{j}5.04+0.25=1\end{aligned}$$

此二端口网络为互易网络。

其次，查表 6-1 将 T 参数转换为 Z 参数，在根据式(6-30)求出用 T 参数表示的 Z_1、Z_2、Z_3 的等效电路的阻抗值为

$$Z_1=\frac{A-1}{C}=\frac{0.83-\mathrm{j}0.8-1}{-\mathrm{j}0.53}=(1.51-\mathrm{j}0.32)\Omega$$

$$Z_2=\frac{D-1}{C}=\frac{3.5-\mathrm{j}2.7-1}{-\mathrm{j}0.53}=(5.09+\mathrm{j}4.72)\Omega$$

$$Z_3=\frac{1}{C}=\frac{1}{-\mathrm{j}0.53}=\mathrm{j}1.89\ \Omega$$

例 6-5　图 6-11(a)中二端口网络的 Z 参数为：$Z_{11}=5\ \Omega$，$Z_{21}=Z_{21}=3\ \Omega$，$Z_{22}=7\ \Omega$，求 I_1 和 U_2。

解　由已知条件可知，二端口网络为互易网络，用 T 形等效电路代替互易网络，如图 6-11(b)所示。图中等效网络的阻抗参数为

$$\begin{cases} Z_1=Z_{11}-Z_{12}=5-3=2\ \Omega \\ Z_2=Z_{22}-Z_{21}=7-3=4\ \Omega \\ Z_3=Z_{12}=Z_{21}=3\ \Omega \end{cases}$$

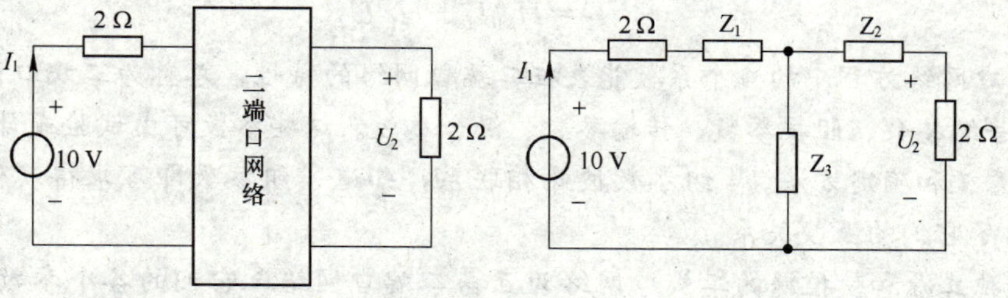

(a)　(b)

图 6-11　例 6-5 电路

在图 6-11(b)中求得

$$I_1=\frac{10}{2+2+\dfrac{3\times(4+2)}{3+4+2}}=\frac{5}{3}\ \mathrm{A},\ U_2=2\times\frac{3}{3+6}\times I_1=\frac{10}{9}\ \mathrm{V}$$

思考题与练习题

6.3.1　证明从 T 参数求得的Π形等效电路阻抗与 T 形等效电路阻抗之间符合Y—△变换公式。

6.3.2　含受控源而不含独立源的二端口网络是否可以等效为Π形或 T 形等效电路？

本 章 小 结

1. 四端网络满足端口条件时称为二端口网络。线性、不含独立源的二端口网络可以用两个线性独立方程表示端口电压 $\dot{U}_1$、$\dot{U}_2$ 和端口电流 $\dot{I}_1$、$\dot{I}_2$ 之间的关系，这一方程组称为二端口网络方程。本章讨论最常用的 4 种。

(1) 导纳参数即 Y 参数方程

$$\dot{I}_1=Y_{11}\dot{U}_1+Y_{12}\dot{U}_2$$
$$\dot{I}_2=Y_{21}\dot{U}_1+Y_{22}\dot{U}_2$$

(2) 阻抗参数即 Z 参数方程

$$\dot{U}_1 = Z_{11}\dot{I}_1 + Z_{12}\dot{I}_2$$
$$\dot{U}_2 = Z_{21}\dot{I}_1 + Z_{22}\dot{I}_2$$

(3) 传输参数即 T 参数方程

$$\dot{U}_1 = A\dot{U}_2 + B(-\dot{I}_2)$$
$$\dot{I}_1 = C\dot{U}_2 + D(-\dot{I}_2)$$

(4) 混合参数即 H 参数方程

$$\dot{U}_1 = H_{11}\dot{I}_1 + H_{12}\dot{U}_2$$
$$\dot{I}_2 = H_{21}\dot{I}_1 + H_{22}\dot{U}_2$$

2. 二端口网络方程中的4个系数能表征二端口网络的特性，总称为二端口网络的参数。它们分别为导纳参数、阻抗参数、传输参数、混合参数。这些参数可由试验或计算确定，应了解其物理意义和确定方法。4组参数彼此相联系，知道一组参数即可求得其他各组参数；表6-1给出了它们的互换关系。

3. 不含独立源和受控源的二端口网络为互易二端口网络，它们的各个参数间还存在特殊的关系，如 $Y_{12}=Y_{21}$、$Z_{12}=Z_{21}$、$AD-BC=1$、$H_{12}=-H_{21}$ 等。因此互易二端口网络只需用3个参数表征。

如果互易二端口网络是对称的，即二端口网络的输入端口与输出端口互换位置后，对外电路特性不变，则它们的参数间还存在进一步的特殊关系，如 $Y_{11}=Y_{22}$、$Z_{11}=Z_{22}$、$A=D$、$H_{11}H_{22}-H_{12}H_{21}=1$。因此互易对称二端口网络只需用两个参数表征。

4. 互易的二端口网络可以用3个阻抗组成的T形或Π形网络作为它的等效电路，如果互易网络是对称的，则其等效电路也是对称的。

习 题

6-1 求图6-12所示二端口网络的 Y 参数矩阵。

6-2 求图6-13所示二端口网络的 Z 参数矩阵。

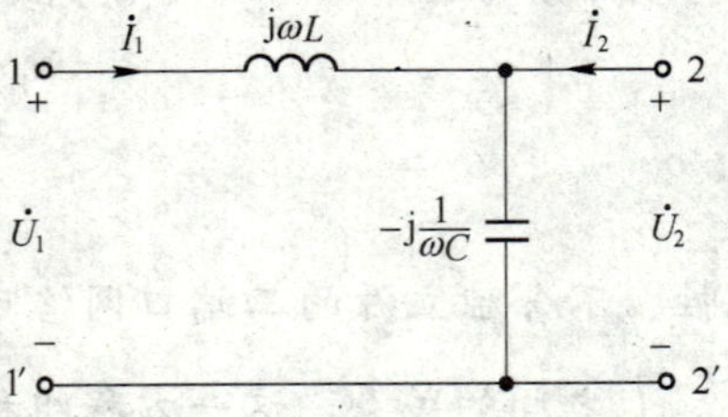

图6-12 习题6-1电路

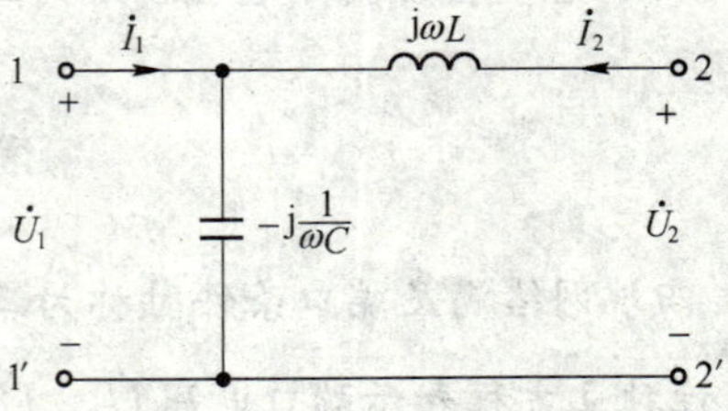

图6-13 习题6-2电路

6-3 求图6-14所示二端口网络的 Y 和 Z 参数矩阵。

6-4 求图6-13所示二端口网络的 T 参数矩阵。

6-5 求图6-15所示二端口网络的 Z 参数和 T 参数。

6-6 求图6-16所示二端口网络的 H 参数。

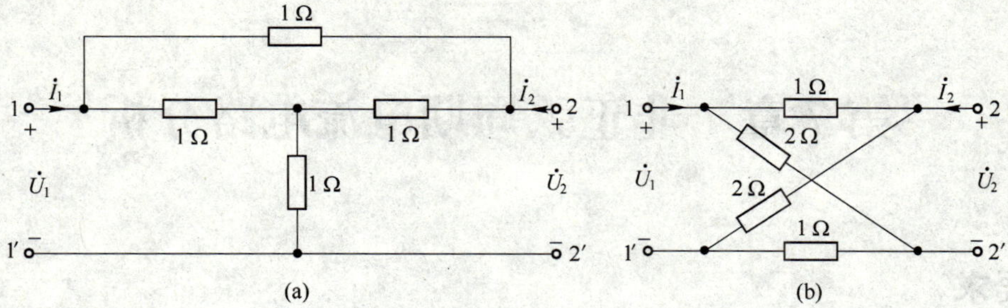

图 6-14　习题 6-3 电路

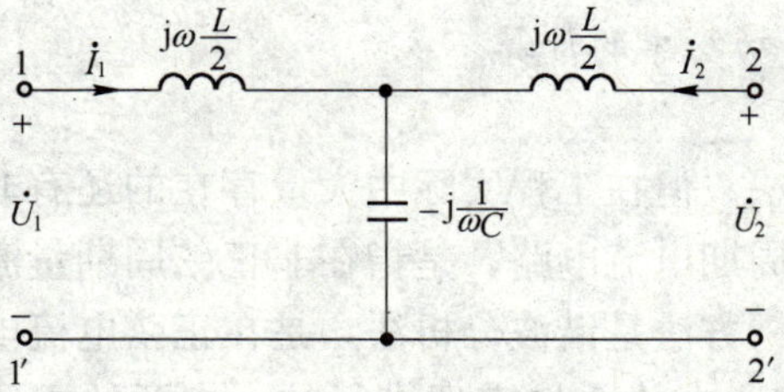

图 6-15　习题 6-5 电路

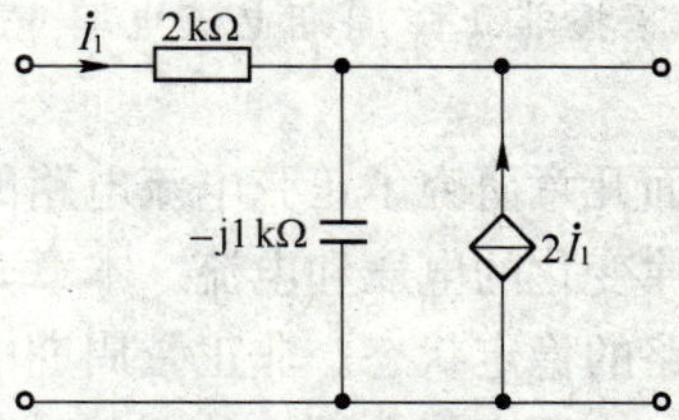

图 6-16　习题 6-6 电路

6-7　已知图 6-17 所示电路 N 的导纳参数矩阵为$\begin{bmatrix} 0.4 & -0.2 \\ -0.2 & 0.6 \end{bmatrix}$S，若 $I_S = 4$ A，求 U_1。

6-8　已知图 6-18 所示电路 N 二端口网络的阻抗参数矩阵为$\begin{bmatrix} j3 & j6 \\ j6 & j6 \end{bmatrix}$Ω，求 R_L 吸收的功率。

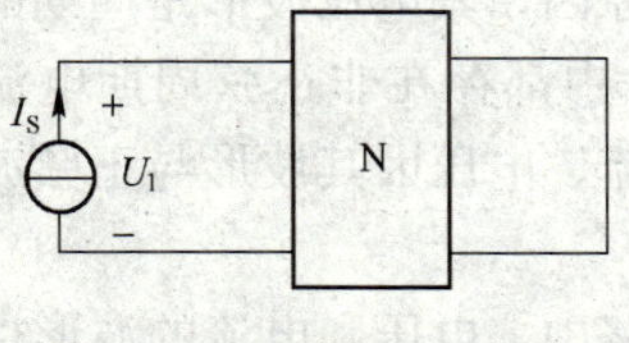

图 6-17　习题 6-7 电路

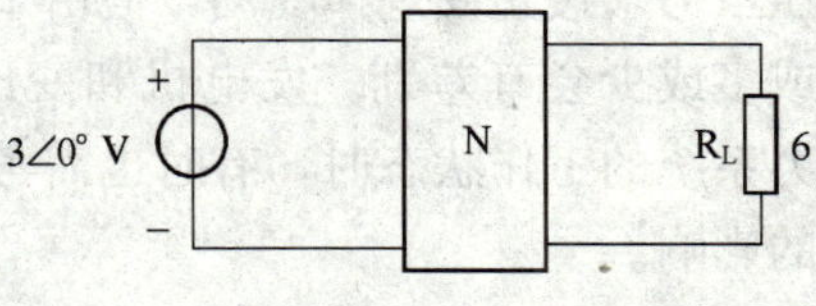

图 6-18　习题 6-8 电路

第 7 章　非正弦周期电流电路分析

基本要求

1. 掌握用傅里叶级数将非正弦周期量分解为谐波的方法。
2. 掌握应用叠加定理计算非正弦周期电流电路的步骤。
3. 掌握非正弦周期电流电路中的有效值及有功功率的计算。

前面几章研究了正弦电流电路的分析计算方法。但在工程实际中大量存在的还有非正弦周期规律变化的电压和电流。本章介绍的非正弦周期电流电路，是指在非正弦周期量激励下线性电路的稳定状态。非正弦周期电流电路的分析方法是谐波分析法，是在正弦电流电路的基础上，应用高等数学中的傅里叶级数与电路理论中的叠加定理进行的。本章的主要内容有：周期函数分解为傅里叶级数，周期量的有效值、平均功率，非正弦周期电流电路的计算等。

7.1　非正弦周期电流

在电工技术中，除了正弦激励和响应外，还会遇到非正弦激励和响应。电路中有几个不同频率的正弦激励时，响应一般是非正弦的。电力工程中应用的正弦激励只是近似的。发电机产生的电压虽力求按正弦规律变动，但由于制造等方面的原因，其电压波形是周期的，但与正弦波形或多或少会有差别。发电机和变压器等主要设备中都存在非正弦周期电流或电压，分析电力系统的工作状态时，有时也需考虑这些周期电流、电压因其波形与正弦波有些差异而带来的影响。

在电子设备、自动控制等技术领域内大量应用的脉冲电路中，电压和电流的波形也都是非正弦的，图 7-1(a)和图 7-1(b)分别是周期脉冲电流和方波电压的波形图；图 7-1(c)所示为实验室常用的电子示波器扫描电压的锯齿波。另外，如果电路中含有非线性元件，即使在正弦电压作用下，电路中也会出现非正弦电流，如图 7-1(d)所示为通过半波整流器得出的电流波形。

周期函数的一般定义是：设有一时间函数 $f(t)$，若满足 $f(t-nT)=f(t)$（$n=0$，±1，±2，…），则称 $f(t)$为周期函数，其中 T 为常数，称为 $f(t)$的重复周期，简称周期。

上述各种激励与响应的波形虽然各不相同，但如果它们能按一定规律周而复始地变动，则称为非正弦周期量。本章讨论在非正弦周期电压、电流或信号作用下线性电路稳定状态的分析和计算方法，主要是利用数学中的傅里叶级数展开法，将非正弦周期激励电压、电流或外施加的信号分解为一系列不同频率的正弦量之和，然后分别计算在各种频率正弦量单独作用下在电路中产生的正弦电流分量和电压分量，最后再根据线性电路的叠加定理，把所得分量按瞬时值叠加，就可以得到电路中实际的稳态电流和电压。这种方法称为谐波分析法，它

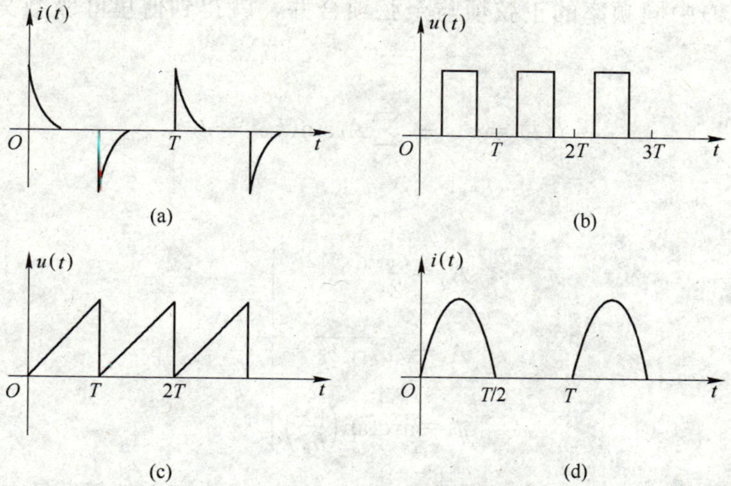

图 7-1　非正弦周期量示例

实质上就是把非正弦周期电流电路的计算化为一系列正弦电流电路的计算，这样仍能充分利用相量法这个有效的工具。

思考题与练习题

7.1.1　什么叫非正弦周期电流？

7.1.2　分析非正弦周期电流电路用什么方法？

7.2　非正弦周期函数展开成傅里叶级数

凡是满足狄里赫利条件的周期函数都可以分解为傅里叶级数(Fourier's series)。

7.2.1　傅里叶级数的展开形式

设 $f(t)$为一非正弦周期函数，其周期为 T，频率和角频率分别为 f、ω。由于工程实际中的非正弦周期函数，一般都满足狄里赫利条件，所以可将它展开成傅里叶级数。即

$$f(t)=\frac{a_0}{2}+\sum_{k=1}^{\infty}\left[a_k\cos(k\omega t)+b_k\sin(k\omega t)\right] \tag{7-1}$$

式中 $\omega=\frac{2\pi}{T}=2\pi f$，$T$ 为 $f(t)$的周期；a_0、a_k、b_k 为傅里叶系数，它们的计算公式为

$$\left.\begin{aligned} a_0&=\frac{2}{T}\int_0^T f(t)\mathrm{d}t\\ a_k&=\frac{2}{T}\int_0^T f(t)\cos(k\omega t)\mathrm{d}t\\ b_k&=\frac{2}{T}\int_0^T f(t)\sin(k\omega t)\mathrm{d}t \end{aligned}\right\} \tag{7-2}$$

若把式(7-1)中同频率的正弦项与余弦项合并，就得到傅里叶级数另一种常用的表达式，即

$$f(t)=A_0+\sum_{k=1}^{\infty}A_k\sin(k\omega t+\psi_k) \tag{7-3}$$

式中

$$\left.\begin{aligned}A_0&=\frac{a_0}{2}\\A_k&=\sqrt{a_k^2+b_k^2}\\\psi_k&=\arctan\left(\frac{a_k}{b_k}\right)\end{aligned}\right\} \tag{7-4}$$

其中 A_0 称为直流分量(d. c. component)或恒定分量；其余所有的项是具有不同振幅、不同初相位而频率成整数倍关系的一些正弦量。$k=1$ 项表达式为 $A_1\sin(\omega t+\psi_1)$，此项称为一次谐波或基波(fundamental harmonic)，A_1、ψ_1 分别为其振幅和初相位；$A_2\sin(2\omega t+\psi_2)$项的角频率为基波角频率 ω 的 2 倍，称为二次谐波，A_2、ψ_2 分别为其振幅和初相位；其余项分别称为三次谐波、四次谐波等。基波、三次谐波、五次谐波……统称为奇次谐波；二次谐波、四次谐波……统称为偶次谐波。除恒定分量和基波外，其余各项统称为高次谐波(high order harmonic)。式(7-3)说明一个非正弦周期函数可以表示一个直流分量与一系列不同频率的正弦量的叠加。若要确定各分量，则需计算确定 a_0、a_k、b_k 后，代入式(7-4)得 A_0、A_k、ψ_k 后，再代入式(7-3)即求得了非正弦周期函数 $f(t)$的傅里叶级数展开式。

把非正弦周期函数 $f(t)$展开成傅里叶级数也称为谐波分析。工程实际中所遇到的非正弦周期函数大约有十余种，它们的傅里叶级数展开式前人都已作出，可从各种数学书籍中直接查用。表 7-1 列出了电工技术中常遇到的几种典型周期函数的傅里叶级数展开式。

傅里叶级数是一个收敛级数，理论上应取无限多项方能准确表示原非正弦周期函数，但在实际工程计算时只取有限的几项，取多少项可根据工程所需精度而定。如表 7-1 矩形波傅里叶展开式中，若取式中前 3 项，即取到 5 次谐波，并分别画出各谐波的曲线然后相加得到如图 7-2(a)所示曲线，可以看出合成曲线与方波相差较大；若取展开式中前 4 项，即取到 7 次谐波，其合成曲线如图 7-2(b)所示，就较接近方波了。

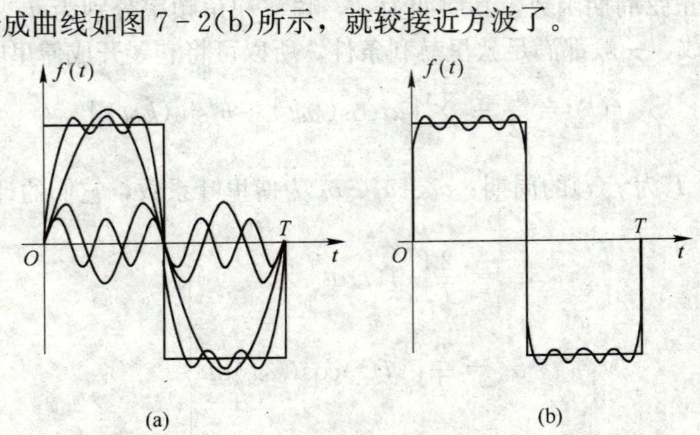

图 7-2　谐波合成示意图

表 7-1　几种典型周期函数的傅里叶级数

名称	函数的波形	傅里叶级数	有效值	整流平均值
正弦波	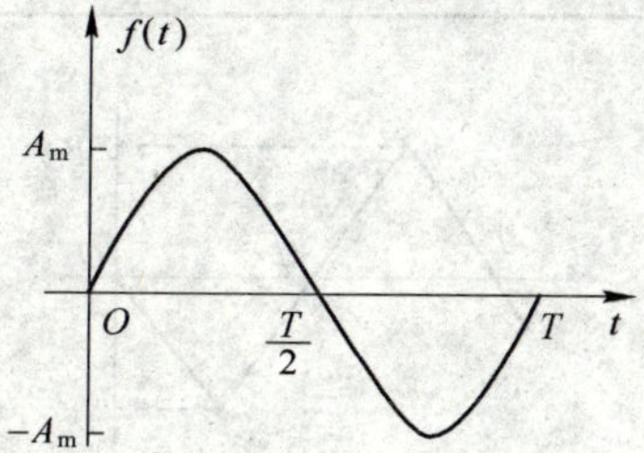	$f(t)=A_m\sin(\omega t)$	$\frac{A_m}{\sqrt{2}}$	$\frac{2A_m}{\pi}$
半波整流波	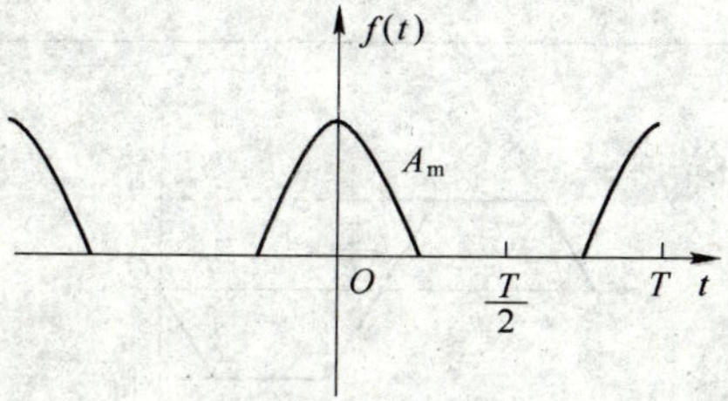	$f(t)=\frac{2}{\pi}A_m\left[\frac{1}{2}+\frac{\pi}{4}\cos(\omega t)+\frac{1}{1\times3}\cos(2\omega t)-\frac{1}{3\times5}\cos(4\omega t)+\frac{1}{5\times7}\cos(6\omega t)-\cdots\right]$	$\frac{A_m}{2}$	$\frac{A_m}{\pi}$
全波整流波	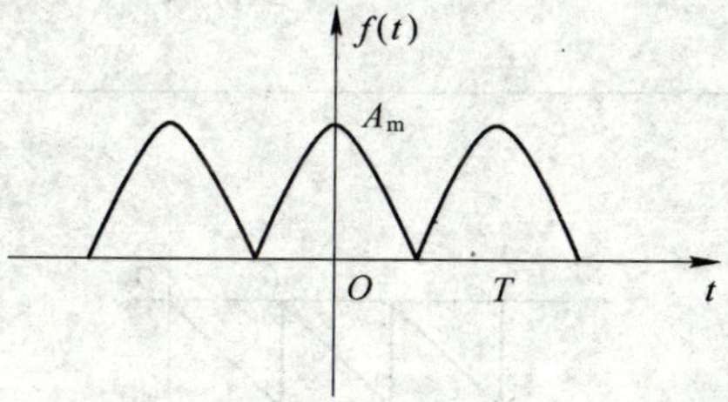	$f(t)=\frac{4}{\pi}A_m\left[\frac{1}{2}+\frac{1}{1\times3}\cos(\omega t)-\frac{1}{3\times5}\cos(2\omega t)+\frac{1}{5\times7}\cos(3\omega t)-\cdots\right]$	$\frac{A_m}{\sqrt{2}}$	$\frac{2A_m}{\pi}$
矩形波	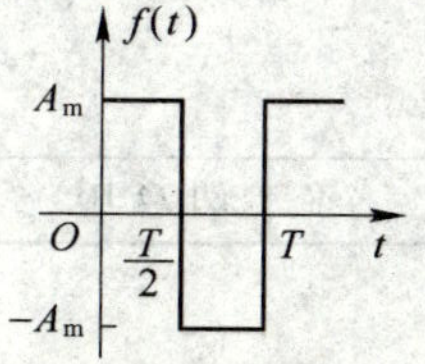	$f(t)=\frac{4A_m}{\pi}\left[\sin(\omega t)+\frac{1}{3}\sin(3\omega t)+\frac{1}{5}\sin(5\omega t)+\cdots+\frac{1}{k}\sin(k\omega t)+\cdots\right]$ （k 为奇数）	A_m	A_m

续表

名称	函数的波形	傅里叶级数	有效值	整流平均值
锯齿波	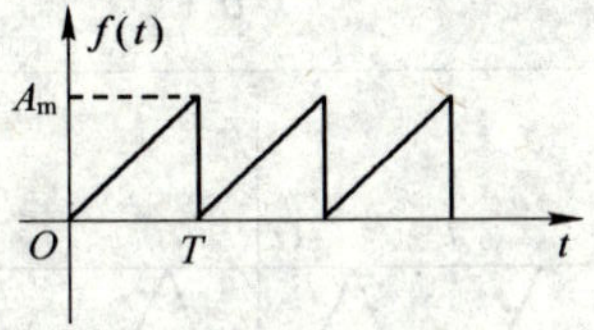	$f(t)=A_m\left\{\frac{1}{2}-\frac{1}{\pi}\left[\sin(\omega t)+\frac{1}{2}\sin(2\omega t)+\frac{1}{3}\sin(3\omega t)+\cdots\right]\right\}$	$\frac{A_m}{\sqrt{3}}$	$\frac{A_m}{2}$
梯形波	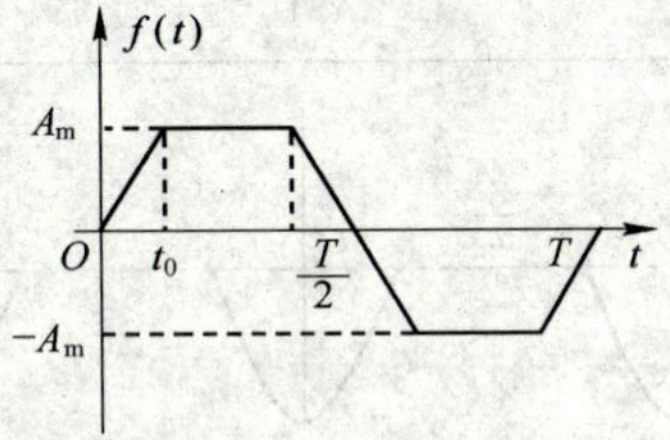	$f(t)=\frac{4A_m}{\omega t_0\pi}\left[\sin(\omega t_0)\sin(\omega t)+\frac{1}{9}\sin(3\omega t_0)\sin(3\omega t)+\frac{1}{25}\sin(5\omega t_0)\sin(5\omega t)+\cdots+\frac{1}{k^2}\sin(k\omega t_0)\sin(k\omega t)+\cdots\right]$ （k 为奇数）	$A_m\sqrt{1-\frac{4\omega t_0}{3\pi}}$	$A_m\left(1-\frac{\omega t_0}{\pi}\right)$
三角波	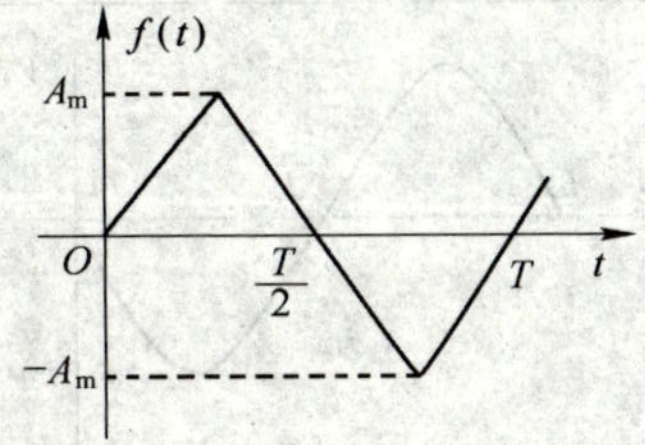	$f(t)=\frac{8A_m}{\pi^2}\left[\sin(\omega t)-\frac{1}{9}\sin(3\omega t)+\frac{1}{25}\sin(5\omega t)-\cdots+\frac{(-1)^{\frac{k-1}{2}}}{k^2}\sin(k\omega t)+\cdots\right]$ （k 为奇数）	$\frac{A_m}{\sqrt{3}}$	$\frac{A_m}{2}$

为了直观地表示一个周期函数分解为各次谐波后，其中包含哪些频率分量及各分量占有多大比重，可画出如图7-3所示频谱图，用横坐标表示各谐波的频率，用纵坐标方向的线段长度表示各次谐波振幅大小。这种频谱只表示各谐波振幅，所以称为振幅频谱。

应当注意的是，如果用纵坐标方向的线段长度表示各次谐波的初相位，则可得到相位频谱。

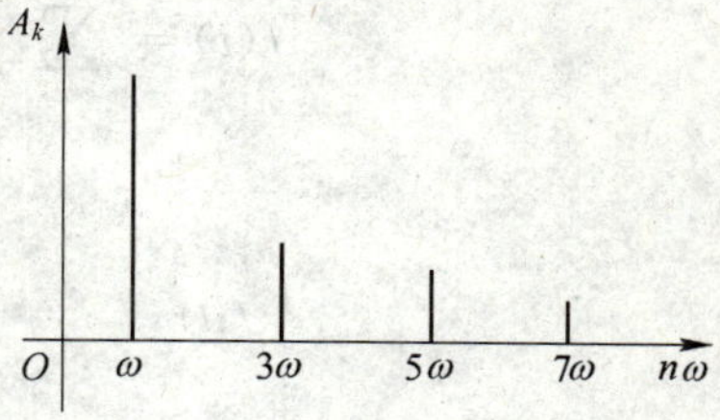

图 7-3　矩形波的振幅频谱

7.2.2　对称波形的傅里叶级数

工程中常见的非正弦波具有某种对称性，波的对称性与傅里叶系数有密切关系。对某非正弦波进行傅里叶分解时，可先根据波的对称性，直观地判断出某些谐波分量存在与否，从而可简化傅里叶级数分解计算。

1. 周期函数的波形在横轴上、下部分包围的面积相等

此时，函数的平均值等于零，傅里叶级数展开式中 $a_0=0$，即无直流分量。

2. 周期函数为奇函数

满足 $f(t)=-f(-t)$ 的周期函数称为奇函数。如图 7-4 所示，其波形对称于原点。表 7-1 中的矩形波、梯形波、三角波都是奇函数，它们的傅里叶级数展开式中，$a_0=0$、$a_k=0$，即无直流分量，无余弦谐波分量。表示为

$$f(t)=\sum_{k=1}^{\infty}b_k\sin(k\omega t)$$

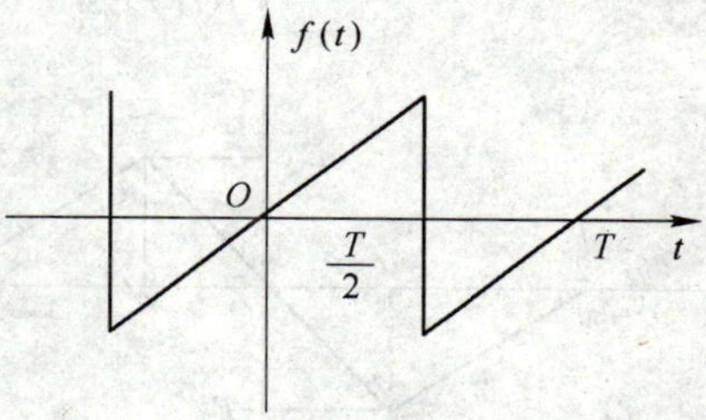

图 7-4　奇函数

3. 周期函数为偶函数

满足 $f(t)=f(-t)$ 的周期函数称为偶函数。如图 7-5 所示的半波整流波，其波形对称于纵轴。表 7-1 中的全波整流波也是偶函数。它们的傅里叶级数展开式中 $b_k=0$，即无正弦谐波分量。可表示为

$$f(t)=\frac{a_0}{2}+\sum_{k=1}^{\infty}a_k\cos(k\omega t)$$

4. 周期函数为奇谐波函数

满足 $f(t)=-f\left(t+\frac{T}{2}\right)$ 的周期函数称为奇谐波函数。如图 7-6 所示，其波形特点是：将函数$f(t)$波形移动半个周期后(图 7-6 中虚线)，与原函数波形对称于横轴，即镜像对称。表7-1中的矩形波、梯形波、三角波都是奇谐波函数。它们的傅里叶级数展开式表示为

$$f(t)=\sum_{k=1}^{\infty}[a_k\cos(k\omega t)+b_k\sin(k\omega t)]\quad (k\text{ 为奇数})$$

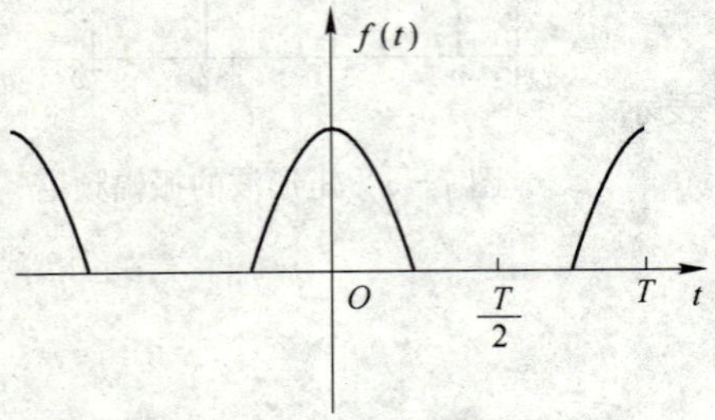

图 7-5 偶函数

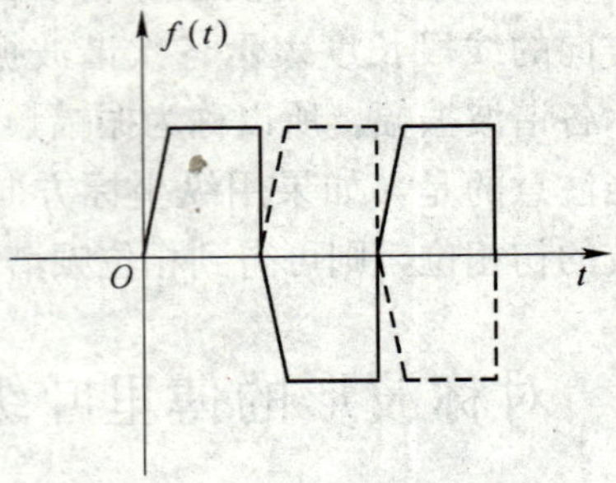

图 7-6 奇谐波函数

展开式中无直流分量，无偶次谐波，只含奇次谐波，因而称此种函数为奇谐波函数。

综上所述，根据周期函数的对称性不仅可预先判断它包含的谐波分量的类型，定性地判定哪些谐波不存在(这在工程上常常是要用到的)，并且使傅里叶系数的计算得到简化。傅里叶级数展开式中存在的谐波分量的系数仍需用式(7-2)计算确定。

如果周期函数 $f(t)$同时具有两种对称性，则在它的傅里叶级数展开式中也应兼有两种对称的特点。下面举例说明。

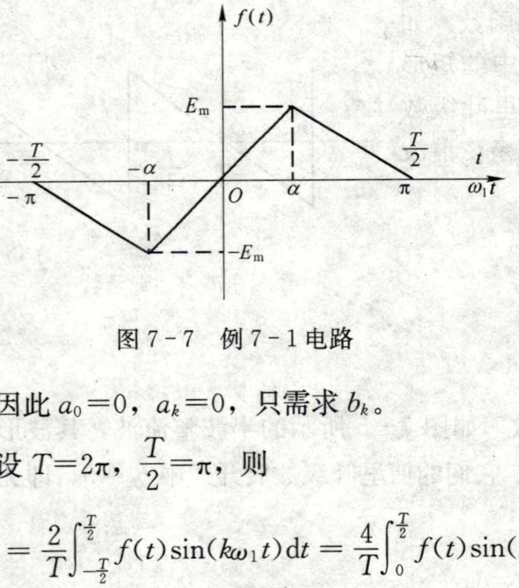

图 7-7 例 7-1 电路

例 7-1 求图 7-7 所示波形的傅里叶级数的系数。

解 根据图 7-7 所示 $f(t)$的表达式为

$$f(t)=\begin{cases}-\dfrac{E_m}{\pi-\alpha}(\omega_1 t+\pi) & -\pi\leqslant\omega_1 t\leqslant-\alpha\\ \dfrac{E_m}{\alpha}(\omega_1 t) & -\alpha\leqslant\omega_1 t\leqslant\alpha\\ -\dfrac{E_m}{\pi-\alpha}(\omega_1 t-\pi) & \alpha\leqslant\omega_1 t\leqslant\pi\end{cases}$$

而且由图 7-7 可知 $f(t)=-f(-t)$是奇函数，因此 $a_0=0$，$a_k=0$，只需求 b_k。

设 $T=2\pi$，$\frac{T}{2}=\pi$，则

$$\begin{aligned}b_k&=\frac{2}{T}\int_{-\frac{T}{2}}^{\frac{T}{2}}f(t)\sin(k\omega_1 t)\mathrm{d}t=\frac{4}{T}\int_0^{\frac{T}{2}}f(t)\sin(k\omega_1 t)\mathrm{d}t\\&=\frac{2}{\pi}\left[\int_0^{\alpha}\frac{E_m}{\alpha}(\omega_1 t)\sin(k\omega_1 t)\mathrm{d}t+\int_{\alpha}^{\pi}\frac{E_m}{\alpha-\pi}(\omega_1 t-\pi)\sin(k\omega_1 t)\mathrm{d}t\right]\\&=\frac{\alpha}{\pi}\left\{\frac{E_m}{\alpha}\left[\frac{1}{k^2}\sin(k\omega_1 t)-\frac{\omega_1 t}{k}\cos(k\omega_1 t)\right]\Big|_0^{\alpha}+\frac{E_m}{\alpha-\pi}\left[\frac{\pi}{k}\cos(k\omega_1 t)+\frac{1}{k^2}\sin(k\omega_1 t)-\frac{\omega_1 t}{k}\cos(k\omega_1 t)\right]\Big|_{\alpha}^{\pi}\right\}\\&=\frac{\alpha E_m}{k^2\alpha(\pi-\alpha)}\sin(k\alpha)\end{aligned}$$

所以

$$f(t)=\sum_{k=1}^{\infty}\frac{\alpha E_{\mathrm{m}}\sin(k\alpha)}{k^2\alpha(\pi-\alpha)}\sin(k\omega_1 t)$$

例 7-2　求图 7-8(a)所示三角波 $f_2(t)$的傅里叶级数的展开式。

解　由表 7-1 查得三角波如图 7-8(b)所示 $f_1(t)$的展开式为

$$f_1(t)=\frac{8A_{\mathrm{m}}}{\pi^2}\left[\sin(\omega t)-\frac{1}{9}\sin(3\omega t)+\frac{1}{25}\sin(5\omega t)-\cdots\right]$$

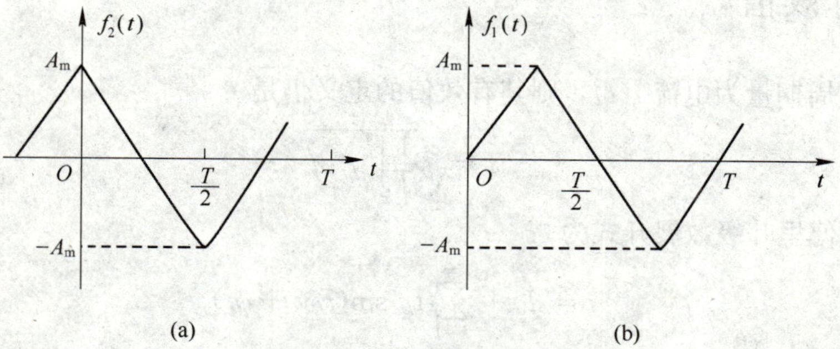

图 7-8　例 7-2 电路

将图 7-8(b)纵轴向右平移$\frac{1}{4}$周期后就变为 $f_2(t)$(见图 7-8(a))的波形，若已知 $f_1(t)$的傅里叶级数展开式，则 $f_2(t)$傅里叶级数不必重算，可将上式中的 t 用 $t+\frac{T}{4}$代入即可，故有

$$\begin{aligned}f_2(t)&=\frac{8A_{\mathrm{m}}}{\pi^2}\left[\sin\left(\omega(t+\frac{T}{4})\right)-\frac{1}{9}\sin\left(3\omega(t+\frac{T}{4})\right)+\frac{1}{25}\sin\left(5\omega(t+\frac{T}{4})\right)-\cdots\right]\\&=\frac{8A_{\mathrm{m}}}{\pi^2}\left[\cos(\omega t)+\frac{1}{9}\cos(3\omega t)+\frac{1}{25}\cos(5\omega t)+\cdots\right]\end{aligned}$$

由以上分析可知，傅里叶系数与周期函数波形的对称性有密切关系，但一个周期函数 $f(t)$是奇函数还是偶函数有时还与时间的计算起点，即与纵轴位置有关。而一个函数是否是奇谐波函数，仅与该函数的波形有关，而与时间起点的选择无关。如图 7-8(b)中的$f_1(t)$为奇函数，故 $a_k=0$，如将纵轴向右平移$\frac{1}{4}$周期后，奇函数 $f_1(t)$变为偶函数$f_2(t)$（见图7-8(a)），此时 $b_k=0$。其实，若已知 $f_1(t)$的傅里叶级数展开式，则 $f_2(t)$的傅里叶级数不必重算，只需将 $f_1(t)$中的 t 用 $t+\frac{T}{4}$代入即可。

最后应当指出：有时平移横轴也会使谐波分析简化。

思考题与练习题

7.2.1　查表把全波整流电流(振幅为 300 mA、频率为 50 Hz)分解为傅里叶级数(取到 4 次谐波)。

7.2.2　偶函数 $f(t)$的傅里叶级数中是否一定含有直流分量？为什么？能举例说明吗？

7.2.3　任意一个周期函数，若将其波形向上平移某一数值后，它的傅里叶级数与原来周期函数 $f(t)$的傅里叶级数相比较，哪些分量有变化？哪些分量无变化？

7.2.4 试画出基波和三次谐波叠加的波形，以说明与正弦波相比时，它们既可以构成尖顶波，又可以构成平顶波。

7.3 非正弦周期电量的有效值和平均功率

7.3.1 有效值

设非正弦周期量为电流 $i(t)$，则其有效值的定义仍是

$$I=\sqrt{\frac{1}{T}\int_0^T i^2\,\mathrm{d}t}$$

设 $i(t)$ 的傅里叶级数展开式为

$$i=I_0+\sum_{k=1}^{\infty}I_{km}\sin(k\omega t+\psi_k)$$

则其有效值为

$$I=\sqrt{\frac{1}{T}\int_0^T i^2\,\mathrm{d}t}=\sqrt{\frac{1}{T}\int_0^T\left[I_0+\sum_{k=1}^{\infty}I_{km}\sin(k\omega t+\psi_k)\right]^2\mathrm{d}t}$$

为了计算上式右边根号内的积分，先将平方项展开。展开后的各项有两种类型，一种是各次谐波自身的平方，它们的平均值为

$$\frac{1}{T}\int_0^T I_0^2\,\mathrm{d}t=I_0^2$$

$$\frac{1}{T}\int_0^T I_{km}^2\sin^2(k\omega t+\psi_k)\,\mathrm{d}t=\frac{I_{km}^2}{2}=I_k^2$$

$I_k=\dfrac{I_{km}}{\sqrt{2}}$ 是 k 次谐波（正弦波）的有效值；另一种类型是两个不同次谐波乘积的两倍，根据三角函数的正交性，它们的平均值为

$$\frac{1}{T}\int_0^T 2I_0I_{km}\sin(k\omega t+\psi_k)\,\mathrm{d}t=0$$

$$\frac{1}{T}\int_0^T 2I_{km}\sin(k\omega t+\psi_k)I_{lm}\sin(l\omega t+\psi_l)\,\mathrm{d}t=0$$

所以

$$I=\sqrt{I_0^2+I_1^2+I_2^2+\cdots+I_k^2} \tag{7-5}$$

其中，I_k 为第 k 次谐波电流的有效值，I_0 为直流分量值。

即非正弦周期电流的有效值 I，等于直流分量和各次谐波电流有效值平方和的平方根。

同理可得非正弦周期电压 $u(t)$ 的有效值存在以下的计算式

$$U=\sqrt{U_0^2+U_1^2+U_2^2+\cdots+U_k^2} \tag{7-6}$$

其中，U_k 为第 k 次谐波电压的有效值，U_0 为直流分量值。

如无特别声明，用普通的电压表、电流表测量非正弦周期电流电路中的电压、电流时，其指示值均为有效值。

例 7-3 已知电压 $u(t)=[40+180\sin(\omega t)+60\sin(30\omega t+45^\circ)]$ V，求其有效值 U。

解　由式(7-6)直接计算得

$$U=\sqrt{U_0^2+U_1^2+U_3^2}=\sqrt{40^2+\left(\frac{180}{\sqrt{2}}\right)^2+\left(\frac{60}{\sqrt{2}}\right)^2}=140\ \text{V}$$

7.3.2　非正弦周期电流电路的平均功率(有功功率)

图 7-9 为一任意二端网络，其电压、电流取关联参考方向，$u(t)$、$i(t)$为非正弦周期函数，分别设为

$$u=U_0+\sum_{k=1}^{\infty}U_{km}\sin(k\omega t+\psi_{ku})$$

$$i=I_0+\sum_{k=1}^{\infty}I_{km}\sin(k\omega t+\psi_{ki})$$

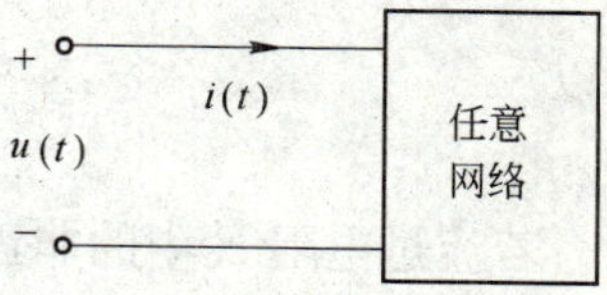

图 7-9　线性任意单口网络

则二端网络的瞬时功率为

$$p=ui=\left[U_0+\sum_{k=1}^{\infty}U_{km}\sin(k\omega t+\psi_{ku})\right]\times\left[I_0+\sum_{k=1}^{\infty}I_{km}\sin(k\omega t+\psi_{ki})\right]\tag{7-7}$$

代入平均功率的定义式可求得该二端网络吸收的平均功率(有功功率)为

$$P=\frac{1}{T}\int_0^T p\,\mathrm{d}t=\frac{1}{T}\int_0^T ui\,\mathrm{d}t$$

$$=\frac{1}{T}\int_0^T\left[U_0+\sum_{k=1}^{\infty}U_{km}\sin(k\omega t+\psi_{ku})\right]\times\left[I_0+\sum_{k=1}^{\infty}I_{km}\sin(k\omega t+\psi_{ki})\right]\mathrm{d}t$$

为了计算上式右边的积分，先将积分内的因式展开，展开后的各项有两种类型。一种是同次谐波电压和电流的乘积，它们的平均值为

$$P=\frac{1}{T}\int_0^T U_0I_0\,\mathrm{d}t=U_0I_0$$

$$P=\frac{1}{T}\int_0^T U_{km}\sin(k\omega t+\psi_{ku})I_{km}\sin(k\omega t+\psi_{ki})\mathrm{d}t=\frac{1}{2}U_{km}I_{km}\cos(\psi_{ku}-\psi_{ki})\tag{7-8}$$

$$=U_kI_k\cos\varphi_k$$

U_k、I_k 各为 k 次谐波电压、电流的有效值，φ_k 为 k 次谐波电压、电流的相位差角。另一种类型是两个不同次谐波电压和电流的乘积，根据三角函数的正交性，它们的平均值为零，于是得到平均功率的一般表达式为

$$P=U_0I_0+\sum_{k=1}^{\infty}U_kI_k\cos\varphi_k=P_0+P_1+P_2+\cdots+P_k\tag{7-9}$$

综合以上分析，非正弦周期性电流电路中，不同次(包括零次)谐波电压、电流虽然构成瞬时功率，但不构成平均功率；只有同次谐波电压、电流才构成平均功率；电路的功率等于各次谐波功率(包括直流分量，其功率为 U_0I_0)的和。

在非正弦周期电流电路中也可用 $S=UI$ 定义视在功率，并将 $\lambda=\frac{P}{S}$定义为功率因数。

例 7-4　设二端网络在相关联的参考方向下，有

$$u=[10+141.4\sin(\omega t)+50\sin(3\omega t+60^\circ)]\ \text{V}$$

$$i=[\sin(\omega t-70°)+0.3\sin(3\omega t+60°)]\ \text{A}$$

求二端网络吸收的功率。

解 $P_0=U_0I_0=0$

$$P_1=U_1I_1\cos\varphi_1=\frac{141.4}{\sqrt{2}}\times\frac{1}{\sqrt{2}}\cos 70°=24.2\ \text{W}$$

$$P_3=U_3I_3\cos\varphi_3=\frac{50}{\sqrt{2}}\times\frac{0.3}{\sqrt{2}}\cos(60°-60°)=7.5\ \text{W}$$

所以

$$P=P_0+P_1+P_3=24.2+7.5=31.7\ \text{W}$$

若流过电阻 R 中的非正弦周期电流 $i(t)$ 的有效值为 I，则该电阻 R 消耗的平均功率可直接由 $P=I^2R$ 求得。

思考题与练习题

7.3.1 非正弦周期量中，为什么各次谐波的有效值与最大值之间有 $I=\frac{I_m}{\sqrt{2}}$ 的关系，而非正弦周期量的有效值与峰值之间却没有此种关系？

7.3.2 试求周期电流 $i(t)=[0.2+0.8\sin(\omega t-15°)+0.3\sin(2\omega t+40°)]$ A 的有效值。

7.3.3 测量电流的有效值、整流平均值、平均值（直流分量）各应使用什么类型的仪表？

7.4 非正弦周期电流电路的稳态分析

已知电路的参数和非正弦周期量激励时，计算电路稳定状态响应的一般步骤如下。

① 把激励分解为傅里叶级数。谐波取到第几项，视计算精度的要求而定。

② 分别求各次谐波单独作用下的响应。对直流分量，电感元件相当于短路，电容元件相当于开路，电路成为电阻性电路。对各次谐波，电路成为正弦电流电路。要注意的是，电感元件、电容元件对不同频率的谐波的感抗、容抗不同。如基波的角频率为 ω，电感 L 对基波的复阻抗为 $Z_{L(1)}=j\omega L$，对 k 次谐波的复阻抗为 $Z_{L(k)}=jk\omega L=kZ_{L(1)}$；电容 C 对基波的复阻抗为 $Z_{C(1)}=-j\frac{1}{\omega C}$，对 k 次谐波的复阻抗为 $Z_{C(k)}=-j\frac{1}{k\omega C}=\frac{1}{k}Z_{C(1)}$。

③ 应用线性电路的叠加定理，把由步骤②算出的属于同支路响应（电压或电流）的各分量进行合成。应当注意的是：不能将代表不同频率的电流（电压）相量直接相加减，必须先将它们变为瞬时值后方可求其代数和。最终求得的响应是用时间函数表示的，电压、电流应记作 $u(t)$、$i(t)$，简记为 u、i。

下面通过两个例子来说明上述步骤。

例 7-5 在图 7-10(a) 的 RLC 串联电路中，已知 $R=10\ \Omega$，$L=0.05$ H，$C=50\ \mu$F，外加电源电压为 $u=[40+180\sin(314t)+60\sin(3\times 314t+45°)]$ V，试求电路中的电流 i 和电路消耗的有功功率。

解 非正弦周期电压 u 的傅里叶级数已给出，故直接按上述步骤②求电流 i 的各个分量。为此，先画出对应于直流分量、基波及三次谐波的电路模型，如图 7－10(b)、图 7－10(c)和图 7－10(d)所示。

(1) 电压 u 中的直流分量单独作用时，由于电感相当于短路，电容 C 相当于开路，如图 7－10(b)所示，故

$$I_{(0)}=0$$

(2) 电压 u 中的基波分量单独作用时，如图 7－10(c)所示，即

$$\dot{U}_{(1)}=\frac{180}{\sqrt{2}}\angle 0^\circ=127.3\angle 0^\circ\ \mathrm{V}$$

$$Z_{(1)}=10+\mathrm{j}314\times 0.05-\mathrm{j}\,\frac{1}{314\times 50\times 10^{-6}}$$

$$=49\angle -78.2\ \Omega$$

$$\dot{I}_{(1)}=\frac{\dot{U}_{(1)}}{Z_{(1)}}=\frac{127.3\angle 0^\circ}{49\angle -78.2^\circ}=2.6\angle 78.2^\circ\ \mathrm{A}$$

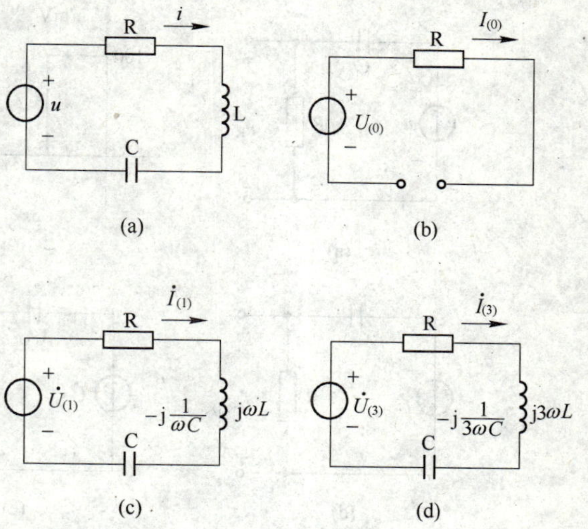

图 7－10　例 7－5 电路

(3) 电压 u 中的三次谐波分量单独作用时，如图 7－10(d)所示，即

$$\dot{U}_{(3)}=\frac{60}{\sqrt{2}}\angle 45^\circ=42.4\angle 45^\circ\ \mathrm{V}$$

$$Z_{(3)}=10+\mathrm{j}3\times 314\times 0.05-\mathrm{j}\,\frac{1}{3\times 314\times 50\times 10^{-6}}=27.7\angle 68.9^\circ\ \Omega$$

$$\dot{I}_{(3)}=\frac{\dot{U}_{(3)}}{Z_{(3)}}=\frac{42.4\angle 45^\circ}{27.7\angle 68.9^\circ}=1.53\angle -23.9^\circ\ \mathrm{A}$$

(4) 电流 i 为基波和三次谐波电流瞬时值之和

$$i=i_{(1)}+i_{(3)}=[2.6\sqrt{2}\sin(314t+78.2^\circ)+1.53\sqrt{2}\sin(3\times 314t-23.9^\circ)]\ \mathrm{A}$$

(5) 电路消耗的有功功率为

$$P=P_{(0)}+P_{(1)}+P_{(3)}=U_{(0)}I_{(0)}+U_{(1)}I_{(1)}\cos\varphi_1+U_{(3)}I_{(3)}\cos\varphi_2$$

$$=0+127.3\times 2.6\times\cos(0^\circ-78.2^\circ)+42.4\times 1.53\cos(45^\circ+23.9^\circ)=91.04\ \mathrm{W}$$

例 7－6　图 7－11(a)所示电路中，输入电压 u 为一周期矩形脉冲波，如图 7－11(b)所示，取 $R=20\ \mathrm{k\Omega}$，$C=0.47\ \mu\mathrm{F}$，$f=2\ \mathrm{kHz}$，求输出电压 u_{R}(计算到 5 次谐波)。

解　(1) 查表 7－1 将 u 分解为傅里叶级数，将表 7－1 中的矩形脉冲波向上平移 A_{m}，就可得到图 7－11(b)所示的波形，写出傅里叶级数，为

$$u=[50+63.7\sin\omega t+21.2\sin 3\omega t+12.7\sin 5\omega t]\ \mathrm{mV}$$

画出对应于直流分量、基波、三次谐波及 5 次谐波的电路的相量模型，如图 7－11(c)、图 7－11(d)、图 7－11(e)和图 7－11(f)所示。

(2) 电压 u 中的直流分量单独作用时，由于电容 C 相当于开路，如图 7－11(c)所示，故

$$I_{(0)}=0,\ U_{\mathrm{R}(0)}=0$$

(3) 电压 u 中的基波分量单独作用时，如图 7－11(d)所示，即

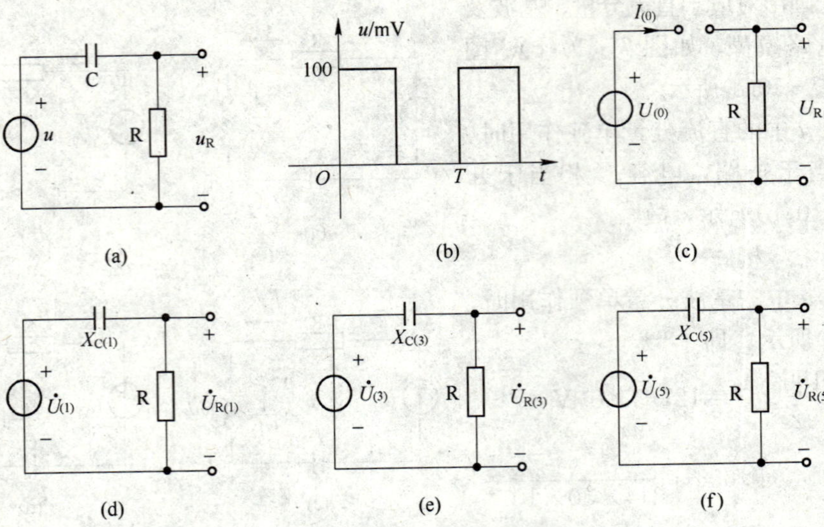

图 7-11 例 7-6 电路

$$\dot{U}_{(1)}=\frac{63.7}{\sqrt{2}}\angle 0^\circ=45\angle 0^\circ\ \text{mV}$$

$$X_{C(1)}=\frac{1}{2\pi\times 2\,000\times 0.47\times 10^{-6}}=169.5\ \Omega$$

$$\dot{U}_{R(1)}=\dot{U}_{(1)}\frac{R}{R-jX_{C(1)}}=\frac{45\angle 0^\circ}{20\,000-j169.5}\times 20\,000=45\angle 0.49^\circ\ \text{mV}$$

(4) 电压 u 中的三次谐波分量单独作用时，如图 7-11(e)所示，即

$$\dot{U}_{(3)}=15\angle 0^\circ\ \text{V}$$

$$X_{C(3)}=\frac{1}{3}X_{C(1)}=\frac{1}{3}\times 169.5=56.5\ \Omega$$

$$\dot{U}_{R(3)}=\dot{U}_{(3)}\frac{R}{R-jX_{C(3)}}=\frac{15\angle 0^\circ}{20\,000-j56.5}\times 20\,000=15\angle 0.16^\circ\ \text{mV}$$

(5) 电压 u 中的五次谐波分量单独作用时，如图 7-11(f)所示，即

$$\dot{U}_{(5)}=9\angle 0^\circ\ \text{mV}$$

$$X_{C(5)}=\frac{1}{5}X_{C(1)}=\frac{1}{5}\times 169.5=33.9\ \Omega$$

$$\dot{U}_{R(5)}=\dot{U}_{(5)}\frac{R}{R-jX_{C(5)}}=\frac{9\angle 0^\circ}{20\,000-j33.9}\times 20\,000=9\angle 0.09^\circ\ \text{mV}$$

(6) 电压 u_R 为各次谐波电压瞬时值之和，即 u_R 为

$$\begin{aligned}u_R&=[45\sqrt{2}\sin(\omega t+0.49^\circ)+15\sqrt{2}\sin(3\omega t+0.16^\circ)+9\sqrt{2}\sin(5\omega t+0.09^\circ)]\ \text{mV}\\&=u_{R(0)}+u_{R(1)}+u_{R(3)}+u_{R(5)}\end{aligned}$$

从上述分析结果看，电感和电容对各次谐波的电抗是不同的。这种特性在工程上得到了广泛的应用。

思考题与练习题

7.4.1 感抗 $\omega L=2\ \Omega$ 的电压 $u=[10\sin(\omega t+30^\circ)+6\sin(3\omega t+60^\circ)]$ V 时，其电流为多

少？写出解析式。

7.4.2　容抗$\dfrac{1}{\omega C}$=27 Ω 接到电流源 $i=[3\sin(\omega t)-2\cos(3\omega t)]$ A 时，其电压为多少？写出解析式。

本章小结

1. 非正弦周期量分解为傅里叶级数展开式为

$$f(t)=\frac{a_0}{2}+\sum_{k=1}^{\infty}[a_k\cos(k\omega t)+b_k\sin(k\omega t)]$$

式中 $\omega=\dfrac{2\pi}{T}=2\pi f$，$T$ 为 $f(t)$ 的周期；a_0、a_k、b_k 为傅里叶系数，它们的计算公式为

$$\left.\begin{aligned}a_0&=\frac{2}{T}\int_0^T f(t)\,\mathrm{d}t\\a_k&=\frac{2}{T}\int_0^T f(t)\cos(k\omega t)\,\mathrm{d}t\\b_k&=\frac{2}{T}\int_0^T f(t)\sin(k\omega t)\,\mathrm{d}t\end{aligned}\right\}$$

2. 根据非正弦周期量波形的对称性，可直观判定：

(1) 波形在横轴上、下部分包围的面积相等，则无直流分量，$a_0=0$；

(2) 波形对称于原点，则周期量为奇函数，无直流分量，无余弦谐波分量，$a_0=0$，$a_k=0$；

(3) 波形对称于纵轴，则周期量为偶函数，无正弦谐波分量，$b_k=0$；

(4) 波形为镜像对称，则周期量为奇谐波函数，无直流分量，无偶次谐波，只含奇次谐波。

3. 非正弦周期量的电流、电压有效值

$$I=\sqrt{I_0^2+I_1^2+I_2^2+\cdots+I_k^2},\ U=\sqrt{U_0^2+U_1^2+U_2^2+\cdots+U_k^2}$$

4. 非正弦周期电流电路中的功率

$$P=U_0I_0+\sum_{k=1}^{\infty}U_kI_k\cos\varphi_k=P_0+P_1+P_2+\cdots+P_k$$

5. 计算非正弦周期电流电路的步骤是：将激励分解为傅里叶级数，分别计算激励的各次谐波单独作用下的响应，最后将各次谐波响应的瞬时值解析式相加。

习　题

7－1　利用表 7－1 求图 7－12 所示电压傅里叶级数展开式。

7－2　电感线圈与电容串联，已知外加电压 $u=[300\sin(\omega t)+150\sin(3\omega t)]$ V，电感线圈基波阻抗 $Z_{L(1)}=(5+\mathrm{j}2)$ Ω，电容基波阻抗 $Z_{C(1)}=-\mathrm{j}30$ Ω，求电路电流瞬时值及有效值。

7－3　图 7－13 所示电路中，已知 $u_R=[50+10\sin(\omega t)]$ V，$R=100$ Ω，$L=2$ mH，$C=50$ μF，$\omega=10^3$ rad/s，试求电源电压 u 的瞬时值表达式，有效值及电源消耗的功率。

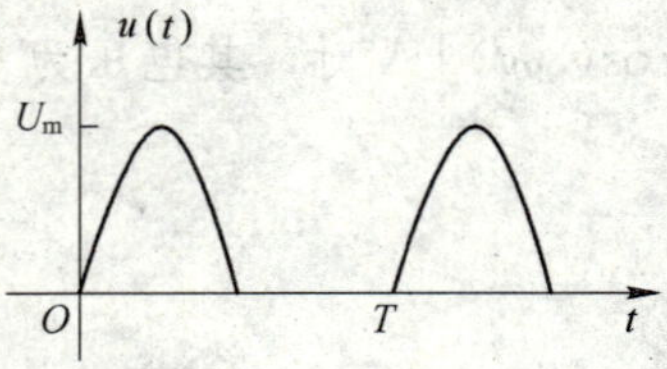

图 7-12　习题 7-1 电路

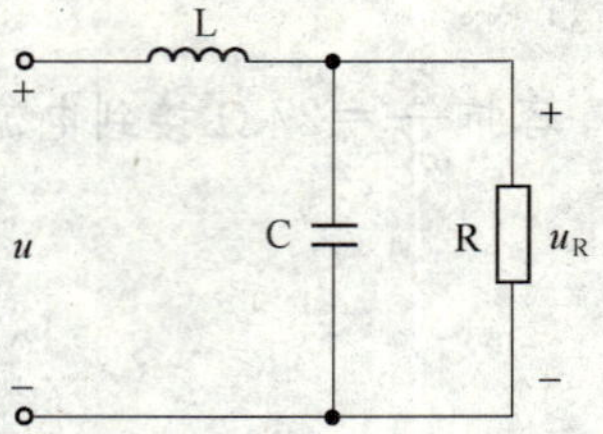

图 7-13　习题 7-3 电路

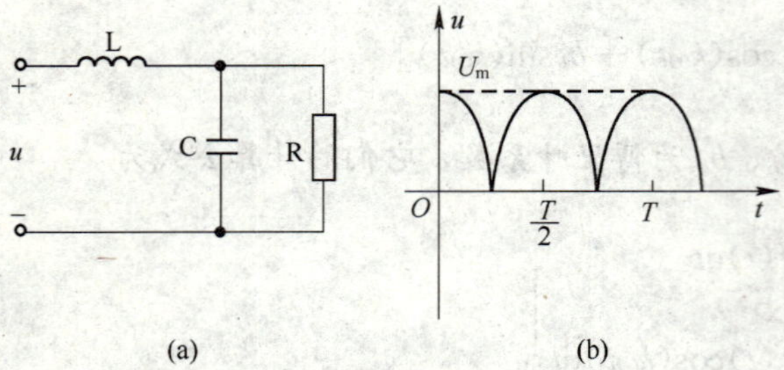

图 7-14　习题 7-4 电路

7-4　图 7-14(a)所示为一全波整流器的滤波电路，它由电感 $L=5$ H 和电容 $C=10\ \mu$F组成，负载电阻 $R=2\ 000\ \Omega$。设加在滤波电路上的电压波形如图 7-14(b)所示，其中 $U_m=157$ V，T 为整流前电压的周期，求负载两端电压的各谐波分量的有效值，设 $\omega=\dfrac{2\pi}{T}=314$ rad/s。

7-5　有效值为 100 V 的正弦电压加在电感 L 两端时，得电流 $I=10$ A，当电压有 3 次谐波分量，而有效值仍为 100 V 时，得电流 $I=8$ A。试求这一电压的基波和 3 次谐波电压的有效值。

7-6　已知一 RLC 串联电路的端口电压和电流为

$$u=[100\sin(314t)+50\sin(942t-30°)]\ \text{V}$$

$$i=[10\sin(314t)+1.755\sin(942t+\theta_3)]\ \text{A}$$

试求：(1) R、L、C 的值；(2) θ_3 的值；(3) 电路消耗的功率。

7-7　如图 7-15 所示为滤波电路，要求负载中不含基波分量，但 $4\omega_1$ 的谐波分量全部传送至负载。如 $\omega_1=1\ 000$ rad/s，$C=1\ \mu$F，求 L_1 和 L_2。

7-8　在图 7-16 所示电路中，$u=[10+80\sqrt{2}\sin(\omega t+30°)+18\sqrt{2}\sin(3\omega t)]$ V，$R=12\ \Omega$，$\omega L=2\ \Omega$，$\dfrac{1}{\omega C}=18\ \Omega$。求电流表、电压表及功率表的读数及电流瞬时值表达式。

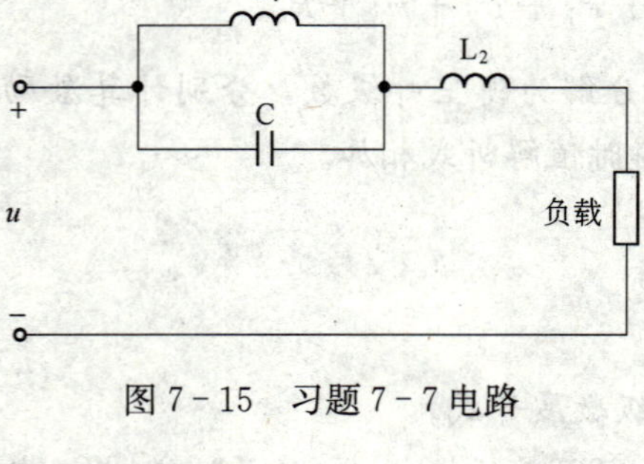

图 7-15　习题 7-7 电路

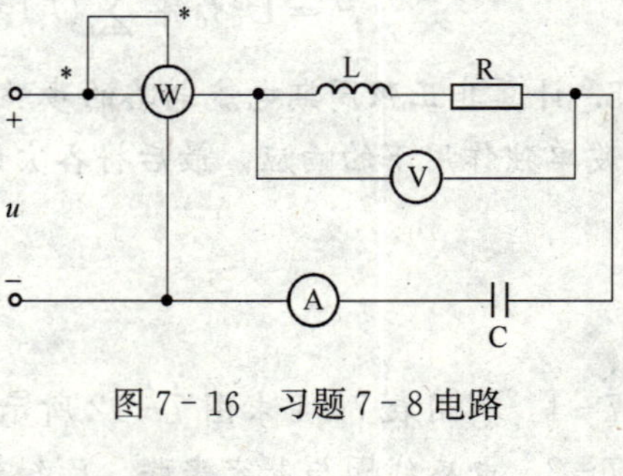

图 7-16　习题 7-8 电路

第 8 章 线性电路过渡过程的时域分析和复频域分析

基本要求

1. 深刻理解换路定律，牢固掌握初始值的计算。

2. 牢固掌握一阶电路微分方程的建立和解法。深刻理解稳态和瞬态及时间常数的概念，牢固掌握一阶电路时间常数的计算。

3. 掌握一阶电路的零输入响应、零状态响应和全响应的分析方法，理解强制分量和自由分量的概念。

4. 牢固掌握分析直流激励的一阶电路的三要素法并能熟练运用。

5. 理解阶跃函数的概念及一阶电路的阶跃响应分析方法。

6. 理解二阶电路零输入响应的分析方法及振荡与非振荡的概念。

7. 了解拉普拉斯变换及反变换的计算方法。

8. 掌握 R、L、C 元件 VCR 的复频域形式，基尔霍夫定律和欧姆定律的复频域形式，以及电路的复频域模型。

9. 了解线性电路的复频域解法。

在以前各章分析的直流电路及周期电流电路中，所有响应或是恒稳不变，或是按周期规律变动。电路的这种工作状态称为稳定状态，简称稳态。当电路的结构或元件的参数发生改变时，可能使电路由原来的稳定状态转变到另一个稳定状态。这种改变一般不能即时完成，需要一个过程，称为电路的过渡过程。过渡过程是一种瞬态，它是电气工程人员经常遇到的问题。

在电路的稳态分析中，无论是直流电路或者是采用相量法的正弦电流电路，所有元件的 VCR 均为代数方程，因此，在求解电路的电压或电流时，根据 KCL、KVL 及元件的 VCR 得到的电路方程也是代数方程。但在瞬态(含过渡过程)分析中，储能元件的 VCR 需要用导数或积分的形式表示，因此，这时根据 KCL、KVL 及元件的 VCR 得到的电路方程是以电流、电压为变量的微分方程。当电路的无源元件都是线性和时不变时，电路方程是线性常系数微分方程。所以，线性电路过渡过程的分析，归结为建立和求解这类微分方程。

按照对微分方程求解方法的不同，过渡过程的分析有两种方法。一种是直接求解微分方程的方法，称为经典法(classical method)。因为它是以时间 t 作为自变量进行分析的，所以又称为时域分析。这种方法可得出清晰的物理图像，但对解较复杂的电路显得烦琐。另一种是采用某种积分变换求解微分方程的方法，较普遍的是将自变量转换为复频率变量，故称为复频域分析，其特点是将一个微分方程的问题化为代数方程问题，以利于计算，故又称为运算法(operational method)。运算法对物理本质的反映不如经典法明显，但在分析复杂电路的瞬态时，比经典法简便得多。

研究电路的过渡过程有着重要的实际意义，一方面是为了便于利用它，以实现某种技术目的，例如在电子技术中大量应用了 RC 充放电电路；另一方面则是为了对某些电路在过渡过程中可能出现的过电压、过电流获得预见，以便采取措施加以防止。

应用时域分析法分析简单电路的过渡过程不仅计算方便，物理概念也比较清晰，因此掌握时域分析法是重要的。然而用时域分析法分析含有多个储能元件的复杂电路时，虽然建立高阶微分方程尚可进行，但确定初始条件及相应的积分常数都很烦琐。采用复频域分析法可以克服时域分析法的上述缺点。

复频域分析法是应用拉普拉斯变换把线性电路的微分方程转化为代数方程进行求解的方法。拉普拉斯变换是实现这种转化的手段。在进行变换的开始阶段就把电路的初始条件考虑在内，所得结果是响应的完整解。该方法不像时域分析法那样，把响应分为强制分量和自由分量，也不需要确定积分常数。全响应直接体现为零状态响应和零输入响应的叠加。

本章先介绍线性电路过渡过程的时域分析法，再简要地介绍拉普拉斯变换的定义和它的某些重要性质，然后阐述线性电路的复频域解法。

8.1 换路定律和初始条件的计算

用经典法求解电路的微分方程时需要确定积分常数。电路分析中根据由换路定律得到的初始条件确定积分常数。以下分换路定律和初始条件的计算两部分进行介绍。

8.1.1 换路定律

电路理论中把电路中支路的接通、切断、短路，电源或电路参数的突然改变及电路连接方式的其他改变统称为换路，并认为换路是即时完成的。

若电路中含有电容及电感等储能元件，则电路中电压和电流的建立或其量值的改变，必然伴随着电容中电场能量和电感中磁场能量的改变。一般而言，这种改变只能是渐变，而不可能跃变，即不可能从一个量值即时地变到另一个量值，否则将导致功率 $p=\dfrac{\mathrm{d}W}{\mathrm{d}t}$ 成为无限大，这在实际中是不可能的。

在电容中储能表现为其电场能量 $W_C=\dfrac{1}{2}Cu_C^2$，由于换路时能量一般不能跃变，故电容电压一般不能跃变。从电流的观点看，电容电压的跃变将导致其中电流 $i_C=C\dfrac{\mathrm{d}u_C}{\mathrm{d}t}$ 变为无限大，这通常也是不可能的。由于电路中总要存在电阻，i_C 只能是有限值，以有限电流对电容充电，电容电荷及电压 u_C 就只能逐渐增加，而不可能在无限短暂的时间间隔内突然跃变。

在电感中储能表现为其磁场能量 $W_L=\dfrac{1}{2}Li_L^2$，由于换路时能量一般不能跃变，故电感电流一般不能跃变。从电压的观点看，电感电流的跃变将导致其端电压 $u_L=L\dfrac{\mathrm{d}i_L}{\mathrm{d}t}$ 变为无限大，这通常也是不可能的。由于 u_L 只能是有限值，电感的磁链和电流 i_L 也只能逐渐增加，不可能在无限短暂的时间间隔内突然跃变。

在换路瞬间，电容元件的电流值有限时，其电压 u_C 不能跃变；电感元件的电压值有限时，其电流 i_L 不能跃变。这一结论称为换路定律(switching law)。如把换路发生的时刻取为计时起点，即取为 $t=0$，而以 $t=0_-$ 表示换路前的最后一瞬间，它和 $t=0$ 之间的间隔趋近于零；以 $t=0_+$ 表示换路后的最前一瞬间，它和 $t=0$ 之间的间隔也趋近于零，则换路定律可表示为

$$\left.\begin{aligned}u_C(0_+)&=u_C(0_-)\\ i_L(0_+)&=i_L(0_-)\end{aligned}\right\} \tag{8-1}$$

除了电容电压及其电荷量，以及电感电流及其磁链以外，其余的电容电流、电感电压、电阻的电流和电压、电压源的电流、电流源的电压在换路瞬间都是可以跃变的。因为它们的跃变不会引起电场和磁场能量的跃变，即不会出现无限大的功率。

8.1.2　初始值的计算

响应在换路后的最初一瞬间(即 0_+ 时)的值称为初始值。初始值组成求解电路微分方程的初始条件。

电容电压的初始值 $u_C(0_+)$和电感电流的初始值 $i_L(0_+)$可按换路定律即式(8-1)确定，称为独立初始值。其他可以跃变的量的初始值可由独立初始值求出，称为相关的初始值。为了便于计算这些相关的初始值，对较为复杂的电路，可以画出换路后初瞬间($t=0_+$)的等效电路，将电容元件代之以电压为 $u_C(0_+)$的电压源，将电感元件代之以电流为 $i_L(0_+)$的电流源，电路中的独立电源则取其在 0_+ 时的值。这样替代后的电路称为电路在 $t=0_+$ 时的等效电路。它是一个电阻性电路，可根据基尔霍夫定律和欧姆定律求出其他相关初始值。

例 8-1　图 8-1(a)电路中，直流电压源的电压 $U_S=50$ V，$R_1=R_2=5$ Ω，$R_3=20$ Ω。电路原已达到稳态。在 $t=0$ 时断开开关 S。试求 $t=0_+$ 时的 i_L、u_C、u_{R_2}、u_{R_3}、i_C、u_L。

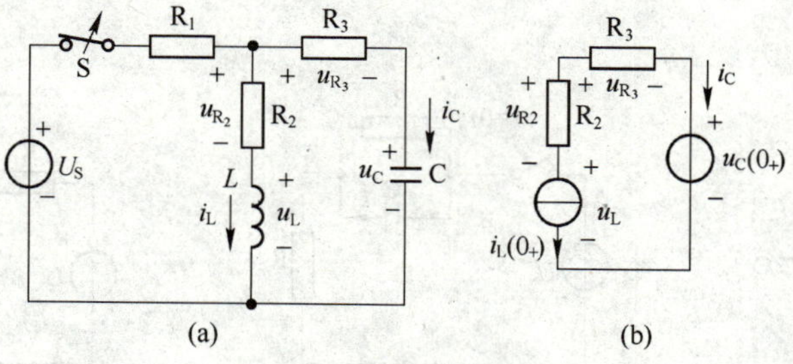

图 8-1　例 8-1 电路

解　(1) 确定独立初始值 $u_C(0_+)$及 $i_L(0_+)$。因为电路换路前已达稳态，所以电感元件如同短路，电容元件如同开路，$i_C(0_-)=0$，故有

$$i_L(0_-)=\frac{U_S}{R_1+R_2}=\frac{50}{5+5}=5\text{ A}$$

$$u_C(0_-)=R_2 i_L(0_-)=5\times 5=25\text{ V}$$

由换路定律得

$$i_L(0_+)=i_L(0_-)=5\text{ A}$$

$$u_C(0_+)=u_C(0_-)=25\text{ V}$$

(2) 计算相关初始值。将图 8-1(a)中的电容 C 及电感 L 分别用等效电压源 $u_C(0_+)$及等效电流源 $i_L(0_+)$代替，则得 $t=0_+$ 时刻的等效电路如图 8-1(b)所示，从而可算出相关初始

值，即

$$u_{R_2}(0_+)=R_2 i_L(0_+)=5\times5=25\text{ V}$$

$$i_C(0_+)=-i_L(0_+)=-5\text{ A}$$

$$u_{R_3}(0_+)=R_3 i_C(0_+)=20\times(-5)=-100\text{ V}$$

$$u_L(0_+)=-u_{R_2}(0_+)+u_{R_3}(0_+)+u_C(0_+)$$

$$=[-25+(-100)+25]=-100\text{ V}$$

由计算结果可以看出：相关初始值可能跃变也可能不跃变。如电容电流由零跃变到 −5 A，电感电压由零跃变到 −100 V，电阻 R_3 的电压由零跃变到 −100 V，但电阻 R_2 的电压却并不跃变。

思考题与练习题

8.1.1 什么是换路定律？在一般情况下，为什么在换路瞬间电容电压和电感电流量值不能跃变？而电容电流和电感电压却可以跃变？

8.1.2 在换路瞬间，为什么一个 $t=0_-$ 时电压为零的电容相当于短路，而 $t=0_-$ 时电流为零的电感相当于开路？

8.1.3 如图 8-2 所示电路中，直流电压源的电压 U_S 及电阻 R_1、R_2 的值均为已知，电路原先已达稳态。在 $t=0$ 时断开开关，试求电容电压和电容电流的初始值。

8.1.4 如图 8-3 所示电路中 $U_S=2$ V，$R_2=1\ \Omega$，开关闭合前电容电压为零，试求电容电流的初始值。

8.1.5 如图 8-4 所示电路中 $U_S=12$ V，$R_1=4\ \Omega$，$R_2=8\ \Omega$。电路原先已达稳态，试求 $i_L(0_+)$ 和 $u_L(0_+)$。

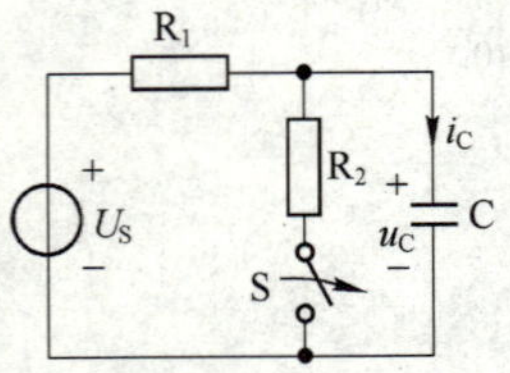

图 8-2 题 8.1.3 电路

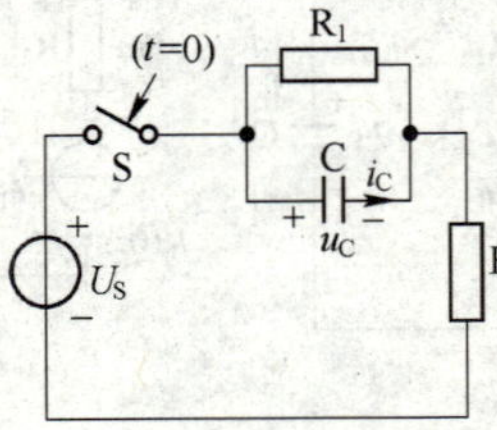

图 8-3 题 8.1.4 电路

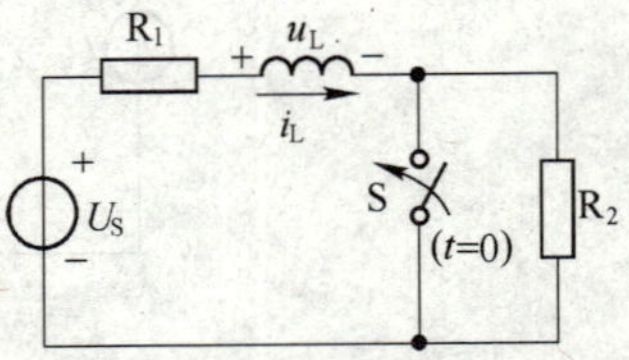

图 8-4 题 8.1.5 电路

8.2 一阶电路的零输入响应

可用一阶微分方程描述的电路称为一阶电路(first order circuit)。除电源(电压源或电流源)及电阻元件外，只含一个储能元件(电容或电感)的电路都是一阶电路。

含有储能元件的电路与电阻性电路不同，电阻性电路中如果没有独立源就没有响应，而含有储能元件时，即使没有独立源，只要储能元件的 $u_C(0_+)$ 或 $i_L(0_+)$ 不为零，就由它们的初始储能引起响应。由于在这种情况下，电路中并无外电源输入，即输入为零，因而电路中引起的电压或电流就称为电路的零输入响应(zero-input response)。

8.2.1 RC 电路的零输入响应

一阶电路仅有一个动态元件(电容或电感)，如果在换路的瞬间动态元件已储存有能量(电能或磁能)，那么即使电路中无外加激励电源，换路后电路中的动态元件将通过电路放电，在电路中产生响应(电流或电压)，即零输入响应。

图 8-5(a)所示的 RC 电路中，如在开关 S 闭合前已被充电，设 $t=0_-$ 时电容电压为 $u_C(0_-)=U_0$。当 $t=0$ 时开关闭合，现在研究它的零输入响应。对于 $t\geqslant 0$，根据 KVL 可得

$$-u_R+u_C=0$$

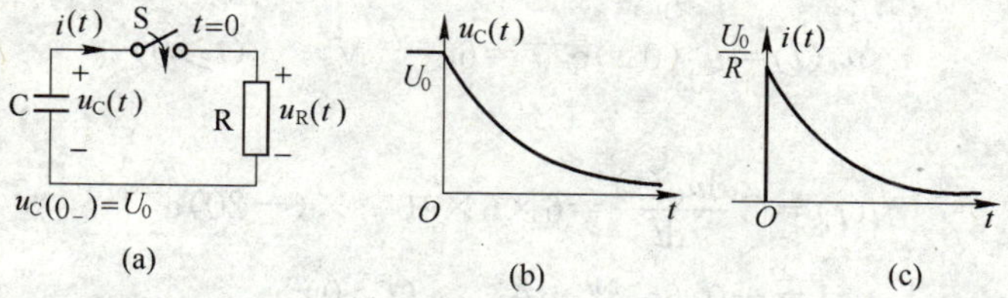

图 8-5　RC 电路的零输入响应

其中 $u_R=Ri$，$i=-C\dfrac{du_C}{dt}$(式中负号是由于电流 i 与 u_C 参考方向相反)，将它们代入上式，便可得图 8-5(a)所示电路的一阶微分方程为

$$RC\frac{du_C}{dt}+u_C=0 \tag{8-2a}$$

或写为

$$\frac{du_C}{dt}+\frac{1}{\tau}u_C=0 \tag{8-2b}$$

式中 $\tau=RC$ 为时间常数。根据换路定律，电容电压的初始值 $u_C(0_+)=u_C(0_-)=U_0$。

式(8-2b)的特征方程为 $s+\dfrac{1}{\tau}=0$，特征根为 $s=-\dfrac{1}{\tau}$，故得式(8-2b)的解为

$$u_C(t)=Ae^{-\frac{t}{\tau}}$$

将初始值 $u_C(0_+)=U_0$ 代入上式，可求得常数 $A=U_0$，最后得到满足初始值的微分方程的解为

$$u_C(t)=U_0e^{-\frac{t}{\tau}} \qquad (t\geqslant 0) \tag{8-3}$$

式中 $\tau=RC$。

电路中的电流

$$i(t)=-C\frac{du_C}{dt}=\frac{U_0}{R}e^{-\frac{t}{\tau}} \qquad (t\geqslant 0) \tag{8-4}$$

按式(8-3)和式(8-4)画出 $u_C(u_R=u_C)$和 i 的波形如图 8-5(b)和图 8-5(c)所示。由图可见，在换路后，电容电压 $u_C(t)$和电流 $i(t)$分别从各自的初始值 $u_C(0_+)=U_0$ 和 $i(0_+)=U_0/R$ 随时间 t 的增大按指数衰减。当 $t\to\infty$时，它们衰减到零，达到稳定状态($u_C(\infty)=0$，$i(\infty)=0$)。这一变化过程称为过渡过程或暂态过程。在换路瞬间电容电压是连续的，即 $u_C(0_+)=u_C(0_-)=U_0$，而电流在换路瞬间由零突跳为 U_0/R，即 $i(0_-)=0$，$i(0_+)=U_0/R$，

发生了跃变。

例 8-2 图 8-6(a)所示电路由电容和电阻构成。已知：$R_1=6\ \text{k}\Omega$，$R_2=8\ \text{k}\Omega$，$R_3=3\ \text{k}\Omega$，$C=5\ \mu\text{F}$，$u_C(0_-)=6\ \text{V}$，$t=0$ 时开关闭合，求 $t\geqslant0$ 时的电容电压及电流。

解 开关闭合瞬间 u_C 不能跃变，故

$$u_C(0_+)=u_C(0_-)=6\ \text{V}$$

换路后的电路如图 8-6(b)所示，图中

$$R=R_2+\frac{R_1R_3}{R_1+R_3}=8+\frac{6\times3}{6+3}=10\ \text{k}\Omega$$

故

$$\tau=RC=10\times10^3\times5\times10^{-6}=0.05\ \text{s}$$

根据式(8-3)有

$$u_C(t)=u_C(0_+)\text{e}^{-\frac{t}{\tau}}=6\text{e}^{-20t}\ \text{V}\qquad(t\geqslant0)$$

根据式(8-4)有

$$i(t)=C\frac{\text{d}u_C(t)}{\text{d}t}=6\times5\times10^{-6}\times(-20)\text{e}^{-20t}$$

$$=-0.6\text{e}^{-20t}\ \text{mA}\qquad(t>0)$$

例 8-3 在图 8-7 中，开关长期接在位置 1 上，如在 $t=0$ 时把它接到位置 2，试求电容电压 u_C 及放电电流 i 的表达式。

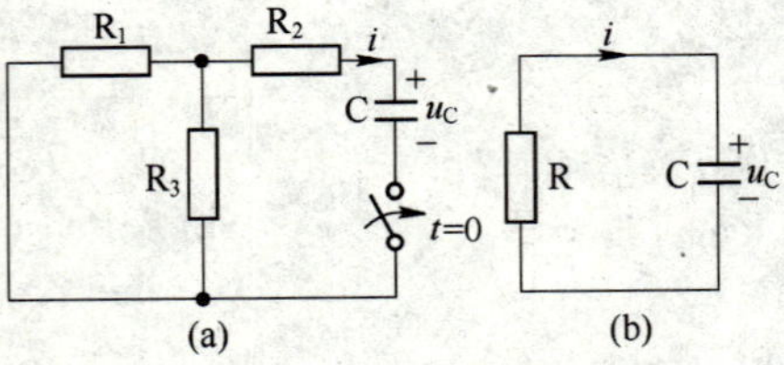

图 8-6 例 8-2 电路

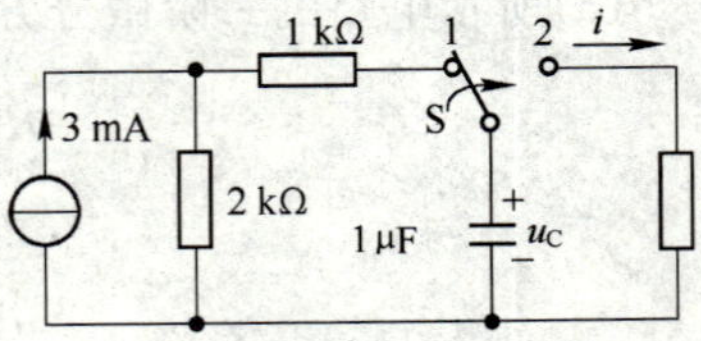

图 8-7 例 8-3 电路

解 换路前电容相当于开路，其电压等于电流源在 2 kΩ 电阻上产生的电位降。根据换路定律得

$$u_C(0_+)=u_C(0_-)=3\times10^{-3}\times2\times10^3=6\ \text{V}=U_0$$

已知换路后电路的时间常数为

$$\tau=RC=3\times10^3\times1\times10^{-6}=0.003\ \text{s}$$

由式(8-3)和式(8-4)得

$$u_C=U_0\text{e}^{-\frac{t}{\tau}}=6\text{e}^{-\frac{t}{0.003}}=6\text{e}^{-333t}\ \text{V}$$

$$i=\frac{U_0}{R}\text{e}^{-\frac{t}{\tau}}=\frac{6}{3}\text{e}^{-\frac{t}{0.003}}=2\text{e}^{-333t}\ \text{mA}$$

8.2.2 RL 电路的零输入响应

图 8-8(a)是一阶 RL 电路，在 $t<0$ 时开关 S 是闭合的，电路已处于稳定状态。设 $t=0_-$ 时电感电流 $i_L(0_-)=I_0$，在 $t=0$ 时开关断开，现在研究它的零输入响应。对于 $t\geqslant0$，根据 KVL 有

$$u_L - u_R = 0$$

由于 $u_L = L\dfrac{di_L}{dt}$，$u_R = -Ri_L$（因 u_R 与 i_L 为非关联参考方向），将它们代入上式可得

$$L\frac{di_L}{dt} + Ri_L = 0 \tag{8-5a}$$

或写为

$$\frac{di_L}{dt} + \frac{1}{\tau}i_L = 0 \tag{8-5b}$$

式中 $\tau = L/R$ 为时间常数。根据换路定律，电感电流的初始值 $i_L(0_+) = i_L(0_-) = I_0$。不难解得电感电流

$$i_L(t) = I_0 e^{-\frac{t}{\tau}} \quad (t \geqslant 0) \tag{8-6}$$

其中

$$\tau = L/R$$

电感电压

$$u_L(t) = L\frac{di_L}{dt} = -RI_0 e^{-\frac{t}{\tau}} \quad (t \geqslant 0) \tag{8-7}$$

电阻电压

$$u_R(t) = u_L(t)$$

按式(8-6)和式(8-7)画出 i_L、u_L 的波形如图 8-8(b)所示。它们都是随时间按指数衰减的曲线，当 $t \to \infty$ 时衰减到零。

例 8-4　电路如图 8-9(a)所示。已知：$R_1 = 400\ \Omega$，$R_2 = R_3 = 200\ \Omega$，$L = 0.2$ H，$I_0 = 0.1$ A，$t=0$ 时，开关 S_1 接至 2 端，同时 S_2 闭合，求 $t \geqslant 0$ 时的电感电流 i_L 及电压 u_L。

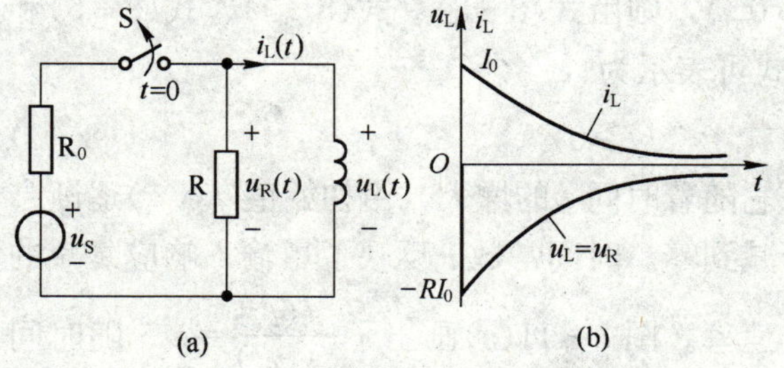

图 8-8　RL 电路的零输入响应

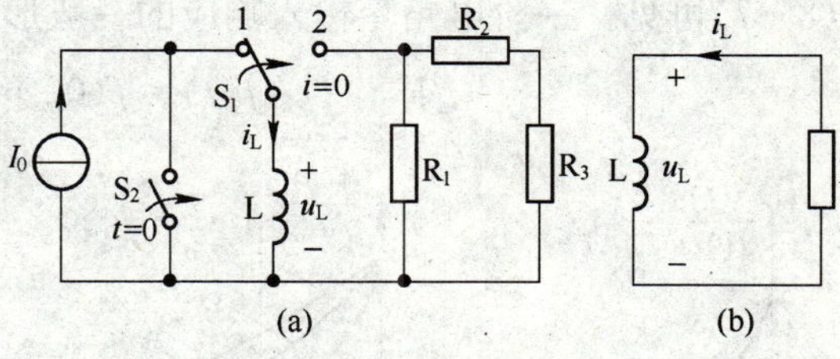

图 8-9　例 8-4 电路

解　开关动作瞬间，i_L 不能跃变，故

$$i_L(0_+) = i_L(0_-) = 0.1\ \text{A}$$

$t \geqslant 0$ 时的等效电路如图 8-9(b)所示，图中 R 的值为

$$R = \frac{R_1(R_2+R_3)}{R_1+R_2+R_3} = \frac{400\times(200+200)}{400+200+200} = 200\ \Omega$$

故

$$\tau = \frac{L}{R} = \frac{0.2}{200} = 10^{-3}\ \text{S}$$

根据式(8-6)和式(8-7)求得电感电流为

$$i_L(t) = i_L(0_+)e^{-\frac{t}{\tau}} = 0.1e^{-10^3 t}\ \text{A} \quad (t \geqslant 0)$$

$$u_L(t) = L\frac{di_L(t)}{dt} = -0.2\times 0.1\times 10^3 e^{-10^3 t}$$

$$=-20e^{-10^3 t}\ \text{V}\quad (t>0)$$

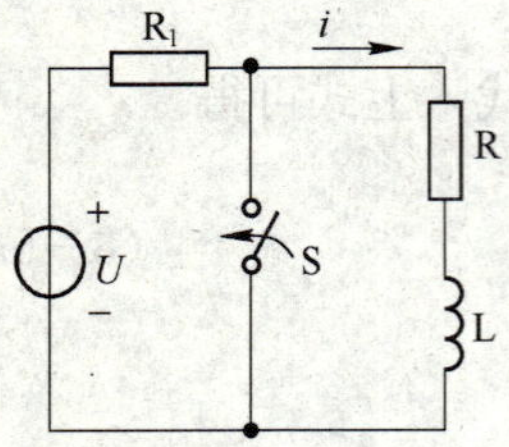

图 8-10　例 8-5 电路

例 8-5　图 8-10 所示电路中，一个继电器线圈的电阻 $R=250\ \Omega$，电感 $L=2.5\ \text{H}$，电源电压 $U=24\ \text{V}$，$R_1=230\ \Omega$，已知此继电器释放电流为 0.004 A，试问开关 S 闭合后，经过多少时间，继电器才能释放？

解　S 闭合后，继电器被短路，继电器线圈电路的时间常数为

$$\tau=\frac{L}{R}=\frac{2.5}{250}=0.01\ \text{s}$$

继电器线圈的电流初始值为

$$i(0_+)=i(0_-)=\frac{U}{R_1+R}=\frac{24}{230+250}$$
$$=0.05\ \text{A}$$

所以 S 闭合后继电器线圈电流为

$$i=0.05e^{-\frac{t}{0.01}}\ \text{A}$$

将 $i=0.004$ A 代入，解得

$$t=0.01\times\ln\frac{0.05}{0.004}=0.025\ \text{s}$$

即 S 闭合后经过 0.025 s 继电器释放。

由于零输入响应是由动态元件的初始储能所产生的，随着时间的增长，动态元件放电，其初始储能逐渐被电阻（$R>0$）所消耗转化为热能，因此，对于具有正电阻的电路，其零输入响应总是按指数衰减的。

如零输入响应用 $f(t)$ 表示，其初始值为 $f(0_+)$，则由式(8-3)、式(8-4)、式(8-6)和式(8-7)可见，一阶电路零输入响应的一般形式可表示为

$$f(t)=f(0_+)e^{-\frac{t}{\tau}}\qquad (t\geqslant 0)\tag{8-8}$$

它随着时间 t 的增大，由初始值 $f(0_+)$ 逐渐衰减到零。时间常数 τ 反映了零输入响应衰减的速率。图 8-11(a)画出了 $\frac{f(t)}{f(0_+)}=e^{-\frac{t}{\tau}}$ 随时间变化的情况。由图可见，时间常数 τ 反映了一阶动态电路过渡过程的情况。当换路并经过 $t=\tau$ 的时间后，零输入响应的值 $f(\tau)$ 衰减到初始值 $f(0_+)$ 的 36.8%。经过 3τ 的时间后，$f(3\tau)=0.05f(0_+)$；经过 5τ 的时间后，$f(5\tau)=0.007f(0_+)$，即经过 $3\sim5\tau$ 的时间，零输入响应已衰减到初始值的 5%～0.7%。因此，工程上一般认为，经过 $3\sim5\tau$ 的时间后，暂态响应已基本结束。图 8-11(b)画出了 τ 取不同值时零输入响应衰减的情况，τ 值越小，响应衰减越快，暂态过程所经历的时间越短。

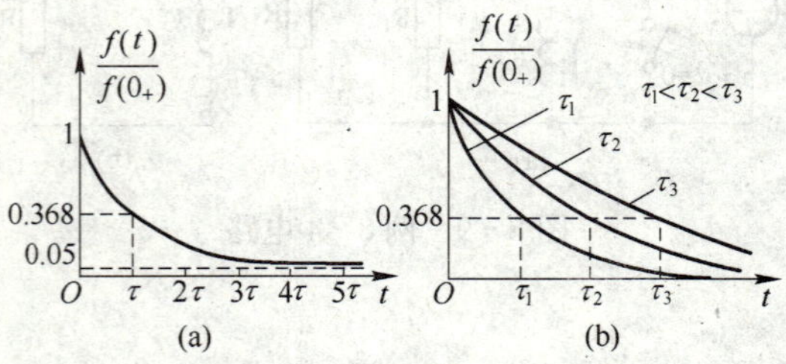

图 8-11　零输入响应与时间常数

由式(8-3)、式(8-4)、式(8-6)和式(8-7)还可看出，如果初始状态 $u_C(0_+)=U_0$ 或 $i_L(0_+)=I_0$ 增大为原来的 a 倍，则零输入响应也增大为原来的 a 倍，这表明零输入响应与初始状态满足齐次性。实际上，对于二阶以上的电路，它有多个初始状态，零输入响应与各初

始状态间也满足可加性。这种性质称为零输入响应线性性质。

思考题与练习题

8.2.1　设有两个 RC 放电电路，它们的时间常数相同，但初始电压 $u_C(0)$不等。试问当它们的电压衰减到同一值时所需时间是否相同？衰减到各自初始电压的同一百分数时所需时间是否相同？

8.2.2　在同一 RC 放电电路中，若电容的初始电压不同，放电至同一电压值所需时间是否相等？衰减到各自初始电压的 10% 所需时间是否相同？

8.2.3　$C=0.5\,\mu\text{F}$、$u_C(0_-)=50\text{ V}$ 的电容经 $R=5\text{ k}\Omega$ 的电阻放电。试求：(1)放电电流的最大值；(2)经过 10 ms 时的电容电压和电流。

8.2.4　试说明图 8-9 所示电路在换路时 i_L 为什么不能跃变？换路瞬间 u_L 是否发生跃变？为什么？

8.2.5　试用物理概念解释 RC 电路的时间常数与 R 成正比，而 RL 电路的时间常数却与 R 成反比。

8.3　一阶电路的零状态响应

电路中所有储能元件的初始值 $u_C(0_+)$、$i_L(0_+)$都为零的情况称为零状态。零状态电路由外施激励引起的响应称为零状态响应(zero-state response)。本节讨论一阶电路在直流激励下的零状态响应。

8.3.1　RC 电路在直流激励下的零状态响应

图 8-12(a)所示的一阶 RC 电路，在开关 S 断开前($t<0$)，直流电流源 I_S 的电流全部流经短路线，电容的初始电压 $u_C(0_-)=0$，即电容的初始储能为零。当 $t=0$ 时，开关断开，根据换路定律，电容电压的初始值 $u_C(0_+)=u_C(0_-)=0$，故电路响应为零状态响应。

按 $t\geqslant 0$ 的电路，根据 KCL 有

$$i_C+i_R=I_S$$

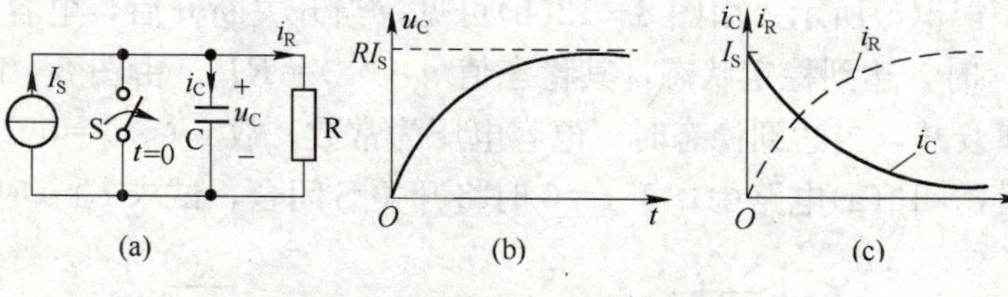

图 8-12　RC 电路的零状态响应

由于

$$i_C=C\frac{\mathrm{d}u_C}{\mathrm{d}t},\ i_R=\frac{u_C}{R}$$

将它们代入上式，得

$$C\frac{\mathrm{d}u_C}{\mathrm{d}t}+\frac{1}{R}u_C=I_S$$

或写为

$$\frac{\mathrm{d}u_C}{\mathrm{d}t}+\frac{1}{\tau}u_C=\frac{1}{C}I_S \tag{8-9}$$

式中 $\tau=RC$。电容电压的初始值 $u_C(0_+)=0$。

式(8-9)为一阶非齐次方程，其解由方程的齐次解 u_{Ch} 和特解 u_{Cp} 组成，即

$$u_C(t)=u_{Ch}(t)+u_{Cp}(t) \tag{8-10}$$

对应的齐次方程的通解为

$$u_{Ch}(t)=A\mathrm{e}^{-\frac{t}{\tau}}$$

式中 A 为待定常数。式(8-9)中的激励为常数，其特解也为常数。令 $u_{Cp}=Q$，并将它代入式(8-9)得

$$\frac{1}{\tau}u_{Cp}=\frac{1}{RC}Q=\frac{1}{C}I_S$$

故特解

$$u_{Cp}=RI_S$$

将齐次解和特解代入式(8-10)，得

$$u_C(t)=A\mathrm{e}^{-\frac{t}{\tau}}+RI_S$$

令 $t=0_+$，将初始值代入上式，得

$$u_C(0_+)=A+RI_S=0$$

解得 $A=-RI_S$，于是得图 8-12(a)电路的零状态响应

$$u_C(t)=RI_S(1-\mathrm{e}^{-\frac{t}{\tau}})\qquad(t\geqslant 0) \tag{8-11}$$

式中 $\tau=RC$ 为时间常数。电容电流

$$i_C(t)=C\frac{\mathrm{d}u_C}{\mathrm{d}t}=I_S\mathrm{e}^{-\frac{t}{\tau}}\qquad(t\geqslant 0) \tag{8-12}$$

电阻电流

$$i_R(t)=\frac{u_C(t)}{R}=I_S(1-\mathrm{e}^{-\frac{t}{\tau}})\qquad(t\geqslant 0) \tag{8-13}$$

显然有 $i_C+i_R=I_S$。按式(8-11)、式(8-12)和式(8-13)可画出 u_C、i_C 和 i_R 的波形，如图 8-12(b)和图 8-12(c)所示。由图 8-12(b)可见，当开关断开后，电容充电，u_C 按指数规律上升，当 $t\to\infty$ 时，达到稳定状态，其稳态值 $u_C(\infty)=RI_S$。由图 8-12(c)可见，电容电流 i_C 按指数规律衰减，当达到稳态时，电容电压为常数，故 $i_C(\infty)=0$。

例 8-6 在图 8-13(a)电路中，于 $t=0$ 时将开关 S 闭合，试求 $t\geqslant 0$ 时的电压 u_C。

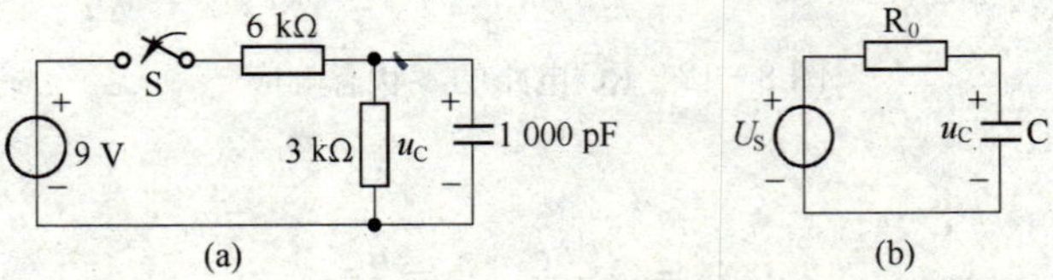

图 8-13 例 8-6 电路

解　对换路后的电路求电容 C 两端的戴维南等效电路，如图 8-13(b)所示，等效电源的电压和内电阻分别为

$$U_S=\frac{3}{6+3}\times 9=3\ \text{V}$$

$$R_0=\frac{6\times 3}{6+3}=2\ \text{k}\Omega$$

电路的时间常数为

$$\tau=R_0C=2\times 10^3\times 1\,000\times 10^{-12}=2\times 10^{-6}\ \text{s}$$

于是由式(8-11)得

$$u_C=3(1-e^{-\frac{t}{2\times 10^{-6}}})=3(1-e^{-5\times 10^5 t})\ \text{V}$$

8.3.2　RL 电路在直流激励下的零状态响应

对于图 8-14(a)所示的一阶 RL 电路，U_S 为直流电压源，在开关 S 闭合前($t<0$)，电感电流 $i_L(0_-)=0$。若 $t=0$ 时开关闭合，根据换路定律知电感电流初始值 $i_L(0_+)=i_L(0_-)=0$，这时电路的响应为零状态响应。

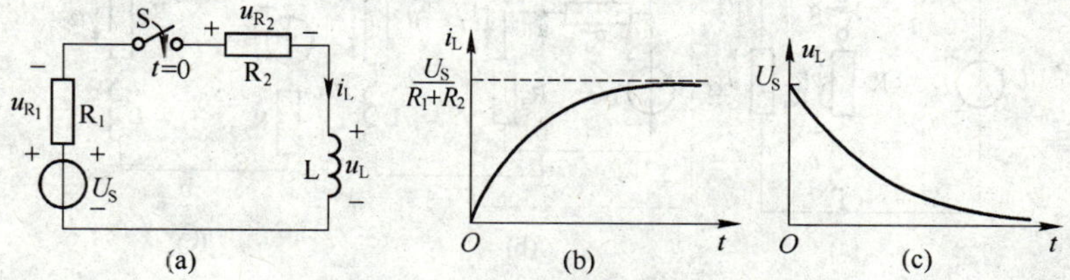

图 8-14　RL 电路的零状态响应

按 $t\geqslant 0$ 的电路，根据 KVL 有

$$u_{R_1}+u_{R_2}+u_L=U_S$$

而 $u_{R_1}=R_1i_L$，$u_{R_2}=R_2i_L$，$u_L=L\frac{di_L}{dt}$，将它们代入上式并整理得

$$\frac{di_L}{dt}+\frac{1}{\tau}i_L=\frac{1}{L}U_S \tag{8-14}$$

式中 $\tau=L/(R_1+R_2)$，为时间常数。电感电流的初始值 $i_L(0_+)=0$。

式(8-14)是一阶非齐次方程。可求得方程的齐次解为

$$i_{Lh}=Ae^{-\frac{t}{\tau}}$$

式中 A 为待定常数。式(8-14)中的激励为常数，其特解也是常数。令 $i_{Lp}=Q$，并将它代入式(8-14)，可解得

$$i_{Lp}=Q=\frac{U_S}{R_1+R_2}$$

于是得

$$i(t)=i_{Lh}+i_{Lp}=Ae^{-\frac{t}{\tau}}+\frac{U_S}{R_1+R_2}$$

将初始值 $i_L(0_+)=0$ 代入上式，得

$$A=-\frac{U_S}{R_1+R_2}$$

于是得图 8-14(a)电路的零状态响应

$$i_L(t)=\frac{U_S}{R_1+R_2}(1-e^{-\frac{t}{\tau}}) \quad (t\geqslant 0) \tag{8-15}$$

式中 $\tau=L/(R_1+R_2)$，为时间常数。电感电压

$$u_L(t)=L\frac{di_L}{dt}=U_S e^{-\frac{t}{\tau}} \tag{8-16}$$

按式(8-15)和式(8-16)可画出 i_L 和 u_L 的波形如图 8-14(b)和图 8-14(c)所示。由图 8-14(b)可见，当开关闭合后，电感充磁，i_L 按指数规律上升，当 $t\to\infty$ 时达到稳定状态，其稳态值

$$i_L(\infty)=\frac{U_S}{R_1+R_2}$$

由图 8-14(c)可见，电感电压 u_L 按指数规律衰减，当达到稳态时，$u_L(\infty)=0$。

例 8-7 在图 8-15(a)所示电路中，已知 $U_S=150$ V，$R_1=R_2=R_3=100\ \Omega$，$L=0.1$ H，设开关在 $t=0$ 时接通，电感电流初值为零，求各支路电流。

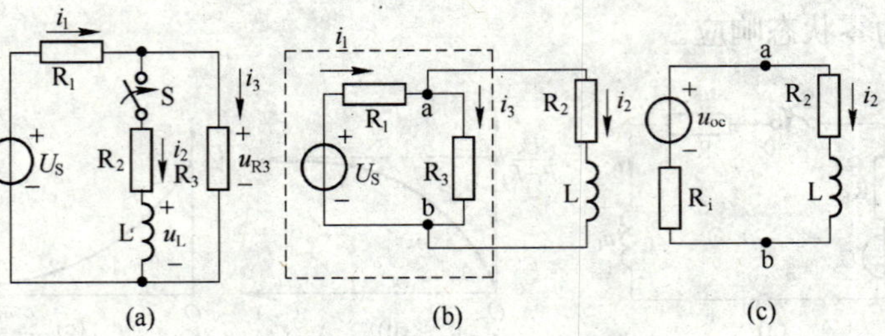

图 8-15 例 8-7 电路

解 换路后电流由两部分组成，其稳态分量为

$$i_{2Lp}=\frac{U_S}{R_1+\dfrac{R_2R_3}{R_2+R_3}}\times\frac{R_3}{R_2+R_3}=0.5\ \text{A}$$

瞬态分量形式为

$$i_{2Lh}=Ae^{-\frac{t}{\tau}}$$

为确定 τ，需用戴维南定理，将 L 和 R_2 以外的电路看作一个二端网络，如图 8-15(b)所示，它的输入端电阻为

$$R_i=\frac{R_1R_3}{R_1+R_3}=\frac{100\times 100}{100+100}=50\ \Omega$$

得等效电路如图 8-15(c)所示。因此，时间常数为

$$\tau=\frac{L}{R_i+R_2}=\frac{0.1}{50+100}=\frac{1}{1\,500}\ \text{s}$$

所以

$$i_2=i_{2Lp}+i_{2Lh}=0.5+Ae^{-1\,500t}$$

代入初始条件 $i(0_+)=i(0_-)=0$，得

$$A=-0.5\ \text{A}$$

故

$$i_2=0.5(1-e^{-1500t})\text{A}$$

$$u_{R3}=R_2i_2+L\frac{di_2}{dt}$$
$$=100\times0.5(1-e^{-1500t})+0.1\times\frac{d}{dt}[0.5(1-e^{-1500t})]$$
$$=50\times(1-e^{-1500t})+0.05\times1500e^{-1500t}$$
$$=(50+25e^{-1500t})\text{ V}$$

$$i_3=\frac{u_{R3}}{R_3}=(0.5+0.25e^{-1500t})\text{ A}$$

$$i_1=i_2+i_3=(1-0.25e^{-1500t})\text{ A}$$

由式(8－11)、式(8－12)、式(8－13)、式(8－15)和式(8－16)可见，若外加激励(I_S 或 U_S)增大为原来的 a 倍，则零状态响应也增大为原来的 a 倍，这表明零状态响应与激励满足齐次性。实际上，若有多个激励，零状态响应与各激励间也满足可加性。这种性质称为零状态响应的线性性质。

思考题与练习题

8.3.1　RC 及 RL 电路的零状态响应中的瞬态值与电路参数和外施激励各有什么关系？

8.3.2　$R=1$ kΩ、$C=10$ μF、$u_C(0_-)=0$ 的 RC 串联电路接到 $U_S=100$ V 的直流电压源。试求：充电电流的最大值及经过 0.015 s 时的电容电压和电流。

8.3.3　电阻 $R=25$ Ω、电感 $L=25$ H、$i_L(0_-)=0$ 的线圈接到 $U_S=200$ V 的直流电压源。电流的稳态值是多少？达到稳态所需时间是多少？

8.4　一阶电路的全响应及三要素法

8.4.1　全响应的分解

电路中的非零初始状态及外施激励在电路中共同产生的响应称为全响应(complete response)。

以图 8－16 电路为例，设 $u_C(0_-)=U_0$，电压源电压为 U_S，换路后 u_C 的方程仍为

$$RC\frac{du_C}{dt}+u_C=U_S\qquad(t>0)\qquad(8-17)$$

其解仍为

$$u_C(t)=u_{Ch}(t)+u_{Cp}(t)=Ae^{-\frac{t}{\tau}}+U_S$$

代入初始条件 $u_C(0_+)=u_C(0_-)=U_0$，得

$$U_0=U_S+A$$
$$A=U_0-U_S$$

故得电容电压的全响应为

$$u_C=(U_0-U_S)e^{-\frac{t}{\tau}}+U_S \qquad (t\geqslant 0) \tag{8-18}$$

并得电阻电压、电流的全响应各为

$$u_R=U_S-u_C=(U_S-U_0)e^{-\frac{t}{\tau}} \qquad (t>0) \tag{8-19}$$

$$i=\frac{U_R}{R}=\frac{U_S-U_0}{R}e^{-\frac{t}{\tau}} \qquad (t>0) \tag{8-20}$$

图 8-17 中作出了 $U_0<U_S$ 下的各个全响应的波形。其中 u_C 以 U_0 为初始值逐渐上升，最终达到 U_S。

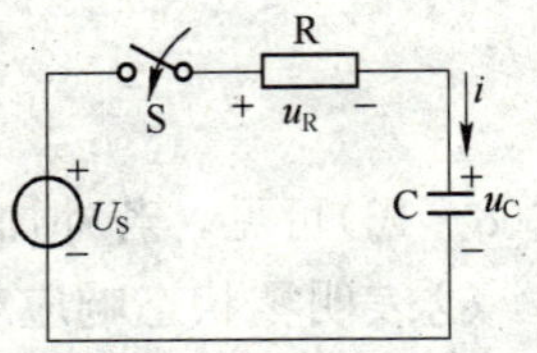

图 8-16 RC 电路的全响应

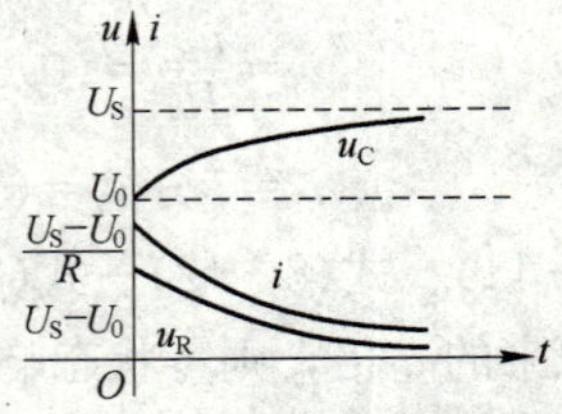

图8-17 u_C、u_R、i 随时间变化的曲线

下面以 u_C 为例，介绍对任何线性一阶电路的全响应都适用的两种分解方法。

方法一 式(8-18)中 u_C 仍然由两个分量所组成

$$u_C(t)=u_{Cp}(t)+u_{Ch}(t)=\underbrace{U_S}_{\substack{\text{强制分量}\\(\text{稳态分量})}}+\underbrace{(U_0-U_S)e^{-\frac{t}{\tau}}}_{\substack{\text{自由分量}\\(\text{瞬态分量})}} \qquad (t\geqslant 0) \tag{8-21}$$

其中第一个分量为强制分量(稳态分量)，第二个分量为自由分量(瞬态分量)，两个分量的变化规律不同。稳态分量只与输入激励有关，现在输入的是直流量，稳态分量也是恒定不变的；当输入是正弦量时，稳态分量也是同频率的正弦量。而瞬态分量既与初始状态有关，又与输入有关。具体地说，它与初始值和稳态值之差有关，只有在该差值不为零时，才有瞬态分量，它起着调整这一差距的作用。这一调整过程自然是与电路的特性有关，因而取决于电路的时间常数。实际上，瞬态分量可以认为在 $t=5\tau$ 时消失，此后电路的响应全由稳态分量决定，电路进入了稳态。在瞬态分量还存在的这段时期则称为过渡过程。线性电路在换路后，通常要经过一段过渡过程才进入稳态。图 8-18(a)画出了 u_C 及其稳态 $u_{Cp}(t)$、瞬态 $u_{Ch}(t)$两个分量的曲线。

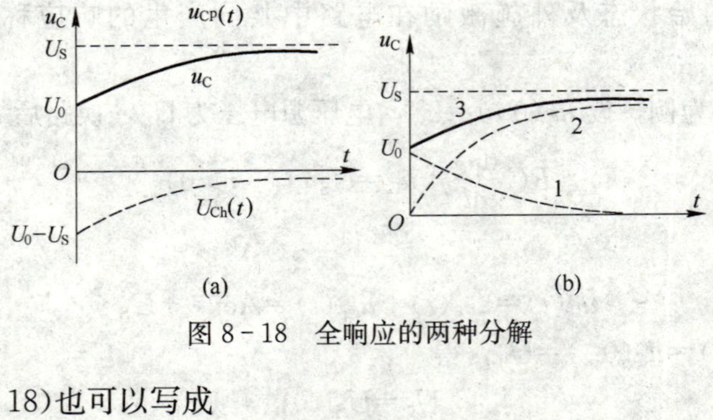

图 8-18 全响应的两种分解

方法二 式(8-18)也可以写成

$$u_C=u_{C1}+u_{C2}=U_0e^{-\frac{t}{\tau}}+U_S(1-e^{-\frac{t}{\tau}}) \qquad (t\geqslant 0) \tag{8-22}$$

其中第一个分量 u_{C1}是零输入响应(在式(8-22)中令 $U_S=0$，就变成式(8-3))，第二个分量

u_{C2}是零状态响应(在式(8－22)中令 $U_0=0$，就变成式(8－11))。可见电路的全响应等于零输入响应与零状态响应之和，这体现了线路电路的叠加性。零输入响应是由非零初始状态产生的，零状态响应是由外加激励产生的，电路的全响应则是两者之和。图 8－18(b)画出全响应(曲线 3)及其零输入响应(曲线 1)、零状态响应(曲线 2)两个分量。

其实，零输入响应和零状态响应也可各自分解为稳态分量和瞬态分量，两者的稳态分量的和便是全响应的稳态分量，两者瞬态分量的和便是全响应的瞬态分量。

把全响应分解为稳态分量与瞬态分量，能较明显地反映电路的工作阶段，便于分析过渡过程的特点。把全响应分解为零输入响应和零状态响应，明显反映了响应与激励的因果关系，并且便于分析计算。这两种分解的概念都是重要的。

例 8－8　在图 8－16 中，$U_S=10$ V，$t=0$ 时开关 S 闭合，$u_C(0_-)=-4$ V，$R=10$ kΩ，$C=0.1$ μF。求换路后的 u_C 并画出其波形。

解　电路的微分方程及时间常数分别为

$$RC\frac{du_C}{dt}+u_C=U_S$$

$$\tau=RC=10\times10^3\times0.1\times10^{-6}=1\ \text{ms}$$

得

$$u_C(t)=u_{Cp}(t)+u_{Ch}(t)=U_S+Ae^{-\frac{t}{\tau}}=10+Ae^{-\frac{t}{\tau}}\qquad(t\geqslant0)$$

由换路定律可求出积分常数 A，即

$$u_C(0_-)=-4=u_C(0_+)=10+A$$

所以

$$A=-14\ \text{V}$$

最后得出

$$u_C=(10-14e^{-\frac{t}{\tau}})\text{V}$$

电压 u_C、$u_{Cp}(t)$及 $u_{Ch}(t)$绘于图 8－19 (a)中。

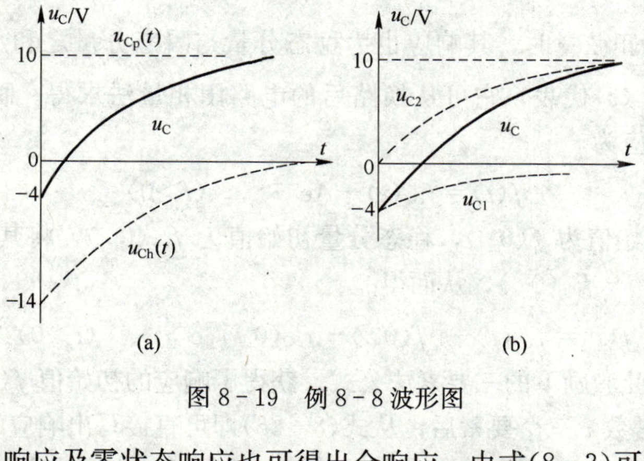

图 8－19　例 8－8 波形图

若分别求零输入响应及零状态响应也可得出全响应。由式(8－3)可得电容电压零输入响应为

$$u_{C1}=-4e^{-\frac{t}{\tau}}\ \text{V}$$

由式(8－11)可得电容电压的零状态响应为

$$u_{C2}=10\times(1-e^{-\frac{t}{\tau}})\text{V}$$

全响应为

$$u_C=u_{C1}+u_{C2}=-4e^{-\frac{t}{\tau}}+10\times(1-e^{-\frac{t}{\tau}})$$
$$=(10-14e^{-\frac{t}{\tau}})\text{V}$$

电容电压的零输入响应及零状态响应绘于图 8-19(b)中。

8.4.2 分析一阶电路全响应的三要素法

三要素法是对一阶电路的求解法及其响应形式进行归纳后得出的一个有用的通用法则。由该法则能够比较迅速地获得一阶电路的全响应。

① 在同一个一阶电路中的各个响应(不限于电容电压或电感电流)的时间常数 τ 都是相同的。对只有一个电容元件的电路，$\tau=R_iC$；对只有一个电感元件的电路，$\tau=L/R_i$，R_i 为换路后该电容元件或电感元件所接二端电阻性网络除源后的等效电阻。

② 先考虑在直流激励下的一阶电路。其全响应是稳态分量(可能为零值)和瞬态分量之和。稳态分量用符号 $f(\infty)$代表，它可从换路后的稳态电路求得(将电容代之以开路，或将电感代之以短路，按电阻性网络计算)。瞬态分量为 $Ae^{-\frac{t}{\tau}}$，所以一阶电路的全响应为

$$f(t)=f(\infty)+Ae^{-\frac{t}{\tau}}\qquad(t>0)\tag{8-23}$$

若响应 $f(t)$的初始值为 $f(0_+)$，将其代入式(8-23)以确定 A，则有 $A=f(0_+)-f(\infty)$，从而得

$$f(t)=f(\infty)+[f(0_+)-f(\infty)]e^{-\frac{t}{\tau}}\qquad(t>0)\tag{8-24}$$

式(8-24)中包含三个重要的基本量：响应的初始值 $f(0_+)$、响应的稳态值 $f(\infty)$及电路的时间常数 τ。通常把这三个量称为三要素。只要获得了这三个要素，便可根据式(8-24)直接写出直流激励下响应的表达式或描绘其波形。式(8-24)就是一阶电路在直流激励下的三要素法公式。

③ 当外施激励为正弦量时，其响应也为稳态分量与瞬态分量之和。稳态分量是同频率的正弦量，用符号 $f_\infty(t)$代表，它可从换路后的电路用相量法求得。瞬态分量仍为 $Ae^{-\frac{t}{\tau}}$，所以一阶电路的全响应为

$$f(t)=f_\infty(t)+Ae^{-\frac{t}{\tau}}\qquad(t>0)\tag{8-25}$$

若响应 $f(t)$的初始值为 $f(0_+)$，稳态分量初始值为 $f_\infty(0_+)$，将其代入式(8-25)以确定 A，则有 $A=f(0_+)-f_\infty(0_+)$，从而得

$$f(t)=f_\infty(t)+[f(0_+)-f_\infty(0_+)]e^{-\frac{t}{\tau}}\qquad(t>0)\tag{8-26}$$

这便是一阶电路在正弦激励下的三要素法公式。获得了响应的初始值 $f(0_+)$、响应的稳态值 $f_\infty(t)$及电路的时间常数 τ 三个要素后，从式(8-26)即可直接写出响应的表达式。

当 $f(t)$为非正弦周期量时式(8-26)仍然适用，只是 $f_\infty(t)$的计算方法不同。

因为零输入响应或零状态响应都可视为全响应的特例，应用式(8-24)和式(8-25)显然也可以直接确定零输入响应或零状态响应。

例 8-9 在图 8-20 中，设电路已达稳定，在 $t=0$ 时断开开关 S，求断开开关后电流 i。

解　由换路定律求电流 i 的初始值 $i(0_+)$

$$i(0_-)=\frac{24}{4}=6\ \text{A}=i(0_+)$$

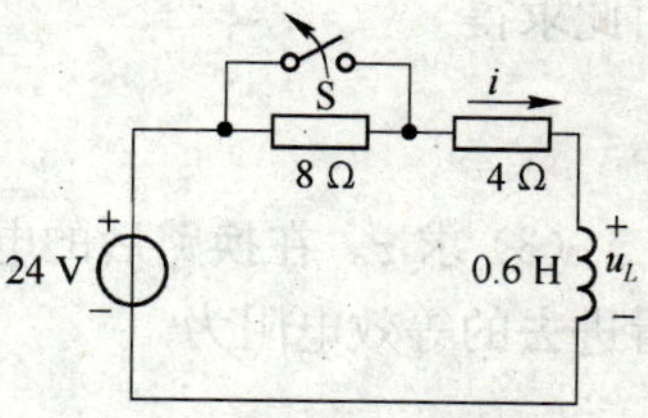

图 8－20　例 8－9 电路

换路后电流 i 的稳态分量

$$i(\infty)=\frac{24}{8+4}=2\ \text{A}$$

换路后电路的时间常数

$$\tau=\frac{0.6}{8+4}=0.05\ \text{s}$$

代入式(8－24)，得全响应

$$i=i(\infty)+[i(0_+)-i(\infty)]\text{e}^{-\frac{t}{\tau}}$$
$$=2+(6-2)\text{e}^{-\frac{t}{0.05}}=(2+4\text{e}^{-20t})\ \text{A}$$

例 8－10　电路如图 8－21 所示，$t<0$ 时开关断开已久，在 $t=0$ 时开关闭合，求 $u(t)$。

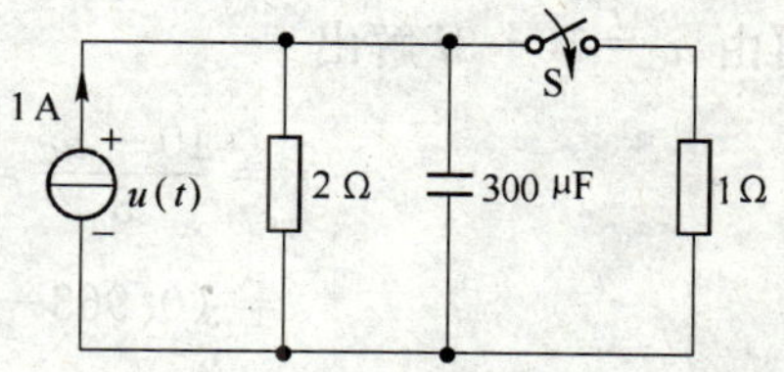

图 8－21　例 8－10 电路

解　由换路定律求电压 $u(t)$ 的初始值 $u(0_+)$

$$u(0_-)=2\times1=2=u(0_+)$$

换路后电压 $u(t)$ 的稳态分量

$$u(\infty)=1\times\frac{2\times1}{2+1}=\frac{2}{3}\text{V}$$

换路后电路的时间常数 $\tau=R_iC$，R_i 为电容元件所接二端网络除源后的等效电阻

$$R_i=\frac{2\times1}{2+1}=\frac{2}{3}\ \Omega$$

故

$$\tau=\frac{2}{3}\times300\times10^{-6}=2\times10^{-4}\ \text{s}$$

代入式(8－24)，得

$$u(t)=u(\infty)+[u(0_+)-u(\infty)]\text{e}^{-\frac{t}{\tau}}$$
$$=\frac{2}{3}+\left(2-\frac{2}{3}\right)\text{e}^{-\frac{t}{2\times10^{-4}}}=\left(\frac{2}{3}+\frac{4}{3}\text{e}^{-0.5\times10^{4}t}\right)\text{V}$$

例 8－11　图 8－22 所示电路原处于稳定状态，$t=0$ 时开关闭合。求 $t\geqslant0$ 时的电容电压 u_C 和电流 i，并绘波形图。

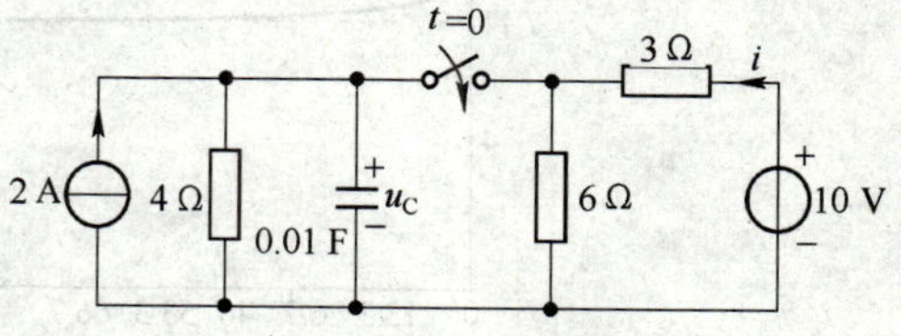

图 8－22　例 8－11 电路

解　(1) 求 $u_C(0_+)$

由换路定律求电压 u_C 的初始值 $u_C(0_+)$

$$u_C(0_-)=2\times4=8\ \text{V}=u_C(0_+)$$

(2) 求 $u_C(\infty)$

换路后电路处于新的稳态时，电容相当于开路，其余部分为电阻电路，$u_C(\infty)$可按节点法求解，其节点方程为

$$\left(\frac{1}{4}+\frac{1}{6}+\frac{1}{3}\right)u_C(\infty)=2+\frac{10}{3}$$

由此求得

$$u_C(\infty)=\frac{64}{9}=7.11\ \mathrm{V}$$

(3) 求 τ。在换路后的电路中，把电流源及电压源分别以开路和短路代替，从电容两端看进去的等效电阻为

$$R=\frac{1}{\frac{1}{4}+\frac{1}{3}+\frac{1}{6}}=\frac{4}{3}\ \Omega$$

$$\tau=RC=\frac{4}{3}\times 10^{-2}\ \mathrm{s}=13.3\ \mathrm{ms}$$

(4) 把所求得的 $u_C(0_+)$、$u_C(\infty)$和 τ 值代入式(8-24)中，则可求得

$$u_C=\left[\frac{64}{9}+\left(8-\frac{64}{9}\right)\mathrm{e}^{-75t}\right]=(7.11+0.89\mathrm{e}^{-75t})\mathrm{V}\qquad(t\geqslant 0)$$

再由 $u_C=10-3i$ 解出

$$i=\frac{10-u_C}{3}=[(10-7.11-0.89\mathrm{e}^{-75t})/3]$$
$$=(0.963-0.296\mathrm{e}^{-75t})\mathrm{A}\qquad(t>0)$$

电流也可以这样计算

$$i(0_+)=\frac{10-u_C(0_+)}{3}=\frac{10-8}{3}=0.667\ \mathrm{A}$$

$$i(\infty)=\frac{10-u_C(\infty)}{3}=\frac{10-\frac{64}{9}}{3}=0.963\ \mathrm{A}$$

$$i=0.963+(0.667-0.963)\mathrm{e}^{-75t}$$
$$=(0.963-0.296\mathrm{e}^{-75t})\mathrm{A}\qquad(t>0)$$

u_C 和 i 的波形绘于图 8-23 中。

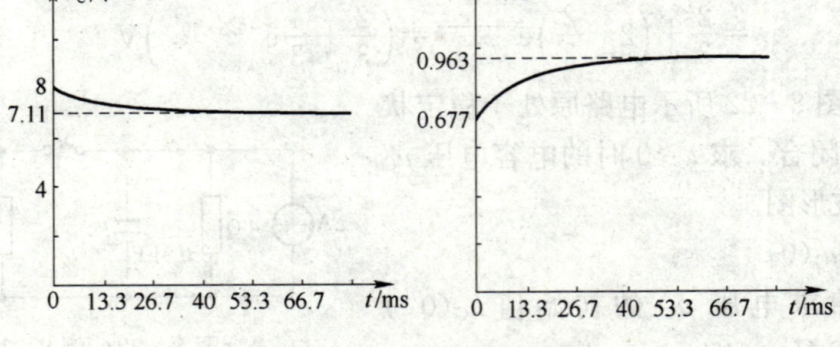

图 8-23 例 8-11 波形图

例 8-12 图 8-24(a)所示电路中，电感电流 $i_L(0_-)=0$，$t=0$ 时 S_1 合上，经过0.15 s再合上 S_2，同时断开 S_1。若以 S_1 合上时刻为计时起点，求电流 i_L，并绘波形图。

解 S_1 闭合后，电路中的电流为零状态响应。其中 $i_L(0_+)=i_L(0_-)=0$

$$i_L(\infty)=\frac{U_S}{R_2}=\frac{10}{20}=0.5\ \mathrm{A}$$

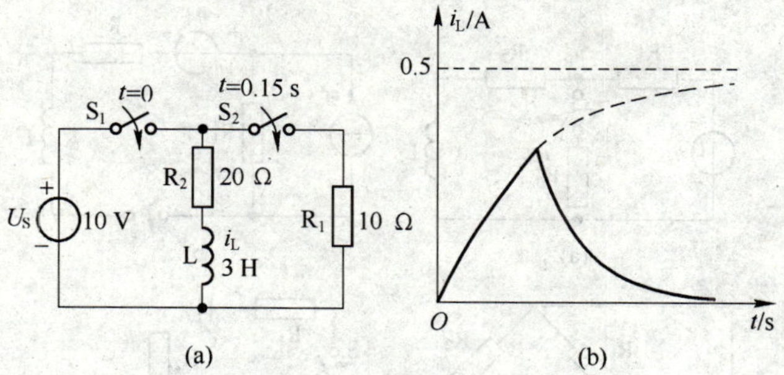

图 8－24　例 8－12

$$\tau_1=\frac{L}{R_2}=\frac{3}{20}=0.15\ \text{s}$$

根据式(8－24)可得

$$i_L(t)=0.5\times(1-e^{-\frac{20}{3}t})\text{A}\qquad(t\geqslant0)$$

$t=0.15$ s 时

$$i_L(0.15_-)=0.5\times(1-e^{-\frac{20}{3}\times0.15})=0.316\ \text{A}$$

$t>0.15$ s 时，S_1 断开，S_2 闭合，此后电路处于零输入状态。由于 i_L 不能跃变，所以

$$i_L(0.15_+)=i_L(0.15_-)=0.316\ \text{A}$$

而

$$i_L(\infty)=0$$

$$\tau_2=\frac{L}{R_1+R_2}=\frac{3}{10+20}\text{s}=0.1\ \text{s}$$

将各量代入式(8－24)中可得

$$i_L=i_L(0.15_+)e^{-\frac{t-0.15}{\tau_2}}=0.316e^{-10(t-0.15)}\ \text{A}\qquad(t\geqslant0.15\ \text{s})$$

图 8－24(b)中绘出了 i_L 随时间变化的曲线。

思考题与练习题

8.4.1　若已知电容电压在直流电源激励下的全响应表示为零输入响应与零状态响应之和，即

$$u_C=A(1-e^{-\frac{t}{\tau}})+Be^{-\frac{t}{\tau}}$$

能否求出稳态分量和瞬态分量？

8.4.2　试从三要素法的公式(8－24)写出一阶电路的零输入响应表达式及在直流电源激励下的零状态响应表达式。

8.4.3　试求图 8－25 所示各电路的时间常数。

8.4.4　如图 8－26 所示电路中直流电压源的电压 $U_S=120$ V，$R_1=3$ kΩ、$R_2=6$ kΩ、$R_3=3$ kΩ、$C=10\ \mu$F、$u_C(0_-)=0$，试用三要素法求换路后的 u、i。

8.4.5　如图 8－27 所示电路中直流电流源的电流 $I_S=2$ A，$R_1=50$ Ω、$R_2=75$ Ω、$L=0.3$ H、$i(0_-)=0$，试用三要素法求换路后的 u、i。

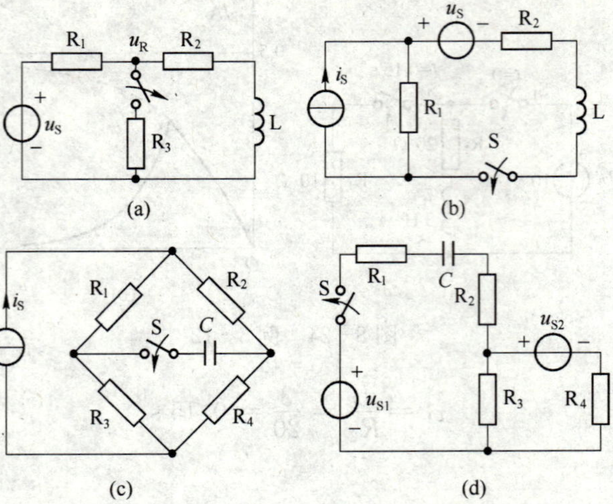

图 8-25　题 8.4.3 电路

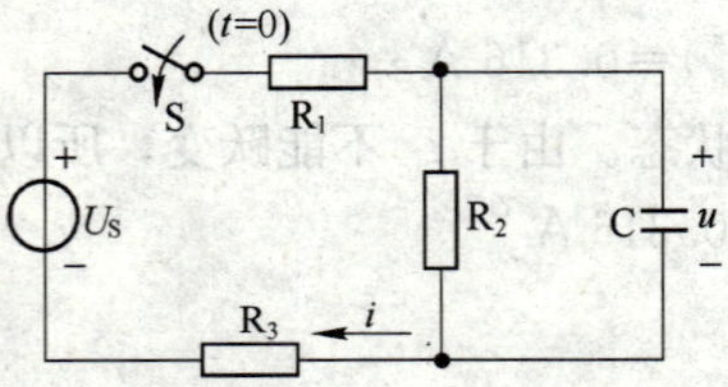

图 8-26　题 8.4.4 电路

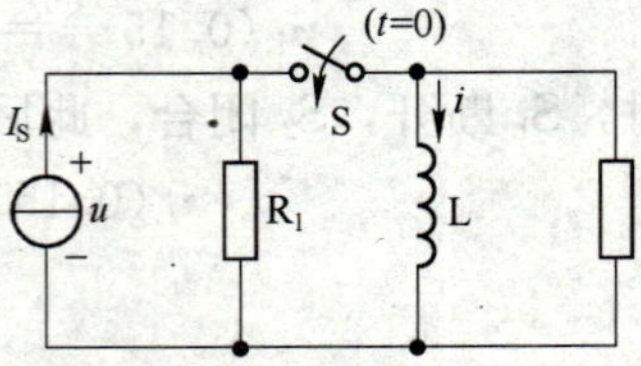

图 8-27　题 8.4.5 电路

8.5　阶跃函数和一阶电路的阶跃响应

电路工作在过渡状态时，经常会遇到电压或电流的跃变，在电路分析中常常利用阶跃函数及冲激函数描述电路中激励和响应的跃变。阶跃函数和冲激函数属于奇异函数。本节先介绍阶跃函数的性质，然后介绍其在过渡过程分析中的应用。

8.5.1　阶跃函数

单位阶跃函数 $\varepsilon(t)$ 的波形如图 8-28 所示，它的数学定义是

$$\varepsilon(t)=\begin{cases}0 & t<0\\1 & t>0\end{cases} \tag{8-27}$$

它在 $t=0$ 处不连续，有一台阶形跃变，跃变的幅度等于 1。

将单位阶跃函数 $\varepsilon(t)$ 乘以常量 k，便成为一般的阶跃函数 $f(t)=k\varepsilon(t)$（见图 8-29）。它在 $t=0$ 处跃变的幅度为 k（k 称为阶跃量），即

$$k\varepsilon(t)=\begin{cases}0 & t<0\\k & t>0\end{cases} \tag{8-28}$$

函数 $k\varepsilon(t)$的单位由阶跃量 k 决定。

将图 8-29 中的波形向右平移 t_0，得到如图 8-30 所示的波形，其数学表达式为

$$f(t)=k\varepsilon(t-t_0) \tag{8-29}$$

称为延迟阶跃函数

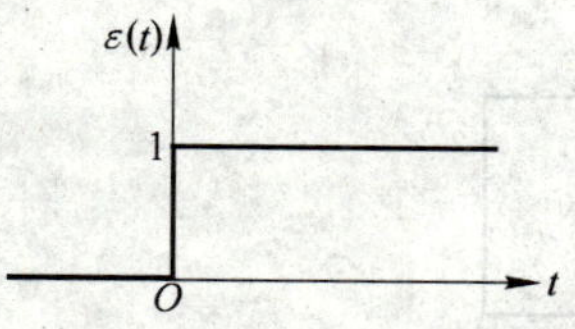

图 8-28　单位阶跃函数

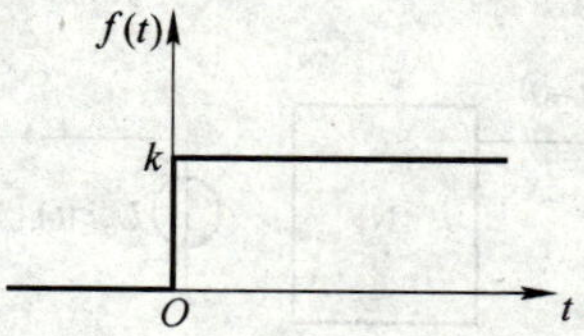

图 8-29　阶跃函数

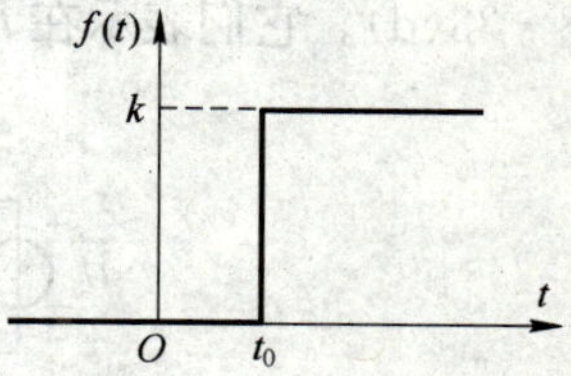

图 8-30　延迟阶跃函数

对于一个如图 8-31(a)所示的矩形脉冲，可以把它看作是由图 8-31(b)所示的两个阶跃函数组成，即

$$f(t)=k\varepsilon(t)-k\varepsilon(t-t_0)$$

同理，对于一个如图 8-31(c)所示的矩形脉冲，则可写作

$$f(t)=k\varepsilon(t-t_1)-k\varepsilon(t-t_2)$$

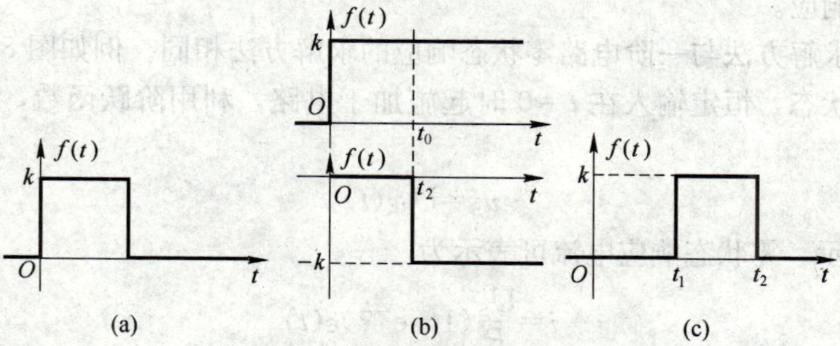

图 8-31　矩形脉冲的组成

单位阶跃函数还可用来"起始"任意一个 $f(t)$，这也给函数的表示带来方便。设 $f(t)$ 是对所有 t 都有定义的一个任意函数，则

$$f(t)\varepsilon(t-t_0)=\begin{cases}0 & t<t_0\\ f(t) & t>t_0\end{cases} \tag{8-30}$$

它的波形如图 8-32 所示。

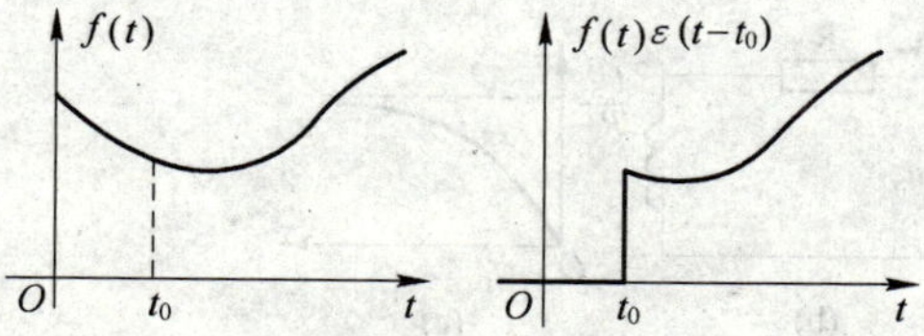

图 8-32　单位阶跃函数的起始作用

8.5.2 一阶电路的阶跃响应

阶跃函数可以很方便地用来表示电源与电路的接通。例如图 8-33(a)中的电压源 U_S 与电路 N 接通，可表示为图 8-33(b)；图 8-33(c)中的电流源 I_S 与电路 N 接通，可表示为图 8-33(d)。它们表示在 $t=0$ 时把电源接到电路，对电路施加激励。

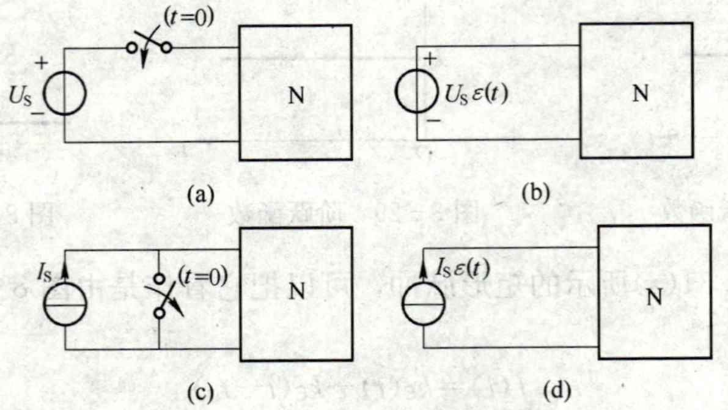

图 8-33 用阶跃函数表示电源与电路接通

电路对(单位)阶跃激励的零状态响应称为(单位)阶跃响应。如果电路是一阶的，则其响应就是一阶阶跃响应。

阶跃响应的求解方法与一阶电路零状态响应的求解方法相同。例如图 8-34(b)所示 RL 串联电路处于零状态，恒定输入在 $t=0$ 时起施加于电路，利用阶跃函数，可把电路的输入表示为

$$u_S=U_S\varepsilon(t)$$

如图 8-34(a)所示，零状态响应电流可表示为

$$i=\frac{U_S}{R}(1-e^{-\frac{t}{\tau}})\varepsilon(t)$$

其波形如图 8-34(c)所示。由于表达式中已包含 $\varepsilon(t)$ 这一因子，因此，不必再说明只适用于 $t\geqslant0$。

如果恒定输入是在 $t=t_0$ 时刻开始施加于电路，其零状态响应只要把上述表达式中的 t 改为 $(t-t_0)$，即延迟时间 t_0 即可。

$$i=\frac{U_S}{R}(1-e^{-\frac{t-t_0}{\tau}})\varepsilon(t-t_0)$$

其波形如图 8-35 所示。注意，这与用 $\varepsilon(t-t_0)$ 去“起始”一个波形(如图 8-32 所示)是有区别的。

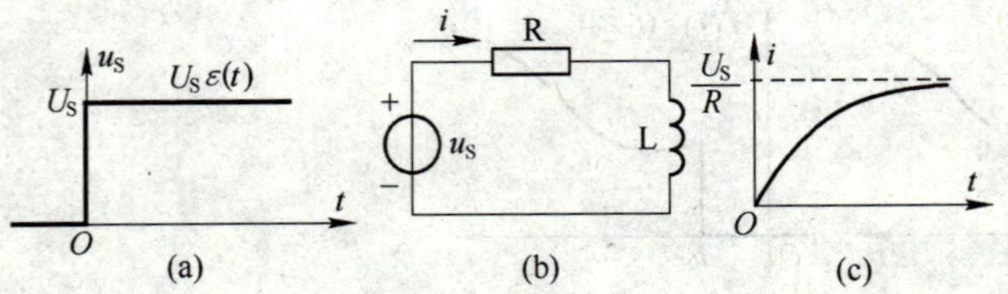

图 8-34 阶跃响应

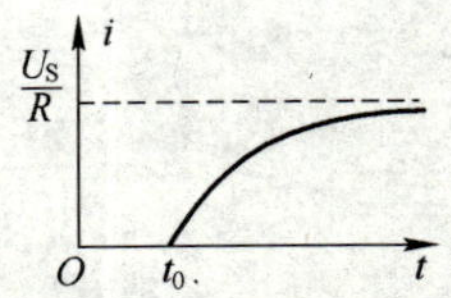

图 8-35 延迟阶跃响应

例 8-13　求脉冲电压 $p(t)$（波形见图 8-36(a)）在 RC 电路中产生的响应 u_C（图 8-36(b)）。

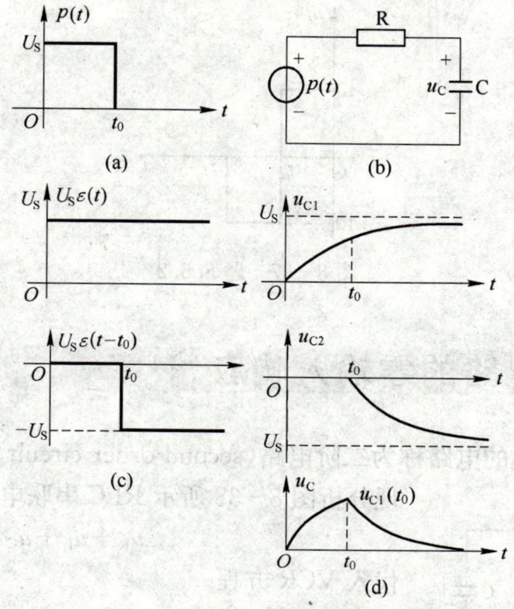

图 8-36　例 8-13 电路及波形

解　把脉冲 $p(t)$ 分解为如图 8-36(c)所示的两个阶跃电压，即

$$p(t)=U_S[\varepsilon(t)-\varepsilon(t-t_0)]$$

式中 t_0 是脉冲宽度。两个阶跃电压的响应分别为

$$u_{C1}=U_S(1-e^{-\frac{t}{\tau}})\varepsilon(t)$$

$$u_{C2}=-U_S(1-e^{-\frac{t-t_0}{\tau}})\varepsilon(t-t_0)$$

式中 $\tau=RC$。则输出端的电压响应为两者的叠加

$$\begin{aligned}u_C&=u_{C1}+u_{C2}\\&=U_S(1-e^{-\frac{t}{\tau}})\varepsilon(t)-U_S(1-e^{-\frac{t-t_0}{\tau}})\varepsilon(t-t_0)\end{aligned}$$

其波形如图 8-36(d)所示。

本题亦可采用三要素法分段求解，即

$$u_C=U_S(1-e^{-\frac{t}{\tau}})\qquad(0\leqslant t\leqslant t_0)$$

$$\begin{aligned}u_C&=u_C(t_{0+})e^{-\frac{t-t_0}{\tau}}=u_C(t_{0-})e^{-\frac{t-t_0}{\tau}}\\&=U_S(1-e^{-\frac{t_0}{\tau}})e^{-\frac{t-t_0}{\tau}}\\&=U_S(e^{\frac{t_0}{\tau}}-1)e^{-\frac{t}{\tau}}\qquad(t\geqslant t_0)\end{aligned}$$

思考题与练习题

8.5.1　写出 $\varepsilon(-t)$、$\varepsilon(t+t_0)$和 $\varepsilon(t_0-t)$的表达式，并绘出波形图。$\varepsilon(t_0-t)=-\varepsilon(t-t_0)$

对吗？

8.5.2 试用阶跃函数表示如图 8-37 所示波形。

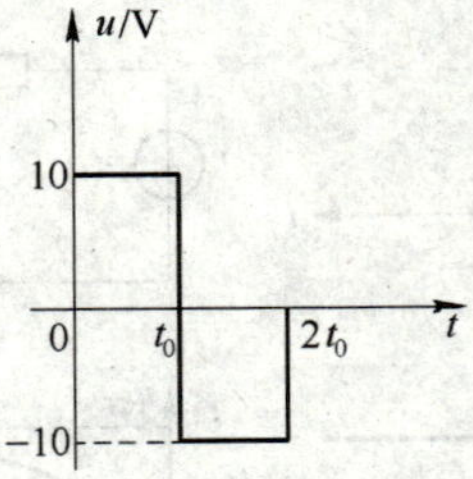

图 8-37 题 8.5.2

8.6 RLC 串联电路的零输入响应

用二阶微分方程描述的电路称为二阶电路(second order circuit)。作为二阶电路的示例，现分析图 8-38 所示 RLC 串联电路。先列出 KVL 方程

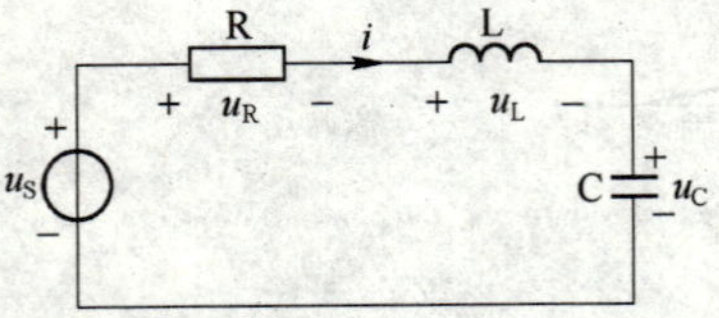

图 8-38 RLC 串联电路

$$u_R+u_L+u_C=u_S$$

代入 VCR 方程

$$i=C\frac{du_C}{dt}$$

$$u_R=Ri=RC\frac{du_C}{dt}$$

$$u_L=L\frac{di}{dt}=LC\frac{d^2u_C}{dt^2}$$

可以得到

$$LC\frac{d^2u_C(t)}{dt^2}+RC\frac{du_C(t)}{dt}+u_C(t)=u_S(t) \tag{8-31}$$

这是一个线性常系数二阶微分方程。求解这一方程就能得到全响应。本书只讨论 RLC 串联电路的零输入响应。令 $u_S(t)=0$，所得二阶齐次微分方程为

$$LC\frac{d^2u_C(t)}{dt^2}+RC\frac{du_C(t)}{dt}+u_C(t)=0 \tag{8-32}$$

其特征方程为

$$LCs^2+RCs+1=0 \tag{8-33}$$

由此解得特征根

$$s_{1,2}=-\frac{R}{2L}\pm\sqrt{\left(\frac{R}{2L}\right)^2-\frac{1}{LC}} \tag{8-34}$$

特征根即电路的固有频率，它确定了零输入响应的形式。由于 R、L、C 量值的不同，在正值 R、L、C 条件下，固有频率可能会出现以下三种情况：

① $R>2\sqrt{\frac{L}{C}}$ 时，s_1、s_2 为两个不相等的负实根；

② $R=2\sqrt{\frac{L}{C}}$ 时，s_1、s_2 为两个相等的负实根；

③ $R<2\sqrt{\dfrac{L}{C}}$ 时，s_1、s_2 为共轭复根。

下面分别讨论这 3 种情况。

1. $R>2\sqrt{\dfrac{L}{C}}$

$R>2\sqrt{\dfrac{L}{C}}$时，为过阻尼情况。在此情况下 s_1、s_2 为两个不相等的负实根，齐次二阶方程的解为

$$u_C(t)=K_1e^{s_1t}+K_2e^{s_2t} \tag{8-35}$$

式中常数 K_1 和 K_2 由初始条件 $u_C(0_+)$和 $i_L(0_+)$确定。由式(8-35)，令 $t=0$ 时得到

$$u_C(0_+)=K_1+K_2 \tag{8-36}$$

对式(8-35)求导，再令 $t=0_+$，则可得到

$$\left.\frac{du_C(t)}{dt}\right|_{t=0}=K_1\cdot s_1+K_2\cdot s_2=\frac{i_L(0_+)}{C} \tag{8-37}$$

由上述式(8-36)和式(8-32)解得

$$K_1=\frac{1}{s_2-s_1}\left[s_2u_C(0_+)-\frac{i_L(0_+)}{C}\right]$$

$$K_2=\frac{1}{s_1-s_2}\left[s_1u_C(0_+)-\frac{i_L(0_+)}{C}\right]$$

将 K_1、K_2 代入式(8-35)即可得到 $u_C(t)$的零输入响应，再利用电容的 VCR 方程则可求得 $i_L(t)$的零输入响应。对于 $u_C(0_+)=U_0$ 和 $i_L(0_+)=0$ 的情况，$u_C(t)$和 $i_L(t)$为

$$\left.\begin{aligned}u_C(t)&=\frac{U_0}{s_2-s_1}(S_2e^{s_1t}-S_1e^{s_2t})\quad(t\geqslant0)\\ i_L(t)&=C\frac{du_C(t)}{dt}=\frac{U_0}{L(s_2-s_1)}(e^{s_1t}-e^{s_2t})\quad(t\geqslant0)\end{aligned}\right\} \tag{8-38}$$

其波形如图 8-39 所示。由式(8-38)和波形图不难看出：电容电压从初始值 U_0 单调地下降到零，而电感电流的初始值和稳态值均为零。因此，电流必有一个上升与下降过程，而在某一时刻(如 t_m)达到最大值。

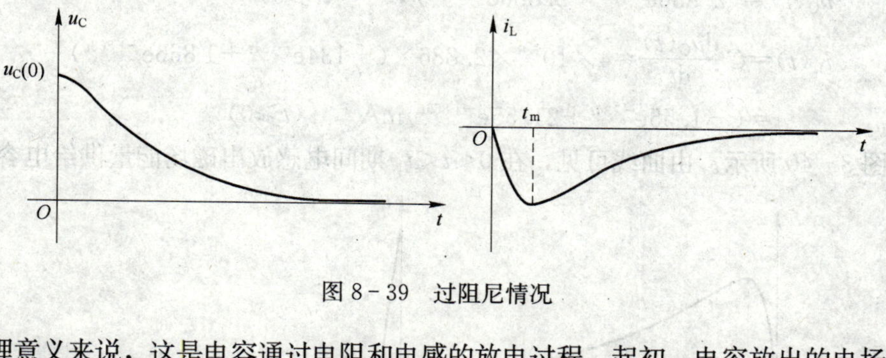

图 8-39　过阻尼情况

从物理意义来说，这是电容通过电阻和电感的放电过程。起初，电容放出的电场能量一部分转换为磁场能量，另一部分为电阻所消耗。由于电阻较大，消耗能量迅速，在 $t=t_m$ 时电流达到最大值后，磁场能量不再增加，并逐渐放出能量。故在 $t>t_m$ 后，电容和电感同时放出能量，供电阻消耗，直到放出全部储能后，放电结束。整个放电过程是一个非振荡的放电过程。

以上讨论了当 $u_C(0_+)\neq 0$、$i_L(0_+)=0$ 时的响应。当 $u_C(0_+)=0$、$i_L(0_+)\neq 0$ 时或 $u_C(0_+)\neq 0$、$i_L(0_+)\neq 0$ 时，电容和电感之间的能量交换情况会更复杂些，但响应仍然是非振荡性的。即当 $R>2\sqrt{\frac{L}{C}}$ 时，无论初始条件如何改变，其响应都是非振荡的，这是因为电阻较大，耗能迅速造成的，故称为过阻尼情况。

例 8-14　图 8-38 所示电路中，已知 $R=2\ \mathrm{k\Omega}$，$L=1\ \mathrm{H}$，$C=4\ \mu\mathrm{F}$，$u_C(0_-)=0$，$i_L(0_-)=I_0=20\ \mathrm{mA}$，试求 u_C 和 i_L 的零输入响应。

解　已知 $R=2\ \mathrm{k\Omega}$，而 $2\sqrt{\frac{L}{C}}=2\sqrt{\frac{1}{4\times 10^{-6}}}\ \Omega=1\ \mathrm{k\Omega}$，故 $R>2\sqrt{\frac{L}{C}}$，其固有频率可由式(8-34)求得

$$\begin{aligned}s_{1,2}&=-\frac{R}{2L}\pm\sqrt{\left(\frac{R}{2L}\right)^2-\frac{1}{LC}}\\&=-\frac{2\,000}{2\times 1}\pm\sqrt{\left(\frac{2\,000}{2\times 1}\right)^2-\frac{1}{1\times 4\times 10^{-6}}}\\&=-1\,000\pm 866\end{aligned}$$

即

$$s_1=-134,\ s_2=-1\,866$$

$$u_C(t)=K_1e^{-134t}+K_2e^{-1\,866t}$$

$$i_L(t)=C\frac{du_C(t)}{dt}=C(-134K_1e^{-134t}-1\,866K_2e^{-1\,866t})$$

$t=0_+$ 时

$$u_C(0_+)=u_C(0_-)=K_1+K_2=0,\ i_L(0_+)=i_L(0_-)$$

$$\begin{aligned}\left.\frac{du_C(t)}{dt}\right|_{t=0}&=-134K_1-1\,866K_2\\&=\frac{i_L(0_+)}{C}=\frac{20\times 10^{-3}}{4\times 10^{-6}}=5\,000\end{aligned}$$

由此解得

$$K_1=2.886,\ K_2=-2.886$$

于是

$$u_C(t)=(2.886e^{-134t}-2.886e^{-1\,866t})\mathrm{V}\qquad(t\geqslant 0)$$

$$\begin{aligned}i_L(t)&=C\frac{du_C(t)}{dt}=4\times 10^{-6}\times 2.886\times(-134e^{-134t}+1\,866e^{-1\,866t})\\&=(-1.55e^{-134t}+21.55e^{-1\,866t})\mathrm{mA}\qquad(t\geqslant 0)\end{aligned}$$

其波形如图 8-40 所示。由曲线可见，在 $0<t<t_1$ 期间电感放出磁场能量供给电容充电和电

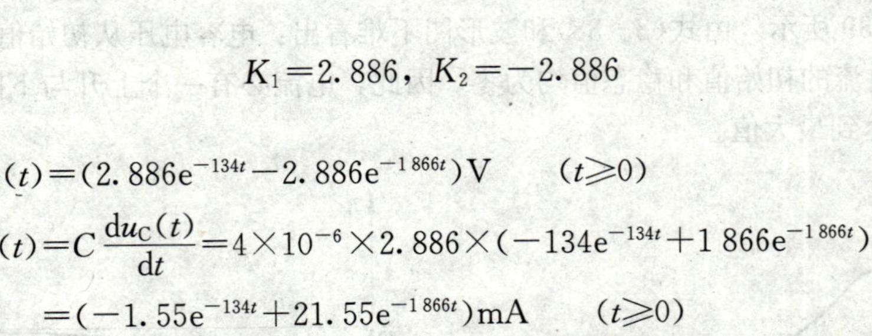

图 8-40　例 8-14

阻耗能；$t=t_1$ 时，电感放出全部磁场能量，电容储能最大。在 $t_1<t<t_2$ 期间，电容放出能量供给电感和电阻；在 $t>t_2$ 后，电感和电容同时向电阻提供能量。响应仍然是非振荡性的。

2. $\boldsymbol{R=2\sqrt{\frac{L}{C}}}$

$R=2\sqrt{\frac{L}{C}}$时，为临界阻尼情况。此时 $s_1=s_2=-\frac{R}{2L}=-\alpha$ 为两个相等的实根。齐次方程的解为

$$u_C(t)=K_1e^{s_1t}+K_2te^{s_2t}=K_1e^{-\alpha t}+K_2te^{-\alpha t} \tag{8-39}$$

式中 K_1、K_2 由初始条件确定，其中

$$u_C(0_+)=K_1,\ i_L(0_+)=i_L(0_-)$$

$$\left.\frac{du_C(t)}{dt}\right|_{t=0_+}=K_2-\alpha K_1=\frac{i_L(0)}{C}$$

由此两式解得

$$K_1=u_C(0_+),\qquad K_2=\alpha u_C(0_+)+\frac{i_L(0_+)}{C}$$

把 K_1 和 K_2 代入式(8-39)可得

$$\left.\begin{aligned}u_C(t)&=u_C(0_+)(1+\alpha t)e^{-\alpha t}+\frac{i_L(0_+)}{C}te^{-\alpha t}\quad(t\geqslant0)\\ i_L(t)&=C\frac{du_C(t)}{dt}=-\frac{u_C(0_+)}{L}te^{-\alpha t}+i_L(0_+)(1-\alpha t)e^{-\alpha t}\quad(t\geqslant0)\end{aligned}\right\} \tag{8-40}$$

由以上两式可以看出：响应仍然是非振荡性的。但当 $R<2\sqrt{\frac{L}{C}}$ 时，响应将成为振荡性的。因此，当 $R=2\sqrt{\frac{L}{C}}$ 时，响应处于临近振荡的状态，故称为临界阻尼情况，相应的电阻 $R=2\sqrt{\frac{L}{C}}$ 称为临界电阻。

例 8-15　如图 8-38 所示电路中，已知 $R=2\ \text{k}\Omega$，$L=0.25\ \text{H}$，$C=0.25\ \mu\text{F}$，$u_C(0_-)=2\ \text{V}$，$i_L(0_-)=0$，求 u_C 和 i_L 的零输入响应。

解　已知 $R=2\ \text{k}\Omega$，$2\sqrt{\frac{L}{C}}=2\sqrt{\frac{0.25}{0.25\times10^{-6}}}=2\ \text{k}\Omega$，显然，$R=2\sqrt{\frac{L}{C}}$，电路属于临界阻尼情况。

由式(8-34)求得固有频率为

$$\begin{aligned}s_{1,2}&=-\frac{R}{2L}\pm\sqrt{\left(\frac{R}{2L}\right)^2-\frac{1}{LC}}\\&=-\frac{2\,000}{2\times0.25}\pm\sqrt{\left(\frac{2\,000}{2\times0.25}\right)^2-\frac{1}{0.25\times0.25\times10^{-6}}}\\&=-4\,000\end{aligned}$$

其解为

$$u_C(t)=K_1e^{-4\,000t}+K_2te^{-4\,000t}$$

由初始条件确定 K_1 和 K_2。$t=0_+$ 时，有

$$u_C(0_+)=u_C(0_-)=K_1=2\text{ V}，i_L(0_+)=i_L(0_-)$$

$$\left.\frac{du_C(t)}{dt}\right|_{t=0_+}=-4\,000K_1+K_2=\frac{i_L(0_+)}{C}=0$$

由此解得　$K_1=2\text{ V}$，$K_2=8\,000\text{ V}$，于是

$$u_C(t)=(2e^{-4\,000t}+8\,000te^{-4\,000t})\text{ V}\quad(t\geqslant0)$$

$$i_L=C\frac{du_C}{dt}=-8te^{-4\,000t}\text{ A}\qquad(t\geqslant0)$$

3. $R<2\sqrt{\frac{L}{C}}$

$R<2\sqrt{\frac{L}{C}}$时，为欠阻尼情况。此时，s_1、s_2 为一对共轭复根，齐次方程解为一振荡函数。首先求固有频率

$$s_{1,2}=-\frac{R}{2L}\pm\sqrt{\left(\frac{R}{2L}\right)^2-\frac{1}{LC}}=-\alpha\pm j\sqrt{\omega_0^2-\alpha^2}=-\alpha\pm j\omega$$

其中
$$\alpha=\frac{R}{2L}，\omega_0=\frac{1}{\sqrt{LC}}，\omega=\sqrt{\omega_0^2-\alpha^2}$$

在此情况下，齐次方程的解可表示为

$$u_C(t)=e^{-\alpha t}(K_1\cos\omega t+K_2\sin\omega t)\qquad(8-41)$$

常量 K_1、K_2 由初始条件确定，$t=0_+$ 时

$$u_C(0_+)=u_C(0_-)=K_1，i_L(0_+)=i_L(0_-)$$

$$\left.\frac{du_C(t)}{dt}\right|_{t=0_+}=-\alpha K_1+\omega K_2=\frac{i_L(0_+)}{C}$$

由此解得
$$K_1=u_C(0_+)，K_2=\frac{1}{\omega}\left[\alpha u_C(0_+)+\frac{i_L(0_+)}{C}\right]$$

把 K_1、K_2 代入式(8-41)中，即可求得 $u_C(t)$。式(8-41)还可改写为另一种形式，即

$$u_C(t)=Ke^{-\alpha t}\cos(\omega t+\theta)$$

式中

$$\begin{cases}K=\sqrt{K_1^2+K_2^2}\\ \theta=-\arctan\dfrac{K_2}{K_1}\end{cases}$$

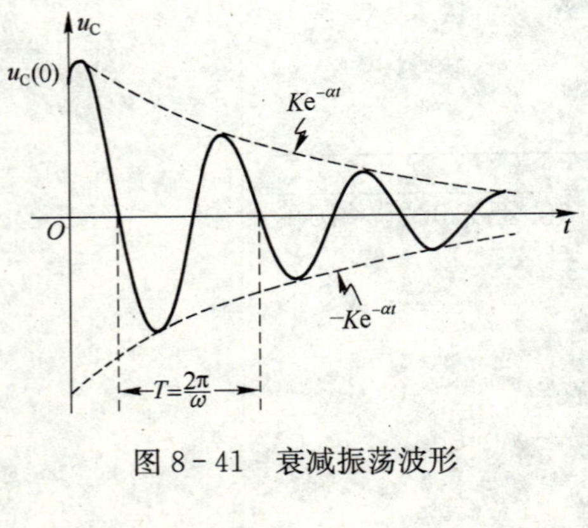

图 8-41　衰减振荡波形

其波形图如图 8-41 所示，它是振幅随时间衰减的正弦曲线。其振幅随时间做指数衰减，α 越大，衰减越快，故称 α 为衰减系数。ω 是衰减振荡的角频率，ω 越大，振荡周期 $T=\frac{2\pi}{\omega}$越小，振荡越快。图 8-41 中按 $\pm Ke^{-\alpha t}$ 画出的虚线称为包络线，它限定了振幅的变化范围。

当 $R<2\sqrt{\frac{L}{C}}$时，响应是衰减的振荡。固有频率

的实部 α 决定振荡衰减的快慢，固有频率的虚部 ω 是振荡的角频率。这种振荡是由于电阻较小、耗能较慢，以致电感和电容之间进行着周而复始的能量交换，从而形成了振荡。由于电阻的存在，所以是衰减振荡，称为欠阻尼情况。

例 8-16 如图 8-38 所示电路中，已知 $R=100\ \Omega$，$C=10\ \mu\text{F}$，$L=0.1\ \text{H}$，$u_C(0_-)=5\ \text{V}$，$i_L(0_-)=0.01\ \text{A}$，求 u_C 和 i_L 的零输入响应。

解 已知 $R=100\ \Omega$，$2\sqrt{\dfrac{L}{C}}=2\sqrt{\dfrac{0.1}{10\times10^{-6}}}\ \Omega=200\ \Omega$，所以 $R<2\sqrt{\dfrac{L}{C}}$，属于欠阻尼情况。由式(8-34)求得固有频率为

$$s_{1,2}=-\frac{R}{2L}\pm\sqrt{\left(\frac{R}{2L}\right)^2-\frac{1}{LC}}$$

$$=-\frac{100}{2\times0.1}\pm\sqrt{\left(\frac{100}{2\times0.1}\right)^2-\frac{1}{0.1\times10\times10^{-6}}}$$

$$=-500\pm\text{j}866$$

于是得

$$u_C(t)=\text{e}^{-500t}[K_1\cos(866t)+K_2\sin(866t)]$$

式中 K_1、K_2 确定为

$$u_C(0_+)=u_C(0_-)=K_1=5\ \text{V},\ i_C(0_+)=i_C(0_-)$$

$$\left.\frac{\text{d}u_C(t)}{\text{d}t}\right|_{t=0_+}=-\alpha K_1+\omega K_2=-500\ K_1+866\ K_2=\frac{i_C(0_+)}{C}=\frac{0.01}{10^{-5}}=10^3$$

由此解得 $K_2=4.04\ \text{V}$，即

$$K_1=5\ \text{V},\ K_2=4.04\ \text{V}$$

把 K_1、K_2 代入 $u_C(t)$ 的表达式可得

$$u_C(t)=\text{e}^{-500t}[5\cos(866t)+4.04\sin(866t)]$$

$$=6.43\text{e}^{-500t}\cos(866t-38.94^\circ)\ \text{V}\qquad(t\geqslant0)$$

$$i_L=C\frac{\text{d}u_C(t)}{\text{d}t}=64.3\text{e}^{-500t}\cos(866t+81.06^\circ)\ \text{mA}\qquad(t\geqslant0)$$

当电阻 R 减小时，α 减小，振幅衰减变慢，ω 增大，振荡加快。若 $R=0$，则 $\alpha=0$，$\omega=\omega_0$，变成无衰减的等幅振荡。若例 8-16 中 $R=0$，则

$$s_{1,2}=\pm\text{j}\frac{1}{\sqrt{LC}}=\pm\text{j}\frac{1}{\sqrt{0.1\times10^{-5}}}\text{s}^{-1}=\pm\text{j}1\,000\ \text{s}^{-1}$$

$$u_C(t)=K_1\cos(1\,000t)+K_2\sin(1\,000t)$$

$t=0_+$ 时，$u_C(0_-)=u_C(0_+)=K_1=5\ \text{V}$，$i_C(0_+)=i_C(0_-)=0.01\ \text{A}$

$$\left.\frac{\text{d}u_C(t)}{\text{d}t}\right|_{t=0_+}=1\,000K_2=\frac{i_C(0_+)}{C}=10^3$$

解得 $K_2=1\ \text{V}$，所以

$$u_C(t)=5\cos(1\,000t)+1\sin(1\,000t)$$

$$=5.1\cos(1\,000t-11.31^\circ)\ \text{V}$$

$$i_L=C\frac{\text{d}u_C(t)}{\text{d}t}=51\cos(1\,000t+78.69^\circ)\ \text{mA}$$

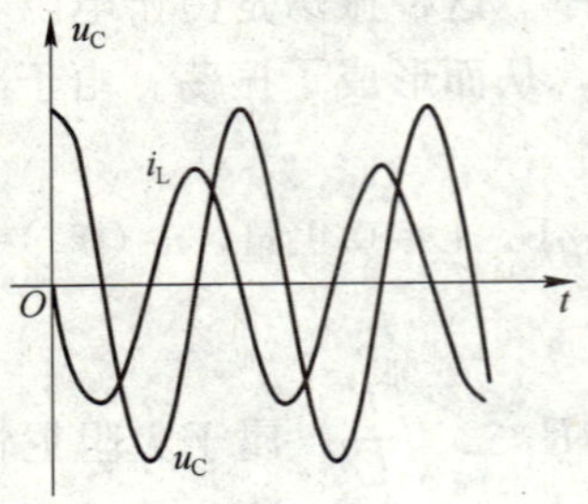

图 8-42 等幅正弦振荡

这是振幅无衰减的正弦振荡，其波形如图 8-42 所示。由于电路中无能量损耗，初始储能在电容和电感中往复交换，永不消失，其振荡角频率是固有频率的虚部 ω_0。显然，若 $R<0$，α 为正时，振荡的振幅会随时间增长，电路成为不稳定的。

从以上 3 种情况的讨论中可以看到：电路零输入响应的性质取决于电路的固有频率。固有频率可以是实数、复数或虚数，从而决定了响应的非振荡过程、衰减振荡过程或等幅振荡过程。

本章采用直接建立电路微分方程，并通过求解方程得到响应的方法研究了一、二阶电路，这种方法称为时域分析。时域分析的优点是概念清楚，数学分析与物理意义结合紧密。这种方法和一些基本概念可以推广到高阶电路。电路固有响应的性质与固有频率密切相关。高阶电路的固有频率有多个(等于其阶数的个数)，固有频率的一般形式是复数，如果某固有频率的实部是负的，则其响应是衰减的(稳定)；如果其实部是正的，则响应是增长的(不稳定)。如果固有频率虚部为零，则此固有频率就是实数，其响应是非振荡的；如果固有频率的实部为零，则此固有频率就是虚数，其响应为等幅振荡。如果线性时不变电路的全部固有频率均具有负实部，则在任意初始条件和角频率为 ω 的正弦激励下，其瞬态响应在 $t\to\infty$ 后全部衰减为零，电路中全部电压、电流均是角频率为 ω 的正弦波，此时称电路处于正弦稳态。

思考题与练习题

8.6.1 为什么一阶电路中，不论电阻多么大，电流只能单调地变化？而在二阶电路中，电阻小了就会出现振荡变化？

8.6.2 在图 8-40 所示曲线中，u_C 最大值发生在什么时刻？i_L 的零值及最小值又各发生在什么时刻？

8.6.3 某 RLC 串联放电电路原处于临界状态。欲使电路为振荡状态，试问在调节下列参数之一时，应当如何改变它们的量值？(1)调节电阻；(2)调节电容；(3)调节电感。

8.7 拉普拉斯正变换、反变换

拉普拉斯变换(Laplace transformation)简称拉氏变换，是一种积分变换。

8.7.1 拉氏正变换

设函数 $f(t)$ 在 $t\geqslant 0$ 时有定义，则 $f(t)$ 的拉普拉斯变换定义为

$$F(s)\overset{\text{def}}{=}\int_{0_-}^{\infty}f(t)\mathrm{e}^{-st}\,\mathrm{d}t \tag{8-42}$$

式中 $s=\sigma+\mathrm{j}\omega$ 为复变量，$F(s)$ 称为 $f(t)$ 的象函数(image function)，$f(t)$ 则称为 $F(s)$ 的原函数(original function)。s 的实部 σ 应为足够大的正数，使函数 $f(t)\mathrm{e}^{-\sigma t}$ 的幅度在 t 趋向无限大的过程中不断衰减以趋于零，即满足

$$\int_{0_-}^{\infty} |f(t)| e^{-\sigma t} dt < \infty \tag{8-43}$$

$f(t)$的拉氏变换才存在。$e^{-\sigma t}$起了收敛的作用，称之为收敛因子。有些函数如 t^t、$e^{\alpha t^2}$ 等，不论取 σ 多么大，都不能满足式(8－43)的约束。因此，这些函数的拉氏变换都不存在。由于电路中的激励函数一般都能满足式(8－43)的条件，所以通常不必关注拉氏变换的存在问题。

式(8－42)是将 $f(t)$与 e^{-st}的乘积从 $t=0_-$ 到 $t=\infty$对 t 进行积分。这是一个定积分，它的值不再是 t 的函数。所以拉氏变换是把一个时域内的函数 $f(t)$变换到 s 域内的复变函数 $F(s)$。复变量 s 具有与频率相同的量纲，其单位也是 Hz，故称为复频率(complex frequency)。s 既有虚部 $j\omega$，还有实部 σ，这是一个广义的频率概念。在应用拉氏变换进行电路分析的运算过程中，由于电路方程是以复频率 s 为变量，所以这种方法称为电路的复频域分析法，即 s 域分析法，又简称运算法。

在电路理论中，拉氏变换的定义式(8－42)的积分下限是 0_-。取 0_- 的原因是为了使积分能够计时间函数 $f(t)$在 $t=0$ 时刻可能包含的冲激函数，以便得到完整的结果。

通常把式(8－42)表示为

$$F(s)=\mathscr{L}[f(t)]$$

式中符号"$\mathscr{L}[\,]$"表示对方括号里的函数作拉氏变换。如果电流和电压分别为 $i(t)$和 $u(t)$，则经过拉氏变换后的象函数可记为 $I(s)$和 $U(s)$：

$$I(s)=\mathscr{L}[i(t)]$$

$$U(s)=\mathscr{L}[u(t)]$$

由于象函数是原函数乘以因子 e^{-st}后对时间的积分，所以象函数与原函数具有不同的量纲，象函数的单位应为原函数的单位与时间单位的乘积。采用 SI 单位时，电流 $i(t)$的单位为 A，其象函数 $I(s)$的单位应为 A·s 或 C；电压 $u(t)$的单位为 V，其象函数 $U(s)$的单位应为 V·s 或 Wb。

8.7.2　拉氏反变换

进行拉氏变换的目的是为了将时域中求解微分方程的过程转化为在复频域中求解代数方程的过程。在求得复频域中的电路响应 $F(s)$后，需要再返回时域，得到所要求的响应 $f(t)$，这就要用到拉氏反变换(inverse Laplace transformation)。

设已知象函数 $F(s)$，可以证明，它对应的原函数 $f(t)$的计算公式为

$$f(t)=\frac{1}{2\pi j}\int_{\sigma-j\infty}^{\sigma+j\infty} F(s)e^{st} ds \tag{8-44}$$

该式是由 $F(s)$到 $f(t)$的变换，称为拉氏反变换。式(8－44)是一个复变函数的广义积分。

式(8－44)可简单地表示为

$$f(t)=\mathscr{L}^{-1}[F(s)]$$

符号"$\mathscr{L}^{-1}[\,]$"表示对方括号里的象函数作拉氏反变换。

8.7.3　原函数和象函数之间的对应关系

可以证明，原函数和它的象函数之间有着一一对应的关系，两者构成拉氏变换对，这称

为拉氏变换的唯一性定理。此时若 $F(s)=\mathscr{L}[f(t)]$，则有 $f(t)=\mathscr{L}^{-1}[F(s)]$。

下面以几个简单函数为例，根据定义求它们的象函数。

例 8-17 计算下列原函数的象函数：

(1) 单位阶跃函数 $f(t)=\varepsilon(t)$；

(2) 指数函数 $f(t)=e^{\alpha t}$；

(3) 单位斜坡函数 $f(t)=t$；

解 对于以上几个原函数，很容易直接用公式(8-42)求得它们的象函数。

(1) $\mathscr{L}[\varepsilon(t)]=\int_{0_-}^{\infty}\varepsilon(t)e^{-st}dt=\int_{0_-}^{\infty}e^{-st}dt=\left.\frac{e^{-st}}{-s}\right|_{0_-}^{\infty}$

式中 s 的实部 σ 为正，$t\to\infty$ 时，$e^{-\sigma t}\to 0$。积分上限 $t\to\infty$ 时，$\frac{e^{-st}}{-s}=\frac{e^{-\sigma t}e^{-j\omega t}}{-s}\to 0$，这是 $e^{-\sigma t}$ 收敛作用的缘故。因此得

$$\mathscr{L}[\varepsilon(t)]=\frac{1}{s}$$

(2) $\mathscr{L}[e^{\alpha t}]=\int_{0_-}^{\infty}e^{\alpha t}e^{-st}dt=\int_{0_-}^{\infty}e^{-(s-\alpha)t}dt=\left.\frac{e^{-(s-\alpha)t}}{-(s-\alpha)}\right|_{0_-}^{\infty}$

式中 s 的实部 σ 应大于 α 的实部。从而当 $t\to\infty$ 时，$e^{-(s-\alpha)t}\to 0$。因此得

$$\mathscr{L}[e^{\alpha t}]=\frac{1}{s-\alpha}$$

还需指出：进行拉氏反变换的原函数 $f(t)$ 的定义域在 $t\geqslant 0$，对 $t<0$ 的域是不适用的。所以 $e^{\alpha t}$ 的拉氏变换也就是 $e^{\alpha t}\varepsilon(t)$ 的拉氏变换，不包括 $t<0$ 的情况。对于其他函数的拉氏变换也应这样理解。

(3) $\mathscr{L}[t]=\int_{0_-}^{\infty}te^{-st}dt=\left[t\frac{e^{-st}}{-s}\right]_{0_-}^{\infty}-\int_{0_-}^{\infty}\frac{e^{-st}}{-s}dt=\frac{1}{s^2}$

思考题与练习题

8.7.1 在电路理论中，为什么拉氏变换定义式(8-42)的积分下限要取 0_- 时刻？这是否意味着在任何情况下求 $\mathscr{L}^{1}[f(t)]$ 时，一定要知道 $f(0_-)$ 的值？

8.7.2 象函数 $F(s)=\mathscr{L}[f(t)]$ 中是否反映了 $t<0$ 时的 $f(t)$？

8.7.3 你如何理解“原函数 $f(t)$ 与它的象函数 $F(s)$ 之间一一对应”？

8.8 拉普拉斯变换的一些性质

拉氏变换的性质很多，本节仅介绍分析线性电路过渡过程时最有用的几个基本性质。利用这些性质可以容易地求得一些较复杂的原函数的象函数，同时通过这些性质可以将线性电路在时域内的线性常微分方程变换为复频域内的线性代数方程。这些基本性质可根据拉氏变换的定义式(8-42)推得，常常归结为若干定理或变换法则。

8.8.1 线性组合定理

若已知 $\mathscr{L}[f_1(t)]=F_1(s)$，$\mathscr{L}[f_2(t)]=F_2(s)$，且 a 和 b 是两个任意常数，则

$$\mathscr{L}[af_1(t)\pm bf_2(t)]=aF_1(s)\pm bF_2(s) \tag{8-45}$$

即：若干个原函数的线性组合的象函数，等于各原函数的象函数作同样形式的线性组合。

证　$\mathscr{L}[af_1(t)\pm bf_2(t)]=\int_{0_-}^{\infty}[af_1(t)\pm bf_2(t)]\mathrm{e}^{-st}\mathrm{d}t$

$$=a\int_{0_-}^{\infty}f_1(t)\mathrm{e}^{-st}\mathrm{d}t\pm b\int_{0_-}^{\infty}f_2(t)\mathrm{e}^{-st}\mathrm{d}t$$

$$=aF_1(s)\pm bF_2(s)$$

例 8-18　利用 $\mathscr{L}[\mathrm{e}^{\alpha t}]=\dfrac{1}{s-\alpha}$，求 $\mathscr{L}[\sin(\omega t)]$ 及 $\mathscr{L}[\cos(\omega t)]$。

解　由于

$$\sin(\omega t)=\frac{\mathrm{e}^{\mathrm{j}\omega t}-\mathrm{e}^{-\mathrm{j}\omega t}}{2\mathrm{j}},\quad \cos(\omega t)=\frac{\mathrm{e}^{\mathrm{j}\omega t}+\mathrm{e}^{-\mathrm{j}\omega t}}{2}$$

所以

$$\mathscr{L}[\sin(\omega t)]=\frac{1}{2\mathrm{j}}\left(\frac{1}{s-\mathrm{j}\omega}-\frac{1}{s+\mathrm{j}\omega}\right)=\frac{\omega}{s^2+\omega^2}$$

$$\mathscr{L}[\cos(\omega t)]=\frac{1}{2}\left(\frac{1}{s-\mathrm{j}\omega}+\frac{1}{s+\mathrm{j}\omega}\right)=\frac{s}{s^2+\omega^2}$$

一般而言，阶跃函数、正弦函数及衰减正弦函数都可由指数函数 $\mathrm{e}^{\alpha t}$ 的象函数导出。实际上，大多数工程中应用的函数都可由指数函数及 t 的正幂这两类函数导出。

8.8.2　微分定理

设 $\mathscr{L}[f(t)]=F(s)$，则

$$\mathscr{L}\left[\frac{\mathrm{d}}{\mathrm{d}t}f(t)\right]=sF(s)-f(0_-) \tag{8-46}$$

即时域中的求导数运算相当于复频域中乘以 s 的运算，并减去初始值 $f(0_-)$。

证　$\mathscr{L}\left[\dfrac{\mathrm{d}}{\mathrm{d}t}f(t)\right]=\int_{0_-}^{\infty}f'(t)\mathrm{e}^{-st}\mathrm{d}t$

利用分部积分公式，设 $\mathrm{e}^{-st}=u$，$f'(t)\mathrm{d}t=v$，则 $\mathrm{d}u=-s\mathrm{e}^{-st}\mathrm{d}t$，$v=f(t)$，由于 $\int u\mathrm{d}v=uv-\int v\mathrm{d}u$，所以

$$\int_{0_-}^{\infty}f'(t)\mathrm{e}^{-st}\mathrm{d}t=f(t)\mathrm{e}^{-st}\Big|_{0_-}^{\infty}-\int_{0_-}^{\infty}f(t)(-s\mathrm{e}^{-st})\mathrm{d}t$$

当 s 的实部 σ 充分大时，上式的等号右边第一项在 $t=\infty$ 时为零，$t=0_-$ 时为 $f(0_-)$，因此有

$$\mathscr{L}[f'(t)]=-f(0_-)+s\int_{0_-}^{\infty}f(t)\mathrm{e}^{-st}\mathrm{d}t$$

$$=sF(s)-f(0_-)$$

在电路方程中如果 $f(t)$ 代表电容电压 $u_C(t)$ 或电感电流 $i_L(t)$，则它们的导数的象函数中的 $f(0_-)$ 便是 $u_C(0_-)$ 或 $i_L(0_-)$。如果 $f(0_-)=0$，则

$$\mathscr{L}[f'(t)]=sF(s)$$

重复应用微分定理，可以推得 $f(t)$ 的二阶导数的象函数为

$$\mathscr{L}[f''(t)]=s^2F(s)-sf(0_-)-f'(0_-)$$

式中 $f'(0_-)=\left.\frac{\mathrm{d}f}{\mathrm{d}t}\right|_{t=0_-}$。若 $f(t)$ 的各阶导数都可以进行拉氏变换，$f(t)$ 的 n 阶导数的象函数为

$$\mathscr{L}[f^n(t)]=s^nF(s)-s^{n-1}f(0_-)-s^{n-2}f'(0_-)-\cdots-f^{(n-1)}(0_-)$$

例 8-19 对图 8-43 中各函数的导数作拉氏变换。

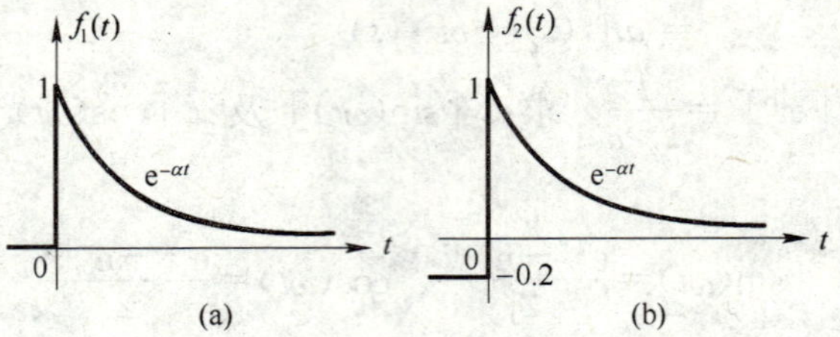

图 8-43 例 8-19 图

解 图 8-43 中的函数 $f_1(t)$ 和 $f_2(t)$ 在 $t>0$ 时相同，但在 $t<0$ 时不同。因 $t=0$ 时不存在冲激，所以两者的象函数相同，即

$$F_1(s)=F_2(s)=\frac{1}{s+\alpha}$$

对 $f_1(t)$ 的导数 $f'_1(t)$ 作拉氏变换时，有

$$\mathscr{L}[f'_1(t)]=sF_1(s)-f_1(0_-)=\frac{s}{s+\alpha}-0=1-\frac{\alpha}{s+\alpha}$$

对 $f_2(t)$ 的导数 $f'_2(t)$ 作拉氏变换时，有

$$\mathscr{L}[f'_2(t)]=sF_2(s)-f_2(0_-)=\frac{s}{s+\alpha}-(-0.2)=1.2-\frac{\alpha}{s+\alpha}$$

可见，虽然图 8-43 中的两个函数在 $t>0$ 时相同，相应的象函数也相同，但由于 $t=0_-$ 时函数值不同，因而对两函数的导数作拉氏变换时，得到的象函数也不同。所以在求 $f(t)$ 导数的象函数时，必须知道 $f(0_-)$ 的值。

8.8.3 积分定理

设 $\mathscr{L}[f(t)]=F(s)$，则

$$\mathscr{L}\left[\int_{0_-}^{t}f(\xi)\mathrm{d}\xi\right]=\frac{F(s)}{s} \tag{8-47}$$

积分定理表明，时域中由 0_- 到 t 的积分运算相当于复频域中除以 s 的运算。在式(8-47)中用变量 ξ 代替时间变量 t，将 $f(t)$ 表示为 $f(\xi)$，只是为了避免与积分上限 t 相混淆。

证 $\mathscr{L}\left[\int_{0_-}^{t}f(\xi)\mathrm{d}\xi\right]=\int_{0_-}^{\infty}\left[\int_{0_-}^{t}f(\xi)\mathrm{d}\xi\right]\mathrm{e}^{-st}\mathrm{d}t$

上式等号右方可按分部积分公式求出。令

$$u=\int_{0_-}^{t}f(\xi)\mathrm{d}\xi,\quad \mathrm{d}u=f(\xi)\mathrm{d}\xi$$

及

$$\mathrm{d}v=\mathrm{e}^{-st}\mathrm{d}t,\quad v=-\frac{1}{s}\mathrm{e}^{-st}$$

因此

$$\mathscr{L}\left[\int_{0_-}^{t} f(\xi)\mathrm{d}\xi\right]=\left[-\frac{1}{s}\mathrm{e}^{-st}\int_{0_-}^{t} f(\xi)\mathrm{d}\xi\right]_{0_-}^{\infty}+\frac{1}{s}\int_{0_-}^{\infty} f(t)\mathrm{e}^{-st}\mathrm{d}t$$

上式右方第一项为零。这是因为 $t\to\infty$ 时 $\mathrm{e}^{-st}\to 0$；而 $t=0_-$ 时，$\int_{0_-}^{t} f(\xi)\mathrm{d}\xi\Big|_{t=0_-}=0$。所以

$$\mathscr{L}\left[\int_{0_-}^{t} f(\xi)\mathrm{d}\xi\right]=\frac{1}{s}F(s)$$

例 8－20　利用积分定理重新求例 8－17 中的单位斜坡函数 $f(t)=t$ 的象函数。

解　因为单位阶跃函数的积分等于单位斜坡函数，$\int_{0_-}^{t}\varepsilon(t)\mathrm{d}t=t$，且单位阶跃函数的象函数为 $\mathscr{L}[\varepsilon(t)]=\frac{1}{s}$。根据积分定理，有

$$\mathscr{L}[t]=\frac{1}{s}\mathscr{L}[\varepsilon(t)]=\frac{1}{s^2}$$

几种常用函数的象函数(称为拉氏变换表)见表 8－1。

表 8－1　拉氏变换表

	原函数 $f(t)$	象函数 $F(s)$
1	$\delta(t)$	1
2	$\delta'(t)$	s
3	$\delta''(t)$	s^2
4	$\delta^{(n)}(t)$	s^n
5	$\varepsilon(t)$	$\frac{1}{s}$
6	t	$\frac{1}{s^2}$
7	t^n，n＝正整数	$\frac{n!}{s^{n+1}}$
8	$\mathrm{e}^{-\alpha t}$	$\frac{1}{s+\alpha}$
9	$t\mathrm{e}^{-\alpha t}$	$\frac{1}{(s+\alpha)^2}$
10	$t^n\mathrm{e}^{-\alpha t}$，$n$＝正整数	$\frac{n!}{(s+\alpha)^{n+1}}$
11	$(1-\alpha t)\mathrm{e}^{-\alpha t}$	$\frac{s}{(s+\alpha)^2}$
12	$\sin(\omega t)$	$\frac{\omega}{s^2+\omega^2}$
13	$\cos(\omega t)$	$\frac{s}{s^2+\omega^2}$
14	$\mathrm{e}^{-\alpha t}\sin(\omega t)$	$\frac{\omega}{(s+\alpha)^2+\omega^2}$
15	$\mathrm{e}^{-\alpha t}\cos(\omega t)$	$\frac{s+\alpha}{(s+\alpha)^2+\omega^2}$
16	$\mathrm{e}^{-\alpha t}\sin(\omega t+\phi)$	$\frac{(s+\alpha)\sin\phi+\omega\cos\phi}{(s+\alpha)^2+\omega^2}$
17	$\mathrm{e}^{-\alpha t}\cos(\omega t+\phi)$	$\frac{(s+\alpha)\cos\phi-\omega\sin\phi}{(s+\alpha)^2+\omega^2}$
18	$2\lvert k\rvert\mathrm{e}^{-\alpha t}\cos(\omega t+\phi)$	$\frac{\lvert k\rvert\angle\phi}{s+\alpha-\mathrm{j}\omega}+\frac{\lvert k\rvert\angle-\phi}{s+\alpha+\mathrm{j}\omega}$

思考题与练习题

8.8.1 如果 $\mathscr{L}[f_1(t)]=F_1(s)$，$\mathscr{L}[f_2(t)]=F_1(s)$，是否可根据线性组合定理得到 $\mathscr{L}[f_1(t)f_2(t)]=F_1(s)F_1(s)$？

8.8.2 在求 $\mathscr{L}\left[\frac{\mathrm{d}f}{\mathrm{d}t}\right]$时，是否一定要知道 $f(0_-)$？

8.9 用部分分式法进行拉氏反变换

求拉氏反变换的最简单和最常用的方法是利用拉氏变换表(表 8-1)。但求解电路问题时得到的象函数 $F(s)$并非都恰好为表中所列形式，所以要将 $F(s)$化为表中的形式。对于线性集总参数电路，其响应的象函数 $F(s)$通常是 s 的有理分式。设

$$F(s)=\frac{N(s)}{D(s)}=\frac{b_m s^m+b_{m-1}s^{m-1}+\cdots+b_1 s+b_0}{a_n s^n+a_{n-1}s^{n-1}+\cdots+a_1 s+a_0}$$

式中 $N(s)$和 $D(s)$均为 s 的多项式，所有系数 a 和 b 都是实常数，m 和 n 是正整数。一般地，$m<n$，即 $F(s)$是一个真分式。设分子多项式 $N(s)$与分母多项式 $D(s)$均不包含公共因子；如果包含公共因子，可先行约去，使之成为约分式。将 $F(s)$展开为部分分式，以便用查表法求原函数。

下面分两种情况讨论有理函数的部分分式展开式。

8.9.1 只具有单极点的有理函数的反变换

设象函数

$$F(s)=\frac{N(s)}{D(s)}=\frac{N(s)}{a_n(s-s_1)\cdots(s-s_k)\cdots(s-s_n)}$$

是一个有理真分式，其分母多项式 $D(s)$具有 n 个单零点 s_1、…、s_k、…s_n，且不含多重零点，即 $F(s)$只具有 n 个单极点，则函数 $F(s)$的部分分式展开式为

$$F(s)=\frac{N(s)}{D(s)}=\frac{A_1}{s-s_1}+\cdots+\frac{A_k}{s-s_k}+\cdots+\frac{A_n}{s-s_n} \tag{8-48}$$

为了求出任一系数，例如 A_k，将式(8-48)两端同乘以$(s-s_k)$，得到

$$(s-s_k)F(s)=\frac{A_1(s-s_k)}{s-s_1}+\cdots+A_k+\cdots+\frac{A_n(s-s_k)}{s-s_n}$$

这个等式在 s 为任意数值(包括 $s=s_k$)时均应成立。令 $s=s_k$，则等式右端只剩下系数 A_k，其余各项均化为零，故

$$A_k=(s-s_k)F(s)|_{s=s_k} \tag{8-49}$$

确定了各部分分式的系数后，即可根据各部分分式的反变换和线性组合定理，求出已知象函数的原函数

$$f(t)=\mathscr{L}^{-1}[F(s)]=\mathscr{L}^{-1}\left[\sum_{k=1}^{n}\frac{A_k}{s-s_k}\right]=\sum_{k=1}^{n}A_k\mathrm{e}^{s_k t}\varepsilon(t) \tag{8-50}$$

例 8-21　已知某象函数 $F(s)=\dfrac{2s+1}{s(s+2)(s+5)}$，求它的原函数 $f(t)$。

解　先将已知象函数展开成部分分式，即

$$F(s)=\frac{2s+1}{s(s+2)(s+5)}=\frac{A_1}{s}+\frac{A_2}{s+2}+\frac{A_3}{s+5}$$

此处 $F(s)$ 的各极点分别为：$s_1=0$，$s_2=-2$，$s_3=-5$；各部分分式的系数，根据式(8-49)，分别为

$$A_1=sF(s)\big|_{s=s_1}=\frac{2s+1}{(s+2)(s+5)}\bigg|_{s=0}=\frac{1}{2\times5}=0.1$$

$$A_2=(s+2)F(s)\big|_{s=s_2}=\frac{2s+1}{s(s+5)}\bigg|_{s=-2}=\frac{2\times(-2)+1}{(-2)(-2+5)}=\frac{-3}{(-2)\times3}=0.5$$

$$A_3=(s+5)F(s)\big|_{s=s_3}=\frac{2s+1}{s(s+2)}\bigg|_{s=-5}=\frac{2\times(-5)+1}{(-5)\times(-5+2)}=\frac{-9}{(-5)\times(-3)}=-0.6$$

故

$$f(t)=\mathscr{L}^{-1}[F(s)]=\mathscr{L}^{-1}\left[\frac{0.1}{s}+\frac{0.5}{s+2}-\frac{0.6}{s+5}\right]$$
$$=(0.1+0.5e^{-2t}-0.6e^{-5t})\varepsilon(t)$$

8.9.2　具有多重极点的有理函数的反变换

设象函数

$$F(s)=\frac{N(s)}{D(s)}=\frac{N(s)}{a_n(s-s_1)(s-s_2)^q}$$

是一个有理真分式，其中分母多项式 $D(s)$ 有一个单零点 s_1 和一个 q 阶(多重)零点 s_2，即函数 $F(s)$ 在 s_1 处有一个单极点，在 s_2 处有一个 q 阶(多重)极点，则函数的部分分式展开式为

$$F(s)=\frac{A_1}{s-s_1}+\frac{A_{21}}{s-s_2}+\frac{A_{22}}{(s-s_2)^2}+\cdots+\frac{A_{2q}}{(s-s_2)^q} \tag{8-51}$$

具有单极点 s_1 的第一个分式的系数 A_1 的求法和前面一样，即将式(8-51)两端同乘以 $(s-s_1)$ 后再令 $s=s_1$，便得到

$$A_1=(s-s_1)F(s)\big|_{s=s_1}$$

为了求出与 q 阶极点相关的各分式的系数，将式(8-51)两端同乘以 $(s-s_2)^q$，化为

$$(s-s_2)^qF(s)=\frac{A_1}{s-s_1}(s-s_2)^q+A_{21}(s-s_2)^{q-1}+A_{22}(s-s_2)^{q-2}+\cdots+A_{2(q-1)}(s-s_2)+A_{2q} \tag{8-52}$$

然后令 $s=s_2$，即可求得

$$A_{2q}=(s-s_2)^qF(s)\big|_{s=s_2} \tag{8-53a}$$

但其余的系数却不能用同一公式算出。

为了求出 $A_{2(q-1)}$，可将式(8-52)两端对 s 求导后再令 $s=s_2$，即得

$$A_{2(q-1)}=\frac{d}{ds}(s-s_2)^qF(s)\big|_{s=s_2} \tag{8-53b}$$

同理可得

$$A_{2(q-2)}=\frac{1}{2!}\frac{d^2}{ds^2}(s-s_2)^qF(s)\big|_{s=s_2} \tag{8-53c}$$

$$\cdots$$

$$A_{21}=\frac{1}{(q-1)!}\frac{\mathrm{d}^{(q-1)}}{\mathrm{d}s^{(q-1)}}(s-s_2)^qF(s)\Big|_{s=s_2} \tag{8-53d}$$

确定了各部分分式的系数后，即可根据各部分分式的反变换(查表)和线性组合定理，求出已知象函数的原函数，即

$$\begin{aligned}f(t)&=\mathscr{L}^{-1}[F(s)]\\&=\mathscr{L}^{-1}\left[\frac{A_1}{s-s_1}+\frac{A_{21}}{s-s_2}+\frac{A_{22}}{(s-s_2)^2}+\cdots+\frac{A_{2q}}{(s-s_2)^q}\right]\\&=A_1\mathrm{e}^{s_1t}\varepsilon(t)+\left[A_{21}+A_{22}t+\cdots+\frac{1}{(q-1)!}A_{2q}t^{q-1}\right]\mathrm{e}^{s_2t}\varepsilon(t)\end{aligned} \tag{8-54}$$

例 8-22 已知某象函数

$$F(s)=\frac{2s^2+1\,000s+140\times10^3}{s^3+400s^2+40\times10^3s}$$

求它的原函数 $f(t)$。

解 $F(s)$可改写为

$$F(s)=\frac{2s^2+1\,000s+140\times10^3}{s(s^2+400s+40\times10^3)}=\frac{2s^2+1\,000s+140\times10^3}{s(s+200)^2}$$

此处象函数 $F(s)$有一个单极点 $s_1=0$ 和一个二阶极点 $s_2=-200$。此象函数的部分分式展开式为

$$F(s)=\frac{A_1}{s}+\frac{A_{21}}{s+200}+\frac{A_{22}}{(s+200)^2}$$

式中

$$A_1=sF(s)\big|_{s=s_1}=\frac{2s^2+1\,000s+140\times10^3}{(s+200)^2}\Bigg|_{s=0}=\frac{140\times10^3}{200^2}=3.5$$

$$\begin{aligned}A_{22}&=(s+200)^2F(s)\big|_{s=s_2}=\frac{2s^2+1\,000s+140\times10^3}{s}\Bigg|_{s=-200}\\&=\frac{2\times(-200)^2+1\,000\times(-200)+140\times10^3}{-200}=-100\end{aligned}$$

$$\begin{aligned}A_{21}&=\frac{\mathrm{d}}{\mathrm{d}s}(s+200)^2F(s)\Bigg|_{s=s_2}=\frac{\mathrm{d}}{\mathrm{d}s}\left(\frac{2s^2+1\,000s+140\times10^3}{s}\right)\Bigg|_{s=-200}\\&=2-\frac{140\times10^3}{s^2}\Bigg|_{s=-200}=2-\frac{140\times10^3}{(-200)^2}=-1.5\end{aligned}$$

故

$$F(s)=\frac{3.5}{s}-\frac{1.5}{s+200}-\frac{100}{(s+200)^2}$$

$$\begin{aligned}f(t)&=\mathscr{L}^{-1}[F(s)]=\mathscr{L}^{-1}\left(\frac{3.5}{s}-\frac{1.5}{s+200}-\frac{100}{(s+200)^2}\right)\\&=3.5\varepsilon(t)-(1.5+100t)\mathrm{e}^{-200t}\varepsilon(t)\end{aligned}$$

思考题与练习题

8.9.1 试将下列各有理分式展开成部分分式。

(1) $\dfrac{s^2+s+2}{(s-1)(s^2+3s+2)}$　　(2) $\dfrac{s^2+6s+8}{s^2+4s+3}$

(3) $\dfrac{s^2+s}{s^3+2s^2+s+2}$　　(4) $\dfrac{1}{s^3+2s^2+2s+1}$

8.9.2　用部分分式展开法求下列拉普拉斯象函数的原函数。

(1) $\dfrac{3s}{(s+4)(s+2)}$　　(2) $1+\dfrac{1}{s^2+1}$

8.10　线性电路的复频域分析

8.10.1　用拉普拉斯变换求解过渡过程

按数学上的正规步骤用拉氏变换求解一个简单电路的过渡过程。

例 8-23　如图 8-44 所示 RL 串联电路中，开关 S 在 $t=0$ 时闭合，初始条件为电感电流 $i(0_-)=0$，求 $i(t)$。

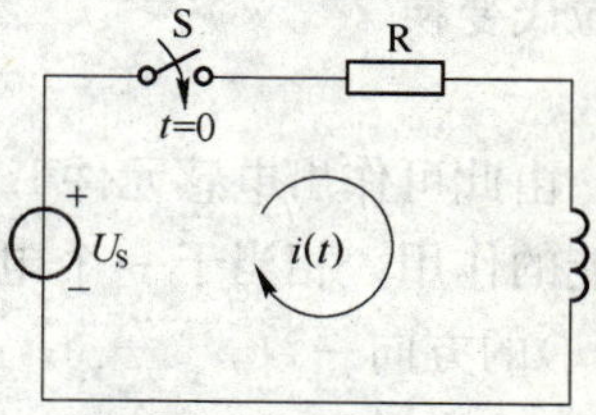

图 8-44　例 8-23 电路

解　列写电路的微分方程

$$L\frac{\mathrm{d}i(t)}{\mathrm{d}t}+Ri(t)=U_S\varepsilon(t)$$

相应的拉氏变换方程为

$$L[sI(s)-i(0_-)]+RI(s)=\frac{U_S}{s}$$

据给定的初始条件，上式中 $i(0_-)=0$，解出 $I(s)$

$$I(s)=\frac{U_S/s}{sL+R}$$

用展开定理将 $I(s)$ 展开为部分分式

$$I(s)=\frac{U_S}{R}\left[\frac{1}{s}-\frac{1}{s+\frac{R}{L}}\right]$$

因此

$$i(t)=\mathscr{L}^{-1}[I(s)]=\frac{U_S}{R}(1-\mathrm{e}^{-\frac{R}{L}t})$$

这是响应的完整解。积分常数已由计算给出，无需另行确定。

例 8-23 中介绍了利用拉氏变换把描述电路的微分方程变为相应的代数方程的方法，从而简化了电路的求解过程。实际上，也可以直接建立电路的复频域模型(或称运算电路)，并根据复频域形式的基尔霍夫定律和欧姆定律直接列写电路的复频域代数方程，正如正弦稳态分析中直接列写相量形式的电路方程一样。根据复频域形式的电路方程，先计算出待求电压或电流的象函数，再经过拉氏反变换，就得到待求电压或电流的时间函数式。

8.10.2　电阻、电感、电容元件 VCR 的复频域形式

1. 电阻元件

当电阻的电压 u_R 与电流 i 的参考方向相关联时(图 8-45(a))有 $u_R(t)=Ri(t)$，两边取

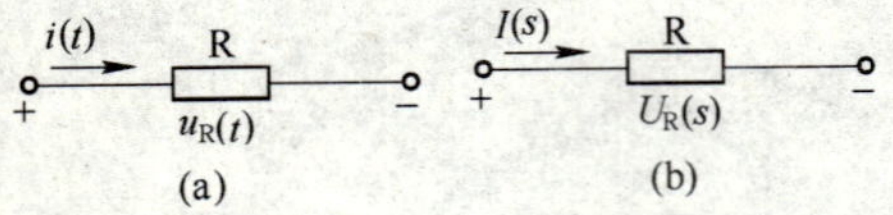

图 8-45　电阻的复频域电路模型

拉氏变换

$$U_R(s)=RI(s) \tag{8-55}$$

式(8-55)表明：在复频域中，电阻电压 $U_R(s)$ 与其电流 $I(s)$ 的关系与时域中的电阻模型类似。因此可以画出电阻元件的复频域电路模型，如图 8-45(b)所示。

2. 电感元件

当电感的电压 u_L 与电流 i 的参考方向相关联时(图 8-46(a))，有 $u_L(t)=L\dfrac{di(t)}{dt}$，两边取拉氏变换

$$U_L(s)=sLI(s)-Li(0_-) \tag{8-56}$$

由此可作出电感元件 L 的复频域电路模型，如图 8-46(b)所示。图中 $Li(0_-)$ 体现初始储能的作用，相当于一个电压源，称为附加电压源，它的负极至正极的方向与初始电流 $i(0_-)$ 的方向一致。

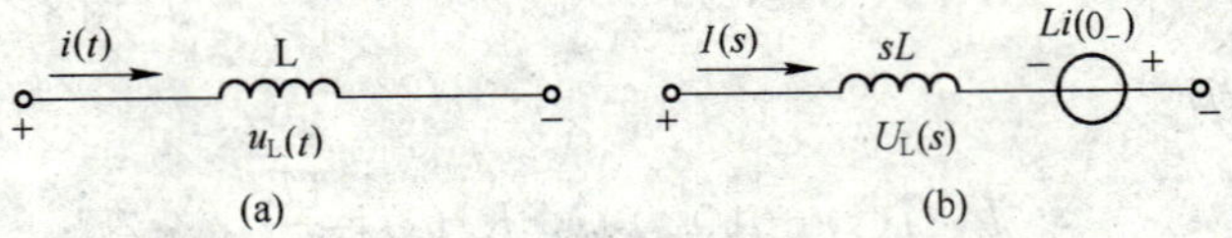

图 8-46　电感的复频域电路模型

3. 电容元件

当电容的电压 u_C 与电流 i 的参考方向相关联时(图 8-47(a))，有 $i(t)=C\dfrac{du_C(t)}{dt}$ 及 $u_C(t)=\dfrac{1}{C}\int_{0_-}^{t}i(t)dt+u_C(0_-)$，两边取拉氏变换得

$$I(s)=sCU_C(s)-Cu_C(0_-) \tag{8-57}$$

即

$$U_C(s)=\frac{1}{sC}I(s)+\frac{u_C(0_-)}{s} \tag{8-58}$$

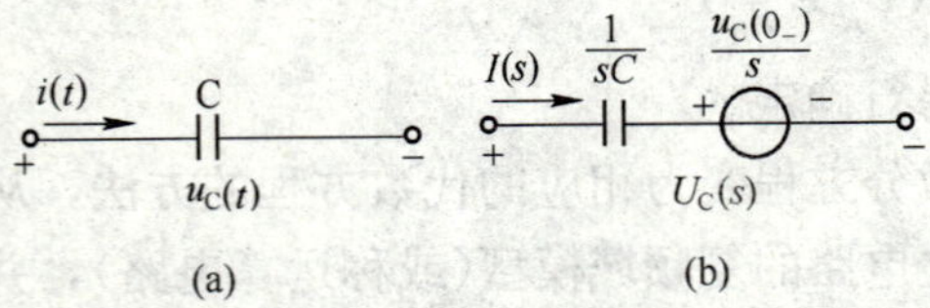

图 8-47　电容的复频域电路模型

由式(8-58)可作出电容元件 C 的复频域电路模型，如图 8-47(b)所示，图中 $\dfrac{u_C(0_-)}{s}$ 体现初始储能的作用，相当于一个电压源，称为附加电压源，它的极性与初始电压 $u_C(0_-)$ 的极性相同。

8.10.3　基尔霍夫定律的复频域形式

对时域形式的基尔霍夫定律 $\sum i(t)=0$ 及 $\sum u(t)=0$ 取拉氏变换，容易得到它们的复频域形式，即

对于任一节点
$$\sum I(s)=0 \tag{8-59}$$

对于任一回路

$$\sum U(s)=0 \tag{8-60}$$

8.10.4　欧姆定律的复频域形式

若一段电路由 R、L、C 元件串联而成，如图 8-48(a)所示，并且在 $t=0_-$ 时，电流为 $i(0_-)$，电容电压为 $u_C(0_-)$，根据复频域形式的 KVL，由 R、L、C 元件的复频域电路模型(图 8-48(b))可得电路的复频域方程

$$RI(s)+sLI(s)-Li(0_-)+\frac{1}{sC}I(s)+\frac{1}{s}u_C(0_-)=U(s) \tag{8-61}$$

当已知 $U(s)$、电路参数及初始值 $i(0_-)$和 $u_C(0_-)$时，可由式(8-61)直接求出一段 RLC 串联电路的电流 $I(s)$，而不必列写电路的微分方程，也不必单独再考虑各初始值的影响。这种处理初始值的方法可以避免时域分析中确定积分常数带来的麻烦。这正是复频域分析的一大优点。

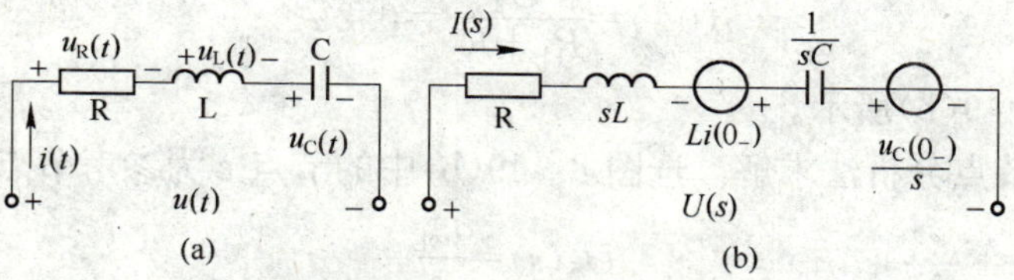

图 8-48　RLC 串联电路

在特殊的情况下，各初始值均为零，即求零状态响应时，$i(0_-)=0$，$u_C(0_-)=0$，则式(8-61)变成

$$I(s)=\frac{U(s)}{Z(s)} \quad 或 \quad I(s)=Y(s)U(s) \tag{8-62}$$

上式称为欧姆定律的复频域形式或运算形式，其中

$$Z(s)=R+sL+\frac{1}{sC} \tag{8-63}$$

称为复频域阻抗或运算阻抗，而其倒量

$$Y(s)=\frac{1}{Z(s)} \tag{8-64}$$

称为复频域导纳或运算导纳。这些量与正弦稳态分析中的复数阻抗和复数导纳具有相似的形式。实际上，只要把复数阻抗 $Z=R+j\omega L+\frac{1}{j\omega C}$中的 $j\omega$ 换成 s，即可得到复频域阻抗。但应注意：虽然 $Z(s)$的写法与 $I(s)$、$U(s)$相似，但 $I(s)$、$U(s)$是时域函数的象函数，而 $Z(s)$和 $Y(s)$不是某一时域函数的象函数，$Z(s)$的量纲仍然具有电阻的量纲，$Y(s)$的量纲仍然具有电导的量纲。

显然，对于电阻元件，$Z(s)=R$；对于电感元件，$Z(s)=sL$；对于电容元件，$Z(s)=\frac{1}{sC}$。

利用电路的复频域模型及基尔霍夫定律、欧姆定律的复频域形式可以很方便地求解电路

的过渡过程。以前导出的各种电路分析方法和定理(如网孔分析法、节点分析法、回路分析法、叠加定理、等效电源定理等)也可以用于电路的复频域分析。下面通过一些实例加以说明。

例 8-24 电路如图 8-49(a)所示，已知恒定电压 $U_1=50\ \text{V}$，$U_2=40\ \text{V}$，$R_1=R_2=100\ \Omega$，$R_3=400\ \Omega$，$L=2\ \text{H}$。求开关 S 接通后的 $u_{R3}(t)$。

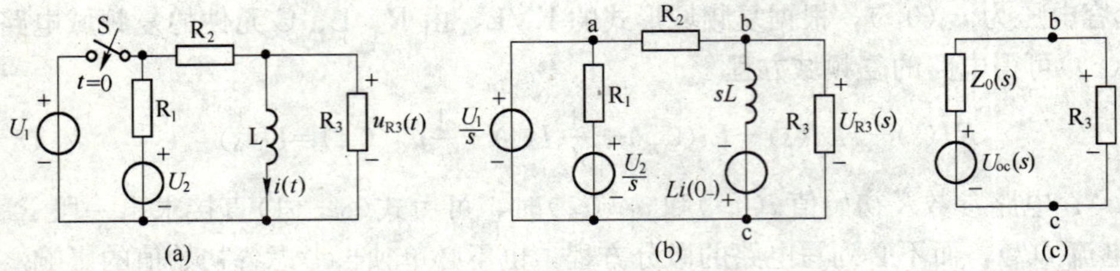

图 8-49 例 8-23 图

解 由图 8-49(a)计算出 0_- 时刻电感电流 $i(0_-)$ 为

$$i(0_-)=\frac{U_2}{R_1+R_2}=0.2\ \text{A}$$

复频域电路如图 8-49(b)所示。

方法一 采用节点分析法求解。选图 8-49(b)中的节点 c 为参考节点，则电路方程为

节点 a
$$U_a(s)=\frac{U_1}{s}$$

节点 b

$$-\frac{1}{R_2}U_a(s)+\left(\frac{1}{R_2}+\frac{1}{R_3}+\frac{1}{sL}\right)U_b(s)=-\frac{Li(0_-)}{sL}$$

解得

$$U_b(s)=\frac{-i(0_-)+\dfrac{U_1}{R_2}}{s\cdot\left(\dfrac{1}{R_2}+\dfrac{1}{R_3}+\dfrac{1}{sL}\right)}=\frac{24}{s+40}$$

作拉氏反变换，得

$$u_b(t)=24e^{-40t}\ \text{V}$$

即

$$u_{R3}(t)=u_b(t)=24e^{-40t}\ \text{V}$$

方法二 采用戴维南定理求解，画戴维南等效电路如图 8-49(c)所示。由图 8-49(b)计算开路电压 $U_{oc}(s)$ 及内阻抗 $Z_0(s)$ 时，图中 R_1 所在支路及 $\frac{U_2}{s}$ 支路可除掉，因为它与电压源 $\frac{U_1}{s}$ 并联。

$$U_{oc}(s)=\frac{\dfrac{U_1}{s}+Li(0_-)}{R_2+sL}sL-Li(0_-)=\frac{\left(\dfrac{50}{s}+0.4\right)2s}{100+2s}-0.4=\frac{60}{2s+100}$$

$$Z_0(s)=\frac{R_2sL}{R_2+sL}=\frac{200s}{100+2s}$$

由图 8-49(c)知

$$Z_0(s)+R_3=\frac{200s}{100+2s}+400=\frac{10^3s+4\times10^4}{100+2s}$$

所以

$$U_{R3}(s)=\frac{U_{oc}(s)}{Z_0(s)+R_3}R_3=\frac{60\times400}{10^3s+4\times10^4}=\frac{24}{s+40}$$

作反变换得

$$u_{R3}(t)=24e^{-40t}\ \text{V}$$

例 8-25　电路如图 8-50(a)所示，设电容上原有电压 $U_0=100$ V，电源电压 $U_S=200$ V，$R_1=30\ \Omega$，$R_2=10\ \Omega$，$L=0.1$ H，$C=1\,000\ \mu$F，$t=0$ 时开关 S 闭合。求开关 S 闭合后电感中的电流 $i_L(t)$。

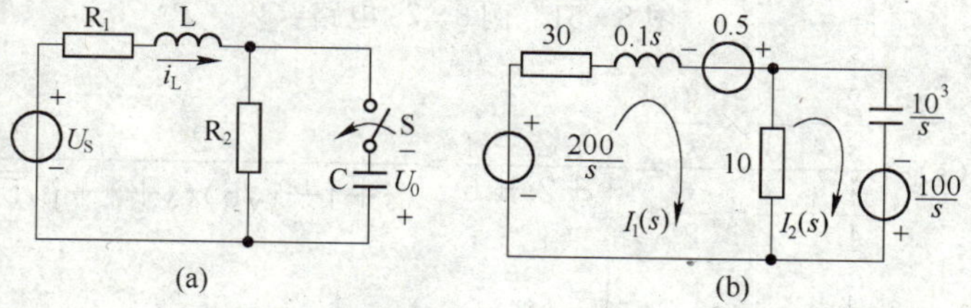

图 8-50　例 8-24 图

解　开关 S 闭合前电感电流 $i_L(0_-)=\frac{200}{30+20}=5$ A，故复频域电路图中电感的附加电压源为 $Li_L(0_-)=0.5$ V；复频域电路图中电容的附加电压源为$\frac{100}{s}$，复频域电路如图 8-50(b)所示。采用网孔分析法，图(b)中的网孔电流 $I_1(s)$即为电感电流 $I_L(s)$。网孔方程为

$$(40+0.1s)I_1(s)-10I_2(s)=\frac{200}{s}+0.5-10I_1(s)+\left(10+\frac{1\,000}{s}\right)I_2(s)=\frac{100}{s}$$

求解上列方程，得

$$I_L(s)=I_1(s)=\frac{5\times(s^2+700s+40\,000)}{s(s+200)^2}$$

用展开定理，得

$$I_L(s)=\frac{5}{s}+\frac{1\,500}{(s+200)^2}$$

作反变换

$$i_L(t)=\mathscr{L}^{-1}[I_L(s)]=(5+1\,500te^{-200t})\ \text{A}$$

注意，如欲求电感电压 $u_L(t)$时，其象函数应计及附加电压源的电压，即 $U_L(s)=sLI_L(s)-Li_L(0_-)$，$u_L(t)=\mathscr{L}^{-1}[U_L(s)]$。

例 8-26　图 8-51(a)所示电路中，直流电流源的电流 $I_S=2$ A，$R=1\ \Omega$，$L=\frac{1}{3}$ H，$C=\frac{1}{2}$ F，$i_L(0_-)=1$ A，$u_C(0_-)=0$。试求换路后的 $u_C(t)$和 $i_L(t)$。

解　I_S 的象函数为$\frac{2}{s}$，电感 L 的附加电压源

$$Li(0_-)=\frac{1}{3}\times1=\frac{1}{3}$$

复频域电路如图 8-51(b)所示。

应用弥尔曼定理，得

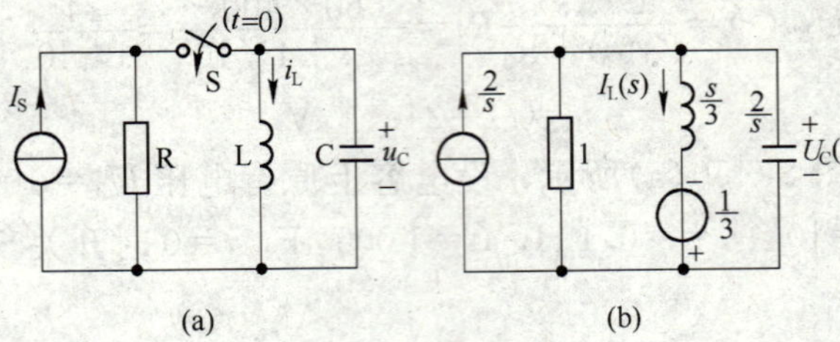

图 8-51 例 8-25 电路

$$U_C(s)=\frac{\frac{2}{s}-\frac{1}{3}\times\frac{3}{s}}{\frac{1}{1}+\frac{3}{s}+\frac{s}{2}}=\frac{2}{s^2+2s+6}=\frac{2}{(s+1-j\sqrt{5})(s+1+j\sqrt{5})}$$

$$=\frac{\frac{1}{\sqrt{5}}\angle-90^\circ}{s+1-j\sqrt{5}}+\frac{\frac{1}{\sqrt{5}}\angle 90^\circ}{s+1+j\sqrt{5}}$$

作反变换

$$u_C(t)=\frac{2}{\sqrt{5}}e^{-t}\sin(\sqrt{5}t)\ V$$

并得

$$I_L(s)=\frac{3}{s}\left[U_C(s)+\frac{1}{3}\right]=\frac{1}{s}+\frac{6}{s(s+1-j\sqrt{5})(s+1+j\sqrt{5})}$$

$$=\frac{1}{s}+\frac{1}{s}+\frac{0.548\angle-204^\circ}{s+1-j\sqrt{5}}+\frac{0.548\angle 204^\circ}{s+1+j\sqrt{5}}$$

作反变换

$$i_L(t)=[2+1.1e^{-t}\sin(\sqrt{5}t-114^\circ)]\ A$$

思考题与练习题

8.10.1 试比较电路的复频域分析与相量分析的异同。

8.10.2 试画出图 8-52 电路的复频域电路模型，$i_L(0)$和 $u_C(0)$为已知。

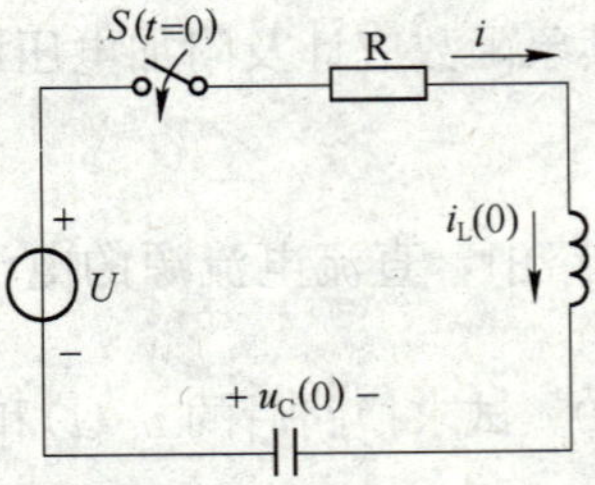

图 8-52 题 8.10.2 电路

本 章 小 结

1. 换路定律：在换路瞬间，电容元件的电流值有限时，其电压不能跃变；电感元件的电压值有限时，其电流不能跃变。即：

$$u_C(0_+)=u_C(0_-)$$
$$i_L(0_+)=i_L(0_-)$$

初始值计算：独立初始值 $u_C(0_+)$和 $i_L(0_+)$按换路定律确定；其他相关初始值可以画出换路后的 0_+ 等效电路(将电容元件代之以电压为 $u_C(0_+)$的电压源，将电感元件代之以电流为 $i_L(0_+)$的电流源，独立源取其在 0_+ 时的值进行计算)。

2. 一阶电路：可用一阶微分方程描述的电路称为一阶电路，例如只含一个储能元件的电路。

零输入响应：仅由储能元件初始储能引起的响应。

零状态响应：仅由外施激励引起的响应。

一阶电路的全响应：初始储能及外施激励共同产生的响应。

以直流激励 RC 电路方程为例，电路方程为

$$RC\frac{\mathrm{d}u_C}{\mathrm{d}t}+u_C=U_S$$

其解(全响应)为

$$u_C(t)=u_{Cp}(t)+u_{Ch}(t)=U_S+(U_0-U_S)\mathrm{e}^{-\frac{t}{\tau}}$$

$U_{Cp}(t)$为稳态分量(强制分量)，$u_{Ch}(t)$为瞬态分量(自由分量)。瞬态分量存在的时期为电路的过渡过程，瞬态过程消失，电路进入新的稳态。

全响应也可写成

$$u_C=u_{C1}+u_{C2}=U_0\mathrm{e}^{-\frac{t}{\tau}}+U_S(1-\mathrm{e}^{-\frac{t}{\tau}})$$

u_{C1}为零输入响应，u_{C2}为零状态响应。

时间常数 τ 是决定响应衰减快慢的物理量。动态元件为 C 时，$\tau=RC$；动态元件为 L 时，$\tau=L/R$。R 为 C 或 L 所接网络除源后的等效电阻。

3. 分析一阶电路全响应的三要素法：

直流激励时的全响应

$$f(t)=f(\infty)+[f(0_+)-f(\infty)]\mathrm{e}^{-\frac{t}{\tau}}$$

$f(\infty)$为稳态分量，$f(0_+)$为初始值，τ 为时间常数，合称三要素。

正弦激励时的全响应

$$f(t)=f_\infty(t)+[f(0_+)-f_\infty(0_+)]\mathrm{e}^{-\frac{t}{\tau}}$$

$f_\infty(t)$为稳态分量，$f_\infty(0_+)$为稳态分量初始值。

4. 单位阶跃函数定义为

$$\varepsilon(t)=\begin{cases}0 & t<0\\ 1 & t>0\end{cases}$$

$k\varepsilon(t)$为一般阶跃函数，$k\varepsilon(t-t_0)$为延迟阶跃函数。

电路对阶跃激励的零状态响应称为阶跃响应。如果电路是一阶的，则其响应就是一阶阶跃响应。

利用阶跃函数可把电路的输入表示为 $U_S=U_S\varepsilon(t)$，零状态响应电流可表示为

$$i=\frac{U_S}{R}(1-\mathrm{e}^{-\frac{t}{\tau}})\varepsilon(t)$$

5. 二阶电路：可用二阶微分方程描述的电路称为二阶电路，例如 RLC 放电电路。电路方程为

$$LC\frac{\mathrm{d}^2u_C(t)}{\mathrm{d}t^2}+RC\frac{\mathrm{d}u_C(t)}{\mathrm{d}t}+u_C(t)=0$$

特征方程为

$$LCs^2+RCs+1=0$$

按初始条件 $u_C(0_+)=U_0$、$i_L(0_+)=0$，可按特征根的 3 种不同情况求其瞬态响应：

(1) $R>2\sqrt{\frac{L}{C}}$时，为非振荡放电；

(2) $R<2\sqrt{\frac{L}{C}}$时，为振荡放电；

(3) $R=2\sqrt{\frac{L}{C}}$时，为临界放电。

6. $f(t)$的拉普拉斯正变换定义为

$$F(s)=\mathscr{L}[f(t)]\overset{\text{def}}{=}\int_{0_-}^{\infty}f(t)\mathrm{e}^{-st}\mathrm{d}t$$

称为象函数，也可查表得出。

拉氏反变换 $f(t)=\mathscr{L}^{-1}[F(s)]$

可将 $F(s)$采用部分分式法展开后查表求得原函数。

7. 一些常用的拉氏变换：

$$\mathscr{L}[\varepsilon(t)]=\frac{1}{s}$$

$$\mathscr{L}[\mathrm{e}^{-\alpha t}]=\frac{1}{s+\alpha}$$

$$\mathscr{L}[\sin(\omega t)]=\frac{\omega}{s^2+\omega^2}$$

$$\mathscr{L}[\cos(\omega t)]=\frac{s}{s^2+\omega^2}$$

8. 拉普拉斯变换的一些性质

(1) 线性组合定理

$$\mathscr{L}[af_1(t)\pm bf_2(t)]=aF_1(s)\pm bF_2(s)$$

(2) 微分定理

$$\mathscr{L}\left[\frac{\mathrm{d}}{\mathrm{d}t}f(t)\right]=sF(s)-f(0_-)$$

(3) 积分定理

$$\mathscr{L}\left[\int_{0_-}^{t}f(\xi)\mathrm{d}\xi\right]=\frac{F(s)}{s}$$

9. RLC 串联电路的复频域模型如图 8-48 所示，其复频域方程为

$$U(s)=RI(s)+sLI(s)-Li(0_-)+\frac{1}{sC}I(s)+\frac{1}{s}u_C(0_-)$$

10. 线性电路的复频域求解步骤：

(1) 建立电路的复频域模型；

(2) 列写复频域形式的电路方程；

(3) 求解电路方程，得出电压或电流的象函数；

(4) 由拉氏反变换，得出电压或电流的时间函数式。

习　题

8-1　图 8-53 所示电路中开关闭合前已处于稳态，$t=0$ 时开关闭合。求电容电压的初始值 $u_C(0_+)$及各支路电流的初始值 $i_1(0_+)$、$i_2(0_+)$、$i_C(0_+)$。

8-2　图 8-54 所示电路，在 $t<0$ 时开关 S 位于"1"，已处于稳态；当 $t=0$ 时开关 S 由"1"闭合到"2"。求初始值 $i_L(0_+)$和 $u_L(0_+)$。

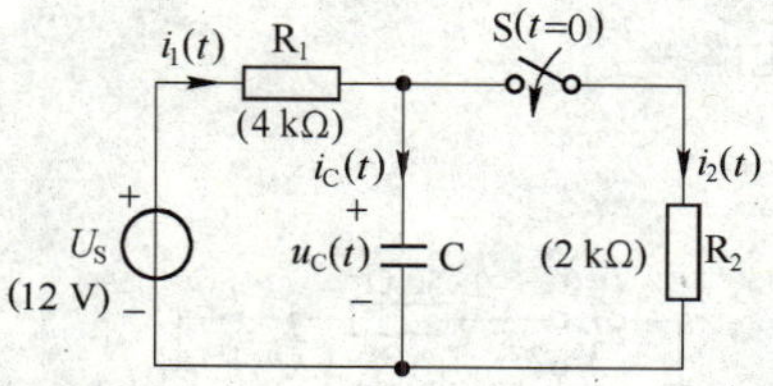

图 8-53　习题 8-1 电路

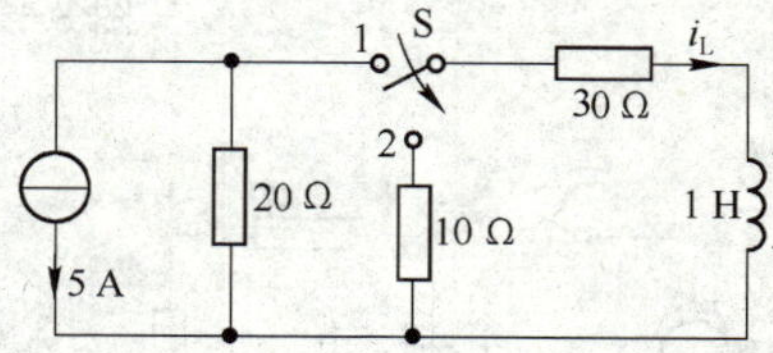

图 8-54　习题 8-2 电路

8-3　图 8-55 所示电路，开关 S 原是闭合的，电路已处于稳态，$t=0$ 时开关断开。求初始值 $u_L(0_+)$、$i(0_+)$和 $i_C(0_+)$。

8-4　图 8-56 所示电路，在 $t<0$ 时开关 S 断开时电路已处于稳态，当 $t=0$ 时开关闭合，求初始值 $u_R(0_+)$、$i_C(0_+)$和 $u_L(0_+)$。

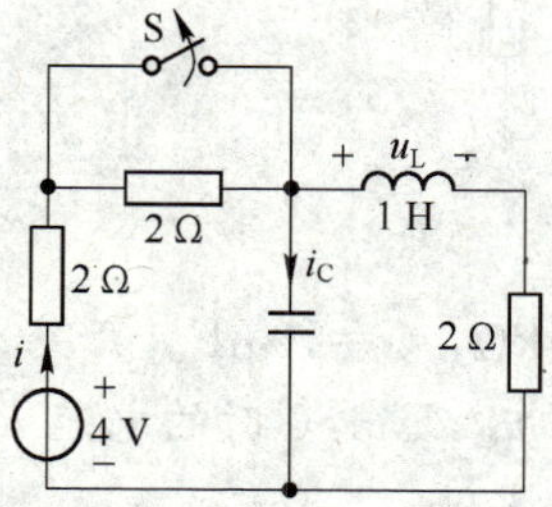

图 8-55　习题 8-3 电路

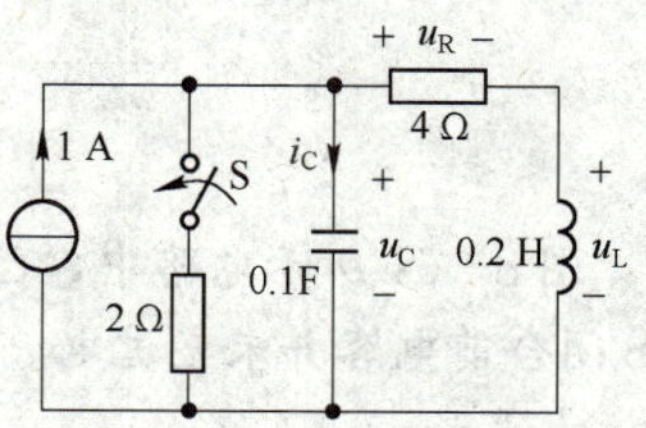

图 8-56　习题 8-4 电路

8-5　求图 8-57 所示电路的时间常数。

8-6　图 8-58 所示电路中，开关闭合已久，$t=0$ 时断开。试求 $t\geqslant 0$ 时的电容电压 u_C 和电流 i。

8-7　图 8-59 所示电路中，已知 $i_L(0_-)=0.1\ \text{A}$，$t=0$ 时开关从 1 端接至 2 端。试求 $t\geqslant 0$时的电流 i_L 和 i。

8-8　如图 8-60 所示电路，$t=0$ 时开关闭合，闭合前电路处于稳态。求 $t\geqslant 0$ 时的 $u_C(t)$，并画出其波形。

8-9　一个简单的零输入 RL 串联电路，电阻电压为 $u_R=50e^{-400t}\ \text{V}$，如果在 $t=0$ 时该

电阻与另一电阻并联，使其等效电阻由 200 Ω 变为 40 Ω。求 u_R。

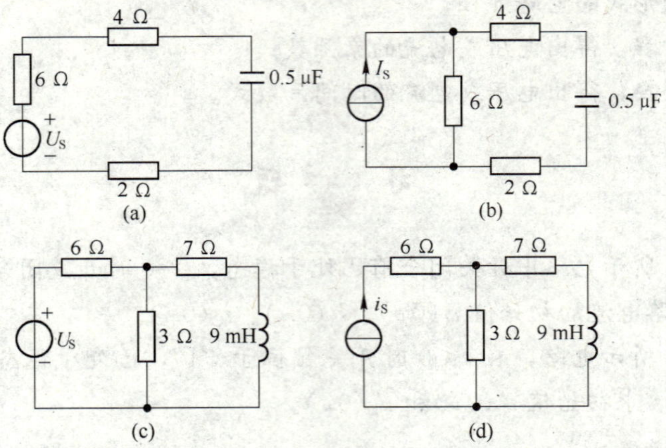

图 8-57　习题 8-5 电路

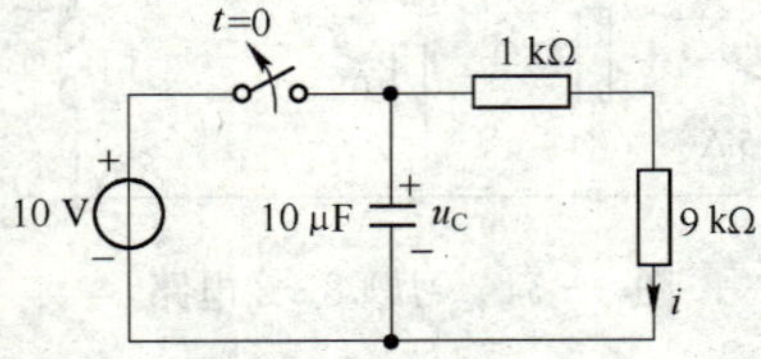

图 8-58　习题 8-6 电路

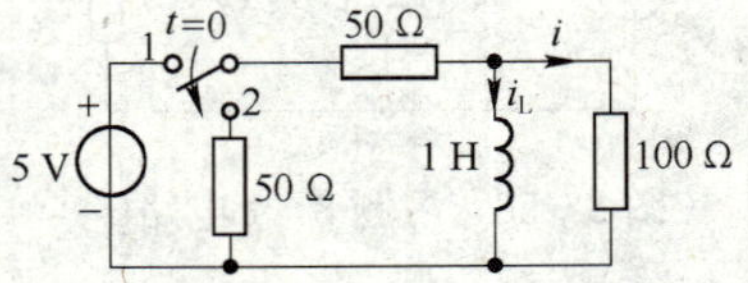

图 8-59　习题 8-7 电路

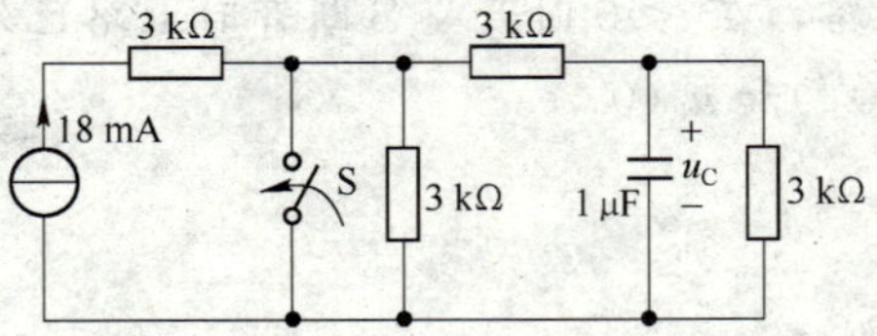

图 8-60　习题 8-8 电路

8-10　图 8-61 所示电路中，已知 $U_S=12$ V，$R=25$ kΩ，$C=10$ μF。开关 S 在 $t=0$ 时闭合，在 S 闭合前电容并未充过电。求 $t\geqslant 0$ 时的电容电压 u_C 及 $t>0$ 时的电流 i，并定性地画出 u_C 及 i 的波形。

8-11　图 8-62 所示电路原来处于零状态，$t=0$ 时开关 S 闭合。求 $i_L(t)$ 及 $u_L(t)$ 并定性地画出 $i_L(t)$ 及 $u_L(t)$ 的波形。

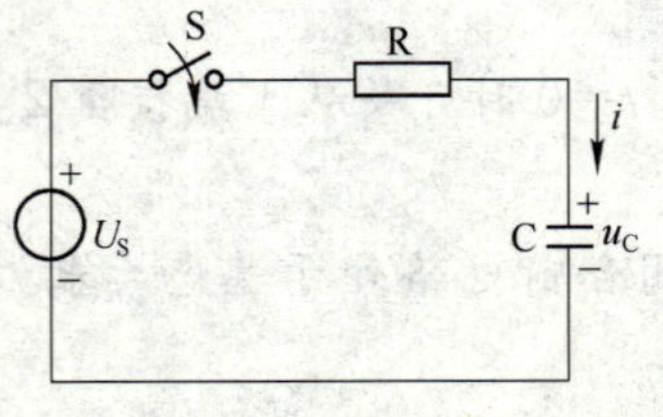

图 8-61　习题 8-10 电路

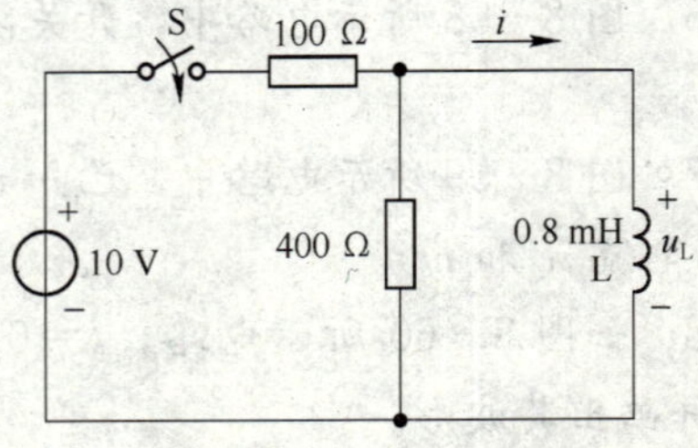

图 8-62　习题 8-11 电路

8－12　如 8－63 图所示，在 $t<0$ 时开关 S 是断开的，电路已处于稳态；$t=0$ 时开关闭合。求 $t\geqslant 0$ 时的电压 u_C 和电流 i 的零输入响应和零状态响应，并画出其波形。

8－13　电路如图 8－64 所示，$t<0$ 时开关 S 位于“1”，电路已处于稳态；$t=0$ 时开关由“1”闭合到“2”。求 $t\geqslant 0$ 时的 i_L 和 u。

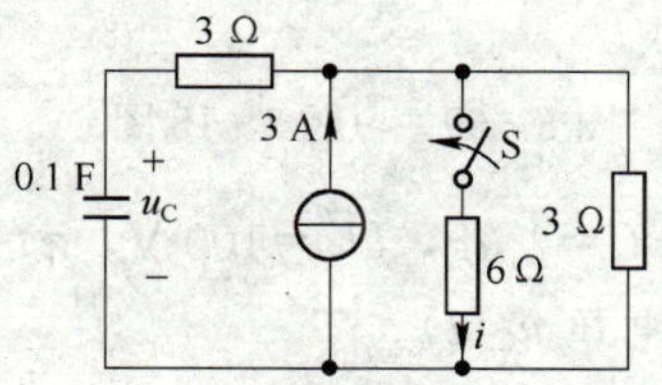

图 8－63　习题 8－12 电路

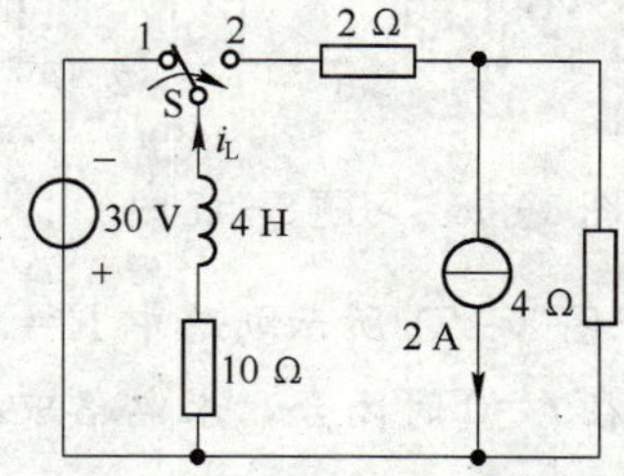

图 8－64　习题 8－13 电路

8－14　电路如图 8－65 所示，在 $t<0$ 时开关 S 是断开的，电路已处于稳态；$t=0$ 时开关 S 闭合；求 $t\geqslant 0$ 时的电流 i。

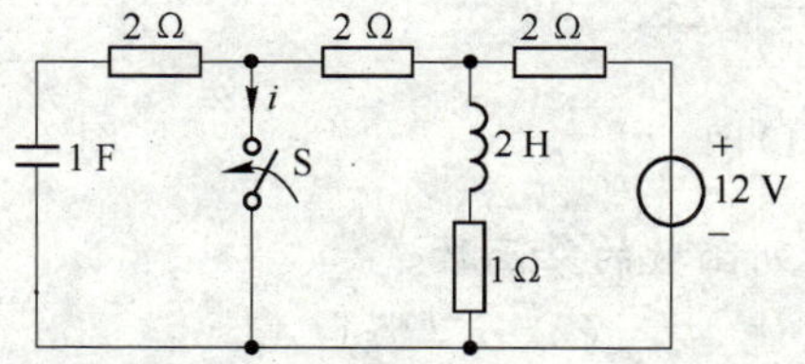

图 8－65　习题 8－14 电路

8－15　如图 8－66 所示电路原已稳定，$t=0$ 时开关 S 断开。用三要素法求电流源的电压 $u(t)$。

8－16　如图 8－67 所示电路原已稳定，$t=0$ 时，开关 S 由位置 1 倒向位置 2。用三要素法求 $i_L(t)$，并作其波形图。

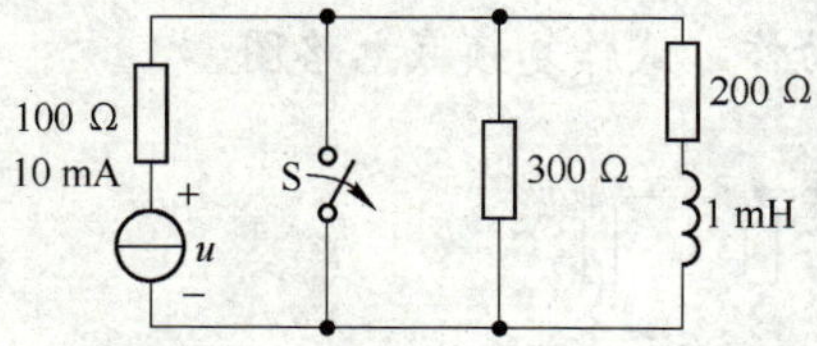

图 8－66　习题 8－15 电路

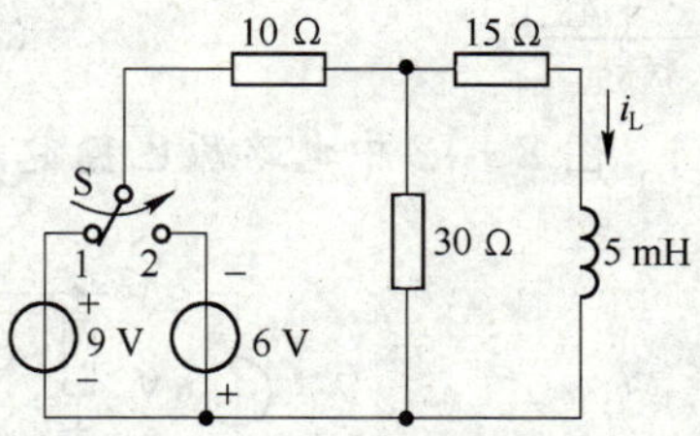

图 8－67　习题 8－16 电路

8－17　如图 8－68(a)所示电路，如以 i_L 为输出。

(1) 求阶跃响应。

(2) 如输入信号 i_S 的波形如图 8－68(b)所示，求 i_L 的零状态响应。

8－18　如图 8－69(a)所示电路，若输入电压 u_S 如图 8－69(b)所示，求 u_C 的零状态响应。

8－19　某继电器的线圈电感 $L=1$ H，电阻 $R=1$ kΩ。为了消灭触点 S 的火花，用 2 μF 电容与线圈并联，如图 8－70 所示。试问与电容器串联多大电阻才不致在电路中产生振荡现象？

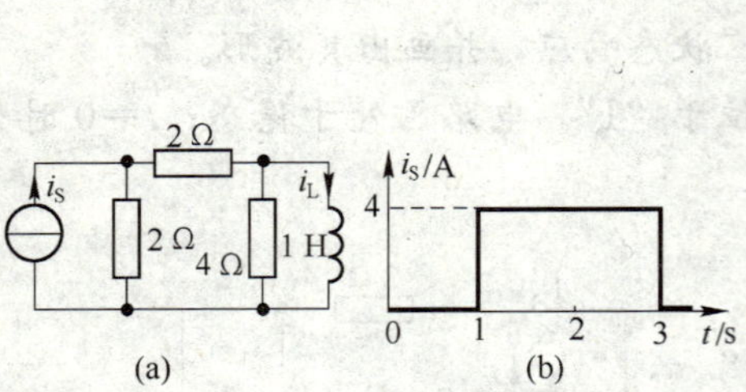

图 8-68　习题 8-17 图

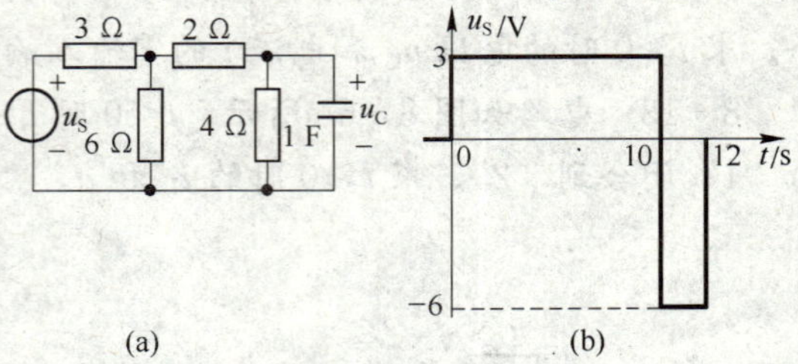

图 8-69　习题 8-18 图

8-20　图 8-71 所示电路中 $R=3\,000\ \Omega$，$L=1$ H，$C=1\ \mu$F，$U_S=100$ V，初始条件为零。开关 S 在 $t=0$ 时闭合，求电路中的电流 $i(t)$ 及电容电压 $u_C(t)$。

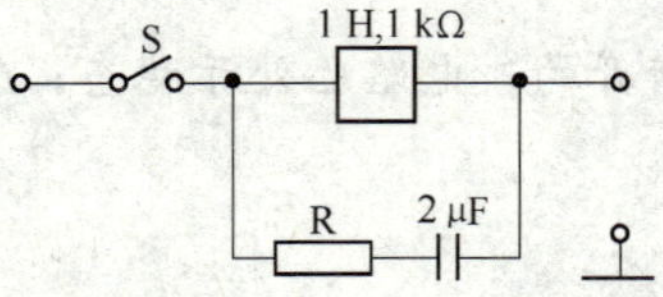

图 8-70　习题 8-19 图

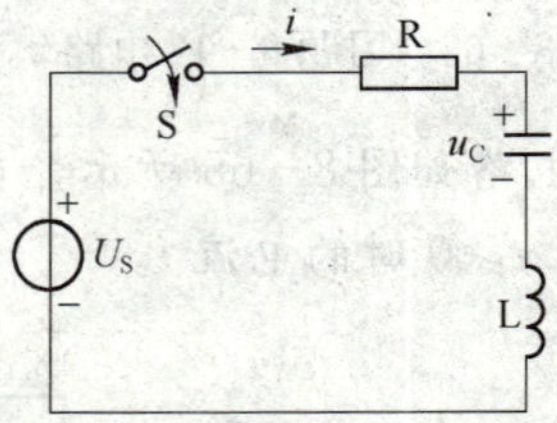

图 8-71　习题 8-20 图

8-21　用拉氏变换求下列函数的象函数。

(1) $(5-2e^{-2t})\varepsilon(t)$　　　　(2) $te^{-500t}\varepsilon(t)$

8-22　利用线性组合定理求下列函数的象函数。

(1) $\sin(\omega t+\varphi)$　　　　(2) $e^{-\alpha t}\sin(\omega t)$

8-23　用部分分式展开法求下列各拉普拉斯象函数的原函数。

(1) $\dfrac{7s+2}{s^3+3s^2+2s}$　　　　(2) $\dfrac{s-1}{s^2+2s+2}$

(3) $\dfrac{s^2+4s+1}{s(s+1)^2}$　　　　(4) $\dfrac{3s^2+11s+4}{s^3+6s^2+11s+6}$

8-24　图 8-72 中电路原已稳定，$t=0$ 时开关动作，试作复频域电路图。

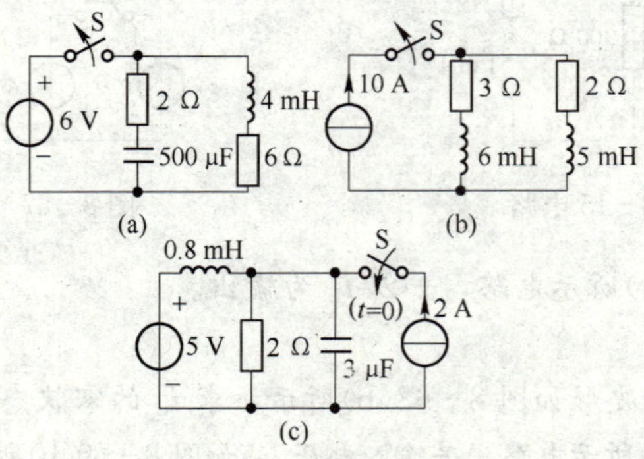

图 8-72　习题 8-24 电路

8-25　电路如图 8-73 所示，开关 S 打开之前电路已达稳态。已知：$U_S=20$ V，$R_1=4\ \Omega$，$R_2=6\ \Omega$，$L=0.8$ H。求开关 S 打开后电路中的电流 $i(t)$。

8-26　图 8-74 所示电路在开关 S 打开前已处于稳定状态，在 $t=0$ 时将开关 S 打开，试用复频域分析法求 $t>0$ 后的电感电流。设已知 $U=1\ 000$ V，$R_1=R_2=200\ \Omega$，$L=4$ H，$C=1\ 000\ \mu$F。

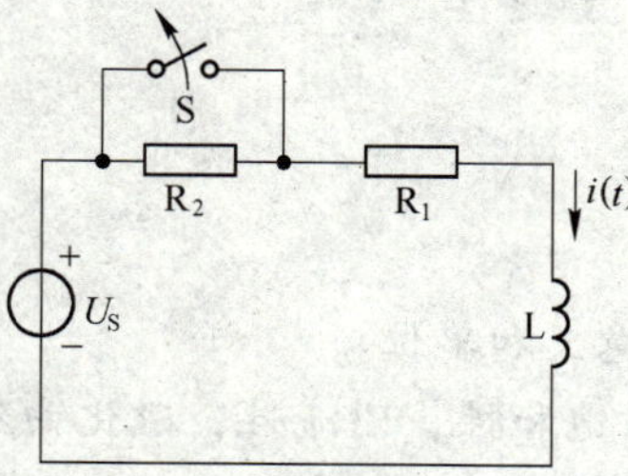

图 8-73　习题 8-25 电路

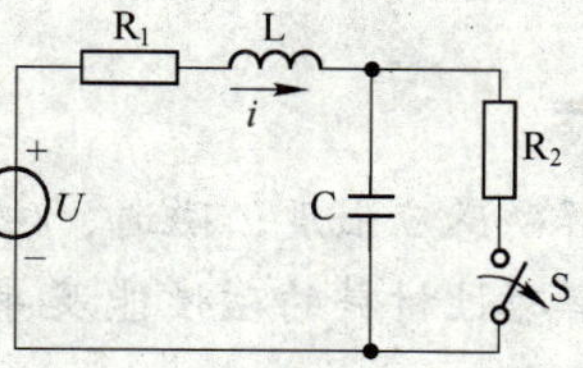

图 8-74　习题 8-26 电路

8-27　图 8-75 所示电路在 $t=0$ 以前处于零状态。$t=0$ 时闭合开关 S，试用复频域分析法求 $i(t)$。

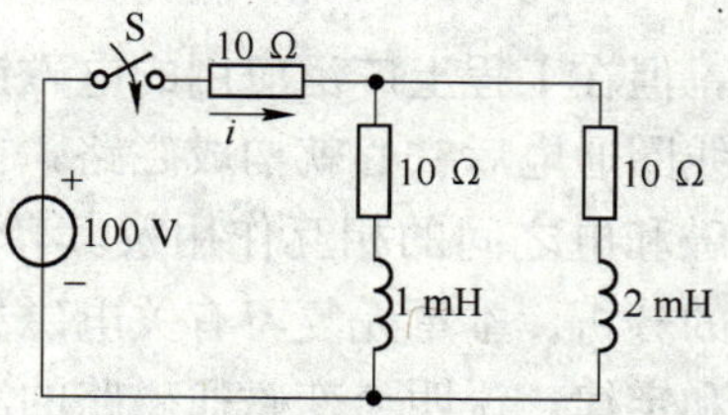

图 8-75　习题 8-27 电路

第9章　磁路和铁心线圈

基本要求

1. 理解磁感应强度、磁通、磁导率等基本物理量的意义和单位。

2. 理解磁性材料的磁性能及导磁体与非导磁体、磁饱和性、磁滞性、磁化曲线与磁滞回线及其性质。

3. 了解分析磁路的基尔霍夫定律，磁阻与磁导，电路与磁路各物理量的类比关系。

4. 理解交流铁心线圈电路中波形畸变的情况和磁滞损耗、涡流损耗的特点。

5. 了解交流铁心线圈电路中的电磁关系、电压电流关系及电路模型。

前面几章讨论了电路问题，但在工程上广泛应用的电磁铁、电机、变压器、继电器等电气设备一般都具有铁心线圈。线圈通电后铁心就构成磁路，在分析时不仅有电路问题，同时也有磁路问题，因此必须研究磁和电之间的相互作用及其转化关系。掌握磁路的基本规律，才能对各种电工设备进行全面的分析。本章先复习有关电磁方面的基本知识，介绍铁磁物质的磁化曲线及磁路的基本概念和定律，说明交变磁通磁路的波形畸变和铁心损耗，最后分析交流铁心线圈及其等效电路。

9.1　磁路的基本物理量

我们在物理课的学习中已经对基本的磁现象有所了解。在磁极或任何电流回路的周围及被磁化后的物体内外，都对磁针或运动电荷具有磁力作用，这种有磁力作用的空间称为磁场。磁路实质上是限定了路径的磁场，磁场的各个基本物理量也适用于磁路，因此本节先简要地复习一下与磁场有关的物理量。

9.1.1　磁感应强度和磁通

用来表示磁场中某一点磁场强弱和方向的物理量叫作磁感应强度，用矢量 B 表示，其值等于垂直于 B 矢量的单位面积的磁力线数。对于电流产生的磁场，磁感应强度的方向和电流方向满足右手螺旋定则，其大小为

$$B=\frac{F}{lI} \tag{9-1}$$

磁感应强度的单位是特斯拉(T)。

垂直穿过某一面积 S 的磁感应线总条数叫作通过这一面积的磁通。磁通用符号 Φ 表示。当面积一定时若磁通愈多，表示磁场愈强。在国际单位制(SI)中，磁通的单位是伏秒，常称为韦伯(Wb)，简称韦。由于均匀磁场中磁通 Φ 等于磁感应强度 B 与垂直于磁场方向的面积

S 的乘积，即 $\Phi=BS$，于是

$$B=\Phi/S \tag{9-2}$$

因此 B 也可以称为磁通密度。

9.1.2　磁场强度

将不同的物质(通常叫作磁介质)放入磁场中，对磁场的影响是不同的。不同物质在外磁场的磁化作用下将产生不同的附加磁场，此附加磁场又必然反过来影响外磁场。外磁场通常由电流产生。为反映外磁场和电流间的关系，引入一个辅助矢量 H 叫磁场强度。它也是用来表征磁场中各点的磁力大小和方向的物理量。但是，它的大小仅与产生该磁场的电流大小和载流导体的形状有关。在国际单位制中磁场强度的单位是安/米(A/m)。

9.1.3　磁导率

用来表示物质导磁能力大小的物理量叫作磁导率或导磁系数，用 μ 表示。它与磁场强度乘积等于磁感应强度，即

$$\mu=\frac{B}{H} \quad 或 \quad B=\mu H \tag{9-3}$$

μ 的单位是亨/米(H/m)。

由实验测得，在国际单位制中，真空中的导磁系数为一常数，即

$$\mu_0=4\pi\times10^{-7}\,(\mathrm{H/m}) \tag{9-4}$$

通常采用物质的实际导磁系数 μ 与 μ_0 的比值 μ_r 来表示各种物质的导磁能力，叫作相对导磁系数，即

$$\mu_r=\mu/\mu_0 \tag{9-5}$$

显然，相对导磁系数是没有单位的。例如硅钢片的 $\mu_r=6\,000\sim8\,000$，坡莫合金(铁镍合金)在弱磁场中的 μ_r 可达 10^5 左右。

9.1.4　磁场的基本性质

1. 磁通的连续性原理

在物理学中已经指出，磁力线与电力线不同，磁力线是没有起止的封闭曲线。这是磁力线的基本规律，也是磁场的基本性质之一，通常叫作磁通连续性原理，用数学形式可表示为

$$\Phi=\oint_A B\cdot \mathrm{d}A=0 \tag{9-6}$$

该式表示通过任意闭合曲面的磁感应强度矢量的通量为零，也就是说，穿出某一闭合曲面的磁通恒等于穿入此闭合曲面的磁通。

2. 安培环路定理(或称全电流定理)

在磁路中沿任一闭合路径 L，磁场强度 H 的线积分等于该闭合回路所包围的总电

流。即

$$\oint_l H \cdot dL = \sum i \tag{9-7}$$

电流的参数方向与闭合路径方向符合右手螺旋关系取正号，反之为负。

若沿长度 L、磁路强度 H 处处相等，且闭合回路所包围的总电流是通过 N 匝线圈提供，则式(9－7)可写成

$$HL = Ni \tag{9-8}$$

思考题与练习题

9.1.1 说明磁感应强度、磁通、磁场强度、磁导率等基本物理量的意义和单位。

9.1.2 说明磁通连续性原理、安培环路定理的意义。

9.2 铁磁材料及其特性

为了在一定的励磁磁动势作用下能激励较强的磁场，从而使电机及变压器等器件的尺寸缩小，重量减轻，性能改善，就必须增加磁路的磁导率 μ，由于铁磁物质具有高磁导性能，工程上往往利用它来使尽可能多的磁通约束在有限的范围内。所以电机和变压器的铁心用导磁率较高的铁磁材料组成。本节专门介绍铁磁材料的磁化特性。

9.2.1 铁磁物质

物质按其磁化效应大体上可分为铁磁性物质和非铁磁性物质两类。非铁磁性物质包括顺磁物质和反磁物质，其磁导率可近似认为与真空的磁导率相同，即 $\mu \approx \mu_0$ 或 $\mu_r \approx 1$。这类物质包括除铁族元素及其化合物以外的全部物质，例如空气、铝、橡胶等。铁磁性物质(铁、钴、镍及它们的合金，以及锰和铬的某些合金)即使在较小的外磁场作用下，其磁化也特别显著，它们的磁导率 μ 都很大，甚至是真空磁导率的几万倍。铁磁性物质的磁导率不仅大，而且常常与所在磁场的强弱及物质磁状态的历史有关，所以铁磁性物质的 μ 不是一个常量。

将铁磁材料放入磁场后，磁场会显著增强，铁磁材料在磁场中呈现很强的磁性这一现象，称为铁磁物质的磁化。铁磁性物质的磁导率之所以高于非铁磁性物质，其原因可用物理学中的磁畴理论予以说明。铁磁物质中有许多称为磁畴的天然磁化区，当未投入磁场时，磁畴杂乱无章地排列，磁效应相互抵消对外不显磁性；当放入磁场后，磁畴按外磁场方向排列起来，形成一附加磁场叠加在外磁场上，显出磁性来。

9.2.2 磁化曲线

铁磁材料的磁化性质一般由磁化曲线即 $B-H$ 曲线表示，是以磁场强度量值 H 为横坐标，以磁感应强度量值 B 为纵坐标画成的曲线。由于磁场强度是决定于产生外磁场的电流的，而 B 相当于电流在真空中所生磁场和物质磁化后的附加磁场的叠加，所以 $B-H$ 曲线表

明了物质的磁化效应。

1. 起始磁化曲线

铁磁性物质的 $B-H$ 曲线可由实验测出。将一块未磁化的铁磁材料制成闭合铁心，其上绕有线圈，调节 R 使电流从零开始逐渐增大，则铁心中穿过横截面的磁通密度将随之增大，测得对应于不同 H 值下的 B 值，便可逐点描绘出起始磁化曲线。如图 9－1 所示，真空或空气的 $B=\mu_0 H$，其 $B-H$ 曲线为一直线，即图 9－1 中的直线 1。

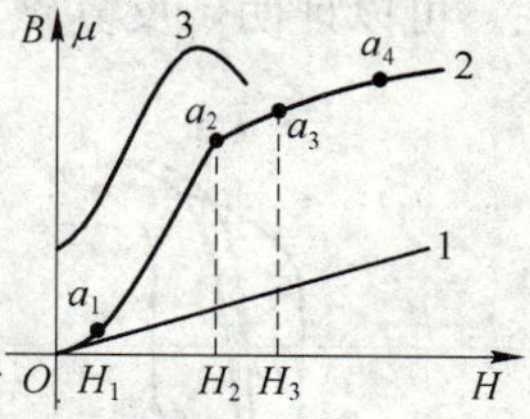

图 9－1　起始磁化曲线

起始磁化曲线中，铁磁性物质从 $H=0$、$B=0$ 开始磁化，如图 9－1 中的曲线 2。当磁场强度 H 从零值开始增大时，在 H 较小的情况下，如图 9－1 中 H_1 时，由于磁畴的惯性，物质中的磁感应强度 B 随 H 的增大而增大，其增长率并不大，所以起始磁化段(即图中的 Oa_1 段)曲线上升缓慢；但随着 H 的继续增大，如图 9－1 中 H_1 至 H_2 时，物质中的 B 随 H 的增大几乎为直线上升，如图 9－1 中 a_1a_2 段所示，这是由于磁畴在外磁场作用下大部分趋向 H 的方向，B 增加很快；若 H 继续增大，如图 9－1 中 H_2 至 H_3 时，铁磁性物质中的 B 的上升反而比较缓慢，如图 9－1 中 a_2a_3 段所示，这是由于大部分磁畴已转向 H 方向；在 a_3 点以后，B 的增长率就相当于空气中的增长率，这种现象称为磁饱和，如图 9－1 中曲线的 a_3a_4 段，磁畴几乎全部转到外磁场方向，再增大 H 值也几乎没有磁畴可以转向了，B 达到了饱和值。

由于磁化曲线的形状与人腿形状相似，故将图中的 a_1 点、a_2 点、a_3 点分别称为踟点、膝点、饱和点。

在曲线的 a_1a_2 段，铁磁性物质中的磁感应强度较非铁磁性物质的磁感应强度大得多，所以通常要求铁磁性材料工作在 a_2 点附近。在相同的磁场下，硅钢片的 B 值最大，铸铁的 B 值最小，这说明硅钢片比铸铁的导磁性能好的多。

就整个起始磁化曲线来看，铁磁性物质的 B 和 H 的关系为非线性关系，这表明铁磁性物质的磁导率产不是常数，随磁场强度 H 的变化而变化。图 9－1 中的曲线 3 为铁磁性物质的 $\mu-H$ 曲线。开始阶段 μ 较小；随着 H 的增大，μ 到达最大值；再增大 H 时，随着磁饱和的出现 μ 值下降。

2. 磁滞回线

在交流电机或电器中的铁心常受到交变磁化。在反复磁化过程中，$B-H$ 曲线经过多次循环，得到一个封闭的对称于原点的闭合曲线，叫作磁滞回线，如图 9－2 所示。当磁场强度由零增加到 $+H_m$，铁磁物质达到磁饱和，对应的磁感应强度为 B_m 后，再将 H 减小，B 的值由 B_m 沿着比起始磁化曲线稍高的曲线 ab 下降。当 H 的值减为零时，B 的值不为零。这种 B 的变化落后于 H 变化的现象称为磁滞现象，简称磁滞。由于磁滞，铁磁性物质在磁场强度减小到零时保留的磁感应强度(如图 9－2 中的 B_r)称为剩余磁感应强度，简称剩磁。如要消去剩磁，需将铁磁性物质反向磁化。当 H 在相反方向达到

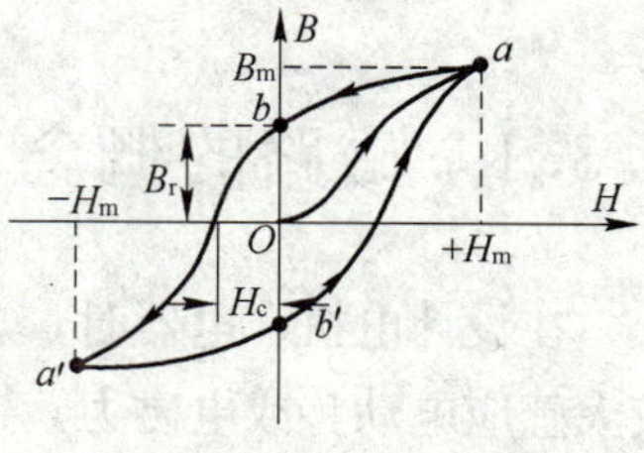

图 9－2　磁滞回线

图 9-2 中的 H_c 值时才使 B 降为零，这一磁场强度值称为矫顽磁场强度，也称矫顽力。当 H 继续反方向增加时，铁磁性物质开始进行反向磁化。到 $H=-H_m$ 时，铁磁性物质反向磁化到饱和点 a'。当 H 由 $-H_m$ 回到零时，$B-H$ 曲线沿 $a'b'$ 变化。H 再由零增到为 $+H_m$ 时，$B-H$ 曲线沿 $b'a'$ 变化而完成一个循环。如此反复磁化，便可得到磁滞回线。

铁磁性物质在反复交变磁化过程要消耗能量并转变为热能而耗散，这种损耗称作磁滞损耗。可以证明，反复磁化一次的磁滞损耗与磁滞回线的面积成正比。

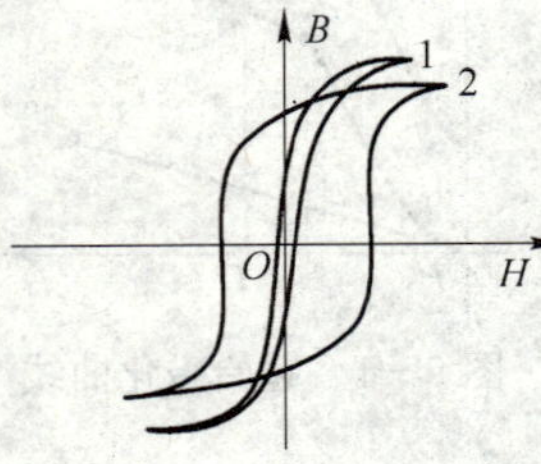

图 9-3　软磁材料和硬磁材料的磁滞回线

磁性材料按矫顽力 H_c 的大小可分为软磁材料和硬磁材料。软磁材料包括纯铁、铸铁、铸钢、硅钢、坡莫合金等，这类材料的磁滞回线窄而长(如图9-3中的曲线 1)，剩磁及矫顽力均较小，磁滞现象不显著，没有外磁场时磁性基本消失，磁滞回线的面积及磁滞损耗小，磁导率高，适用于制作各种电机、电器的铁心；硬磁材料包括铬、钨、钴、镍等的合金，这类材料的剩磁和矫顽力均较大，磁滞性明显，磁滞回线较宽(如图 9-3 中的曲线 2)，被磁化后，其剩磁不易消失，适宜制作永磁体；锰镁铁氧体和锂锰铁氧体只要受较小的外磁场作用就能磁化到饱和，当外磁场去掉，磁性仍保持，磁滞回线几乎成矩形。可用来制作电子计算机内部存储器的磁心和外部设备中的磁鼓、磁带及磁盘等。

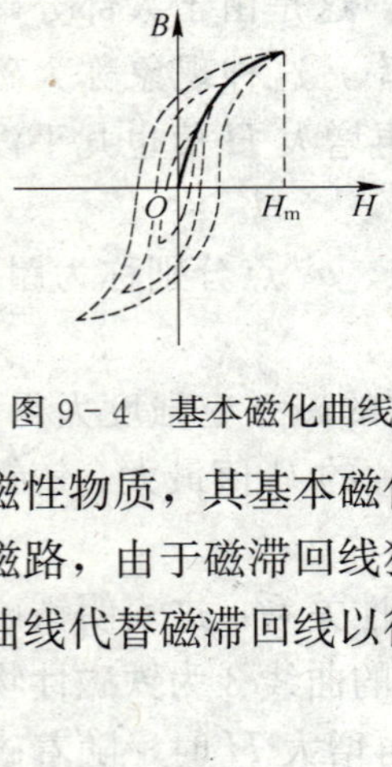

图 9-4　基本磁化曲线

3. 基本磁化曲线

对同一铁磁材料，选不同的 H_m 进行反复磁化，可得大小不同的磁滞回线(如图 9-4 中的虚线)，将各磁滞回线正顶点连接起来，可得到基本磁化曲线(如图 9-4 中的实线)。对于给定的铁磁性物质，其基本磁化曲线是完全确定的。它与起始磁化曲线相差不大。用软磁材料制作的磁路，由于磁滞回线狭窄，近似与基本磁化曲线相重合，所以进行磁路计算时常用基本磁化曲线代替磁滞回线以得到简化。有时基本磁化曲线也用表格形式给出，称为磁化数据表。

思考题与练习题

9.2.1　什么是铁磁性物质？其在磁化过程中有何特点？

9.2.2　说明起始磁化曲线、磁滞回线、基本磁化曲线是如何形成的？有哪些区别？

9.3　磁路和磁路定律

9.3.1　磁路的概念

在设计电机、电器时，总想用较小的电流，产生较强的磁场(磁通)，以便得到所要求的较大感应电动势或电磁力，这就需要利用铁磁材料构成一个导磁的路径。磁通所通过的由铁磁材料所构成的(包括气隙在内)路径常称为磁路，磁通主要在这部分空间内分布。磁路的形式很多，图 9－5 所示分别为电磁铁、变压器和直流电机的磁路。

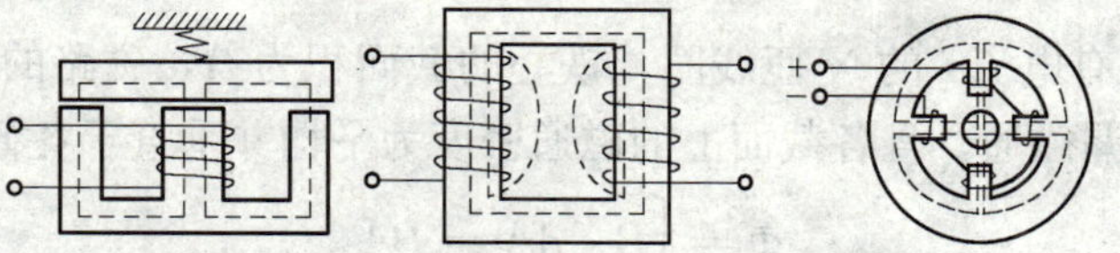

(a) 电磁铁的磁路　(b) 变压器的磁路　(c) 直流电机的磁路

图 9－5　部分电器元件的磁路

由于铁磁材料的导磁系数比空气大许多倍，所以绝大部分磁通在铁心中通过，这部分磁通叫作主磁通，用 Φ 表示，另外经过空气隙闭合的那部分磁通叫作漏磁通，用 Φ_σ 表示。用以产生磁路中磁通的载流线圈称为励磁线圈，其电流称为励磁电流(或激磁电流)。这样就把分布在整个空间的磁路问题，简化为局限在一定范围内的磁路问题，即转化为磁路问题。如同电流流过的路径称为电路一样，磁通通过的路径为磁路。

9.3.2　磁路的基本定律

与电路相似，也有 3 个基本定律作为磁路分析计算的基础，称为磁路的基尔霍夫定律和欧姆定律。它们可以从磁场的基本性质导出。

1. 磁路的基尔霍夫第一定律

由于磁通的连续性，如果忽略漏磁通，则可认为全部磁通都在磁路内穿过，那么磁路就与电路相似，在一条支路内处处都有相同的磁通。对于有分支磁路，任意取一闭合曲面 A，由磁通连续性的原理，穿过闭合曲面的磁通的代数和应为零，即

$$\sum \Phi = 0 \tag{9-9}$$

这就是磁路的基尔霍夫第一定律的表达式。据式(9－9)列写方程时，常设磁通方向穿出闭合面者为正，穿入者为负。

2. 磁路的基尔霍夫第二定律

磁路可以分为截面积相等、材料相同的若干段。在每一段中由于各处截面相等，通过的磁通相等，材料也相同，所以每段都为均匀磁路。同一段中磁通密度处处相同，磁场强度也处处相同，磁场方向与中心线一致。当选择中心线的方向与磁场方向相同时，每段磁路中心线的磁位差(磁压)定义为其磁场强度与长度的乘积，即 $U=Hl$；如选择中心线的方向与磁场方向相反，则 $U=-Hl$。线圈的匝数 N 与励磁电流 i 的乘积称为磁通势，简称磁势。有

$$\sum Ni = \sum_{k=1}^{n} H_k l_k \tag{9-10}$$

式(9－10)表示：闭合磁路中各段磁压的代数和等于各磁势的代数和，这就是磁路的基尔霍夫第二定律。磁势方向由电流及线圈绕向按右手螺旋关系确定。磁压、磁势方向与闭合路径绕向一致者取正，反之取负。

3. 磁路的欧姆定律

若铁心上绕有通有电流 i 的 N 匝线圈，铁心的截面积为 A，磁路的平均长度为 l，材料的导磁率为 μ，不计漏磁通，且各截面上的磁通密度为平均并垂直于各截面，则

$$\Phi = \int B \cdot \mathrm{d}A = BA \tag{9-11}$$

$$Ni = Hl = \frac{B}{\mu}l = \frac{\Phi}{A\mu}l \tag{9-12}$$

$$\Phi = \frac{Ni}{l/A\mu} = \frac{F}{R_\mathrm{m}} \tag{9-13}$$

$$F = \Phi R_\mathrm{m} \tag{9-14}$$

$$R_\mathrm{m} = l/\mu A \tag{9-15}$$

其中，$F=\Phi R_\mathrm{m}$ 称为磁路的欧姆定律，与电路欧姆定律形式上相似。

应当注意的是，R_m 与电阻 R 对应，称之为磁阻。两者的计算公式相似，但铁磁材料的磁导率 μ 不是常数，所以 R_m 不是常数。

9.3.3 磁路和电路的类比和区别

1. 磁路和电路的类比

磁路与电路在许多地方是相似的。为加深对磁路的理解和认识，进一步熟悉磁路的基本物理量及单位，掌握磁路基本定律，现将磁路与电路相互对比，列于表 9－1 中。

表 9－1 磁路和电路的类比关系

磁 路	电 路
1. 物理量	
磁动势 $F=\phi R_\mathrm{m}$	电动势 $E=IR$
磁通量 Φ	电流 I
磁阻 $R_\mathrm{m}=\frac{1}{\mu A}$	电阻 R
磁导 $\Lambda=\frac{1}{R_\mathrm{m}}$	电导 G
磁导率 μ	电导率 ρ
2. 基本定律	
欧姆定律 $\Phi=\frac{Ni}{l/A\mu}=\frac{F}{R_\mathrm{m}}$	欧姆定律 $I=\frac{E}{R}$
基尔霍夫第一定律 $\sum\Phi=0$	基尔霍夫第一定律 $\sum i=0$
基尔霍夫第二定律 $\sum Ni=\sum_{k=1}^{n}H_k l_k$	基尔霍夫第二定律 $\sum e=\sum iR$

2. 电路与磁路的区别

尽管磁路和电路在物理量和基本定律上有一一对应的关系，但是，磁路和电路仍有本质的区别。

① 电路中有电流就有功率损耗，磁路中恒定磁通下没有功率损耗。

② 电路中可以有电动势而无电流，磁路中有磁动势必有磁通。

③ 电流全部在导体中流动；而在磁路中没有绝对的磁绝缘体，除在铁心的磁通外，空气中也有漏磁通。

④ 电阻为常数，磁阻为变量。

⑤ 电路中电阻率在一定温度下恒定不变；而由于铁磁材料构成的磁路中磁导率是随着磁通密度而变化的，所以磁导率不是一个常数。

⑥ 对于线性电路可应用叠加原理。而当磁路饱和时为非线性，不能应用叠加原理。

综上所述磁路与电路仅是数学形式上的类似，而本质是不同的。

思考题与练习题

9.3.1　说明磁路基尔霍夫定律的内容。

9.3.2　磁路的欧姆定律反映了哪些量之间的关系？

9.3.3　有一闭合直流铁心的线圈，铁心截面均匀，并且没有饱和。试分析：

(1) 在直流电源励磁下，铁心面积加倍，线圈电阻及匝数不变，电流电压不变时，铁心中的磁感应强度、线圈中的电流怎样变化？

(2) 在直流电源励磁下，铁心面积不变，线圈匝数加倍，线圈电阻，电源电压不变，铁心中的磁感应强度、线圈中的电流怎么变化？

9.4　交变磁通磁路

交变磁通磁路与恒定磁通磁路的不同点主要是由于磁通交变而引起的。恒定磁通磁路中各励磁线圈的电流是直流，即磁路中的磁通和磁动势都是恒定的。而交变磁通磁路中由于铁心中磁通交变，在铁心中引起感应电动势，还有由于磁滞现象而引起的能量损耗，所以其情况要比直流铁心线圈复杂得多。

对于 50 Hz 的工业频率和其他较低频率下的交变磁通磁路，由于频率较低，故恒定磁通磁路的基本定律和计算磁路的一些假定及方法仍然适用。

由于磁路问题都是非线性问题，即使线圈上外加电压是正弦的，线圈中的电流也不是正弦的。一般来说，交变磁通的磁路问题都是非正弦问题。但是在电力工程上碰到的大量电机、变压器等问题，由于制造时已考虑了消除谐波问题，因此仍然可看成正弦问题，而按正弦电路的方法去处理。

9.4.1　磁损耗

铁心中磁通的交变，使得铁心始终属于交变磁化状态。由于磁滞现象，每次磁化都要消耗一部分能量，这种由于磁滞现象而引起的能量损耗使得铁心发热，称这部分损耗为磁滞损耗；由于铁心中磁通交变而形成感应电流，感应电流在铁心中流通，造成能量损耗，而使铁心发热，称这部分损耗为涡流损耗。涡流损耗和磁滞损耗都是铁心发热表现出来的，因此，称它们为铁心损耗，简称铁损。

1. 磁滞损耗

磁滞损耗正比于交变磁化的频率、铁心的体积和磁滞回线所包围的面积。而磁滞回线的面积实际上代表了交变磁化一个循环时，铁心中单位体积的磁滞损耗。由于磁滞回线的面积与铁磁材料的性质有关，对于一定的铁磁材料而言，磁滞回线的面积显然又与磁感应强度的最大值 B_m 有关。故磁滞消耗的大小与铁磁材料的性质、磁化频率、磁感应强度的最大值有关。工程上常用下列经验公式来计算迟滞损耗，即

$$P_h = \sigma_h f B_m^n V \qquad (9-16)$$

式中，P_h 为磁滞损耗；σ_h 为磁滞损耗系数；f 为交流电频率；n 为指数，由 B_m 决定，对电工钢片 $n=1.6\sim2.3$，V 为铁心体积。

显然，磁滞回路面积越小，磁滞损耗越小。电机和变压器铁心常用硅钢片制成，这是因为硅钢片的磁滞回线小，属于软磁材料。

2. 涡流损耗

当穿过铁心的磁通随时间变化时，铁心中产生感应电势，从而产生电流，这些环流在铁心内绕磁通做旋状流动成为涡流，涡流在铁心中引起损耗称为涡流损耗。涡流的存在，对铁心磁通回路产生影响。对一定的铁心和一定的磁通波形而言，涡流损耗则与交变磁化的频率 f 及磁感应强度的最大值的平方成正比，因此工程上用下列经验公式表示，即

$$P_e = \sigma_e f^2 B_m^2 V \qquad (9-17)$$

式中，σ_e 为与铁心导电率、厚度及磁通波形有关的常数。

涡流损耗除了使铁心发热，温度升高，降低了设备利用率外，还会削弱铁心内部的交变磁场，通常称为涡流去磁作用。去磁作用使铁心的中心部分磁感应强度最弱，而边缘部分最强。在交变磁通磁路中为了减少涡流损耗，一是用硅钢片制成铁心，片上涂有绝缘漆，因为在钢片中掺入硅后，其导电率大为降低，可使涡流损失也大为减少；二是将硅钢片压得很薄并叠合起来，这是因为涡流损耗与钢片厚度的平方成正比。这两种方法都是减小涡流损耗的有效措施。工程实际中，对工频交流而言，常采用厚度为 0.35 mm 与 0.5 mm 两种规格，也有采用 0.2、0.15 和 0.1 mm 的规格。对于更高的频率，由于涡流的去磁作用特别大，一般采用铁粉心或铁淦氧磁体。

涡流会造成铁心损耗，对电机、电器的运行有害，但在某些设备中却常利用涡流起作用。例如在铸造工业中使用频炉或工频炉，就是利用涡流损耗产生的热量来熔炼金属的。在电工仪表中，也常利用涡流效应制成各种制动器等。

在电机、变压器等的设计计算与测试中，一般都没有必要单独求出磁滞损耗与涡流损耗，而常常是计算和测量总的铁损。在电机设计中，铁损常按经验公式计算。

9.4.2 线圈电压与磁通的关系

电机、电器特别是用于自动控制中的电磁元件，其性能不仅受到电流、电压的有效值及

功率大小的影响，而且还与电压、电流的波形有关，因此应对铁心线圈的磁通、电流和电压的波形进行必要的分析。铁心线圈中电流、电压及磁通的波形，主要受铁心的磁饱和、磁滞及涡流的影响。

如图 9-6 所示，当铁心线圈接通交流电源后，大部分磁通通过铁心而闭合，叫作主磁通 Φ，按习惯选择线圈电压、电流及感应电动势的参考方向如图 9-6 所示。有

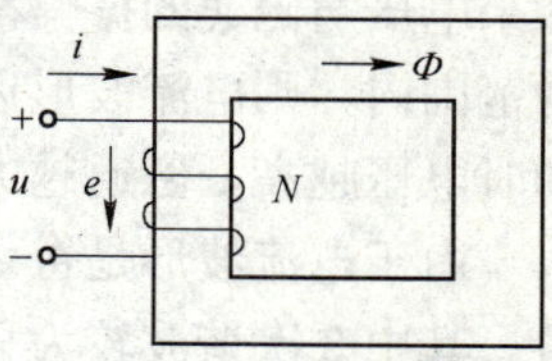

图 9-6　交流铁心线圈

$$u=-e=N\frac{\mathrm{d}\Phi}{\mathrm{d}t}$$

可见，电压为正弦量，磁通也是正弦量，设

$$\Phi=\Phi_{\mathrm{m}}\sin(\omega t)$$

则有

$$u=-e=N\frac{\mathrm{d}}{\mathrm{d}t}\Phi$$

$$=\omega N\Phi_{\mathrm{m}}\sin\left(\omega t+\frac{\pi}{2}\right)$$

可知电压的相位超前磁通为 90°，于是得电压及感应电动势的有效值与主磁通的最大值的关系为

$$U=E=\frac{\omega N\Phi_{\mathrm{m}}}{\sqrt{2}}=\frac{2\pi fN\Phi_{\mathrm{m}}}{\sqrt{2}}=4.44fN\Phi_{\mathrm{m}} \tag{9-18}$$

式(9-18)是常用的重要公式，它表明电源的频率及线圈的匝数一定时，若线圈电压的有效值不变，则主磁通的最大值 Φ_{m} 不变；线圈电压的有效值改变时，Φ_{m} 与 U 成正比改变，而与磁路情况无关(下面的分析将可看到其电流则与磁路有关)。交流铁心线圈的这一情况与直流铁心线圈不同，直流铁心线圈的电压不变时，电流也不变，如磁路情况改变，则磁通改变。

式(9-18)是在忽略线圈电阻及漏磁通的情况下推得的，由于线圈电阻及漏磁通的影响一般都不大，因此对给定的正弦电压源激励下铁心线圈中的磁通最大值便基本确定，并基本上保持正弦波形。

9.4.3　正弦电压作用下磁化电流的波形

在正弦电压作用下铁心线圈的 i 和 Φ 不再是线性关系。若忽略线圈所有功率损耗，即略去磁滞和涡流的影响后，此时线圈电流仅用以产生磁通，故称为磁化电流，用 $i_{\mathrm{M}}(t)$ 表示。为简化起见，设铁心线圈磁路中只含有均匀的一段，此时磁路各处磁场强度 H 都相同并与磁通势 $F=Ni$ 成正比，磁感应强度 B 各处也都相同并与磁通 Φ 成正比，所以将铁心材料的 $B-H$ 曲线即基本磁化曲线的纵坐标、横坐标各乘以相应的比例系数，就得到与 $B-H$ 曲线相似的 $\Phi-i$ 曲线，如图9-7(a)所示。设图9-7(b)中磁通为一正弦波 $\Phi(t)$，产生磁通所需电流 $i_{\mathrm{M}}(t)$ 的波形可从 $\Phi-i$ 曲线用逐点描绘的方法求得。按照图 9-7 中带有箭头的细线的作图方法，在$t=t_1$时，于 $\Phi(t)$ 曲线上找出纵坐标 Φ_1，从 $\Phi-i$ 曲线找出对应的横坐标 i_{M1}，就是 $t=t_1$ 时 $i_{\mathrm{M}}(t)$曲线的电流。用

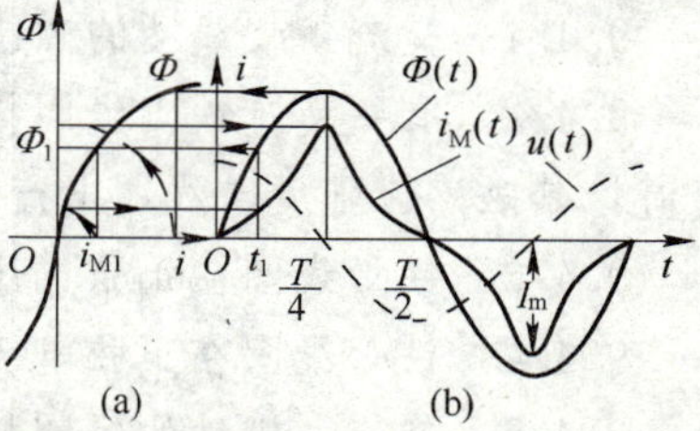

图 9-7　正弦电压作用下磁化电流的波形

同样方法可得不同时间 t 的电流，最后连接成 $i_M(t)$ 的波形曲线。

由前述讨论可知，当电压为正弦波时，磁通也为正弦波，但由图 9-7(b)可知电流却为非正弦的尖顶波。这种波形性畸变由 $\Phi-i$ 曲线的非线性引起，其实质是磁饱和所造成的。如果电压与磁通的振幅都较小，铁心工作在不饱和的情况下，即工作在曲线起始的近于直线的范围内，则电流波形近似于正弦波；如果铁心工作进入饱和区(即曲线的饱和段范围内)，同时电压越高，磁通越大，铁心饱和越严重，则电流波形畸变后变得更尖。

由于电流波形是奇函数且为横轴对称波，由谐波分析可知，它只含基波和奇次谐波分量，其中 3 次谐波较为显著。电流基波滞后线圈端电压 90°，故此磁化电流不消耗有功功率，只为产生磁通所需。

以上分析都忽略了铁心的磁滞和涡流的影响；若将这些因素考虑进去，波形畸变将更为明显。

9.4.4 正弦电流作用下磁通的波形

以上讨论的都是电压为正弦量，这也是多数电器设备中存在的情况。如果铁心线圈(如电流互感器)中有正弦电流，设

$$i=I_m\sin(\omega t)$$

同前类似，可用逐点描绘的方法作出铁心线圈磁通 $\Phi(t)$ 的波形，如图 9-8 中所示。

根据所得 $\Phi(t)$，由于

$$u=N\frac{d\Phi}{dt}$$

在 $\Phi(t)$ 曲线上求出各点的磁通变化率 $\frac{d\Phi}{dt}$，就可作出 $u(t)$ 的波形，如图 9-8 所示。当电流的最大值大到足以使铁心饱和时，磁通波形呈现为一平项波的形状。这是因为进入饱和区后，电流增加引起的磁通增加越来越小的缘故。在 $\Phi(t)$ 曲线经过零点时，$u(t)$ 最大。

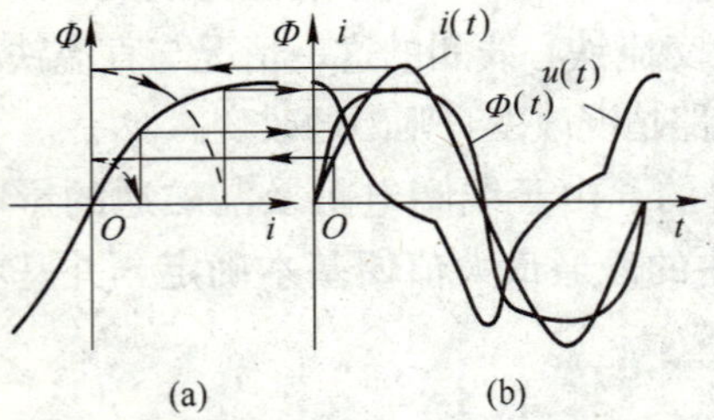

图 9-8 正弦电流作用下的磁通波形

由图可见，当铁心线圈的电流为正弦波时，由于磁饱和的影响，磁通和电压都为非正弦波。其中，$\Phi(t)$ 波形为平顶波，$u(t)$ 波形为尖顶波，都含有显著的 3 次谐波分量。

思考题与练习题

9.4.1 交流铁心线圈的磁损耗与哪些因素有关？

9.4.2 有一交流铁心线圈接在正弦交流电压源上，线圈匝数加倍，频率不变，电压不变时，其磁感应强度、线圈电流及铁心的铁损是否变化？如何变化？

9.4.3 铁心线圈在正弦电压激励下，其磁通和电流波形有何特点？

9.4.4 铁心线圈在正弦电流激励下，其磁通和电压波形有何特点？

9.4.5 交流电磁铁的线圈接到正弦电压源上时，若匝数增加，则磁通的振幅、电流有效值、铁心损耗将如何变化？

9.5　铁心线圈

含铁心的线圈是电工中常见的器件。由于其中的磁饱和、磁滞及涡流现象的存在，对它的精确分析比较复杂，也难以建立准确的电路模型。本节将利用等效正弦波的处理方法建立铁心线圈在交流电路中的近似电路模型，即采用等效正弦电流替代实际的非正弦电流，其条件是两者的有效值相等，并保持有功功率不变。当然，这只有在高次谐波不显著时才相对准确。按照上述处理方法，下面分析在不同条件下，铁心线圈在交流电流电路中的近似模型。

9.5.1　不考虑线圈电阻及漏磁通的电路模型

由 9.4 节分析可知，在不考虑线圈电阻及漏磁通的情况下，即只考虑铁心的磁饱和及铁心损耗的影响。当正弦电压作用于铁心线圈时，除了有不消耗有功功率的磁化电流外，尚需有补偿铁损的电流，它们合称为励磁电流。采用等效正弦波代替后，铁心中的磁通、电流、电压相量如图 9-9(a)所示，外加电压 $\dot{U}$ 相位超前于磁通 $\dot{\Phi}$ 为 90°。励磁电流相量 $\dot{I}$ 有两个分量：磁化电流 $i_M(t)$不消耗有功功率，其等效正弦波相量 $\dot{I}_M$ 与 $\dot{U}$ 成 90°角，与磁通 $\dot{\Phi}$ 同相，相当于励磁电流中的无功分量；另一个分量电流 $\dot{I}_a$ 是用来计及铁心损耗 P_{Fe}的，与电压相量 $\dot{U}$ 同相。相量 $\dot{I}$ 滞后于电压的角度 φ 小于 90°，α 为励磁电流超前于磁通的相位角，称之为损耗角。

由磁路计算或由实验测得励磁电流后，根据图 9-9(a)的相量关系，可以作出铁心线圈在这种情形下的电路模型(如图 9-9(b)所示)，它由一个电纳和一个电导并联组成，有

$$\dot{I}=\dot{I}_a+\dot{I}_M=(G_0+jB_0)\dot{U}=Y_0\dot{U} \tag{9-19}$$

式中 G_0 对应于磁损耗的励磁电导，B_0 是对应于磁化电流的感性电纳(其值为负)，而 $Y_0=G_0+jB_0$ 称为励磁导纳，G_0、B_0 分别为

$$G_0=\frac{I_a}{U}=\frac{P_{Fe}}{U^2},\quad B_0=-\frac{I_M}{U}$$

将该并联电路等效变换为串联，于是又可得图9-9(c)所示的交流铁心线圈的电路模型，有

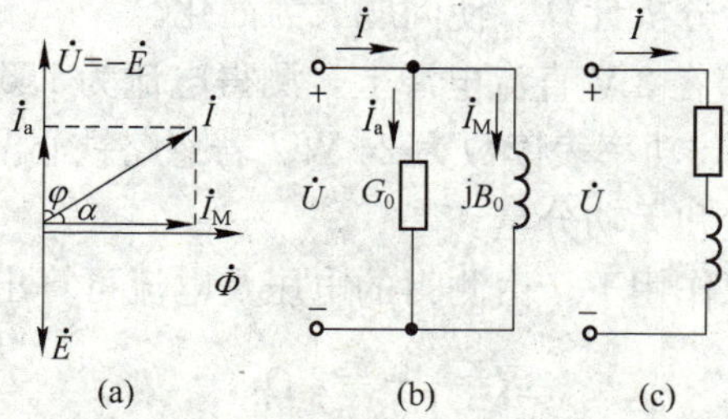

图 9-9　不考虑线圈电阻及漏磁通的电路模型及相量图

$$Z_0=R_0+jX_0=\frac{1}{Y_0}=\frac{1}{G_0+jB_0} \tag{9-20}$$

式中，R_0、X_0、Z_0 分别称为励磁电阻、励磁电抗、励磁阻抗。

9.5.2 考虑线圈电阻及漏磁通的电路模型

考虑线圈的电阻和漏磁通时，可以把线圈的磁链分为两部分：完全经铁心而闭合的主磁通 Φ；经空气而形成闭合路径的漏磁通 Φ_s。在这种情形下，铁心线圈电阻 R 上的电压 $\dot{U}_R=\dot{I}R$，与励磁电流同相。漏磁通链 Ψ_s 产生的感应电压 $\dot{U}_s=j\omega\dot{\Psi}_s=j\omega L_s\dot{I}$，它超前电流 $\dot{I}$ 的相位是 90°，式中 $L_s=\frac{\Psi_s}{I}$称为漏电感。这是因为漏磁通磁路的磁阻主要取决于空气段的磁阻，所以可认为漏磁通链与电流之间有线性关系，于是将 L_s 视为常数，表示漏磁通在电路中的作用，从而得电路方程

$$\dot{U}_1=\dot{U}_R+\dot{U}_s+\dot{U}=R\dot{I}+jX_s\dot{I}-\dot{E} \tag{9-21}$$

式中 $X_s=\omega L_s$ 称为漏磁感抗，简称漏抗；$\dot{U}=-\dot{E}$，为主磁通的感应电压；由于线圈电阻 R 的存在，造成铁心线圈电路另一部分的损耗 RI^2，它称为电阻损耗，又称铜损，表示为 P_{Cu}。

按照式(9-21)，就可以作出图 9-10 所示的铁心线圈在交流电流电路中的相量图和电路模型。线圈电阻压降 U_R 和漏抗压降 U_s 一般很小，仅为 U 长度的百分之几(在图中画的是有意放大的)。

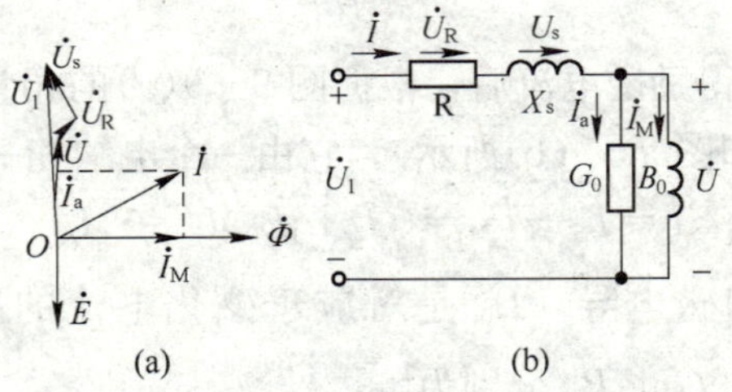

图 9-10 考虑线圈电阻及漏磁通的电路模型

需要指出的是，铁心线圈电路模型中各参数与磁损耗和励磁电流有关，一般都不是常量，是随线圈端电压 U 做非线性变化，因此铁心线圈是一个含非线性电感的电路。但当端电压变化范围不大时，这些参数可近似看作常量，这样便可采用上述的电路模型，并利用等效正弦波概念，通过相量进行分析计算，使问题大为简化。

例 9-1 将一铁心线圈接在 3 V 直流电源上，测得电流为 1.5 A；接在 50 Hz、160 V 的交流电源上，测得电流为 2 A，功率表读数为 24 W。若忽略铁心漏磁通，试计算并联电路模型的各参数及电流的有功分量和无功分量。

解 铁心线圈在直流电源作用下，由测得的电压及电流可算出线圈电阻为

$$R=\frac{3}{1.5}=2\ \Omega$$

铁心线圈接到交流电源时，有

$$P_{Cu}=RI^2=2\times 2^2=8\ W$$

$$P_{Fe}=P-P_{Cu}=24-8=16\ \text{W}$$

由于忽略漏磁通及漏抗压降，所以可认为$U\approx U_1\approx 160$ V，有

$$I_a=\frac{P_{Fe}}{U}=\frac{16}{160}=0.1\ \text{A}$$

$$I_M=\sqrt{I^2-I_a{}^2}=\sqrt{2^2-0.1^2}=2\ \text{A}$$

于是得并联电路模型中励磁电导、电纳分别为

$$G_0=\frac{I_a}{U}=\frac{0.1}{160}=\frac{1}{1\,600}\ \text{S}$$

$$B_0=-\frac{I_M}{U}=-\frac{2}{160}=-\frac{1}{80}\ \text{S}$$

思考题与练习题

9.5.1　不计线圈内阻及漏磁通时，交流铁心线圈的串联、并联电路模型分别是什么？其参数如何确定？

9.5.2　考虑线圈内阻及漏磁通时，交流铁心线圈电路模型是什么？其参数如何确定？

9.5.3　交流铁心线圈的磁化电流、铁损、铜损分别是什么？

本章小结

1. 本章介绍了电磁理论中有关磁场的部分物理量，磁通、磁感应强度、磁场强度和磁导率。其中：

均匀磁场中磁通Φ等于磁感应强度B与垂直于磁场方向面积S的乘积，即$\Phi=BS$，单位是特斯拉(T)，因此又称为磁通密度；

用来表示物质导磁能力大小的物理量叫作磁导率或导磁系数，用μ表示。它与磁场强度H的乘积等于磁感应强度，即$B=\mu H$。真空中的导磁系数$\mu_0=4\pi\times10^{-7}$ H/m。

2. 磁场的基本性质

磁通的连续性原理：通过任意闭合曲面的磁感应强度矢量的通量为零，也就是说，穿出某一闭合曲面的磁通恒等于穿入此闭合曲面的磁通。

安培环路定理(或称全电流定理)：在磁路中沿任一闭合路径L，磁场强度H的线积分等于该闭合回路所包围的总电流。

3. 铁磁材料的特性

其磁导率μ比非铁磁性物质大得多；存在磁饱和现象，B-H关系为非线性关系，磁导率不是常数；存在磁滞现象，磁化后除去外磁场，仍有剩磁；磁状态与磁化过程有关，交变磁化时的B-H曲线为磁滞回线。连接不同幅值的各条磁滞回线定点所得的曲线称为基本磁化曲线。

4. 磁路定律

当把磁通主要限制在以铁磁材料构成的磁路中，而不考虑通过空气的漏磁通时，就可以用磁路基本定律对电磁现象进行分析计算，并且类比电路的基本定律形式，记忆和理解磁路

中的物理概念，即

磁路的基尔霍夫第一定律：穿过闭合曲面的磁通的代数和应为零，即 $\sum \Phi = 0$。

磁路的基尔霍夫第二定律：闭合磁路中各段磁压的代数和等于各磁势的代数和，即

$$\sum Ni = \sum_{k=1}^{n} H_k l_k$$

磁路的欧姆定律：$F = \Phi R_m$，其中 R_m 与电阻 R 对应，称为磁阻，$R_m = l/\mu A$。

5. 交变磁通磁路

直流电流所激励的磁路没有损耗；而交流励磁电流所激励的磁路，由于铁磁材料的磁滞和涡流现象，在铁磁材料内部会产生有功功率的损耗，并且转换为热量。磁滞现象是因为铁磁材料中的磁畴在交流励磁电流的激励下反复变换方向，磁极的变换总是滞后于电流变化一个时间差，故称为磁滞；涡流现象是因为铁磁材料本身也是导体，在交变的磁通作用下，产生感应电势，并构成回路，形成电流，电流在铁磁材料中流动而产生损耗。铁心的磁滞和涡流损耗统称铁损，可以用公式求得。

当交流铁心线圈的磁路不饱和时，其中的电压、电流和磁通满足线性关系。如果励磁电流随时间做正弦变化，磁路中的磁通及由它所产生的感应电势和线圈的端电压都是正弦函数。

当磁通做正弦变化至饱和区时，电流曲线具有尖顶波形；而当电流做正弦变化且工作到饱和区域时，则磁通具有平顶波形。如对非正弦的电流及磁通波形进行谐波分析，则可看出它们都是奇谐波函数，主要含有 3 次谐波，随着铁心饱和程度的提高，3 次谐波分量就越显著。

6. 铁心线圈

交流铁心线圈的等效电路也是分析其电磁性能的工具，等效电路把磁的量折算到电路中，磁路中的铁损，折合到电路中即铁损电阻，漏磁感应电势折合成电路参数，即漏磁电抗，这样交流铁心线圈就完全可以采用电路参数来进行分析计算。

不考虑线圈电阻及漏磁通的情况下的电路模型：

$$\dot{I} = \dot{I}_a + \dot{I}_M = (G_0 + jB_0)\dot{U} = Y_0\dot{U}$$

并联电路的励磁导纳为：$Y_0 = G_0 + jB_0$，其中 G_0、B_0 分别为：$G_0 = \frac{I_a}{U} = \frac{P_{Fe}}{U^2}$，$B_0 = -\frac{I_M}{U}$。

串联电路的励磁阻抗为：$Z_0 = R_0 + jX_0 = \frac{1}{Y_0} = \frac{1}{G_0 + jB_0}$。

考虑线圈的电阻和漏磁通时，可将上述电路模型与线圈电阻 R 和漏磁通引起的漏电抗 jX_s 相串联，即为相应的电路模型。

附录A　电路实验指导

电路实验要求

一、实验课的作用

实验课是高等教育的一个重要环节，是理论联系实际的重要手段。通过实验教学，可验证和巩固所学的理论知识，训练实验技能，培养学生实际工作能力。实验课应达到以下目的：

① 培养学生实事求是，一丝不苟，三严（严格、严密、严肃）的科学态度，养成良好的实验习惯和作风；

② 训练学生的基本实验技能，如正确使用常见的电工仪器，掌握一些基本的电工测试技术、实验方法及数据分析处理；

③ 培养学生通过实验观察和研究基本电路现象及规律的能力，以巩固所学理论知识。

二、实验课的要求

1. 课前准备

(1) 阅读实验指导书，明确实验的目的与要求；并结合实验的原理复习有关理论。了解完成实验的方法和步骤，设计好实验数据的记录表格，认真思考并解答预习思考题中的问题。

(2) 理解并记住指导书中提出的注意事项。对实验中所用仪器设备的作用及使用方法要有初步了解。

2. 实验步骤

(1) 接线前，首先了解各种仪器设备和元器件的额定值，以及使用方法和电源的情况。

(2) 实验中要用的仪器、仪表、实验板及开关等，应根据连线合理布局。

(3) 接线原则是先串后并、先总后分，接线时应将所有电源开关断开，并将设备可调旋钮、手柄置于最安全位置，接好线后经仔细检查无误，经教师复查后才可接通电源，合电源时，要注意各个设备及仪表工作是否正常。

(4) 实验中要大胆细心，一丝不苟，认真观察现象，仔细读取数据，随时分析研究实验结果的合理性，如发现异常现象，应及时查找原因。

(5) 实验完毕，先切断电源，再根据实验要求核对实验数据，然后经教师审核确认后拆线，并将设备仪器排放整齐，等教师检查后方可离开实验室。

3. 实验课后的整理工作

主要是编写实验报告，这是实验的总结。报告内容应包括以下内容。

(1) 实验目的。

(2) 简述工作原理，不要照抄指导书。

(3) 实验方法及步骤：主要是画出线路图，对特殊的设备加以说明，认真用原始记录填写表格。

(4) 主要仪器设备。

(5) 数据处理：包括实验数据及计算结果的整理、分析、误差原因的估计等。

(6) 回答指导书中的思考题。

实验一　电工仪表测量误差的处理方法

一、实验目的

1. 了解电工仪表测量误差的处理方法。

2. 熟悉数字万用表与指针式万用表的使用方法。

二、实验原理

1. 用电压表、电流表、万用表等电表测量一个电量时，电表指示数值 A_X 与被测量的实际值 A_0 之间，不可避免地存在一定的误差，误差有两种表示方法。

绝对误差：　$\Delta = A_X - A_0$

相对误差：　$\gamma = \Delta / A_0 \times 100\%$

电表的准确等级是用标尺刻度上最大的绝对误差 Δ_{max} 与电表的量程 A_{max} 比值的百分数(称为引用误差)来表示，即：$\gamma_n = \Delta_{max}/A_{max} \times 100\%$。我国电表按计量标准分为 0.1、0.2、0.5、1.0、1.5、2.5、5.0 共 7 个等级。例如 γ_n 为 $\pm 0.4\%$，则此电表为 0.5 级。

测量时，电表任一读数的最大绝对误差应当由电表的准确度等级估算。

例如：用量程 100 mA、0.5 级的电流表来测量电流时，在测量中可能产生的最大绝对误差为 $\Delta_{max} = \pm 0.5\% \times 100 = \pm 0.5$ mA，即在测量中可能出现的最坏情况，是电表的读数偏离实际值 ± 0.5 mA，所以用大量程的电流表来测小电流，显然是不合理的，因为读数的相对误差可能达到：

$$\gamma = \Delta / A_0 \times 100\% = \gamma_n \cdot A_m / A_0 \qquad \text{(A-1)}$$

式(A-1)中 γ_n 为电表等级，A_m 是电表的量程，实际值 A_0 有时也可近似地用电表指示值 A_d 代替，由式(A-1)可见，在使用相同等级不同量程的电表去测量同一个量程时，量程大的电表，读数的相对误差要大，所以选用电表时，除考虑准确度等级外，还应注意合适的量程。

2. 图 A-1 所示为校验电表的电路，图中 V_0 与 A_0 是标准电表，它的读数 V_0 与 I_0 作为被测量的实际值，按电表校验规定，标准电表的准确度等级至少比被校电表高两级，V_X 与 A_X 是被校电表。

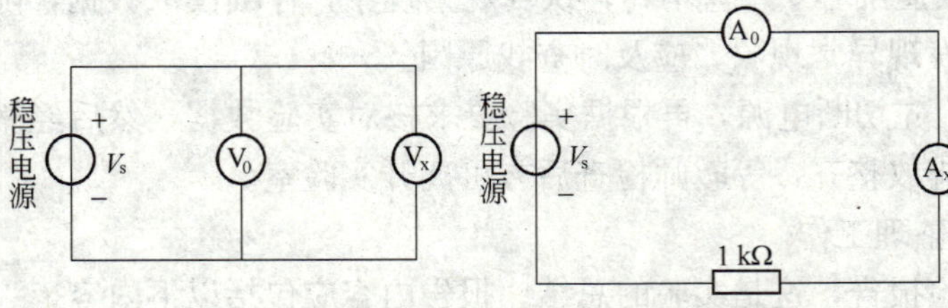

图 A-1　校验电表的电路

校表方法是这样的：调节标准电表 V_0，使被校电压表(或电流表)的指标指在标尺的大刻度值上，如图 A-2 所示的 a、b、c、d、e 5 个位置，分别记下 V_0、V_X 或 I_0、I_X，则在每一大刻度值上的绝对误差为：$\Delta V = V_X - V_0$，$\Delta I = I_X - I_0$，取上述绝对误差中的最大值 $|\Delta V_{max}|$ 或 $|\Delta I_{max}|$，按下式计算被校电表的准确度 γ_V 或 γ_I。

$$\left.\begin{aligned}\gamma_V&=\frac{|\Delta V|_{max}}{V_m}\times100\%\\ \gamma_I&=\frac{|\Delta I|_{max}}{I_m}\times100\%\end{aligned}\right\}\qquad(A-2)$$

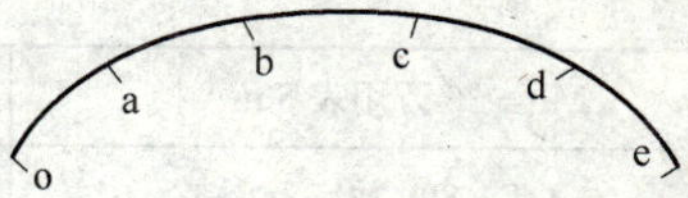

图A-2　电压表（电流表）刻度

式中 V_m 与 I_m 为被校电表的量程，如算出 $\gamma_V=2.1\%$，则被校电表的电压挡为2.5级。

3. 图A-3所示电路是测量未知电阻 R_X 的两种接法，见表1-3。

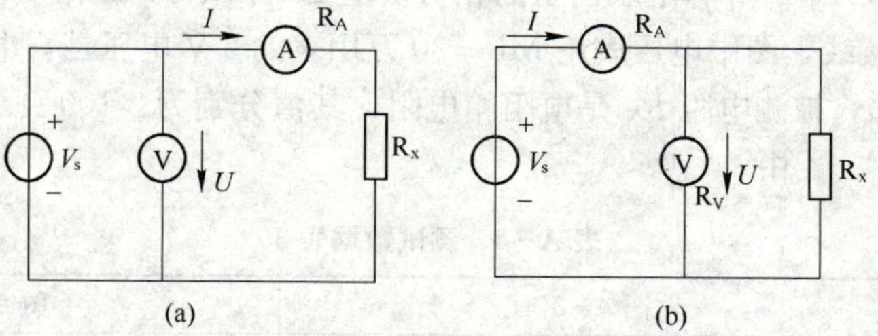

图A-3　测量电阻的接法

对图A-3(a)所示电路：

$$R_X=\frac{U}{I}-R_A\qquad(A-3a)$$

其中 R_A 为电流表内阻。

对图A-3(b)所示电路：

$$R=\frac{U}{I-U/R_V}=\frac{R_VU}{R_VI-U}\qquad(A-3b)$$

其中 R_V 为电压表内阻。

三、实验设备(见表A-1)

表A-1　实验设备1

序号	名称	型号与规格	数量
1	可调直流稳压电源	0～30 V	1台
2	指针式万用表	MF-30或其他	2台
3	数字万用表	DT-890	1台
4	可调电阻箱	0～9 999 Ω	1只

四、实验内容

1. 按图A-1接线，用DT-890数字万用表作为测量标准，其准确等级为0.8级，MF-30万用表的5 V电压挡和5 mA电流挡作为被校表，将测试数据分别记录于表A-2与表A-3中。

表A-2　测试数据表1

MF-30万用表5 V档	V_X(V)	1	2	3	4	5
DT-890数字万用表	V_0(V)					
绝对误差 $\Delta V=V_X-V_0$(V)						

表 A-3　测试数据表 2

MF-30 万用表 5 mA 挡	I_X(mA)	1	2	3	4	5
DT-890 数字万用表	I_0(mA)					
绝对误差 $\Delta I=I_X-I_0$(mA)						

2. 用数字万用表测量 MF-30 型万用表在 5 V 电压挡时的电表内阻 R_V 和 5 mA 电流挡的内阻 R_A，并按式(A-1)计算电表内阻的相对误差 $\Delta R_V/R_V$ 与 $\Delta R_A/R_A$。

3. 按图 A-3 接线，图中电压表用 MF-30 万用表的 5 V 电压挡，电流表用 MF-30 万用表的 5 mA 电流挡，被测电阻 R_X 是电阻箱电阻，其值分别为：100 Ω、1 000 Ω、5 000 Ω，测试数据记录于表 A-4 中。

表 A-4　测试数据表 3

测试数据＼被测电阻	图 A-3(a)						图 A-3(b)					
	R_{X1}		R_{X2}		R_{X3}		R_{X1}		R_{X2}		R_{X3}	
U(V)												
I(mA)												
计算 R_X(Ω)												
计算 R_X(平)												

4. 用数字万用表测 R_{X1}、R_{X2}、R_{X3} 的数值，并根据数字万用表的准确等级求它们的相对误差 $\Delta R_X/R_X\times 100\%$。

五、注意事项

1. 万用表使用时正确选择挡位和合适的量程。

2. 各测量数据和计算结果均要注意有效数字的选取。

六、实验报告

1. 列出所有测试数据的表格。

2. 根据测试数据，计算 MF-30 万用表的 5 V 电压挡和 5 mA 电流挡的准确等级。

3. 根据测试数据，计算电阻大小 R_X 在用间接测量法时的相对误差及用直接测量法时的相对误差。

实验二　元件伏安特性的测绘

一、实验目的

1. 学会识别常用电路元件的方法。

2. 掌握线性电阻、非线性电阻元件伏安特性的测绘。

3. 掌握实验台上直流电工仪表和设备的使用方法。

二、原理说明

任何一个二端元件的特性可用该元件上的端电压 U 与通过该元件的电流 I 之间的函数关系 $I=f(U)$来表示，即用 $I-U$ 平面上的一条曲线来表征，这条曲线称为该元件的伏安特性曲线。

（1）线性电阻器的伏安特性曲线是一条通过坐标原点的直线，如图A－4中直线a所示，该直线的斜率等于该电阻器的电阻值。

（2）一般的白炽灯在工作时灯丝处于高温状态，其灯丝电阻随着温度的升高而增大，通过白炽灯的电流越大，其温度越高，阻值也越大，一般灯泡的“冷电阻”与“热电阻”的阻值可相差几倍至十几倍，所以它的伏安特性如图A－4中曲线b所示。

（3）一般的半导体二极管是一个非线性电阻元件，其伏安特性如图A－4中曲线c所示。正向压降很小（一般的锗管约为0.2～0.3 V，硅管约为0.5～0.7 V），正向电流随正向压降的升高而急剧上升，而反向电压从零一直增加到十至几十伏时，其反向电流增加很小，可粗略地视为零。可见，二极管具有单向导电性，但反向电压加得过高，超过管子的极限值，则会导致管子击穿损坏。

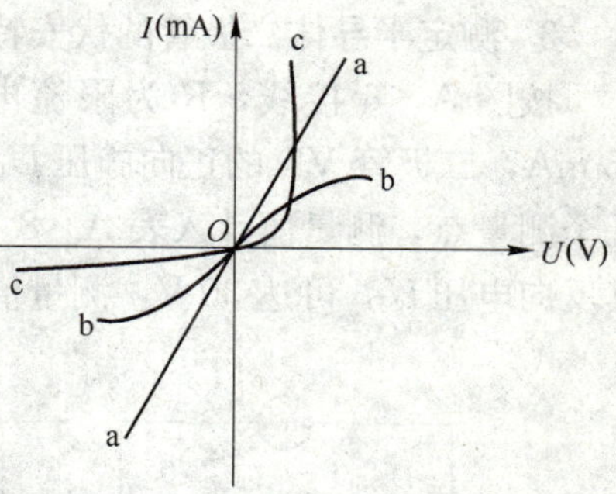

图A－4　元件伏安特性曲线

三、实验设备(见表A－5)

表A－5　实验设备2

序　号	名　　称	型号与规格	数　　量
1	可调直流稳压电源	0～30 V	1台
2	直流毫安表	0～200 mA	1台
3	直流电压表	0～30 V	1台
4	电　阻　箱	0～9 999 Ω	1只
5	二　极　管	IN4007	1只
6	白　炽　灯	12 V，0.1 A	1只
7	线性电阻器	200 Ω，510 Ω/8 W	1只

四、实验内容

1. 测定线性电阻器的伏安特性

按图A－5接线，调节稳压电源的输出电压U，从0 V开始缓慢地增加，一直到10 V，记录相应的电压表和电流表的读数U_R、I于表A－6。

表A－6　测试数据表4

U_R(V)	0	2	4	6	8	10
I(mA)						

2. 测定非线性白炽灯泡的伏安特性

将图A－5中的R换成一只12 V、0.1 A的灯泡，重复步骤1；U_L为灯泡的端电压。测量值计入表A－7。

表 A－7　测试数据表 5

U_L(V)	0.1	0.5	1	2	3	4	5
I(mA)							

3. 测定半导体二极管的伏安特性

按图 A－6 接线，R 为限流电阻器。测二极管的正向特性时，其正向电流不得超过 35 mA，二极管 VD 的正向施压 U_{D+} 可在 0～0.75 V 之间取值。在 0.5～0.75 V 之间应多取几个测量点，测量值计入表 A－8。测反向特性时，只需将图 A－7 中的二极管 VD 反接，且其反向电压 U_{D-} 可达 30 V，测量值计入表 A－9。

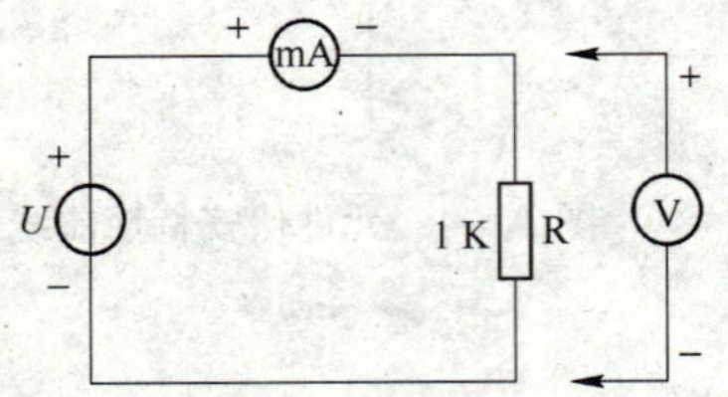

图 A－5　电路图 1

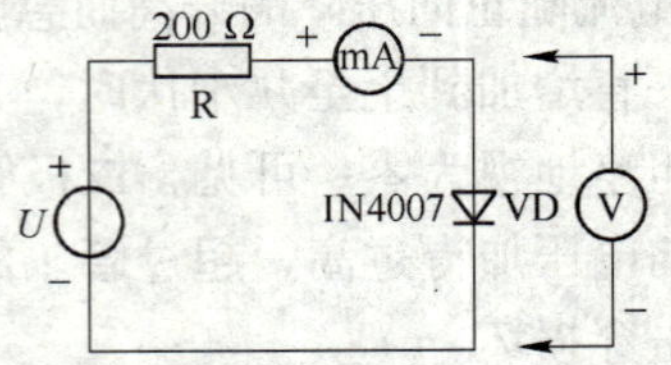

图 A－6　电路图 2

表 A－8　正向特性实验数据

U_{D+}(V)	0.10	0.30	0.50	0.55	0.60	0.65	0.70	0.75
I(mA)								

表 A－9　反向特性实验数据

U_{D-}(V)	0	−5	−10	−15	−20	−25	−30
I(mA)							

五、实验注意事项

(1) 测二极管正向特性时，稳压电源输出应由小至大逐渐增加，应时刻注意电流表读数不得超过 35 mA。

(2) 进行不同实验时，应先估算电压和电流值，合理选择仪表的量程，勿使仪表超量程，仪表的极性亦不可接错。

六、思考题

(1) 线性电阻与非线性电阻的概念是什么？电阻器与二极管的伏安特性有何区别？

(2) 设某器件伏安特性曲线的函数式为 $I=f(U)$，试问在逐点绘制曲线时，其坐标变量应如何放置？

七、实验报告

(1) 根据各实验数据，分别在方格纸上绘制出光滑的伏安特性曲线(其中二极管的正、反向特性要求画在同一张图中，正、反向电压可取为不同的比例尺)。

(2) 根据实验结果，总结、归纳被测各元件的特性。

(3) 写出心得体会及其他。

实验三　基尔霍夫定律的验证

一、实验目的

1. 验证基尔霍夫定律的正确性，加深对基尔霍夫定律的理解。

2. 学会用电流插头、插座测量各支路电流。

二、原理说明

基尔霍夫定律是电路的基本定律。测量某电路的各支路电流及每个元件两端的电压，应能分别满足基尔霍夫电流定律(KCL)和电压定律(KVL)。即对电路中的任意节点而言，应有 $\sum i=0$；对任何一个闭合回路而言，应有 $\sum u=0$。

运用上述定律时必须注意各支路或闭合回路中电流的正方向，此方向可预先任意设定。

三、实验设备(见表 A－10)

表 A－10　实验设备 3

序　号	名　　称	型号与规格	数　量
1	直流双路可调稳压电源	0～30 V	1 台
2	直流电压表	0～30 V	1 台
3	直流电流表	0～200 mA	1 台
4	电　阻　箱	0～9 999 Ω	5 只
5	电流插座、插头		插座 3 个，插头 1 个

四、实验内容

实验线路如图 A－7 所示。

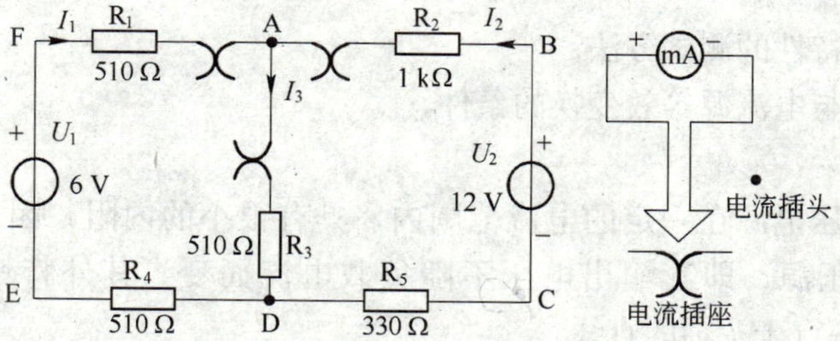

图 A－7　实验线路

(1) 实验前先任意设定三条支路和三个闭合回路的电流参考方向。图 A－7 中的 I_1、I_2、I_3 的方向已设定。三个闭合回路的电流绕行方向可设为 A→D→E→F→A、B→A→D→C→B 和F→B→C→E→F。

(2) 分别将两路直流稳压源接入电路，令 $U_1=6$ V，$U_2=12$ V。

(3) 熟悉电流插头的结构，将电流插头的两端接至毫安表的“＋、－”两端。

(4) 将电流插头分别插入三条支路的三个电流插座中，读出电流值并记录于表 A－11。

(5) 用直流电压表分别测量两路电源及电阻元件上的电压值，读出电压值并记录于表 A－11。

(6) 采用关联参考方向，由电压判断电流的“＋、－”，并记入表 A－11。

表 A-11 测试数据表 6

被测量	I_1 (mA)	I_2 (mA)	I_3 (mA)	U_1 (V)	U_2 (V)	U_{FA} (V)	U_{AB} (V)	U_{AD} (V)	U_{CD} (V)	U_{DE} (V)
计算值										
测量值										

五、实验注意事项

(1) 所有需要测量的电压值，均以电压表测量的读数为准。U_1、U_2 也需测量，不应取电源本身的显示值。

(2) 防止稳压电源两个输出端碰线短路。

(3) 用指针式电压表或电流表测量电压或电流时，如果仪表指针反偏，则必须调换仪表极性，重新测量。此时指针正偏，可读得电压或电流值。若用数显电压表或电流表测量，则可直接读出电压或电流值。但应注意：所读得的电压或电流值的正确"+、-"号应根据设定的电流参考方向来判断。

六、预习思考题

根据图 A-7 的电路参数，计算出待测的电流 I_1、I_2、I_3 和各电阻上的电压值，记入表中，以便实验测量时可正确地选定毫安表和电压表的量程。

七、实验报告

(1) 根据实验数据，选定节点 A，验证 KCL 的正确性。

(2) 根据实验数据，选定实验电路中的任意一个闭合回路，验证 KVL 的正确性。

实验四 电源的等效变换

一、实验目的

1. 掌握电源外特性的测试方法。

2. 验证电压源与电流源等效变换的条件。

二、原理说明

1. 一个直流稳压电源在一定的电流范围内，具有很小的内阻，因此在实用中，常将它视为一个理想的电压源，即其输出电压不随负载电流而变。其外特性曲线，即其伏安特性$U=f(I)$是一条平行于 I 轴的直线。

一个实用中的恒流源在一定的电压范围内，可视为一个理想的电流源——向外电路提供一个恒定的电流，即其输出电流不随负载两端的电压(即负载的电阻值)而变。

2. 一个实际的电压源(或电流源)，其端电压(或输出电流)不可能不随负载而变，因它具有一定的内阻值。所以在实验中，用一个小阻值的电阻(或大电阻)与稳压源(或恒流源)相串联(或并联)来模拟一个实际的电压源(或电流源)。

3. 一个实际的电源，就其外部特性而言，既可以看成是一个电压源，又可以看成是一个电流源。若视为电压源，则可用一个理想的电压源 U_S 与一个电阻 R_0 相串联的组合来表示；若视为电流源，则可用一个理想电流源 I_S 与一电导 G_0 相并联的组合来表示。如果这两种电源能向同样大小的负载供出同样大小的电流和端电压，则称这两个电源是等效的，即具有相同的外特性。

一个电压源与一个电流源等效变换的条件为：

电压源变换为电流源　$I_S = U_S/R_0$，$G_0 = 1/R_0$

电流源变换为电压源　$U_S = I_S/G_0$，$R_0 = 1/G_0$

如图 A－8 所示。

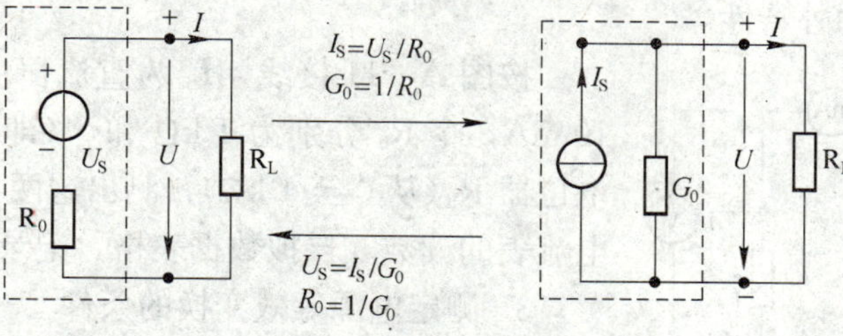

图 A－8　电压源与电流源的等效变换

三、实验设备(见表 A－12)

表 A－12　实验设备 4

序　号	名　　称	型号与规格	数　　量
1	可调直流稳压电源	0～30 V	1 台
2	可调直流恒流源	0～500 mA	1 台
3	直流电压表	0～200 V	1 台
4	直流毫安表	0～200 mA	1 台
5	电　　阻	0～9 999 Ω	2 只
6	可调电阻	0～99 999.9 Ω	1 只

四、实验内容

1. 测定直流稳压电源与实际电压源的外特性

(1) 按图 A－9 接线。U_S 为＋12 V 直流稳压电源(将 R_0 短接)。调节 R_2，令其阻值由大至小变化，两表的读数记入表 A－13。

表 A－13　电压表与电流表的读数 1

U(V)								
I(mA)								

(2) 按图 A－10 接线，虚线框可模拟为一个实际的电压源。调节 R_2，令其阻值由大至小变化，两表的读数记入表 A－14。

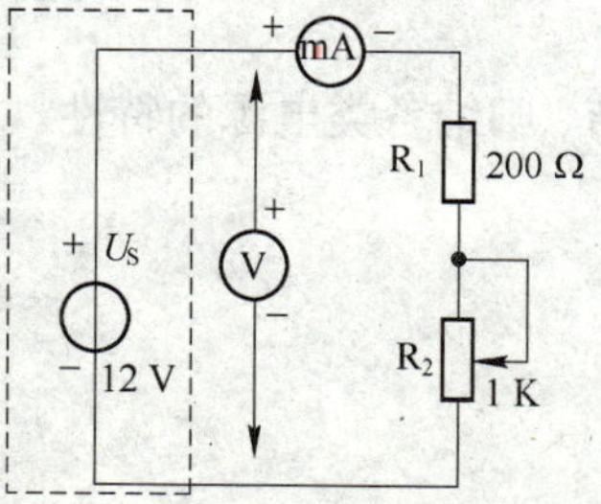

图 A－9　电路图 1

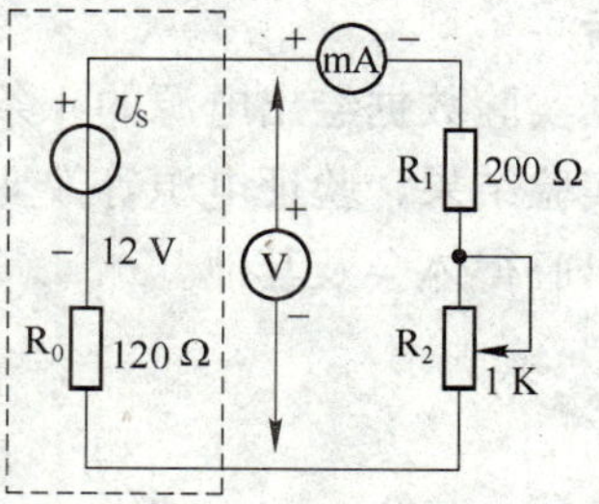

图 A－10　电路图 2

表 A－14 电压表和电流表的读数 2

U(V)							
I(mA)							

2. 测定电流源的外特性

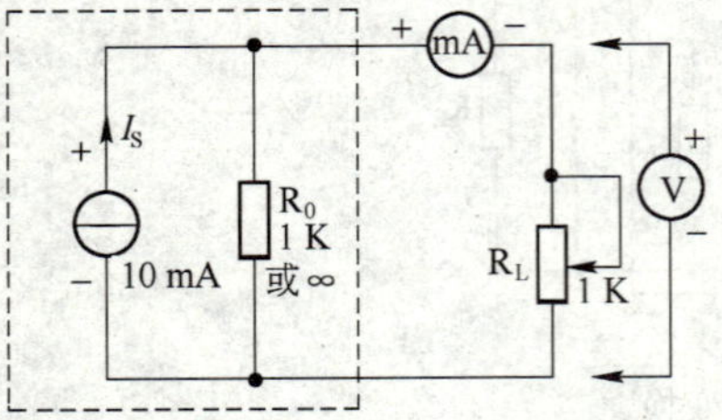

图 A－11 电路图 3

按图 A－11 接线，I_S 为直流恒流源，调节其输出为 10 mA，令 R_0 分别为 1 kΩ 和∞(即接入和断开)，调节电位器 R_L(从 0 至 1 kΩ)，测出这两种情况下的电压表和电流表的读数。自拟数据表格，记录实验数据。

3. 测定电源等效变换的条件

先按图 A－12(a)线路接线，记录线路中两表的读数。然后利用图 A－12(a)中右侧的元件和仪表，按图 A－12(b)接线。调节恒流源的输出电流 I_S，使两表的读数与图 A－12(a)时的数值相等，记录 I_S 之值，验证等效变换条件的正确性。

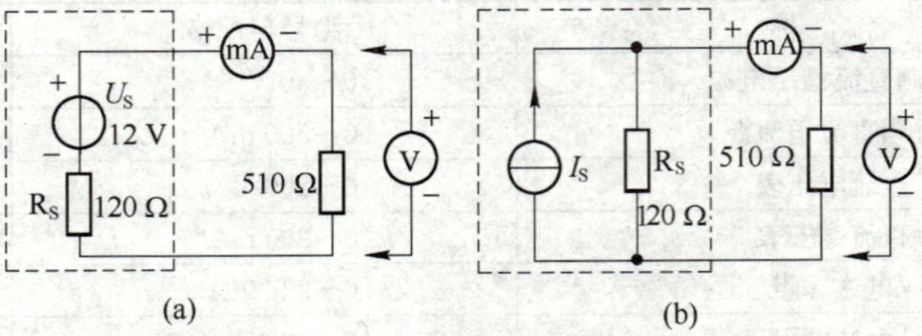

图 A－12 电路图 4

五、实验注意事项

(1) 在测电压源外特性时，不要忘记测空载时的电压值；测电流源外特性时，不要忘记测短路时的电流值，注意恒流源负载电压不要超过 20 V，负载不要开路。

(2) 换接线路时，必须关闭电源开关。

(3) 直流仪表的接入应注意极性与量程。

六、预习思考题

(1) 通常直流稳压电源的输出端不允许短路，直流恒流源的输出端不允许开路，为什么？

(2) 电压源与电流源的外特性为什么呈下降变化趋势，稳压源和恒流源的输出在任何负载下是否保持恒值？

七、实验报告

(1) 根据实验数据绘出电源的 4 条外特性曲线，并总结、归纳各类电源的特性。

(2) 从实验结果，验证电源等效变换的条件。

(3) 写出心得体会及其他。

实验五　叠加原理的验证

一、实验目的

验证线性电路叠加原理的正确性，加深对线性电路的叠加性和齐次性的认识和理解。

二、原理说明

(1) 叠加原理指出：在线性电路中，当有两个或两个以上的独立源作用时，则任意支路的电流(或电压)响应，等于电路中每个独立源单独作用下在该支路产生的电流(或电压)响应的代数和。

(2) 线性电路的齐次性是指当激励信号(所有独立源的值)增加或减小 K 倍时，电路的响应(即在电路中各电阻元件上所产生的电流和电压值)也将增加或减小 K 倍。

三、实验设备(见表A-15)

表A-15　实验设备5

序号	名称	型号与规格	数量
1	直流双路稳压电源	0～30 V可调	1台
2	直流电压表	0～200 V	1台
3	直流毫安表	0～200 mA	1台
4	电　阻	0～9 999 Ω	5只
5	电流插座、插头		插座3只，插头1只

四、实验内容

实验线路如图A-13所示。

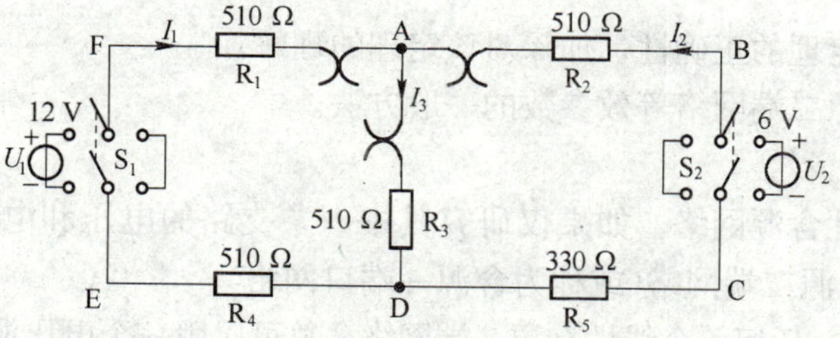

图A-13　实验线路

(1) 将两路稳压源的输出分别调节为12 V和6 V，接入 U_1 和 U_2 处。

(2) 令 U_1 电源单独作用(将开关 S_1 投向 U_1 侧，开关 S_2 投向短路侧)。用直流数字电压表和毫安表(接电流插头)测量各支路电流及各电阻元件两端的电压，数据记入表A-16。

表A-16　实验数据表1

实验内容 \ 测量项目	U_1 (V)	U_2 (V)	I_1 (mA)	I_2 (mA)	I_3 (mA)	U_{AB} (V)	U_{CD} (V)	U_{AD} (V)	U_{DE} (V)	U_{FA} (V)
U_1 单独作用										
U_2 单独作用										
U_1、U_2 共同作用										
$2U_2$ 单独作用										

(3) 令U_2电源单独作用(将开关S_1投向短路侧，开关S_2投向U_2侧)，重复实验步骤(2)的测量和记录，数据记入表A-16。

(4) 令U_1和U_2共同作用(开关S_1和S_2分别投向U_1和U_2侧)，重复上述的测量和记录，数据记入表A-16。

(5) 将U_2的数值调至+12 V，重复实验步骤(3)的测量并记录，数据记入表A-16。

五、实验注意事项

(1) 用电流插头测量各支路电流时，或者用电压表测量电压时，应注意仪表的极性，并根据参考方向正确判断测得值的“+、-”号后，记入数据表格。

(2) 注意仪表量程的及时更换。

六、预习思考题

在叠加原理实验中，要令U_1、U_2分别单独作用，应如何操作？可否直接将不作用的电源(U_1或U_2)短接置零？

七、实验报告

(1) 根据实验数据表格，进行分析、比较，归纳、总结实验结论，即验证线性电路的叠加性与齐次性。

(2) 各电阻器所消耗的功率能否用叠加原理计算得出？试用上述实验数据，进行计算并作结论。

(3) 写出心得体会及其他。

实验六　戴维南定理的验证

一、实验目的

1. 验证戴维南定理的正确性，加深对该定理的理解。

2. 掌握测量有源二端网络等效参数的一般方法。

二、原理说明

1. 任何一个线性含源网络，如果仅研究其中一条支路的电压和电流，则可将电路的其余部分看作是一个有源二端网络(或称为含源一端口网络)。

戴维南定理指出：任何一个线性有源二端网络，总可以用一个电压源与一个电阻的串联来等效代替，此电压源的电压U_S等于这个有源二端网络的开路电压U_{OC}，其等效内阻大小R_0等于该网络中所有独立源均置零(理想电压源视为短接，理想电流源视为开路)时的等效电阻。

$U_{OC}(U_S)$和R_0称为有源二端网络的等效参数。

2. 有源二端网络等效参数的测量方法

(1) 开路电压、短路电流法测R_0

在有源二端网络输出端开路时，用电压表直接测其输出端的开路电压U_{OC}，然后再将其输出端短路，用电流表测其短路电流I_{SC}，则等效内阻为

$$R_0=\frac{U_{OC}}{I_{SC}}$$

如果二端网络的内阻很小，若将其输出端短路则易损坏其内部元件，因此不宜用此法。

(2) 伏安法测R_0

用电压表、电流表测出有源二端网络的外特性曲线，如图 A－14 所示。根据外特性曲线求出斜率 $\tan\varphi$，则内阻

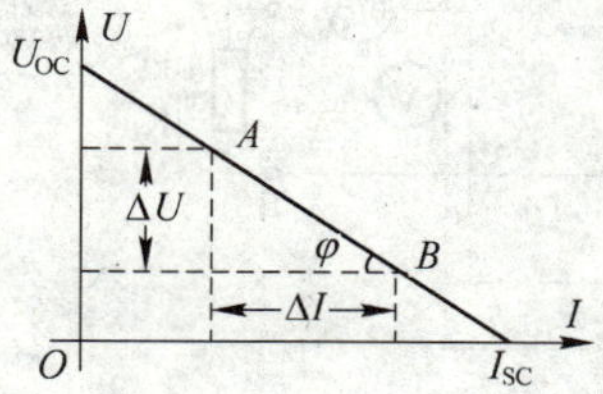

图 A－14　有源二端网络的外特性曲线

$$R_0=\tan\varphi=\frac{\Delta U}{\Delta I}=\frac{U_{OC}}{I_{SC}}$$

也可以先测量开路电压 U_{OC}，再测量电流为额定值 I_N 时的输出端电压值 U_N，则内阻为

$$R_0=\frac{U_{OC}-U_N}{I_N}$$

(3) 半电压法测 R_0

如图 A－15 所示，当负载电压为被测网络开路电压的一半时，负载电阻(由电阻箱的读数确定)即为被测有源二端网络的等效内阻值。

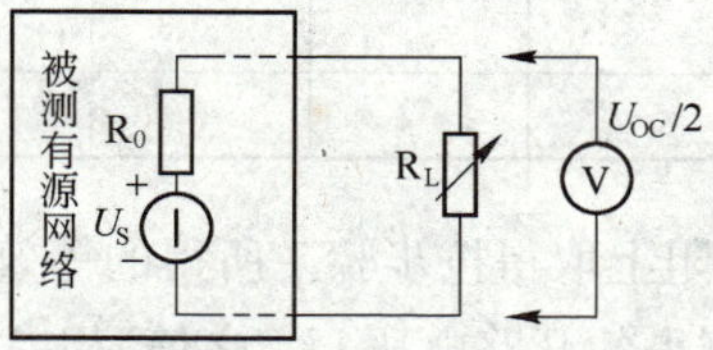

图 A－15　半电压法测 R_0

三、实验设备(见表 A－17)

表 A－17　实验设备 6

序　号	名　　称	型号与规格	数　　量
1	可调直流稳压电源	0～30 V	1台
2	可调直流恒流源	0～500 mA	1台
3	直流电压表	0～200 V	1台
4	直流毫安表	0～200 mA	1台
5	电　阻	0～9 999 Ω	4只
6	电 位 器	1 K/2 W	1只

四、实验内容

被测有源二端网络如图 A－16(a)所示。

1. 用开路电压、短路电流法测定戴维南等效电路的 U_{OC} 和 R_0。按图 A－16(a)接入稳压电源 $U_S=12\text{ V}$ 和恒流源 $I_S=10\text{ mA}$，不接入 R_L。如表 A－18 测出 U_{OC} 和 I_{SC}，并计算出 R_0。

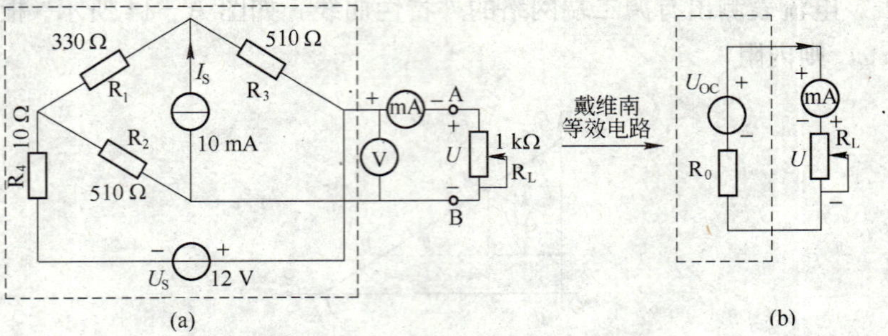

图 A－16 有源二端网络电路图

测 U_{OC}时，不接入 mA 表。）

表 A－18 实验数据表 2

U_{OC}(V)	I_{SC}(mA)	$R_0=U_{OC}/I_{SC}$(Ω)

2．负载实验：按图 A－16(a)接入 R_L。改变 R_L 阻值，如表 A－19 测量有源二端网络的外特性。

表 A－19 实验数据表 3

U(V)									
I(mA)									

3．验证戴维南定理：从电阻上取得按步骤 1 所得的等效电阻 R_0 之值，然后令其与直流稳压电源(调到步骤“1”时所测得的开路电压 U_{OC}之值)相串联，如图 A－16(b)所示，仿照步骤 2 测其外特性，值计入表 A－20，对戴维南定理进行验证。

表 A－20 实验数据表 4

U(V)									
I(mA)									

五、实验注意事项

(1) 测量时应注意电流表量程的更换。

(2) 改接线路时，要关掉电源。

六、预习思考题

(1) 说明测有源二端网络开路电压及等效内阻的几种方法，并比较其优缺点。

(2) 用实验数据说明戴维南定理的正确性。

七、实验报告

(1) 根据步骤 2、3，分别绘出曲线，验证戴维南定理的正确性，并分析产生误差的原因。

(2) 归纳、总结实验结果。

(3) 写出心得体会及其他。

实验七　交流电路参数的测定

一、实验目的

1. 学会用交流电压表、交流电流表和功率表测量交流电路等效参数的方法。

2. 学会功率表的接法和使用。

二、原理说明

1. 正弦交流信号激励下的元件值或阻抗值，可以用交流电压表、交流电流表及功率表分别测量出元件两端的电压U、流过该元件的电流I和它所消耗的功率P，然后通过计算得到所求的各值，这种方法称为三表法，是用以测量50 Hz交流电路参数的基本方法。

计算的基本公式为

阻抗的模$|Z|=\frac{U}{I}$，电路的功率因数$\cos\varphi=\frac{P}{UI}$。

等效电阻$R=\frac{P}{I^2}=|Z|\cos\varphi$，等效电抗$X=|Z|\sin\varphi$，等效阻抗$Z=R+\mathrm{j}X$。

若阻抗显感性：

由$X=X_L=2\pi fL$，得$L=\frac{X_L}{2\pi f}$。

若阻抗是容性：

由$X=X_C=\frac{1}{2\pi fC}$，得$C=\frac{1}{X_C 2\pi f}$。

2. 阻抗性质的判别方法：可用在被测元件两端并联电容或将被测元件与电容串联的方法来判别。其原理如下。

(1) 在被测元件两端并联一只适当容量的试验电容，若串接在电路中电流表的读数增大，则被测阻抗为容性，电流减小则为感性。

图A－17(a)中，Z为待测定的元件，C′为试验电容器。图A－17(b)是(a)的等效电路，图中G、B为待测阻抗Z的电导和电纳，B′为并联电容C′的电纳。在端电压有效值不变的条件下，按下面两种情况进行分析。

① 设$B+B'=B''$，若B'增大，B''也增大，则电路中电流I将单调地上升，故可判断B为容性元件。

② 设$B+B'=B''$，若B'增大，而B''先减小而后再增大，电流I也是先减小后上升，如图A－18所示，则可判断B为感性元件。

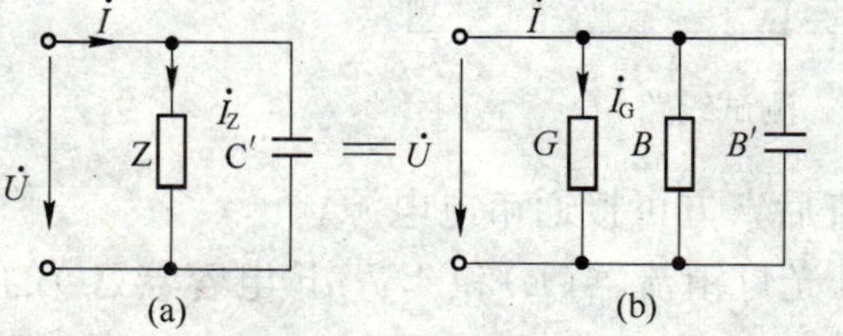

图A－17　并联电容测量法

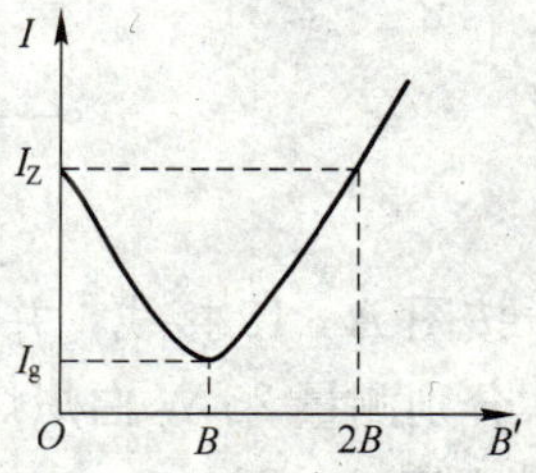

图A－18　I随B'的曲线

由以上分析可见，当 B 为容性元件时，对并联电容 C' 值无特殊要求；而当 B 为感性元件时，$B'<|2B|$ 才有判定为感性的意义。$B'>|2B|$ 时，电流单调上升，与 B 为容性时相同，并不能说明电路是感性的。因此 $B'<|2B|$ 是判断电路性质的可靠条件，由此得判定条件为 $C'<\left|\frac{2B}{\omega}\right|$。

(2) 与被测元件串联一个适当容量的试验电容，若被测阻抗的端电压下降，则判为容性；端电压上升则为感性，判定条件为 $\frac{1}{\omega C'}<|2X|$，式中 X 为被测阻抗的电抗值，C' 为串联试验电容值(此关系式可自行证明)。

判断待测元件的性质，除上述借助于试验电容 C' 测定法外，还可以利用该元件的电流 i 与电压 u 之间的相位关系来判断。若 i 超前于 u，为容性；i 滞后于 u，则为感性。

3. 本实验所用的功率表为智能交流功率表，其电压接线端应与负载并联，电流接线端应与负载串联。

三、实验设备(见表 A－21)

表 A－21 实验设备 7

序 号	名 称	型号与规格	数 量
1	交流电压表	0～500 V	1台
2	交流电流表	0～5 A	1台
3	功 率 表		1台
4	自耦调压器		1台
5	镇流器(电感线圈)	与 40 W 日光灯配用	1只
7	电 容 器	1 μF，4.7 μF/500 V	各1只
8	白 炽 灯	25 W(或 15 W)/220 V	3只

四、实验内容

测试线路如图 A－19 所示。

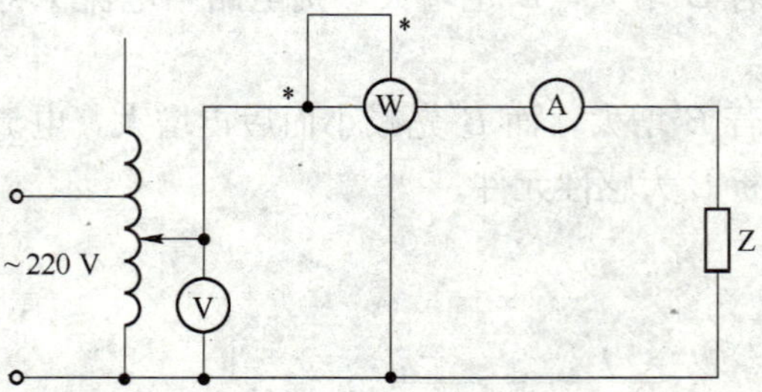

图 A－19 测试线路

(1) 按图 A－19 接线，并经指导教师检查后，方可接通市电电源。

(2) 分别测量 25 W 白炽灯(R)、40 W 日光灯镇流器(L)和 4.7 μF 电容器(C)的等效参数。值计入表 A－22。

(3) 将 L、C 串联与并联后的等效参数值计入表 A－22。

表 A-22　实验数据表 5

被测阻抗	测量值			计算值			电路等效参数		
	U (V)	I (A)	P (W)	$\cos\varphi$	Z (Ω)	$\cos\varphi$	R (Ω)	L (mH)	C (μF)
25 W 白炽灯 R									
电感线圈 L									
电容器 C									
L 与 C 串联									
L 与 C 并联									

（4）验证用串、并试验电容法判别负载性质的正确性。

实验线路同图 A-19，但不必接功率表，按表 A-23 内容进行测量和记录。

表 A-23　实验数据表 6

被测元件	串 1 μF 电容		并 1 μF 电容	
	串前端电压(V)	串后端电压(V)	并前电流(A)	并后电流(A)
R(3 只 15 W 白炽灯)				
C(4.7 μF)				
L(1 H)				

五、实验注意事项

（1）本实验直接用市电 220 V 交流电源供电，实验中要特别注意人身安全，不可用手直接触摸通电线路的裸露部分，以免触电；进实验室应穿绝缘鞋。

（2）自耦调压器在接通电源前，应将其手柄置在零位上，调节时，使其输出电压从零开始逐渐升高。每次改接实验线路及实验完毕，都必须先将其手柄慢慢调回零位，再断电源。必须严格遵守这一安全操作规程。

（3）实验前应详细阅读智能交流功率表的使用说明书，熟悉其使用方法。

六、预习思考题

在 50 Hz 的交流电路中，测得一只铁心线圈的 p、I 和 U，如何算得它的阻值及电感量？

七、实验报告

（1）根据实验数据，完成各项计算。

（2）完成预习思考题的任务。

（3）写出心得体会及其他。

实验八　一阶 RC 串联电路响应的研究

一、实验目的

1. 学习用示波器观察和分析电路的过渡过程。

2. 研究 RC 串联电路在方波激励时的暂态过程。

二、原理说明

1. 一阶电路：含有 L、C 储能元件的电路，其响应可由微分方程求解。凡是可用一阶微分方程描述的电路称为一阶电路。一阶电路通常由一个储能元件和若干个电阻元件组成。

2. 零状态响应：所有储能元件初始值为零的电路对激励的响应。对图 A－20 所示一阶电路：当 $t=0$ 时，开关 S 由位置 2 转到位置 1，直流电源经 R 向 C 充电。初始值：$u_C(0_+)=u_C(0_-)=0$，由 KVL 列方程得

$$RC\frac{du_C(t)}{dt}+u_C(t)=U_S \quad (t\geqslant 0) \tag{A-4}$$

可以得出电容电压和电流随时间变化的规律

$$\left.\begin{aligned} u_C(t)&=U_S(1-e^{-\frac{t}{\tau}}) \quad (t\geqslant 0)\\ i(t)&=C\frac{du_C(t)}{dt}=\frac{U_S}{R}e^{-\frac{t}{\tau}} \quad (t>0)\end{aligned}\right\} \tag{A-5}$$

式中 $\tau=RC$ 是电路时间常数它表征暂态过程的快慢。

3. 零输入响应：电路在无激励情况下由储能元件的初始储能引起的响应。在图 A－20 中，当开关 S 置于 1，$u_C(0_-)=U_S$ 时，再将 S 转到 2，电容器电压经电阻 R 放电。由方程

$$u_C+RC\frac{du_C}{dt}=0 \quad (t\geqslant 0)$$

初始值：$u_C(0_+)=U_S$，可以得出电容器上的电压和电路中的电流随时间变化的规律为

$$u_C(t)=u_C(0_+)e^{-t/\tau} \quad (t\geqslant 0)$$

$$i_C(t)=\frac{u_C(0_+)}{R}e^{-t/\tau} \quad (t\geqslant 0)$$

4. 全响应：电路即有激励，且初始条件不为零时的响应，如图 A－21 所示(对该电路的详细分析，请参考教材有关内容)。

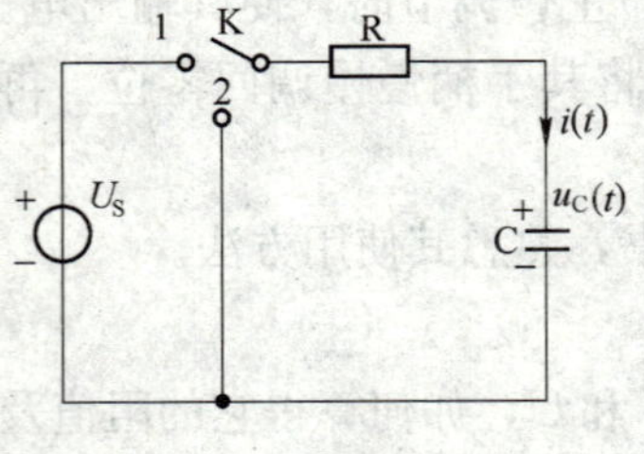

图 A－20 电路图 1

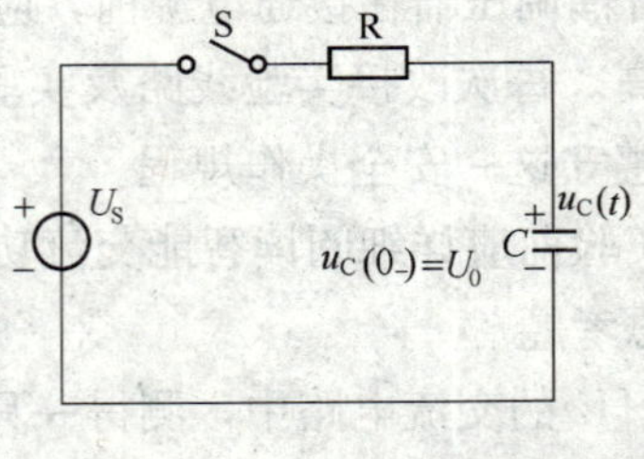

图 A－21 电路图 2

三、实验设备(见表 A－24)

表 A－24 实验设备 8

序 号	名 称	型号与规格	数 量
1	示 波 器	WC4630 或其他	1 台
2	直流双路稳压电源	0～30 V	1 台
3	FG－6002 函数发生器	FG－6002 或其他	1 台
4	电 阻	0～9 999 Ω	1 只
5	电 容 箱	0～22 μF	1 只
6	单刀双掷开关		1 个

四、实验内容

1. 观察R、C串联一阶电路的过渡过程$u_C(t)$、$u_R(t)$。

实验电路如图A-22所示，先将开关S接到2，此时接通稳压电源，使其输出20 V电压，然后将电阻值调为最大，电容箱调到20 μF，并将开关S由2转到1，此时可以在示波器上观察到$u_C(t)$、$u_R(t)$的波形，将观察到的波形记录下来，根据电阻的数值和电容箱的数值，将R和C调到一个较小的数值(如$R=2\ 000\ \Omega$，$C=4.8\ \mu F$)；重复前一步骤，记录波形。

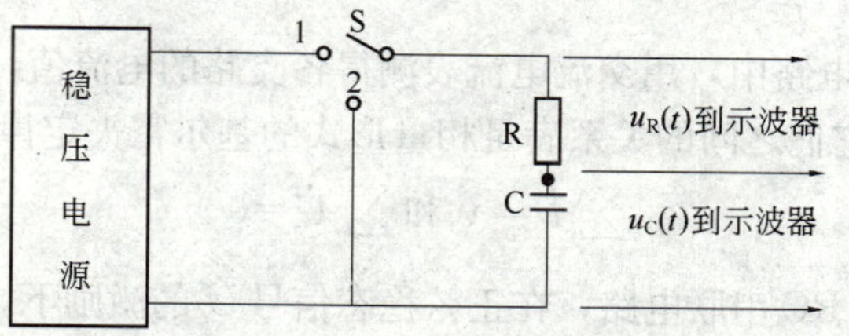

图A-22 电路图3

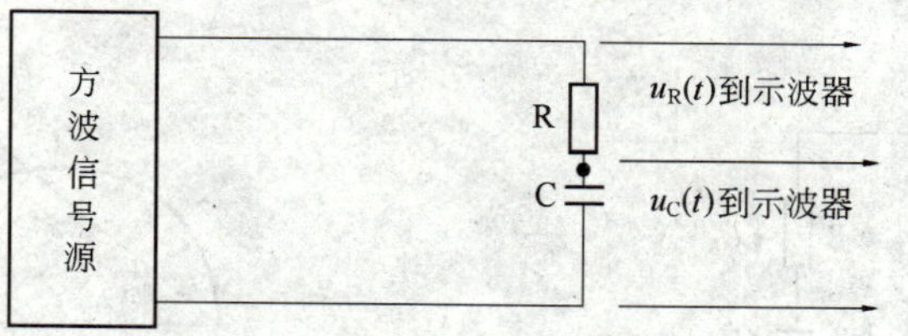

图A-23 电路图4

2. 观察研究一阶电路对方波激励的响应。

电路如图A-23所示，用示波器观察下列三种情况的$u_C(t)$、$u_R(t)$的波形，并记录之。(注：在同一坐标下分别绘制电源波形和u_C、u_R的波形)

(1) $R=10\ 000\ \Omega$ $C=20\ \mu F$ $f=500$ Hz

(2) $R=1\ 000\ \Omega$ $C=2\ \mu F$ $f=500$ Hz

(3) $R=10\ \Omega$ $C=2\ \mu F$ $f=500$ Hz

五、注意事项

(1) 用示波器观察响应的过渡过程(图A-22)时，示波器的扫描时间的选取要适当，调节“扫描范围”及“扫描微调”使示波器荧光屏上出现缓慢移动的光点，当光点出现在荧光屏的左端时，立即合上开关S，进行观察。

(2) 预习函数发生器及双踪示波器的正确使用。

(3) 在观察$u_C(t)$、$u_R(t)$时，由于副值可能相差很大，要注意调节示波器的“Y轴增幅”旋钮，以调节Y轴灵敏度。

六、思考题

当电容C具有初值时，RC串联一阶电路是否会出现没有暂态过程的现象？如何可以出现，条件是什么？

实验九 日光灯电路及功率因数的提高

一、实验目的

1. 研究正弦稳态交流电路中电压、电流相量之间的关系。

2. 掌握日光灯线路的接线。

3. 理解改善电路功率因数的意义并掌握其方法。

二、原理说明

1. 在单相正弦交流电路中，用交流电流表测得各支路的电流值，用交流电压表测得回路各元件两端的电压值，它们之间的关系满足相量形式的基尔霍夫定律，即

$$\sum \dot{I}=0 \text{ 和 } \sum \dot{U}=0$$

2. 图 A-24 所示的 RC 串联电路，在正弦稳态信号 $\dot{U}$ 的激励下，$\dot{U}_R$ 与 $\dot{U}_C$ 保持有 90°的相位差，即当 R 阻值改变时，$\dot{U}_R$ 的相量轨迹是一个半圆。$\dot{U}$、$\dot{U}_C$ 与 $\dot{U}_R$ 三者形成一个直角形的电压三角形，如图 A-25 所示。R 值改变时，可改变 φ 角的大小，从而达到移相的目的。

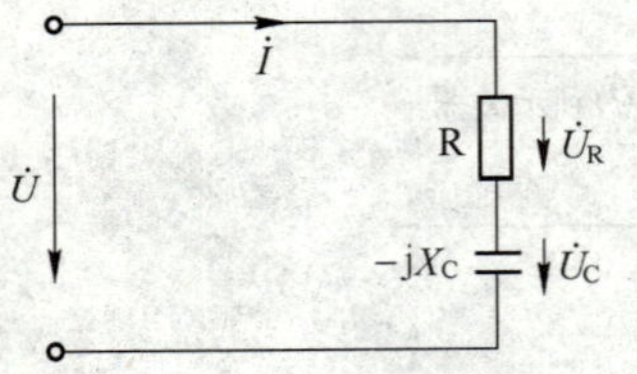

图 A-24 RC 串联电路

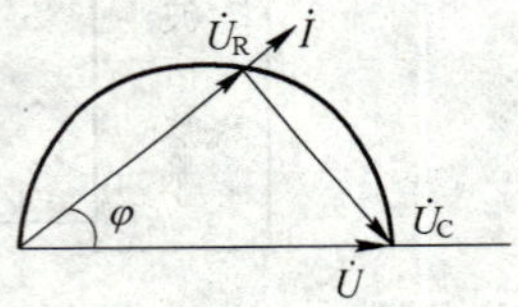

图 A-25 电压三角形

3. 日光灯线路如图 A-26 所示，图中 A 是日光灯管，L 是镇流器，S 是启辉器，C 是补偿电容器，用以改善电路的功率因数($\cos\varphi$ 值)。有关日光灯的工作原理请自行翻阅有关资料。

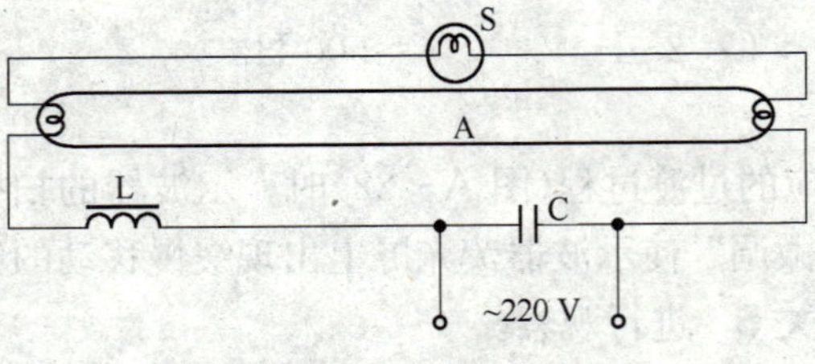

图 A-26 日光灯线路

三、实验设备(见表 A-25)

表 A-25 实验设备 9

序 号	名 称	型号与规格	数 量
1	交流电压表	0～450 V	1台
2	交流电流表	0～5 A	1台
3	功 率 表		1台

续表

序号	名称	型号与规格	数量
4	自耦调压器		1台
5	镇流器、启辉器	与 30 W 灯管配用	各1个
6	日光灯灯管	30 W	1只
7	电容器	1 μF，2.2 μF /500 V	各1只
8	电容器	4.7 μF/500 V	2只
9	电流插座		3只

四、实验内容

1. 日光灯电路接线与测量

按图 A－27 接线。经指导教师检查后接通实验台电源，调节自耦调压器的输出，使其输出电压缓慢增大，直到日光灯刚启辉点亮为止，记下三表的指示值于表 A－26。然后将电压调至 220 V，测量功率 P，电流 I，电压 U、U_L、U_A 等，验证电压、电流相量关系。

表 A－26　实验数据表 7

	测量数值						计算值	
	P(W)	$\cos\varphi$	I(A)	U(V)	U_L(V)	U_A(V)	r(Ω)	$\cos\varphi$
启辉值								
正常工作值								

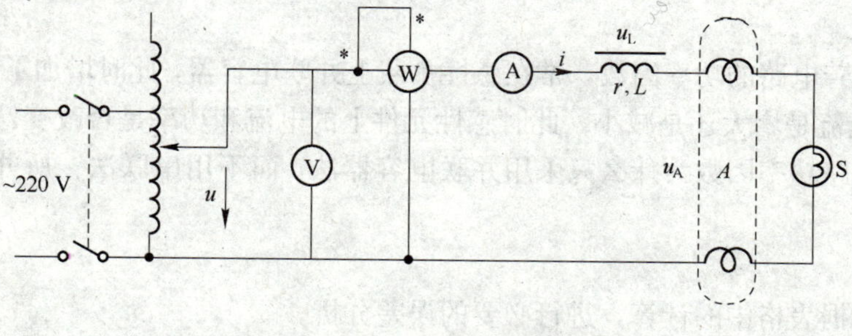

图 A－27　日光灯电路接线图

2. 并联电路——电路功率因数的改善

按图 A－28 组成实验线路。

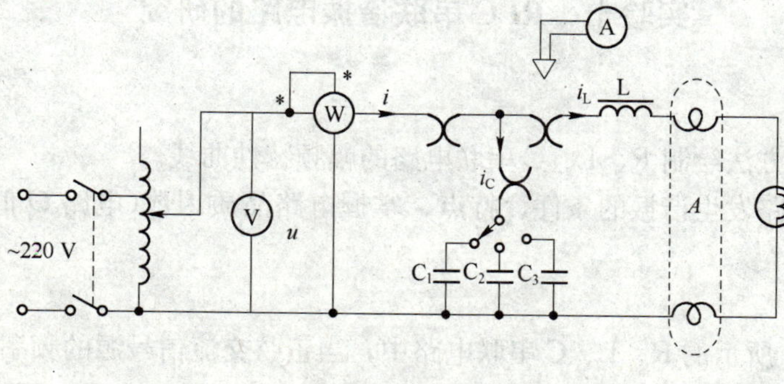

图 A－28　实验线路

经指导老师检查后，接通实验台电源，将自耦调压器的输出调至 220 V，记录功率表、电压表读数。通过一只电流表和三个电流插座分别测得三条支路的电流，改变电容值，进行三次重复测量。数据记入表 A－27 中。

表 A－27 实验数据表 8

电容值	测量数值						计算值	
$C(\mu F)$	P(W)	$\cos\varphi$	U(V)	I(A)	I_L(A)	I_C(A)	I(A)	$\cos\varphi$
0								
1								
2.2								
4.7								
9.4								

五、实验注意事项

（1）本实验用交流市电 220 V，务必注意用电和人身安全。

（2）功率表要正确接入电路。

（3）线路接线正确，日光灯不能启辉时，应检查启辉器及其接触是否良好。

六、预习思考题

（1）在日常生活中，当日光灯上缺少了启辉器时，人们常用一根导线将启辉器的两端短接一下，然后迅速断开，使日光灯点亮；或用一只启辉器去点亮多只同类型的日光灯。这是为什么？

（2）为了改善电路的功率因数，常在感性负载上并联电容器，此时增加了一条电流支路，试问电路的总电流是增大还是减小，此时感性元件上的电流和功率是否改变？

（3）提高线路功率因数为什么只采用并联电容器法，而不用串联法？所并联的电容器是否越大越好？

七、实验报告

（1）完成数据表格中的计算，进行必要的误差分析。

（2）讨论改善电路功率因数的意义和方法。

（3）写出装接日光灯线路的心得体会及其他。

实验十 RLC 串联谐振电路的研究

一、实验目的

1. 学习用实验方法绘制 R、L、C 串联电路的幅频特性曲线。

2. 加深理解电路发生谐振的条件、特点，掌握电路品质因数（电路 Q 值）的物理意义及其测定方法。

二、原理说明

1. 在图 A－29 所示的 R、L、C 串联电路中，当正弦交流信号源的频率 f 改变时，电路中的感抗、容抗随之而变，电路中的电流也随 f 而变。取电阻 R 上的电压 u_0 作为响应，当

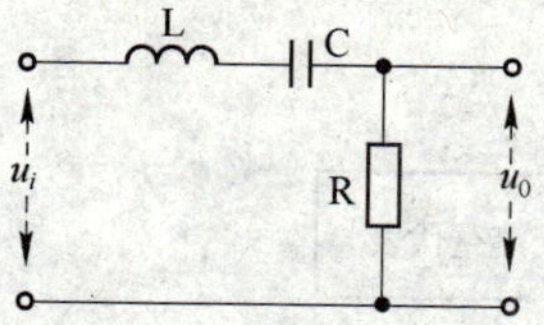

图 A-29　RLC 串联电路

输入电压 u_i 的幅值维持不变时，在不同频率的信号激励下，测出 U_0 值，然后以 f 为横坐标，以 U_0/U_i 为纵坐标(因 U_i 不变，故也可直接以 U_0 为纵坐标)，绘出光滑的曲线，即为幅频特性曲线，也称谐振曲线，如图 A-30 所示。

2. 在 $f=f_0=\dfrac{1}{2\pi\sqrt{LC}}$处，即幅频特性曲线尖峰所在的频率

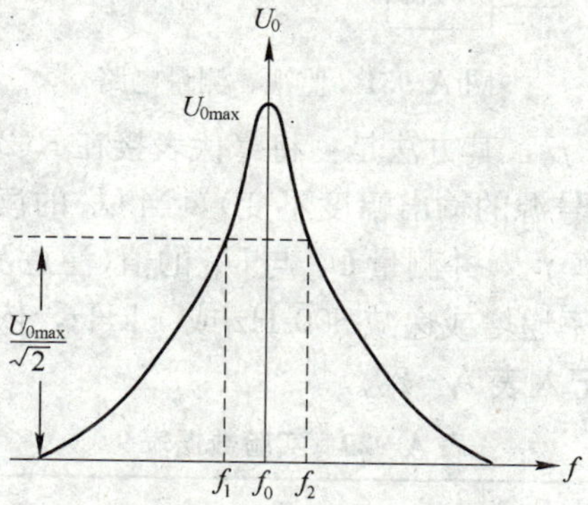

图 A-30　幅频特性曲线

点称为谐振频率。此时 $X_L=X_C$，电路呈纯阻性，电路阻抗的模为最小。在输入电压 U_i 为定值时，电路中的电流达到最大值，且与输入电压 u_i 同相位。从理论上讲，此时 $U_i=U_R=U_0$，$U_L=U_C=QU_i$，式中的 Q 称为电路的品质因数。

3. 电路品质因数 Q 值的两种测量方法

一是根据公式 $Q=\dfrac{U_L}{U_0}=\dfrac{U_C}{U_0}$测定，$U_C$ 与 U_L 分别为谐振时电容器 C 和电感线圈 L 上的电压；另一方法是通过测量谐振曲线的通频带宽度 $\Delta f=f_2-f_1$，再根据 $Q=\dfrac{f_0}{f_2-f_1}$求出 Q 值。式中 f_0 为谐振频率，f_2 和 f_1 是失谐时(即输出电压的幅度下降到最大值的 $1/\sqrt{2}$ (=0.707)倍时)的上、下频率点。Q 值越大，曲线越尖锐，通频带越窄，电路的选择性越好。在恒压源供电时，电路的品质因数、选择性与通频带只决定于电路本身的参数，而与信号源无关。

三、实验设备(见表 A-28)

表 A-28　实验设备 10

序号	名　称	型号与规格	数　量
1	函数信号发生器		1 台
2	交流毫伏表	0～600 V	1 台
3	双踪示波器		1 台
4	频　率　计		1 台
5	谐振电路实验电路板	R=200 Ω，1 kΩ C=0.01 μF，0.1 μF， L=30 mH	

四、实验内容

1. 按图 A-31 组成监视、测量电路。先选 C_1=0.01 μF。用交流毫伏表测电压，用示波

器监视信号源输出。令信号源输出电压 $U_i=3$ V，并保持不变。

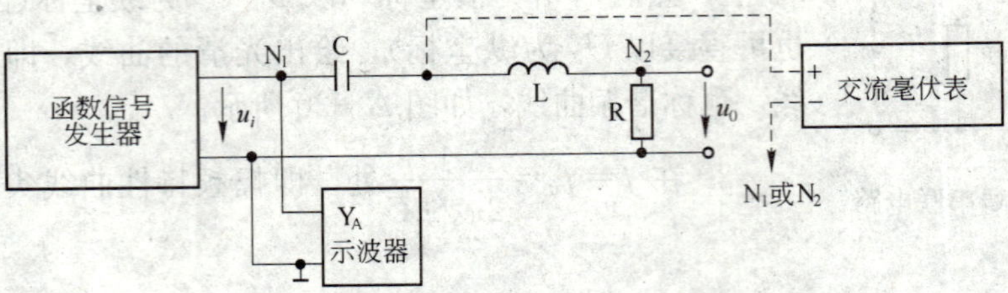

图 A-31　监视、测量电路

2. 找出电路的谐振频率 f_0，其方法是：将毫伏表接在 R(200 Ω)两端，令信号源的频率由小逐渐变大(注意要维持信号源的输出幅度不变)，当 U_0 的读数为最大时，读得频率计上的频率值即为电路的谐振频率 f_0，并测量 U_C 与 U_L 的值(注意及时更换毫伏表的量限)。

3. 在谐振点两侧，按频率递增或递减 500 Hz 或 1 kHz，依次各取 3 个测量点，逐点测出 U_0、U_L、U_C 之值，数据记入表 A-29。

表 A-29　实验数据表 9

f(kHz)							
U_0(V)							
U_L(V)							
U_C(V)							
$U_i=3$ V，　$C=0.01$ μF，　$R=200$ Ω，　$f_0=$　，　$f_2-f_1=$　，　$Q=$							

4. 选 $C_1=0.01$ μF，$R_2=1$ kΩ，重复步骤 2、3 的测量过程，数据计入表 A-30。

表 A-30　实验数据表 10

f (kHz)														
U_0(V)														
U_L(V)														
U_C(V)														
$U_i=3$ V，　$C=0.01$ μF，　$R=1$ kΩ，　$f_0=$　，　$f_2-f_1=$　，　$Q=$														

五、实验注意事项

(1) 测试频率点的选择应在靠近谐振频率附近多取几点。在变换频率测试前，应调整信号输出幅度(用示波器监视输出幅度)，使其维持在 3 V。

(2) 测量 U_C 和 U_L 数值前，应将毫伏表的量限改大，而且在测量 U_L 与 U_C 时毫伏表的"+"端应接 C 与 L 的公共点，其接地端应分别触及 L 和 C 的近地端 N_2 和 N_1。

(3) 实验中，信号源的外壳应与毫伏表的外壳绝缘(不共地)。如能用浮地式交流毫伏表测量，则效果更佳。

六、预习思考题

(1) 根据实验线路板给出的元件参数值，估算电路的谐振频率。

(2) 改变电路的哪些参数可以使电路发生谐振？电路中 R 的数值是否影响谐振频率值？

(3) 要提高 R、L、C 串联电路的品质因数，电路参数应如何改变？

(4) 本实验在谐振时，对应的 U_L 与 U_C 是否相等？如有差异，原因何在？

七、实验报告

(1) 通过本次实验，总结、归纳串联谐振电路的特性。

(2) 写出心得体会及其他。

实验十一　二端口网络测试

一、实验目的

1. 加深理解二端口网络的基本理论。

2. 掌握直流二端口网络传输参数的测量技术。

二、原理说明

对于任何一个线性网络，我们所关心的往往只是输入端口和输出端口的电压和电流之间的相互关系，并通过实验测定方法求取一个极其简单的等值二端口电路来替代原网络，此即为“黑盒理论”的基本内容。

1. 一个二端口网络两端口的电压和电流 4 个变量之间的关系，可以用多种形式的参数方程来表示。本实验采用输出口的电压 U_2 和电流 I_2 作为自变量，以输入口的电压 U_1 和电流 I_1 作为应变量，所得的方程称为二端口网络的传输方程，如图 A-32 所示的无源线性二端口网络(又称为四端网络)的传输方程为：$U_1=AU_2+BI_2$；$I_1=CU_2+DI_2$。式中的 A、B、C、D 为二端口网络的传输参数，其值完全决定于网络的拓扑结构及各支路元件的参数值。这 4 个参数表征了该二端口网络的基本特性，它们的含义是：

$A=\dfrac{U_{1O}}{U_{2O}}$　(令 $I_2=0$，即输出口开路时)

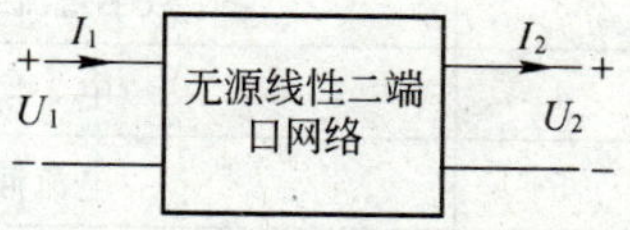

图 A-32　无源线性二端口网络

$B=\dfrac{U_{1S}}{I_{2S}}$　(令 $U_2=0$，即输出口短路时)

$C=\dfrac{I_{1O}}{U_{2O}}$　(令 $I_2=0$，即输出口开路时)

$D=\dfrac{U_{1S}}{I_{2S}}$　(令 $U_2=0$，即输出口短路时)

由此可知，只要在网络的输入口加上电压，在两个端口同时测量其电压和电流，即可求出 A、B、C、D 共 4 个参数，此即为双端口同时测量法。

2. 若要测量一条远距离输电线构成的二端口网络，采用同时测量法就很不方便。这时可采用分别测量法，即先在输入口加电压，而将输出口开路和短路，在输入口测量电压和电流，由传输方程可得

$R_{1O}=\dfrac{U_{1O}}{I_{1O}}=\dfrac{A}{C}$　(令 $I_2=0$，即输出口开路时)

$R_{1S}=\dfrac{U_{1S}}{I_{1S}}=\dfrac{B}{D}$　(令 $U_2=0$，即输出口短路时)

然后在输出口加电压，而将输入口开路和短路，测量输出口的电压和电流。此时可得

$$R_{2O}=\frac{U_{2O}}{I_{2O}}=\frac{D}{C}\quad（令 I_1=0，即输入口开路时）$$

$$R_{2S}=\frac{U_{2S}}{I_{2S}}=\frac{B}{A}\quad（令 U_1=0，即输入口短路时）$$

R_{1O}、R_{1S}、R_{2O}、R_{2S}分别表示一个端口开路和短路时另一端口的等效输入电阻，这 4 个参数中只有 3 个是独立的(因为 $AD-BC=1$)。至此，可求出 4 个传输参数为

$$A=\sqrt{R_{1O}/(R_{2O}-R_{2S})}，B=R_{2S}A，C=A/R_{1O}，D=R_{2O}C$$

3. 二端口网络级联后的等效二端口网络的传输参数也可采用前述的方法之一求得。从理论推得两个二端口网络级联后的传输参数与每一个参加级联的二端口网络的传输参数之间的关系为

$$A=A_1A_2+B_1C_2 \qquad B=A_1B_2+B_1D_2$$
$$C=C_1A_2+D_1C_2 \qquad D=C_1B_2+D_1D_2$$

三、实验设备(见表 A-31)

表 A-31 实验设备 11

序 号	名 称	型号与规格	数 量
1	可调直流稳压电源	0～30 V	1台
2	数字直流电压表	0～300 V	1台
3	数字直流毫安表	0～500 mA	1台
4	电 阻	200 Ω，300 Ω，510 Ω	各1只
5	电流插座		2个
6	双刀双掷开关		2个

四、实验内容

二端口网络实验线路如图 A-33 所示。将直流稳压电源的输出电压调到 10 V，作为二端口网络的输入。

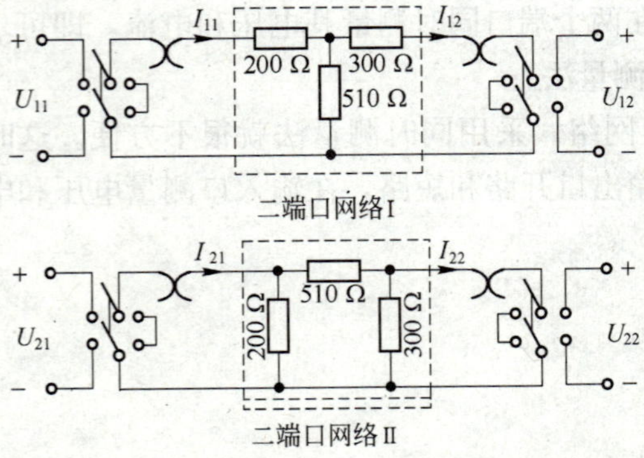

图 A-33 二端口网络实验线路

1. 按同时测量法分别测定两个二端口网络的传输参数 A_1、B_1、C_1、D_1 和 A_2、B_2、C_2、D_2，其值计入表 A-32，并列出它们的传输方程。

2. 将两个二端口网络级联，即将网络Ⅰ的输出接至网络Ⅱ的输入。用两端口分别测量法测量级联后等效二端口网络的传输参数 A、B、C、D，其值计入表 A-33 中，并验证等效二端口网络传输参数与级联的两个二端口网络传输参数之间的关系。

表 A－32　实验数据表 11

<table>
<tr><td rowspan="6">二端口网络Ⅰ</td><td rowspan="3">输出端开路
$I_{12}=0$</td><td colspan="3">测　量　值</td><td colspan="2">计　算　值</td></tr>
<tr><td>U_{11O}(V)</td><td>U_{12O}(V)</td><td>I_{11O}(mA)</td><td>A_1</td><td>B_1</td></tr>
<tr><td></td><td></td><td></td><td></td><td></td></tr>
<tr><td rowspan="3">输出端短路
$U_{12}=0$</td><td>U_{11S}(V)</td><td>I_{11S}(mA)</td><td>I_{12S}(mA)</td><td>C_1</td><td>D_1</td></tr>
<tr><td></td><td></td><td></td><td></td><td></td></tr>
<tr><td></td><td></td><td></td><td></td><td></td></tr>
<tr><td rowspan="6">二端口网络Ⅱ</td><td rowspan="3">输出端开路
$I_{22}=0$</td><td colspan="3">测　量　值</td><td colspan="2">计　算　值</td></tr>
<tr><td>U_{21O}(V)</td><td>U_{22O}(V)</td><td>I_{21O}(mA)</td><td>A_2</td><td>B_2</td></tr>
<tr><td></td><td></td><td></td><td></td><td></td></tr>
<tr><td rowspan="3">输出端短路
$U_{22}=0$</td><td>U_{21S}(V)</td><td>I_{21S}(mA)</td><td>I_{22S}(mA)</td><td>C_2</td><td>D_2</td></tr>
<tr><td></td><td></td><td></td><td></td><td></td></tr>
<tr><td></td><td></td><td></td><td></td><td></td></tr>
</table>

表 A－33　实验数据表 12

<table>
<tr><td colspan="3">输出端开路 $I_2=0$</td><td colspan="3">输出端短路 $U_2=0$</td><td rowspan="3">计算传输参数</td></tr>
<tr><td>U_{1O}
(V)</td><td>I_{1O}
(mA)</td><td>R_{1O}
(kΩ)</td><td>U_{1S}
(V)</td><td>I_{1S}
(mA)</td><td>R_{1S}
(kΩ)</td></tr>
<tr><td></td><td></td><td></td><td></td><td></td><td></td></tr>
<tr><td colspan="3">输入端开路 $I_1=0$</td><td colspan="3">输入端短路 $U_1=0$</td><td rowspan="3">A=
B=
C=
D=</td></tr>
<tr><td>U_{2O}
(V)</td><td>I_{2O}
(mA)</td><td>R_{2O}
(kΩ)</td><td>U_{2S}
(V)</td><td>I_{2S}
(mA)</td><td>R_{2S}
(kΩ)</td></tr>
<tr><td></td><td></td><td></td><td></td><td></td><td></td></tr>
</table>

五、实验注意事项

(1) 用电流插头插座测量电流时，要注意判别电流表的极性及选取适合的量程(根据所给的电路参数，估算电流表量程)。

(2) 计算传输参数时，I、U 均取其正值。

六、预习思考题

(1) 试述双口网络同时测量法与分别测量法的测量步骤、优缺点及其适用情况。

(2) 本实验方法可否用于交流双口网络的测定？

七、实验报告

(1) 完成对数据表格的测量和计算任务。

(2) 列写参数方程。

(3) 验证级联后等效双口网络的传输参数与级联的两个双口网络传输参数之间的关系。

(4) 总结、归纳双口网络的测试技术。

(5) 写出心得体会及其他。

实验十二　三相负载的连接

一、实验目的

1. 掌握三相负载作星形连接、三角形连接的方法，验证这两种接法下线、相电压及线、相电流之间的关系。

2. 充分理解三相四线供电系统中中线的作用。

二、原理说明

1. 三相负载可接成星形(Y)或三角形(△)接法。

(1) 当三相对称负载作Y连接时，线电压 U_L 是相电压 U_P 的 $\sqrt{3}$ 倍。线电流 I_L 等于相电流 I_P，即

$$U_L=\sqrt{3}U_P，I_L=I_P$$

在这种情况下，流过中线的电流 $I_0=0$，所以可以省去中线。

(2) 当对称三相负载作△连接时，有 $I_L=\sqrt{3}I_P$，$U_L=U_P$。

2. 不对称三相负载作Y连接时，必须采用三相四线制接法，即 Y_0 接法。而且中线必须牢固连接，以保证三相不对称负载的每相电压维持对称不变。

倘若中线断开，会导致三相负载电压的不对称，致使负载轻的那一相的相电压过高，使负载遭受损坏；负载重的一相相电压又过低，使负载不能正常工作。尤其是对于三相照明负载，无条件地一律采用 Y_0 接法。

3. 当不对称负载作△连接时，$I_L\neq\sqrt{3}I_P$，但只要电源的线电压 U_L 对称，加在三相负载上的电压仍是对称的，对各相负载工作没有影响。

三、实验设备(见表 A-34)

表 A-34　实验设备 12

序号	名称	型号与规格	数量
1	交流电压表	0～500 V	1台
2	交流电流表	0～5 A	1台
3	三相自耦调压器		1台
4	三相灯组负载	220 V，25 W白炽灯	9只

四、实验内容

1. 三相负载星形连接(三相四线制供电)

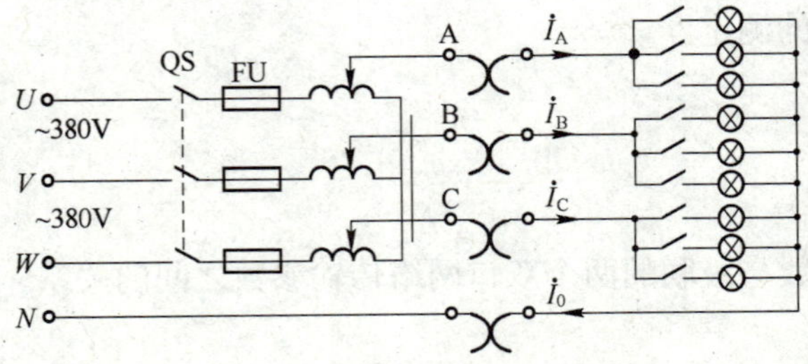

图 A-34　三相负载星形连接

按图 A-34 线路组接实验电路。即三相灯组负载经三相自耦调压器接通三相对称电源。将三相调压器的旋柄置于输出为0 V的位置(即逆时针旋到底)。经指导教师检查合格后，方可开启实验台电源，然后调节调压器的输出，使输出的三相线电压为220 V，并按下述内容完成各项实验，分别测量三相负载的线电压、相电压、线

电流、相电流、中线电流、电源与负载中点间的电压。将所测得的数据记入表A-34中，并观察各相灯组亮暗的变化程度，特别要注意观察中线的作用。

表A-35　实验数据表13

测量数据 实验内容 （负载情况）	开灯盏数			线电流（A）			线电压（V）			相电压（V）			中线电流	中点电压
	A相	B相	C相	I_A	I_B	I_C	U_{AB}	U_{BC}	U_{CA}	U_{AO}	U_{BO}	U_{CO}	I_O（A）	U_{NO}（V）
Y_0接平衡负载	3	3	3											
Y接平衡负载	3	3	3											
Y_0接不平衡负载	1	2	3											
Y接不平衡负载	1	2	3											
Y_0接B相断开	1		3											
Y接B相断开	1		3											
Y接B相短路	1		3											

2. 负载三角形连接（三相三线制供电）

按图A-35改接线路，经指导教师检查合格后接通三相电源，并调节调压器，使其输出线电压为220 V，并按表A-36的内容进行测试。

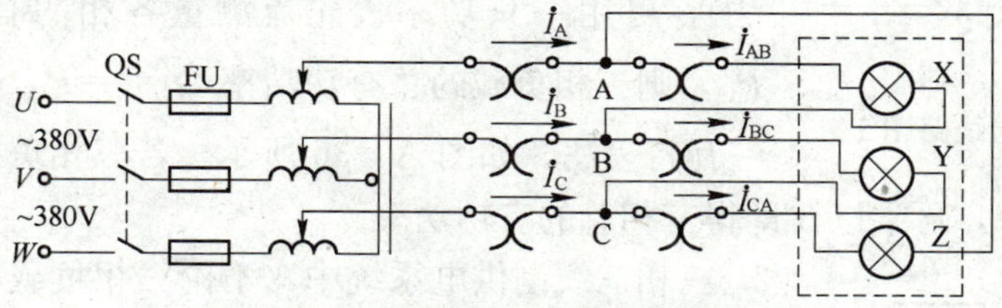

图A-35　负载三角形连接

表A-36　实验数据表14

测量数据 负载情况	开灯盏数			线电压=相电压（V）			线电流（A）			相电流（A）		
	A-B相	B-C相	C-A相	U_{AB}	U_{BC}	U_{CA}	I_A	I_B	I_C	I_{AB}	I_{BC}	I_{CA}
三相平衡	3	3	3									
三相不平衡	1	2	3									

五、实验注意事项

（1）本实验采用三相交流市电，线电压为380 V，应穿绝缘鞋进实验室。实验时要注意人身安全，不可触及导电部件，防止意外事故发生。

（2）每次接线完毕，同组同学应自查一遍，然后由指导教师检查后，方可接通电源。必须严格遵守先断电、再接线、后通电；先断电、后拆线的实验操作原则。

（3）星形负载作短路实验时，必须首先断开中线，以免发生短路事故。

（4）为避免烧坏灯泡，在做Y接不平衡负载或缺相实验时，所加线电压应以最高相电压$<$240 V为宜。

六、预习思考题

（1）复习三相交流电路有关内容，试分析三相星形连接不对称负载在无中线情况下，当某相负载开路或短路时会出现什么情况？如果接上中线，情况又如何？

(2) 本次实验中为什么要通过三相调压器将 380 V 的市电线电压降为 220 V 的线电压使用？

七、实验报告

(1) 用实验测得的数据验证对称三相电路中的 $\sqrt{3}$ 关系。

(2) 用实验数据和观察到的现象，总结三相四线供电系统中中线的作用。

(3) 写出心得体会及其他。

实验十三　三相电路功率的测量

一、实验目的

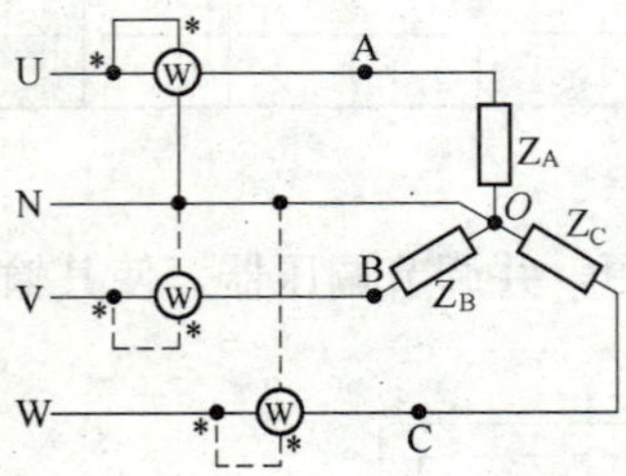

图 A-36　实验线路图 1

1. 掌握用三瓦特表法、二瓦特表法测量三相电路有功功率与无功功率的方法。

2. 进一步熟练掌握功率表的接线和使用方法。

二、原理说明

1. 对于三相四线制供电的三相星形连接的负载(即Y_0接法)，可用一只功率表轮流测量各相的有功功率 P_A、P_B、P_C，则三相负载的总有功功率 $\sum P = P_A + P_B + P_C$。这就是三瓦特表法，如图 A-36 所示。若三相负载是对称的，则只需测量一相的功率，再乘以 3 即得三相总的有功功率。

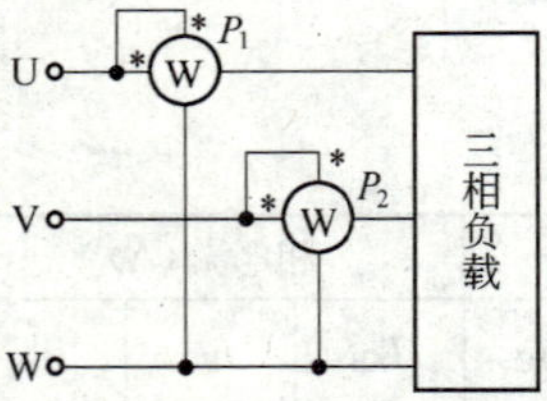

图 A-37　实验线路图 2

2. 三相三线制供电系统中，不论三相负载是否对称，也不论负载是Y接法还是△接法，都可用二瓦特表法测量三相负载的总有功功率。测量线路如图 A-37 所示。若负载为感性或容性，且当相位差 $\varphi > 60°$时，线路中的一只功率表指针将反偏(数字式功率表将出现负读数)，这时应将功率表电流线圈的两个端子调换(不能调换电压线圈端子)，其读数应记为负值。而三相总功率 $\sum P = P_1 + P_2$(P_1、P_2 本身不含任何意义)。

除图 A-37 的 I_A、U_{AC} 与 I_B、U_{BC} 接法外，还有 I_B、U_{AB} 与 I_C、U_{AC} 及 I_A、U_{AB} 与 I_C、U_{BC} 两种接法。

三、实验设备(见表 A-37)

表 A-37　实验设备 13

序　号	名　称	型号与规格	数　量
1	交流电压表	0～500 V	2 台
2	交流电流表	0～5 A	2 台
3	单相功率表		2 台
4	三相自耦调压器		1 台
5	三相灯组负载	220 V、25 W 白炽灯	9 只

四、实验内容

1. 用三瓦特表法测定三相对称Y_0接及不对称Y_0接负载的总功率$\sum P$。实验按图A-39线路接线。线路中的电流表和电压表用以监视该相的电流和电压，不要超过功率表电压和电流的量程。经指导教师检查后，接通三相电源，调节调压器输出，使输出线电压为220 V，按表A-38的要求进行测量及计算。

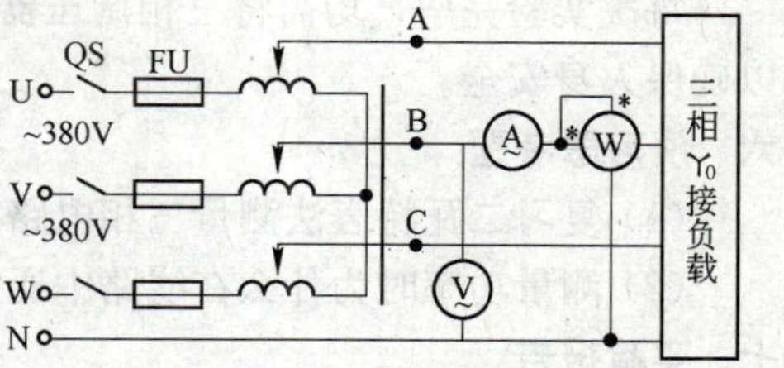

图A-38 实验图1

表A-38 实验数据表15

负载情况	开灯盏数			测量数据			计算值
	A相	B相	C相	P_A (W)	P_B (W)	P_C (W)	$\sum P$ (W)
Y_0接对称负载	3	3	3				
Y_0接不对称负载	1	2	3				

首先将三只表按图A-38接入B相进行测量，然后分别将3只表换接到A相和C相，再进行测量。

2. 用二瓦特表法测定三相负载的总功率。

(1) 按图A-39接线，将三相灯组负载接成Y接法。

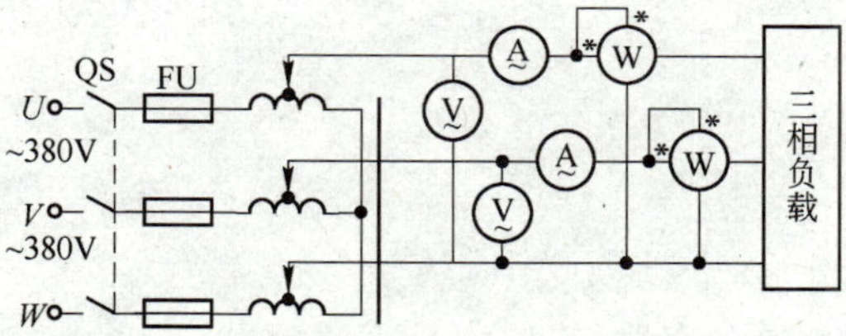

图A-39 实验图2

经教师检查后，接通三相电源，调节调压器的输出线电压为220 V，按表A-39的内容进行测量。

(2) 将三相灯组负载改成△接法，重复(1)的测量步骤，数据记入表A-39中。

表A-39 实验数据表16

负载情况	开灯盏数			测量数据		计算值
	A相	B相	C相	P_1 (W)	P_2 (W)	$\sum P$ (W)
Y接平衡负载	3	3	3			
Y接不平衡负载	1	2	3			
△接不平衡负载	1	2	3			
△接平衡负载	3	3	3			

五、实验注意事项

每次实验完毕，均需将三相调压器旋柄调回零位。每次改变接线，均需断开三相电源，以确保人身安全。

六、预习思考题

(1) 复习二瓦特表法测量三相电路有功功率的原理。

(2) 测量功率时为什么在线路中通常都接有电流表和电压表?

七、实验报告

(1) 完成数据表格中的各项测量和计算任务。比较三瓦特表和二瓦特表法的测量结果。

(2) 总结、分析三相电路功率测量的方法与结果。

(3) 写出心得体会及其他。

附录 B　部分习题答案

第 1 章

1-1　$p=5\ \mathrm{mW}$，$p=-5\ \mu\mathrm{W}$，$u=2\ \mathrm{kV}$，$u=2\ \mathrm{V}$

$i=1\ \mathrm{mA}$，$i=1\ \mathrm{mA}$，$i=2\cos t\ \mathrm{A}$，$p=-4\mathrm{e}^{-t}\ \mathrm{W}$

1-2　(2) -560 W（提供功率），360 W（吸收功率），200 W（吸收功率）

1-3　$p_B=-30$ W，$p_C=15$ W

1-4　(1) $p=80$ W，(2) 2.5 Ω，(3) 14.14 V

1-5　$u_{ab}=Ri+u_S$，$u_{ab}=-Ri+u_S$

$u_{ab}=Ri-u_S$，$u_{ab}=-Ri-u_S$

1-6　(1) S 断开：0 V，0 V，0 V

S 闭合：10 V，4 V，6 V

(2) S 断开：10 V，0 V，10 V

S 闭合：4 V，4 V，0 V

(3) S 断开：10 V，10 V，0 V

S 闭合：4 V，0 V，4 V

1-7　(a) $p_{i_S}=-10$ W(产生功率)　　$p_{u_S}=10$ W(吸收功率)

(b) $p_{i_S}=10$ W(吸收功率)　　$p_{u_S}=-10$ W(产生功率)

1-8　(1) $i=-1$ A，(2) $u=14$ V，(3) $i=3$ A

1-9　(a) $R_{ab}=1/(1+\beta)\Omega$，(b) $R_{ab}=6/(5-r)\Omega$，(c) $R_{ab}=2/(3-\alpha)\Omega$

1-10　$i_2=-30$ A，$i_5=-19$ A，$i_6=11$ A，$i_8=-3$ A，$i_9=-2$ A，$i_{11}=-24$ A，$i_{12}=-5$ A

1-11　$u_5=-5$ V，$u_{10}=-14$ V，$u_{11}=10$ V

1-12　$u=36$ V，$u_1=30$ V，$u_2=6$ V，$u_3=-4$ V，$u_4=2$ V

$p=-108$ W，$p_1=90$ W，$p_2=12$ W，$p_3=4$ W，$p_4=2$ W

1-13　5.8 V，0.3 Ω

1-14　(1) 9 V，(2) 9 V

1-15　(a) $R=3$ Ω，(b) $\varphi_A=1$ V

1-16　(a) $u_{ab}=2.5$ V，(b) $i_{ab}=1.2$ mA

1-17　68 Ω

1-18　2 V

1-19　1 A

1-20　6 V，4 V

第 2 章

2-1　30 Ω，10 Ω

2-2　25 W，1.82 A，0.114 A

2-3　18 V，0.9 A

2-4　5.67 Ω，7.5 Ω，4.49 Ω

2-5　(1) $U_{V1}=6$ V，(2) $U_{V2}=6.75$ V，(3) $U_{V3}=7.2$ V

2-6　10 Ω，36 Ω

2-7　$U=5$ V，$U_{ab}=150$ V

2-8　略

2-9　1 A

2-10　$R=2$ Ω

2-11　2.4 A，1.6 A，4 A

2-12　(1) 1 A，−1.75 A，−0.75 A，(2) 1.4 A

2-13　$I_1=5$ A，$I_2=4$ A，$I_3=-2$ A，$I_4=-3$ A，$I_5=2$ A

2-14　10 V

2-15　6 A，1 A，2 A，正负号由选择的参考方向来决定

2-16　(a) 选③为参考节点，节点①、②的节点电压方程分别为

$$\left(\frac{1}{2}+\frac{1}{2+3}\right)U_{n1}-\frac{1}{2}U_{n2}=4-10=-6$$

$$-\frac{1}{2}U_{n1}+\left(\frac{1}{2}+3+\frac{1}{\frac{1}{2}+\frac{1}{6}}\right)U_{n2}=10$$

(b) 选③为参考节点，节点①、②的节点电压方程分别为

$$\left(1+\frac{1}{5}+\frac{1}{5}+\frac{1}{5}\right)U_{n1}-\left(\frac{1}{5}+\frac{1}{5}\right)U_{n2}=10-\frac{20}{5}$$

$$\left(\frac{1}{5}+\frac{1}{5}+\frac{1}{10}\right)U_{n2}-\left(\frac{1}{5}+\frac{1}{5}\right)U_{n1}=2+\frac{20}{5}$$

2-17　1.9A，1.1A，0.9A，2.1A，正负号由选择的参考方向来决定

2-18　$p_{US}=3$ W，$p_{IS}=4$ W

2-19　7.67 V

2-20　1 V

2-21　略

2-22　1.5 A

2-23　1.67 A

2-24　0.056 A

2-25　8 Ω

2-26　略

2-27　$R=10$ Ω，$p_{max}=44.1$ W

第3章

3-1　(1) $5\sqrt{2}\angle 225°$，(2) $5\angle 143.13°$，(3) $44.72\angle 63.43°$
　　(4) $10\angle 90°$，(5) $3\angle 180°$，(6) $9.61\angle 73.19°$

3-2　(1) 2.92−j9.56，(2) −5.76+j13.86，(3) −1.06+j0.56

(4) $-j10$，(5) -5，(6) $-7.07-j7.07$

3-3 $48.05\angle 216.32°$，$0.52\angle 69.94°$

3-4 $9.78\angle 257.73°$，$2\angle 107°$

3-5 (1) $\frac{5}{2}\sqrt{2}\angle -120°$ A，$5\sqrt{2}\angle 150°$ A，$2\sqrt{2}\angle 60°$ A

(2) $90°$，$-180°$

(3) 略

(4) i_1 的负号去掉意味 i_1 的初相加减 π

(5) 50 Hz，20 ms

3-6 $u=40\sqrt{2}\sin(10^6 t-60°)$ V

3-7 (1) 11 Ω，(2) 10 A，90°，(3) 1 100 var，(4) 3.5 J

3-8 (a) 67.08 V，(b) 25 V

3-9 (1) $5\sqrt{2}$ A，(2) 40.31 A

3-10 $8.94\angle -26.565°$ V

3-11 45.9 kΩ，0.5 V

3-12 0.367 A，103 V，190 V

3-13 (1) $12\angle 0°$，$8\angle -90°$ A，$15\angle 90°$ A，$13.9\angle 30.3°$ A

(2) $(0.1+j0.058)$ S

3-14 $10\sqrt{2}\angle -45°$ A，$5\sqrt{2}\angle -45°$ V

3-15 (a) $Z=1-j2$ Ω，$Y=0.2+j0.4$ S，(b) $2-j1$ Ω，$Y=0.4+j0.2$ S

(c) $Z=\dfrac{R-j\dfrac{1}{\omega C}}{3+j\left(\omega RC-\dfrac{1}{\omega RC}\right)}$ Ω，$Y=\dfrac{1}{R}+j\omega C+\dfrac{j\omega C}{j\omega C+1}$ S，(d) $Z=40$ Ω，$Y=0.025$ S

3-16 133 Ω，0.475 H

3-17 151.6 V·A，46 W，144.5 var，0.3

3-18 16 Ω，0.048 H

3-19 1 300 W，1 971 var，2 360 V·A，0.55，10.7 A

3-20 略

3-21 774 W，581 var，968 V·A，0.8

403 W，-403 var，570 V·A，0.7

1 179 W，178 var，1 192 V·A，0.99

$\dot{I}_C=20\angle 135°$ A，$\dot{U}_C=10\angle 45°$ V，$\dot{I}_R=5\angle 45°$ A，$\dot{I}=20.62\angle 120.96°$ A

3-22 $\dot{U}_R=\dot{U}_C=10\angle 45°$ V，$\dot{U}_S=52.217\angle -151.7°$ V，$\dot{U}_L=j3\times 20.62\angle 120.96°$ V

$\tilde{S}=\dot{U}_S\dot{I}^*=49.97+j1\,075.55$ V·A，$\dot{I}_R=5\angle 45°$ A，$\dot{I}_C=20\angle 135°$ A，$\dot{I}=20.62\angle 120.96°$ A

3-23 24.4 μF

3-24 27.7 A，32.4 A，29.9 A，(1 537+2 308)V·A，(2 923+1 385)V·A

3-25 44.72 V

3-26 100.5$\angle$-95.7° V，14.14$\angle$-45° Ω，7.11$\angle$-50.7° A，0.0707$\angle$45° S

3-27 $\frac{R_1}{R_2}=\frac{R_3}{R_4}+\frac{C_4}{C_3}$，$f=\frac{1}{2\pi\sqrt{R_3R_4C_3C_4}}$

第4章

4-1 2.68 H

4-2 18 H，10 H

4-3 1.75 H，0.875 H

4-4 $\dot{I}=0.228\angle-78°$ A；$\dot{U}_1=145\angle-159°$ V，$\dot{U}_2=359\angle8.4°$ V

4-5 0.827$\angle$-28.4° A，160+j86.5 V·A

0.363$\angle$-170.4° A，-78.8+j13.2 V·A

0.584$\angle$-50.7° A，81.2+j99.7 V·A

377$\angle$50.7° Ω

4-6 16.4$\angle$32.4° Ω

4-7 1.5$\angle$-90° A，1.5$\angle$-180° V

4-8 4.47

4-9 (a)、(c) 相当于短路；(b)、(d) 相当于开路

4-10 (1) 400 kHz，442，88.4

(2) 2 mV，176.8 mV，176.8 mV

4-11 66.7 mH，6.67 μF

4-12 0.101 H，15.7 Ω

4-13 1 600，3.95

4-14 1 160 kHz，243 kΩ，133

4-15 (1) 10 kΩ，10 mH，0.01 μF

第5章

5-1 1.1 A，0

5-2 $i_A=17.3\sqrt{2}\sin(314t-90°)$ A，$i_B=17.3\sqrt{2}\sin(314t+150°)$ A，

$i_C=17.3\sqrt{2}\sin(314t+30°)$ A

$i_{AB}=10\sqrt{2}\sin(314t-60°)$ A，$i_{BC}=10\sqrt{2}\sin(314t-180°)$ A，$i_{CA}=10\sqrt{2}\sin(314t+60°)$ A

5-3 设$\dot{U}_{AB}=380\angle30°$ V，$\dot{I}_A=1.17\angle-26.98°$ A，$\dot{U}_{A'N'}=217.9\angle0.275°$ V，$\dot{U}_{A'B'}=377.41\angle30°$，其余两相根据对称关系推出。

5-4 $\dot{I}_A=30.08\angle-65.78°$ A，$\dot{I}_{A'B'}=17.37\angle-35.78°$ A，其余两相根据对称关系推出。

5-5 10$\angle$45° Ω

5-6 312 V，383 V

5-7 设$\dot{U}_{AB}=380\angle 0°$ V，R_1 的相电流分别为$\begin{cases}\dot{I}_a=1\angle -30° \text{ A}\\ \dot{I}_b=1\angle -150° \text{ A}\\ \dot{I}_c=1\angle 90° \text{ A}\end{cases}$

R_2 的相电流分别为$\begin{cases}\dot{I}_{AB}=2\angle 0° \text{ A}\\ \dot{I}_{BC}=2\angle -120° \text{ A}\\ \dot{I}_{CA}=2\angle 120° \text{ A}\end{cases}$

线电流分别为$\begin{cases}\dot{I}_A=4.46\angle -30° \text{ A}\\ \dot{I}_B=4.46\angle -150° \text{ A}\\ \dot{I}_C=4.46\angle 90° \text{ A}\end{cases}$

5-8 217 V，5.4 A，376 V，6.3 A，3 000 W，5 660 W，8 740 W

5-9 (1) $\dot{U}_{N'N}=50.09\angle 115.52°$ V，负载的相电流分别为$\begin{cases}\dot{I}_A=68.17\angle -44.29° \text{ A}\\ \dot{I}_B=44.51\angle 155.32° \text{ A}\\ \dot{I}_C=76.07\angle 94.76° \text{ A}\end{cases}$

中线电流$\dot{I}_N=10.02\angle 78.65°$ A，功率 $P=33.439$ kW

(2) $Z_N=0, U_{N'N'}=0$ V，负载的相电流分别为$\begin{cases}\dot{I}_A=0 \text{ A}\\ \dot{I}_B=38.89\angle -165° \text{ A}\\ \dot{I}_C=98.39\angle 93.43° \text{ A}\end{cases}$

中线电流$\dot{I}_N=98.28\angle 116.43°$ A

$Z_N=\infty$，$\dot{U}_{N'N'}\neq 0$ V，负载的相电流分别为$\begin{cases}\dot{I}_A=0 \text{ A}\\ \dot{I}_B=48.66\angle -129.81° \text{ A}\\ \dot{I}_C=-48.66\angle -129.81° \text{ A}\end{cases}$

中线电流$\dot{I}_N=0$ A

5-10 (1) 6.64 A，1 587.11 W，(2) 19.92 A，11.5 A，4 761.34 W

5-11 表A_1读表为 5.77 A，表A_2读数为 10 A，表A_3读数为 5.77 A

5-12 (1) 1.19 A，(2)452.8 W，247 W，699.8 W，(3) 356 var，0.89

第 6 章

6-1 $\boldsymbol{Y}=\begin{bmatrix}-\mathrm{j}\dfrac{1}{\omega L} & \mathrm{j}\dfrac{1}{\omega L}\\ \mathrm{j}\dfrac{1}{\omega L} & \mathrm{j}\left(\omega C-\dfrac{1}{\omega L}\right)\end{bmatrix}$

6-2 $\boldsymbol{Z}=\begin{bmatrix}-\mathrm{j}\dfrac{1}{\omega C} & -\mathrm{j}\dfrac{1}{\omega C}\\ -\mathrm{j}\dfrac{1}{\omega C} & -\mathrm{j}\left(\omega L-\dfrac{1}{\omega C}\right)\end{bmatrix}$

6-3 (a) $\boldsymbol{Y}=\begin{bmatrix}\frac{5}{3} & -\frac{4}{3}\\ -\frac{4}{3} & \frac{5}{3}\end{bmatrix}$ S， $\boldsymbol{Z}=\begin{bmatrix}\frac{5}{3} & \frac{4}{3}\\ \frac{4}{3} & \frac{5}{3}\end{bmatrix}$ Ω

(b) $\boldsymbol{Y}=\begin{bmatrix}\frac{3}{4} & -\frac{1}{4}\\ -\frac{1}{4} & \frac{3}{4}\end{bmatrix}$ S， $\boldsymbol{Z}=\begin{bmatrix}\frac{3}{2} & \frac{1}{2}\\ \frac{1}{2} & \frac{3}{2}\end{bmatrix}$ Ω

6-4 $\boldsymbol{T}=\begin{bmatrix}1 & \mathrm{j}\omega L\\ \mathrm{j}\omega C & 1-\omega^2 LC\end{bmatrix}$

6-5 $\boldsymbol{Z}=\begin{bmatrix}\mathrm{j}\left(\frac{\omega L}{2}-\frac{1}{\omega C}\right) & -\mathrm{j}\frac{1}{\omega C}\\ -\mathrm{j}\frac{1}{\omega C} & \mathrm{j}\left(\frac{\omega L}{2}-\frac{1}{\omega C}\right)\end{bmatrix}$

$\boldsymbol{T}=\begin{bmatrix}\left(1-\frac{\omega^2}{2}LC\right) & \mathrm{j}\omega L\left(1-\frac{\omega^2 LC}{4}\right)\\ \mathrm{j}\omega C & \mathrm{j}\left(1-\frac{\omega^2 LC}{2}\right)\end{bmatrix}$

6-6 $\boldsymbol{H}=\begin{bmatrix}2\ \mathrm{k}\Omega & 1\\ -3 & \mathrm{j1S}\end{bmatrix}$

6-7 10 V

6-8 3 W

第7章

7-1 $u(t)=\frac{2}{\pi}U_{\mathrm{m}}\left[\frac{1}{2}+\frac{\pi}{4}\sin(\omega t)-\frac{1}{3}\cos(2\omega t)-\frac{1}{15}\cos(4\omega t)+\cdots\right]$

7-2 $i(t)=[16.1\sin(\omega t+74.5°)+5.7\sin(\omega t-79.1°)]$ A, 12.1 A

7-3 $u(t)=[50+9\sin(\omega t+1.3°)]$ V, 50.4 V, 25.5 W

7-4 $U_{\mathrm{C}(2)}=2.5$ V, $U_{\mathrm{C}(4)}=0.12$ V, $U_{(0)}=100$ V

7-5 $U_{(1)}=77.14$ V, $U_{(3)}=63.64$ V

7-6 (1) $R=10\ \Omega$, $L=31.86$ mH, $C=318.34\ \mu$F, (2) $P=515.4$ W, $\theta_3=-99.45°$

7-7 $L_1=1$ H, $L_2=66.67$ H,

7-8 4.3 A, 52.6 V, 220 W

$i(t)=[4\sqrt{2}\sin(\omega t+83.1°)+1.5\sqrt{2}\sin(3\omega t)]$ A

第8章

8-1 12 V, 0 A, 6 mA, −6 mA

8-2 −2 A, 80 V

8-3 0, 0.5 A, −0.5 A

8-4 4 V, −2 A, 0

8-5 6 μs, 6 μs, 1 ms, 0.9 ms

8-6 $u_{\mathrm{C}}=10\mathrm{e}^{-10t}$ V, $i=\mathrm{e}^{-10t}$ mA

8-7 $i_{\mathrm{L}}=0.1\mathrm{e}^{-50t}$ A, $i=-0.05\mathrm{e}^{-50t}$ A

8-8　$u_C(t)=18e^{-\frac{200}{3}t}$ V $(t\geqslant 0)$

8-9　$10e^{-80t}$ V

8-10　$u_C=12(1-e^{-4t})$ V，$i=0.48e^{-4t}$ mA

8-11　$i_L(t)=0.1(1-e^{-10^5t})$ A，$u_L(t)=8e^{-10^5t}$ V

8-12　$u_{C1}(t)=9e^{-2t}$ V　$(t\geqslant 0)$；$i_{C1}(t)=0.6e^{-2t}$ A　$(t\geqslant 0)$

$u_{C2}(t)=6(1-e^{-2t})$ V　$(t\geqslant 0)$；$i_{C2}(t)=(1-0.4e^{-2t})$ A　$(t\geqslant 0)$

8-13　$i_L=(0.5+2.5e^{-4t})$ A　$(t\geqslant 0)$，$u=(-6+10e^{-4t})$ V　$(t\geqslant 0)$

8-14　$i=(2e^{-t/2}+1.5-0.5e^{-t})$ A　$(t\geqslant 0)$

8-15　$u=(2.2+1.8e^{-5\times 10^5 t})$ V

8-16　$i_L=(-0.2+0.5e^{-4.5\times 10^3 t})$ A

8-17　(1) $0.5(1-e^{-2t})\varepsilon(t)$A

(2) $i_L(t)=2[1-e^{-2(t-1)}]\varepsilon(t-1)-2[1-e^{-2(t-3)}]\varepsilon(t-3)$

$$=\begin{cases}0,\ t\leqslant 1\text{ s}\\ 2[1-e^{-2(t-1)}]\text{ A},\ 1<t\leqslant 3\text{ s}\\ 1.96e^{-2(t-3)}\text{ A},\ t>3\text{ s}\end{cases}$$

8-18　$u_C(t)=[1-e^{-t/2}]\varepsilon(t)-3[1-e^{-(t-10)/2}]\varepsilon(t-10)+2[1-e^{-(t-12)/2}]\varepsilon(t-12)$

$$=\begin{cases}(1-e^{-t/2})\text{ V},\ 0\leqslant t\leqslant 10\text{ s}\\ (-2+2.99\,e^{-(t-10)/2})\text{ V},\ 10\text{ s}<t\leqslant 12\text{ s}\\ -0.9\ e^{-(t-12)/2}\text{ V},\ t>12\text{ s}\end{cases}$$

8-19　$R=414.2\ \Omega$

8-20　$u_C(t)=(100-117e^{-382t}+17.1e^{-2\,618t})$ V

$i(t)=0.045(e^{-382t}-e^{-2\,618t})$ A

8-21　(1) $\dfrac{5}{s}-\dfrac{2}{(s+2)}$，(2) $\dfrac{1}{(s+500)^2}$

8-22　(1) $\dfrac{s\sin\varphi+\omega\cos\varphi}{s^2+\omega^2}$，(2) $\dfrac{\omega}{(s+\alpha)^2+\omega^2}$

8-23　$(1+5e^{-t}-6e^{-2t})\varepsilon(t)$；

$\sqrt{5}e^{-t}\cos(t+63.4°)\varepsilon(t)$；

$(1+2te^{-t})\varepsilon(t)$；

$(-2e^{-t}+6e^{-2t}-e^{-3t})\varepsilon(t)$

8-24　略

8-25　$(2+3e^{-12.5t})$ A

8-26　$i(t)=(2.9e^{-5.6t}-0.36e^{-44.4t})$ A

8-27　$(6.67-0.446e^{-6\,340t}-6.22e^{-23\,660t})\varepsilon(t)$ A

参考文献

[1] 邱关源. 电路. 第 3 版. 北京：高等教育出版社，1989
[2] 李瀚荪. 电路分析基础. 第 3 版. 北京：高等教育出版社，1993
[3] 胡翔骏. 电路基础. 北京：高等教育出版社，1996
[4] 吴大正. 电路基础. 第 2 版. 西安：西安电子科技大学出版社，2000
[5] 李立群. 电路分析及磁路题解精选. 北京：中央广播电视大学出版社出版，1996
[6] 周守昌. 电路原理. 北京：高等教育出版社，1999
[7] 蔡元宇. 电路及磁路. 第 2 版. 北京：高等教育出版社，2000
[8] 郭维林. 电路习题全解. 第 4 版. 北京：中国建材工业出版社，2003
[9] 狄苏尔，葛守仁. 电路基本理论. 林争辉译. 北京：高等教育出版社，1979
[10] Nilsson J W，Riedel S A. 电路. 冼立勤译. 第 6 版. 北京：电子工业出版社，2002
[11] 奥马刊. 基础电路分析. 李沐荪等译. 北京：科学出版社，2002